|公共管理核心课程系列教材|

公共政策概论

（第二版）

谢　明　编著

中国人民大学出版社
·北京·

总　序

公共管理是我国新世纪落实科学发展观，建设和谐社会的重要领域，加强公共管理人才培养是社会各界的共识。中国人民大学有着长期培养各级各类公共管理人才的光荣传统，新世纪以来，以成立公共管理学院为契机，学校发挥人文社会科学的综合优势，在公共管理学科和专业的建设方面取得了许多新成就。

本科教育是高等教育的基础，对此，中国人民大学和中国人民大学公共管理学院都一直给予高度重视。教材建设是学科建设的重要环节，是教学内容的主要载体，是高等学校教学条件建设的重要内容之一，直接关系到教学质量和人才培养。

根据2007年教育部公共管理类专业教学指导委员会会议的精神，为进一步做好本科教材建设工作，更好地服务于学科建设和教学改革，中国人民大学公共管理学院决定在中国人民大学出版社出版“公共管理核心课程系列教材”。为了落实该系列教材出版计划，2007年4月成立了教材编审委员会，编审委员会根据教育部公共管理类专业教学指导委员会会议的指示精神和中国人民大学公共管理学院的专业建设需要确定了系列教材首批“10＋1”书目，即《管理学基础》、《经济学基础》、《公共政策概论》、《行政管理学》、《公共财政》、《公共部门人力资源管理》、《地方政府管理》、《领导科学与艺术》、《宪法与行政法》、《非营利组织》10本教材，同时配套出版《公共管理与公共政策案例》。系列教材实行主编负责制，主编实行公开报名招聘。先后有40多位专家学者进行了申报，教材编审委员会经过认真遴选，最终确定了10名人选作为教材主编。院教材编审委员对每一本教材的编写大纲、编写队伍、教材特色、教材内容、书稿完成时间进行认真的评议。评议通过后才开始教材编写工作。

在公共管理核心课程系列教材的编写过程中，我们力求突出以下几个特点：

第一，立足学科建设和课程建设的需要。本套教材力求把握公共管理学科的发展方向，以公共管理学科建设的指导思想为依据，注重教材建设与课程建设相互衔接。作为公共管理专业本科生核心平台课程，本套教材的编写注重与一般公共课和专业必修课教材编写的区别。其定位为面向公共管理及其相关专业的本科学生，因此，在教材编写和内容安排上，强调基础知识、基本理论、基本技能。在编写过程中，力求既符合教学大纲，又不拘泥于教学大纲，充分吸收以往教材的优点，力求编写一套高质量的，具有权威性、创新性、前沿性、启发性的示范教材。

第二，注意反映国际上新近研究成果。20 世纪 80 年代以来，在国际公共管理领域的研究中，出现了一些值得注意的新领域和新思路。伴随着西方国家政府重塑运动的兴起和发展，一些新理念和理论正在广泛传播，例如，新公共管理理论强调经济价值的优先性；强调市场机制及竞争功能在公共行政体系中的作用；强调企业管理理论和方法在公共部门的运用；强调服务及顾客导向的强化。而新公共服务理论则是以美国著名公共行政学家罗伯特·B·登哈特为代表的一批公共行政学者基于对新公共管理理论的反思而提出的。其主要观点是，如何促进公共服务的尊严和价值；如何将民主、公民权和公共利益的价值观重新肯定为公共行政的核心价值观。尽管这些思想和理念来自西方国家，但我们不难从中发现其可供借鉴之处。本套教材力求借鉴国际上新近研究成果，为我国公共管理的理论创新和公共服务型政府的建设提供一些新的思考视角。

第三，注意科学严谨地对待前人的成果。本套教材在引用他人成果时较为严谨。如对他人的成果，均力求在理解的基础上加以转述；在引用时，均注明出处。对国际上的主要理论观点，大多标注了原著出处。这将有利于学生阅读相关文献和继续研究。

第四，立足公共管理的特点，注重案例的分析研究。公共管理属于应用性很强的学科，它要求该专业学生应该具有发现问题、分析问题和解决问题的能力，因此在教学方面，应当理论联系实际，强化案例教学。为此，本套教材配套出版了《公共管理与公共政策案例》，案例的编写体现了较好的资料性、启发性的特点，为学生进一步学习提供了帮助。

以上这些特点，提高了本套教材的价值。再加上本套教材的主编大都在高校从事公共管理学的教学工作，因而他们能较好地将公共管理专业知识与教学实践结合起来进行有关内容的安排和行文的撰写，以适应公共管理类专业教学的要求。

由于教材编写和出版时间较紧，再加上公共管理学科本身发展很快，本套教材肯定还有许多不足之处，敬请读者不吝指正！

中国人民大学公共管理核心课程系列教材编审委员会主任委员
中国人民大学公共管理学院院长
董克用

第二版前言

我们沿用《公共政策概论》第一版的风格，在前言里继续以讲故事的方式开始，借此表现教育的一些基本理念。

第一个要讲的故事是关于美国石油大亨洛克菲勒[①]的教子心得。他的小儿子生性多疑。有一天，父亲让孩子爬上一个高架子。孩子不知所以，借助梯子犹犹豫豫地爬了上去。可这时候父亲突然把梯子抽走了。孩子哭着说："爸爸，我怎么下去呀?"父亲说："孩子，你现在往下跳，我会在下面接住你的。"孩子站在高高的架子上，欲跳又止。父亲没有催促，只在下面耐心等待。孩子犹豫了好久，感到绝望，最后两眼一闭跳了下来。父亲张开双臂，稳稳地接住了他。孩子惊喜地睁开双眼，长长地出了一口气。父亲轻轻地抚着他的头发说："孩子，我想让你记住，任何时候，这世上若连父亲都不信任，你还能信任谁呢?"这个故事给我们的启示是：接住生性多疑的孩子是为了培养他的信任感。父亲的举动体现了因材施教的教育理念。

第二个要讲的是战国时期著名思想家庄子讲过的一个"朝三暮四"的故事。有一养猴的老翁每天给猴子喂橡子。当橡子不太多的时候，老翁想限制一下猴子们每天的进食。他对猴子们说："早上给你们喂三颗，晚上给你们喂四颗，如何?"这群猴子听了后很是愤怒，于是老翁赶紧提出了另一个分配方案："好吧，如果你们不满意，那就早上给你们喂四颗，晚上给你们喂三颗，怎么样?"猴子们听了后都拍手叫好，高兴得不得了。"朝三暮四"的成语即由此而来。其实道理并非如此简单。对于老翁而言，分配方案的确没有实质性的变化，不管是"朝三暮四"还是"朝四暮三"，他并没有因为这种改变而多付出什么。

---

① 约翰·D·洛克菲勒（John D. Rockefeller），美国实业家，美孚石油公司创办人。他出生于纽约州里奇福德镇。洛克菲勒是美国历史上最富有的人，是世界公认的"石油大王"。他教子有方，留给世人的《洛克菲勒教子法则》、《洛克菲勒信札：世界首席公民的教子真经》是洛克菲勒一生的思想精华，既饱含了父亲对孩子的爱，也有父亲对孩子不断追求上进的殷切希望，还体现了洛克菲勒的财商智慧和管理才华。

但对于猴子而言，却有很大的不同。前者是老翁一方意愿，体现的是命令与服从，后者是双方协商，体现的是自由与选择，因而两者在满意度上大相径庭。由此看来，给予选择权是提高满意度的重要前提条件。

第三个要讲的是 20 世纪 50 年代发生在美国一家小工厂的故事。一天，工厂的流水线突然发生了故障，厂里的技术人员检查了好久也不知道毛病出在哪儿，所以请来了一位厂外的专家。这位专家这敲敲、那看看，检查一番后用粉笔在机器上画了一个圈，然后告诉厂里的人，这里有个部件出了问题，把它换一下就可以了。果然，在更换了机器部件后，流水线重新运转了。厂主为了感谢专家的帮助，同时也想借机显示一下豪爽，破例让专家自己开价。专家也没客气，开口就要一万美元。这个开价令厂主大惊失色，因为按当时的薪酬水平，这个钱够厂里一个普通技术人员挣好几年的。厂主想，只是用粉笔在机器上画了个圈，举手之劳怎么可以狮子大开口，这也未免忒狠了点吧！他嘴上虽然什么没说，但脸上的表情却告知了一切。专家微笑着说道："用粉笔画个圈确实是举手之劳，真没什么了不起的，要值也就值 1 美元吧，但是知道在哪画圈可不容易，这应该值 9 999 美元。"一番话说得厂主顿感惭愧，点头称是，一万美元悉数奉上，并对专家深表感谢。这个故事给我们的启示是：专业知识和技能非常重要，有了它才可能知道"在哪里画圈"。

公共政策是一门科学性、实践性很强的学科，教材的编写没有完成时，只有进行时。《公共政策概论》2010 年出版，承蒙读者厚爱，已多次印刷。时隔四年，政策理论有了新的发展，政策实践也有了很多变化，随着新问题的出现，新政策也不断产生。为了更好地反映这些变化，我们本着与时俱进的态度，对《公共政策概论》进行了修订。

此次修订对原书做了较大的调整，修改和增加的内容近半。具体来说，第 1 章的内容做了很大扩展，增加了全民公决、政府收入与政府支出、政府失灵与市场失灵等内容，并对公共概念部分进行了很多修改。第 2 章在结构上做了调整，增加了对政策分析的内容、政策分析的陷阱等方面的阐述，并对政策分析类型、政策分析步骤部分进行了修改，添加了一些新的案例。第 3 章重点对政策理念部分进行了修改，新增并替换了一部分案例。第 4 章只进行了微调，修改了渐进模型、团体迷思、博弈理论的部分内容。第 5 章增加了对社会问题理论的阐述，修改了政策议程类型的部分内容。第 6 章在政策规划原则、思维方法等方面添加了一些新的内容。第 7 章增加了政策合法化的途径和程序公正性理论的阐述，并通过举例（北京市"停车超 3 分钟熄火"立法听证会）介绍了听证会的举行过程。第 8 章增加了对政策执行研究的探讨，重点介绍了三个研究阶段的不同模式。此外，还增加了对政策执行原则的讨论，修改了政策执行策略的大部分内容。第 9 章做了很大的扩展，添加了一些新的案例，区分了政策影响与政策输出的不同，比较详细地介绍了评估的含义和功能、评估的类型、评估的要素、评估的方法，以及评估的步骤与障碍，重点讨论了公平性标准，解释了阿罗不可能定律、帕累托最优、卡尔多—希克斯标准与罗尔斯的差别原则等。第 10 章增加了政策法律化的相关内容和对政策终结类型的讨论，并依据彼得·德利昂提出的理论框架，重点分析了政策终结的六大障碍。

本书的修订得到了中国人民大学出版社的大力支持和帮助，特别是朱海燕、徐小玲等编辑做了许多的工作，她们实事求是的态度和认真负责的精神令人印象深刻，在此表示衷心的感谢。另外，还需要感谢我的女儿谢荻帆，她利用课余时间帮我统计数据并绘制图表，还为本书画了一些插图，尽管只是采用了其中的几幅，但使本书增色不少，谢谢女儿的支持！

最后需要申明的是，鉴于编写时间和水平所限，本书定有不少错误和疏漏之处，真诚希望广大读者提出批评意见。

谢明

2014 年 2 月 12 日于北京

第一版前言

在美国做访问学者期间，曾不止一次听别人说起过一个故事，这个故事给我留下了很深刻的印象，所以也想讲给大家听听，和大家一起分享。

一天，美国某大学生物系的一年级学生正安静地坐在教室里，他们在等待诺贝尔奖获得者、著名生物学家约翰教授给他们上第一课。上课铃声响过一段时间以后，约翰教授才慢腾腾地走进教室，他把讲义放在讲台上，转过身子在黑板上写了几个很大的字——“分裂理论”。他从细胞分裂开始谈起，口若悬河，滔滔不绝，20 多分钟很快过去了，学生们生怕漏掉重要的内容，几乎所有人的笔都在飞快地舞动，记得快的已经在笔记本上写了很多的内容。这时候，约翰教授洪亮的声音戛然而止，大家都惊讶地抬起了头。教授笑了笑说：“非常对不起，我现在不得不命令你们把刚才所记的笔记从自己喜爱的笔记本上撕下来，并把它扯成碎片抛向空中。至于为什么要这么去做，我待会儿会说给大家听。”同学们你望望我，我望望你，被弄得丈二和尚——摸不着头脑，但又不好违抗教授的命令，所以只好很不情愿地撕掉自己的笔记。当教室的地板被纸屑铺满的时候，约翰教授语重心长地对大家说：“我刚才所讲的内容根本不是什么重要的理论，而是一些胡编乱造的东西，数据是假的，事例是假的，条件是假的，当然结论也是假的。可是在 20 多分钟的时间里，你们当中没有一个人站出来提出你们的疑问。教育的理念不是信而是疑，信与疑虽只有一字之差，但理念背离。学问学问，学贵有问，没有疑问就没有学问。教育最可悲的结局就是盲从，虽然我‘浪费’了你们近半个小时的时间，但我想通过这节课给你们留下一个深刻的印象，并让你们从中受益，我想用我的第一课告诉你们，不要迷信书本和权威，要有独立的思考。罗素先生曾经说过：‘教育的目的是内心的自由，而内心的自由是世界上最可宝贵的东西。’顺便说一下，教授也会犯错误，也会迟到和早退。”说完这些话，他没等学生们反应过来就拿起包离开了教室。教室里沉寂了一会儿，不知是谁带头鼓的掌，很快掌声就响成了一片。

故事的真假其实并不重要，重要的是我们能够从中得到哪些启示。作为一名讲授公共政策课程的教师，我也曾尝试在授课过程中利用类似的方式阐明教育的理念，并受到学生们的普遍欢迎。因此，在出版这本教材的时候，我想以此作为开场白。在此，我最想说的一句话是，学习中重要的不是记住书中的内容，而是对这些内容进行分析和思考。

本教材视政策过程为概念框架，以此研究政策周期的一系列功能性活动。政策过程一般可以被划分为广义决策与广义执行两大部分。广义决策包括社会问题的形成、社会问题的确认、政策议程的建立和政策规划的实施；广义执行包括政策方案的执行、执行效果的评估、政策的调整与改变以及政策的废止与终结。

本教材共分三篇——政策理论、政策制定以及政策执行。第一篇主要介绍公共政策和政策分析的概念和类型、公共政策的特征与作用、政策分析的步骤与方法、公共政策的基本理念、政策主体与政策环境、政策分析模型及其实际应用等。第二篇重点阐述社会问题的特征和类型、问题确认的步骤与方法、政策议程建立的条件、触发机制的影响因素、议程建立的相关障碍、政策规划的基本程序和方法、听证制度的产生与发展、政策合法性的基本内容等。第三篇主要讲述政策执行的条件与局限、政策执行的方针与策略、政策评估的内容和作用、政策评估的步骤与方法，政策终结的对象与形式、政策终结的措施及其局限等。

教材在每一章节中结合讲述内容附有一些专栏说明，这对于丰富教材内容、加深概念理解、启发读者思考、培养“疑问”意识具有很好的作用。教材中引用了很多的事例对政策相关概念和理论加以说明，以期能够更形象、更生动地传达政策知识，提高教材的可读性。同时，还针对现实生活中的一些政策问题，运用案例分析方法进行分析，从而体现出政策“实践性”特征。每章后都附有本章小结和思考题，目的是帮助读者更好地把握教材内容，更深入地研究政策过程的各个阶段。

正像书名所表明的那样，《公共政策概论》只是对公共政策知识做了一个框架性的介绍，只是为读者提供了一个研究公共政策的起点。希望读者能够由此出发，在公共政策的知识海洋里畅游。

本教材的成功出版，得益于中国人民大学公共管理学院领导和同事们以及中国人民大学出版社的大力支持与帮助，特在此表示衷心的感谢！鉴于编写时间和个人水平所限，书中难免有不少错误、疏漏之处，恳请广大读者批评、指正！

谢明

2010年1月10日于北京

目　录

第一篇　政策理论

第二篇　政策制定

第三篇　政策执行

第一篇 政策理论

- 绪论
- 政策分析
- 政策理念、政策主体与政策环境
- 政策模型及相关理论

第1章

绪　论

1.1　公共政策的含义

1.1.1　为什么要研究公共政策

在这个复杂的现代社会里，公共政策可以说无处不在，已经渗透到生活的各个层面。它们有时对你有利，有时对你不利，既能让人愉快和欢乐，也会给人带来烦恼和痛苦，对大家的生活和情感都有着重要的影响。人们到医院看病，会受制于医疗卫生政策；孩子能进入学校读书，受益于国家的教育政策；出门旅行、开车上路，需要遵守交通管理规定；结婚生子不能违反计划生育政策……政策似乎与我们大家形影不离、息息相关。因此，我们需要对公共政策有所了解和认识。

研究公共政策的缘由主要表现在科学、专业和政治三个方面。

其一，从科学角度而言，分析公共政策的成因与结果，有助于增进和提高社会领域的知识，有助于了解社会与经济、政府与环境、问题与回应、政治与政策等多方面因素的互动关系，有助于增进人们对政治行为和政府治理的理解，从而加深对公共政策本质和规律的认识。公共政策是一门综合性的学科，它涵盖了社会学、经济学、政治学、历史学、心理学、人类学、法学和行政学等学科的理论与方法。公共政策领域的研究成果将极大扩展社会科学的广度和深度。

集权和分权原则怎样影响政策制定？利益集团、公众舆论或大众传媒对政策采纳有何影响？为什么政府会突然停止对某个问题的持续关注？为什么有些问题能够进入政策议程而另一些却不能？对以上这类问题的研究习惯上被称为“政策研究”（policy study），它所关注的焦点是理论问题。

其二，从专业角度而言，掌握公共政策的理论与方法能够使人们应用科学知识解决实际问题。换句话讲，政策分析（policy analysis）能够产生专业性建议，通过对问题的分析和描述，提供行之有效的解决办法。无论是政府内部还是政府外部的政策研究组织（即脑库、智库或思想库等分析机构）通常都非常关心如何使理论与实践相结合、怎样用政策知识解决具体问题、怎样提供有效的专业咨询，而不是只专注于理论的研究和学科的拓展。

有些人想以政策分析和政策评估为职业。在最近几十年中，越来越多的政策分析从业人员把经济理论和数学、统计学的分析技术应用于政策分析实践。由此，政策分析确立了自己最基本的应用方向，即确定现有问题（如空气污染和生活垃圾的处理）并寻求最有效的解决方案（产生最大社会净收益的方案）。政策评估（policy evaluation）往往被视为政策分析的衍生物，它评价政策在多大程度上实现了它们的目标以及产生了什么样的社会效应。

其三，从政治角度而言，政策不仅是为了科学和专业而存在，而且在政治领域也具有举足轻重的地位和作用。它通过提供政治讨论的素材，促进政治意识的提高，从而完善政策制定过程，提高公共政策质量。当然，政治领域不存在价值中立，人们在判断什么样的政策“正确”、什么样的目标“合理”时，必然会产生大量的分歧。然而，即使在这样的情况下，有知也总比无知要强得多。

有很多人希望从事“政策建议”（policy recommendation）的相关工作，企盼利用公共政策的知识来规划和推动那些他们认为是“好”的和“正确”的公共政策，即那些服务于他们自身目标或团体目标的政策。他们可能自称是自由主义者、保守主义者、自由意志论者、无政府主义者或人权主义者，因而在什么叫“好”、什么叫“对”、什么叫“公平”、什么叫“效率”等方面存在巨大的分歧。政策建议者的调查努力经常因价值因素而被扭曲，因为他们总是基于自己的偏好搜集数据和进行分析。政策建议强调更多的是政治因素和政治问题。相比之下，政策研究则更具有客观基础和公正动机。

1.1.2 什么是公共政策

“政策”是现代社会人们最常用的词汇之一。与“政策”最相近的一个词是“政治”，“政策”和“政治”这两个词之间存在着密切的联系。我国古代就有“政”和“策”两字，但一般都是分开使用的。“政”主要是指政治、政事、政权，政令、统治、当权者所处理的事务，即政府所做的工作等；“策”主要是指计谋、对策、谋略、权术等。汉唐时期，日本大规模地吸收中国文化，许多汉字也传入了日本。“政”和“策”逐渐成为日文中的两个常用字。在英文当中，“政策”（policy）一词是在近代从“政治”（politics）一词中逐渐演变过来的，是指政府、政党等组织为了完成特定目标所要采取的一系列行动，有时也指权谋、治术。日本在接触到英文“policy”后，从早已传到日本的汉字中选择了“政”和“策”两个字，把这两个字及其含义合在一起，将“policy”翻译成“政策”，用来指政府、政党在政治上所采取的方针、策略，以及推行此方针、策略所使用的方法、手段。另外，它还包括社会各类组织在经营上或发展上所采取的一些计划、手段。1840 年以后，“政策”这个词又从日本慢慢传入中国，变成中国社会政治生活中的一个常用词。

当今社会，“政策”一词更为流行，常被人们挂在嘴边。比如“专家激辩延迟退休政策”、“应适时调整计划生育政策”、“大气污染治理迎来政策机遇”、“一二线城市推出住房限购政策”、“市场迎来从紧的货币政策”、“教育部推出中小学生减负政策”等。当我们说这些话或做这些事的时候，是如何理解“公共政策”这个词的呢？让我们先来看看下面的一些事例。

例 1 2014 年中央一号文件

中共中央、国务院印发《关于全面深化农村改革加快推进农业现代化的若干意见》。新华社 2014 年 1 月 19 日受权发布文件全文。《意见》确定，进一步解放思想，稳中求进，改革创新，坚决破除体制机制弊端，坚持农业基础地位不动摇，加快推进农业现代化。“一号文件”原指中共中央每年发的第一份文件。中共中央在 1982 年至 1986 年连续 5 年发布以“三农”为主题的一号文件，在农村改革史上成为专有名词——“五个一号文件”。2004 年起中央又连续 11 年发布关注“三农”的一号文件。

例 2 全国人大制定多部法律推进社会主义生态文明建设

2013 年 3 月 8 日，全国人大常委会委员长吴邦国作常委会工作报告时指出，针对资源环境约束加剧的严峻挑战，常委会制定循环经济促进法，修改可再生能源法、水土保持法、清洁生产促进法，听取审议环境保护、水污染防治、土地和矿产资源管理等报告，开展环境影响评价法、清洁生产促进法、节约能源法执法检查，从法律层面和工作层面促进绿色发展、循环发展、低碳发展，推进社会主义生态文明建设。

例 3 把反腐败斗争进行到底

习近平总书记在党的十八届中央纪委三次全会上发表重要讲话指出：“全党同志要深刻认识反腐败斗争的长期性、复杂性、艰巨性，以猛药去疴、重典治乱的决心，以刮骨疗毒、壮士断腕的勇气，坚决把党风廉政建设和反腐败斗争进行到底。”他还指出：“要让每一个干部牢记‘手莫伸，伸手必被捉’的道理。‘见善如不及，见不善如探汤。’领导干部要心存敬畏，不要心存侥幸。”

例 4 国家重大科技基础设施建设中长期规划

根据国务院关于编制“十二五”规划的总体部署，国家发改委会同科技部、财政部、教育部、中科院、工程院、自然科学基金会、国防科工局和总装备部等有关部门与单位，共同研究编制了《国家重大科技基础设施建设中长期规划（2012—2030 年）》，目前已经国务院批准印发。《规划》是我国历史上第一部系统部署国家重大科技基础设施中长期建设和发展的指导性文件，对贯彻落实国家创新驱动发展战略、增强我国原始创新能力，实现从科技大国迈向科技强国的目标具有重要意义。

例5 “八项规定”与“六项禁令”

2012年底中共中央相继出台“八项规定”和“六项禁令”引发社会各行业强烈反响。中共中央政治局审议关于改进工作作风、密切联系群众八项规定的会议强调：要以良好党风带动政风民风，真正赢得群众信任和拥护；要下大决心改进作风，切实解决群众反映强烈的问题，始终保持同人民群众的血肉联系。“六项禁令”规定：严禁用公款搞相互走访、送礼、宴请等拜年活动；严禁向上级部门赠送土特产；严禁违反规定收送礼品、礼金、有价证券、支付凭证和商业预付卡；严禁滥发钱物，讲排场、比阔气，搞铺张浪费；严禁超标准接待；严禁组织和参与赌博活动。

例6 新版“国五条”

时任国务院总理温家宝在2013年2月20日主持召开国务院常务会议，研究部署继续做好房地产市场调控工作。本次会议提出五项政策措施，被舆论称为新版“国五条”：一是完善稳定房价工作责任制；二是坚决抑制投机投资性购房；三是增加普通商品住房及用地供应；四是加快保障性安居工程规划建设；五是加强市场监管。

例7 医保新政出台

2012年8月30日，国家发展和改革委员会、卫生部、财政部、人力资源和社会保障部、民政部、保险监督管理委员会联合发布《关于开展城乡居民大病保险工作的指导意见》，保障对象将包括10.32亿城镇居民基本医疗保险与新型农村合作医疗的参保和参合人员。根据这一指导意见，在参保和参合人员患大病发生高额医疗费用的情况下，对城镇居民医保、新农合补偿后需个人负担的合规医疗费用给予保障，并要求实际报销比例不低于50%。如果说全民医保体系的初步建立，让民众有了基本医疗保障，那么推行大病医保，就是要进一步夯实保障基础，提高人民群众“病有所医”的保障水平。毋庸讳言，看病，一直是普通人的人生“三大怕”之一，相对于上不起学、买不起房，看不起病让人有更多的不安全感。就目前我国城镇居民医保、新农合的保障水平而言，保障水平相对较低，小病基本可保障，而一旦得了大病，个人负担的医疗费用较高，高昂的医疗费成为很多家庭不可承受之重，以至于“一人得大病，全家陷困境”。因病致贫、因病返贫现象屡见不鲜。大病医疗保障成为全民医保体系建设中的一块“短板”。因此，有必要就这个问题作出专门的政策设计，使城乡居民人人享有大病保障，进一步推动民生工程建设。

例8 异地高考政策

北京市在2012年12月30日公布了《进城务工人员随迁子女接受义务教育后在京参加升学考试工作方案》。《方案》称，将在进一步完善进城务工人员服务管理制度的基础上，抓紧研究出台与之相挂钩的随迁子女升学考试办法，此前将实行“过渡措施”。过渡措施包括四项内容：(1) 自2013年起，凡进城务工人员持有有效北京市居住证明，有合法稳定的住所，合法稳定职业已满3年，在京连续缴纳社会保险已满3年，其随迁子女具有本市学籍且已在京连续就读初中3年学习年限的，可以参加北京市中等职业学校的考试录取。其中来自农村的学生和学习涉农专业等符合相关规定的学生享有北京市中等职业教育免学费和国家助学金政策。学生从中等职业学校毕业后，可按照有关规定参加高等职业学校的考试录取。(2) 自2014年起，凡进城务工人员持有有效北京市居住证明，有合法稳定的住所，合法稳定职业已满6年，在京连续缴纳社会保险已满6年，其随迁子女具有本市学籍且已在京连续就读高中阶段教育3年学习年限的，可以在北京参加高等职业学校的考试录取。学生从高等职业学校毕业后，可以参加优秀应届毕业生升入本科阶段学习的推荐与考试录取。(3) 自2014年起，凡进城务工人员持有有效北京市居住证明，具有合法稳定职业及合法稳定住所，其随迁子女具有本市学籍且已在京连续就读高中阶段教育3年学习年限的，可选择在京借考高考。北京市按教育部相关文件规定，经学生户籍所在省同意后为学生提供高考文化课在京借考服务，学生回户籍所在省参加高校招生录取。(4) 凡进城务工人员持有有效北京市居住证明，其随迁子女均可按照有关规定，和户籍学生同等待遇报名参加北京市成人高等教育、高等教育自学考试、网络高等教育、开放大学的考试录取。

例9 “空气重污染应急预案”

2013年10月23日北京市发布《空气重污染应急预案》。根据《预案》，本市一旦遭遇空气污染，将根据不同的污染程度启动蓝、黄、橙、红四级预警。蓝色预警即预测未来一天出现重度污染，黄色预警即预测未来一天出现严重污染或预测持续三天出现重度污染，橙色预警即预测未来持续三天交替出现重度污染或严重污染，红色预警即预测未来持续三天出现严重污染。当橙色预警发布时，本市将实施“停产、停工、停放、停烧”等“四停”措施；当红色预警发布时，还将增加“停车、停课”措施，“停车”即机动车单双号限行，渣土、砂石等易扬尘的运输车辆停运，“停课”即中小学和幼儿园停课。而本市各级党政机关的公务用车在执行单双号限行措施的基础上，还将再停驶30%的车辆。

以上内容包括党的文件、党和国家领导人的重要讲话、国家的大型发展计划、中央政府和地方政府出台的一些规定，笼统地讲，这些都是公共政策的具体表现形式。那么，到底如何理解公共政策的概念呢？

在政府所做的众多事情当中，最重要的无疑就是制定政策。从行政角度来看，其主要任务就是执行政策。大量的政策出于政治官员之手，但实施还要依赖于行政部门。公共政策的形式看似比较简单，只是通过民选官员的代议形式表现民众的意愿，但它实际上十分复杂。它可能表现为立法的形式，也可能表现为由行政官员颁布的行政法规或行政命令；它可能表现为全民投票的一个结果（由公民直接投票产生一种具体的政策），还可能表现为一种习惯的做法或行为方式（可能永远也形成不了规则或制度）；它可能是无数政府决策和行动的实际结果，也可能只是政府所要摆出的一种姿态，只具有象征性的意义。

从抽象层面定义公共政策，思路不胜枚举，结果难以统一。有的学者从广义的角度去界定，也有的学者从狭义的角度去解释；有的学者习惯从政治的角度定义政策，也有的学者习惯从行政的角度定义政策；有的学者强调政策的实质性功能，也有的学者关注政策的象征性特征；有的学者认为公共政策具有问题导向，也有的学者认为公共政策是价值的分配。

在本教材中，“政策”被定义为社会公共权威在特定情境中，为达到一定目标而制定的行动方案或行动准则。其作用是规范和指导有关机构、团体或个人的行动，其表现形式包括法律法规、行政规定或命令、国家领导人口头或书面的指示、政府大型规划、具体行动计划及相关策略等。

在上述定义中，社会公共权威是一个较为宽泛的概念，它既包括国家政府或执政党派，又涵盖宗教团体或宗族势力，泛指具有特殊权力、能够制定公共政策的政治实体。当然，政策既可能是个人制定的，也可能是群体制定的。但个人是代表群体的个人，群体是作为组织核心的群体。特定情境是指特定的历史时期和特定的环境条件，以及公共政策特定的适用范围，即所谓的时空条件。政策目标是政策的灵魂，一般而言，制定政策总是为了达到一定的目标，从主观来看，不会有无的放矢的政策。行动方案是指政策的具体性和可操作性，行动准则是指政策的指导性和原则性。

1.1.3 全民公决：公共政策重要的表现形式

全民公决又称全民投票或公民表决，指全体公民对重大问题投票作出决定。它起源于古希腊城邦雅典的公民大会。全民公决是一种直接民主形式，它是民主国家宪政制度的重要组成部分，是由选民通过直接投票的方式，对相关议题表达同意、反对或弃权的明确态度，然后根据表决结果达成决策的一种制度。它是人民自决权实施的一种特定程序选择，属于民主宪政的范畴。从性质上讲，它不是对代议制民主的否定，而是对代议制民主的补充和修正。

求助于全民公决的内容大多是关系国家前途命运和国计民生的重大问题。最近和最有名的全民公决是欧盟的成立，从最初的《马斯特里赫特条约》到《尼斯条约》，再到最终的《里斯本条约》，此事在欧洲前后组织了近百次的全民公决，特别是在西欧国家反复地举行了多次全民公决。即使是最不喜欢全民公决的荷兰，也至少举行了四次全民公决，直到最终通过了《里斯本条约》。与此相同，法国和爱尔兰也是先否决了该条约，而后在金融危机的促动下，才通过了该条约。

作为一种民主制度，全面公决的好处是明显的。它基于平等原则，使每个公民都有参与政策制定的权利。的确，全民公决能够获得最大范围的民主，可以更明确地了解人们的真正需求，而不仅仅是通过选举出来的代表而获得。这样也防止了国家重大政策的制定被少数人所操纵。不仅如此，全民公决还可以培养公民的参与意识和政治责任感。

然而，全民公决并不是一个完美的制度。第一，每一个投票者会更多地关注自己的利益，而不会或很少去考虑国家整体的利益，因此某些政策的制定不能够达到国家利益的最大化。第二，简单多数的通过办法，使得少数人的权益没有办法得到有效的保障。第三，全民公决的成本显然要远高于其他的制度设计，因此不可能过于频繁地进行。第四，全民公决不可能具有很强的实时性，一次全民公决从准备到结束花费的时间要以周甚至以月计，因此不适合处理那些必须迅速作出决定的问题。第五，政府可以通过全民公决推卸责任，政府只需执行全民公决的结果，而不需要考虑最后的决定是否正确。在很多时候，多数人不代表真理，政府不能够仅仅因为全民公决作出了不正确的决定就推卸自己的责任。总而言之，全民公决的确是一种民主决策的有效方法，但它只适用于那些对国家产生重要影响、关乎大多数人利益的重大提案，应用它要十分慎重。

直接民主与间接民主

民主一般可区分为两种，即直接民主与间接民主。所谓直接民主（direct democracy），指的是公民直接参与决定国家与社会事务的民主形式。一般包括在具体事务上的直接民主和在国家体制上的直接民主两个层面的含义。前者是指在一些具体问题上以全体直接投票方式作出决定，但是在整个国家的主导制度上仍然可能是代议形式；后者仅指在整个国家体制上的直接投票形式。现代国家中的直接选举、全民公决以及公民通过听证会等方式直接参与公共事务的讨论决定等，都属于直接民主的不同表现形式。

所谓间接民主（representative democracy & indirect democracy）指的是公民通过经由自己的同意所选举出来的代表来负责制定法律和管理公共事务。所以，间接民主常常又被称为代议制民主。间接民主要求有一整套的监督机构来对人民所选的代表及由此产生的政府进行监督和防范，以避免这些代表和政府官员滥用权力。需要说明的是，间接选举并不等同于间接民主，因为间接选举出来的代表未必真的有权参政。

1.1.4 公共政策的概念梳理

公共政策具有明显的跨学科特征并被广泛应用于社会各个领域，不同的研究者会从不同的分析角度，应用不同的理论和方法去研究不同的政策现象，而不同的公共政策实践亦需要具有很强针对性的、不同的公共政策理论与方法，这就使得对公共政策概念的解释遇到一些麻烦。在学术领域，人们对公共政策含义的理解歧义颇多，并没有形成一致的界定和彼此的认同。下面介绍的是一些颇具代表性的观点。

美国学者伍德罗·威尔逊（Woodrow Wilson）认为，公共政策是由政治家（具有立法权者）制定的并由行政人员（国家公务人员）执行的法律和法规。这一定义主要是从政策制定和政策执行的角度对公共政策进行界定，并借助政策的概念解释了政治和行政的不同，对理解公共政策具有重要的启发意义。①

美国政治学家哈罗德·拉斯韦尔（Harold D. Lasswell）在政策科学创立之初就曾提出，公共政策实际是“一种含有目标、价值和策略的大型计划”。这一定义突出了公共政策的设计功能及其目标取向，强调了理性的政策制定通常应有科学的论证和合理的程序。②

美籍加拿大学者戴维·伊斯顿（David Easton）在《政治体系——政治学现状研究》一书中，确定了政治系统的概念。他认为，政治系统是一个对社会进行权威性价值分配的行为系统，它由整个政治活动组成，并以人际互动为基本单位。政治系统的主要功能是根据社会系统的需要，通过政策的制定和执行对全社会的价值进行权威性的分配。而这种权威性的政策制定和执行其实是一种政治现象。③ 伊斯顿还著有《政治生活的系统分析》、《政治分析的结构》等著作。他对政策概念的解释主要出于传统政治学原理的视角，侧重于公共政策的价值分配功能。其中所涉及的“价值”应从广义去理解，它是指所有有价值的东西，不仅包括实物、资金和知识，还包括权力、声誉和服务。这种理解隐含了一个最基本的政治学假设，即利益及利益关系是人类社会活动的基础，而政府的基本职能就是对利益进行社会性的分配。公共政策是政府进行社会性利益分配的主要形式，即决定什么人取得什么和取得多少。

美国学者托马斯·戴伊（Thomas R. Dye）在《理解公共政策》一书中明确指出：“公共政策是政府选择做的或选择不做的事情。”这一定义侧重了政府的作为和无为，突出了公共政策的行为特征，说明公共政策不仅涉及政府所采取的行动，而且还涉及政府决定停止的行动和根本不去做的事情。④

美国学者罗伯特·艾斯顿（Robert Eyestone）在《公共政策的思路：对政策领导的研究》一书中指出，“从广义上讲”，公共政策就是“政府机构与其周围环境之间的关系”⑤。这种理解是从政治系统角度认识公共政策，认为公共政策是政府与其环境互动的结果，突出了环境因素的作用，强调了政治系统的功能。

英国学者理查德·罗斯（Richard Rose）在《英国的政策制定》一书中提出，不该把公共政策只看作某个孤立的决定，而应把它看作由“或多或少有联系的一系列活动所组成

---

① 参见伍启元：《公共政策》（上册），4 页，台北，台湾商务印书馆，1985。

② H. D. Lasswell and A. Kaplan, *Power and Society*, McGraw-Hill Book Co., 1963, p. 70.

③ David Easton, *The Political System: An Inquiry into the State of Political Science*, Knopf, 1953, p. 129.

④ 参见［美］托马斯·戴伊：《理解公共政策》，2 页，台北，韦伯文化事业出版社，1999。

⑤ Robert Eyestone, *The Threads of Public Policy: A Study in Policy Leadership*, Indianapolis, 1971.

的一个较长的过程”，以及这些活动对有关事物的作用和影响。① 尽管罗斯的定义并不十分明确，但它却包含了一种很有价值的见解，即公共政策是一个活动过程或一种活动方式，而不仅仅是一个关于做什么事的决定。

美国学者斯图亚特·S·那格尔（Stuarts S. Nagel）认为，公共政策是政府为解决各种各样社会问题所作出的决定。政策研究是对公共政策的性质、原因及效果进行的研究。② 那格尔的这种观点突出了公共政策的问题导向及其实践特征。

美国学者叶海卡·德罗尔（Yehezkel Dror）在《公共政策制定再审查》一书中强调，政策就是在指导社会行动的主要方案之间进行选择的结果③，这种观点的渊源甚至可以追溯到古希腊和欧洲文艺复兴时期的政治理论。从选择的角度而言，德罗尔认为政策作为一种理念，可以从重商主义者的论著中得到启示，换句话讲，所谓决策就是从个人立场出发，作出最大价值的选择。

美国学者查尔斯·L·柯克伦（Charles L. Cochran）和埃洛伊丝·马隆（Eloise F. Malone）在《公共政策：展望与选择》一书中提到，公共政策概念源于政治学。④ 从广义上说，对公共政策的研究可以追溯到人类文明的起源，但只是在20世纪60年代中期公共政策才成为政治学的一个附属学科，常被人们称为应用政治学。研究公共政策其实就是研究政府的决定及其旨在处理公共问题的行动。

美国学者詹姆斯·E·安德森（James E. Anderson）在《公共政策制定》一书中指出，公共政策是一个或一组行动者为解决一个问题或相关事务所采取的相对稳定的、有目的的一系列行动。⑤ 这种定义更关注政府实际所做的事情，而不是那些仅仅被提出或打算去做的事情。此外，它还区分了政策与决策的不同，决策本质上是指在众多预案中作出特定的选择，而政策却明显带有过程的特征。

台湾学者伍启元先生在《公共政策》一书中提出：“公共政策是政府所采取对公私行动的指引；公共政策是将来取向的；公共政策是目标取向的；公共政策是与价值有密切关联而受社会价值所影响的；公共政策是由政府或有决策权者所采取或选择的；公共政策是具有拘束性而受大多数人接受的行动指引。”⑥

1.1.5 公共政策的作用

1. 导向功能

公共政策作为规范公众行为的社会准则，对公众行为具有重要的引导作用，这种引导既包括行为的引导也包括观念的引导，它告诉人们应以什么为标准，应该做哪些事和不该做哪些事。这种行为的引导必然对人的观念变化带来影响，这种影响在社会变革时期表现

---

① Richard Rose, *Policy-Making in Britain: A Reader in Government*, Macmillan & Free Press, 1969.

② 参见［美］斯图亚特·S·那格尔编著：《政策研究百科全书》，7页，北京，科学技术文献出版社，1990。

③ Yehezkel Dror, *Public Policymaking Reexamined*, Chandler Publishing Company, 1968.

④ Charles L. Cochran and Eloise F. Malone, *Public Policy: Perspectives & Choices*, Second Edition, McGraw-Hill College, 1999.

⑤ James E. Anderson, *Public Policymaking*, Fifth Edition, Houghton Mifflin Company, 2003, p. 2.

⑥ 伍启元：《公共政策》（上册），4页，台北，台湾商务印书馆，1985。

得尤为明显，这是因为人的观念变化在这一阶段有着强烈的动机需求。

公共政策的导向功能具有两种作用方式：一是直接引导，二是间接引导。比如，我国改革开放后的农村政策直接调动了农民发展农业生产的积极性，引导他们走上脱贫致富的道路，而农村剩余劳动力向城市的大量流入，必然会给城市居民的工作与生活带来影响，农村经济政策从而起到了间接导向的作用。

公共政策的导向功能从作用结果看，既有正向功能也有负向功能。所谓正向功能是指政策对事物发展方向的正确引导，体现了公共政策与事物发展规律的协调一致；所谓负向功能是指对事物发展方向的错误引导，体现了公共政策与事物发展规律的冲突和矛盾。这里需要强调的是，并非只有错误的政策才具有负向功能，一些正确的政策也可能产生负向功能。如西方某些国家的一些社会福利政策，使社会寄生阶层同时受益，而同时懒汉越养越多，这无疑体现了政策的负向功能。

英国高福利政策之忧

英国首相卡梅伦在电视节目中曾多次呼吁英国的失业家庭不要再多生孩子，因为国家已经实在承受不起这种负担。卡梅伦坦率地表示，希望英国人能改变一下领补贴的“价值观”，不要太过依赖政府帮忙抚养孩子。按道理说，生几个孩子本是家庭内部的事，无须政府首脑出面干预，但因涉及儿童福利政策，政府又不得不有所作为。据有关机构统计，英国约有300万家庭没有一个人就业，基本靠领取政府福利过活。在这些家庭中，大约有10万个家庭有4个以上的孩子，其中有900多个家庭至少有8个孩子。具体而言，英国政府要为每家16周岁以下或20岁以下仍在读书的长子每周支付20～30英镑的补贴，这意味着那些辛勤工作的纳税人每年要为此承担127亿英镑的重负。目前，英国政府用于支付失业、住房、身体残疾和子女供养费等各种社会补贴的账单总额高达1 800亿英镑。这对赤字累累的英国政府来说实在是不小的负担，首相亲自出面劝阻失业人口不要多生孩子，实在是迫于无奈。这番实话在网上也引发了不少人共鸣，有人直呼“说得好”、“绝对正确”、“养孩子自己不能不掏钱”。但也有唱反调的，有人高喊：“生孩子是那些家庭的人权，政府无权对此指手画脚，政府应该集中精力努力增加工作机会，而不是急于削减各种津贴。”

2. 管制功能

为避免一些影响社会良性运行的不利因素出现，公共政策就要发挥对目标群体的约束和管制职能。这种功能往往是通过政策的有关条文规定明确地加以体现，通常采取两种途径达到这一目标。

（1）积极性管制。政策条文的规定突出正激励原则，即对某种行为加以物质或精神方面的奖励，以刺激这种行为重复出现的频率，从而达到减少其反向行为的目的。

（2）消极性管制。政策条文的规定突出负激励原则，即对某种行为加以物质或精神方面的惩罚，以抑制这种行为重复出现的可能，从而达到有效管制的目的。

税收政策要奖惩并重

以我国资源节约和环境保护的税收政策为例，目前制定的具有针对性的政策大概有30项之多，这些政策中绝大多数都是鼓励性、奖励性的政策，或可被称为税收补贴政策，涉及税种主要集中在企业所得税、增值税、资源税、出口退税等方面。毫无疑问，这些政策在提高社会认识度和推动节能减排工作中发挥了重要的作用。但是，形势的发展要求对当前过于倚重鼓励性政策的税收政策体系作出调整。也就是说，要坚持激励机制与约束机制相结合。一方面，要求有关部门通过制定税收优惠政策，继续支持节约能源资源和环境污染的活动；另一方面，对高耗能、高污染、资源利用率低的行业和企业（包括产品）实行惩罚性的税收政策，适当增加新的税种，逐步建立有利于资源节约和环境保护的有奖有惩、奖惩并重的税收政策体系。

3. 调控功能

公共政策的调控功能是指政府运用政策手段对社会生活中出现的利益冲突进行调节与控制。政策的调控作用主要体现在调控社会各种利益关系特别是物质利益关系。在社会生活中人们有着不同的利益需求，而且表现出阶段性的特征，利益的差别使冲突不可避免。为了平衡这种矛盾，保持社会的稳定和经济的发展，作为政府重要管理手段的公共政策需要承担起调控社会利益关系的重任。

公众的利益矛盾经常会涉及这样几方面的问题。第一，人民的利益增长得快一点、激进一点，还是慢一点、稳妥一点之间的矛盾。第二，社会中一部分人与另一部分人的冲突。他们同属人民范畴，但处于不同阶层，利益矛盾此起彼伏。如工人与农民之间、国家职工与个体工商户之间、城里人与外来流动人员之间的冲突等。第三，人民这方面的利益与那方面的利益之间的矛盾。

公共政策不仅需要指明人们应该做什么和不该做什么，而且还需要指明人们应该先做什么和后做什么，并以此调控社会群体和个人的行为趋向。因此，公共政策的调控功能还常常表现出其特有的倾斜性。政府工作在不同时期会有不同的侧重点，公共政策就应对此加以倾斜，即在大的目标前提下，优先考虑某一地区或某一领域的发展，并相应对某些利益群体加以保护，如我国的特区经济政策和发展第三产业的政策等就突出表现了政策的倾斜性特征。

《论十大关系》

《论十大关系》是毛泽东在听取多部门工作汇报、作了大量调查研究的基础上，于1956年4月在中共中央政治局扩大会议上作的讲话。这篇讲话论述了我国社会主义革命和社会主义建设中带有全局性的十个问题，即十大关系。它们是：重工业和轻工业、农业的关系，沿海工业和内地工业的关系，经济建设和国防建设的关系，国家、生产单位和生产者个人的关系，中央和地方的关系，汉族和少数民族的关系，党和非党的关系，革命和反革命的关系，是非关系，中国和外国的关系。毛泽东提出社会主义建设中的十大关系，都是围绕着一个基本点，就是努力把党内党外、国内国外的一切积极的因素，直接的、间接的积极因素，全部调动起来，把我国建设成为一个强大的社会主义国家。

毛泽东的讲话在总结中国社会主义建设初步经验的基础上，以苏联经验为借鉴，提出了探索适合中国国情的社会主义建设道路的任务，明确了党对每一种关系应当采取的正确方针，这对社会主义建设事业的发展具有深远的指导意义。从目前社会发展情况来看，结合新阶段的新任务重温《论十大关系》的基本思想，对于我们协调多方利益、解决各种矛盾、维护社会稳定、推动经济发展，具有重要的现实意义。

4. 分配功能

对社会公共利益进行分配是公共政策的本质特征。每一项具体政策都会涉及“把利益分配给谁”这样一个问题，换句话讲，就是都要面临一个“政策使谁受益的问题”。人的利益需要是不同的，而社会资源却是有限的，因此，政策对利益的分配不可能同时满足所有人的需要，往往是一部分人从中获得了较多的利益，而另一部分人却不能从中获取利益或损失了原有的利益。政策的这种利益分配功能对社会的良性运行和稳定发展有着非常直接的影响。近年来，虽然我们一直在强调社会公正的原则，但社会的利益矛盾仍突出表现在分配不公的问题上，尤其是物质利益的分配不公，更是公众瞩目的焦点。那些不合理的分配政策如果得不到及时纠正，就可能激化社会的利益冲突，进而使物质利益上的矛盾转化为政治利益上的矛盾。因此，公平分配既是重要的理论问题，又是紧迫的实践问题。

福利经济学

社会分配应该优先穷人还是优先富人？从社会福利的角度来看哪种分配更为公平？

对以上问题福利经济学是这样回答的：同样1块钱，对于穷人和富人，其边际效用（marginal utility）是不同的。所谓边际效用就是增加1个单位某种物品的消费给人带来的主观心理满足程度的增加。1块钱的边际效用对于不同的人是有差别的。比如一个亿万富翁，你多给他1块钱，这增加的1块钱在他眼里根本不算什么，换句话讲，增加的这1个单位的钱，没有给他带来多少满足程度的增加，但对于一个沿门托钵的乞丐，你给他1块钱，他可能会高兴老半天。

假定边际效用可以用数字来表达。那么，这1块钱给穷人增加的满足程度如果说是100个单位，而给富人增加的满足程度也许就只有1个单位。如果再假设一个国家由一个穷人和一个富人组成。今年国家收入比去年多了1块钱，那么这1块钱给谁才会使社会总福利增加最多呢？显然，按照福利经济学的理论，这多收入的1块钱应该给穷人。因为给了穷人，社会总福利会增加100，而如果给了富人，社会总福利仅增加1。所以，社会收入分配应该偏向于穷人而不是富人才行。

福利经济学创始人庇古就是从这个简单的道理出发提出了收入均等政策。他认为，增加社会总福利的方法之一，就是将钱从富人手中向穷人手中转移。因为即使是社会总收入未增加，从富人手中拿出1块钱，福利损失是1，而这块钱到了穷人手中，增加的福利是100，两者相抵，社会总福利会增加99个单位，所以资助穷人对这个世界是非常有利的。只有全体社会成员收入相等了，1决钱对于社会全体成员边际效用相等了，这种财富的转移才会变得没有意义。

1.2 “公共”概念透视

1.2.1 公共物品

公共物品的分析是公共选择理论的一项重要内容。这个分析架构是通过透视“物品”这样一个概念分析公共与私人领域的有关问题。

所谓公共物品（public goods）是指那些能够被所有人得到的物品或服务。换句话讲，如果把公共物品提供给任何一个人，那么也必须提供给其他所有的人。对单一消费者而言，该物品或服务的成本要远远高于其价值。所谓私人物品（private goods）则是指那些通过市场选择而被个人消费的物品，而且只有那些为之付费的人才有权力对其进行支配。经济学家萨缪尔森认为，公共物品的主要特征表现为它的不可分割性，也就是说，它面向所有人，不具有排他性。而私人物品却不是这样，它带有明显的排他性特征。公共物品用税收和借贷的方式予以支付，它们的价格表现在资助其生产所要求的征税水平，而私人物品则是通过在市场条件下运行的价格体系予以支付。显然，消费者都不会愿意一个人支付公共物品的费用而让别人来消费。好比要修一座灯塔，照亮的会是所有航行到此的船只，谁会愿意自掏腰包呢？人们称这种现象为“灯塔效应”①。

从广义角度来看，公共选择问题的确会涉及公共或私人物品的确定。比如，在一些国家，健康政策适用于大范围的公共领域，所有的市民都可以得到这种关心，而在另一些国家，主导形式却是私人关心和健康保险。再比如，在一些国家，公共交通业由国家进行高额补贴，而在另一些国家，票价则完全由市场所决定。所以，在如何解决什么是公共领域这样一个问题时，公共与私人物品的两分法能够提供一些有效的帮助。然而，什么才是公共物品呢？这个问题从20世纪60年代开始就一直成为经济学家们争论的焦点。比如，布坎南在1968年就曾对萨缪尔森1954年所提出的公共物品这个概念的纯正性提出过质疑。他认为，很多物品都难以进行非常清晰的界定，一些公共物品同样具有一定程度上的排他性。对此，布坎南提出了一种俱乐部理论，他认为俱乐部形式的存在能够通过一种收取费用的机制排除部分公共成员的参与。这种理论的出现代表了公私问题争论中一个非常重要

① 灯塔效应（lighthouse effect）：私有商品都可以在市场交换，并有市场价格和市场价值，但公共物品没有市场交换，也没有市场价格和市场价值，因此消费者都不愿意一个人支付公共物品的费用而让别人来消费。经济学中把这种现象称为“灯塔效应”或“搭便车效应”。

的方面。它告诉人们这样一个事实：纯粹的公共物品毕竟是少数，更多的则是“准公共物品”或不纯粹的公共物品。如果从公共物品纯粹性的观点出发，那么公共政策的确就该对什么是公共的、谁提供的、谁付的钱、怎样付的、付给谁了这类问题加以确认。从理论上讲，只要承认一种服务是公共的，它就应该由国家来承担，而且要对所有人开放，但实际情况并非如此，公共物品的纯粹性在实践中受到严峻挑战。一种公共物品尽管需要遵从萨缪尔森建立的标准，但得到它的人也应符合政策所确立的标准，即利益仅仅能分配给限定的群体或具有一定类型的人。那些所谓具有价值的公共物品或服务将会当场排除部分社会成员，这是因为他们根本不具备参与分配的资格与条件。换句话讲，公共物品或服务经常仅有利于社会中某些团体和个人，有时还需要通过付费的形式或按照一定的价值标准定额定量地分配。如果单纯从物品角度考虑问题的话，公与私的概念难有一元化的解释。二者之间呈现出一种相互渗透、相互重叠的关系。

美国小镇的烟火表演

烟火表演这种物品没有排他性，因为要排除任何一个人观看都是不可能的，而且，它也没有竞争性，因为一个人观看烟火表演，并没有减少其他任何一个人观看。

美国一个小镇的居民喜欢在7月4日国庆日观看烟火表演。根据经验，全镇500个居民中的每个人对观看烟火表演都给予了10美元的估价。烟火表演的成本为1 000美元。由于5 000美元的利益大于1 000美元的成本，小镇居民在7月4日国庆日观看烟火表演应该说是有效率的。

私人市场能提供有效率的结果吗？也许不能。设想一下，这个小镇的企业家艾伦决定举行一场烟火表演。艾伦肯定会在卖出这场晚会的门票时遇到麻烦，因为他的潜在顾客很快就会想到，他们即使不买票也能够看到烟火表演。烟火表演没有排他性，因此，人们会受到“搭便车”的激励。所谓“搭便车”就是得到一种物品的收益但却避开了为此提供支付。

说明这种市场失灵的一种方法是，它的产生是由于外部性。如果艾伦举行烟火表演，她就给那些不交钱看表演的人提供了一种外在收益。当艾伦决定是否举行烟火表演时，她没有考虑到这种外在收益。尽管从社会来看烟火表演是合意的，但从私人来看无利可图。结果，艾伦作出不举行烟火表演这种从社会来看无效率的决策。

尽管私人市场不能提供小镇居民需要的烟火表演，但解决小镇居民这个难题的方法是显而易见的：当地政府可以赞助7月4日的庆祝活动。镇委员会可以向每个人增加2美元的税收，若用这种收入雇用艾伦提供烟火表演，小镇上每个人的福利都增加了8美元——烟火的评价10美元减去税收2美元。尽管艾伦作为一个私人企业家不能做这件事，但作为政府雇员她可以帮助小镇达到有效率的结果。

小镇的故事是老生常谈，但也是现实的。实际上，美国许多地方政府都在7月4日放烟火。而且，这个故事说明了公共物品的一个一般性结论：由于公共物品没有排他性，“搭便车”问题就排除了私人市场提供公共物品。但是，政府可以有效地解决这个问题。如果政府确信，总收益大于成本，它就可以提供公共物品，并用税收为它支付，这可以增加社会的福利。

资料来源：[美] 曼昆：《经济学原理》，5版，234页，北京，北京大学出版社，2009。

1.2.2 公共职能

公共职能问题是政策讨论中一个引起广泛争论的焦点问题，同时也是公私冲突表现的一个重要方面。公共职能是政府依法对国家和社会公共事务进行管理时应承担的职责和所从事的活动。它主要包括下列内容：

（1）政治职能：亦称统治职能，即对外保护国家安全，对内维持社会秩序的职能。它主要涉及四个方面：1）军事保卫职能，即维护国家独立和主权完整、保卫国防安全、防御外来侵略的职能；2）外交职能，即通过政府的外交活动，促进本国与世界其他各国正常的政治、经济往来，建立睦邻友好关系，促进国与国之间互惠互利，反对强权政治，维护世界和平等方面的职能；3）治安职能，即维持国家内部社会秩序、镇压叛国和危害社会安全的活动、保障人民的政治权利和生命财产安全、维护宪法和法律尊严的职能；4）民主政治建设职能，即通过政府活动，推进国家政权完善和民主政治发展的职能。

（2）经济职能：是指政府为了国家经济的发展，对社会经济生活进行管理的职能。它主要涉及三个方面：1）宏观调控职能，即政府通过制定和运用财政税收政策和货币政策，对整个国民经济运行进行间接的、宏观的调控；2）提供公共产品和服务职能，即政府通过政府管理、制定产业政策、计划指导、就业规划等方式对整个国民经济实行间接控制，同时，努力发挥社会中介组织和企业的力量，与政府一道共同承担提供公共产品的任务；3）市场监管职能，即政府为确保市场运行畅通、保证公平竞争和公平交易、维护企业合法权益而对企业和市场所进行的管理与监督。

（3）文化职能：是指政府为满足人民日益增长的文化生活的需要，依法对文化事业所实施的管理。它主要涉及四个方面：1）发展科学技术的职能，即政府通过制定科学技术发展战略，加强对重大科技工作的宏观调控，做好科技规划和预测等工作，重视基础性、高技术及其产业化研究，一般的科技工作主要依靠市场机制来推动；2）发展教育的职能，即政府通过制定社会教育发展战略，优化教育结构，加快教育体制改革，逐步形成政府办学与社会办学相结合的新体制；3）发展文化事业的职能，即政府通过制定各种方针、政策、法规等，引导整个社会文学艺术、广播影视、新闻出版和哲学社会科学研究等各项事业健康繁荣地发展；4）发展卫生体育的职能，即政府制定各种方针、政策、法规等，引导全社会卫生体育事业的发展。

（4）社会职能：是指除政治、经济、文化职能以外政府必须承担的其他职能。它主要涉及四个方面：1）调节社会分配和组织社会保障的职能，即政府为保证社会公平、缩小地区发展差距和个人收入差距，运用各种手段来调节社会分配、组织社会保障，以提高社会整体福利水平，最终实现共同富裕；2）保护生态环境和自然资源的职能，即政府通过各种手段，对因经济发展、人口膨胀等因素所造成的环境恶化、自然资源破坏等进行恢复、治理、监督、控制，从而促进经济的可持续发展；3）促进社会化服务体系建立的职能，即政府通过制定法律法规、政策扶持等措施，促进社会自我管理能力的不断提高；4）提高人口质量，实行计划生育的职能，即政府通过计划生育的法制建设，方针、政策的制定，规划组织计划生育科学研究等措施，加强计划生育的宣传、咨询和技术服务工作，促进计划生育的管理工作。

基本公共服务均等化

所谓基本公共服务是指建立在一定社会共识基础上，根据一国经济社会发展阶段和总体水平，为维持本国经济社会的稳定、基本的社会正义和凝聚力，保护个人最基本的生存权和发展权，为实现人的全面发展所需要的基本社会条件。基本公共服务包括三个基本点：一是保障人类的基本生存权（或生存的基本需要），需要政府及社会为每个人都提供基本就业保障、基本养老保障、基本生活保障等；二是满足基本尊严（或体面）和基本能力的需要，需要政府及社会为每个人都提供基本的教育和文化服务；三是满足基本健康的需要，需要政府及社会为每个人提供基本的健康保障。随着经济的发展和人民生活水平的提高，一个社会基本公共服务的范围会逐步扩展，水平也会逐步提高。

一般地说，基本公共服务均等化是指政府要为社会成员提供基本的、与经济社会发展水平相适应的、能够体现社会公平正义原则的大致均等的公共产品和服务，是人们生存和发展最基本的条件的均等。从我国的现实情况出发，基本公共服务均等化的内容主要包括：一是基本民生性服务，如就业服务、社会救助、养老保障等；二是公共事业性服务，如公共教育、公共卫生、公共文化、科学技术、人口控制等；三是公益基础性服务，如公共设施、生态维护、环境保护等；四是公共安全性服务，如社会治安、生产安全、消费安全、国防安全等。这些基本公共服务做好了，才能使全体社会成员共同享受改革开放和社会发展的成果。

我国政府提出了基本公共服务均等化的目标，但在操作层面必须明确界定基本公共服务的内容。从我国的现实情况看，可以运用基础性、广泛性、迫切性和可行性四个标准来界定。所谓基础性，是指那些对人的发展有着重要影响的公共服务，是人所必需的公共服务，它们的缺失将严重影响人的发展。所谓广泛性，是指那些影响到全社会每一个家庭和个人的公共服务供给。所谓迫切性，是指事关广大社会最直接、最现实、最迫切利益的公共服务。所谓可行性，是指公共服务的提供要与一定的经济发展水平和公共财政能力相适应。

从上述标准判断，义务教育、公共卫生和基本医疗、基本社会保障、公共就业服务，是广大城乡居民最关心、最迫切的公共服务，是建立社会安全网、保障全体社会成员基本生存权和发展权所必须提供的公共服务，成为现阶段我国基本公共服务的主要内容。

1.2.3 公共问题

毫无疑问，有些问题具有私人性质，有些问题具有公共性质。公共政策要处理的是公共问题而不是私人问题，其中的道理就是政府职能应该是有限的，不应该是无限的。任何问题，都可以从私人性和公共性两方面作出区分。政府要管具有公共性质的问题，而尽量不要去干涉具有私人性质的问题。政府不是全能的，不能什么都去管，如果什么都管，结果就一定是管不了也管不好。

19世纪影响力很大的古典自由主义思想家约翰·斯图亚特·密尔（John Stuart Mill）在《论自由》一书中通过厘清“群”、“己”权界，来谋求公与私的界限，提出了“不伤害原则”。密尔把社会控制和个人自由之间的界限概括为：个人的行为只要不涉及自身以外的其他人的利害，个人就不必向社会负责和交代；关于对他人利益有害的行为，个人则应当负责和交代，并且还应当承受或是社会的或是法律的相应惩罚，假如社会的意见认为需要用这种或那种惩罚来保护它自己的话。这一界限可以概括为“不伤害”，“不伤害”实际上是一体两面，既界定了个人自由的界限，同时也界定了社会控制的界限。

陕西黄碟案：私人问题还是公共问题?

2002年8月18日晚11时许，陕西省延安市万花派出所民警接到群众的举报电话，称辖区内一居民家中正播放黄色录像。派出所遂派出4名民警前去调查。当民警进入该居民家中时发现，房间内只有新婚夫妻张秋林和李小叶两人，此时电视机已关闭。几名民警表明身份，并要求夫妻俩拿出“黄碟”，但该夫妻拒绝警方的要求。由此，双方发生冲突。撕扯中，一民警的袖子被撕破、一民警的手被抓伤。民警将张秋林摁倒在床上，然后以妨碍警方执行公务为名将其带回派出所。警方将从现场搜到的3张淫秽光碟，连同电视机、影碟机作为证据一起带回派出所。8月19日，在缴纳了1 000元暂扣款之后，张秋林被释放。10月21日，张秋林突然又被宝塔公安分局治安大队带走，随即以“涉嫌妨害公务”为名被刑事拘留。10月28日，宝塔公安分局向宝塔区人民检察院提交材料，报请检察院批准逮捕张秋林。11月4日，宝塔区人民检察院以“事实不清，证据不足”为由作出不予批捕张秋林的决定，发回公安分局补充侦查。11月5日，被刑拘16天的张秋林被宝塔公安分局以取保候审的形式释放。12月5日，宝塔公安分局以“案件撤销”为由，解除了对张秋林的取保候审，1 000元暂扣款同时返还当事人。夫妻家中看“黄碟”，民警上门来抓人。此案传出后，一下子轰动全国，成了人们关注的热点。

1.2.4 公共利益

虽然自古以来国家的形式变化多样，对国家存在的理由也有不同的解释，但是毫无疑义，公共利益能够有效解释国家存在的正当性。公共利益概念是界定政府行为（公共政策）必要性的主要界限，是把握公共政策目标性的主要依据。

一般认为，公共利益是指一定范围内不特定多数人的共同利益，它是包括国家利益、阶级利益、民族利益、集体利益在内的公共物质利益和精神需要。如果要正确界定公共利益，通常要遵循以下四项基本标准：公共、合理、正当、公平。

（1）公共性。较私人利益而言，公共利益首先是一种公众利益，受益主体具有普遍性或不特定性的显著特点。同时这种利益的实现主要依赖以政府为代表的公共选择机制，一般难以通过市场等私人选择机制来实现。

（2）合理性。由于一种公共利益的实现经常是以其他公共利益和私人利益的减损为代价，因此在界定公共利益时就应当遵循合理性原则（或者比例性原则）：要对局部公共利益与整体公共利益、短期公共利益与长期公共利益加以权衡，对可能减损的私人利益与可能增长的公共利益加以权衡，对实现公共利益的不同方式加以权衡。通过这些权衡，最大限度地避免因小失大，不能丢了西瓜捡芝麻。

（3）正当性。公共利益的界定事关广泛的公众利益，政府机关应当广泛听取、充分尊重公众意见，保证公共利益界定基于广泛的民意之上。参与是民主重要的特征，程序是民主的有效保证。

（4）公平性。公共利益是一种公众利益，如果以减损少数人的私人利益却又不给予必要补偿的方式来增进公共利益，就会有违公共政策的正义和公平原则。这种补偿应当是一种得失相当的公平补偿和合理补偿，而不能只是强制性和象征性的“适当补偿”或者弹性很大的“相应补偿”。

拆迁之惑

美国“9·11”事件的焦点——世界贸易中心，它的所在地以前是纽约市著名的电子一条街，有着几百家店铺。1962 年，纽约市在这里开始了世界贸易中心的征地行动，但遭到了几百家店铺业主的反对，政府与业主的官司一直打到了美国最高法院，最终业主们输了。因为大法官最终裁定该地建设的世界贸易中心符合公共利益，他们认为，该商业区毗邻华尔街和纽约港，该地段是美国乃至世界经济的象征，世界贸易中心的修建将吸引全世界对美国的投资，会给纽约乃至美国带来更大的繁荣，而几百家店铺不能够做到这一点。可见，公共利益需要明晰化，需要一个理由充分的解释，如此方能合理推进城市建设和改造，取得公众最大限度的认同。

1.2.5 公共权力

公共权力一般指由立法、行政、执法、司法等国家和社会的公共机构行使的权力，它在保证社会稳定、维持良性互动和促进经济发展方面发挥着任何非公共的私人权力都无法取代的重要作用。也正因为如此，相对于非公共领域的团体或个人而言，公共权力往往处于明显的优势地位。然而，“政府不是天使”，“公共权力是一把双刃剑”，公共权力不可避免地要交由具体的机构或个人去行使。这样，“执行公务”时便会出现实体上的公共性与形式上的私人性之间的矛盾，所以不可避免地会出现扩展权力的冲动和角色表现的悖论。因此，为了有效抑制这种非理性的冲动和角色的错位，就应该为公共权力划定法律界限。对私人权利而言，“法无禁止即自由”；对公共权力而言，“法无授权即禁止”。这是法治社会的基本理念。只有对公共权力实施有效制约，才能保证私人的合法权利和社会的良性运行。

一个成熟的法制社会，有限政府的理念会被视为行政的法则。在公权与私权博弈与角力时，政府需要表现出管理理性。就社会而言，行政之手不能愣充“千手观音”，不该伸手时就应作壁上观，不然，要么是权力寻租，腐败成灾，要么就是帮倒忙，管不了也管不好。进一步讲，在社会生活的一些方面，某些该与私权利保持距离、粗放式管理的公权力，不可过度“精细化”，更不可“一刀切”地一禁了之。行政之手“热心过度”会带来很多问题。

公权力的边界问题是个大问题，它关系到公权力危害个人权利的可能性，因此，公权力的行使必须确立边界意识。对公权力的边界予以限定，原因在于对权力扩张本性的警惕和对人性表现的不信任。只有在公权力边界得到限制的前提下，才能使公权力在不危害个人权利和社会自由的前提下，在法定的公共领域内有规则地运行。

“法无禁止即自由”与“法无授权即禁止”

法律对权力具有两方面的作用，一是授予作用，二是限制或制约作用。权力只有授予才能行使，一切权力的运作必须基于并源于民意和公意，并以法律的形式明确地固定下来，即“权力法定”、“越权无效”、“法无授权不可为”。在法治社会里，“权力法定”的含义是：一切公权力的取得和行使都必须从法律中获得其来源，国家机关不得行使法律没有授予和禁止行使的权力。权力法定也告诫人们应该慎重对待权力。由于权力最易诱发人性中最丑陋、最贪婪的东西，权力客观上具有腐蚀性、异化性、扩张性及对私人权利的侵害性等倾向，一切拥有权力的人都可能会滥用权力。因此，对权力加以分解、限制、制约并对权力使用活动进行严格监督是法治的应有之义，而这主要是通过公法来进行的。在一国的法律体系中，公法同权力的设置、分配、行使、制约及监督等运作有最直接的联系。私法确认和保护的是私法主体享有的私权利即民商事权利。财产权、人身权以及由这两类私权派生的众多具体权利构成最低限度的基本人权。私法倡导“权利本位”，私法是权利法。权利主体（自然人和法人）制度、权利规则制度（物权、债权、人身权、继承权、知识产权）、权利行使制度（法律行为制度和代理）、权利保障或救济制度（民事责任制度）等构成私法的基本内容。私法奉行“法无禁止即自由”，将它作为金科玉律并以此去分析、评价、判断具体的个人行为。“权利推定”就是“不禁则许”，法律没有明文禁止的行为就是私法主体通常可以自由实施的。社会愈发展，文明程度愈高，人们获得自由的机会就愈多，权利推定的范围就愈大。

1.2.6 公共秩序

公共秩序（public order）也称“社会秩序”，是指为了维护社会公共生活的正常进行而要求人们必须遵守的行为规范，由法律，行政法规，国家机关、企业事业单位和社会团体的规章制度等共同确定，主要包括社会管理秩序、生产秩序、工作秩序、交通秩序和公共场所秩序等。遵守公共秩序是公民的基本义务。人们在社会中活动，都必须以自己的活动不影响和妨碍他人的正常活动为前提，这样才能形成良好的公共秩序，人们的社会生活才有可靠的保障。如果有人不遵守甚至破坏公共秩序，轻者造成别人的反感和不安，重者会造成严重的社会后果。所以遵守公共秩序，是关系到维护国家和公共利益的大事，是社会生活和谐与稳定的基础。为了有效保证公共秩序，有时就要对个人权利有所限制，在一些特殊情况下，限制的范围会加大。以北京奥运会为例，因遵守公共秩序而给个人带来的不便，可能是必须付出的代价。为了顺利举办 2008 年北京奥运会，政府部门出台了一系列针对这一非常时期的限制措施，这些措施也在一定程度上影响着很多人习惯的生活节奏。

实际上在处理公共秩序与私人权利的关系问题时，二者的界限难以划定，但参照公共利益的界定标准也可提供一些基本原则。一是正当性，即公共秩序的需要与私人利益相比较是否对公共利益更有利。二是必要性，即公共秩序如果可以有多种实现手段，就应当尽可能少侵犯或不侵犯个人利益，以便提高公共政策的效率。三是合法性，即保护公共秩序的措施要能够接受司法审查，如果公民个人对相关政策产生不满，完全可以通过司法途径加以解决。四是合理性，即个人利益的损失应该得到合理的补偿，尽管有时候很难进行量化。根据北京奥运会期间机动车减征养路费和车船税的具体方案，2008 年 7 月 1 日至 9 月 20 日，按照奥运期间交通保障方案停驶、限行的持有北京号牌的机动车，都将享受减征 3 个月养路费和车船税的优惠政策。

奥运时间

2008 年 7 月 20 日，是奥运村开村的日子，从这一天开始，北京正式进入“奥运时间”。在随之而来的两个月时间里，奥运会是北京市民无法回避的主题。除了期待即将到来的精彩比赛，许多人不得不牺牲一些个人利益。在奥运期间，市民们无法驾车前往奥运中心区，那里已经采取交通管制措施，限制社会车辆通行。虽然奥运中心区并不是市民们常去的地方，但如果你碰巧在这个区域内上班或居住，那么不便的感觉就会强烈得多。习惯了驾车上班的人，也必须忍受另外一种不便——北京市车辆和外地进京车辆从 7 月 20 日起到 9 月 20 日按车牌尾号实行单号单日、双号双日行驶。据相关部门估计，北京为此将停驶机动车约 200 万辆。这一规定使拼车上班成为潮流，“我和你拼了”成为新的流行语。同时，北京根据奥运会惯例和北京申办奥运会时的承诺，正式启动奥运专用车道，以确保奥运运动员、官员、媒体记者“安全、准点”到达场馆、参加赛事。这给市民的出行带来了诸多不便。此外，很多建筑企业也接到来自北京建委的通知，施工工地大部分的土石方工程和混凝土浇筑工程在 7 月 20 日前必须全部停工。北京市 150 余家混凝土搅拌站除保留 5 个作为应急之需外，其余陆续停产。奥运期间停止运作的不仅仅是建筑企业，北京著名酒吧街三里屯的一些酒吧和夜店，由于有关部门规定而停止营业。北京奥运会的安保预算为 3 亿美元，这些钱主要被用来加强比赛场馆、机场、火车站、地铁站等公共场所的安检措施。客观地讲，政府在安检方面的努力给居民的出行带来了诸多不便。

1.2.7　公共治理

公共治理是由开放的公共管理与广泛的公众参与二者整合而成的公域之治模式，具有治理主体多元化、治理依据多面化、治理方式多样化等典型特征。

首先，就治理主体而言，该模式主张不仅包括国家，还包括其他公权力主体如行业协会、自治团体等，各种治理主体在公域之治中应各展其长、各得其所。

其次，就治理依据而言，该模式主张不仅包括国家立法，还包括社会共同体形成的规则，甚至不同主体之间达成的协议等。

再次，在治理方式上，该模式主张依照公域之治的实际需要，在进行综合性成本一收益分析的基础上，能使用非强制方式的就不使用强制方式，能用双方协商解决的方式就不用单方强制的方式，能使用自治的方式就不使用他治的方式，遵照先市场后社会再政府的选择标准，实现治理方式的多元化、民主化和市场化。

最后，这种模式主张，在宪政框架下，所有公共治理主体都应当权责一致，确保没有权力不受监督、没有权利不受救济，所有公共治理主体都要依法承担违法责任，尤其要确保过罚相当、罚当其责。

自20世纪70年代以来，以“公共治理”为代表的新理论范式抛弃了传统公共管理的垄断和强制特征，强调政府、企业、团体和个人的共同作用；不再单单指望政府去做什么和提供什么，而是希望政府能充分挖掘各种管理和统治工具的潜力；不要求政府整天疲于奔命，当救火队长，而希望政府有自知之明，做自己应做、能做和可以做的事情；不强求自上而下、等级分明的社会秩序，而重视网络社会各种组织之间的平等对话的系统合作关系。综上所述，公共治理是指一种多元的、民主的、合作的公共行政，也可称为“治理”式行政。

新公共管理与新公共服务

新公共管理（new public management，NPM）是20世纪80年代以来兴盛于英、美等西方国家的一种新的公共行政理论和管理模式，也是近年来西方规模空前的行政改革的主体指导思想之一。它以现代经济学为自己的理论基础，主张在政府等公共部门广泛采用私营部门成功的管理方法和竞争机制，重视公共服务的产出，强调文官的政治敏锐性和对社会公众的响应力，倡导在人员录用、任期、工资及其他人事行政环节上实行更加灵活、富有成效的管理。

新公共服务则是以美国著名公共管理学家罗伯特·登哈特（Robert B. Denhardt）为代表的一批公共管理学者基于对新公共管理理论的反思，特别是针对作为新公共管理理论之精髓的企业家政府理论缺陷的批判而建立的一种新的公共管理理论。新公共服务理论认为，公共管理者在管理公共组织和执行公共政策时应该集中于承担为公民服务和向公民放权的职责，他们的工作重点既不应该是为政府航船掌舵，也不应该是为其划桨，而应该是建立一些明显具有完善整合力和回应力的公共机构。

1.3　公共政策的分类

在现代社会，公共政策作为政府对团体和个人行动的有效干预手段，存在于社会生活的各个领域，其数量巨大、内容繁杂、形式多样、性质复杂，因此要把它们都解释清楚是很不现实的。公共政策的分类并无定式，根据不同的标准，可以做不同的分类。从传统角度来看，根据措施规定的详细程度，公共政策可分为计划性政策与纲领性政策，前者明确规定了具体的行动方向和步骤，后者只是规定了总的方向和目标。根据涉及的不同领域，公共政策可分为国防政策、外交政策、经济政策、人口政策、教育政策等。根据政策制定的不同机构，公共政策可以划分为行政的、立法的、司法的等政策。根据政策出台的不同时间，公共政策也可作出相应划分，如根据中华人民共和国成立后的历史阶段不同，公共政策可以划分为过渡时期（1949—1957 年）、全面建设时期（1957—1966 年）、十年“文化大革命”时期（1966—1976 年）、两年徘徊时期（1976—1978 年）、社会主义现代化建设时期（1978 年至今）。

尽管这样一般性的分类方法在区分不同政策时比较便捷，但是它们在概括能力上却体现出明显的缺陷，因为它们没有真正反映公共政策的基本特征和实质内容。下面有关分类方法的介绍将使读者对公共政策的涉及范围、多样性和目标的差异有更深刻的理解。

1.3.1　实质性政策和程序性政策

1. 实质性政策

实质性政策与政府将要采取的行动有关，如修建高速公路、实施福利计划、抓捕恐怖分子、禁止酒精饮料零售等。实质性政策会直接给人们带来利益或造成不便，并分配相关收益和支付必要成本。2008 年面对全球金融危机日益演化为全球经济衰退，中国政府强力启动了刺激内需计划。国务院出台的新措施将在随之而来的两年内新增加约 4 万亿元的投资，相当于 2007 年全社会固定资产投资的 29.2%。这项政策属于典型的实质性政策。这 4 万亿元投资的大体构成涉及这样几个方面：民生工程（保障性住房、棚户区改造、农村电网改造、农村道路建设、农村危房改造和游牧民定居工程等）、基础设施的建设（铁路、公路、机场、水利等）、社会事业方面（教育、卫生、文化、计划生育等）、节能减排、生态工程、调整产业结构和进行技术改造，以及汶川大地震灾后重建等。

2. 程序性政策

与实质性政策相比，程序性政策则只涉及怎样采取行动和由谁来采取行动的问题。根据这样一个定义，程序性政策就包括了一些法律（如组织法[①]等）。这些法律是行政机关创建的基础和依据，并决定行政机关的职权范围，规定行政机关在执行任务时的程序和手

① 组织法：专门规定某类国家机关的组成和活动原则的法律，是实体法的一种。如《中华人民共和国全国人民代表大会组织法》、《中华人民共和国国务院组织法》等。

段，对其运作还提供了行政的、司法的和其他方式的控制。当然，程序性政策也可能会有重要的实质性结果，即“怎么做”和“谁来做”可能对实际做了什么（政策结果）具有重要影响。在行政领域，一些人往往会试图利用程序性问题推迟或阻止实质性的决定与政策的通过，他们擅长此道，有办法使用程序规则来推迟行政机关的行动。某一行政行为可能因为采取了不恰当的程序而遭到诘难，这看似程序问题，但实际试图抵制的却是政策的实质内容。

1.3.2 分配性政策和再分配性政策

1. 分配性政策

分配性政策涉及将服务和利益分配给人口中的特定人群——个人、团体、公司和社区。有些分配性政策只向少数人提供利益。如美国发生次贷危机①后，2008 年 6 月美国政府出手救助联邦国民抵押贷款协会（Fannie Mae）和联邦住房贷款抵押公司（Freddie Mac）。另一些政策则向大多数人提供利益，如农业收入补贴政策、房屋抵押贷款的减税政策、义务教育政策及职业培训计划等。

一般说来，分配性政策涉及使用公共资金来支持特定的团体、社区或产业。那些寻求利益的人们并不相互直接竞争（尽管也有特例，如大型项目的选址，往往只能有一方胜出），因为这类利益并不是由任何特定团体支付，而是由公共财政承担，即所有的纳税人支付。因此，分配性政策一般只产生得利者，而没有明确的受损者。一个地方政府及其相关支持者在为其计划项目争取授权和资金支持的同时，并不会反对其他方面的类似行动，甚至可能会形成一定的同盟。因此，绝大部分项目在进入决策程序后往往支持者众多而反对者寥寥。

2. 再分配性政策

再分配性政策是政府有计划的积极行动，涉及在社会各阶层和团体中财富、收入、财产和权利的转移性分配。例如，穷人和富人之间的利益再分配。“其目的不是财产的使用而是财产本身，不是平等的对待而是平等的拥有，不是行为而是状态。”②

再分配性政策的通常模式是资源从有产者流向无产者。但是，这个流向也可能会出现相反的情况。由于再分配性政策多涉及金钱、权利或权力的再配置，所以往往难以制定和通过。那些拥有财富和权力的人很少心甘情愿地放弃他们的既得利益，并会努力阐述他们为获得财富所承受的巨大压力和所承担的巨大责任。由于金钱和权力在政治世界中是很好的筹码，因此拥有者也就有了进行抵抗的有效手段。

具有或者曾经具有再分配性质的政策包括累进收入税、医疗保险和医疗补贴、扶贫

---

① 次贷危机：次贷即“次级按揭贷款”，“次”与“高”、“优”相对，在“次贷危机”一词中指信用低、还债能力差。次级抵押贷款是一种高风险、高收益的产品。它与传统意义上的标准抵押贷款的区别在于，对贷款者的信用记录和还款能力要求不高，而贷款利率比一般抵押贷款高很多。那些因信用记录不好或偿还能力较低而被银行拒绝提供优质抵押贷款的人，往往会申请次级抵押贷款购买住房。在房价不断走高时，次级抵押贷款生意兴隆。即使贷款人现金流并不足以偿还贷款，他们也可以通过房产增值获得再贷款来填补缺口。但当房价持平或下跌时，抵押品价值不再充足，按揭人收入又不高，面临着贷款违约、房子被银行收回的处境，进而引起按揭提供方的坏账增加、按揭提供方的倒闭案增加、金融市场的系统风险增加等，从而形成次贷危机。

② James E. Anderson，*Public Policymaking*，Fifth Edition，Houghton Mifflin Company，2003，p. 10.

计划、选举权法以及立法机构席位的重新分配等。以美国为例，约翰逊政府的“反贫困”计划代表了把财富和其他资源向黑人与穷人转移的政策努力，但遭到保守派的强烈抵制，再加上总统班子的支持不力，最终这项计划没有被成功推行。美国司法部也曾花很大气力去实施《选举权利法》，从而使黑人选民登记、投票的数量有了大幅增加，而且还使一些黑人在南部地区竞选成功。建立在支付能力基础上的累进收入税（即收入高的人应当适用更高的税率，税率从14%到50%分成十几个档次），边际税率由于逐渐减少（一些人认为高边际税率既会侵害个人自由也会影响经济增长），现在也大大失去了它的再分配性质。

总之，再分配性政策不仅难以通过，而且难以维持，就像上面讨论的收入税政策一样。对大多数人来说，结果或条件的平等（即收入或生活水平的平等）对他们其实并没有太大的吸引力，他们更关注的是机会上的平等。

1.3.3 管制性政策和自我管制性政策

1. 管制性政策

管制性政策是对个人或团体的行动加以限制和约束。或者说，这类政策减少了受管制对象的自由和权利。管制性政策不同于分配性政策，后者的实施只会增加利益相关者的自由与权利。当我们谈到管制性政策时，我们的注意力往往会更多集中到商业领域，如对污染的控制和对汽车的控制。但对有些人而言，这些正是需要放松政府管制的领域。实际上，管制性政策涉及的最重要领域还是个人权利、财产保护、打击犯罪、防范恐怖等，这类政策主要包括平等就业、物权保障、刀具管制、扫黄打非①等，其中也会涉及对个人行为的一些规定。

管制性政策的形成通常涉及两个团体或团体联盟之间的冲突。其中一个团体或团体联盟试图将某种管制加给对方，而另一方则试图加以抵抗，声称那种管制要么毫无必要，要么所提出的是一种错误的控制方式。在这种冲突中，管制性的决定会产生明显的赢家和输家，尽管赢家所得到的一般少于他们想得到的。但是当赢家是以服务公共利益为目标的团体时，他们并不会得到直接的物质上的利益，如2000年9月1日起开始施行的《中华人民共和国大气污染防治法》提供的是广泛的社会利益，而非集团利益。

管制性政策存在以下几种形式。

（1）某些管制性政策提出了行为的基本准则，即指定应该采取哪些行动，或命令不得采取哪些行动。如2008年8月1日起开始施行的《中华人民共和国反垄断法》实际上就是明确告诉企业，政府要“预防和制止垄断行为，保护市场公平竞争，提高经济运行效率，维护消费者利益和社会公共利益，促进社会主义市场经济健康发展”。这类管制能够通过法院对违法者的起诉而得到实施。相比之下，公共事业性的管制多是由地方政府承担，往往包含一些更为具体的控制措施，如规定准入机制、服务标准、财务操作标准，以及电力、电话和其他公用公司的收费标准等。相对来说，反垄断法比公共事业管制更少限

① 根据国务院办公厅《关于印发新闻出版总署（国家版权局）职能配置、内设机构和人员编制规定的通知》，“扫黄”、“打非”是指“扫除黄色出版物”、“打击非法出版活动”。

制企业的权力。

(2) 消费者保护政策能用来说明管制政策存在的另一些差别。有些立法，如1994年1月1日起开始施行的《中华人民共和国消费者权益保护法》明确规定，消费者为生活消费需要购买、使用商品或者接受服务，其权益受法律保护。这类政策试图向消费者提供有关作决策时所需要的信息。另一些消费者保护的立法，如1993年2月22日通过的《中华人民共和国产品质量法》和1995年10月30日颁布的《中华人民共和国食品卫生法》确立了产品生产商必须遵循的质量标准。自2009年6月1日起开始施行的《中华人民共和国食品安全法》，制定了食品安全国家标准。这类政策旨在阻止不符合预定标准的产品进入市场。

(3) 某些管制性政策，比如限制企业进入广播、电视、煤炭、电力等特殊行业的政策，是通过将利益赋予某些人，而拒绝给予另一些人的决定来加以贯彻实施的。对于某一行业的营业执照，会有若干申请者提出申请，但只有一家申请者的要求能够得到满足。这些政策可以称为竞争性的管制政策，因为它限制了特定物品和服务的提供商。但是，这样做也可能会降低服务效率和产品质量。

2. 自我管制性政策

同竞争性管制性政策近似，自我管制性政策同样涉及对某些事物或某些团体的限制和控制。然而，二者的不同点在于，自我管制性政策受到被管制团体更多的控制，而且它们把其用作保护和促进自身成员利益的一种手段。在一些国家存在几百种专业和职业执照，从树木整形师、拍卖师、调酒师到律师、教师和医师。通常发放的关于医疗方面的执照就有按摩师、牙医、牙科保健师、急救人员、验光师、药剂师、内科医师、脚病医师、注册护士、心理医师、保健医师和社会工作者。就这类政策的形成而言，通常的模式是某一专业或职业团体主动从政府部门寻求关于营业执照发放的立法。由于利益关系，它们参与政策制定的热情很高。而在这些团体之外，社会上则很少有人对之感兴趣。结果便是某一关于发放营业执照的立法获得通过，实施权被授予给行业委员会。这类组织无疑会受到执照持有团体的多方控制。不难想象，在相当长一段时间内，进入该行业会受到诸多的限制，而且其索取的专门服务价格也会不断上升。这种自我管制很难说是否能够促进服务质量的提高。

1.3.4 物质性政策和象征性政策

根据所要分配的利益类型，公共政策还可分为物质性政策和象征性政策。物质性政策是将有形的资源和实质性的权利给予受益人，或将真正的不利条件强加给那些受相反影响的人。确立最低工资标准、给公共住宅计划拨款或者给农民提供收入补贴等政策在内容和效果上都具有物质性特征。

相比之下，象征性政策对人们几乎没有什么真正的物质性影响。它们并不交付表面上似乎要交付的东西，也不分配有形的利益。确切地说，这些政策多涉及人们所珍视的一些价值观，如和平理念、爱国主义和社会公正等。对这一类政策效果的评价有时似乎就显得没有什么必要了。

谈到象征性政策，这里需要提一下“得州诉约翰逊”(Texas v. Johnson) 案。

"得州诉约翰逊"案

1984年，美国共和党大会在得克萨斯州举行，反对里根的人在会场外示威游行。他们打出横幅并呼喊口号，一路游行到市政厅。有一个叫约翰逊的男子觉得光打打标语、喊喊口号不过瘾，于是他拿起一面美国国旗，将其浸上煤油并开始焚烧，之后被当局逮捕。约翰逊因焚烧国旗而违反了得克萨斯州的不准侮辱国旗的法律，一审被判罪名成立，但得州的刑事上诉法院推翻了一审定罪，认为惩罚损坏国旗的州法违反了美国宪法第一条修正案关于"言论自由"神圣不可侵犯的规定，约翰逊无罪。最后，联邦最高法院的九名大法官以5∶4的表决维持了这一判决。其后的民意调查发现，有不少美国人认为，"爱国旗"固然是爱国的外在表现，但是爱民主、爱自由，则是更深刻、更永远、更爱国的表现。一位美国最高法院的法官意味深长地说："如果一个国家连自己的国旗都允许你烧，那么你还有什么理由去烧它呢?"

然而，政治家们与大法官的看法是有分歧的。多年以来，美国的国会议员们一直对把焚烧美国国旗作为政治抗议的一种象征性方式的做法感到愤怒和不安。美国1989年颁布的《国旗保护法》规定，任何"故意损毁、破坏、污损、焚烧、置国旗于地板或地上、践踏国旗"的行为都是违法的。然而这一法案很快受到来自最高法院的挑战。最高法院宣布该项法案违宪。最高法院的这一判决引起了很多公众和政治家的愤怒，他们试图增加一条宪法修正案以禁止对国旗的亵渎，但其努力在20世纪90年代早期以失败告终。直到1995年，情况才有了一些变化，共和党占多数的众议院成功通过了一项修正案，授权联邦和州政府禁止"对美国国旗的物理损害"，然而这项提案在参议院却没有能够获得通过。这场持续的冲突充满了某种象征性的含义。

绝大多数政策既非纯粹的象征性政策，也不是完全的物质性政策。相反，这两类政策可以被视为一个物体的两极，大多数政策落在两极之间，并依据象征性或物质性的程度来确定其在物体中的位置。教师节在中国的设立明显表现出象征性政策的特征，对推动尊师重教的社会风尚、提高教师的社会地位具有重要意义。而政府"限塑令"① 颁布后，虽然商场和超市的塑料购物袋使用量明显减少，但政策的棱角在农贸市场已被逐渐磨平。由此看来，"限塑令"从象征性走向实质性还有一段不短的路程要走。2008年5月1日起开始施行的《北京市公共场所禁止吸烟范围若干规定》在执行中也遇到了不少障碍，该政策只能说是介于象征性政策和实质性政策之间。

此外，由于行政活动（政策执行）的干预，或者由于立法机关（政策制定）没有通过政策实施时所需资金的预算，被立法语言标榜的物质性政策有时也会演变成象征性政策。政策宣称与政策输出其实并不是一回事。一方面，一些政策提出的实质性目标，如果没有相关资金做保证，那么就会成为实质上的象征性政策。另一方面，政策也可能从更多的符

---

① 限塑令：2007年12月31日，中国政府有关部门正式发布通知，从2008年6月1日起，在全国范围内禁止生产、销售、使用厚度小于0.025毫米的超薄塑料购物袋。该通知被公众称为"限塑令"。政府颁布"限塑令"的目的是为了限制和减少塑料袋的使用，遏制"白色污染"，保护公共利益。

号类型向更多的物质类型转化，如在过去很长一段时间内，中国环境污染的控制政策更多地表现出其象征性特征。立法虽然写在纸上，但实际做的并不多。进入21世纪，公众对污染问题日益关注，政策执行活动不断增加，政府部门相关的立法活动也有所增多，其结果是《中华人民共和国大气污染防治法》、《环境保护违法违纪行为处分暂行规定》等一系列法律法规陆续出台，使污染控制政策变为更富有实质性特征的政策。

在分析政策的效果时，物质性—象征性分类法尤其有用，因为它把我们的注意力带到了正式的政策声明之外，并提醒我们注意象征性在政治行为中的重要作用。

1.3.5 涉公政策和涉私政策

涉公政策是指涉及公共物品提供的政策，涉私政策是指涉及私人物品提供的政策。公共物品最重要的性质是非排他性，即没有任何有效的方法可以在向某些人提供此种服务的同时把其他人排除在外，也没有任何方法可以计算哪些人比其他人从此项服务中得到更多的收益。国防便是一个标准的例子。因此，一个理性经济人是不会自愿支付国防建设所需资金的，他倒乐意选择让别人支付费用而自己“搭便车”。所以国防必须由政府通过税收加以提供。其他公共物品的例子还有清洁的空气、公共安全、交通控制和卫生行动等。相比公共物品，私人物品就可以任意进行拆分，通过市场进行买卖，让使用者和受益者付费。如此一来，其他人就可以被轻易地排除在外。政府提供的一些社会物品也有一些带有私人物品的特征，如垃圾收集、邮政服务、医疗卫生、博物馆、公共住宅和国家公园等。有时候也会向这类物品的使用者收费，但并不总是如此。政府之所以提供这些物品（当然有时也可以由市场来提供），反映了政治决策的作用，且多源于一些传统因素（政府理念、政治文化等）的影响。

人们普遍认为，只有公共物品才是公共政策需要关注的对象。从社会福利的发展趋势来看，现在也的确有通过政府行动将具有私人性的事务转化为社会性事务的趋势，如健康问题、失业问题、环境污染、工业事故、疾病控制已被广泛认为是公共问题而不是私人问题，是影响到所有人的事情而不是影响到个别人（或少数人）的事情，因此，要求社会支付，政府提供。一般来说，凡被认为具有公共物品性质的东西，人们都希望由政府负责提供。如果某些人明显地比别人得到更多的直接收益，他们则可能被要求为此支付费用或税款以承担部分开支，因此，人们进入国家公园要买门票、在公立学校上学要交学费、使用公共住房要交租金，以及在大桥和高速公路上开车要交通行费等。

20世纪80年代一些国家的政府所倡导的私有化运动代表了一股对长期以来扩大社会物品提供范围的反对力量。依据自由市场经济的理论，私有化运动把很多政府的资产和项目转化到私营机构中，并通过和私营企业签合同的方式来提供公共服务，如垃圾的收集和监狱的运营。一些人认为，私营部门在行使这些职能方面会比公共部门花钱更少、效率更高。

公法与私法

法律最一般地区分为与国家密切相关的“公法”（包括宪法、行政法和刑法）和规范私人间权利义务关系的“私法”（包括合同法、侵权行为法和物权法）。总体而言，区分二者的实益在于，易于确定法律关系的性质、应适用何种法律规定、应采用何种救济方法或制裁手段，以及案件应由何种性质的法院或审判庭受理、应适用何种诉讼程序。具体言之，公法与私法的划分主要有以下不同意义。

（1）从利益保护的重心来看，公法以维护公共利益即“公益”为主要目的，私法则以保护个人或私人利益即“私益”为依归。

（2）从调整的社会关系即对象来看，公法调整的是国家与公民之间、政府与社会之间的各种关系，主要体现为政治关系、行政关系及诉讼关系等。私法调整私人之间的民商事关系，即平等主体之间的财产关系和人身关系。

（3）公法以权力为轴心，严守“权力法定”的定律；私法则以权利为核心，适用“权利推定”的逻辑。

（4）公法奉行“国家或政府干预”的理念，私法遵循“意思自治”、“私法自治”的原则。

（5）公法以政治国家为作用空间，私法以市民社会为功能范域。

1.4 政府收入与政府支出

1.4.1 政府收入

对于国家所筹集的收入，传统经济学是用“财政收入”或“国家收入”等概念来表述的。自从西方经济学被引进我国以后，公共财政和政府收入的理念被广泛接受。政府收入，是指政府为履行其职能而筹集的一切资金的总和。在市场经济条件下，政府收入是国家通过一定的形式和渠道集中起来的以货币表现的一定量的社会产品价值，它是政府从事一切活动的物质前提。以是否纳入国家预算为标准，可以获得不同意义上的政府收入。广义的政府收入是指各级政府所支配的全部资金，其范围包括预算内收入和预算外收入。狭义的政府收入仅指国家预算内收入。

从宏观方面来讲，政府收入的状况如何，不仅直接影响政府各项职能的发挥和政府各项政策目标的实现，而且会对社会经济产生重要影响，既可以从总量上改变社会总需求和总供给的均衡状况，又可以从结构上影响产业结构和经济结构的变动方向。从微观方面来看，政府收入还会对居民的收入水平、生活状况、经济利益等产生明显影响。

不同性质和不同特点的政府收入表现为相应的政府收入形式。政府收入形式是指政府取得收入的具体方式，即政府利用什么名称、采用什么方式取得收入。例如，以强制性的方式取得税收收入、以有偿性的方式取得债务收入等等。在世界各国，取得政府收入的主要形式都是税收，除此之外，其他非税收入形式，则视各国的政治制度、经济结构和财政制度的不同而有所区别。目前，政府收入主要具有以下几种形式。

1. 税收收入

税收收入是政府凭借政治权力参与社会产品的分配取得的收入。税收收入是政府收入的最主要形式，是政府活动的主要财力支柱。目前，税收收入占各国政府收入的比重一般都在90%左右。税收是财政发展史上最早出现的政府收入范畴之一，经过长期的发展和演变，逐渐成为政府收入的主要形式。

2. 债务收入

债务收入是国家以信用方式从国内、国外取得的借款收入。债务收入形式伴随信用经济的发达得到了快速的发展，成为各国政府取得收入的又一重要形式。举债较之征税，更适应人们的社会心理，易于被人们接受，便于推行。由于公债在形式上是有偿的，债权人预期不仅可以收回本金，而且还可以得到一定的利息。同时，公债虽然是一种延期的税收，但它却没有税收的强制性，且不直接损害债权人的利益，所以它是筹集社会闲散资金、增加政府收入的一种有效手段。不仅如此，公债还是国家调节经济的重要杠杆。首先，国家把社会闲散资金集中起来，进行再投资，能够改变积累和消费的比例，改变社会投资方向。其次，国家还可以通过公债的抛售和购买，直接减少或增加流通中的货币量，起到调节货币供应量的作用。

3. 国有企业运营收入

国有企业运营收入是指国家以国有资产所有者代表的身份，采取上缴利润、租金、股息红利和资产占用费等形式取得的政府收入。从目前情况看，国有企业运营收入已成为各国政府积极干预经济和推行社会政策不可缺少的物质手段之一。

4. 国有财产收入

国有财产收入是指政府凭借其所拥有的财产而取得的租金、利息和变价款等收入，可分为国有动产收益和国有不动产收益两类。前者主要是指债券、股票、储金、基金等的收益，后者是指以取得财政收入为目的的国有财产，如土地、森林、矿山、水力资源等的收益。从目前情况来看，现在世界各国利用这种收入形式，已不再是单纯出于收入目的，而主要是为了对土地、矿山、海港、道路、河流等实行国家垄断，用以加强国家干预经济的能力。掌握了这些关系国计民生的资源，不仅可以起到控制整个经济局势的作用，而且可以通过组织国有财产收入，促进国有财产的合理有效使用。国有财产收入尽管在国家政府收入中不占主要地位，但在政府的经济政策和社会政策中，仍发挥着举足轻重的作用。

5. 行政司法收入

行政司法收入是指政府或公共机关由于向居民提供某种服务或为了限制人们的某些行为，根据一定的标准收取的规费收入或罚没收入。前考是指国家机关向居民或法人提供特定权利或特殊服务而定向收取一种经济补偿或报酬，如工商执照费、商标注册费、户口证书费、结婚证书费、商品检验费，以及护照费和刑事、民事裁判费等；后者是指工商、税务、海关、公安、司法等国家机关和经济管理部门对违法、违纪、违章行为实施经济处罚而获得的一种惩罚性收入，包括罚金、罚款和没收的赃款、赃物及其变价款。行政司法收入的取得，既可以为公共机关所提供的劳务收取报偿，又可以为某些特定公共工程筹集建设、维护资金，还可以对人们的某些行为或经营活动进行约束或限制。因此，这种收入形式，除了具有筹集政府收入的功能外，还具有行政管理职能。

6. 其他收入

其他收入是指除了上述各类收入形式以外的其他各种收入形式，如事业收入、外事服务收入、捐赠收入等。由于各国上述收入形式中包含的具体内容各不相同，因此其他收入形式反映的具体内容也各不相同。一般说来，为了政府预算编制和管理的需要，可将那些性质不清的零星杂项收入归于此类。

1.4.2 政府支出

一旦政府决定了以多少数量、以什么质量向公众提供公共产品，则公共支出实际上就是执行这些政策所必须付出的成本。所以，公共支出就是政府行为的成本。因此，公共支出被界定为各级政府履行其必要职能所进行的各项活动的成本，包括购买所需商品和劳务进行的各种资金、提供公共产品和准公共产品的支出，以及为实现收入分配等进行的转移支出。

公共支出的分析包括总量分析和结构分析两种。公共支出的总量分析主要是与经济发展水平相比较，对政府职能范围的大小进行说明，而结构分析则主要对政府职能的侧重点放在哪里加以说明。

公共支出的原则是指政府在安排和组织公共支出过程中应当遵循的基本准则，是财政规律在支出上的具体化、系统化。公共支出通常应坚持以下一些原则：量入为出原则、公平原则、效益原则、统筹兼顾原则。

当今社会，人们对政府的期望越来越高，希望政府做更多的事情、解决更多的问题，这使得政府的规模不断扩大，公共政策的范围越来越广，政府支出也随之增加。

政府支出的增长，可以从政府支出的绝对量和相对量两个方面来考察。政府支出的绝对量，就是政府支出的实际数量，直接表现为政府支出预算中绝对金额的增长，它能够比较明显地反映政府支出的现状和增长趋势。但是，研究政府支出增长不能仅仅局限在研究其绝对值，而应该同时分析其相对值，即政府支出数量与国民经济其他经济指标的关系。因为如果脱离了国民经济其他经济指标，单纯的政府支出绝对量，往往不能全面反映政府支出及与其紧密联系的经济问题。因而，一国政府支出绝对规模的大小，可以在一定程度上反映该国经济发展水平，但要全面反映经济发展各方面的特征，仍需要把各政府支出量与其他经济指标相比较，只有这样才能比较全面地反映出政府支出规模存在的问题。

衡量政府支出规模相对增长时，一般来说，主要将政府支出金额与 GNP 或 GDP 进行对比，同时也可以把政府支出分成若干项目（转移性支出、购买性支出等）与 GNP 或 GDP 进行对比。对政府支出的规模，不同国家或同一个国家在不同时期都是不同的，并明显地呈现出增长趋势。

国民生产总值（Gross National Product，GNP）是按市场价格计算的国民生产总值的简称。它是指一个国家或地区的所有常住单位在一定时期内在国内和国外所生产的最终成果与提供的劳务价值。它等于国内生产总值加上来自国外的净要素收入。国外净要素收入为国外本国居民同期创造价值与国内外国居民同期创造价值之差，即国外净要素收入＝国外本国居民同期创造价值－国内外国居民同期创造价值。国民生产总值与国内生产总值（GDP）不同，它们之间的区别就在于国外的净要素收入。国内生产总值是一个生产概念，而国民生产总值则是一个收入概念。

民主：公共财政的“软约束”

在公共领域里讨论民主或者民主化，易陷入抽象的、空洞的、口号对口号式的争论。事实上，民主是非常脚踏实地、非常柴米油盐的一件事。它涉及的，无非就是当有人要从我怀里每年多掏走275美元的时候，它是会被“神不知鬼不觉”地掏走，还是会至少经过一场辩论。此外，我可以倾听这场辩论，可以根据我自己的标准判断其中的是非，可以在下次投票的时候，给那个在我看来说话没道理的人投一张反对票。

相比之下，在一个不够民主的社会里，公共财政的“软约束”问题似乎很难解决。如果民众或者民选代表不能有效地监控预算的出台过程，那么政府开出什么账目就是什么账目，它说花多少就是多少，它说花在哪儿就是在哪儿。提案中的预算数字怎么来的，很少有人知道。这些数字是不是的确按部就班地花了，也很少有人知道。就算由于上级政府的压力，或者地方税基的不足，报出一个相对合理、相对有限的预算，各级政府还是可以通过“巧取豪夺”建立无数的“预算外基金”。近几年来，中国政府启动的“预算内外一本账”举措和崭露头角的“审计风暴”，可以说是非常积极的公共财政改革。但是，更根本的变革，还是在于推动人大切实地审查、质疑、监控政府的预算方案。

谁都知道，花自己的钱是一件让人心疼的事，而花别人的钱是一件不怎么让人心疼的事。一个好的公共财政体系，就是要通过一个政治博弈的过程，让当权者花别人的钱变得像花自己的钱一样心疼，哪怕每年也就是275美元。

资料来源：刘瑜：《民主的细节》，上海，上海三联书店，2009。

1.4.3 公共政策范围

政府支出能够从一个侧面反映公共政策的范围。然而，并不是政府所做的每一件事都能在政府支出中反映出来。例如，政府的管制行为，特别是对环境的管制，就让个人和企业承担了相当大的成本，这些成本并没有体现在政府的支出当中。即便这样，政府支出仍是一个反映政府职能与政策走向的常用指标。政府支出规模增长主要受政治性因素、经济性因素、社会性因素的影响。（1）政治性因素。主要体现在两个方面：一是政局是否稳定，二是国家机构的行政效率。（2）经济性因素。主要指经济发展的水平、经济体制的选择、物价水平、征税能力和政府的经济干预。（3）社会性因素。如社会福利事业的扩增、人口状况、文化背景等因素，也在一定程度上影响着政府支出规模。

中国改革开放30多年来，随着政府规模的不断扩大，政府支出的绝对规模也在不断增长。为了能够在比较经济整体规模的意义上度量政府部门的规模，通常要将一般政府的支出额与GDP相比较。从1990年到2011年，中国政府支出在GDP中的比率呈起伏状态。在1990年到1995年间，政府支出虽然一直在增加，但其在GDP中的比率却整体呈下降趋势，而在1995年之后该比率又呈上升趋势。在2002年到2007年间，政府支出在

GDP 中的比率增长比较平缓，2007 年以后又有所攀升（见图 1—1）。

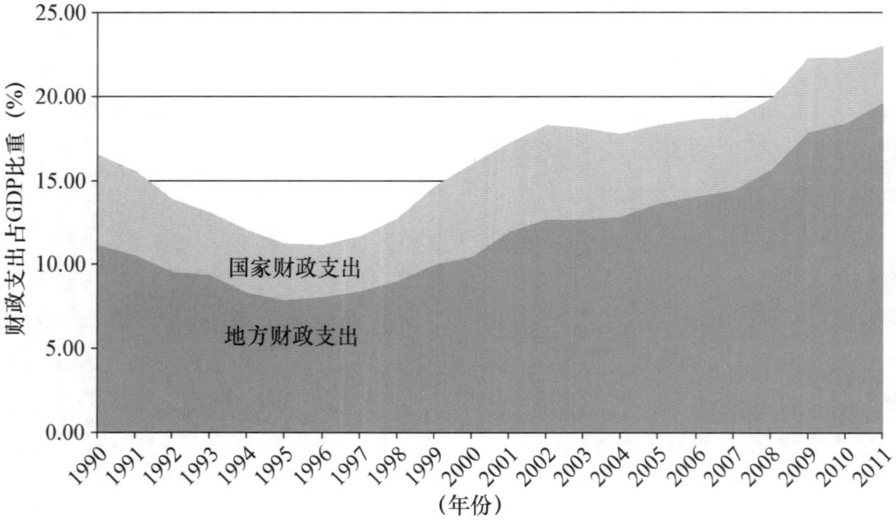

图 1—1 政府支出规模的增长

资料来源：中华人民共和国国家统计局：《中国统计年鉴（2012）》，北京，中国统计出版社，2012。

从 2011 年的政府支出情况看，中央政府用于国防和一般公共服务的支出超过了许多履行其他政府职能的费用，在教育和科学技术方面的支出在总预算支出中也占有相当比例，而对医疗卫生和环境保护的财政支持却是相当薄弱的（见图 1—2）。地方政府承担了公共教育的很大一部分支出，并且在一般公共服务、社会保障和就业等方面的支出比例要高于政府许多项目支出所占的比例（见图 1—3）。

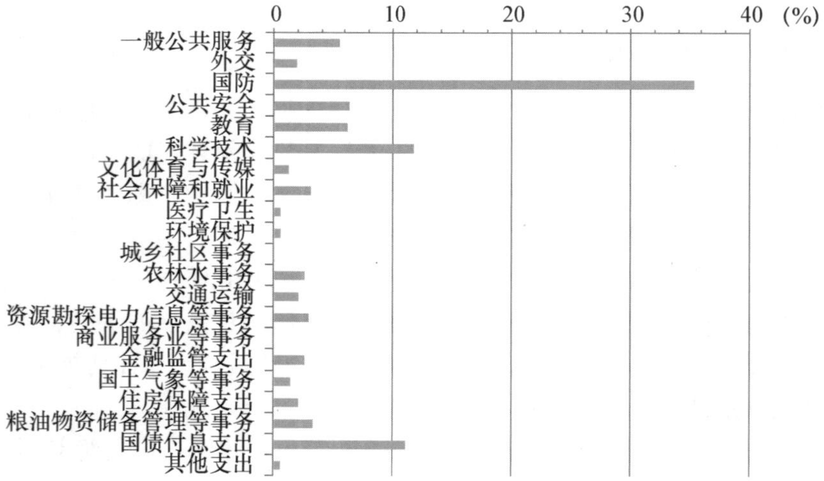

图 1—2 中央各职能支出的比例

资料来源：中华人民共和国国家统计局：《中国统计年鉴（2012）》，北京，中国统计出版社，2012。

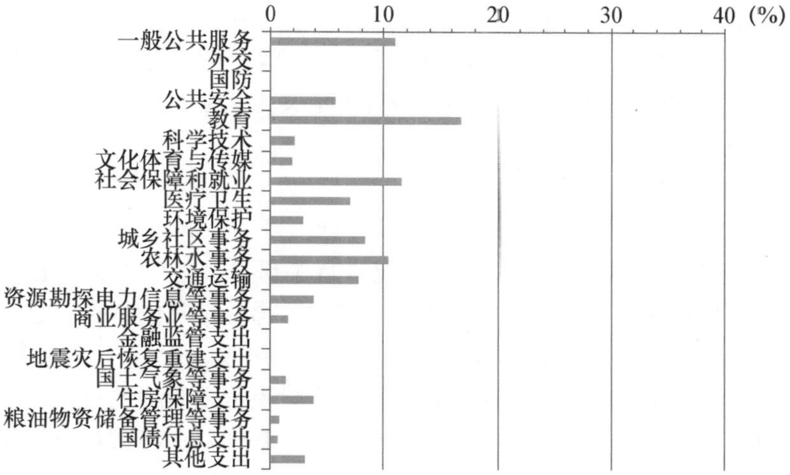

图1—3 地方各职能支出的比例

资料来源：中华人民共和国国家统计局：《中国统计年鉴（2012）》，北京，中国统计出版社，2012。

1.4.4 财政是国家治理的基础和重要支柱

党的十八届三中全会公报中提出："财政是国家治理的基础和重要支柱，科学的财税体制是优化资源配置、维护市场统一、促进社会公平、实现国家长治久安的制度保障。必须完善立法、明确事权、改革税制、稳定税负、透明预算、提高效率，建立现代财政制度，发挥中央和地方两个积极性。要改进预算管理制度，完善税收制度，建立事权和支出责任相适应的制度。"

建立现代财政制度的要求，点明了目前的财税体制中还存在许多无法与社会、经济发展适应的陈旧弊端。实际上，这些弊端早已显露。比如，由于预算体制不够科学化专业化，导致国家财政资源的部分错配，一些"吃得过饱"的部门单位，为了保持下一财年的财政额度，一到年底就突击花钱，这不仅助长了奢靡之风，制造了寻租黑洞，而且还使政府公信力受损。又比如，税收不能完全体现公平税负和调节贫富的功能，中间群体、中小微企业税负过重，而富裕群体和个别行业税负过轻，导致群体与群体之间、行业与行业之间收入差别过大，中小微企业与大型企业无法真正实现"国民待遇"的平等。再如，地方事权和财权的不统一，刺激了一些地方政府征收"过头税"和乱收费的冲动，打乱了宏观调控应有的一致性。这些问题都曾引起决策层的高度重视，曾三令五申加以禁止。但要想从根本上解决这些问题，就必须从制度层面寻找弊病源头，否则，抑制经济增长和激发社会矛盾的因素就无法剔除。

党的十八届三中全会公报对于建立现代财政制度有较为详尽的论述，为今后将要实施的具体改革措施指明了方向。可以期待，改革会让央地府际间、政府与社会间的财政关系更加通畅。随着改革的深入，经济和社会都将得到更多的养育，而公平与正义也将获得更坚实的物质基础和兑现机会。

1.4.5 政府支出相关理论

1. 瓦格纳法则

19世纪80年代德国著名经济学家瓦格纳（Adolf Wagner）在对欧洲国家和美国、日本等国公共支出资料进行实证分析的基础上得出一个重要的结论，即当国民收入增长时，财政支出会以更大比例增长。随着人均收入水平的提高，政府支出占 GNP 的比重将会提高，这就是财政支出的相对增长。这一结论被后人定义为瓦格纳法则。许多国家的经济发展情况印证了瓦格纳法则。

2. 梯度渐进增长论

英国经济学家皮科克（A. T. Peacock）和怀斯曼（J. Wiseman）在瓦格纳分析的基础上，对 1890—1955 年英国的公共部门支出情况进行了研究。他们认为，在一个较长的时期内，财政支出的增长并不是直线型的，而是呈现出阶梯性增长的特点。这一观点被称为“梯度渐进增长论”。该理论的前提假设是，政府喜欢多开支，公民不愿意多纳税。因此，当政府决定预算支出规模时，应该密切关注公民关于赋税承受能力的反应，公民所能容忍的税收水平是政府公共支出的约束条件。以这个假设为基础，他们通过研究得出了如下推论：随着经济的发展，收入水平上升，以不变的税率征收的税收会上升，于是政府支出的上升会与国民生产总值的上升呈线性关系，这是公共支出增长的内在原因。但在非常时期，如战争、饥荒等，公共支出上升的压力骤然增大，政府被迫提高税率，而公众在危急时期也会接受提高了的税率，这是公共支出增长的外在原因。由内在因素和外在因素共同推动财政支出的增长。

3. 经济发展阶段论

美国经济学家马斯格雷夫（Richard Abel Musgrave）和罗斯托（Walt Whitman Rostow）用经济发展阶段论来解释公共支出增加的原因。他们认为，在经济发展的早期阶段，政府投资在社会总投资中占有较高的比重，公共部门为经济发展提供社会基础设施，如道路、运输系统、环境卫生系统、法律与秩序、健康与教育以及其他用于人力资本的投资等等。在发展的中期阶段，政府投资还应继续进行，但这只是政府投资对私人投资的补充。一旦经济达到成熟阶段，公共支出将从基础设施支出转向不断增加的教育、保健与福利服务的支出，且这方面的支出增长将大大超过其他方面支出的增长，也会快于 GDP 的增长速度，导致财政支出规模膨胀。

4. 非均衡增长理论

美国经济学家威廉·鲍莫尔（William Jack Baumol）通过分析公共部门平均劳动生产率的状况对公共支出增长原因作出了解释。鲍莫尔将国民经济部门区分为生产率不断提高和生产率提高缓慢两大类别，前者被称为进步部门，后者被称为非进步部门。两个部门的差异来自技术和劳动发挥的作用不同。在进步部门，技术起着决定作用；在非进步部门，劳动起着决定作用。假设两个部门工资水平相同，且工资随着劳动生产率提高而上升。由于劳动密集的公共部门是非进步部门，而该部门的工资率与进步部门的工资率呈同方向等速度变化，因此，在其他因素不变的情况下，生产率偏低的公共部门的规模会随着进步部门工资率的增长而增长，换言之，政府部门的投资效率偏低导致政府支出规模不断扩大。

5. 官僚预算最大化模型

1971 年，美国著名的公共选择学派经济学家尼斯卡宁（Niskanen）出版了《官僚机构与代议制政府》一书，提出了官僚预算最大化模型，这个模型有两个基本假设。第一个假设是官僚们试图最大化自己的预算。根据尼斯卡宁的观点，下列这些因素会进入官僚们的效用函数：薪金、津贴、声誉、权力、恩惠、产出、进行改变的容易度、管理官僚机构的容易度。他认为，除了最后两个之外，这些因素都是预算的正的单调函数。因此，预算越大，官僚们的效用就越大。而且，为了生存下来，官僚机构也必须最大化它们的预算。第二个假设是官僚机构在最大化它们的预算时大多数情况下是成功的。尼斯卡宁认为，官僚机构与资助人之间的关系是一种双边垄断的关系。在这种关系中，官僚机构以公共产品和服务与资助人交换预算拨款。然而，在资助人与官僚机构之间存在信息不对称。尼斯卡宁指出，在大多数条件下，相对的刺激与可得到的信息，给予官僚机构绝对支配性的垄断权力。基于这两个假设，尼斯卡宁建立了官僚预算最大化模型。

6. 财政幻觉假说

在20世纪初，意大利财政学家普维亚尼（Amilcare Puviani）提出“财政幻觉”假说。他解释，所谓财政幻觉，就是使纳税人觉得所承受的负担比实际的负担要轻，使受益人觉得提供给他们的公共商品和服务的价值比实际的价值要大。至于如何创造这种幻觉，普维亚尼指出，主要依靠精心组织税收和支出的各种制度。

7. 选举权扩大增长论

这是对财政支出增长的一种政治解释。所谓选举权扩大是指选举权扩大到更多的社会阶层，这种政治权利从一国的少数阶层向多数阶层的转移会导致社会福利性支出显著增加，从而促使财政支出总规模不断扩张。

8. 公共决策中的“排队”理论

公共决策中的问题是由公共资源短缺所引起的，而解决资源短缺的基本方法是竞争，其中一种重要的方式——“排队”，是提高资源配置效率的基本途径。一般来说，政府支出可根据“效率规则”和“权力规则”两种规则排队。按效率规则排队就是按效率原则来确定哪些公共需求应当列入现实的政府供给范围。权力规则又称为权力竞争规则，权力竞争的根本问题是公共选择，但公共支出项目选择往往更取决于政府决策。这种决策通常使用的“排队”方式是高层优先，由此产生“跑部钱进”、批条泛滥的情形。

1.5 政府失灵与市场失灵

1.5.1 政府失灵

政府失灵也称政府失效，指政府在为弥补市场失灵而对经济、社会生活进行干预的过程中，由于政府行为自身的局限性和其他客观因素的制约而产生的新的缺陷，进而无法使社会资源配置效率达到最佳的情景。具体来说是指个人对公共物品的需求在现代政治体制中得不到很好的满足，公共部门在提供公共物品时趋向于浪费和滥用资源，致使公共支出规模过大或者效率降低，政府的活动或干预措施缺乏效率，或者说政府作出了降低经济效率的决策或不能实施改善经济效率的决策。

关于政府失效，萨缪尔森将其定义为：“当政府政策或集体行动所采取的手段不能改善经济效率或道德上可接受的收入分配时，政府失效便产生了。”查尔斯·沃尔夫（Charles Wolf）从非市场缺陷的角度分析了政府失效，他认为由政府组织的内在缺陷及政府供给与需要的特点所决定的政府活动的高成本、低效率和分配不公平，就是政府失效。

政府失灵的表现形式主要有以下几方面。

1. 政府内部性与政府扩张

所谓“政府内部性”，又称政府自利性，是指政府及其成员追求自身动机、目标与利益而非社会福利，是政府失灵的一种基本的或体制性的表现形式。犹如外部性被看作市场缺陷及市场失灵的一个重要原因一样，内部性同样被认为是非市场缺陷以及政府失灵的一个基本原因。“市场缺陷理论的核心是外在性，而非市场缺陷理论的核心是内在性。”

政府内部性是政府扩张的重要动因。政府部门的扩张包括政府部门组成人员的增加和政府部门支出水平的增长。弗里德曼曾经说过，一般政府“公共预算可能是最适当的公共开支的两倍”。对于政府机构为什么会出现自我膨胀，英国行政学家帕金森提出的帕金森定律指出，行政机构总是按照一定的速度向上增长。美国经济学家尼斯卡宁提出了官僚预算最大化模型，得出政府机构有自身增长需求的结论。美国经济学家布坎南也指出，由于政府官员也是追求个人利益最大化者，他们总是希望不断扩大机构规模，增加其层次，以相应地提高其机构的级别和个人待遇，结果导致预算约束软化、公共支出增加、资源配置低效、社会福利减少。

帕金森定律

英国有个很有名的行政学家叫帕金森。他在中国广为人知主要还是源于他对官场弊端所进行的无情批判。他在 1958 年写了一本很重要的书——《帕金森定律及有关行政研究》（从英文直译），该书中文版名为《官场病》。在这本书中，帕金森先生通过对英国海军部和殖民部的深刻剖析，淋漓尽致地揭露了官僚政府机构中存在的种种缺陷，提出了发人深省的“帕金森定律”。

帕金森在书中阐述了机构人员膨胀的原因及后果。一个不称职的官员，可能有三条出路：第一是申请退职，把位子让给能干的人；第二是让一位能干的人来协助自己工作；第三是任用两个水平比自己更低的人当助手。第一条路是万万走不得的，因为那样会丧失许多权利；第二条路也坚决不能走，因为那个能干的人会成为自己的竞争对手；看来只有第三条路最适宜。于是，两个平庸的助手分担了他的工作，他自己则高高在上发号施令，这两个人也会上行下效，如法炮制，再为自己找两个更加无能的助手。如此类推，就形成了一个机构臃肿、人浮于事、相互扯皮、效率低下的管理体系。

帕金森举例说：当官的 A 感到工作很累很忙时，一定要找比他级别和能力都低的 C 和 D 当他的助手，把自己的工作分给 C 和 D 去做，自己掌握全局。C 和 D 会互相制约，所以无法和自己竞争。当 C 和 D 工作也累也忙时，同样会考虑配备两名助手。

于是本来一个人的工作就变成七个人来干。虽然A的地位提高了，但麻烦也多了起来。因为七个人会给彼此制造许多工作，比如一份文件需要在七个人当中周转，繁文缛节使效率越来越低。机构人多了，矛盾也就多了，升级调任、会议出差、恋爱插足、家庭纠纷、工资住房、培养后继，哪一项都需要认真研究，工作显得越来越多，领导表现得越来越忙。

以上阐述是《官场病》一书中最关键的部分，也是帕金森定律最主要的内容，它深刻揭示了行政机构人浮于事、效率低下的官场病病因。

2. 政府寻租

寻租是指选民，尤其是其中的利益集团，通过各种合法或非法的努力，如游说和行贿等，促使政府帮助自己建立垄断地位，以获取高额垄断利润。显然，寻租者所得到的利润并不是生产的结果，而是对现有生产成果的一种再分配。因此，寻租具有非生产性的特征。同时，寻租的前提是政府权力对市场交易活动的介入，政府权力的介入导致资源的无效配置和分配格局的扭曲，产生大量的社会成本，如寻租活动中浪费的资源、经济寻租引起的政治寻租所浪费的资源、寻租成功后所损失的社会效率等。另一方面，寻租也会导致不同政府部门官员的权力争夺，影响政府的声誉和增加廉政成本。公共选择理论认为，一切由于行政权力干预市场经济活动造成不平等竞争环境而产生的收入都称为“租金”，而对这部分利益的寻求与窃取行为则称为寻租活动。寻租主要有三类：通过政府管制的寻租、通过关税和进出口配额的寻租、在政府订货中的寻租。

以权寻租的官场经济带着重商主义时代的色彩，使公共权力趋向货币化、市场化。一般来说，奉公守法的回报率越低，代理人为寻租者提供的权力服务供给量就越大。

3. 信息不完全和不对称

信息不完全和不对称是市场失灵的重要原因，但政府也不能免疫。政府对社会失灵与市场失灵进行干预时存在信息不完全和不对称的困扰。这是因为一方面政府较难掌握真实的社会需求与供给，另一方面干预活动本身存在信息不完全和不对称问题，包括信息量不足、信息质量差与信息传播渠道不畅等问题。信息不完全和不对称可能导致政府决策失误、执行不力与监管失当，典型情况是企业对政府的信息封锁迫使政府监管不到位。

4. 政府俘获

所谓政府俘获是指企业通过向公职人员提供非法的个人所得来制定有利于自身的国家法律、政策和规章的企图。政府俘获实际上是公权私用，即公共权力为少数利益集团而不是公众谋利益。20世纪80年代开始，拉美和原苏联、东欧一些国家在改革传统经济模式向西方式市场经济过渡的过程中，进行了大规模的私有化，这导致了企业控制政府、企业和政府官员勾结瓜分公共财产，最后为维护既得利益，设置垄断，以牺牲市场经济的健康发展为代价，谋取个别集团利益的现象。

5. 决策失效

政府决策失效的主要原因来自公共决策过程本身的复杂性和不确定性，以及现有公共决策体制和方式的缺陷。具体来说主要有以下五方面。

（1）社会实际并不存在作为政府决策追求目标的所谓公共利益。布坎南认为，在公共决策或集体决策中，实际上并不存在根据公共利益进行选择，只存在各种特殊利益之间的“缔约”过程。

（2）信息的不完全。决策信息的获取总是困难而且需要付出很高的成本，选民和政治家所拥有的信息总是有限的，因而许多政府决策实际上是在信息不完全的情况下作出的。

（3）决策议程的偏差。民主程序不一定能产生最优的决策效率，操纵了程序就等于操纵了结果。

（4）投票人的近视效应。眼前利益和近期承诺对选民更具有吸引力。

（5）沉没成本、先例等对合理决策的制约。

6. 供给低效

政府提供公共物品和服务的低效率也是政府失灵的重要表现，其原因可以归纳为以下五点。

（1）政府垄断供给。因为政府垄断公共物品的供应，消费者不可能通过选择另外的供应者来表示其不满，公众的群体效应随之失去作用，从而使得政府机构在低效率操作下也能运转。

（2）公共物品在估价或评价上的困难。大多数的政府部门并未通过市场竞争性地出售其输出的公共物品，这就使得要衡量公共物品的价值尤其是国防、法律与秩序、医疗卫生和社会保障一类的产品价值遇到了困难。

（3）政府机构及其官员缺乏追求利润的动机，利润的作用变得虚幻，以至于在政府机构里就会产生不顾成本的低效率。

（4）缺乏供给竞争和市场激励。

（5）监督机制存在缺陷。

1.5.2 市场失灵

市场失灵是指市场无法有效率地分配商品和劳务的情况。对经济学家而言，这个词汇通常用于描述市场无效率且问题特别重大的状况；对政治学家而言，这个词汇通常被用于描述市场力量无法满足公共利益的状况。市场失灵的主要原因有不完全竞争（市场垄断）、外部负效应和信息不对称。

1. 不完全竞争（市场垄断）

垄断（monopoly）或称卖者垄断，一般指唯一的卖者在一个或多个市场，通过一个或多个阶段，面对竞争性的消费者。它与买者垄断（monopsony）刚好相反。垄断者在市场上，能够随意调节价格与产量。垄断产生垄断价格，导致低效率，损失经济福利，而且，为获得与维持垄断地位，垄断企业将进行非法的寻租活动，导致经济福利进一步减少。

2. 外部负效应

外部性又称为溢出效应、外部影响或外差效应，指一个人或一群人的行动和决策使另一个人或一群人受损或受益的情况。经济外部性是经济主体（包括厂商或个人）的经济活动对他人和社会造成的非市场化的影响，即社会成员（包括组织和个人）从事经济活动时其成本与后果不完全由该行为人承担。外部性分为正外部性（positive externality）和负外部性（negative externality)。正外部性是指某个经济行为个体的活动使他人或社会受益，而受益者无须花费代价，负外部性是指某个经济行为个体的活动使他人或社会受损，而造成外部不经济的人却没有为此承担成本。负外部性的实质是，产品或劳务的价格，不能充分反映用于生产或提供这种产品或生产要素的社会边际成本。比如，造纸厂会污染环境，也即会给除造纸厂之外的其他人造成损失，而造纸厂并不把这种损失计算到它的纸张价格之中，它只是计算了私人边际成本，而没有计算外部边际成本。

私人边际成本

私人边际成本是指为生产（消费）一件物品，生产者（消费者）自己所必须承担的边际成本。

(1) 没有负外部性时，生产者和消费者的边际成本之和也就是社会边际成本，即私人边际成本（生产者边际成本十消费者边际成本)＝社会边际成本。

(2) 在存在负外部性的条件下，假定生产者A多生产一件物品会导致外部不经济效应，使外部环境恶化，从而带来B的损失。为了抵消这种恶化的影响，维持原产量，生产者B必须追加一定的成本支出，这就是所谓的外部边际成本。私人边际成本与外部边际成本的总和就是A多生产一件物品的社会边际成本。这时，私人边际成本便与社会边际成本不一致了。

3. 信息不对称

信息不对称是指一主体拥有比其他主体更多或更有价值的信息。由于经济活动的参与人拥有的信息是不同的，一些人可以利用信息优势进行欺诈，从而损害正当的市场交易。当人们对欺诈的担心严重影响交易活动时，市场的正常作用就会丧失，市场配置资源的功能也就失灵了。

1.5.3 契约失灵

契约失灵是指，由于信息不对称导致仅仅依据生产者和消费者之间的契约，难以防止生产者坑害消费者的机会主义行为的出现。契约失灵理论是由美国学者汉斯曼（H. B. Hansmann）提出的，它与市场失灵、政府失灵理论的不同之处在于，政府失灵、市场失灵理论主要研究的是为什么有些公共产品要由非营利组织提供，而契约失灵理论研究的是为什么有的私人产品也要由非营利组织提供。在现实生活中，无论是生产者还是消费者都不可能拥有完全的市场信息。同时，生产者和消费者所拥有的市场信息往往互相不对称。总的说来，生产者所拥有的信息远远多于消费者，信息不对称使消费者往往缺少足够的信息来评估产品和服务的质量。这使得他们达不成最优的契约，即使达成契约，也很难真正实现它。在这种情况下，由营利组织构成的市场竞争可能是无效率的，生产者完全有能力通过提供劣质商品来获得额外的收益，甚至出现所谓的“逆向选择问题”，即劣质商品把优质商品驱逐出市场的现象。这种契约失灵现象的结果是消费者的利益蒙受巨大损失。有时当购买者不是最终消费者时，也会产生契约失灵现象，父母为小孩购买服务和产品就存在着无法有效对这些服务和产品进行监督与评价的可能。因为尽管父母可凭经验对这些服务和产品进行经验性与初步的评估，但作为最终消费者的小孩常常由于无知和没有能力而无法有效地评判这些服务和产品的质量，同时又没有有效地将信息反馈给父母，这都造成了生产者和消费者之间的信息不对称，生产者通常会利用这种优势获得额外利润，这也是为什么现在儿童玩具价格越来越高的一个原因。有时由于服务和产品本身性质太过复杂与专业，消费者无法获得有效信息或没有能力去分析获得的信息，因而无法对其进行有效监控和评估。例如，医院所提供的医疗服务和产品，消费者常常不具备医疗的专业知识，由此而产生的信息不对称，使消费者在取得这些服务和产品时可能会付出更多的代价，这也是现在医疗费用越来越昂贵的一个原因，这是一种很典型的契约失灵。契约失灵无法靠市场自行解决，消费者在购买产品时往往会选择依靠市场之外的一些组织来保护自己的利益。政府和非营利组织就是市场之外的组织机构，它们都不以营利为目的，在提供产品和服务时不会借信息不对称的优势获取利润。政府和非营利组织受非分配性原则约束，不能将所得利益分配给组织实施控制和管理的成员。非分配性约束原则使得政府和非营利组织在提供存在信息不对称的服务和产品时，故意提高价格或降低质量的可能性不高，因此，政府和非营利组织能抑制一些市场主体的机会主义行为，维护消费者的利益。

1.5.4 志愿失灵

正如市场失灵、政府失灵和契约失灵一样，非政府组织也有其内在的局限性，在以筹款志愿为基础而建立的非政府组织中，实际上也是问题重重。美国霍普金斯大学政策研究所教授莱斯特·M·萨拉蒙（Lester M. Salamon）提出了著名的“志愿失灵”理论，这一理论指出了非政府组织的几大缺陷。

（1）慈善不足。非政府组织活动所需要的开支与所能筹集到的资源之间存在巨大的缺口。就获取资源的方式而言，政府的特征是“强制”，营利组织的特征是“自愿”和“互利”，而非政府组织的特征是“自愿”和“公益”。非政府组织用来“生产”公共产品的资源有三个来源：社会捐赠、政府资助和收费。通常志愿捐款只占非政府组织开支的很少一部，服务性收费是一个很敏感的问题，如果收费过高则很容易使公民反感，甚至会受到公民的抵制，而且这不符合非政府组织的初衷，一般来说，非政府组织不会将其作为主要的资源来源。因此，不论是历史还是现在，政府补贴一直是非政府组织资源的主要来源，在其预算开支中占主要地位，并还处于上升趋势。但由于新公共管理运动和政府重塑运动，政府越来越没有能力，也没有意愿过多地支持非政府组织了。

（2）非政府组织往往存在家长作风。实际掌握经济资源的人对如何使用资源有较大的发言权，他们所作的决定往往既不征求多数人的意见，也不必对公众负责和接受监控。

（3）非政府组织的业余性。非政府组织强调的是志愿性、义工服务，工作常常由有爱心的志愿人士承担，这不可避免地会影响组织绩效和服务产品质量。同时，由于非政府组织不能提供有吸引力的工资待遇，因此很难吸引专业人员加盟，这也影响了非政府组织功效的发挥。

（4）非政府组织对象的局限性。正如前面所提到的，作为政府失灵的一种补充，非政府组织活动的对象往往只是某些特定的社会群体，如特定的种族、特定的宗教、特定区域的居民、特定的性别和年龄。由于不同非政府组织筹集资金、组织动员的能力也不同，不同群体受到的服务肯定也会不同。以慈善活动为例，如果每个群体都要建立自己的慈善机构，很多机构提供的服务很难产生规模效应，或者成本很高、效率很低。

（5）除了以上问题外，作为制度环境的产物，非政府组织存在被环境同化的可能，这是因为任何一种组织的存在都是以反应迅速和高效管理为目标的，非政府组织也不例外。政府组织与市场组织是两种成功的组织形式，它们的结构和运转方式也是非政府组织一直在模仿和选择的，所以非政府组织的官僚化倾向和组织目标的转移也就在所难免，这些也是志愿失灵的一种表现。

1.5.5 社会失灵

所谓社会失灵，多指由盲目性行为和情绪化冲动所导致的群体非理性及由此产生的负面影响。从公共管理角度来看，有三大富有影响力的理论模型为人们所熟知，即哈定的公地悲剧、塔克的囚徒困境和奥尔森的集体行动的逻辑。这三大模型都揭示了在社会管理过程中，个人的理性选择往往会导致群体的非理性。除此之外，群体的非理性还可以用邻避效应、从众效应、搭便车效应、旁观者效应、广场效应、马太效应、黑洞效应、暴民政治等社会心理学和政治学的理论加以解释。

1. 三大模型

（1）公地悲剧。

公地悲剧（tragedy of the commons）是指如果一种资源没有排他性的所有权，就会导致这种资源的过度使用。公地悲剧是哈定（Garrit Hadin）于1968年在《科学》杂志上发表的文章《公地悲剧》（Tragedy of Commons）中提出的。哈定说："在共享公有物的社会中，每个人，也就是所有人都追求各自的最大利益。这就是悲剧的所在。每个人都被锁定在一个迫使他在有限范围内无节制地增加牲畜的制度中。毁灭是所有人都奔向的目的地。因为在信奉公有物自由的社会当中，每个人均追求自己的最大利益。公有物自由给所有人带来了毁灭。"

英国曾经有这样一种土地制度——封建主在自己的领地中划出一片尚未耕种的土地作为牧场（称为"公地"），无偿向牧民开放。这本来是一件造福于民的事，但由于是无偿放牧，每个牧民都养尽可能多的牛羊。随着牛羊数量无节制地增加，公地牧场最终因"超载"而成为不毛之地。

公地悲剧在英国是和"圈地运动"联系在一起的。15—16世纪的英国，草地、森林、沼泽等都属于公共用地，耕地虽然有主人，但是在庄稼收割完以后，也要把栅栏拆除，将其敞开作为公共牧场。由于英国对外贸易的需求增加，养羊业飞速发展，于是大量羊群进入公共牧场。不久，土地开始退化，"公地悲剧"出现了。于是一些贵族通过暴力手段非法获得土地，开始用围栏将公共用地圈起来，据为己有，这就是历史书中讲到的"圈地运动”。圈地运动使大批的农民和牧民失去了维持生计的土地，历史书中称之为血淋淋的“羊吃人”事件。但是书中没有提到：圈地运动的阵痛过后，英国人惊奇地发现，草场变好了，环境恢复了，英国人作为整体的收益提高了。由于土地产权的确立，土地由公地变为私人领地的同时，拥有者对土地的管理更高效了。为了长远利益，土地所有者会尽力保持草场的质量。同时，土地兼并后以户为单位的生产单元演化为大规模流水线作业，劳动效率大为提高。英国正是从圈地运动开始，逐渐步入世界强国行列。

租值消散理论

租值消散理论或租值耗散理论（The Theory of Rent Dissipation）是当代产权经济学的重要理论之一。租值消散理论的核心是，本来有价值的资源或财产，由于产权安排方面的原因，其价值（或租金）下降，乃至完全消失。

租值消散理论源于人们对实际经济现象的观察。1920 年，福利经济学的奠基者庇古在《福利经济学》一书中首先提出了两条道路的例子。他发现，在通往同一目的地的两条道路中，优良的道路总是过分拥挤，而较劣的道路总是人烟稀少。这就使得优良道路上的驾车成本大大提高。当拥挤达到一定程度后，优良道路和较劣道路对驾车者来说没有差别。这种无差别意味着优良道路高于较劣道路的价值完全消失。庇古认为，如果政府进行干预，将一部分车辆从优良道路移到较劣道路，社会总福利将增加。1954 年，H·斯科特·戈登在前人的基础上，进一步分析了海洋渔场的例子。其分析的现象是，海洋渔场由于对所有的渔民开放，导致渔民的过度进入和捕捞，结果使渔业的总产量下降，海洋渔场的价值下降。类似的例子还有 1967 年德姆塞茨在《建立产权的理论》中提出的 18 世纪初加拿大东部印第安人对海狸的捕杀。1968 年，哈定在《科学》杂志发表的《公地悲剧》一文，考察了公共牧场的租值消散问题。他发现，如果一块牧地属于公共土地，则村民的过度放牧会使牧地的价值下降，直至消失。

（2）囚徒困境。

囚徒困境（prisoner’s dilemma）是博弈论中非零和博弈最具代表性的例子，反映个人的最佳选择并非团体的最佳选择。囚徒困境最早是由美国普林斯顿大学数学家阿尔伯特·塔克（Albert Tucker）1950 年提出来的。他当时编了一个故事向斯坦福大学的一群心理学家们解释什么是博弈论，这个故事后来成为博弈论中最著名的案例。

囚徒困境的故事讲的是，两个嫌疑犯作案后被警察抓住，分别关在不同的屋子里接受审讯。警察知道两人有罪，但缺乏足够的证据。警察告诉每个人：如果两人都抵赖，各判刑一年；如果两人都坦白，各判八年；如果两人中一个坦白而另一个抵赖，坦白的放出去，抵赖的判十年（见图 1—4）。于是，每个囚徒都面临两种选择：坦白或抵赖。然而，不管同伙选择什么，每个囚徒的最优选择都是坦白：如果同伙抵赖，自己坦白的话放出去、不坦白的话判一年，坦白比不坦白好；如果同伙坦白，自己坦白的话判八年、不坦白的话判十年，坦白还是比不坦白好。结果，两个嫌疑犯都选择坦白，各判刑八年。如果两人都抵赖，各判一年，显然这个结果对两人都好。但这种可能基本不存在，因为它不能满足个人的理性要求。囚徒困境所反映出的深刻问题是，人类的个人理性有时能导致集体的非理性——聪明的人类会因自己的聪明而作茧自缚。

		嫌犯甲 不坦白	嫌犯甲 坦白
嫌犯乙	不坦白	甲：1年 乙：1年	甲：0年 乙：10年
	坦白	甲：10年 乙：0年	甲：8年 乙：8年

图1—4　囚徒困境的博弈矩阵

（3）集体行动的逻辑。

《集体行动的逻辑》是美国著名经济学家曼瑟尔·奥尔森（Mancur Olson）的代表作。书中问了一个很简单的问题：人们为什么会组成集团？传统的看法是，因为人们有共同利益，所以组成集团后，便于采取行动维护共同利益。但是奥尔森回答说，实际情况不是这样。人们之所以会加入集团，是因为集团本质上提供了一种集体性的公共物品，也就是说，如果不加入集团，就享受不到特殊利益。比如，美国的一些企业只雇用工会成员，所以只有加入工会，才能到这些企业就业。再比如，只有加入美国医疗协会，才能在美国行医。因此，奥尔森说，从本质上看，集团的存在是一种“搭便车”行为。只有当一个集团能够提供排他性的个人收益时，这个集团才能存在下去。从这一点出发，可以得到如下几点推论。

1）如果当一个集团为其成员提供的收益在下降，那么这个集团很可能就会走向衰弱。

2）由于集团提供的是所有成员都可以享受的公共物品，所以大集团的成员维护集团公共利益的动机会弱于小集团的成员，因为在大集团中，个人的贡献越大，他可以享受到的回报就越少。

3）如果我们问：“三个和尚究竟有没有水喝?”奥尔森会说，一般来说没水喝。但若三个和尚“不对称”，或存在“选择性激励”，那么三个和尚很可能有水喝。所谓“选择性激励”是指对给集体带来收益的个人给予额外的奖励，即“排他性的个人收益”。

合成谬误

“合成谬误”是一种错误的推理，它论证说：如果一整体的每一部分都有某种性质，则该整体也有此种性质；如果一个集合的每一个别元素都有某种属性，则该集合也具有此种属性。例如，“如果这辆汽车的每一零件都质量很好，则这辆汽车的质量很好”。“合成谬误”之说在经济学界流传甚广。萨缪尔森在其《经济学》一书中这样写道：“由于某一原因而对个体来说是对的，便据此而认为对整体来说也是对的，这就是合成推理的谬误。”① 在书中萨缪尔森还给出了不少合成谬误的例子。比如，在精彩的足球赛中，球迷们为了看得更清楚而站起来，可是当所有的人都站起来的时候，大家就都看不清楚了；为了增加收入，农民辛勤劳作，老天也作美，风调雨顺，但如果所有农民都辛勤劳作，农业将获得全面丰收，谷多而贱，谷贱伤农，结果农民收入反而减少；经济不景气，个人理性的选择是减少消费、增加储蓄，但这会引起有效需求不足，加剧经济不景气，使个人处境变得更坏；企业在经济不景气时理性的选择是减员，但这又会引起有效需求不足，加剧经济不景气，使公司和企业处境变得更坏。如此说来，正是因为错误地认为整体或集合是部分或个别元素的简单叠加，所以导致了推理的荒谬。

2. 群体非理性

（1）邻避效应。

邻避效应（Not-In-My-Back-Yard，NIMBY）是指居民或当地单位因担心工程建设项目（如垃圾场、化工厂、核电站、殡仪馆等邻避设施）对身体健康、环境质量和资产价值等带来诸多负面影响，从而激发人们的嫌恶情结，滋生“不要建在我家后院”的心理，及采取的强烈和坚决的、有时高度情绪化的集体反对甚至抗争行为。

我国有一个“以邻为壑”的典故，现在演绎出了另一个“以我为壑”版本。由于项目所在地居民不甘承受本可以不承受的风险，如环境污染、健康伤害等，衍生出对政府引进项目的集体抵制。政府部门规划经济项目或公共设施，产生效益为全体社会所共享，但负外部性却只由附近居民来承担，而且一旦风险失控，后果会非常严重。这意味着项目所在地将付出更大的成本和代价，从而产生“自己无辜成为政策牺牲者”的愤怒和“项目不要建在我家后院”的抗争。社会存在邻避效应是人之常情，是理性经济人与非理性社会人纠结的结果，这在国际社会也是非常普遍的现象，对邻避效应的认识和引导，也是世界各国面临的共同课题。

以邻为壑

原文：

白圭曰：“丹之治水也愈于禹。”孟子曰：“子过矣。禹之治水，水之道也，是故禹以四海为壑。今吾子以邻国为壑。水逆行谓之泽水。泽水者，洪水也——仁人之所恶也。吾子过矣。”

——《孟子·告子下》

① ［美］保罗·萨缪尔森、威廉·诺德豪斯：《经济学（教材版）》，19版，北京，商务印书馆，2013。

译文：

白圭说："我的治水本领已经超过大禹了！"孟子说："你错了。大禹治水是把四海当作深沟，顺着水性疏导，结果水都流进大海。如今你治水，只是修堤堵河，把邻国当作深沟，结果洪水都流到邻国去了。水逆流行进叫作洚水。洚水，就是洪水，是仁人最厌恶的。这种治水的方法，怎么能与大禹相比呢？"

（2）从众效应。

一般而言，"从众"做事不需要上天入地地搜罗信息，不需要绞尽脑汁地分析判断。久而久之，我们就养成了把头脑让渡给他人的习惯。如此循环往复，"从众"就演变成了一种基因。

有一个很出名的心理测试，说的是请几位无所事事者站在熙来攘往的大街上仰面望天。天上其实什么也没有，但工夫不大，测试者的身边就聚起了一群行人，纷纷举目望天。有人把这个测试的原产地安在了中国，安在了上海。但其实，这是一桩不折不扣的"冤案"。这个心理测试的原产地其实是在美国纽约，一个叫米尔格雷姆的美国心理学家在20世纪60年代设计了它。测试的结果显示，当一个人向天上望时，只有4%的行人遵从了他的行为；当5个人向天上望时，遵从率则增加到16%；当10个人向天上望时，遵从率达到了22%；当15个人向天上望时，遵从率高达40%。原来，并不是中国人爱从众，美国人其实也差不多。

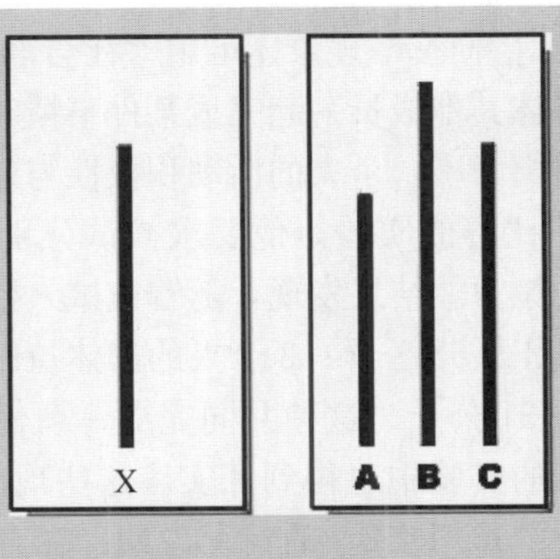

如果你发现周围的人都犯了错误，你敢跳出来坚持真理吗？美国心理学家阿希（Solomon Asch）关于线条判断的从众实验会告诉你，很可能你也会随大流地作出错误的选择。典型的实验材料是18套卡片，每套两张，一张画有标准线段，另一张画有比较线条。

被试7人一组，其中6人是实验助手（即假被试），第7人是真正的被试。被试的任务是，在每呈现一套卡片时，判断A、B、C 3条线段中哪一条与标准线段X等长。实验开始前几次判断，大家都一致作出了正确的选择，从第7次开始，假被试（助手）故意作出错误的选择，实验者开始观察其被试的选择是独立还是从众。面对这一实验情境，真被试在作出反应前需要考虑以下三个问题：是自己的眼睛有问题，还是别人的眼睛有问题？是相信多数人的判断，还是相信自己的判断？在确信多数人的判断是错误时，能否坚持自己的独立性？阿希从1951年开始，并在1956、1958年又多次重复这项实验，结果发现：大约有1/4～1/3的被试始终保持独立性，无从众行为；约有15%的被试平均作了总数3/4的从众行为；所有被试平均作了总数1/3的从众行为。

（3）搭便车效应。

“搭便车”本是一个经济学的概念，主要源于正外部性，其基本含义是不付成本而坐享他人之利。现在它也经常被用来分析一些社会现象。在利益集团内，某个成员为了本利益集团的利益所作的努力，集团内所有的人都有可能得益，但其成本则由这个人承担。由于利益集团的利益是由组成集团的每个成员的需求和动机决定的，因此，每个利益集团成员只有联手努力才能获得共同利益。如果有人没有为此而努力，而其他人付出了努力，那么这就会抑制集团成员为本利益集团努力的动力；如果利益集团内每个成员都共同努力，则个人成本就会相当小。

现象：南郭先生不会吹竽，却能混在乐队里装模作样。

原因：“搭便车”主要源于投机心理。一方面，投机者会抱着“就算我不做，别人总会做”的想法碰运气；另一方面，在集体行动中，一个人到底出了多少力也确实难以考证，无形当中给“搭便车”者提供了机会。但是，“搭便车”的人多了，总体效率必然降低，甚至损害集体利益，出现所谓的“搭便车困境”。

从社会心理学角度来看，“搭便车”现象还可用“社会惰化”的概念加以进一步解释。所谓社会惰化，是指个人与群体其他成员一起完成某件事情时，往往个人所付出的努力比单独完成时偏少，不如单干时出力多，个人的活动积极性与效率下降的现象。法国人马克斯·瑞格曼曾经做过一个拔河比赛的实验，他要求被试分别在单独情境与群体情境下拔河，同时用仪器来测量他们的拉力。结果发现，随着被试人数的增加，每个被试平均使出的力减少了。1个人拉时平均出力63公斤；3个人的群体拉时，平均出力是53.5公斤；8个人的群体拉时，平均出力是31公斤。这种共同完成一项任务时，群体人数越多个人出力越少的现象，后来在其他人的实验中也得到证实。这些现象不仅在实验室里可以看到，在日常生活中也很普遍。这种“1+1<2”的情况说明：在合作中总会有人偷懒！而且越多人在一起干活，偷懒的现象越严重！的确，人有与生俱来的心理惰性，单枪匹马地独立操作，一般会竭尽全力。到了一个集体，则把责任悄然分解、扩散到其他人身上。社会心理学家拉坦经深入研究后认为，这是集体工作时存在的一个普遍特征，并将其概括为“社会浪费”。其实，这就跟人们常说的“三个和尚没水喝”的道理差不多。看来，诸如“众人拾柴火焰高”、“人多好办事”、“人多力量大”这一类说法也有一些例外。

三个和尚的故事

山上有座小庙，庙里有个矮和尚。他每天挑水、念经、敲木鱼，还给观音菩萨案桌上的净水瓶添水，生活过得安稳自在。不久，庙里来了个高和尚。他一到庙里，就把小半缸水喝了个精光。矮和尚叫他去挑水，高和尚心想，一个人去挑水太吃亏了，便要矮和尚和他一起去抬水，两个人只能抬一只水桶，为了分配均匀，避免有人占便宜，两人商量在竿子中央画了一条线，这才心安理得。抬水效率虽低，但总算还有水喝。后来，又来了个胖和尚，他喝完了剩下的水后，三个人谁也不愿去挑水，也不愿去抬水，都怕自己吃了亏，结果落得三个人都没有水喝。

(4) 旁观者效应。

旁观者效应也称为责任分散效应，指个体对于紧急事态的反应在单个人时与同其他人在一起时是不同的。由于他人在场，个体会抑制利他行为。救助行为出现的可能与在场旁观人数成反比，即旁观人数越多，救助行为出现的可能性就越小。

吉娣·格罗维斯案例一直被视为“旁观者效应”的经典案例。

1964 年 3 月 13 日，在纽约昆士镇的克尤公园发生了一起谋杀案，这很快成为《纽约时报》的头版新闻，并使全国感到震惊。这件谋杀案倍受注意的原因与凶手、被害者或其谋杀手段都没有太大关系。吉娣·格罗维斯是一位年轻的酒吧经理，她于凌晨 3 点回家的途中被温斯顿·莫斯雷刺死。莫斯雷根本不认识她，他以前还杀死过另外两名妇女。使这场谋杀成为大新闻的原因是，这次谋杀共用了半个小时的时间（莫斯雷刺中了她，离开，几分钟后又折回来再次刺她，又离开，最后又回过头来再刺她）。这期间，她反复尖叫，大声呼救，有 38 个人从公寓窗口听见喊叫和看到她被刺的情形。没有人下来保护她，她躺在地上流血不止也没有人帮她，甚至都没有人给警察局打电话报警。

社会舆论普遍认为这 38 个证人无动于衷的言行是现代城市人，特别是纽约人异化和不人道的证据。可是，生活在这个城市的两位年轻社会心理学家约翰·巴利和比博·拉塔内对这种一概而论的说法甚为不满。他们都觉得，对于证人们的无动于衷，一定有个更好的解释办法。经过他们实验和调查发现：这种现象不能仅仅说成是众人的冷酷无情，或道德日益沦丧的表现。因为在不同的场合，人们的援助行为确实是不同的。当一个人遇到紧急情境时，如果只有他一个人能提供救助，他会清醒地意识到自己的责任，对受难者给予帮助。如果他见死不救，那么他会产生罪恶感、内疚感，需要付出很高的心理代价。而如果有许多人在场的话，帮助求助者的责任就由大家来分担，造成责任分散，每个人分担的责任很少，旁观者甚至可能连他自己的那一份责任也意识不到，从而产生一种“我不去救，自然有人去救”的心理，造成“集体冷漠”的局面。

巴荣实验

见义不为确有一些心理层面的原因，在巴荣实验中发现的旁观者效应能够解释这一现象：当你想通过电子邮件征询某种答案时，你最好逐件分发，这样会更有效，而以邮件组的形式同时发给许多人，则效果不大。这是以色列心理学家格雷格·巴荣发现的一种心理效应。巴荣曾向特克尼恩技术学院的 240 个人发出一封电子邮件，询问该学院有没有生物系。对其中一半人是单独发送邮件的，对另一半人则是以邮件组的形式发送的。结果发现，前一半人中有 64%的人回了信，其中有 1/3 的人给出了较为详尽的回答，而后一半人中只有 50%的人回了信，其中有 16%的人给出了详尽的回答。巴荣认为，这是一种责任扩散现象。他将这种心理效应与许多犯罪现场的旁观者心理相联系，得出当有其他旁观者在场时人们进行干预的责任感会减弱的结论。

（5）广场效应。

社会心理学家认为，在一切人群聚集的公开场合，人们常常表现出与日常生活大相径庭甚至完全相反的言行，这并不是一个知识性方面（愚昧无知）的问题，而是一个无意识统治下的群体心理问题，这在社会心理学中被称为广场效应。

1）行为特点。美国社会学家帕克（Robert Ezra Park）指出，这种集体行为分接触与摩擦、情绪感染和群体激动三个步骤完成，具有自发性、狂热性和非结构性三个特征。法国著名群体心理学家古斯塔夫·勒庞（Gustave Le Bon）在《乌合之众：大众心理研究》一书中总结了群体的心理特征，认为群体冲动、易变和急躁，易受暗示和轻信，群体情绪容易夸张并且单纯，群体是偏执的、专横的，也是保守的，尽管群体的道德有时可能比个人高尚，但事实证明，在多数情况下群体的道德比个人低劣。

2）产生原因。产生这一切心理特征的原因是个人在群体中的消失，无意识成为统治者。原本散漫无序的个体人格、个体意识都在无数人的情绪感染中消失，只存在着更加凌乱却被大家莫名其妙接受的某种思想，但是这种思想会立刻发生变化，甚至极有可能朝反方向发展。

3）社会影响。广场效应在特定环境下会影响群众对社会法制和道德标准的判断，甚至出现暴民政治现象，影响社会的和谐稳定。

（6）马太效应。

马太效应（matthew effect），是指“好的愈好，坏的愈坏；多的愈多，少的愈少”的一种正反馈现象。最早由美国学者罗伯特·默顿（Robert K. Merton）于 1968 年提出，其名称来自于《圣经·新约》“马太福音”中的一则寓言。寓言的最后有这样一句话：凡有的，还要加给他叫他多余；没有的，连他所有的也要夺过来。1968 年，美国科学史研究者罗伯特·默顿提出马太效应这个术语，对原意加以引申，用其概括一种社会心理现象：“相对于那些不知名的研究者，声名显赫的科学家通常得到更多的声望即使他们的成就是相似的，同样的，在同一个项目上，声誉通常给予那些已经出名的研究者，例如，一个奖项几乎总是授予最资深的研究者，即使所有工作都是一个研究生完成的。”其后归纳为：任何个体、群体或地区，一旦在某一个方面（如金钱、名誉、地位等）获得成功和进步，就会产生一种积累优势，就会有更多的机会取得更大的成功和发展。此术语后为经济学界所借用，反映“贫者愈贫，富者愈富；弱者愈弱，强者越强；赢家通吃，分配不公”的社会经济现象。正如《道德经》所言：“天之道，损有馀而补不足；人之道，则不然，损不足以奉有馀。”

(7) 黑洞效应。

黑洞，天体物理学中的概念。在宇宙中，一些大质量的物体在发生坍塌之后，会形成一个致密的点，由于它的质量非常大，所以产生的引力也非常大，大到光线进去之后也无法逃出来，于是就形成了一个黑洞。而且不断被吞噬进去的物质和能量又反过来成为黑洞的一部分，使得黑洞产生更大的吸引力。天体物理学研究黑洞得出的结论是，黑洞有超强大的吞噬、复制和自我强化的能力。所谓黑洞效应就是一种自我强化效应。从社会角度来看，当一个组织达到一定的规模之后，也会像一个黑洞一样产生非常强大的吞噬、复制和自我强化能力，把它势力所及的大量资源吸引过去，而这些资源使得组织更加强大，形成一个正向加速循环的旋涡。

品牌黑洞

强势品牌的存在犹如宇宙中的黑洞，是一个具有强大吸引力的引力场，它总是能最大限度地吸纳更多的社会资源，从而在激烈的市场竞争中处于垄断地位。

人们痛恨 Windows 系统不负责任的死机、莫名其妙的技术问题和高昂的一口价，微软的强势就像一种外来生物入侵破坏了生物的多样性，使人们失去了选择权，但 Windows 却在千夫所指下仍保持了它的强势市场地位，原因何在？既然微软产品的用户满意度从来不高，为什么大家偏偏要使用 Windows？最根本的问题在于教育。因为绝大多数用户大学毕业后只会用 Windows、MS Office 等一些基本的应用，而且都是微软的产品，甚至根本没有听说过其他操作系统，所以市场用户才会严重倾向于 Windows。也就是说，我们的整个教育体系在为微软源源不断地输送大批成熟用户。

品牌的本质正是对包括资本、人力、物力、政策，甚至人们感情在内的所有对其有用的社会资源的吸引力。当这个引力场强到一定程度时，它就形成了市场黑洞。虽然政府为了优化市场效率，考虑整体利益，会尽量想办法避免这种黑洞的产生，使社会资源的分配不至于过度集中，但从企业个体利益考虑，建立一个巨大的市场黑洞却几乎是每个企业的目标，每个企业都希望通过对品牌的持有获得强大的吸引力，以此得到更大的社会资源及相应的社会财富。

资料来源：钟洪奇：《Windows 不败：谁帮了微软？——透过微软看强势品牌的黑洞效应》，见全球品牌网，2005-07-01。

(8) 暴民政治。

暴民政治或称众愚政治（ochlocracy），是一个描述多数至上主义的贬义词，指一种被大众主导的政治形态。英语中的“mob”（暴民）一词，意指“善变的人群”，即狂热和激情胜过了理性，短期的煽动导致道德的恐慌。暴民政治是一种病态的大众统治，是一种与好的民主所对立的政体。谈到暴民政治不能不提及古斯塔夫·勒庞的《乌合之众：大众心理研究》一书。它是解析群体心理的经典名著，一经问世，就享誉全球，现已被译成十几种语言，在国际学术界有着持久而广泛的影响。有评论说：“暴民专制——通常表现为广场民主——和君主专制一样具有杀伤力，甚至破坏性更大。因为其产生的力量暗涌是变幻不定的，在各种极端主义的左右下，其结果就是‘所有人对所有人的战争’。”“群体性情感的爆发具有突发性和偶然性，由于欠缺必要的持久化的基础，它们的溃散也将同它们的集合一样突然。”“专横和偏执是一切类型的群体的共性。”“群体中的个人不但在行动上和他本人有着本质的区别，甚至在完全失去独立性之前，他的思想和感情就已经发生了变化，这种变化是如此深刻，它可以让一个守财奴变得挥霍无度，把怀疑论者改造成信徒，把老实人变成罪犯，把懦夫变成豪杰。在 1789 年 8 月 4 日那个值得纪念的晚上，法国的贵族一时激情澎湃，毅然投票放弃了自己的特权，他们如果是单独考虑这件事，没有一个人会表示同意。”“总之，这本书颠覆了人们通常对群体的认识，将群体的特点剖析得淋漓尽致，让人先是惊异，后是佩服。作者层层分析，逐步推进，明确指出个人一旦融入群体，他的个性便会被湮没，群体的思想便会占据绝对的统治地位，而与此同时，群体的行为也会表现出排斥异议，极端化、情绪化及低智商化等特点，进而对社会产生破坏性的影响。”

本章小结

本章作为全书的导言，重点阐述了公共政策的基本概念、表现形式、类型划分、主要作用等内容。通过本章的学习，应该明确公共政策的基本含义，理解公共物品、公共职能、公共问题、公共利益、公共权力、公共秩序、公共治理这些与公共政策相关的概念，掌握公共政策的基本分类，理解政府支出的相关理论，了解政府失灵、市场失灵、契约失灵、志愿失灵、社会失灵这些影响公共政策的现象。

关键词

公共政策　公共物品　公共利益　公共问题　实质性政策　程序性政策　分配性政策　管制性政策　物质性政策　象征性政策

思考题

1. 什么是公共政策？
2. 应从哪些方面把握公共政策的含义？
3. 为什么要研究公共政策？
4. 公共政策的作用表现在哪些方面？
5. 公共政策如何分类？
6. 物质性政策和象征性政策有何区别？
7. 如何从“公共”角度理解公共政策？
8. 政府收入主要有哪些形式？
9. 政府失灵有哪些表现？
10. 市场失灵的主要原因有哪些？

第2章

政策分析

2.1 政策分析的基本含义

2.1.1 政策分析的由来

公共政策不是一个新的话题，而政策分析却是一个全新的领域。二战期间，基于作战的需要，1945年“兰德计划”得以签署，1948年兰德公司（Rand Corporation）正式成立，并逐渐成为美国最重要的综合性战略研究机构。它先以研究军事尖端科学技术和重大军事战略而著称于世，继而又扩展到内外政策各方面，逐渐发展成为一个研究政治、军事、经济科技、社会等方面的综合性思想库，被誉为现代智囊的开创者和代言人。20世纪50年代初，一些政治学家开始关注兰德公司对效率（投入/产出）问题进行分析研究的方法，并逐渐使之运用于社会政治领域，进而建立起政策科学的基本框架。基于效率的分析方法具有这样一个假设前提，即固定的资源或投入，经由增加效益的有效途径，能够获得最高的产出。政治学家以此为据，先设定明确的目标或产出，然后寻求如何增加效率，即以最低的投入或最少的资源达到事先确立的目标。就此而言，早期的政策分析实际上只是一种基于效率的研究方法，而且仅限于辅助决策的一些具体分析工作。政策分析的前期准备主要涉及问题的确认和资料的收集，最终目的是为决策者提供决策的有效依据。在整个20世纪60年代里，美国的兰德公司和其他一些以政策分析为主要工作的机构都是基于这种政策分析理念开展研究工作的。这类基于理性原则的政策分析在政策科学形成之初具有决定性的影响，构筑了现代政策分析的基础架构。

然而，在分析的具体操作层面，人们发现，实际上很难把政策分析仅限于行动方案的选择过程，有时不得不去考虑政策过程的其他环节。随着政策科学的不断发展，政策分析的含义出现了一些变化，具体的解释也有了多种不同的版本，各个学派的研究重点呈现出很大的差异。由于社会的发展和变化不可能完全按照人为设计的逻辑进行，因此，学科发展过程中出现概念问题的多元化现象也就不足为奇了。政策分析的范围目前看似已扩展到影响政策制定和执行过程的诸多因素，人们视其为“在政策领域创造、沟通和应用社会知识的复杂过程”①。当“政策分析”一词被用作学科名称时，它所代表的含义则更为广阔。

公共政策关注的是社会和公众的问题，那么这些问题是怎样被定义和构建的？它们又是如何进入政府政策议程的？政府对此做了些什么和没有做什么？为什么要这么去做或为什么不这么去做？这么做会有什么样的结果？为什么会有这些结果？怎样对政策进行评估和修正？怎样进行贯彻和执行？如何反馈？这种对于公共政策本质内容、具体原因和实际结果的研究构筑了当今公共政策分析的主流。

“兰德计划”的签署与兰德公司的成立

二战期间，美国一批科学家和工程师参加了军事工作，把运筹学运用于作战方面，取得了一些成果，颇受朝野重视。战后，为了继续这项工作，当时的陆军航空队司令亨利·阿诺德上将于1944年11月提出了一项关于《战后和下次大战时美国研究与发展计划》的备忘录，要求成立一个“独立的、介于官民之间的研究机构”，“以避免未来的国家灾祸，并赢得下次大战的胜利”。根据这项建议，1945年底，美国陆军航空队与道格拉斯飞机公司签订了一项1 000万美元的“研究与发展”计划的合同，这就是著名的“兰德计划”。“兰德”（Rand）的名称是英文“研究与发展”（research and development）两词的缩写。不久，美国陆军航空队独立成为空军。1948年5月，阿诺德在福特基金会捐赠的100万美元的赞助下，使“兰德计划”脱离道格拉斯飞机公司，正式成立独立的“兰德公司”。

2.1.2 政策分析的含义

关于政策分析的含义，可以从理论和技术角度进行区分。

一些学者比较倾向于从理论的角度来看待政策分析，认为政策分析的目的是要发展出一套能够适用于所有政策的理论体系。他们认为，政策分析者所希望发展的理论，绝非仅适用于对某一项政策、某个政策领域或一些个案进行具体解释，而是要能够对不同时间、不同空间的政策进行比较全面的解释。总之，政策分析是运用科学理论解决政策选择和实施问题的过程，这些政策可能涉及国内、国际等多方面的事务。

另有一些学者更多地从技术角度看待政策分析，认为政策分析的目的是为了对具体的政策制定和实施提出合理的解释与建议。政策分析只是一种分析的形态，其功用在于产生和提出有价值的信息，用以改良决策者进行判断的基础。政策分析的目的不是产生某种一

① W. N. Dunn，*Public Policy Analysis*，Prentice-Hall，1981，p. 1.

锤定音的政策建议，而是帮助人们在现实可能性和期望之间建立逐渐一致的认识，产生一种新型的社会相互关系与社会心理模式。这种模式使人们对政府的某项职能产生新的共识，其结果是使各个政治集团之间的活动更为协调、行为更趋一致、矛盾得到缓解、冲突趋于减少。

看重政策分析中理论因素的学者，往往对政策分析作较为宽泛的理解。他们认为，政策分析不仅仅是对政策制定的分析，而且还包括对政策执行和政策评估的分析。重视政策分析中技术因素的学者，则常常对政策分析作较为严格的限定，从狭义上进行理解，他们只将政策分析限定在政策制定的环节。

综合来看，政策分析是依据一定的政策理论、知识，运用各种分析方法和技术，帮助决策者制定和优化具体政策的过程。政策分析必须以一定的政策理论和知识为基础。这里讲的政策理论包括两个层次：一是有关政策的本质、结构、类型、功能、过程等方面的理论；二是用于政策分析的认识理论、因果理论、系统理论。政策分析也必须以一定的知识为前提，主要包括必要的常识与专业知识、有关的自然科学知识与社会科学知识，以及各种经验知识。

政策分析是运用一定方法和技术的思维与实验过程。政策分析强调分析人员必须熟练地掌握某些分析方法和技术，并借助于模型来对正在制定中的政策或已经制定出来的政策加以思考与再思考。多数政策分析是通过个体与集体的思维来进行的，但有时为了对政策方案进行必要的检验和优化，还必须进行局部的实验。

2.1.3　政策分析的基本特征

作为一门应用学科，政策分析需要学习和借鉴其他学科，它是一个由多种学科背景、多种技术方法和多种理论模型组成的综合研究领域，其特色主要表现在如下几个方面。

第一，理论与实践的结合。进行政策分析主要出于科学和专业上的双重考虑。从科学角度而言，政策分析无疑有助于公共政策的制定和执行，从而进一步提高政府对社会的管理水平。而科学和专业却是两个完全不同的认知层次，前者的目标是探求理论知识，后者的目标则是运用这些理论知识去解决社会中的实际问题。理论与实践的结合是政策分析最为突出的特征。

第二，复杂的学科背景。政策分析具有跨学科的特点，从而成为各研究领域学者们共同关注的焦点。政策分析所涉及的学科包括政治学、哲学、经济学、心理学和社会学。除此之外，政策分析还要求了解与公共政策有关的历史、法律、人类学和地理学方面的知识。而量化技术和计算机科学带给政策形成、执行和评估的影响也被认为属于政策分析的范围。

第三，多架构的研究方法。正如怀尔达夫斯基（Aaron Wildavsky）所指出的那样："政策分析是一个应用性的边缘学科，其内容不是由学科界线所决定，而是由所处的时代及其环境与问题的特征所决定。"① 政策分析的目的是结合各种具体情境运用不同分析模

① Aaron Wildavsky，*Speaking Truth to Power：the Art and Craft of Policy Analysis*，Transaction Publishers，1987.

型，强调的是针对性和适用性。因此，政策分析不能视野狭隘，而要博采各种研究方法和学科之长。

第四，广阔的研究领域。在现代社会里，公共政策可以说无所不在，它已经渗透到社会的各个层面和生活的各个领域。如过节燃放鞭炮，需要避开禁放区域。而政策分析与公共政策紧密相关，好的政策往往源于有效的分析。一般而言，政府和公众所关心的问题都是政策分析所要涉及的研究领域。

2.1.4 政策分析的基本内容

政策分析主要包括以下五个方面的内容。

第一，政策问题。需要明确的问题有：政策问题是什么、它具有哪些性质和特征、应该如何加以解决。政策问题不可能一开始就非常明确，只有经过不断调查、认真分析之后才能够逐渐清晰起来。政策问题分析是政策分析内容中最为重要的方面，它会对其他方面的分析产生决定性的影响。

第二，政策内容。已有的一些政策会与将要制定的政策具有一定的相关性，需要对这些政策有所了解并进行分析，搞清这些已有政策制定的原因、制定的过程、具体的内容、实施的效果、制约的因素、成功或失败的原因等。

第三，政策结果。对解决政策问题所提供的相关政策方案可能产生的执行结果进行预测。通过预测，指明未来可能发生的情况，预想可能出现的限制因素，寻求可能的应对措施。

第四，政策价值。对已有的相关政策与即将产生的政策从价值角度进行评价。政策分析不仅以事实为依据，更要以价值为基础。价值分析对政策目标的确定具有更为重要的影响意义。

第五，政策结构。政策是一个系统，其结构是指构成要素的组合形式和排列顺序。政策结构对政策功能（质量和效率）具有重要影响，因此成为政策分析的重要内容。政策结构的类型包括塔式（政策纵向结构）、链式（政策横向结构）、环式（放射性特征）、网式（结点相关性）、矩阵式（纵横并举）和群落式（间接联系）等。

系统与结构

所谓系统是指由若干个相互依赖和相互作用的组成部分（或要素）构成的具有一定功能的有机整体。构成系统的各个组成部分之间的结合方式叫系统的结构。任何事物都可被视为一个系统，所以，系统是事物存在的普遍形式。系统的功能不是由要素的数量多少决定的，而是由要素之间的相互关系决定的。也就是说，系统的结构决定了系统的功能。一堆自行车零件的简单叠加不会使它具有以轮代步的功能；音符不经过合理组合就难以构成优美的乐章；文字不经过精心排列就不可能形成伟大的诗篇；砖石木料不经过建筑师的双手就不可能组成壮丽辉煌的宫殿；有机物不经过时间的冲刷和大自然的雕琢就不可能有生命的起源……古希腊哲学家亚里士多德曾说：“整体不等于部分之和。”就是说从整体和局部的关系而言，1+1≠2，有可能1+1>2，也可能1+1<2，关键取决于整体的结构。这句话可以说是系统思想最概括的表达。石墨和金刚石都是由碳元素构成的，但由于分子结构不同，就表现出完全不同的性能，一个非常松散，一个异常坚硬。建筑上也是如此，用同样的建筑材料，建成不同结构的建筑，其牢固程度会有极大的差别。比如我国桥梁史上李春设计的赵州桥，采用拱形结构，历经千年风雨，完好留存至今，成为著名的历史古迹。

2.1.5 政策分析的作用

虽然政策分析并非灵丹妙药，它不能取代政策制定和政策执行，更不能解决一切问题。但政策分析对政策问题认定、政策目标确定、政策方案选择、政策资源配置、政策执行计划拟定都具有重要的作用，政策分析能够对政策制定、政策执行提供多方面的帮助。

第一，政策问题认定。政策分析的起点是对政策问题进行调查、论证和确认，并区分政策问题的结构类型。政策问题是从大量社会问题中筛选出来的，谁参与筛选、为什么而筛选，以及如何进行筛选，不同的选择会使结果大相径庭。从专业角度而言，政策分析人员参与政策问题认定，对优化政策过程，提高政策效率具有非常重要的作用。

第二，政策目标确定。在选择和确定政策目标时，由于政策制定主体由不同的利益集团和不同的公共部门构成，因此它们在确定政策目标时会基于本身利益的考虑而产生意见分歧。一些强势团体会利用手中掌握的种种资源优势，将对自己有利但缺乏科学依据和合理性的愿望作为政策目标强加给其他的决策主体。相对来说，政策分析人员能够站在较为客观、公正的立场上，从有利于解决政策问题的目的出发，对政策目标的正确选择以及论证提出合理化的建议。

第三，政策方案选择。在政策制定的过程中会围绕政策目标提出各种可供选择的方案。政策制定的正确与否与提出的政策可选方案，以及对这些方案的正确评估有直接的关系。在政策制定过程中，参与主体由于专业知识的局限，或者缺乏必要的科学评估方法与技术，导致在选择方案时出现错误。政策分析人员具有专业优势，可以借助专业知识，运用各种评估的技术与方法，尽可能准确地评判各种可选方案的优劣，从而帮助决策者作出正确的判断和选择。

第四，政策资源配置。政策执行常常是以实施一个或多个具体项目的方式进行。一项政策要能得到忠实、有效的执行，就必须考虑资源配置问题，进行成本—收益的分析。政策资源主要包括物质资源、人力资源、经费资源、信息资源、权威资源（政治和制度资源）等。政策分析人员可以从专业角度出发，在对政策实施的总资源量作出预测的基础上，依据一定的规则编制政策执行的总成本，并对资源的配置（资源在各个阶段、不同项目上的分配）作出论证。

第五，执行计划拟定。政策方案选定以后，制定科学、可行的实施计划也是至关重要的。政策实施计划的制定是连接政策制定与政策执行的重要环节。由于政策制定与政策执行是两个分开的环节，因此，政策执行机构与人员制定的实施计划有可能会与政策制定者的初衷产生出入，而政策分析可以很好地弥合两者的裂痕。它通过对政策目标、政策资源加以分解或组合，借助专业技术和方法，包括使用计算机模拟技术对政策实施的整个过程加以分析，从而确定不同阶段需要完成的基本任务及其相关的资源条件。

2.1.6 政策分析的意义

第一，避免或减少政策失误。在实际的政策制定和实施中，出现政策失误的情况一般有如下三种。

（1）由于决策所需信息不完整，一些数据、信息、证据无法获得，与政策问题相关的材料、事件、现象、过程的内部矛盾还没有充分暴露，再加上环境条件中存在的不确定因素过多，从而造成政策失误。

（2）虽然决策过程中信息较为完整，但决策的方法出现问题或程序出错、思考有误而导致政策失误。

（3）虽然政策方案选择正确，但由于实施时计划不妥、资源缺乏、人员配备失当等原因而导致政策失误。

一般而言，第一种情况主要是客观因素造成的，这类政策失误有时是很难避免的。但第二种、第三种政策失误主要源于主观原因，能够通过工作努力加以避免。如果要减少后两种类型的政策失误，不仅需要提高决策者素质和严格决策程序，还要进一步加强政策分析工作。政策分析不仅有助于消除政策制定中存在的问题，而且能够对政策实施计划和资源有效配置提出相关建议，从而有利于减少执行过程中出现的失误。

第二，提高决策效率。公共机构的决策不仅存在失误的问题，而且存在低效的问题。公共机构出现决策低效往往是由三个方面的原因所导致的。

（1）政策制定主体系统中不同的决策者，或者是个人，或者是团体，他们之间利益矛盾较大、意见分歧过多、相互讨价还价、常常议而不决，从而贻误决策时机，造成决策低效。

（2）某些公共机构决策方法落后，决策技术陈旧，决策过程费时、费力，资源浪费现象严重，造成决策低效。

（3）参与决策的人员素质较低，既缺乏必要的政策常识，又不熟悉政策制定的技术、方法、步骤和程序，从而导致决策低效。

当然，要解决政策制定的低效问题可以从多个方面着手，但加强政策分析无疑是其中较为重要的途径。政策分析人员的加入，可以提供专业的知识，优化决策的过程，使用高效的决策技术和方法，避开利益集团之间、政府部门之间的矛盾，提供较为客观、公正的政策建议，不仅使决策节省时间、节约经费，而且能把握时机、确保高效。

第三，疏通建议渠道。政策分析人员不是决策者，他们并不为客户作决定，通常只是给予自己的“客户”提供有效的建议。这对于前期所做的各类分析来说至关重要。但就分析结果而言，把握展示方式，疏通建议渠道同样也很重要。虽然“客户”会作最后的决定，但他需要基于分析的资料和结果作出选择。当分析工作做得好，方案展示很有效时，建议渠道才能畅通，决策者才能有效权衡假定的价值意义和不确定因素及其后果，并得出自信的结论，而不是在左右为难中焦虑不堪。

2.2　政策分析的局限与陷阱

2.2.1　政策分析的局限

政策分析真能起作用吗？有很多人存在这种顾虑并不是没有根据的。有不少人认为，政策分析只不过是掩饰政治冲突的一种时髦的虚饰而已，决策者为解决冲突所进行的实际上是一种实力的较量。他们更多地依赖于权术的玩弄、阴谋的策划、竞争性投票、政治上的讨价还价，甚至有时候不惜付诸暴力。在政策制定过程中，理性的谋划虽说无害，但也只是一种无效的消遣，政策分析人员所作的大量专业分析实际上是枉费心机，因为各种重要问题的最终决定还是要依据“政治”实力的对比。

的确，政策分析人员毕竟不是决策者，他们的职责只是为自己的雇主和顾客提供政策建议与评估结果，拍板决策的权力是不属于他们的。政策分析人员可能很难让决策者听取他们的意见，“绝大多数的决策者经常会与政策分析人员的意见完全相反”①，政策分析报告被轻视和搁置的情况可以说屡见不鲜。由此看来，理性的呼声并不一定总能博得那些特殊听众的好感。所以，政策分析人员常常抱怨，决策者忽视了他们的研究成果，而政治家们却对此不以为然，因为政治家们认为提供给自己的分析结果往往并无多大用处。

托马斯·戴伊指出：“政策分析能否解决美国的问题？人们实在难以对这个问题作出肯定的回答。无知、犯罪、贫困、种族冲突、不公平、住房问题、健康问题、环境污染、人口稠密、生活不幸等，长期困扰着公众的生活。当然，政府没有借口不去努力解决这些问题，但是发现有效的解决方案的确是非常困难的。有几点原因极大地挫伤了人们对于政策分析的热忱。”② 具体来说，政策分析的局限主要体现在下列几个方面。

第一，政府权力的限制。政府受到许多社会力量的限制，如家庭生活、婚姻状态、儿童抚养、宗教信仰、社会习俗等，这些力量均不易受到政府权力的左右。即使政府有心介入，也很难实施有效的控制，相关问题的解决可能非常棘手。

第二，问题认识上的分歧。在目标与手段、方向与路径的政策讨论中经常会有冲突产生，当人们难以对问题涉及的内容达成共识时，政策分析就难以派上用场。当然，政策分析可以对如何达成特定结果提供思路，但它无法决定什么对社会最具价值，政策分析解决不了价值冲突问题。换句话讲，如果在价值判断方面缺少共识，那么政策分析就无法对政策制定作出太多的贡献。

第三，人文研究的设计限制。对人类社会进行某种受控制的试验似乎是不太可能的事情。例如，研究人员不可能只为观察教学条件对学习成绩的影响而命令孩子们进入一所他们不喜欢的“劣等学校”学习数年。再如，在教学改革中常常会发现孩子们在新的教学方法和新的教学计划下皆有上佳的表现，但却很难确定这种行为的变化是因为教学改革的影

---

① Hok Lin Leung, *Towards a Subjective Approach to Policy Planning & Evaluation: Common-Sense Structured*, Winnipeg, Ronald P. Rrye, 1985, p. 19.

② Thomas. R. Dye, *Understanding Public Policy*, Prentice-Hall, 2002, pp. 7-8.

响还是因为试验情景的激励。

第四，人类心理和行为的复杂性。正是因为政策分析人员缺少对个人和群体行为的足够了解，以至于他们没有能力为政策制定者提供可信的建议。管理学领域著名的“霍桑实验”①，其前期工作之所以以失败告终，就是因为忽视了人类心理和行为的复杂性。后期发现的“霍桑效应”告诉我们：当人意识到自己正在被研究和观察的时候，往往会改变自己的行为。

第五，社会问题的多样性、社会环境的复杂性和科学知识的有限性。也许造成我们对政策分析持保留态度的最重要原因，就是社会问题的复杂与人类知识的有限。绝大多数的社会问题都会涉及多个变量，受到多项因素的影响。因此，政策分析人员往往难以对政策方案进行精确的预测和明确的解释。政策议程中所充斥的大量矛盾的建议和冲突的提案充分说明了实践经验的不足和科学知识的缺乏。尽管有人说，没有建议也要比提出自相冲突的或不正确的建议为好，但政策制定者有责任制定政策。因此，在有限的知识范围内采取行动总要比毫无知识或无所作为要强得多。

毫无疑问，政策分析并不是灵丹妙药，它当然会面临诸多障碍和局限。很多时候，政治性因素会阻止技术性占优势的备选方案被选中，政治家往往更关注选举人的意见而不是政策分析人员的意见。但是，政策分析人员大可不必为此感到苦恼和失望，一个政策方案政治性占优势或符合多数人的看法并非就一定是理性上应该去做的事，虽然这两者有时也会重合，但政策分析的作用恰恰就在于当两者不重合的时候对此作出正确的预测和分析。

社会科学的误区：棉花糖实验

1972年，美国社会心理学家沃尔特·米歇尔（Walter Mischel）给斯坦福大学附近小区3～5岁的孩子做了一项为期10年的跟踪研究。实验人员在一个单独的房间里，给每个孩子一个棉花糖，并且告诉他们如果能等实验人员回来后再吃，就会给他们加倍的棉花糖。10年之后，米歇尔发现，当时等待时间越长的孩子长大后承受挫折的能力越强，在注意力、表达力、逻辑性和计划性等方面越出色，而且孩子以后的SAT（美国大学入学测验）分数也越高。这个棉花糖实验后来成了“延缓享乐”（delay of gratification）的经典研究。

当实验报告出来的时候，研究人员其实并没有指出为什么有的孩子等的时间会长，有的孩子却迫不及待地吃了棉花糖。但读者们会自然而然地得出结论：有的孩子受不了诱惑，而有的孩子却很耐心，从成长结果来看，有耐心的孩子未来的各种能力会比没耐心的孩子要强很多。

① 霍桑实验：1924—1936年在美国西方电气公司所属霍桑工厂进行的一连串实验。霍桑工厂是一个制造电话交换机的工厂，具有较完善的娱乐设施、医疗制度和养老金制度，但工人们仍愤愤不平，生产成绩很不理想。为找出原因，1924年美国科学院组织了一个包括各方面专家在内的研究小组，对该厂的工作条件和生产效率的关系进行考察与实验，以此拉开了著名的霍桑实验的序幕。这次著名的研究活动可以分为两个大的阶段：第一阶段是从1924年11月至1927年5月，主要是在美国国家科学委员会赞助下进行；第二阶段是从1927年6月至1932年，主要是在美国哈佛大学教授梅奥的主持下进行。

说来也凑巧，2012 年美国罗切斯特大学的研究人员重新又做了一次棉花糖的实验，他们稍稍改变了一下实验的安排。在实验开始之前，孩子们被随机分成两组，一个大人在一组孩子面前许了个没有兑现的诺言，而在另一组孩子面前许诺之后加以兑现。当然，这个诺言和棉花糖没有丝毫关系。通过实验发现，第二组孩子因为在棉花糖实验前目睹了大人兑现诺言，所以比第一组孩子延迟不吃棉花糖的时间要长 4 倍！这次实验说明，在前期米歇尔的棉花糖实验里，有些孩子马上把棉花糖吃了不一定是因为没有耐心，很有可能是因为这些孩子经常生活在不太稳定的家庭和社区里，他们不太相信大人所给予的承诺，甚至有的孩子会认为，如果不把到手的棉花糖吃了就有吃不到的可能，这时候的最优选择当然是马上把棉花糖塞进嘴里。

这次实验充分说明，所谓的耐心，或者所谓的"延缓享乐"，都是一些主观的标签。我们不难想象，如果没有第二次棉花糖实验，那么将会有多少人继续相信"耐心"是未来成功的主要成因，从而忽视其他一些也许是非常重要的原因，如社会环境、社会制度等方面的原因。社会科学确实在很多时候改变了我们看待社会的视角，但是也确实在很多时候让人很轻易地被"误导"。

2.2.2　政策分析的陷阱

正如存在某些政策分析的最佳方式一样，同样也存在某些导致分析失败的陷阱。阿诺德·梅尔茨纳（Arnold J. Meltsner）指出，在政策分析过程中，"人们会常常受到一系列重复发生的问题的困扰，人们总以为只要委托人能够找到更好的政策分析人员，他们就可以作出更好的决策"。然而实际情况并非如此。① 他总结了政策分析人员易犯的七种过错，即墨守成规（channeled）、生搬硬套（distant）、贻误时机（late）、一知半解（superficial）、手忙脚乱（topical）、反复无常（capricious）、脱离政治（apolitical）。

1. 墨守成规

墨守成规的主要表现是过分依赖惯例、依据理想状态，以老套方式行事，从而使思路受到禁锢。其主要原因是分析人员或委托人忽略环境条件的变化和其中存在的限制性因素，比如官僚机构的办事规则和其他一些制度性因素、人们对改革存在的心理焦虑等。

2. 生搬硬套

生搬硬套的主要表现是不认真考虑和分析客观条件的不同，忽视实地调查研究的作用，把对待一般情况的解决办法应用于特殊情况，比如适用于 A 地的办法不一定适用 B 地，"橘生淮南则为橘，生于淮北则为枳"。单纯一个地理因素就会产生足够的复杂性。此外，经济学里有一个"合成谬误"之说。萨缪尔森在其《经济学》一书中这样写道："由于某一原因而对个体来说是对的，便据此而认为对整体来说也是对的，这就是合成推理的谬误。"

3. 贻误时机

政策分析步骤规定了到哪一步该做些什么，它对参与者提出了非常苛刻的要求，政策分析人员甚至可以在自己的婚礼中迟到，但对于政策分析而言必须守时。迟到不仅会带来资源

① Arnold J. Meltsner, *Policy Analysts in the Bureaucracy*, University of California Press, 1976.

的浪费，而且会导致低下的决策效率。准时有时会与“精益求精”发生冲突，平衡的必要手段是要清楚地了解委托人的实际处境，避免发生“抢座位游戏”（musical chairs）① 的局面。

4. 一知半解

一知半解的主要表现是政策分析不是基于对问题根源的足够钻研，而是过于反应迅速，缺乏必要的准备，从而导致问题的产生。政策分析不是“搭积木游戏”，政策分析人员需要三思而后行，不能被肤浅的解决办法蒙蔽双眼。明确的问题诊断和艰苦的分析努力恰恰是明智的分析所必备的条件。

5. 手忙脚乱

这种过错往往出现于应对某种自然或人为危机。一些突发的情况容易导致分析人员的“消防队心理”——先把火扑灭再说，因而匆匆忙忙地提出建议，这样“生搬硬套”或“一知半解”也就在所难免。手忙脚乱的主要麻烦在于官员们忙于处理当前的问题，只关注事物看得见、摸得着的部分（表面），忽视看不见、摸不着的部分（实质），重视那些带有紧迫性的建议，而将那些不是很紧迫的但很有价值的建议排挤在外。

6. 反复无常

反复无常或可解释为一种对于改变的嗜好，即为了变化而变化，而没有搞清楚我们所做的和我们所期待看到的这两者之间的关系。就政策制定而言，出现反复无常是因为缺少明确的动机，并伴有顺其自然的心理。以学校为例，人们什么时候停止过对它的批评、停止过用一些“反复无常”的建议去“骚扰”它，然而学校却不得不屈从于各式各样的教育奇想和形形色色的方法变革。

7. 脱离政治

脱离政治是指政治上的政策建议与实质性的政策建议缺乏适当的关联和整合。政策分析人员从自己的专业角度出发，总是坚持认为事情存在正确的答案，而政治作为非理性的产品，应属于政策分析领域之外的东西。“我只管提出建议，不考虑什么政治。”这是政策分析人员常挂在嘴边的话。但实际上，对于委托人和分析人员来说，保持政治上的洞察力是非常重要的和必不可少的，否则，重要的机会就可能白白失去。

对于以上这些政策分析人员易犯的错误，也可以从正面作出判断，归纳起来有如下几点：政策分析要与时俱进、灵活运用、把握时机、融会贯通、有条不紊、按部就班、兼顾政治。

2.3 政策分析的类型

2.3.1 分析倡议两分论

按照托马斯·戴伊的观点，所谓公共政策就是政府选择做的或选择不做的事情。② 政

① “抢座位游戏”，是指 N 个参与者围着 N－1 张椅子转，当音乐停止时，那个没有坐在椅子上的人被淘汰，随之椅子也被一把把减少，直到两个人争抢一张椅子，而抢到最后那张椅子的人就是最终的胜利者。“抢座位游戏”在这里比喻一个期待某种建议的委托人被另一个不需要这种建议的委托人所取代，从而造成约定研究的成果浪费。

② Thomas. R. Dye, *Understanding Public Policy*, Twelfth Edition, Prentice-Hall, 2008, p. 1.

策分析就是回答如下几个问题：政府做了什么？为什么要这么做？这么做与不这么做究竟会有什么不同，即政策行为会产生什么样的结果？通过运用政策分析的方法能够从中得到什么收获呢？

首先，我们能够学会描述政策——可以得知政府在公共管理领域（福利、教育、环境、卫生、交通、税收等）正在做的事情，并了解一些公共政策的实际信息。例如，国家的社会保障计划处于什么状况，公共医疗补助和保险制度对穷人与老年人作出了怎样的承诺？国内外反恐斗争进展如何，政府为此每年支出多少？

其次，我们能够学会探究原因，了解一些政策的决定性因素。为什么政策会是现在这个样子？为什么政府非得这样去做？政治制度、政治过程、政治行为对政策产生了哪些影响？（例如，特殊利益集团的游说对政府税收制度产生的影响。）社会、经济、文化等因素对政策产生了哪些影响？（例如，经济的大萧条对政府支出的影响。）当我们对政策原因进行分析时，政策就是因变量，而决定政策的各种社会、政治因素就成为自变量。

最后，我们能够学会对结果进行分析（通常被称为政策评估），了解公共政策给社会生活带来的影响。比如，死刑是不是有助于遏制犯罪？福利计划是不是伤害了人们的工作热情？教育支出是不是真的与学生成绩成正比？当我们对政策结果进行分析时，政策就成为自变量，而政策对社会、政治的影响就变成了因变量。

然而，政策分析（policy analysis）与政策倡议（policy advocacy）是有区别的。[①] 托马斯·戴伊认为政策分析与政策倡议根本不是一回事，不能把两者混淆。解释公共政策的原因与结果并不等于指明政府应该追求何种政策。了解政府为什么这样做而没有那样做，以及这样做会产生哪些影响，并不意味着告诉政府应该做什么、如何去做，以及行动上应做出何种变化。政策倡议需要修辞、说服、组织和实践的技巧，而政策分析却鼓励研究人员运用调查工具去评判重大的政策议题，尝试发现那些构建公共政策的基本因素，以及公共政策所带来的相关影响。政策分析活动产生的知识是政策倡议和政策实践的先决条件。

具体而言，政策分析表现出如下特征：解释而非描述公共政策、探究公共政策的原因和结果、尝试发现适用于各种政策领域的一般性理论。

毫无疑问，政策议题都是由政治行动者而不是政策分析人员决定的。所谓政治行动者是指那些民选的或委任的政府官员、社会利益集团，有时甚至包括一般选民。社会科学研究在政治领域发展得不尽理想，其研究成果可能被加以主观的解释、不屑的态度、错误的理解，乃至被利用为政治斗争的工具。有时，政策分析的一些研究发现还可能带来政治领域尴尬的局面。公共政策不以政策分析人员的意志为转移，相关的政治利益集团和个人接受、利用或拒绝、反对政策分析的结果，多出于他们对自身目的的考虑。

2.3.2 研究型分析与快速分析

根据卡尔·帕顿和大卫·沙维奇的观点，按照政策分析的项目要求不同，可以把政策分析分为研究型分析与快速分析。[②]

---

① Thomas. R. Dye, *Understanding Public Policy*, Twelfth Edition, Prentice-Hall, 2008, pp. 5-6.

② 参见［美］卡尔·帕顿、大卫·沙维奇：《政策分析和规划的初步方法》，2版，5页，北京，华夏出版社，2001。

研究型分析主要面向一些大型的或长期性的项目，分析人员努力寻求问题背后的真相，对分析的复杂性和精确性有较高的要求；快速分析多涉及社会生活中的一些具体事项，目标比研究型分析更为实在，旨在向决策者提供简明的建议。研究机构的学者们和思想库的顾问们多受雇对一些公共政策问题进行专门的研究，人们习惯于称这类分析为研究型的政策分析（researched analysis）或政策研究（policy study/policy research）。这类政策分析的重要特点是研究周期长、投入成本高、占有资料多、效果显示慢。它对社会现实问题的回应力相对来讲是比较弱的，与日常工作中为决策提供服务的分析方法有着明显的不同。快速分析（quick analysis）或基础分析（basic analysis），从名称上就能看出其与研究型分析的区别。快速分析需要对政策问题作出及时的反应，在时间资源稀有的条件下，快速提出有效的政策建议。它以简便、快捷的分析过程及其分析结果的及时提供引起了决策者的广泛关注并受到政策分析人员的青睐，逐步在政策分析领域得到推广和应用。

从某种意义上讲，快速分析并不比研究型分析来得轻松。研究型分析具有相对固定的程式，存在一些常规性的步骤和已为人们所接受的科学标准。而快速分析最重要的特征就是与现实因素的密切互动。这意味着在基本的分析程序之间、在分析人员与服务对象之间、在分析结果的沟通形式之间，存在相互的作用和影响。不仅如此，快速分析还不得不面对时间的压力、“顾客”的压力和环境的压力。因此，一些人只是把快速分析描述为技巧而不愿意称其为科学。

快速分析的基本步骤

1. 确认政策问题

问题最初会表现出多面性特征，不要不经质疑就轻易接受最初对问题的陈述，它也许只是浮在水面的冰山之顶，只是一个更大问题的一小部分，或是决策者和执行者根本无法施加影响的那一部分。由于问题具有即时性、分析具有短期性，所以常常需要问题的反向解决方法（backward problem solving），即依据其后步骤能够得到的信息，重新对问题进行界定。因为最初的时候目标不是很确定，经常会在陈述中表现出冲突的特征，而且还存在因术语的不同理解引起的沟通障碍，所以对问题的界定常常会遇到很大的困难。

2. 建立评估标准

人比较高矮要有高度标准、比较胖瘦要有重量标准、比较美丑要有大众标准、比较好坏要有道德标准。那么，为了在备选方案之间进行比较、权衡和选择，就必须确立相关的评估标准。标准的确立源于事实和价值的判断。一些被普遍运用的衡量标准包括成本、效益、公平、效率、管理简便、管制便捷、合理合法、政治可接受性等等。标准很少是平等的，所以必须考虑对各类突出标准的满足程度。因此，标准的相对重要性就成为政策分析的一个中心问题。

3. 提出备选方案

无为方案（继续保持原状或做出最小的变动）是值得推荐的策略。这种以静制动的方式看似保守，但经常是较佳的选择（付出成本小）；如果委托人在确认问题时已经有了自己偏好的可选方案，分析人员只需把它推演开来，提供一些细节的帮助；类似的问题也许在别处早已存在，那么不仅那里尝试过的方案可以作为一种选择，而且那里的分析人员可能还考虑过其他的方案，这些经验都非常值得借鉴；可行性方案可能会很多，实际选择的往往是一套方案而非一个方案，比如要解决大城市的交通拥堵问题，单靠多修路是无济于事的；备选方案的变动和组合是一个重要的方法，不同的方案体现了思考问题的不同角度，正确的取舍源于对细节的关注；对那些以前不被接受的方案也应重视，以前不可行不代表现在不可行，既然参与者的价值判断和环境条件会随时间而改变，那么昨天否定的方案在今天就不能不经分析而加以简单抛弃。

4. 评估备选方案

问题的性质和评估标准的形式将会对评估工作给予提示。政策方案的预期影响是什么？它们是否满足评估标准和满足到何种程度？这是方案评估必须要面对的问题。评估中要避免使用你所熟悉或喜欢的工具箱式的方法去衡量每一个方案，比如，你只会使用锤子，那么就可能把所有的问题都视为钉子。成本—收益分析方法是不错的评估方法，但它并非包治百病的灵丹妙药。有些问题需要进行定量分析，另外一些问题则需要定性分析。方案评估不但需要考虑经济和技术的可行性，更要考虑政治上的可行性。许多方案能否被执行往往是政治方面的问题。在方案评估过程中发现的一些新情况、新信息也许会揭示出问题的新内容，从而会要求改变或附加评估标准。尽管这种情况的出现会使人感到有些泄气，但在政策分析过程中循环往复是必不可少的经历。

5. 展示备选方案

毫无疑问，评估标准的选择、备选方案的排序、给予各个选项的空间等因素都会对决策构成重要的影响。时效性、可视性、直观性和对比性是展示备选方案时需要重视的方面。如果标准能用量化的术语加以表述，那么价值的比较就能通过图表的形式进行表现。一般来说，分析人员往往希望能为自己钟情的方案提供强有力的证据，所以会产生为此专门制作案例的冲动。他们爱把故事式的写作方法融入政策分析报告当中。的确，情节化、戏剧化的表现手法是人们偏爱的沟通工具，“新闻效应”会使信息接收者感受到更强烈的心理冲击。有人说，“每个解决方案都可能孕育着新的问题，只不过表现的程度有所不同罢了”。的确，汽车的出现带来了出行的便捷，但尾气的污染却加给社会无穷的烦恼；网吧的严格管制规定规范了市场秩序，但黑网吧的游击战术又导致了重大的火灾伤亡事故。事物都有两面性，要想使委托人接受推荐的方案，需要对利弊加以说明。

6. 监测政策执行

政策分析人员常把自己比作汽车设计师，他们说自己设计了汽车但并不开车，这的确是一个很形象、很准确的比喻。尽管分析人员不参与政策执行，但并不能因此就不履行监测和评估执行情况的责任。由于社会生活中存在太多的不确定因素，在政策执行过程中什么情况都可能发生，所以，设计得再好的方案也不一定能够很顺利地执行。对政策分析人员来说，了解执行信息是非常重要的。政策为什么会失败？是如何失败的？是设计问题还是执行问题？设计与执行是不是不合拍？对这些问题的关注无疑将会大大提高政策分析人员前期工作的效率和政策分析的质量。

2.3.3 信息转换分析模式中的分析类型

威廉·邓恩着重强调了信息与知识的作用，明确指出分析程序的变化会使政策信息处于动态的转换当中。政策分析需要关注信息的相互转化关系，以及由此产生出的一些政策分析类型。

1. 前瞻性分析与回溯性分析

前瞻性分析主要涉及政策行为启动和实施之前信息的提供与转换。回答会发生什么、应该干什么，诸如此类的问题。前瞻性分析主要用于对即将采用的特定方案可能导致的后果进行预测，从而为政策方案的选择（拍板决策）提供依据。由于这类政策分析发生在政策实施之前，所以人们又称之为事前分析、预先分析、预见性分析、预期性分析等。依据这类政策分析的目的，也可以加以细分。一种是预期式分析，其目的是通过政策分析，对政策方案实施后会产生的结果加以推测；一种是指示式分析，其目的是通过政策分析，对政策执行者的行动提出具体建议。但无论是哪种预测性政策分析，其基本任务都是确认和鉴定复杂的政策问题，对种种备选方案进行定量和定性的比较。政策分析人员会将分析中所获得的各种信息汇总起来，供政策的决策者或政策主体在作政策决定时参考。

回溯性分析主要涉及政策落实后相关信息的获取及转换，主要表现为两种形式：一类是针对以往的政策，这种分析实际上是历史分析；一类是针对执行中的政策，这种分析实际上是跟踪分析。由于回溯性分析属于在政策付诸实施后的分析，因而也有人称之为事后分析或后期分析。它根据不同的目的可以分为三种分析类型：一是以学科研究为目的的分析，其兴趣在于建立并检验与发展科学理论相关的基础变量，很少提供与实际问题解决有关的信息，因而与实际问题关系不大；二是以研究实际问题为目的的分析，其兴趣主要在于描述政策实施中的因果关系，离实际运用及问题解决尚有一定距离；三是以实用为目的的分析，倾向于理论方法的具体运用，主要针对实际问题的解决。

2. 规范性分析与描述性分析

规范性分析与规范性决策理论相对应，是指一组用以评价行动的、具有逻辑一致性的命题和主张。规范性决策理论旨在告诉人们应当如何推理、判断和进行决策，其核心是：决策者的选择是以备选方案效用最大化为标准。规范性决策理论基于“无限理性”的前提假设，认为决策者能够作出符合理性的决策。期望价值理论就属于规范性决策理论。可以这样说，规范性决策理论基本是在期望价值理论的框架基础上逐渐发展形成的，期望价值理论是动机心理学最有影响的理论之一。该理论认为，个体完成各种任务的动机是由他对这一任务成功可能性的期待及对这一任务所赋予的价值决定的。个体自认为达到目标的可能性越大，从这一目标中获取的激励值就越大，个体完成这一任务的动机也就越强。

描述性分析与描述性决策理论相对应，是指一组用以描述行动的、具有逻辑一致性的命题和主张。研究人员在对规范性决策理论的研究中发现了许多违背概念模型的现象——偏差（biases），为了理解和解释这些偏差，研究人员发展了旨在描述人们在决策过程中是如何思考的各种描述性决策理论，如由卡尼曼（Kabnenman）和特韦尔斯基（Tversky）于 1979 年提出的预期理论，这种理论认为，对于相同大小的所得和所失，我们对所得看得更重。与规范性决策理论不同，这些理论多遵循“有限理性”的前提假设。

3. 问题发现与问题解决

所谓问题发现（problem finding）是指为发现和界定问题所作的分析，要回答的问题包括：我们对问题如何理解？程度如何？谁是影响该问题或受该问题影响的利益相关者？影响的程度如何？是否已经确定了正确的目标？目标如何分解？应该考虑哪些不确定的因素？它们会构成什么样的影响？我们是否在解决“正确”的问题，而不是“错误”的问题？

所谓问题解决（problem solving）是指为解决和消除问题所作的分析，主要目的是为了提供解决问题的方案。问题解决表现出技术性特征，问题发现表现出概念性特征。问题解决的技术包括成本—收益分析、决策分析、执行分析，以及有助于解释政策制定原因、进行数据分析和统计判断的最优化方法。要回答的问题包括：政策结果中有多少变量？变量间有什么样的关系？如何进行解释？不同政策的净收益是多少？它们有多少期望效用和回报？等等。

4. 综合分析与分段分析

无论是前瞻性分析与回溯性分析、规范性分析与描述性分析，还是问题发现与问题解决，它们都属于分段分析（segmented analysis）。所谓综合分析（integrated analysis）就是要把这几部分有机地联系起来，形成一个连续的过程，从而在整体上进行分析。这也就意味着政策分析人员要把握好政策分析的跨学科特征，使几个支柱学科的知识有机结合，尤其是要利用好政治学和经济学的知识。坦白地讲，政治学和经济学以及其他一些相关学科，目前更多地服务于分段分析，并不能满足综合分析的需要，关于综合分析还有许多研究需要拓展。

2.3.4 面向大政方针的政策分析

研究人员的调查发现，在政府高层机构中，很少明确运用政策分析方法或起用受过政策分析专门培训的人员。这除了权力本身存在固有的妨碍政策分析的因素之外，政策分析在政府高层中受到冷落的一个重要原因，就是一般性政策分析方法在处理政府面临的关键性问题上无能为力。一些在处理微观问题上十分奏效的方法面对大政方针问题往往显得捉襟见肘。政策学家叶海卡·德罗尔因此主张在政策分析领域实施一场大刀阔斧的变革，他提出要大力发展能够应付高层决策的政策分析，并为此专门设计了宏观政策分析的 22 条基本原则。

德罗尔的宏观政策分析的 22 条原则

（1）以行为哲学而不是科学哲学作为判断基础。
（2）高度重视超理性的作用。
（3）以宏观政策为研究焦点。
（4）对政策模式的专门考虑。
（5）从国家兴衰、革命影响、政权命运、计划成败的高度思考问题。
（6）未来因素的设计与逆时间的思考方式。
（7）在历史中思考。
（8）对形势进行远期的和动态的预测。
（9）以协调的观点把握关键性抉择。
（10）趋利避害。
（11）去除弊端。
（12）从主体与环境互动角度进行分析。
（13）挖掘深层次矛盾。
（14）不确定意义上的政策赌博。
（15）价值分析和目标探索。
（16）在反馈基础上完善旧的决定。
（17）突出多样性与创造性。
（18）保持政治上的周密及其相对独立。
（19）重视危机决策的相关性。
（20）与社会的政策探索过程保持内容广泛的、富有成效的联系。
（21）关注元政策的制定。
（22）加强沟通的针对性。

2.4 政策分析的基本步骤

2.4.1 定义问题

什么是“问题”？“问题”是指期望状态与实际状态之间的差距。政策分析首先需要从发现问题和定义问题开始。症状不代表疾病，现象也不一定就是问题。客观条件是问题存在的前提，它是必要条件而非充要条件，构成问题的另一个不可或缺的条件就是主观定义。

任何政策问题都不会以一种孤立、静止的状态出现，而是多与其他问题相联系并处于不断的变化过程之中。定义问题最重要的步骤是要作症状分析，即在问题筛选的基础上对问题产生的时间、地点、环境和条件，问题的性质、类型、范围和程度，问题的结构、作用等进行多维分析，以确定问题是不是真的存在、是什么类型的问题、问题能否被处理等，从而形成对问题本身的全面认识，评估其在社会公共领域的作用和影响。

定义问题阶段所涉及的主要方法有类别分析法、类比分析法和假设分析法等。

（1）类别分析法是为了澄清、界定、甄别和区分问题情境而对问题进行类别划分的一种方法。问题依据不同的标准可以进行多种分类，如根据地理范围、影响程度、政治性、确定性、结构功能、性质特点等进行分类，而分类的目的是为了有效地鉴别。

（2）类比分析法需要建立若干类比的标准和模型，对已出现的问题成因、表现形式、具体特征、类别因素等与其他问题进行比较分析，以发现此问题与彼问题的相似性、相关性和差异性，并以类比的结果为基础，对问题的性质和特点进行确认。

（3）假设分析法是通过假设一定的前提，推导相关的结论，提供有效的解释。假设的焦点在于问题的主要因素尤其是相互冲突的因素。比如，设定问题的利害关系人，提出相应的主客观依据，对假设条件进行检验，在评估分析的基础上提出政策建议等。

托马斯定理与自我实现预言

美国社会学家威廉·托马斯（William Isaac Thomas）提出了他的“情境定义”(definition of the situation）概念，用他自己的话来说，“如果人们把情境界定为真实的，那么它们在结果上也就是真实的”。这一被称为“托马斯定理”的假设向人们展示，情境的社会定义尽管是主观的，但却有其客观的结果。换句话讲，一个人对情境的主观解释（或定义）会直接影响他的行为。人们在作出任何选择之前，总要经历一个审视和考虑的阶段，托马斯称之为“情境定义”。这个概念有助于人们对环境刺激与行为选择之间的关系作出特有的解释，突出了审视、判断、选择等三观心理活动。托马斯强调，知道人们实际上怎样想比知道他们所想的内容在客观上是否真实更为重要。

人们不只对情境的客观方面有反应，而且有时也会对情境所具有的意义有反应。因此，一旦我们赋予情境某种意义，我们随后的行为及这一行为的某些结果将受情境被赋予的意义所决定。

自我实现预言与托马斯定理如出一辙，指的是以没有确凿证据的预言为契机，唤起一种新的行动，这种行动最终使起初的预言变为现实。比如在现实生活中，如果一个人对另外一个人怀有某种期望，这种期望将会自觉不自觉地引导着这个人对另外一个人的行为，这一系列的行为将最终使得另外一个人也朝着这个原先的期望迈进，最后这个期望得以实现。

在人类活动的每一领域，不管是社会或公众领域，还是个体或私人领域，都有自我实现预言的痕迹。社会型的自我实现预言是指个体间和团体间互动所产生的预言，例如，敌对国家的领导人最终会将有关战争的预言变为实际的战争。个体或私人型的自我实现预言的例子，如人们所熟知的考试焦虑症，会使最初荒谬的预期变成一种非常肯定的结果。

2.4.2 收集证据

收集证据是为了拓展分析思路，开发解决问题的技巧。可以利用多种途径收集问题信息，为支持问题存在提供有价值的证据。首要工具就是互联网，网络是信息资源的宝库，蕴藏着社会问题的无限资源，要学会开发这种资源，利用它来支持你的问题分析。最需要关注的是关于目标问题的统计数据、专家观点、理论剖析、案例研究。

针对目标问题的统计数据无疑是最为有效的证据材料，只是有时仅能发现国家层面的统计数据，无法找到你的目标问题发生地的相关数据，那么你在使用统计数据时就需要做一个说明，明确问题发生地与国家级统计数据之间存在的联系。关键词的查询方法能够有效地提高你的查询速度。

假设你所要分析的问题是一个较偏的或较具体的问题，你上网查不到什么有价值的证据，那么你就可能需要做一下调查，把调查内容贴在局域网（如校园网）上，鼓励大家帮助你完成这项调查，你的调查数据也可成为有力的证据。然而，调查对象应该达到要求的规模，否则调查数据就失去了证据的意义。

除了以上提到的上网和调查的方法，还可以通过一些其他途径获取问题证据的信息，如去图书馆查找、向各级政府部门直接进行咨询、去调查研究组织查询、去公共或准公共事业团体查找资料、去私人组织（特殊利益集团）查找资料。

预防统计陷阱八项原则

（1）根据抽样得出的结论一定要采用具有代表性的样本。
（2）在样本量足够时误差才会较小，结论才会可靠。
（3）对敏感隐私问题需要多方验证。
（4）看到平均数时首先问问是平均了什么。
（5）注意同一种数据的不同展现方式带来的陷阱。
（6）大部分结论都有其限定条件和适用范围。
（7）口径不一致的数据不能拿来进行比较。
（8）两个数字同时变化并不能用于说明因果关系。

如果在看到很多数据以及结论的时候想到以上八个问题，并且在心中能回答出以下四个问题："研究方法科学吗?""表达方式有误吗?""这些数字可以比较吗?""结论有限定条件吗?"那么你就不用害怕掉入任何数字陷阱了!

2.4.3 分析原因

分析原因即依据已有的经验和知识，运用科学的方法和手段对问题产生的原因进行分析，包括对主观原因和客观原因、主要原因和次要原因、直接原因和间接原因、表层原因与深层原因、近的原因和远的原因等进行分析。分析原因的主要方式有纵向分析和横向分析。纵向分析是指从问题的表层入手，由表及里、由浅入深，层层剖析，找出根源（根本原因)；横向分析是对同一层次的各种原因及其相互关系进行分析、比较、综合和确认，找出其中最主要的原因。

症状多指因疾病或问题所导致的异常状态，只表现“现实”与“标准”之间的“差距”；症结多指疾病或问题的根源或本质，是对差距产生原因所作的概括。症状往往是多元的，而症结一般是单元的。一个好的医生不会只关注症状而不考虑症结，不知道症结所在就不可能对症下药。政策分析同样如此，解决问题无非是要缩短和消除差距，或叫消灭症状，如果不能准确表达这种差距或症状，就不具备解决问题或治疗疾病的前提条件，但仅注意差距或症状也是不够的，最重要的还是要找到问题产生的原因。

层次分析是对问题进行原因分析时经常使用的方法，因果分析中的层次分析主要用于帮助认定问题的三种原因，即可能的原因、合理的原因和可行的原因。可能的原因是可能导致问题出现的原因，包含问题产生的直接原因和间接原因；合理的原医是以科学研究或直接经验为基础获得的并可以确认的原因，其中包括现实条件下可以解决的原因和现实条件下无法解决的原因；可行的原因是那些可以通过行动加以解决的原因，即现实条件下可以解决的原因。

鱼骨图

鱼骨图是一种发现问题“根本原因”的方法，其特点是层次分明、条理清楚、简洁实用、形象直观。因为它看上去有些像鱼骨，故取名鱼骨图。最先提出这一分析工具的是日本企业管理权威石川馨（Kaoru Ishikawa），故又名石川图。

1. 鱼骨图的基本结构

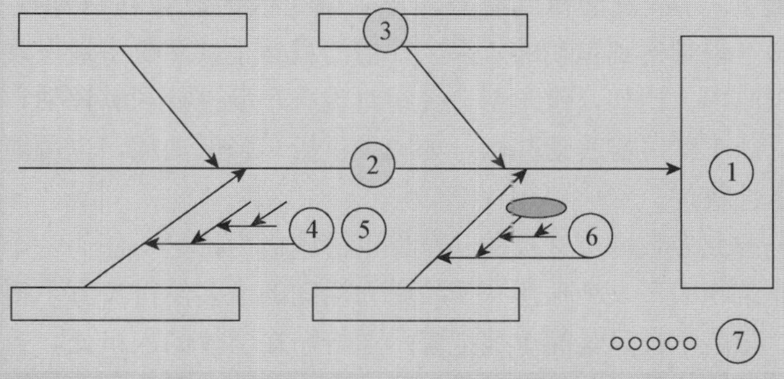

2. 结构图说明

①决定问题特性；②用主骨连接特性；③标出主刺和要因［6M 方法：manpower（人力）、machinery（机械）、materials（材料）、methods（方法）、measurement（测量）、mother nature（环境）］；④围绕“为什么会这样”标出中刺和小刺；⑤记入中刺和小刺的要点；⑥深究主要因，用红圈标记；⑦记入关联事项，如标注名称、记录时间等。

3. 应用举例

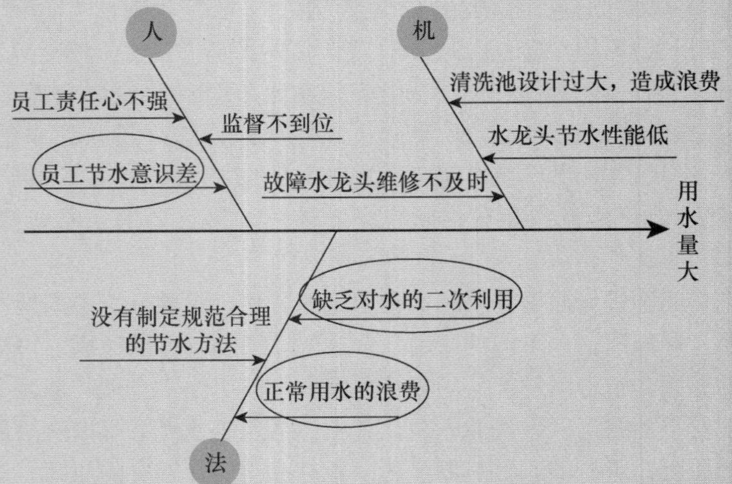

2.4.4 评估政策

评估政策实际上就是对现行政策的利弊进行分析。所谓利，是指政策带来的好的、预期的结果；所谓弊，是指那些不好的、非预期的结果。利弊分析的目的就是要发现现行政策需要持续和加强的部分，以及需要修补和改进的地方。

如果一项政策看起来不是存在不足或缺陷，而是完全失效或失败，那么可能就需要将其替换掉了。一般来说，政策低效或失败的原因是多方面的，或是因为根本没有按计划进行（执行中的问题），方案没能得到有效实施，或是因为政策在目标或手段上存在缺陷（政策自身的问题），很难达到预期的效果。评估的目标是试图更多地发现缺陷与不足，设法对现行政策加以改善。比如，汽车制造公司对现有车型进行利弊评估，从而为下一年推出新车型作准备，新车型可能改动甚微，如减少重量、降低油耗，也可能在评估的基础上做大的改进或根本性替代。

多年以前，美国大多数城市学校的安全保卫措施极为松懈，任何一个人都可以随意进入学校，并走遍建筑物的每一个角落。学校暴力活动的增多使得校方不得不开始检查它们现有的安全措施。很多学校只是简单地把警示通告贴在学校的入口处，告知来访者需要向校方报告。这项政策措施的主要优点就是省钱，唯一的花费无非是贴在大门口的那张警示通告。可是，该政策最大的缺陷就是无法落实。跟学校毫无关系的少年帮派成员、寻衅滋事者、盗贼仍可以毫无顾忌地在校园里游荡而根本不用向校方报告。而且，一些学生可以很容易地把枪带进校园，从而严重威胁其他学生的生命安全。利弊的权衡导致了政策的变化，一些大城市的学校开始要求所有的来访者都必须通过学校在门口设置的安全门，进行金属探测。其他一些新的政策措施包括拨钱雇用保安或警察保护学校安全。

另外，美国关于修改车速限制规定的建议也是在政策评估的基础上提出的。评估的焦点集中于55英里/小时与65英里/小时这两种时速限制在车祸死亡中所消耗的成本上，研究发现，基于 55 英里/小时的限速只能减少不超过 2%～3%的车祸死亡率，这个评估结论导致政策建议的产生，希望将现行经费用于汽车尾气检测和其他保障健康与安全的措施上。该建议发挥了作用，到 1990 年，大约 40 个州取消了 55 英里/小时的限速规定。

2.4.5　开发方案

如果大学里的一个班级打算在下个周日里做点什么，比如进行志愿者社区服务活动，那么他们就要考虑到哪个社区去，到底做些什么，多少人去合适，干多长时间的活，达到什么样的效果，可能同学们经过讨论会产生多个不同的行动方案。同理，为了有效开发社会问题的解决方案，多提出几个方案总比少提出几个要好得多。需要强调的是，开发方案有两个非常重要的步骤：一是设法消除或减轻问题产生的原因或其相关因素；二是要关注现行政策的问题，努力改善或加以替换。

注意，开发方案不同于研究目标，政策目标往往很大、很抽象，如改善教育现状、减少环境污染、降低犯罪率等，政治家们需要在他们的公共演说中掺入这些政治目标，这对公众会有很大的诱惑力。但是，公共政策必须要落实为政府的具体行动，才能有效实现政策的目标。行动方案往往很细、很具体，如对地点、时间、人员、装备、天气等方方面面的因素都需要进行认真的考虑。

开发方案是政策分析的中心环节，也是参谋系统参与决策最多的一个环节。开发方案一般涉及轮廓设想和细部设计两个步骤。轮廓设想就是设计各种方案的基本框架，将行动原则、指导方针、发展阶段、大体规模等大致勾画出来。轮廓设想阶段的主要要求是方案要尽可能多样化并具备整体上的完备性，各个方案之间要具有排斥性。细部设计就是对轮廓设想阶段所产生的备选方案进行初步筛选，淘汰那些明显不可行的方案，留下一些较为可行的方案，并对其进行精心的细节设计。细节设计需要对每一可选方案进行方案扩大，将可选方案根据目标群体的性质分解为一些较为具体的规定。

1. 北京市发布高考高招改革框架方案

北京市教委 2013 年 10 月 22 日在其网站上发布了《2014—2016 年高考高招改革框架方案》(征求意见稿)，方案中最显著的变化是从 2016 年开始高考英语、语文和文综理综的分值调整，以及高考英语“社会化”。其中英语从 150 分降至 100 分，并实行一年两次考试，学生可多次参加考试，按最好成绩计入高考总分，成绩 3 年内有效。高考语文（文理同卷）增加 30 分，从 150 分增加至 180 分。文综理综各增 20 分，文综从 300 分增加至 320 分，理综同样。

2. 北京市发布新的小客车摇号政策

《〈北京市小客车数量调控暂行规定〉实施细则》(2013 年修订）于 2013 年 11 月 28 日正式发布。最大的变化是对“久摇不中”者设置阶梯中签率。根据《细则》，累计参加摇号 24 次（含）以内未中签的，中签率为当期基准中签率，累计参加摇号 25 次至 36 次未中签的，中签率自动升为当期基准中签率的 2 倍，累计参加摇号 37 次至 48 次未中签的，中签率自动升为当期基准中签率的 3 倍，以此类推。此外，持有有效残疾人专用小型自动挡载客汽车准驾车型驾驶证（C5）的申请人，中签率将比普通申请人高出一个阶梯。累计参加摇号 24 次（含）以内未中签的，中签率自动升为当期基准中签率的 2 倍，累计参加摇号 25 次至 36 次未中签的，中签率自动升为当期基准中签率的 3 倍，累计参加摇号 37 次至 48 次未中签的，中签率自动升为当期基准中签率的 4 倍，以此类推。

3. 南京发布《关于进一步推进义务教育学校教师和校长流动的指导意见》

《意见》要求，在同一学校任教满 6 年、离法定退休年龄在 5 年以上的教师，在同一所学校任职满两届（一届任期一般为 3～5 年）的校长，须在区域内的义务教育学校间进行交流。各区每年教师交流比例不低于符合交流条件教师总数的 15%，城镇学校骨干教师交流比例不低于符合交流条件骨干教师总数的 15%。《意见》还要求，自 2014 年开始，义务教育学校申报特级教师、市学科带头人以及市级以上综合表彰奖励，均须有 2 年以上在薄弱学校或非热点学校交流任教经历，已获得特级教师、市学科带头人称号的教师没有在薄弱学校或非热点学校交流工作经历的，必须安排交流 2 年以上，否则不能继续享受相关待遇；自 2014 年开始，义务教育学校校长提拔任用前，须有在薄弱学校或非热点学校交流 3 年以上的工作经历。

2.4.6 结果预测

所谓结果预测，就是立足过去和现在，预料和推测政策的实施效果。俗话说，“往者可知，来者亦可知”，“预则立，不预则废”。科学预测绝非主观臆断和凭空猜测，而是要以科学理论为指导，以知识和经验为依据，运用各种预测方法和技术，分析和判断所掌握的多种信息，对事物未来发展的可能状态作出合理的估计和推断。未来对任何人来说都是一个未知的领域。然而，人们不会甘心在未知的领域面前无所事事，他们希望能够对未来作出一定的判断，以把握自己今后行动的方向。虽然这种判断只是一种事前的估计和设想，任何人对行动的结果都没有百分之百的把握，但人们仍会尽其努力去接近其设想的结果。

结果预测的基本步骤主要有四个。第一，收集资料。对预测对象的相关资料进行全面系统的收集、整理，为预测提供真实可靠的依据。第二，确定方法。根据预测对象的性质特点、指标特征和收集到的资料，选取相应的方法和模型。有时为了提高预测的精确性，还需选取几种不同的方法进行相互验证。第三，计算和分析。对预测对象进行具体预测，对关键变量进行综合汇总，做定量和定性分析。第四，评估结果。对预测的结果进行分析和检验以确认预测活动的精确度。

幸存者偏差

幸存者偏差（survivorship bias）是统计学的一个概念，意思是说，当获取统计数据时，渠道单一，仅取自“幸存者”，忽略“死亡者”，此数据可能会存在与实际情况不同的偏差。俗语“死人不会说话”可谓对幸存者偏差成因最通俗的解释。这样的例子在我们身边可谓比比皆是。当我们分析问题所依赖信息全部或者大部分来自“显著的信息”，较少利用“不显著的信息”，甚至彻底忽略“沉默的信息”时，得到的结论与事实情况就可能存在巨大偏差。这种现象也是“幸存者偏差”的一种表现。

关于幸存者偏差，有一个比较知名的“飞机防护”案例。

在第二次世界大战中，美军对德国展开了战略大轰炸。由于德国防空力量强大，美国空军损失惨重，美国国防部为此特意请来哥伦比亚大学从事统计学研究的沃德教授（Abraham Wald），协助进行有关“加强飞机防护，降低击落概率”的相关研究。研究人员在检查了执行任务归来的轰炸机后发现，多数飞机的机腹和机翼都遍布弹痕，但机尾却很少被击中。于是一些专家建议，应该加强机腹和机翼的防护，因为这是最容易被击中的位置。但沃德教授提出了完全不同的见解。他认为：（1）统计的样本，只涵盖平安返回的轰炸机；（2）被多次击中机腹和机翼的轰炸机，多数都能够安全返航；（3）在机尾部位很少发现弹孔的原因并非真的是不易中弹，而是一旦中弹，其安全返航的概率就微乎其微。他的结论是：看不见的弹痕其实最致命，应该设法强化机尾的防护。国防部最终采用了沃德教授的建议，并且后来也证实这项决策是非常正确的，这个案例给我们的启示是：被击落的飞机已无法“开口讲话”，弹痕数据的来源存在很大的偏误，幸存的飞机告诉你的真实数据其实不一定真实。

2.4.7 择优选择

没有差别就不用选择，没有标准就无法选择。所谓择优，就是要在多个可选方案中选出自认为好的方案。什么叫好，什么叫不好？这里提供两个重要的标准，一个是可行性，一个是有效性。如果可能，你在挑选政策方案时应设法使这两项标准都达到一个高的水平。

可行性即政策落实的可能性，它可能会受到多种因素的影响，如社会文化的接受程度、利益比较中的期望值等。比如，捉住小偷就砍掉手的政策对减少盗窃行为是非常有效的，但是在社会文化层面上是不可能被多数国家接受的；把城市警察的规模一下子扩大数倍，这样的政策对降低犯罪率具有重要作用，但纳税人的增加成本使这类政策几乎不可能会被通过。

有效性即政策在减少或减轻社会问题方面产生积极效果的可能性，为了能够达到政策预期，提高结果的有效性，必须在政策分析的第一个环节（定义问题）上下一番功夫，使问题被窄化、具体化，能够清晰地呈现。

政策往往在一项标准上高，就会在另一项标准上低，面对这样的两难选择，究竟该如何行动呢？一般来说，在两个标准中，可行性比有效性更为重要，换句话讲，最好能够使政策有合理的机会被有效执行（可行性），即使它们的有效性很一般。在择优选择中应该遵循可行性优先的原则。

1. 提拔与解雇

一些看似保护劳工利益的法规恰恰使劳工受到伤害。有一个很有启发意义的例子：

在委内瑞拉，企业雇员居然害怕被提拔，原因是该国出台了一个法律，禁止企业解雇工资低于最低工资标准1.5倍的员工——这当然是为了保护低收入员工的利益，聪明的雇主很快就找到一个应对的办法，如果想解雇某人，那么就先提拔他，将其工资提高到最低工资标准的1.5倍以上，然后合法地将他解雇。

2. 你坐车我付钱

拥有1 200万人口的印尼雅加达市，交通拥堵十分严重，上下班高峰时期，路上机动车几乎是一步一停，几小时才能到达目的地，摩托车见缝插针，在汽车间穿来穿去，售卖各种小货品的摊贩在每一辆汽车旁探视、叫卖。当地政府采用公共汽车专用道路，缓解部分交通紧张状况。此外，一些主要道路出台了每辆车必须3人乘坐才能通行的“三合一”政策，由此衍生出“你开车付钱，我帮你占满3个位置”的现象。

3. 智慧城市

据媒体报道，截至2011年底，中国已有153个城市制定规划，要投入1.5万亿建设“智慧城市”。可时至今日，这些城市还都未能将“智慧城市”的内涵搞清楚，甚至连排污、排涝、垃圾处理、饮水安全、交通治理和污染治理等城市生活最基本的保障问题都没能解决好，其结果只能是概念炒作，忽悠世人。

2.5 内容分析：词频统计与公共政策焦点

在一定范围的语言材料中（一份给定的文件里），词频（term frequency，TF）指的是某一个给定的词语在该文件中出现的次数。一般来说，字词的重要性会随着它在文件中出现的次数成正比增加，因此，将词频统计应用于政府工作报告和党和国家领导人重要讲话对把握公共政策焦点具有一定的作用。

举例来说，可以利用词频分析法总结最近5年来我国中央政府工作报告的内容，对其中出现频率高的词进行总结归纳，然后按出现次数依次排序，并进行统计分析。2008—2012年政府工作报告中出现的11个高频词分别是（按出现的频率由高到低列出）：发展、改革、稳定、文化、就业、城镇、创新、科技、民生、医疗、社会保障。从以上这些高频词中可清楚地看出，政府的工作重心一直是深化改革、推进发展、强调稳定、关注民生、树立以人为本的执政理念、回应社会和老百姓最关切的问题。

1. 党的十八届三中全会公报

从改革开放以来的党的历届三中全会公报看，“改革”是名副其实的“高频词”，在7次三中全会（从1978年党的十一届三中全会到2008年党的十七届三中全会）公报中共出现116次。不过，“改革”并非出现频率最高的词语，排在前两位的是“经济”和“发展”，分别出现187次、173次。2013年11月9日，党的十八届三中全会在北京召开，本次会议重点研究全面深化改革问题并作出总体部署，提出综合改革方案。全会公报近5 000字，提到改革59次，是提到“改革”二字次数最多的一次三中全会。

2.《中共中央关于全面深化改革若干重大问题的决定》

2013 年 11 月 15 日公布的《中共中央关于全面深化改革若干重大问题的决定》中，“公平”一词共出现了 20 次，引人瞩目。“保证各种所有制经济依法平等使用生产要素、公开公平公正参与市场竞争”、“建立公平开放透明的市场规则”、“保障农民公平分享土地增值收益”、“建立更加公平可持续的社会保障制度”、“让人民群众在每一个司法案件中都感受到公平正义”……频繁出现的“公平”一词，清晰地勾勒出党的十八届三中全会后的改革走向。

3. 美国的总统竞选辩论

以奥巴马为争取连任进行的竞选辩论为例，悬念几乎延续到了最后一刻。奥巴马与罗姆尼背水一战，最终奥巴马再一次赢了，而相当高的投票率表现了多数美国人的态度。其实，没有什么比 4 场电视辩论更能集中展示美国两党对未来的政策关切。4 场辩论，6 个小时、7 万多英文单词的文字记录，从中可以隐约窥见美国政治的视角和兴趣。美国人似乎不太关注粮食和天气，也不想区分盟友或敌人，经济才是他们当下的“大事件”。相比外部世界，美国人更关心的还是国内议题。4 场辩论中，候选人提及“移民”21 次、“教育”54 次、“能源”69 次、“赤字”72 次、“医保”91 次，最让人揪心的话题显然是“税”。双方围绕如何减税、为谁减税等议题反复攻防，“税”被提及 277 次！

2.6　政策分析人员与思想库

2.6.1　政策分析人员

1. 谁是政策分析人员

社会中有很多种人都在从事政策分析工作。当然，他们中的一些人乐于把自己的工作描述为政策分析，而另一些人则不是这样。尽管如此，他们还是具有许多共同的和相互重叠的关注内容：关注各类社会问题以及这些问题与公共政策之间的关系；关注各类公共政策的具体内容；关注决策者或政策制定者做了些什么和没有做什么，即对一项公共政策的输入及其过程感兴趣；关注公共政策形成的社会影响，即对一项公共政策的输出及其结果感兴趣。那么，政策过程的哪个阶段是政策分析人员关注的焦点？政策分析人员对政策规划可谓情有独钟，他们所进行的实证分析和理论研究的最重要目的就是为政府部门的政策制定提供可靠的依据。

2. 人们在哪里可以发现政策分析人员的身影

（1）大学。对政策与问题领域以及政策过程感兴趣的大学教师，他们主要从事个人的研究并且要为争取得到有关机构给予的项目基金展开一定的竞争。

（2）独立的研究机构和思想库。这些组织有专职的合同制雇员，他们都在从事专业性研究工作。

（3）部内制政策部门。在政府、政府代理机构和公共团体内部负责研究工作和情报工作的分析人员。

（4）压力集团和院外活动团体。这些利益集团中的政策分析人员通过对政策实施监控和提出各种政策主张及建议寻求对政策制定施加影响。

（5）党内制政策部门。一些为支持政党政治活动、维护政党利益而从事政策研究和开发的机构、部门或团体。

（6）自由职业的政策咨询人员。根据签订的合同和所付的酬劳从事政策研究的社会人员。

3. 政策分析人员的专业背景和学术取向是什么

尽管政策分析人员共享对政策的关心并且可能有许多共同关注的领域，但他们的专业背景和学术取向却有着很大的不同。在政策分析领域工作的这些人涉及广泛的学术领域，如经济、法律、政治、社会、地理、环境科学、交通研究等。他们所编排的“节目”会在不同的“政策舞台”上公演。

由于公共政策是一个趋向于由多种政策范畴或组成部分进行定义的领域，所以在这样的一种背景下，无疑会产生学科间和机构间的互动作用和交叉影响。当然，这同时也为比较研究提供了良好的条件。

公共政策分析所涉及的一些主要领域包括健康、交通、教育、环保、社会保障、住房、经济、种族、治安、市政等。每个领域都会存在一些专业化的研究团体，它们关注具体的问题与政策，并会提出与之相关的政策主张。

2.6.2 思想库

思想库多以公共政策为研究对象，以影响政策选择为目标，“现实性”是其最重要的特点。思想库不做象牙塔内的学问，只做经世致用的研究，并且以影响政府决策为其最大目标。因此，思想库与现实政治和社会各种势力有着千丝万缕的联系。它们能够在国家政治和外交决策中具有独特的地位，目前正扮演着越来越重要的角色。

1. 思想库的作用

谈到思想库如何影响政府决策，人们通常想到的是思想库的研究报告变成了政府首脑的锦囊妙计，或者是羽扇纶巾的智囊人物坐在政府首脑办公桌前侃侃而谈。这种想象在很大程度上是对思想库的误解。上述生动的场景多出现在影视剧中，而非现实生活中。这种对政策的直接影响确实不属于思想库的日常工作。思想库对决策施加的影响主要还是间接性的，其作用主要表现在三个方面，即生产思想、教育公众、汇集人才。[①]

所谓生产思想，就是通过研究和分析形成新的政策主张，并且力图使这些主张获得公众的支持和决策者的青睐。思想库研究的目的是为了其政策主张有朝一日被政府采纳，其功利性和政治性是显而易见的。

思想库教育公众的功能既是针对普通百姓的，也是面向决策者和社会精英的。在这个方面，思想库采取了多种途径。首先，出版书刊。比如，美国主要思想库每年都会出版大量的专著、期刊、研究报告、背景分析、简报，其中《外交》、《国家利益》、《外交政策》、《华盛顿季刊》、《布鲁金斯评论》、《兰德评论》等是政府官员和研究人员必读的刊物。其

① 参见余万里：《美国“思想库”手眼通天》，载《环球时报》，2002-06-10。

次，在主流媒体上接受采访、发表评论，举办媒体吹风会。再次，举办各种讲座、报告会、培训班，提供各种长期或短期的访问学者资助。这些项目通常面对社会各种层次和职业，尤其重视国会议员、政府官员和军官。这些活动一方面发挥了“启蒙”的作用，另一方面也有助于同政府和社会各界建立关系网。最后，出席国会听证会、参与政府政策咨询。凭借其对某些领域的深入研究，思想库成员在这些场合的发言具有相当重的分量。

思想库汇集人才的功能包括三个层面：第一，培养未来的研究人员和决策者；第二，网罗社会各个阶层的精英，充当权势集团的“俱乐部”；第三，为前政府官员提供容身之处，为新政府输送官员，充当人才“中转站”。

2. 思想库的特征

从发展的角度来看，知识界影响政府政策的传统在政治中由来已久。不过，思想库的兴起和繁荣却是 20 世纪 70 年代以后的事情。以美国为例，伴随着美国外交“民主化”程度的扩大，知识界在外交决策过程中的影响力日益扩大，几乎垄断了美国外交思想的“话语权”。一些人以专家、学者的身份出现，凭借自己拥有的知识资源，成为剖析时政、为政府指点迷津的重要力量。这些人大都会聚在思想库里。

3. 思想库的类型

思想库的服务对象、成员组合、研究领域和构成形式有很大差别，在政策制定过程中所起的作用也不相同。一般来讲，思想库可以划分为如下几种类型。

(1) 官方思想库。它隶属政府及其职能部门，或作为最高行政长官的智囊团，或隶属于不同职能部门，或具有相对独立的建制。

(2) 半官方思想库。一是政府出资支持重点研究课题，把研究工作纳入为政府服务的轨道；二是政府通过与政策研究机构签订合同，从而建立相互依存的关系；三是与政府有关机构有对口挂靠关系的思想库，它们直接为对口单位提供政策咨询服务。

(3) 民间思想库。它是由民间发起，得到基金会或公司企业赞助的社会性政策研究机构。它具有选题自由、研究范围广、社会联系多、不受政治局限、独立性强、灵活性大等特点。

(4) 国际思想库。它是由不同国家的学者和官员组成的、以国际问题为研究对象的国际性政策研究组织。其研究范围往往涉及人类共同关心的问题，如环境保护、气象服务、战争与和平、资源利用、人口控制等。

本章小结

本章主要阐述政策分析的概念、特征、类型和作用，重点讨论政策分析的基本步骤与内容分析。通过本章的学习，应该了解政策分析形成的历史背景、理解政策分析的基本概念与主要内容、认识政策分析的局限与陷阱、了解思想库的主要作用、掌握政策分析的基本步骤、区分政策分析的不同类型。

关键词

政策分析　政策倡议　研究型分析　快速分析　前瞻性分析　回溯性分析

规范性分析　　描述性分析　　问题发现　　问题解决　　综合分析　　分段分析　　政策分析人员　　思想库

思考题

1. 什么是政策分析?
2. 政策分析有哪些特征?
3. 什么是政策分析的基本内容?
4. 政策分析有哪些类型?
5. 政策分析有哪些局限?
6. 政策分析有哪些陷阱?
7. 根据托马斯·戴伊的观点，政策分析与政策倡议有何区别?
8. 政策分析有哪些步骤?
9. 政策分析人员要做些什么?
10. 思想库如何影响政府决策?

第3章

政策理念、政策主体与政策环境

3.1 政策理念

理念的差距：瞄准企业客户还是个人客户

苹果公司是怎么推出我们今天习以为常的“视窗”的呢？27年前，乔布斯和一些苹果公司的员工来到神秘的“施乐帕洛阿尔托研究中心”（Xerox Palo Alto Research Center，Xerox PARC），他第一次看到“视窗”演示，大约一分钟后，他竟然跳起来，大叫道：“你们为什么不应用这些技术开发产品呢？这真是最了不起的东西！这就是技术革命！”但是，“施乐帕洛阿尔托研究中心”研究出的伟大技术，又何止这一个呢？它还发明了“互联网”的组成部分——“以太网”的技术标准。然而，这些技术，却没有为“施乐”创造出巨大财富，原因就在于它与苹果公司理念上的差距，没有构建与之匹配的“商业模式”。

所谓“理念”，实际上就是指我们对某种事物的认识、观点、看法和信念，现在多用来表述工作的指导思想和原则。公共政策作为实现公共意志、满足社会需要的公意选择，是规范、引导社会组织和公众的行动指南与准则。公共政策的价值导向应充分体现公共理性（或称社会基本原理），并以此作为制定公共政策的重要标准。弗雷德里克森在《公共行政的精神》一书的导言中指出：“公共领域的一些重大问题往往是与公共管理者的信念、价值和习惯有关。”① 判断一个行动的成败，分析一项政策的得失，多源于理念的把握和价

① ［美］乔治·弗雷德里克森：《公共行政的精神》，2页，北京，中国人民大学出版社，2003。

值的分析。从公共理性出发，我们可以把公共政策理念归纳为以下几点。

3.1.1 生命至尊

2008年5月19日，距汶川地震发生刚好一周，是国人传统上哀悼逝者的日子。午后时分，当时针指向14点28分，城区所有路口的红绿灯都显示为红灯，所有车辆都停了下来，行人也都停下了脚步。此时，所有车辆陆续鸣笛，震耳的汽笛声响彻晴空。红灯下，交警手托警帽，低头肃立。在那一刻，天地肃穆，万物同悲。这是我们平生所未曾见过的国民哀悼场面，让人感到一种心灵的震撼。

为了普普通通的遇难者，全民悼念、举国致哀。付出数万人生命代价的汶川地震催生了这样一个从未有过的朝野共识，即“生命高于一切”。《周易》载：“天地之大德曰生。”孔子给这句话的解释是：天地之间最大的美德就是爱护生命。的确，人类曾经的荣耀与未来的希冀，莫不在于对生命孜孜以求的爱护与珍惜。无论是对文明进化的追求，还是对现实问题的屈就，归根到底，这一切都是源于人们对生命至尊这一普世价值的一种共识。

在公共政策的价值体系中，生命伦理维度必不可少。人们常说“人命关天”。天是什么？天是最高，天是最大。这种比喻充分体现了人们对生命价值的判断。生命至尊是社会理性的基础，人的生命价值应该成为衡量其他一切价值的标尺。美国开国元勋杰斐逊就曾说过，良善政府的首要目的就是关照每个人的生命，而不是去毁灭生命。现代文明社会，尊重和保护人的生命是国家与政府的最高使命，建立国家与政府的首要目的应该是为了保护人的生命以及消除对人的生命和生存的威胁。“生命高于一切”是社会的共识。这一共识要求我们要确立以生命价值为核心的政策理念，并以此作为政策制定与实施的出发点。

生命权：一个死囚的天价40分钟

54岁的美国籍无业游民乔·哈里斯，因为持枪抢劫银行并且打死一名试图反抗的银行职员而被法庭宣判死刑，执行时间是2012年11月27日14时。

而在这之前，乔被收押在弗吉尼亚一所保卫森严的监狱里。但是谁也没想到的是，就在乔即将被押赴刑场的前半小时，他却意外死亡了：因为喝酒引发脑猝死！

原来，按照美国刑法的规定，死囚在临死之前，可以吃上一顿好的。狱方将尽可能地满足死囚对美味的需求，于是，乔便要求狱方给他提供分量足够多的牛排、鲜鱼、比萨等美食，外加一瓶红酒和大瓶可乐。

11月27日11时30分，当这些美食和可乐、红酒都送到乔的面前后，他便开始大口大口地吃喝了起来。但在13时30分当狱警进来带走乔时，却发现他已经僵硬地躺在地上——死了！

狱警马上将此事上报。狱方立即调看了乔所在牢房的视频，视频显示，12时50分，当乔喝光最后一滴红酒后便突然嘴角歪斜，倒在地上，挣扎半小时后死亡。

法医的鉴定是酒精引发脑猝死——乔一直有高血压，平时一直靠降压药来控制，但是当天他没有吃药，再加上酒精的猛烈刺激致使脑猝死。

早死40分钟或迟死40分钟，被枪决或脑猝死，反正都是死，没有什么本质区别，更何况乔还是罪大恶极的杀人犯。狱方认为这不是什么大不了的事情，最多向乔的家人说明情况便可以了事。

但让他们没想到的是，乔的家人却对此不依不饶，还专门请来律师将狱方告上了法庭，并且要求赔偿乔40分钟的“活价”——惊人的天价350万美元！

乔的家人认为，狱方有以下过失：(1) 乔的卷宗上明明白白地写着犯人有高血压，易引发各种意外，因此不应给他准备红酒，这是护理失职；(2) 负责监视各牢房视频画面的狱警没有及时发现乔脑猝死，错过了抢救时间，这是严重的渎职行为。

正因为狱方以上的过失才导致乔意外死亡，剥夺了他还有40分钟感受这个美好世界的生存权，以及与亲人最后一一告别的权利！

那么，后来法院又是怎么对待这场起诉的呢？是赞同和支持！法院认为：“尽管乔是将死之人，但是在死之前，他依然是受到法律保护的，依然享有除政治选举权之外的其他各种权利，包括活的权利。狱方的失误直接导致他失去了这些权利，因此理应赔偿。”

乔的家人最终将狱方赔偿的350万美元全部捐给了美国的公益事业。他们表示只想通过此事，警醒和告诫美国的执法部门要尊重法律赋予每个犯人的生存权，哪怕他们是即将死去的死囚。

资料来源：牧徐徐：《一个死囚的40分钟“天价”生命》，载《党员文摘》，2013 (5)。

3.1.2 公平正义

所谓社会公平正义，其实就是人们通常所说的社会公正。追求社会公正，是全社会的共识，反映的是人们从道义上、愿望上追求利益关系平等、分配关系合理的价值理念。每一项具体政策的出台都躲不开公平正义的话题，换句话讲，只要是有人群的地方，只要是存在利益的分配，就必然涉及是否公正的问题。因此，我们需要准确把握社会公正的科学内涵，从历史性、相对性、具体性角度理解社会公正的精神实质。

首先，我们应该把公平正义放在一定的历史条件和历史环境中来讨论。在不同的历史条件下，人们对公平正义的认识是不同的，没有恒定不变的公平正义的标尺。今天我们认为“不公正”的现象，历史上可能就曾以“公正”的面貌出现过；今天我们认为“公正”的事情，随着历史的发展就有可能逐渐演变成“不公正”的案例。其次，我们应该从相对的角度对公正的概念加以认识和把握。公正是相对的，不是绝对的。现实世界千差万别，社会条件不断变化，公平正义的实现受到多种因素的制约，那种追求绝对公正的想法是不现实的，也是根本做不到的。我们所处的经济文化环境不同、社会条件不同、个人禀赋和家庭状况不同，所以大家并不是都处在同一个起跑线上。起点公平实际上是做不到的。因此，现实中不可能有纯粹的公平或完全的公平，只能求得大致公平或相对公平。所谓相对公平就是要最大限度地凝聚共识，而共识的形成往往需要政策制定者的必要解释，他们应该告诉人们，现行政策的公正依据的是哪一种标准，推出这样的标准是基于哪些理由，这些其实是不难做到的。现实中的许多事例告诉我们，政策制定者的解释如果能够获得公众最大的认同，就算达到了最大可能的（或大致的）公正。最后，我们还必须考虑公平正义的具体范畴，针对具体环境、具体人群和具体问题进行具体分析，不可千篇一律，不加区别地简单套用公正的概念和标准。马克思曾经指出："关于永恒公平的观念不仅因时因地而变，甚至也因人而异。"① 公平正义在不同领域，内涵不尽相同。比如在经济领域讲公平正义，主要是指市场经济等价交换的原则，强调的是公平竞争和优胜劣汰，体现的是机会和权利上的平等。而在社会领域讲公平正义，最重要的就是保障所有社会成员，特别是老弱病残等弱势群体的基本生存需求。因此，经济领域的公平正义不等于社会领域的公平正义，二者标准存在实质上的巨大差异。

公平困境

美国学者德博拉·斯通在她的《政策悖论》② 一书中举了这样一个例子，在上完一个学期"公共政策"课时，她请班上的学生吃巧克力蛋糕。在清点了班里学生的人数后，她开始按人数切分蛋糕。然而，这种平均分配的方案受到多种挑战。

第一，当天请假或逃课的学生发动抗议说，我们也是这个班的学生，为什么漏了我们那一份？第二，系主任认为，公平的分配应是不同等级不同大小，系主任要分一大块，并配餐巾和服务，然后轮到教授（一块）、副教授（一小块）、讲师（一片）、助教（一口）、学生（蛋糕屑）。第三，男生代表提出了抗议，虽然男生人数少，但还是应该男的一半女的一半，只有这样才是性别公平。第四，一部分学生认为，平时聚餐时，有的人多吃多占了，而另一些在聚餐中少吃的人应该在巧克力蛋糕的分配上得到补偿。第五，有些学生不大喜欢吃巧克力蛋糕，他们宁愿吃小块的蛋糕而把大块的留给喜欢吃巧克力蛋糕的同学。第六，班里主修经济学的学生强调起点和机会的公平，主张发给每人一把叉子，待老师一声令下，大家各自去拿。第七，有的学生强调平等的统计学机会（概论公平），主张把蛋糕分成几大块，然后抽签决定几块蛋糕的归属。第八，有的学生强调民主的原则，主张用投票方法选出一个委员会，由它来决定怎么分配。

一种看似公平的分配受到了多方面的质疑，从而引发关于公平分配的悖论：一种意义的公平可能意味着另一种意义的不公平。假如我们能够对巧克力蛋糕分配中出现的挑战加以系统的总结，我们就可以拥有一些被用于政策分析的工具。就任何分配而言，都有三个重要的因素，即接受者（分配给谁）、物品（分配的是什么）和过程（分配如何进行）。毫无疑问，在八个挑战中，前三个都是基于对接受者的重新界定，第四个、第五个则是对分配物品的重新界定，而后三个关注的是分配的过程。

① 《马克思恩格斯选集》，2版，第3卷，212页，北京，人民出版社，1995。

② 参见［美］德博拉·斯通：《政策悖论》，北京，中国人民大学出版社，2006。

如果分一块蛋糕都如此麻烦，那么，把社会财富比作一块大蛋糕，是不是将会陷入无尽的争论中而永远不可能产生公平的分配呢？应当承认，绝对公平恐怕在现实中是不存在的。实现绝对公平也是不可能的。但是，最大限度地凝聚共识却是可能的。而共识的形成往往需要政策制定者的必要解释，他们应该告诉人们，现行政策的公平依据的是哪一条标准和理由，推出这样的标准是基于哪些理由，这些其实是不难做到的。德博拉·斯通的例子带给我们的启示是，政策的制定者的解释如果能够获得公众最大的认同，就算达到了最大可能的公平。然而，由于存在多种看法和标准，对政策的批评和挑战无时不在，但这并不可怕，经验证明，挑战也为政策创新带来了空间。

3.1.3 民主为用

民主是什么？民主只是代表大多数人的意愿吗？比如 10 个人中有 9 个人想去游泳，1 个人想去打球，那么民主的决策一定是选择游泳，如果最后的决策是去打球，那就由民主变成专制了。可是把上面的例子稍微改变一下，我们就会有新的发现，比如 10 个人中有 9 个人认为 1 个人该打，那么民主的决策就是“合法”地把那个可怜的家伙痛揍一顿！这样做错了吗？如果错了，错在哪儿呢？如果大家都认为这个人该打，那他怎么可能会无辜呢？遗憾的是，在某些情况下确实有这种可能。由此可见，民主的内涵远非“多数决”这么简单！有人可能会认为，多数人的选择虽然有时不一定正确，但那毕竟是一个群体的选择，即使付出一定的代价，也只能由大家来承受。可实际上承受结果的并不是占多数的人，而是处于少数地位的人。如果一个人因为别人的错误而被迫接受惩罚，那这样的“民主”实在不能让人放心。这并不能算作真正的民主，实际上，它有另外一个别名，即“多数人专政”或“多数人暴政”。

现实生活中不乏“多数人暴政”的实例，如四川两位返乡农民工因患感冒而被怀疑患有甲型 H1N1 流感，乘客集体表决将他们撵下客车。[①] 这个事例具有典型的社会解剖学意义。它使我们看到，在“多数决”的原则下，如果出现少数人利益与多数人利益不一致，甚至相对立的情况，由于少数人无法获得多数票，其利益就很可能遭到忽视甚至侵害。个人是“最少的少数人”，权利的作用就是保护他们免受多数人的压迫和强制，个人的基本权利不应受公众投票的制约。换句话讲，多数人无权借投票的方式否决少数人的基本权利。

现在把话题再转到最开始举的那个例子，从权利的观点出发，非常有必要对这个例子进行一下修正：10 个人中有 9 个人想去游泳，1 个人想去打球，那么民主的决策还是去游泳，但要加上一个限制条件，就是想去打球的那个人，有说“不”的权利，而且那 9 个去游泳的人，必须学会尊重这个“不”的回应。

1 个与 49 个

在广东东莞中学初二（7）班的教室里，青青是个不受欢迎的人。他上课随意走动，

① 参见黄艳春：《农民工返乡途中患感冒 乘客表决将其撵下车》，载《重庆晚报》，2009-12-22。

开关电灯；他午休时火烧床单，用剪刀剪断电线；他脾气暴躁，曾把热水泼到同学脸上。这些行为的出现是因为他是一个自闭症患者，有时无法控制自己的行为。

除了青青妈，全班49名同学的家长在开学第一天，联署了一封请求书，罗列上述“罪行”，要求学校将青青调离这个班，否则就集体罢课。

1个和49个，如果将一个学生拒绝在教室门外，就可以留住49个学生，这样的做法是否就算公正？对于这个班的学生来说，这应该是他们需要上的“开学第一课”：一个人的权利是否就一定小于一群人的权利总和。

幸好校长没有因为人多还是人少而做决定。他说，每个孩子都有受义务教育的权利，学校不能落下任何一个学生。因此，“1个”直到现在还继续留在教室。

其实民主不只是少数服从多数的问题，它还包括对少数人权利的尊重，包括对他人行动的容忍、对个人自由的保护，以及相互之间的平等。群体中存在一种隐性的暴力，有时甚至会超过肢体的暴力，这种暴力的名字就叫“大多数”。

3.1.4 法治优先

法治（rule of law）是一个法律原则，指在社会中法律是社会最高的规则，具有凌驾一切的地位。所谓“凌驾一切”，指的是任何人、任何机构，包括法律制定者和执行者都必须遵守，没有任何人或机构可以凌驾于法律之上。政府的行为必须是法律许可的。这些法律本身是经过特定的立法程序产生的，以确保法律符合人民的集体意愿。法治与法制（rule by law）虽然只有一字之差，但存在本质的区别。“法制”一词并非“法律制度”的代称或缩写，它是作为法治的相对物出现的，两者对法律的目的存在认识上的分歧和信念上的对立。法制被认为是奉行法律工具主义，即把法律当作政府统治的工具，而法治则意味着政府本身也要受到法律的制约，任何人都不能幸免于法律或凌驾法律之上。

毫无疑问，法治的实施必须建立在法制的基础上，但与法治相比，法制更侧重于法律的使用。就法律的目的而言，法治是为人们提供一个寻求公正的平台和框架，而法制的实质只是为政府提供治理国家的工具，仍然不能摆脱政权凌驾于法律之上的观念。

法治的内涵，不仅是要求所有人守法，而且更侧重于法律对政府权力的控制和拘束，否则法治即与法制难以区分。如果只是呼吁和要求人民“守法”以尊重“法治”，而忽视法律对权力的制约，那么这其实是对法治概念的误解和法治意义的窄化。

用制度看守校园

美国哈佛大学曾流传着这样一个故事。哈佛牧师一生清苦，却在自己去世之前，给一所学院捐献了一块地皮和几百本图书。这所学院后来逐渐发展壮大，它就是现在的哈佛大学。哈佛先生捐献的图书成为哈佛大学的某种象征，被存放在藏书楼里，只允许学生在楼内阅读，但不允许他们把书带出。一天夜里，藏书楼不幸发生了火灾，所有图书都被焚毁。巧的是当天一位学生偷偷把两本哈佛先生的捐书带回了宿舍，想晚上看个通宵。当知道自己带出的两本书成为哈佛先生捐书中仅存的两本时，他毫不犹豫地把书还给了校方。哈佛校长临时召开全校师生大会，高度赞扬了这位学生诚实做人的态度和敢于承认错误的勇气，并号召全校师生学习他的这种精神，但也当场宣布开除他的学籍，因为他违反了校规。校长说，他想用校规来看管这所学校，而不想由个人去左右它。哈佛大学的这种管理理念是很有启发意义的。的确，制度的建立非常重要，因为如果总是把希望寄托在人的素质和觉悟上，那是非常不可靠的。

3.1.5　宽容为怀

在《论语》中孔子和他的弟子有过这样一段对话，子贡问孔子：老师，有没有一个字，可以作为终身奉行的原则呢？孔子回答说：那大概就是“恕”吧。[①] “恕”，用今天的话来讲，就是宽容。宽容是一种理解，更是一种智慧。要想化敌为友，需要的是宽容；要想化友为敌，只需要粗鲁。

毫无疑问，公共政策具有管制功能，它可以规定政策对象能做什么和不能做什么。在实施管制的过程中，公共政策光主张“罚”是不行的，还需要有宽容的精神，“不宽容的法治不是真正的法治”。只有从宽容出发，本着合作的态度，社会才会有良好的法治。当然，政策的宽容是有前提的，那就是人与人的平等，即关照每一个人的利益，尊重每一个人的意见，放弃对别人的居高临下，放弃对别人的指手画脚。无论是大多数人还是极少数人都有权利得到政策的关爱。因此，只有民主的社会，才会有宽容的政策。宽容不仅是民主社会中人与人相处的准则，也是公共政策最重要的理念。历史的经验告诉我们，和谐的社会构建缘于宽容的公共政策。社会不稳定的一个主要原因就是社会宽容度不高，问题的出现，要么是因为一方没有宽容另一方，要么是因为双方都没有宽容彼此。

冲突的发生，往往是立场惹祸。所谓立场就是认识和处理问题时所处的地位与所抱的态度。打个比方，立场就是骑自行车的骂坐小轿车的，坐小轿车的骂骑自行车的。难道不是这样吗？判断事物，人们总是从自己的立场出发。教师会埋怨学生难教，家长会责怪教师缺少责任心；病人说医院越来越黑，医院嫌病人越来越刁；开车的怪警察过于严厉，警察说开车的素质太低……毫无疑问，人是有立场的，且立场是会改变的。骂领导的人成了领导后会感叹当官的不易，讨厌胖子的人找了个大肚腩老公也马上会承认胖男人更有安全感。在立场问题上，人们总是显得有些矛盾。立场这个东西，其实也很难用对错来判断。从自己的立场出发，本是一件无可厚非的事情，只是应该学会尊重和包容别人的立场。这是一种宽容，更是一种公平。[②]

宽容是一种更有力量的“武器”。作家毕淑敏在《柔和的力量》[③] 一文中讲到她早年学医的时候，一天上课时先生问道：“大家想想，用酒精消毒的时候，什么浓度为好？”学生齐声回答：“当然是越高越好啦！”先生说：“错了。太高浓度的酒精，会使细菌的外壁

---

① 原文为“子贡问曰：有一言而可以终身行之者乎？子曰：其恕乎。”（《论语・卫灵公十五》）

② 参见李晓琴：《都是有立场的人》，载《河北青年报》，2009-11-04。

③ 参见毕淑敏：《柔和的力量》，载《读者》，2005（15）。

在极短的时间内凝固，形成一道屏障，后续的酒精就再也渗透不进去了，细菌在壁垒后面依然活着。最有效的浓度，是把酒精的浓度调得柔和一些，润物细无声地渗透进去效果才佳。”于是大家第一次明白了，柔和有时比强硬更有力量。这里的“柔和”与“宽容”其实是一个道理。它们代表了一种品质或风格，不是丧失原则，而是一种更高境界的坚守，一种不曾剑拔弩张，依旧扼守尊严的艺术。由此我们会得到启示：政策有时更需要宽容。

“六尺巷”的故事

六尺巷位于安徽桐城。据《桐城县志》记载，康熙时期文华殿大学士兼礼部尚书张英的老家人与邻居吴家在宅基地问题上发生了争执，家人飞书京城，让张英“打招呼摆平”吴家。而张英回馈给老家人的是一首诗：“千里修书只为墙，让他三尺又何妨。万里长城今犹在，不见当年秦始皇。”家人见书，主动在争执线上退让了三尺，下垒建墙，而邻居吴氏也深受感动，退地三尺，建宅置院，于是两家的院墙之间有一条宽六尺的巷子。六尺巷由此而来。毛主席在建国后会见苏联驻华大使尤金时，曾经讲到这个故事，并说起这四句诗，用来表达两国之间应该谦让、平等。这条巷子现存于桐城市城内，作为中国文化的遗产，是中华民族和睦谦让美德的见证。六尺巷已经成为桐城古城的旅游景点，2007 年 4 月，“桐城文庙——六尺巷”成为国家 3A 级旅游景区。

3.1.6 诚信至上

在《现代汉语词典》中，“信”的含义与“诚”、“实”相近。而依照《说文解字》一书的解释，信字，从字的构成上说它属于会意字的范畴，它是由“亻”和“言”组成的，左边的这个“亻”我们俗称“立人”，“立人者”原义指一个身体站立的人，而从它的引申义出发，我们可以将其理解为一个顶天立地的人说的话或是一个言责自负的人说的话，这些话是算数的，是不容置疑的，这就是所谓的“人言为信”。《尚书》载：“鬼神无常享，享于克诚。”原指祭祀时对上天和先祖所说的诚实无欺之语，反映出当时的人们对鬼神的笃信、虔诚。子曰：“人而无信，不知其可也。大车无輗，小车无軏，其何以行之哉？”《论语·为政》意思是说，一个人如果不讲信用，那么就没什么可肯定的了。譬如大车没有輗，小车没有軏，如何能行走呢？孔子的这句话强调了诚信对一个人的重要性。

从政府角度而言，“诚信”是一种理念，更是一种责任。《论语·颜渊》中有这样一段记载。子曰：“足食，足兵，民信之矣。”子贡曰：“必不得已而去，于斯三者何先？”曰：“去兵。”子贡曰：“必不得已而去，于斯二者何先？”曰：“去食。自古皆有死，民无信不立。”（译文：孔子说：“只要有充足的食物，充足的战备以及人民的信任就可以了。”子贡问：“如果迫不得已要去掉一项，三项中先去掉哪一项？”孔子说：“去掉军备。”子贡又问：“如果迫不得已还要去掉一项，两项中去掉哪一项？”孔子说：“去掉食物。自古人都必有一死，但如果没有人民的信任，政权就不能立足了。”）这段对话强调了政府取信于民的重要性。

契约精神

科隆教堂是德国科隆市毫无争议的标志性建筑物，157米高的钟楼使得它成为世界第三高的教堂，从1248年8月15日动工，到1322年的唱诗堂封顶，科隆教堂的建设历经74年间的艰辛，建筑完工的那一天，科隆人格外激动，因为他们终于有了祖祖辈辈梦想的通天塔，有了离上帝最近的地方，并相信可以得到神的赐福。

兴奋之余，他们商议，由政府出面作出规定：自教堂建成之日起，城内所有建筑不得高过它，以便于人们可以在任何一个地方仰望到神的存在。他们还达成协议，即子子孙孙，没有时间限制，必须无条件遵守。并把该内容刻成文字，立于科隆教堂大门左侧，以示后人。

在随后的几百年中，由于战乱、王朝更迭等种种原因，科隆大教堂饱经沧桑。那块石碑也因为一次意外的火灾被毁。但存于科隆人心里的契约，却在700年间被严格遵守。有许多次，一些科隆人担心后辈记不住这条协议，提议复原当年的石碑，但最后都被投票否决，多数科隆人认为，真正的契约，应该埋在心里，而不是刻在石头上。他们会在对孩子们的教育中，多次讲述科隆大教堂的历史，以及这份独特的契约，要求孩子们从小就牢记，并讲给他们的孩子们听，一辈又一辈，世代相传。

21世纪初，作为德国仅次于柏林、汉堡和慕尼黑的第四大城市，科隆社会经济高速发展，引得无数大公司的青睐。当时有一家国际知名的通信公司经多番考察，决定入驻科隆，并计划修建一座电视塔。当听说了科隆契约后，决策者起初并未把这个几百年前的协议当一回事，在他们看来，如果公司入驻，会带动当地经济的发展，提供成千上万的就业机会，还能给城市居民带来通信的便利，这会大大提高科隆的竞争优势。与这么多现实的利益比起来，那个远古的协议，简直就是一个笑谈。

通信公司总裁找到市长，商谈修建电视转播塔，没想到被市长当即回绝。他不死心，随后又找到市议会，再次提出建塔方案。在看得见的巨大利益面前，个别议员动摇了，由于存在争议，最后市议会决定采取公投。当听说有些议员同意修建一座高达368米的电视转播塔的消息传出来之后，科隆人愤怒了，他们齐声谴责少数议员“背弃祖宗”、“背叛信仰”的行为，大众传媒也批评那些人“忘记历史”、“不配做科隆人”。在一片斥责声中，同意建塔的议员被撤职。公投的结果不难想象，超过99%的人选择了拒绝。最终，这家通信公司体会了科隆人的骄傲与固执，不得不放弃科隆转而选择柏林。

就这样，直到今天，科隆还是没有高过科隆大教堂的建筑，要知道，157米大概相当于35层楼房，在同等的国际城市中，50层以上的建筑可以说比比皆是，所以，无奈之下，科隆很多建筑只能往地下发展。

科隆大教堂的美丽毋庸置疑，但科隆人700年的坚守更令人钦佩，这已不再是一个简单的契约，而是一种精神、一种信仰、一种力量，它超越科学、超越宗教、超越时光。

资料来源：罗强：《700年的契约》，载《意林·原创版》，2012（11）。

3.1.7 自由为体

在古拉丁语中，“自由”（liberta ）一词的含义是从束缚中解放出来。在古希腊、古罗马时期，“自由”与“解放”同义。英语中的 liberty 即源自拉丁文，出现于 14 世纪，而 freedom 则在 12 世纪之前就已形成，同样包含着不受任何羁束地自然生活和获得解放等含义。如此看来，最初意义上的自由，主要是指自主、自立，摆脱强制，解除人身依附关系和实现人格上的独立。而从现代角度看，自由的释义越来越丰富。从法律方面讲，自由是在法律规定的范围内，公民的意志活动有不受限制的权利，如言论自由、集会自由、结社自由等；从政治方面看，自由是人们有权选择自己赞同的执政者，也有权不选择自己不赞同的执政者；从哲学角度看，自由是指对必然的认识和对客观世界的改造，即认识事物发展规律并把它运用于实践；从社会学来说，自由是在不侵害别人的前提下可以按照自己的意愿行事；从心理学上说，自由是摆脱对自我意识的干涉，自主地选择如何行动。总之，从自由的本质含义而言，自由既有个人为所欲为的自主权力，又有不损害他人的责任义务。自由的背后是自律，除了自律外自由还要接受他律，他律就是外在的道德和法律规则的约束。很多人一谈到自由就会想到“我行我素”，其实那是一种误解。自由理念中最重要的部分是自律和他律，缺少这两者就不是完整的自由观。哲学家康德在谈到自由时曾经提出过这样一个问题：“自由就是我要做什么就做什么吗?”他认为，如果把“我要做什么就可以做什么”视为自由的话，这种想法未免太过肤浅，其实那不是自由，而是鲁莽与无知。自由的真谛表现在“我不要做什么就能够不做什么”。比如你发现生活中有什么事情你不愿去做，你可能会说：“我不做或我不想再做!”而后来你果真就做到了，那才是真正意义上的自由。

康德的话讲得很精妙，做是有限制的，而不做可以摆脱这种限制，得到一种不受结果捆绑的自由。许多自由都是源于中性的选择，可是等到你选择了，你去做了，却发现它原来并非中性，因为这个时候你便没有办法放下了。这种自由其实不是我们所需要的，它的出发点是自由，结果却是不自由。现实生活中有很多看似真自由的假自由和看似不大自由的真自由，人们应当努力加以分辨和识别。

一堂“自由”实验课

一位外国教师（埃利斯小姐）在课前给学生布置了一道课外实验作业，要求学生在课外设计一项实验，以便在课堂上通过自己的实验表演，展现自己对“自由”的见解。这次实验作业的主题真的有点难，但令埃利斯小姐感到惊讶的是，同学们在实验课上表现得非常出色，很多构思别出心裁、趣味盎然。埃利斯小姐只讲述了其中三个学生的实验，即阿曼达、查利以及安德烈娅的实验。

实验一　选择与自由

阿曼达拿出五个颜色各异的盒子，她让埃利斯小姐从中选一个。埃利斯小姐欣然拿起了粉色的盒子，因为粉色是她平时钟爱的颜色。接着阿曼达又拿出五个黄色的盒子，请查利挑一个。查利有点不满，随便从中拿了一个。埃利斯小姐被逗乐了，问阿曼达这个实验有什么目的。阿曼达回答说："我称它为'选择'。你可以在不同选项中作出抉择，这样才存在'自由'。"

实验二　信息失衡与自由

查利挑选了两名同学卢卡斯和保罗并让他俩和埃利斯小姐一起站到黑板前。然后，他将全班同学分成了三组。他先对第一组说："我要问你们一道难题。你们可以从黑板前的这三个人中选一个来帮你们回答。回答正确者将赢得一大包糖果。"第一组同学集体选择了埃利斯小姐。他接着对第二组说："我要问你们同样的问题。不过在开始之前我想先告诉你们，我已经给了保罗同学一张纸条，我的问题和答案都写在上面。"伴随着第一组同学的抱怨声，第二组一致选了保罗。最后他对第三组说："现在轮到你们了。其实我跟第二组撒了谎，我其实是把纸条给了卢卡斯。"在一片嘘声中，保罗张开了空空的双手，而卢卡斯则向大家展示了那张写着题目及答案的纸条。当获胜的第三组同学忙着分发糖果时，查利总结说："这个实验可以叫作'自由源于真相'。它告诉我们，如果了解了实情，才具备选择的自由。"

实验三　限制与自由

安德烈娅的实验与众不同。她来上课时，带来了她的小仓鼠雷洛以及几片奶酪和面包，准备做几个各不相同的实验。在第一个实验中，她用玻璃杯罩住了一块奶酪，并在旁边放了一片没被罩住的面包。等她放出雷洛，小仓鼠便直奔奶酪而去，只听"砰"的一声，雷洛的鼻头撞上了玻璃杯。雷洛折腾了好半天试图吃到奶酪，但都没有成功，只得将就着去吃面包。安德烈娅又继续重复做了几次这样的实验，在这些实验里，可怜的雷洛永远吃不到奶酪，不得不选择面包。最后，安德烈娅在桌上放了一大块奶酪和一大片面包，两样东西都没用玻璃杯罩住。这回，雷洛放弃了吃奶酪的努力，直接向面包冲去。同学们都非常喜欢安德烈娅所做的实验。当埃利斯小姐拿奶酪慰劳雷洛的时候，安德烈娅在一旁总结说："我把这场实验起名叫'限制'。它告诉我们，无论我们是否察觉，我们的自由总是有限制的。而且这些限制并不总是都来自外界，也可能存在于我们自己的内心，比如雷洛，它以为自己永远得不到奶酪了。"

其实那天还有许多有趣的实验。显而易见，上完这堂课，埃利斯小姐的学生们对自由的理解可能要比许多大人都多了很多。

3.1.8　民生为天

民生问题，简单地说，就是与百姓生活密切相关的问题，最主要表现在吃穿住行等生活必需方面。民生问题也是人民群众最关心、最直接、最现实的利益问题。关注民生、重视民生、保障民生、改善民生，同党和政府的性质、宗旨和目标一脉相承。教育是民生之基、就业是民生之本、分配是民生之源、社保是民生之依、治安是民生之盾，这几大问题都是民生的基本问题。

中国自古以来就将"民生"与"国计"相提并论，民生问题一直与国家发展存在着不可分割的关系。关乎社会治乱与政权兴亡。《尚书·王子之歌》中说"民惟邦本，本固邦宁”，它构成了儒家治国理政思想的核心，而《管子·霸业》指出“以人为本，本治则国固，本乱则国危”，《孟子·梁惠王下》则提出“忧民之忧者，民亦忧其忧”，《孟子·尽心下》主张“民为贵，社稷次之，君为轻”，《汉书·郦食其传》说“王者以民为天，而民以食为天”。总之，“国以民为本，民以食为天”是我国古代朴素的民本思想，客观反映了古代先贤对民生问题的重视。

邓小平明确提出要把是否有利于提高人民生活水平作为判断是非得失的重要标准，强调一切政策的出发点和归宿始终要看“人民拥护不拥护”、“人民赞成不赞成”、“人民高兴不高兴”、“人民答应不答应”。江泽民同志提出“三个代表”重要思想，强调要代表最广大人民的根本利益。以胡锦涛同志为总书记的新一代领导集体更是明确提出以人为本、立党为公、执政为民的理念，“权为民所用，情为民所系，利为民所谋”日益深入人心。我们看到并正在体验着我们国家“从官本位到民本位，从民本位再到人本位”的历史性转变。

“底线公平”是一个确定和描写社会公平度的概念。这个“度”怎么确定？依据公共政策的基本理论，从我国的基本国情出发，从老百姓最迫切、最基本的需要出发，可以划出一条线，这条线就是我们通常讲的“基本需要”。但从确定社会公平度的要求看，“基本需要”会随经济发展而有较大幅度的变化，它对经济发展水平比较敏感，伸缩性较大，因而不够稳定，也不太容易定义。为此，我们应该从“基本需要”中找出更具稳定性的“基础性需求”，即解决温饱的需求（生存需求）、基础教育的需求（发展需求）、公共卫生和医疗救助的需求（健康需求）。这就是人人躲不开，社会又公认的“底线”，它与民生的概念紧密相关。

民生不可泛化

民生的基本内容是有严格界定的。一般来说，民生具有“3＋2”的框架。“3＋2”当中的“3”是指社会保障、义务教育、公共卫生，其中的“2”是指就业保障和住房保障。“3＋2”框架是国际上通行的、具有可比性的民生指标，不是自说自话的民生指标。

“3＋2”框架与党的十七大报告和十八大报告所提出的“学有所教、劳有所得、病有所医、老有所养、住有所居”的民生目标相吻合。

推进民生事业的一个必要前提就是要严格界定民生的基本内容，将民生的基本内容严格限定在“3＋2”框架之内，防止将民生的内容予以无限扩大。唯有如此，才有可能有效推动民生事业的健康发展，把政府该做的事情做好。

3.1.9 以人为本

2011年1月10日，胡锦涛同志在党的十七届中央纪委六次全会上发表重要讲话，强调进一步把以人为本、执政为民的理念贯彻落实到党和国家全部工作中，不断实现好、维护好、发展好最广大人民的根本利益，始终保持同人民群众的血肉联系。

实际上，任何一项公共政策，都免不了要牵动民众的利益，有的可能是试图增进民众的某种利益，有的则可能是试图限制民众的某种利益。无论何种取向的公共政策，因其与民众利益密切关联，所以都应尽最大努力达到人性化的要求。但人性化之实现，并不能依靠言辞动听，而必须努力改进措施。

为补充规定叫好

北京在 2008 年奥运会期间实行的单双号限行政策由于有了 0 时至 3 时不限的“补充规定”，从而设置了一个缓冲地带，既能满足一部分民众的利益需求，又便于有关部门的实际管理。这无疑体现了一种管理上的人本原则。这个“补充规定”“补充”得好。为确保奥运会期间交通畅通，北京实行单双号限行是必要的。但单双号限行措施，毕竟是一项涉及公众利益的政策规定，它影响的将是数以千万计民众长达两个月的出行方式和生活方式。一方面，许多人有夜生活的习惯，朋友相聚多在夜间；还有一些上夜班的人，凌晨这个时间段正是他们返家的高峰；另有一些到机场、火车站接站的车辆，也不一定能够在 24 时前准时赶回住地；再有那些看奥运“夜场”比赛的观众，也有夜间行车的需求。另一方面，根据北京市现行交通的实际状况，每天 4 时之后，路面上的车才会逐渐增多。因而，0 时至 3 时这段时间，交通会非常通畅，不可能会对奥运赛事的交通造成任何影响。由是观之，在这段时间实行限行不仅没有必要，而且会给人们的夜间出行带来不便。

北京出台的“补充规定”不只是一个时间上的缓冲地带，还是公共政策更利于让民众接受的缓冲地带，更是民众在公共政策影响下释放自身压力的缓冲地带。不做这样的调整，单双号限行政策当然也要实行，而且完全可以实行，但作了这样的调整，推行这一政策的阻力可能就要小得多，成本可能就要低得多，社会整体利益的损耗和民众的抱怨可能就要少得多，政策的执行效率可能就要高得多。

体操绝技被禁

在体操运动里，由中国运动员首创的一些高难度动作，像马艳红下①、莫氏空翻②、奎媛媛平衡木炫目③、刘璇单臂大回环④等在触摸了人类极限的边界后，便像流星一样消失了。这些绝技的失传，并非后人天赋不逮，而是受到人为禁止，因为它们实在是太危险了。

---

① 马艳红下：学名是腹回环绷杠团身后空翻转体 360 度下。高低杠项目，诞生于 1979 年 12 月在美国沃斯堡举行的第 20 届世界体操锦标赛。

② 莫氏（莫慧兰）空翻：学名是团身前空翻越杠拆械。高低杠项目，诞生于 1994 年 4 月在澳大利亚布里斯班举行的第 29 届世界体操锦标赛，是中国女子体操运动员莫慧兰的独创动作——团身前空翻越杠再抓杠，难度在于空翻过程中，越杠后的反手抓杠眼睛是看不见杠的，也就是所谓的“盲抓”。

③ 奎媛媛平衡木炫目：在 1997 年瑞士洛桑世界体操锦标赛平衡木决赛中，中国选手奎媛媛使用了难度为 g 组的后直转体 360 度的动作，以高难度和完成的高质量震惊全场，后被命名为奎媛媛平衡木炫目。

④ 刘璇单臂大回环：高低杠项目，诞生于 1996 年波多黎各世界体操锦标赛。

马艳红下的看点是“绷杠”，抓着高杠，腹部在低杠上弹一下。可以想象，当高速晃动在空中的人体，以全身之重迎向木杠时，即使有所收敛，承受的力量也够人一呛。

莫慧兰独创的莫氏空翻，危险在于空翻过程中，越杠后的反手抓杠眼睛是看不见杠的，只能凭着感觉盲抓，在那一瞬间，危险可以想见。

奎媛媛平衡木炫目是一个后直转体360度的动作，超高难度，令人目眩，但也存在很大危险。

刘璇在高低杠上有两个命名动作——“刘璇单臂大回环”和“刘璇单臂大回环接京格尔”，国际体联后以动作不适合女运动员并存在危险为由加以禁止。

体育创新的方向是无穷的，而体育的伦理坚决反对以身体为赌注向着运动的无人区突进，体育之“体”，拆解开是“人”、“本”两字，没了“人本”，何谈体育。

上合组织峰会为高考让路推迟半小时

2012年6月7日当天，上海合作组织峰会为高考推迟了半小时开幕，原因是为了给高考学生让路。

6月6日、7日，上海合作组织成员国元首理事会第十二次会议在北京召开，会议期间及与会外宾集中抵、离京期间，部分道路将会频繁采取临时交通管制措施，部分地区交通压力将会加大，尤其是机场高速、东二环、长安街等城市主干道、环路附近，交通压力会比较突出。

而6月7日恰逢高考第一天，北京市7万余名考生将迎来他们人生中最重要的一次考试，早高峰临时交通管制措施的实施，可能会影响送考车辆。

对此，北京市委、市政府高度重视，对此专门进行部署。经多方协调决定：6月7日上合组织峰会的开始时间将从9时推迟到9时30分，道路交通管制时间则从原定的8时30分推迟至9时05分。这意味着，交通管制将在高考开考后进行。

3.1.10 和而不同

和谐是一种理念，不仅需要强调“和而有同”，而且更需要强调“和而不同”。

“和而不同”出自《论语·子路》：“君子和而不同，小人同而不和。”和，即和睦；同，为苟同。“和而不同”的意思就是和睦地相处，但不随便附和。这是孔子提出来的一个十分重要的思想命题，它具有深刻的哲学含义和社会学内容。

《国语·郑语》这样说“和”：夫和实生物，同则不继。以他平他谓之和，故能丰长而物归之；若以同裨同，尽乃弃矣。……声一无听，物一无文，味一无果，物一不讲。这段话出于史伯之口，这番话是他对郑桓公说的。其意是说：和谐才能生成万物，同一就不能发展，把不同的东西加以协调平衡就叫作和谐。这种和谐，丰富中见统一，发展中见方向。如果不这样，而是把相同的东西相加，那用尽了也就完了。

这段精彩的文字生动地表现了“和而不同”的思想理念。从中我们可以得出“和”与“同”的三个重要区别。第一，“和”是众多的统一，“同”是单一的重复。第二，“和”的统一是化合，各种参与“和”的元素并不消失，而“同”的统一是混合，事物原有的性质与形态均存在。第三，“和”具有创新性，“和”的统一产生新事物，故“和”是发展之本，前进之基，生长之根，而“同”只是同一事物的叠加，不产生新事物，不具有再生性和持续性。打个比方，“和”是一加一等于一且大于二，等于一说明它是一个新的整体，大于二，说明它生成许多新事物。“同”是一加一只能等于二，只是数量之和而已。

“和而不同”的理念精辟地解释了世界的发生与发展。难道不是这样吗？就自然界而言，它是由无机物与有机物共同组成，有机物与无机物息息相关，形成具有生命性的严密网络，牵一发而动全身。任何一种有机物的变化不管是增多还是减少都会给别的生物以及无机物造成影响，这就是所谓的生态平衡。换句话说，生态平衡就是“和”。人类社会也是如此。在这个世界上居住着的人各式各样：不同的肤色、不同的民族、不同的国家、不同的文化、不同的社会制度、不同的宗教信仰、不同的生活习俗……大家共处一个地球村。村里的人必然有交往、有沟通，难免发生冲突与矛盾。什么事情都做到完全一致是思想的乌托邦，所谓和谐并不是要统一思想、统一意志、统一行动，并不是要消灭冲突和斗争，而是强调辩证的统一，要在冲突和斗争中创造秩序与稳定。

晏子论“和而不同”

《左传》中记载的晏子和齐景公关于“和”与“同”区别的对话，反映了春秋时期人们思考社会关系或政治关系的最高境界。其大意如下：

景公说：“只有梁丘据才是与我相和的人啊！”晏子回答说：“他与您不过是同，怎么能算和呢？”景公说：“难道和与同竟然不是一回事吗？”晏子回答说：“当然不同了。‘和’就像浓浓的肉汤，要用水、火、醋、肉酱、盐、梅（古人以梅做调料）等诸多烹饪的不同要素，来烹制鱼肉，要用柴火烧火，厨师来调味，使酸咸适中。味道不足，就多加一些，味道过重，就让它淡一些。君子食用这样的肉羹，以平衡心智。君臣关系也是这样。君主肯定的东西，如果有不对的，臣子应当把自己的反对意见贡献给君主，使君主能够作出正确的决定；君主认为不对的东西，如果有对的地方，臣子应当把其中有道理的贡献给君主，以便让他能够改正自己的错误。这样政治才能够获得真正的稳定，不冒犯民众，使民众不会因为怨恨而产生叛逆的想法。这正是先王（殷中宗）通过调和各种滋味、谐和各种声音，能够使内心平和，在政治上大有成就的原因。音乐和食物很相像，需要气（气息）、体（配合音乐的舞蹈）、类（诗之类别，如风、雅、颂）、物（制作乐器的各种材料）、声（音调）、律（声音之清浊、高下）、音（音阶）、风（各地的音乐风格）、歌（唱歌）等不同要素来共同完成，还需要清浊、大小、短长、疾徐、哀乐、刚柔、迟速、高下、出入、周疏（周即密）这些不同的变化来相互调节、补充。君子听了这样的音乐，心境会平和。内心平静，德业和睦，所以《诗经·豳风·狼跋》有赞美周公摄政的句子‘德音不瑕’（德行和音乐一样没有瑕疵）。而如今梁丘据就不是这样。您肯定的，他也跟着肯定；您说不对的，他也跟着不同意。就像单纯用水来加水，做出来的，就不是食物，谁能吃呢？又像琴瑟只有一种音调，还成什么音乐，谁还能听下去呢？君臣之间不可求同的道理就是这样。”

综上所述，通过对公共政策理念的讨论，我们试图从价值维度考量公共政策的目标，强调了公共政策制定的重要标准和依据。我们的结论是：没有正确的理念，难有正确的政策。在现代社会里，政府理性应置于公共理性之中，公共政策要在更大的程度上体现社会公共生活的基本原则和核心价值。

3.2 政策主体

一般而言，政策主体可以被简单界定为直接或间接地参与政策制定过程的个人、团体或组织。尽管世界各国的政策环境不尽相同，但政策主体的构成因素并无大的差别，只是它们对政策制定过程的作用方式和影响程度有所不同罢了。许多政策学的论著和教科书都有政策主体的相关阐述，比较具有代表性的看法是，政策主体的构成因素主要包括立法机构、行政决策机构（政务官系统）、行政执行机构（文官系统）、司法机构、政治党派、利益集团、思想库、大众传媒和公民个人等。

政策主体的分类多以官方决策者和非官方参与者进行划分①（当然也有人从体制内与体制外②、国家权威与社会权威③、直接参与和间接参与的角度对政策主体进行分类）。安德森指出，官方决策者是指那些具有合法权威去制定公共政策的人们（当然，他们中的一些人事实上可能会受制于非官方的政治党派或压力集团）。这些人包括国会议员、政府首脑、行政人员和法官，他们所从事的决策活动多少会有所不同。然而，除了他们之外，还有许多其他的人参与了政策的制定过程，这些参与者中不仅包括政治党派和利益集团的成员，而且包括代表个人的普通公民。我们之所以把他们称为非官方参与者，主要是因为不管他们在各种政策场合多么重要或处于何种主导地位，他们自身通常并不拥有合法的权力去作出具有强制力的政策决定。④

3.2.1 官方决策者

现代西方政治体制多以三权分立为原则构建国家的公共权力。立法、行政和司法三种权力分别由议会、内阁和法院掌握，这三大系统各司其职、彼此独立，依靠国家宪法所赋

① 参见［美］詹姆斯·E·安德森：《公共决策》，44～48页，北京，华夏出版社，1990。
② 参见［美］斯图亚特·S·那格尔编著：《政策研究百科全书》，北京，科学技术文献出版社，1990。
③ 参见张国庆：《现代公共政策导论》，34～39页，北京，北京大学出版社，1997。
④ James E. Anderson，*Public Policymaking*，Houghton Mifflin Company，2003.

予的权力制定不同类型的公共政策。它们彼此监督、相互制约，以保持三种权力之间的平衡状态。一些国家所实行的政党制度从形式上看往往能够把政党政治排除于国家的三权之外，而实质上却能够使政党政治“一以贯三”或“以一治三”，从而实现对公共权力的制约和对国家利益的整合。因此，政党权力有时候完全可能会成为凌驾于三种权力之上的至高权力，从这个意义上讲，政党也有可能会成为站在官方决策者行列之外的“超官方决策者”。

1. 立法机关

立法机关是政策主体最重要的构成因素之一，其主要职责当然是立法，即履行制定法律和政策这一政治任务。立法机关在政策制定过程中究竟充任怎样的角色？到底能做些什么？起到什么样的作用？要回答这样的问题必须通过实际的调查进行具体分析。

在美国，一般而言，国家立法机关常常能够在独立决策意义上行使立法权。如在国会中，常设委员会对提交的法案通常拥有“生杀”大权，它甚至可以置议会大多数成员的反对于不顾，强行通过有关法案。美国有关税收、人权、社会福利和劳动关系等方面的政策一般都是由国会加以制定，但在国防和外交政策的制定方面，总统比国会拥有更大的权力。很多时候，总统的意志左右了国会的决定。而美国各州的立法机关却常常因为其职责范围的限制或专业人士辅助不力，难以对较为复杂的或技术性强的立法事务采取主动。它们往往只是简单地批准和通过一些专业部门所提交的法案。当然，至于其他方面的一些一般性事务如惩治犯罪等，州立法机关显然具有独立决策的能力，因为这些事务并不需要特殊的技能和科技方面的专业知识。

英国的情况与美国有所不同，英国议会所批准和通过的法律往往是那些首先由政党提出，然后由文官起草，之后再由政府（首相和内阁）提交的法案。英国下院在批准立法的过程中拥有绝对权力，起着至关重要的作用。而在原苏联，立法机关——最高苏维埃受布尔什维克制约，通常只是起象征性作用，它们不得不批准那些由布尔什维克高官所作出的决定。同样，在拉美一些国家里，立法机关受到行政机关的严密控制，几乎难以在独立决策的意义上行使其立法权。对于这样的政治模式，政策学家如果把许多研究精力放在立法组织和立法程序上，那么他们只能是白白地浪费时间。在某些国家如非洲的一些国家，则根本没有建立过立法机关，而且它们认为也没有必要建立这样的机构。

2. 行政决策机关

一些西方国家虽然推行三权分立的政治体制，但随着行政权力的不断扩张，行政机关在政策制定过程中的地位和作用越来越突出，“行政国家”已成为一个司空见惯的提法。就美国而言，总统在进行立法领导方面的权威显然已经被确定，并作为必不可少的规定而被人们普遍接受。委员会制使得国会领导分散，加之缺少强有力的政党权威，使国会越来越依赖于总统提出的立法建议。而且，国会还常常将一些非常重大的决策权授予总统，特别是在外交和军事领域，总统所拥有的合法权力和行动自由比其在内政方面所拥有的权力和自由要大得多。

叶海卡·德罗尔认为，行政部门对政策制定的影响在发展中国家要比在发达国家大得多。他指出：“由于发展中国家存在的政策问题少，所以大部分政策问题都能进入政府内阁的议事日程。而且在发展中国家一般不存在专业性的文官系统，因而行政部门在绝大部分政策制定中都起到核心作用。另外，发展中国家的权力更为集中，所以政务部门无须去考虑建立政治联盟的问题，它们有更多的决策自主权。”① 简言之，发展中国家的决策体制和结构一般非常简单，主要决策权都掌握在行政部门手中，利益集团由于很少能够在政治体系中独立发挥作用，所以它们很难对政策制定构成多大的影响。

3. 行政执行机关

传统行政学认为，政策往往是由政府中的“政治”部门制定的，行政执行部门只是或多或少地以自主的方式实施这些政策。然而，现代的人们已经越来越明确地认识到，政策制定与政策执行相互缠绕、不可分割，行政执行部门对政策制定不是没有影响，而是有很大影响。当我们把政策定义为政府在特定领域所采取的实际行动时，这一点就更为明显。行政执行部门不仅能够参与一些法律法规和方向性政策的制定，而且能够使其他机构所制定的法律或政策徒有虚壳，其最拿手的“办法”就是行动拖拉和无所作为。

在现代社会，许多政策事务往往带有复杂性和技术性特征，因而需要对其进行连续控制。立法人员缺乏必要的时间和充足的信息，这使得许多问题的处理权（即规制决定权）被授予了行政执行机构。众所周知，权力具有自我扩张的趋势，其边界难以构成有效的制约，结果是行政执行机构作出具有更大政治意义和政策效果的决定。这也难怪，在现代社会中，如果没有官僚组织所发挥的重要决策作用，那么其对公共事务的有效管理就会成为一句空话。

不仅如此，在一些国家的政治系统中，行政执行机构还是立法建议的重要来源之一，它们不仅积极地提出一些法案，而且还努力地进行游说，试图对国会形成一定的压力以使其提出的政策建议得到采纳。因此，说“公共政策受行政人员的支配”并不为过。

4. 法院

尽管在许多国家特别是发展中国家，法院难以介入政策制定过程，不具备实际的决策功能，对公共政策的影响微乎其微。但在一些发达国家，法院闯入了许多社会和政治活动领域，它们不仅参与了政策的制定，而且在其中扮演了非常重要的角色。以美国为例，法院常常能够通过司法审查权和法令解释权对公共政策的性质与内容产生巨大影响。它不仅规定了政府不能做什么，而且规定了政府应该采取何种行动以符合法律和宪法的规定。

所谓司法审查权是指法院有权审查立法和行政机关的活动是否违宪，如发现与宪法相冲突的情况，有权决定这些活动无效。政策的制定显然深受这种权力的制约，国会可能因此而对其所要采取的行动犹豫不决，因为它会担心这些活动可能会被法院判为违宪。

法院还有权解释和决定那些只有抽象的表述且容易引起歧义的法规的含义。当法院接受这一种而非另一种解释时，它在无形中就进入了政策制定领域，因为解释的结果无疑会使胜方的政策选择得以贯彻和实施。司法活动并非新生事物，司法判决中逐渐确立的某些原则对公共政策的制定有着至关重要的影响。

---

① Yehezkel Dror, *Public Policymaking Reexamined*, Scranton, Pennsyvania, Chardler, 1968, p. 118.

3.2.2　非官方参与者

非官方参与者包括利益集团、政党、公民个人、大众传媒和思想库等，相对于官方决策者而言，尽管它们对政策制定过程的影响较为间接，但同样是政策制定过程中不可忽视的主体因素。

1. 利益集团

利益集团是由具有相同价值需求和利益倾向的个人所组成的团体或团体间的联盟。它代表成员的利益，履行利益表达的功能，其对公共政策的影响一般取决于这样一些因素：团体的规模、资金及其他资源条件、团体的凝聚力、领导层的工作技巧、团体的社会地位、竞争性组织是否存在、官方决策者对其的态度、在政治系统的权力体制中所处的位置等。当然，什么事情都不是绝对的，某一利益集团在某一政策问题上可能具有支配性影响，但在别的政策问题上其影响可能微不足道。

由于各个国家具体情况有所不同（民主政体或专制政体、经济发达或经济落后），所以利益集团在组成方式及合法化程度上差异很大。在有些国家，利益集团无论是在成员数量、集团数量、成熟程度、管理状况方面，还是在行动的公开化和享有的自由度方面都远远超过其他一些国家。它们不仅积极表达自己的政策诉求，而且努力为政策制定提供可选方案。它们会就政策方案的性质和可能出现的后果以及操作层面上的一些技术性问题，向官方决策者提供更多的信息。这种活动无疑非常有利于决策过程的合理化。

利益集团影响政策制定的方式或途径是多种多样的，如院外活动、舆论宣传、政治捐款、抗议示威等。其中具有代表性的一种形式就是游说，即作为利益集团的代表说客，努力劝说立法官员或政府官员，希望他们能够支持利益集团所赞同的议案。由于游说活动通常是在议院走廊或休息室进行，所以人们习惯称之为“院外活动”。

社会发展的多元化趋势必然造成利益集团数量的增多及其规模结构和活动方式的多样化。一般而言，某一利益集团只关注与自身相关的政策领域，其行为动机无疑是追求集团利益的最大满足，这种需要的满足很可能会以牺牲公共利益为代价。因此，政策制定不应受个别或少数利益集团的操纵，而应该调和不同的利益需求或相互冲突的政策愿望。按照政治学的团体理论，公共政策不是某一利益团体的一相情愿，而是团体冲突的一种平衡产物。

2. 政党

政党作为利益集团的一种特殊类型，往往以政治联盟的形式出现。其关注的政策范围要比一般的利益集团更广，对政策制定的影响当然也比一般利益集团更大。现代国家的政治统治大都通过政党政治的途径加以实现，政党常常履行着一种“利益聚合”的功能，即政党努力将不同利益集团的特定需求转变为一般性可供选择的政策方案。

然而，在不同国家、不同历史条件下，这种“利益聚合”的方式并不完全相同，不能一概而论。在实行两党制的国家中，如英国和美国，政党总希望能够获得更多选民的支持，因而在它们的“一揽子”政策纲领中试图更多地体现多数人的需求，并尽力避免与势力强大的利益集团发生直接的利益冲突。在实行多党制的国家中，政党只代表着各种相对狭隘的利益，其“利益聚合”的功能不能得到很好的体现。它们更多的是以各种特定利益的经纪人而非倡导者的面目出现。在实行一党制的国家中，如苏联，政党是政策主体的核心力量，在政策制定中起主导作用，公共政策在一定程度上完全可以被视为执政党的政策。

在两党制和多党制的条件下，政党最重要的一件事就是争取在竞选中获胜，以便能够控制政府的人事安排。简言之，政党首先与权力而非政策紧密相关，它们只有在大选中取胜，把握了国家政权之后，才能把其政治纲领和政策主张转化为真正意义上的公共政策。换句话讲，政党对政策制定的影响往往是靠选举来实现的。哪个政党控制了国会或赢得了总统竞选，它就将在政策制定过程中具有更多的发言权。

3. 公民个人

在政策主体的讨论中，人们往往更多地关注那些重要的参与者而忽视作为个人的公民所能发挥的作用。尽管有相当数量的公民对政治问题毫无兴趣，不把自己所拥有的权力当回事，甚至自觉放弃能够影响政策制定的机会，如在投票或选举中弃权，不参加政党或压力集团等，但无论是在专制体制下还是在民主体制下，政策制定者都必须认真对待普通公民的利益和愿望。现代专制政权即使努力排斥公民参与政策制定，也仍然十分关注多数公民的利益需要。而现代民主政权则通过实行选举制间接地增强官方决策者对公民利益所负有的责任。正如查尔斯·林德布洛姆所言："投票选举之所以是公民影响政策制定的重要手段，不仅是因为它允许公民选择政府官员，而且在某种程度上指导这些官员对政策的态度……因此，选举的事实间接地将一个原则强加于未来的决策者，即'政策制定要考虑公民的愿望'。"林德布洛姆这里谈及的原则阐明了这样的观点：公民有权让他们的意见被官员听到，而官员有责任认真听取他们的这些意见。

最健康的制度，其公共决策建立在最广泛的参与之上，而未必建立在最专业的知识之上。知识可以为人们的参与提供参照，却不能代替参与本身。这种参与性，最终要求把决策建立在民主的框架之中，建立在一人一票的游戏规则之上。

在现代社会，公民参与政策过程的主要途径包括：一是以主权者身份，通过直接投票的方式决定某些重大的政策问题，直接行使个人的权力；二是通过代议形式，推选代表参与政策制定，间接行使个人的权力；三是使用威胁手段，如参加请愿、示威、罢工、罢课等活动，反对某项政策的出台，迫使政府修改或废止这一政策；四是通过参加政治党派和利益集团，借助团体的力量影响公共政策的制定；五是通过制造社会舆论或进行多方游说等手段，提出政策诉求，影响政策导向；六是以个人的知识活动为政策制定提供实证依据或理论指导。

网络信访

所谓"网络信访"是信访工作的一种创新机制，近年来我国各地纷纷开通网络信访平台，老百姓可以足不出户地把问题反映给政府的相关部门。网络信访将成为群众信访的主流方式。网络给人提供了一个参与政治的机会和平台，"上访不如上网"已成为网民中广为流传的一句口头禅。网络信访作为传统信访的探索性补充，为百姓信访增加了一个新的渠道，值得推广。

建立网络信访机制意义重大。目前，互联网已成为人们生活、工作中无法分割的一部分。几亿网民日渐成为这个社会的民声主体，成为不可忽视的舆论力量。近年来，各地越来越重视网络信访，上海、广东等经济发达省市吁请网民向政府“拍砖”，广东省汕尾市还把网络视为“民间智库”。党和国家领导人在和网民互动时曾说，中央和国务院有关部门工作人员每天会从网上搜集重要信息，以供领导人参考。

4. 大众传媒

现代大众传媒主要是指广播、电视、报刊、书籍、电子信息网等人们借以表达思想和意愿、传播各种信息的舆论工具。它是现代社会最强有力、最直接、最方便的沟通手段，对政策制定过程有着非常重要的影响，被普遍视为政策主体的一个重要组成部分，有“第四种权力”之称。

随着现代科技的发展，网络化时代已经到来。各种信息载体把整个世界联系在一起，其触角已经伸向社会的各个角落。大众传媒具有覆盖率高、信息量大、影响面广、冲击力强等特点，其主要作用是传播信息、制造舆论、沟通思想、传播知识。大众传媒之所以成为现代社会中政策主体的一个重要因素，有以下几方面的原因。

（1）传媒是传播政府政策意图的有效工具。现代公共决策需要社会公众的广泛参与，因而需要政府把其政策意图及时、迅速、广泛、有效地告知公众，以得到必要的反馈。仅凭机构自身的宣传渠道是不行的，必须借助现代化传媒工具。

（2）传媒是社会舆论的风向标。它能及时有效地向官方决策者反映社会所需和公众所求，为公共政策的制定提供客观的依据，从而影响公共政策的内容，使政府出台的政策更加符合公众的实际需要。

（3）传媒是社会舆论的导向舵。它总是或多或少、或隐或显地传达着一定的思想和情感，能在很大程度上引导公众的价值取向，产生一定的宣传力量。借此，官方决策者得以实现有效的社会控制，从而有助于政策系统的良性运行。

（4）传媒是社会信息分配的中枢。社会公众和各种利益实体往往需要借助传媒影响公共政策的制定。传媒利用自己优先或抢先获得信息的优势，能够有效影响利益集团和普通公众掌握信息的数量与质量。当然，首先获得信息的利益集团或公众在影响公共政策方面具有一定的优势，即优于那些没有掌握这些信息的其他利益集团或公众，这种由于信息差异而对政策制定造成不同影响的状况被称为“知识鸿沟”。“知识鸿沟”无疑会介入政治过程和政策过程。社会的知识鸿沟越大，则社会在公共政策方面具有的影响力的差异就越大。

民意与理性

民意是指民众情感的自然表达。然而，这种情感与理性并不会完全重合，即所谓“合情”不一定“合理”。民意需要尊重但更需要分析，它不应成为判断是非、抑恶扬善的最高尺度。大众传媒既是民意表达的重要渠道，也是进行理性判断的政策工具。

北京奥运会结束以后，是否继续对车辆实施单双号限行政策，在市民中引发了广泛的争议。《新京报》委托北京锐智阳光信息咨询公司开展了针对北京市民的调查。调查结果显示，68.9%的受访者表示支持，19%的人表示反对，12.1%的人则表示无所谓。其中无车族的支持率比有车族高34.4个百分点。这些结果丝毫不让人意外，从原始的自利动机出发，有车族大多不希望限行，而无车族则支持限行。在无车族众、有车族寡的语境中，这一结果早在调查之初就无悬念可言。因此，问题的根本不在调查本身，而在于公共政策的立场和方法，单双号之辩的实质是公共政策的合法性和合理性问题，考验的不是民众的参与程度，而是职能部门的管理思路。有人说，让公众参与这种结果一目了然的讨论，实际上是在“挑动群众斗群众”。此说虽有偏颇，但也不无道理。理性的民意绝不是简单的投票或网络调查的点击次数，而应包含政府的正确决断。英国政治学家埃德蒙·伯克曾经这样对布里斯托尔的选民们说：“你们的代表不应只是以他的勤奋，而应以他的判断来完成他对你们应尽的责任，如果他听了你们的意见而放弃了他自己的判断，他就不是为你们服务，而是辜负了你们的信任。”

5. 思想库

思想库或脑库（braintrust）是现代政策研究组织的别称。它是政策主体的一个十分独特而又非常重要的构成因素，被认为是现代决策链条中不可缺少的一环。布鲁金斯学会、胡佛研究所、兰德公司、野村研究所等一些闻名世界的思想库，在政府政策制定中发挥着非常重要的作用。

思想库是现代社会的产物。社会问题日益复杂、各类信息不断增多、科学技术迅猛发展、决策任务明显增加，所有这些为思想库的发展提供了时代和社会背景。现代科学决策离不开政策咨询，政策研究机构的日益崛起代表了未来决策的发展趋势。思想库是由专业人员组成的跨学科、跨领域的综合性政策研究组织，它的出现对改善政策系统和环境、促进决策质量的提高有着积极的影响。

3.3 政策环境

3.3.1 环境与生态

从广义而言，环境是指事物周边的境况，几乎涵盖所有因素。事物与环境之间往往存在着既可以相互分辨又可以彼此渗透的界限。环境因素对事物本身总会造成或多或少、或直接或间接、或强烈或一般、或明显或隐晦等形式多样、程度不同的影响。

19世纪，达尔文学派的动植物学家们曾广泛地运用“生态”一词来描述生物体如何生存和适应它们的环境。在20世纪20年代，一些社会学家开始借用动植物生态的概念，对人类社会进行分析，他们不仅强调在日益复杂的组织系统内部人类生活具有相互依赖性，而且强调有机系统在生存形态上与该系统周围的环境趋于均衡化。

生态是指生物体的生存空间和条件，它与生物体共同构成生态系统，在这个系统中，生物体与环境进行物质、能量和信息的交换，从而实现自身新陈代谢的生命过程，并维持生态系统的动态平衡。狼、羊、草之间存在的制约关系是对生态平衡理论最为简化的解释。媒体曾报道过这样一则消息：因大量蛇、麻雀和青蛙被人捕捉，重庆璧山县古老城地区暴发了特大蝗灾。近千亩农作物眼看就要绝收，由于是生态农田，还不能使用农药，于是当地农民紧急呼吁，希望支援他们大批蛇、麻雀和青蛙。看来事情明摆着：生态系统需要保持平衡，人类破坏了生物链，自身的生存就会受到威胁。老话说得好：使人类无法生存下去的状态往往是人类自己创造的。①

从生态角度来看，生物体对环境有着明显的依存关系，特定的环境满足生物体的特定需要。因此，根据不同的环境可以区分不同生物体的特点，就像北极熊生长在北极、骆驼活动在沙漠、鳄鱼出没于沼泽一样，某种生物在特定的环境条件下，比其他类型的生物有更强的适应能力，所以研究生物不能抛开其赖以生存的环境条件，不能不考虑两者之间的依存关系。

政策环境是指作用和影响公共政策的外部条件的总和。它涉及诸多因素，从人到物、从自然到社会、从历史到文化，几乎无所不包。研究政策不能不研究环境，这种研究可以借助行政生态学②的研究方法和理论成果，把政策与环境的互动视为一个生态系统。

组织生态论③

组织可以被认为是一个活的物体，生存于一个极为广阔的环境，并依赖于这种环境满足不同的需要。仔细观察一下组织的世界，人们不难发现，可以根据不同的环境来区分不同类型的组织，这就像人们对热带动植物和寒带动植物所作的区分一样。一般来讲，某种类型的组织在特定的环境条件下比其他类型的组织有更好的适应能力。比如，官僚组织在稳定和受到一定保护的环境中，就会比其他类型的组织表现得更富有效率，而在一种充满竞争和动荡变化的环境条件下，其他类型的组织可能会表现出更强的生命力。拿航天工业和微电子工业的发展情况作一下对比，这个问题就很清楚了。组织机器论（把组织比作机器的观点）更强调目标、组织和效率之间的关系，从过去 50 年来的理论发展情况来看，这种想象的确存在着一些局限，而组织生态论则更注重的是组织的生存、组织与环境的关系以及组织的实际效用等问题，因此，机器论所侧重的问题在组织生态研究中，就只能起一种辅助作用了。

---

① 参见志钢：《共同制止不公平的游戏规则》，载《北京晚报》，2001-09-18。

② 行政生态学是一门较新的学科，它把行政系统比喻为生物体，把行政环境和行政系统的相互影响比喻为生态系统的平衡互动，运用生态学的观点和方法来研究行政管理问题，为行政学的研究拓宽了理论思路，开阔了研究视野。

③ 美国著名管理学家加里斯·摩根（Gareth Morgan）在 1986 年出版了《组织的形象》（*Images of Organization*）一书，在这本书中他运用不同的组织比喻，系统总结了组织理论的发展，提出要通过多种方式，从不同角度综合认识组织这一复杂的社会现象，从而决定不同的管理策略。摩根的思想在西方管理学界影响很大，对组织理论的发展作出了很大的贡献。

3.3.2 公共政策与政策环境的关系

公共政策是政策环境的产物，二者存在辩证统一的关系。它们相互联系、相互依存、相互影响、相互作用。就其关系而言，环境决定和制约政策，起主导作用；政策则改善和塑造环境，具有反作用。

首先，公共政策是随着社会的发展和环境的需要而产生的。历史唯物主义告诉我们，经济基础决定上层建筑。由于私有制的出现、阶级的产生、统治集团的形成和国家机器的建立，才有了以社会管理为目标并代表统治阶级意志的公共政策的登台。如果没有这样一种政治和社会环境的形成，公共政策就根本没有存在的必要。

其次，公共政策必须适应政策环境，有什么样的政策环境，就应该有什么样的公共政策。如果公共政策与政策环境存在严重的冲突和对立，也就是说，政府管理社会的政策手段与环境条件格格不入，那么这样的政策就将必然走向失败。比如，非洲一些落后国家不考虑本国国情，盲目移植、机械照搬一些西方发达国家的政策经验，其实施结果往往是枉费心机、事与愿违。所以中国政府在借鉴别国政策经验的时候，融入了“中国特色”的概念，这是非常明智的。

再次，政策环境的发展变化必然导致公共政策的发展变化。随着历史的演进、社会的发展，政策环境经历着不断的变化，这是不以人的主观意志为转移的客观规律，公共政策必须要适应这种变化的需要，否则就会阻碍社会系统的良性运转，产生消极的影响。比如封建社会的政策拿到资本主义社会来用，不仅是死路一条而且滑稽可笑，同样，资本主义社会的政策也不可能照搬到社会主义社会中来。不同的社会形态需要不同的政策指导，而且，就同一社会形态的不同发展时期而言，公共政策也表现出不同的特征。以我国为例，改革开放以来，高度集中的计划经济体制向社会主义市场经济体制过渡，公共政策也随之进行了一系列改变，其目的就是为了适应政策环境变化的需要。

最后，公共政策也不是完全消极和被动的，它对政策环境也具有一定的能动作用。正确认识和合理发挥这种能动作用，是政策实施的重要目标，也是研究政策环境的主要原因。公共政策的作用发挥得好，就能达到改善政策环境的目的，使政策环境不断地得到优化，按照公共政策的目标去发展。反之，公共政策的作用发挥得差，就会使政策环境不断恶化，成为政策环境良性发展的羁绊。

3.3.3 政策环境的构成因素

毫无疑问，离开了公共政策得以产生的特定环境，人们就无法对公共政策的制定进行分析和研究。政策诉求产生于环境，并从环境输入政治系统。不仅如此，环境条件还制约着决策者的行动，限制政策实施的规模和程度，从而决定了政策系统的现实特性。

政策环境的构成因素形形色色、复杂多样，有物质的、精神的、社会的、自然的、传统的、现实的、国内的、国际的等。我们的讨论并不想把政策环境的一切要素都包揽无遗，而只是想介绍那些对公共政策构成较大影响的相关因素。

1. 地理环境

地理环境是指一个国家所处的地理位置和自然状况，包括地形、地貌、气候、土壤、水系、矿藏甚至人种等自然构成。地理环境是人类生存的摇篮，它与社会发展和公共政策有着极为密切的关系。

孟德斯鸠是法国启蒙思想家，西方国家学说和法学理论的奠基人。我们中国人知道他，主要是因为他极力主张政治学说中的“三权分立”，其实，他关于地理环境的学说同样引起过很大反响。在一般人眼中，法律与政治、经济的联系是相当密切的，至于风俗、习惯，法律也有涉及，而所在的地球纬度、气温差别，以及黄种人、黑种人、白种人，与法律看似并不相关。然而，孟德斯鸠坚持认为法律与后者的联系并不亚于其与政治和经济的联系。

在孟德斯鸠《论法的精神》一书中，到处都可以看到他对这个民族或那个民族，热带、亚热带或温带，高原或平原的法律的各具特色的描述。比如，孟德斯鸠告诉我们，在热带尤其是靠近赤道的国家，其法律中时常会出现早婚和一夫多妻的规定，地处温带的国家，法律则时常会出现晚婚和一夫一妻制的规定。为什么会这样呢？这是因为，在气候炎热的地方，人就像热带植物一样生长得特别快，尤其是妇女身体发育速度惊人，可她们身体的发育速度与智力的发展难以平衡。换句话讲，12 岁的姑娘有成年妇女的身体却没有成年妇女的头脑。这样，法律当然要让她们早点结婚，与此同时，又让她们处于男人的从属地位，几个人围着一个丈夫。而在气候适宜或严寒的地方，人发育得相对较慢，在这些地方，妇女发育相对迟缓，身体成熟较晚，到了可以结婚的年龄，她们已具有相当的智力，如此这般，法律自然会让她们晚婚，让她们与男人处在平等的地位。

孟德斯鸠还指出：热带及亚热带的国家之所以盛行严刑峻法，就是因为那里的酷热容易使人暴躁和不理智；温带和寒带的国家之所以刑法较为宽容，就是因为那里的适中温度或严寒气候使人冷静和富有理智。这位思想家仿佛在说，你能找到多少法律与政治和经济的联系，他就能找到多少法律与地理环境因素的联系。一句话，在考察了各国法律的不同特点之后，他认为人们似乎没有理由非说哪种因素对法律最为重要。

当然，孟德斯鸠的理论在学界存在很大的争议，我们在这里无须对其观点进行正确与否的评价，更不必迷信他这样或那样的讲法，但需要强调的一点是，孟德斯鸠关于地理环境的学说的确能够给予我们很好的思想启示，那就是，地理环境与国家政治、经济、文化、军事等方面的相互作用，并对公共政策产生重要影响。地理环境不仅为社会发展提供了各种可能性，同时也为政策的制定与执行提供了各种可能性。从经济角度来看，如澳大利亚拥有辽阔富饶的草原，所以政府一直把畜牧业的发展视为国家的首要任务；加拿大有着茂密、广大的森林资源，所以木材的采伐与加工始终在其经济结构中占有突出的地位；中东的沙特阿拉伯、科威特等国地处沙漠，虽然发展不了农业生产，但丰富的石油资源，使石油开发与炼制成为整个国民经济的主要支柱。再从军事角度来看，如英国是一个岛国，有着优良的港湾条件和海洋所形成的天然屏障，因此，政府一直把发展海军力量作为自己的目标，制定了进攻型的国防战略，在国防部系统内部，海军部门始终居于主导地位；瑞士位于欧洲内陆，地处相邻强国的夹缝，地理环境缺乏天然屏障，于是，政府一直以陆军力量作为国防主体，制定了中立性的防御型国防战略，在其军事部门中，陆军占据绝对支配的地位。

总而言之，地理环境作为政策环境的一个重要方面，对政策系统存在着直接或间接的影响，且这种影响并不是一时的，而是永恒的。但是，过分夸大地理环境的作用，忽视政策系统自身的能动性，则会导致“地理环境决定论”的机械唯物主义，所以要用辩证的观点看待两者之间的关系。

2. 经济环境

谈到经济环境不能不使我们联想到“按劳付酬”的分配政策。按劳付酬是指同样质量和数量的劳动应该得到同样的报酬，这是众所公认的、毫无争议的公平分配。但大家是否注意到，在同样职业岗位上工作的一些人，即使能力水平一样、工作强度相仿，由于在不同地区或不同国家工作，劳动的报酬会有相当大的差距。不论是简单的体力劳动还是复杂的脑力劳动，都存在着这种差别。这种看似奇怪的现象从一个侧面说明，一个人的劳动报酬不但取决于他本人的劳动数量和质量，还取决于这个人所处的经济环境。

“报酬取决于经济环境”，这种观点给予我们某种新的启示，使我们明确认识到经济环境对政策效果的重要影响。但经济环境究竟是个什么东西呢？它又是怎样左右一个国家的公共政策的呢？

所谓经济环境是指对政策系统有重要影响的各种经济要素的总和，主要由社会生产力和生产关系的发展状况构成，包括生产力的结构、性质（科技发展、国民收入、资源分配等）和生产资料的所有制形式（个人所有、集团所有、国家所有等）。世界上各国之间、国内各地区之间，由于生产力的水平、生产关系的状况以及科学技术的发展存在着很大的差异，所以，经济环境表现出极大的不同。

历史唯物主义告诉我们，社会的经济基础决定上层建筑，同时上层建筑对经济基础也具有反作用，从而说明社会经济环境对公共政策制定具有决定性的影响。无论什么性质的国家和地区，其政府决策体制、目标、职能、行为、原则、方法等都要受到经济环境的制约。一方面，经济环境是人类社会生活中最基本的环境，政策系统不可能超越经济环境所提供的条件和要求；另一方面，政策系统对经济环境的反作用主要表现在它可以促进或延缓生产力和科学技术的发展，以及生产关系的健全与完善。只有正确地认识经济环境，才能有效地制定和执行公共政策。

从历史发展角度来看，经济环境大体经历了自然经济、商品经济、有计划的商品经济这样一个发展过程，并因此对政策系统提出了各自不同的要求。自然经济建立在小生产的基础之上，经济活动由家庭或个人进行组织，产品主要不是为了交换，而是为了满足自身的需要，所以无须政府对经济活动的协调管理，从而就决定了奴隶社会和封建社会公共政策经济职能的微弱、管理经济的部门机构弱小、行使职能的手段简化单一等特征。资本主义的商品经济是建立在资本私人占有基础上的社会化大生产。产品只有通过以货币为媒介的交换才能实现其价值，这就使得生产者之间、生产者与消费者之间、生产领域与流通领域之间的关系日益密切，从而需要进行广泛的分工与协作。但是，生产的社会化与生产资料的私人占有之间的矛盾是资本主义社会的固有矛盾，经济环境中不时出现的无序状态，使得资本主义国家的政府不得不强化经济职能，通过各种经济政策对经济活动进行干预。有计划的商品经济是建立在公有制基础上的社会主义经济模式，是协调的社会大生产和有序的资源分配，经济的宏观计划职能由政府承担，通过政策手段加以实施，经济的微观调控由市场机制来完成，靠市场自发的力量达到平衡。国民经济各部门在政府监督下，合理分工、密切协作，形成一个有机的整体，这既是我们国家目前正在探索的发展道路，也是具有中国特色的社会主义的典型特征。

3. 政治传统与政治文化

文化是一个非常宽泛的概念，其定义不计其数，但无论是知识的传继还是信仰的选择，无论是特定的思维还是行动的标准，无论是法律的制定还是习俗的形成，无不包括人的价值取向。因此，文化归根到底还是一套价值体系。每个社会都有其独特的文化，从而使其成员的价值观和行为方式区别于其他社会的成员。不仅如此，在某一社会内部，不同地区或团体也可能形成自己独特的亚文化。绝大部分社会科学家都认为文化决定或影响社会行为，但这种决定和影响并不是绝对的，文化只是可能对人类行为构成影响的要素之一。

我们这里感兴趣的是社会总体文化中被视为政治文化的那一部分。什么是政治文化呢？阿尔蒙德（G. A. Almond）认为，政治文化是一个民族在特定时期流行的一整套政治态度、政治信仰和政治情感。①《政治学分析词典》将政治文化表述为每一社会内因学习和社会传递得来的关于政府与政治行为模式的聚集，通常包括政治行为的心理因素，如信念、情感及评价取向等。②《公共政策词典》把政治文化界定为一个民族在政治制度方面遗传下来的传统和行为特征的总和，包括公众对政治过程所持的态度、信念和价值观，以及由这些观点所产生的行为和制度。它源于政治社会化过程，是一个民族的整体历史经验，以及公民所受的正式和非正式教育的共同产物。③

政治文化通过社会化过程代代相传。在社会化过程中，个人通过与父母、老师、领导和其他人的交往，学到了与政治有关的价值观、信仰和态度。这样，个人获取的政治文化就变成了心理要素的组成部分，逐渐固化并体现在其行为中。

政治文化是影响公共政策的一个重要环境因素，不同国家中公共政策及其制定过程的差异可以用政治文化的不同来解释。在不同政治文化氛围中，政策系统表现出不同的特征。政治文化影响政治行为，尽管它并非绝对地支配行为，但与各种行为出现的频率和可能性直接相关。

政治文化是政治心理和主观活动的集中表现形式。无论各个学派对政治文化如何各抒己见，但政治文化的存在说明在影响政策制定的政治因素中包含主观的成分，例如政治意识、民族政治心理、人的政治价值观、政治信仰等。无论是政策制定者还是政策执行者，都处于一定的文化传统氛围之中，并因此在公共政策的形成和实施过程中不可避免地带有主观判断、价值选择和文化取向的色彩。所以，公共政策并不是绝对客观地受外界影响及目标指引，其中也包含了主观的认知成分。

每个国家、每个民族都有其在政治领域内年深月久积淀下来的根深蒂固的特定行为方式和价值观念。就我国而言，传统政治文化伴有伦理化政治和政治化伦理的相互作用，带有很大程度的人治色彩。人情因素、血缘政治、地域观念、权力意识在政策领域内有很大

① 参见［美］阿尔蒙德、小鲍威尔：《比较政治学：体系、过程和政策》，29页，上海，上海译文出版社，1987。

② 参见［美］杰克·普拉诺等：《政治学分析辞典》，111页，北京，中国社会科学出版社，1986。

③ 参见［美］E. R. 克鲁斯克、B. M. 杰克逊：《公共政策词典》，26～27页，上海，上海远东出版社，1992。

影响。随着改革开放的深入，传统政治文化已经受到严峻挑战，市民社会的价值意识正在成长，公众已不再只是公共政策的被动接受者和服从者，他们开始扮演参与者和评价者的角色。在现代社会，公众应该成为公共政策制定的主导力量之一。

政治文化的变迁

政治文化的变迁经历了神权文化、王权文化和人权文化三个阶段。

神权是一种以神为核心、以神左右人的文化，王权是皇权至上、皇位独尊的文化，人权是以人为本、以人为主的文化。神权产生最早，因为在远古时代，生产力落后，人们对自然有着畏惧和疑惑的情感。王权在神权之后产生，与生产力水平也是相一致的，人们的自由意识还很淡化，容易被人驱使。但随着生产力的发展，人们的知识和意识都有了很多的增长，神权和王权都无法存在下去，于是人类进入了人权社会，也实现了人的真正觉醒。因此可以说，王权和神权都是人类不成熟的产物，人权的出现才是人类的完善。

4. 社会变迁

凡社会制度（包括社会的根本制度和各种具体制度）、社会结构、社会组织、社会人口、社会规范、哲学宗教、文学艺术、风俗习惯等一切社会现象突发的、急剧的变化或演进的、缓慢的变化都可叫作社会变迁。社会变迁是一个广义的概念，由于它不同程度地影响到社会系统的平衡，所以必然会对公共政策造成冲击。公共政策必须随着社会变迁而不断地调整其目标与内容、执行方式和手段，坚持改革的方向，以跟上形势变化与发展的脚步。为了加深对这个问题的认识，以我国经济转型期人口流动问题为例进行说明。

“流水不腐，户枢不蠹，动也。”多年的计划经济之后，我们终于从这句古老朴素的话语中读到了关于“流动”（资本的“流动”，以及同样作为资本的人的“流动”）一词的真实意义。然而，在由计划经济向市场经济转轨的转型期，一些人在流动，在冒市场经济的风险，而另一部分人却在固守，在吮吸即将抽走的计划经济的“奶头”。因此，我们看到了这样一种现象：当一些人（在这里是指外来打工族）流动到一个城市的时候，这个城市的市民便护卫着他们的“奶头”——社会福利体系（就业、教育、医疗、住房等），并对外来工说：“不!”

早些年，我们从国内一些大中城市的“排外”政策中，很容易听到这样一声响亮的“不”字。在经过改革的阵痛之后，人们的观念发生了一定的转变，许多涉及外来打工族权益的事情得到了一些城市政府有关部门的首肯。这种迹象向世人表明，城市开始向流动人口说“是”。这种从说“不”到说“是”的转变，从某种意义上表现出政策系统对环境变化的适应过程。

我国是社会主义国家，每个公民都具有教育、劳动、社会保障等方面的权利。但是，长期沿袭下来的户籍制度使这些权利属地化了。也就是说，这些权利只在每个人的户籍所在地有效，一旦离开了户籍所在地，权利就将成为一纸空文。

在一个没有流动的社会里，权利的属地化并不影响人们平等地享受公民权利，但在社会流动的规模和频率都日益加剧的今天，权利属地化的不合理性就表现出来了。在城镇、沿海地区，数以千万计的外来人口已成为当地社会经济发展不可缺少的力量。这些外来人口在新的地区工作、生活，许多人还成了家，生了儿女。但是，由于权利的属地化，他们在就业、劳动保护、社会保障、子女教育等诸多方面的基本权益得不到保护，甚至在受到伤害时得不到法律的保护。与当地人相比，他们在收入、劳动环境、居住条件、节假日休息、医疗和养老保障诸方面都处在较低的水平上，甚至许多时候连法定的最低标准都达不到。

权利属地化在这些地区造就了一个巨大的“亚群体”。这些人长期生活在非户籍所在地，已难以再接受户籍所在地的文化、价值和生活方式，但他们又不被新地区接受，不平等的待遇使他们难以认同新地区社会，导致他们与社会的“隔离”，滋生着对立的情绪，甚至产生了“捞足了就走”的冒险心态，成为社会的不稳定因素。权利属地化对于儿童的影响更为严重。这些孩子随父母在非户籍地出生、成长，他们对自己的户籍地没有父辈的那种眷恋之情，绝大多数成年后不可能再回去，从而成为非户籍地政府不得不面对的一群没有户籍的常住人口。但是他们没有条件得到较为系统的教育，许多人成为社会的新文盲一族；他们没有属于自己的世界，从幼年起就随父母浪迹社会，缺乏正统的道德伦理教化。面对一个物质财富和精神财富都迅速增长，而自己却很少有权享用的社会，他们是在一种贫困感、被剥夺感、被歧视感中成长的，因此，他们的心理健康、人格发展都是令人担忧的。

长期以来，对外来人口我们强调的是“管”，毫无疑问，管是十分必要的。但是，我们绝不应忽视对外来人口权利的保护，这不仅是社会主义民主的要求，也是一个地区社会稳定、长治久安的要求。既要管好，又要不损害外来人口的合法权利，这就需要我们在制度上作出新的探索，使之符合外来人口的实际状况。

在外来人口的权利保护问题上，必须深刻认识到外来人口素质对当地社会经济长远发展的影响，认识到剥夺外来人口应有的权利是产生社会不平等、导致社会不安定的重要因素。

我国是一个农业大国，大部分人口以务农为生。如果改革不能使农村的收入有所增长，就难以阻止农民成百万上千万地从农村涌向大城市。坦白地讲，短期内大城市根本吸收不了这么多的流动人口，阻止这股浪潮的唯一有效的办法就是加大农业的投入，发展农业经济。谈改造大型国企、谈创新金融制度、谈教育制度改革，这些都是对的，但目前更有意义的工作是如何增加农民的收入。如果这个问题不解决，改革开放将遇到很大的阻力。

5. 国际环境

国际环境是指一个国家同世界各国和各地区之间的政治、经济、文化、地理等方面的关系以及其他国家之间的相互关系。在当今科技高度发达的信息社会，国与国之间不同的地理位置已不再成为相互交往的障碍，政治关系中的相互支持、经济关系中的相互依赖、科技文化的相互交流，使国与国之间的关系更加密切，使今天的世界成为真正意义上的地球村。国际环境对一个国家的公共政策有着非常重要的影响。

每个国家都置身于国际大背景中。一个国家的公共政策不仅受国内环境因素的影响，而且也受国际环境因素的牵制和约束。把公共政策置于国际背景中，不仅可以比较公共政策的优劣和效能，同时这也是每个国家制定和实施公共政策尤其是外交政策的基本需要。

和平与发展的国际环境为各国进行经济建设提供了有利的条件，无法想象如何在一个战乱频繁的国际环境中关起门来搞建设。20 世纪 80 年代初，我国利用和平稳定的国际环境，确立了发展社会主义经济的长远目标，作出了改革和开放的战略决策，努力扩大了对外交往，借鉴了西方国家先进的管理经验，加强了与世界各国的经贸联系，引进了大量外资和现代科技，促进了我国经济的飞速发展，提高了人民群众的生活水平，改善了国内的政策环境。由此不难看出国际环境对公共政策的制约与影响，没有和平稳定的国际环境做保证，我国就无法实施与之相适应的一系列政策目标。

随着国际关系的日益发展，国际交流不断扩大，国际社会中出现了许多需要各国政府联手解决的问题。如生态环境保护、外层空间开发、国际邮政通信、控制人口过度膨胀、打击国际犯罪团伙、研究疑难病症、救济国际难民等。这些国际性问题的出现，使公共政策具有了国际性特征。因此，在全球化和国际化的趋势下，一个国家的力量往往已经不能解决所有政策问题。各个国家必须加强横向联合，制定共同发展策略，相互协调与合作，努力实现共同的目标。这方面的问题早已使各国公共政策突破国别界限和意识形态的约束。

总之，一个国家所处的国际局势及所拥有的国际地位都是制定和调整内政外交政策的主要依据。随着科学技术的迅速发展，交通、通信工具的不断完善，国际交往日益频繁，各国之间相互依赖的程度不断增强，国际社会呈现出一幅错综复杂的局面。国际环境因素对各国公共政策的影响将有增无减。

综上所述，政策环境由多种因素构成，有政治的、经济的、文化的、人口的、国际的、国内的、自然的、社会的等，涉及内容很多。随着经济发展和科技革命的推动，公共政策领域呈现出更加多样化的趋势，新问题层出不穷，并伴以新旧问题的交织，或者旧问题在新时期的新变化。以上我们只是择其主要方面进行了一般性介绍，目的是窥斑见豹，认识和了解政策环境的构成要素，及其与公共政策的相互作用和影响。

本章小结

本章主要阐述公共政策的基本理念、分析公共政策的主体、解释政策环境的主要影响，通过本章的学习，应该明确公共政策制定与执行的指导思想、认识公共政策主体的不同类型及其作用、掌握影响公共政策环境的构成因素及其影响。

关键词

公平　民主　多数人暴政　民生　法治　自由　利益集团　政党　政策环境　地理环境　经济环境　政治传统　政治文化　社会变迁　国际环境

思考题

1. 什么是公共政策理念？如何在政策实践中贯彻这些理念？

2. 公共政策如何体现社会公正?
3. 什么是多数人暴政?
4. 如何划分政策主体?
5. 官方决策者包括哪些机构?
6. 非官方参与者有哪些?
7. 大众传媒有什么特点?
8. 公民参与政策过程有哪些途径?
9. 举例说明公共政策与环境的关系。
10. 哪些环境因素会对公共政策构成影响?

第4章

政策模型及相关理论

4.1 模型概述

4.1.1 什么是模型

“模型”这个概念大家并不陌生，在现代生活中也十分常见，如建筑模型、汽车模型、飞机模型等。模型是现实世界部分化、序列化、简单化或抽象化的代表。通过模型进行思维是人类思维的一个典型特征。模型突出了原型的本质特点，忽略了次要因素，使错综复杂、变化无常的现实世界更易于为人们所把握。模型作为研究原型的中介，是一种重要的研究方法，它有助于人们分析和理解研究的对象，有助于人们解释和阐述研究的问题。

一般来讲，模型可划分为具体模型和抽象模型。具体模型主要指与原型在形态上几何相似的模型，如示意沙盘、模型飞机、交通地图等。这些模型对原型是一种形象的说明，使人一眼看去就会联想到现实生活里的真实事物，突出表现了模型的相似性特征。而抽象模型主要是指用语言、符号、图表、数字等抽象形式反映原型内在联系和特征的模型。

在政策分析领域，模型方法得到了非常广泛的应用。为了分析公共政策，我们需要组织我们的思想和概念。现实世界是一个复杂多变的场所，形形色色的政策现象表现出多种不同的特征，为了理解这种复杂和解释各种疑惑，我们有必要对其进行简化和抽象，因而我们构建了各种各样的模型。这些模型有助于我们理解和解释公共政策产生的原因，认识和分析公共政策产生的社会效果，思考和预测公共政策未来的发展。不同的模型体现了对公共政策思考的不同角度，为政策分析提供了多种研究途径，为公共政策的理论研究和实际过程的联系架起了一座座桥梁。

4.1.2　模型的风险

模型是现实的人为拷贝，是人认识事物的必要方式。根据不同的模型，人们获取不同的数据和信息并作出个人的取舍。显微镜、红外线夜视镜、天文望远镜、潜望镜、三维眼镜（立体电影）等，这些视觉的工具都可以用来比喻分析的模型。业有其专、器有其功，显微镜是近距离观察的工具、望远镜是远距离观察的工具，各有所长。

进行政策分析，如果不使用模型的方法，那几乎是不可想象的事情。然而我们不能忘记的是，当运用这些方法的时候，我们实际上正在把主观强加于客观，人为地创造一种认识世界的方法，从看似并不存在程序的现实中提炼出一种程序。模型事实上的确来源于人类的经验，但它们绝不是经验的再现和翻版，而是人们对客观现象的一种认识方式，是人们理论知识、价值观念和个人信仰的综合体现。因而，在政策分析领域，我们不得不非常谨慎地对待模型所代表的“真实”。这种“真实”往往只是一种主观的构建，是人们对复杂现实的一种人为的想象。因此，我们不得不对此保持高度的敏感。公共政策理论性的活动实际上就像是在画一张示意图，它包含了我们所知道的内容，引导我们去认识我们所不知道的方面。

一张城市的地铁示意图，即便再精确，它也不是真正意义上的城市。一个政策过程的示意图或政策生命周期的比喻，即便再形象，它也与政策实践有着相当的距离。我们的理论架构是用来作分析工具的，从某种意义上讲，它们毕竟只是一种人为的想象。然而，有时候我们却常常百分之百地确信这种想象的真实性，把主观的抽象完全等同于客观的现实，这也正是模型方法在实际运用中所面临的一种风险。

模型不仅仅是现实世界的简单替代物，而且是现实世界抽象化的代表。任何模型都是对现实世界的不完全模仿和简单化省略。只有省略所有非本质的东西，模仿才能取得成效；只有忽略不相关的细节，模型才能发挥作用；只有对事物原型进行概括和抽象，才能对同类事物进行有效的分析。正如没有什么有力的模仿会描述现实世界的所有方面一样，有效的模型通常也不会试图预测所有的细节。同样，抽象的目的在于把握事物的本质特征，模型的作用是指明分析的方向和路径。

伦敦地铁示意图是一个很有启发性的例子。在政策研究中我们同样会遇到伦敦地铁示意图所带给人们的困惑。的确，没有简化和抽象，我们就难以认识复杂。为了认识和解释形形色色的政策现象，我们的确需要借助于模型的分析方法。然而，当我们运用分析模型的时候，必须清醒地认识到许多政策学家多次提到的潜在危险——“误置具体的谬误”，即把源于经验的抽象认识等同于实实在在的客观现实。的确，在政策分析领域我们同样会遇到像伦敦旅游者一样的麻烦。

模型运用中的风险——伦敦地铁图的启示

1860 年在伦敦帕丁顿的法灵顿街和毕晓普路之间建造的地下铁路开始动工，这条线路全长 6.2 公里，采用传统的开挖回填式方法建造。1963 年 1 月 10 日全线通车，这一天对伦敦人来说是一个值得纪念的日子，因为他们拥有了世界上第一条地铁。从 1866 年开始，格雷特黑德研制发明的隧道盾钻技术运用于地铁建设。到 1900 年，伦敦建造的管式地铁已经形成网络，电气化改造也基本完成。随着地铁系统的不断完善，为了方便乘客的使用需要，地铁公司在 1910 年推出了第一张地铁线路图（见图 4—1）。这种早期的线路图是纯地理性的，即完全以地表距离和面积为准，严格按照比例尺进行缩小。地铁线路图的问世，满足了当时的实际需要。但随着地铁线路的日趋复杂，新设车站的不断增多，早期的地铁线路图使用起来就显得越来越麻烦，查找行车路线和停靠车站非常不便。从图纸上看，市中心的站点过于稠密，识别起来极为困难，而城郊站点过于稀疏，白白占用图纸空间。地铁乘客的不满和基层工作人员的抱怨给地铁公司管理层带来了一定的压力，他们在公司内部开始征询图纸的改进方案。当时有一个名叫贝克的绘图员，正好临时受雇于地铁公司。因为他过去曾亲身体会到地铁线路图带来的不便，所以对新图纸的设计热情很高。他很快就拿出了自己的方案，但遗憾的是，他的上司对这张草图不屑一顾，认为贝克纯粹是在胡闹，因为他所设计的图纸完全脱离了真实。其后，地铁公司也试着推出过几次改进的方案，但都与早期的地铁线路图大同小异，不能真正解决实际的问题，乘客的抱怨声仍然不绝于耳。到了 1933 年，迫于社会舆论的压力和贝克自身的不懈努力，地铁公司在无奈之下，试探性地推出了贝克的设计图（见图 4—2），没想到一炮打响，受到广大地铁乘

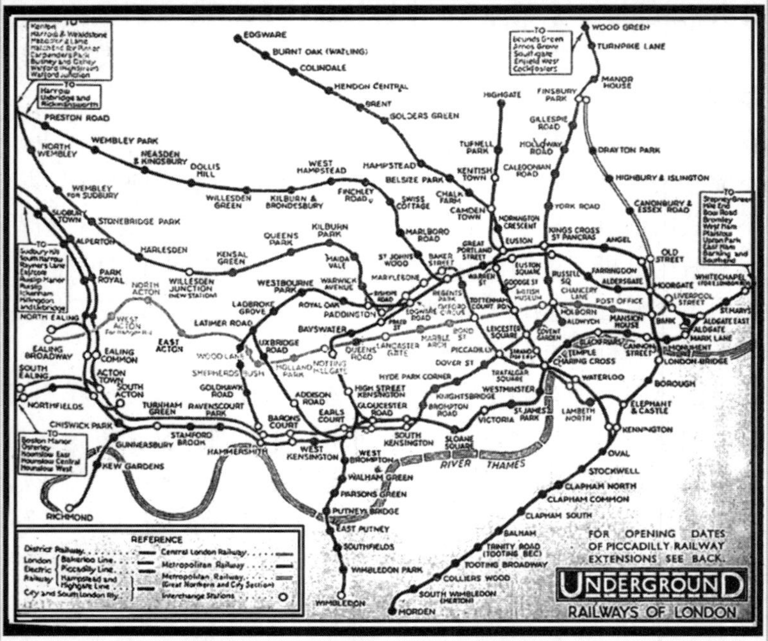

图 4—1　第一张伦敦地铁路线图

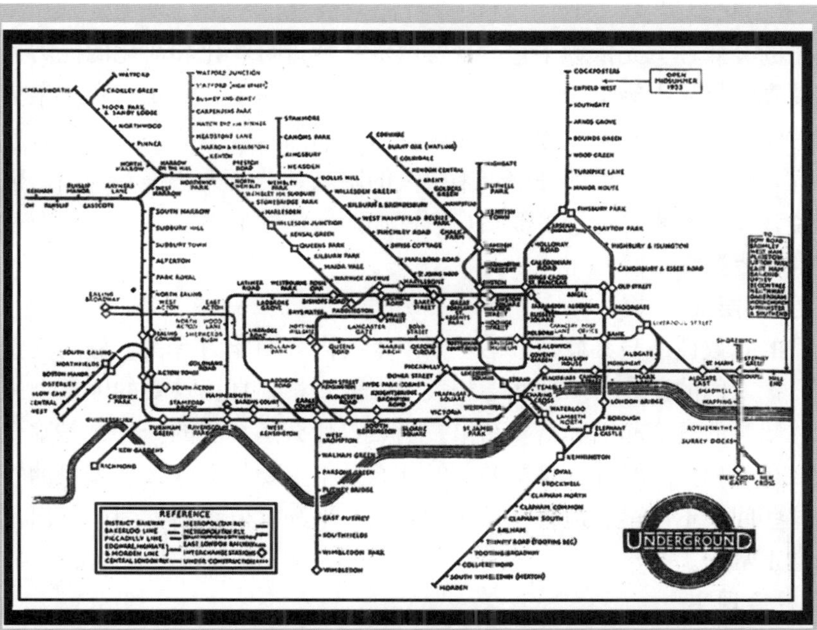

图 4—2　贝克的地铁线路图

客的热烈欢迎。贝克执着的精神得到了社会的回报。贝克设计的这张地铁线路图，简单实用、检索方便、明确清晰、一目了然。其后，美国、法国、日本、加拿大等国家也相继在地铁线路图的设计上采用了贝克的思路。从目前情况看，贝克的创意几乎被世界上所有拥有地铁的国家采用，可以说贝克为社会作出了一项非常伟大的贡献。可令人遗憾的是，贝克当时仅得到了极为可怜的一点报酬。

贝克所设计的地铁线路图为人们更好地利用地铁带来了便利，但我们必须要记住的是：它不是一张纯粹的地图，而只是一张线条示意图；它不是真实的具体，而只是近似的抽象；它不是现实的翻版，而只是解释的工具；它不是实际意义上的伦敦，而只是头脑想象中的伦敦。如果你把它与伦敦实际的地理位置画等号的话，那么你就大错特错了。许多伦敦的市民和来此观光的游客，都曾经历过这方面的教训。

4.1.3　如何分辨模型的有效性

一个政策分析模型只是政治生活的简化物或抽象物。当我们想到政治系统、政治精英、团体互动、理性决策、渐进决策、政治博弈和政策过程的时候，我们都是在试图从现实政治生活中提取一些有分析价值的内容，并期望通过简化或抽象的形式，澄清并理解什么对于政治而言是真正重要的东西。在我们展开政策分析模型的讨论之前，让我们提出一些一般性的准则，用以评估概念与模型的效用。什么样的模型有用？它为什么有用？以什么为标准？

1. 排列并简化现实

政策模型的有效性首先依赖于它对现实政治生活进行序化和简化的能力。序化（理清顺序）能够使真实世界中错综复杂的关系建立逻辑上的联系，简化（变复杂为简单）能够有助于人们清楚地理解那些难以琢磨的复杂现象。当然，模型如果过于复杂或空泛，涵盖了过多的内容，那么会给我们的理解带来很大的困难，乃至无法得到利用。但如果模型过于简化或狭隘，仅仅对表象进行了概括，忽视那些关键性的因素，那么我们就不可能用其来解释真实的世界。

2. 认定重要层面

政策模型的有效性还与其概括政治生活中重要内容的能力有关。好的模型应该能够抓住主要矛盾，把人们的注意力从那些不相关的因素转移到真正重要的因素上来，使人们更多地关注公共政策的真实起因和重要结果。当然，什么是真实的？什么是虚假的？什么是相关的？什么是不相关的？什么是重要的？什么是不重要的？什么是表象的？什么是深层的？要回答这些问题不可避免地会涉及人的知识水平和价值判断，因而，出现多种不同的答案也是非常正常的。

3. 符合社会现实

一般而言，政策模型应该与客观现实具有一定的联系性，即从经验角度看，它应该具有真正意义上的指涉对象。的确，模型的建立往往源于人类的经验，它应该以现实生活为重要的参考依据。对于那些完全脱离实际，没有经验依据的主观模型，我们在使用过程中会感到茫然或不知所措。当然，任何事情都不是绝对的。从另一种角度讲，我们也不该草率地抛弃那些所谓“不真实的”理念，因为它们经常发挥重要的启发性作用，把我们的注意力成功地引向这样一个问题：为什么它们是“不真实的”？比如，几乎没有人会认为政府决策是完全理性的，但“理性决策”的思路还是很有价值的，它促使我们去探讨政府决策的非理性程度以及为什么会如此。

4. 提供有意义的沟通

政策模型往往借助概念进行抽象，而这些概念在沟通过程中应该具有实质性含义并形成较为一致的看法。否则，这个政策模型的有效性就会大打折扣。没有共识就难以沟通，你说东，他理解西，你跟他还有什么好解释的。举个例子来说，“精英”这个概念可能对许多人就具有不同的含义。一些人可能把“精英”定义为由民选产生的政府官员，他们能够代表大多数公众的利益；另一些人则认为所谓“精英”是指少数社会上层人物，他们根本不是公众的代表，只是根据自己个人的偏好为社会制定政策。

5. 指导调查与研究

一个政策模型应该具有一定的可操作性，应该有助于对公共政策进行实证的分析。从某种意义上讲，它应该直接涉及现实生活中那些能够被观察到的、可以进行测量的、能够被加以证实的客观现象。一个概念或一系列概念（我们称之为概念模型）所解释的内容应该能够在现实世界中得到检验和证实。如果我们没有办法在政策实践中对此进行证实或证伪，那么它的有效性就很值得怀疑了。

6. 提出一定的解释

一个政策模型应该对公共政策提出一种解释，而不是只对公共政策及其过程进行简单的描述；它应该对公共政策的原因和结果提出一定的假设，而不是仅仅盯住客观存在的经验数据。它源于现实却又超出现实。毫无疑问，一个解释性模型总比描述性模型更具有研究和应用价值。

4.2　政策模型——公共政策的分析途径

4.2.1　传统理性模型：决策追求最优解

什么是理性？它的英文是“rationality”，中文通常解释为合理、有理，它与感性相对，指人从理智上控制行为的能力。买汽车光挑颜色、买衣服只注意款式、作决定选择抽签、做事情喜欢打赌，这都不能说是理性的行为。当然，在评价某种行为是理性的或非理性的时候，人的价值判断往往会起很大的作用。某种行为可能你认为是理性的，但别人却认为是非理性的。我们在谈到理性概念的时候，往往是以共识性标准为前提的。

理性模型起源于传统经济学的理论，传统经济学理论是以经济人的假设为前提的。那么什么是经济人呢？一般来讲，经济人自私且功利，做任何事都以满足个人最大利益需要为目标。分析经济人的行为实际上很简单，他之所以这样做而没有那样做，是因为这样做可以最大限度地满足他的利益需要。这种带有强烈自利特征的经济理性尽管十分不可爱，但却非常有用。因为我们惊奇地发现，社会财富这块“蛋糕”在市场理性的博弈中越做越大。市场机制这只“看不见的手”，会使人的自利行为导致利他的结果。

以经济人假设为前提的理性优化模型，为微观经济学的发展提供了便利条件，同时也对当时经济领域的微观决策起到了一定的指导作用。它舍弃了一些次要变量，使问题的分析得以简化，从而形成有效的分析框架，能够被用来解释资本主义市场活动中的诸多现象，因此，其影响迅速蔓延到社会生活的其他领域。当时这种假设几乎被认为是一个不证自明的公理，是解释人类行为不可缺少的依据。

的确，理性行为的概念是一个非常有力的解释原则，因为它有着许多人类行为的经验依据。我们经常对其他人这样解释我们的行为：“我想达到 X 这样一种目的，所以我选择了 Y 这样一种方式。”同样，这也是我们理解其他人行为的基本思路。基于这种考虑，我们同样可以用这种模式去解释一个政府的行为。就政府政策而言，如果你了解了政府的目标，你就不难解释其政策方案的选择。它之所以这样做而没有那样做，是因为它这样做可以满足自己最大的利益需要。比如在对日本为什么要偷袭珍珠港、原苏联为什么要把导弹放在古巴、伊拉克为什么会入侵科威特这类政策问题进行分析的时候，传统理性模型能为我们提供一种有效的解释方法。

理性决策的具体步骤是：确定决策目标，提出备选方案，对这些方案及其结果进行比较分析，通过排序选择出最优方案。

传统的政策理论有着理性主义前期发展的深刻烙印。它认为，任何决策都是目标性行为，达到目标当然会有很多种途径和手段。所谓理性的选择就是要作出最大价值的选择，即选择达到目标的最优方案。传统理性模型所要求的最优选择应具备如下五个方面的条件。

（1）把决策行为视为整体行为而非群体行为。因为是整体，才会有一致性的价值判断，如果是群体就必然会出现价值观方面的差异，因而在目标选择和最优认定方面产生分歧。

（2）决策者具有绝对理性。这表现在他们具有完备的知识和信息，能穷尽备选方案并预测所有结果。

（3）决策目标单一、明确和绝对。

（4）决策者在决策过程中具备一以贯之的价值偏好。

（5）决策过程中不考虑时间和其他政策资源的消耗。

理性模型：公共政策是社会价值最大化

所谓理性的公共政策实际上就是指能够带来社会效益最大化的政策。社会效益的衡量涉及两项重要的指标，一是收益必须高于成本，二是选择两者差值最高的方案。当然，就社会成本的计算而言，金钱的多少绝非唯一的衡量标准。政府不能用牺牲基本社会价值的方式来换取金钱的收入，必须同时考虑社会政治、经济、文化等多种因素。理性模型经常被用来思考政府计划的适宜规模，它是评估政府支出决策的主要分析架构。

理性政策的前提条件是：(1) 了解所有的社会价值偏好及其相对权重；(2) 发现所有的备选方案；(3) 预测每项方案的所有结果；(4) 计算每项方案的成本效益比；(5) 选择最有价值的政策方案。因此，理性模型假定社会是一个整体，其价值偏好可以被了解并被赋予权重；同时，理性决策依赖于有关政策方案的充分信息、预测政策方案结果的超强能力以及计算成本效益比的知识和技能。最后，理性决策还需要一套完备的决策系统，以有助于形成理性的程序。

然而，理性决策面临许许多多的障碍，以至于在政府决策领域理性模型很少能够派上用场。但由于理性模型提出了优化目标并分析了理性障碍，所以仍具有重要的解释作用。

资料来源：Thomas R. Dye，*Understanding Public Policy*，Prentice-Hall，2002，pp. 16-18。

从理论角度而言，最优选择并不是不可行的。然而，社会现实不等同于理论假设，传统理性模型的限制条件使其遭遇到诸多的障碍，人们逐渐发现政策实践中的许多现象都难以用它来作出解释。其原因不在于它的逻辑体系有缺陷，而在于其前提假设有问题。

第一，决策目标不是单一、明确和绝对的，而是多元、模糊和相对的。传统的经济学理论总是把企业的目标视同于企业家的目标，似乎只是为了最大限度地追求利润。这种认定是完全错误的，因为企业是由许多人组成的，包括股东、经营者和员工等，他们对企业的目标都有直接或间接的影响，尽管在程度上会有所不同，但表现了一种多元化的趋向。因为这些人有着不同的价值取向和利益要求，并不一定会把企业目标作为自己的目标，所以企业的实际目标反映了其成员错综复杂的、相互矛盾的利益追求。在公共部门和政府机构中，目标多元化的特征表现得更为明显。

美国著名的政策学家赫伯特·西蒙在其《管理决策新科学》一书中讲了一件他亲身经历的事情。一些大公司就购置计算机的问题向西蒙咨询，西蒙当时就建议这些公司先考虑一下是否真的需要这样的设备、购置计算机主要是为了解决哪些具体问题，等到这些问题都明确了以后再决定购置什么类型的计算机。后来西蒙很快就发现自己给这些公司出了个“馊主意”，因为它们在尚未使用过任何计算机之前，根本无法具体明确地了解计算机的性能与用途，从而也不可能提出购买计算机所要达到的具体明确的目标。只有当它们先买台简单实用的计算机，并在使用一段时间且有了经验之后，它们才会知道下一步应该做些什么。可见，许多决策的总目标往往只是一个不十分具体明确的大的方向，具体的内容还有待于在决策执行过程中逐渐地加以明确。

查尔斯·林德布洛姆也认为，政策往往是针对解决社会问题的，所以要想使政策目标明确就必须找到问题的症结所在，然后才能作出决策。可是决策者面临的往往并不是非常具体且可以明确界定的问题。比如，当物价飞涨，公众要求政府作出反应时，政府部门就要对问题的原因进行分析，是公众的要求过分还是物质生产和供应服务的不足？是垄断公司的幕后操纵还是通胀心理引起的连锁反应？或者上述原因兼而有之？不管政府部门出于何种考虑，治标总不是目的，可“本”在何处？找出通货膨胀的动因也许是很困难的，这无疑会影响到决策目标的确定，所以目标很多时候并不是绝对的而是相对的。

第二，人是感情动物，存在理性缺陷，其行为往往会受到个人偏好、性格特征等非理性因素的影响。如果你是个篮球迷，有朋友送给你一张免费的篮球比赛门票，而那天晚上恰巧来了场暴风雪，这使得驾车去体育馆看比赛十分危险，这时你是去还是不去呢？假如换一种情况，同样的门票，同样的暴风雪，但球票是自己花 300 元买的，这时你是去还是不去呢？根据行为学的研究，在后一种情况下，人们多半会冒险前去观看比赛。人多具有“成本陷入倾向”和“损失厌恶倾向”——认为既然已为此花了钱，那么就最好不要浪费，而不去过多考虑结果会怎样。人们通常会把损失看得比收益重要得多。实际上，有时人们面对的完全是性质一样的客观情况，但却会作出大相径庭的行动选择，这完全是非理性因素在起作用。

第三，人处理信息的能力是非常有限的，这主要表现在如下两个方面。

一是人对信息的感知能力有限。所谓感知就是人通过自己的感官把外界信息作为刺激反应而输入大脑的过程，人的感知能力对大脑处理信息的容量具有限定作用。心理学的研究表明，人的感知是有选择的，而不是全面的。以视觉为例，人们总习惯于用照相机来形容视觉，因为它们都是以视野成像，而实际上二者结构上的类似并不能说明它们在功能上也相当。照相机能够把视角内所有的物体都拍摄进去，只不过辨别的精度受限于镜头的透光能力和胶片上感光材料的颗粒密度。而人的视觉通常只能接收到其注意力比较集中的那一小部分，而不能感知其他绝大部分，这就是人们常说的“视而不见”的现象。

二是人的记忆能力有限。一般来说，人脑的记忆容量要比现代最先进的计算机的信息存储量大许多个数量级，似乎可以视其为无限大，但实际上人脑储存信息的速度却很慢，所以它与计算机的记忆能力不好相比。计算机可以按照信息的原输入形式完整地进行保存，并按照既定方式加以检索，它并不关心信息本身所具有的含义。比如，计算机对一个有意义的词“MANAGEMENT”和一个无意义的词“TMNAENMAEG”具有相同的存取速度和相同的单元容量，因为这两个词都是由相同的十个英文字母组成。可是如果让懂英语的人去记忆这两个词，则很容易记住前者，很难记住后者。由此可见，人脑的记忆模式与计算机截然不同。人们习惯于把记忆分为机械式记忆和联想式记忆两类，计算机主要依赖机械式记忆，而人脑在这方面是非常落后的。为弥补因储存速度不足而产生的记忆力的有限性，人脑主要依赖联想式记忆。这种联想会重新构建记忆中的事件，而构建记忆内容的主要依据就是信息本身的意义。随着联想过程中记忆构建的不同，记忆的内容就会有所差别。一个懂英语的人之所以能够很容易地记住“MANAGEMENT”这个词，主要是因为这个词有意义，可以使人在这个词与其意义之间形成联想，而对于一个不懂英语的人来说，“MANAGEMENT”和“TMNAENMAEG”一样难记。一位心理学家曾做过这样一次实验：他要求一位国际象棋的高手和一位初学者去记忆棋盘上两种类型的布局，第一种类型是实战的残局，第二种类型是棋子的随机摆放，结果发现两者对第二种类型的布局都难以记住，而对于第一种类型的布局，象棋高手的记忆能力远远超出了初学者（中国象棋大师胡荣华曾同时与十多个人下盲棋，可见其惊人的记忆力。但如果在棋盘上随机摆放棋子，让他记住两三盘可能也非常困难）。这说明人脑所记住的往往是能够联想起来的整体而不是其中的各个组成单元。

第四，决策所面临的情况往往是价值冲突而非价值一致。西蒙等人在 1956 年曾对 23 名参加专业培训的企业管理人员进行了一次心理实验，首先让他们阅读一段反映某公司经营状况的案例材料，然后请他们分析和判断该公司面临的主要问题是什么。结果发现其所作的判断差异很大，比如，在从事营销工作的管理人员中有 83%的人认为该公司的主要问题是市场营销问题，而从事非营销工作的管理人员中只有 29%的人持同样的看法。西蒙从这次心理实验中发现被试的专业经验对他们诊断问题有很大影响，这些被试的看法大多与他们最熟悉或所从事的工作有关。现代系统论的创始人冯·贝塔朗菲也曾说过：“同一张桌子，在物理学家看来是电子、质子和中子的聚集，在化学家看来是物质有机成分的组合，在生物学家看来是木细胞的复合体，在艺术家看来是某种艺术风格的体现，在经济学家眼里则是一定货币价值的效用等等。”由于人们认识事物的出发点和角度不同，所以对问题的判断会有很大的差别。

第五，决策总要受制于时间、人力、物力、财力等资源条件的限制。决策既要讲究合理性，同时也要讲究及时性。尽管时间因素对不同决策的制约存在程度上的差别，有着轻重缓急之分，但毫无时间限制的决策是根本不存在的。俗话说“机不可失，失不再来”，讲的就是这个道理。时效永远是决策成功不可缺少的前提。为追求尽善尽美而不顾时间的限制，这是非常愚蠢的做法。因为如果机会已逝去，即便方案再好也一文不值。决策从某种意义上讲，就是在没有时间继续进行信息搜索时所必须作出的选择。

除了时间限制以外，决策还要考虑其他资源的消耗。因此，决策不仅要在合理性与时效性之间作出权衡，而且要在合理性与经济性之间作出权衡。所谓经济性是指政策制定过程要力求以小的代价获得大的收益，至少其边际代价不能大于边际效益。比如，政府为制定某项政策需要进行实际的调查。当然，调查的规模越大、程度越深入，获取的信息就会越充分，对决策的合理性就越有帮助。但政府绝不会不计花费地去实施调查，因为政府的人力、物力和财力资源是有限的，它必须还要权衡得失，考虑政策的重要程度，然后采取力所能及且得大于失的调查行动。

基于上述认识，传统理性主义受到多方面的质疑与批判。西蒙等人认为，传统理性主义从经济人假设出发，以逻辑推理方式所确立的规范性政策理论无法解释现实生活中政策制定过程的实际行为。现实生活中不存在纯粹的理性，传统理性模型只能被认为是一种理想的追求，而缺少实践的基础。

尽管传统理性主义在一定程度上带有乌托邦的色彩，我们也欢迎对它的批判，但是，过于简单和绝对的否定态度也是不可取的。不能实现之事不等于没有意义之事。理想主义虽没有实践基础，但也绝非是无稽之谈。拿破仑曾说："不想当将军的士兵不是好士兵。"仔细想想，士兵想当将军在多数情况下不是乌托邦又是什么？当然，那是关于个人功利的乌托邦，但社会管理又何尝不是如此？取法乎上，仅得其中；取法乎中，风斯下矣。人们总是在追求尽善尽美中得到较善较美的。从这个意义上讲，理想主义并无过分的问题，也正因为如此，传统理性模型的思想价值一直受到理论界的肯定。

4.2.2 有限理性模型：决策追求满意解

西蒙认为，现实生活中决策者的理性是界乎完全理性与非理性之间的有限理性，他们不是经济人，而是行政人。行政人的价值取向和目标往往是多元的，受到多方面因素的制约，经常处于变动状态且表现出冲突特征。行政人的知识和能力水平是很有限的，他们的决策行为往往会在一定程度上受其心理因素的制约，他们不可能也不奢望发现最优解，而只是找到满意解就知足，能满足需要就行。

西蒙在对传统理性主义总结和批判的基础上，提出了有限理性模型或称满意模型、次优决策模型。由于这一突出的理论贡献，西蒙荣获了 1978 年诺贝尔经济学奖。西蒙认为，由于种种条件的限制，无论是个人决策还是群体决策，它们中的大多数都是发现和选择满意方案的过程，只有在非常例外的情况下，才是发现和选择最优方案的过程。一个富有理性的人，如果能够同样顺利地求优的话，就不会止步于满意；如果能够得到最好，就不会止步于次好或比较好。因此，追求满意解并不是因为决策者头脑糊涂，而是因为现实世界复杂多变，客观条件充满局限，人们根本无法求得最优解和准确解，不得不转而求其次，寻求"足够好"的解。人们并不是"不想干"，而是他们"无法干"。

1. 有限理性的行为表现

人的理性实际上是介于完全理性和非理性之间的一种有限理性，这种有限理性在决策过程中的表现主要有三方面。

（1）在情报活动阶段，人的决策行为往往受到知觉选择性的支配，不同经验和背景的决策者，对决策环境的认识会有不同的解释。

（2）在设计活动阶段，人们并不试图找出所有可行性方案，而是通过力所能及的问题求解活动，寻找尽可能多的决策方案。

（3）在抉择活动阶段，决策者的选择往往与备选方案的提出顺序有关。如果 A 是先于

B提出来的，A又是满意方案，那么就不会再花时间去考虑B，哪怕B比A更好。

2. 次优决策涉及的基本问题

（1）有限目标。

决策并不能保证一开始就有十分明确的目标，而环境（自然环境和社会环境）又经常不容许我们等到目标完全明确之后再作选择。例如，我们到超市去买东西，事前并不一定非得有明确的目的，一旦遇到自己需要的东西，价格又比较合适，就会考虑是否购买。再如，政府遇到一个棘手的难题，涉及多种因素，一时难以理清头绪，但又不能无所作为，那么就需要从主要的、紧迫的、局部的、明确的问题入手，边了解情况，边探索目标。

（2）期望水平。

什么样的决策才能被视为满意或足够好呢？这往往取决于决策者的期望水平。这个期望水平并不是固定不变的，而是随环境条件和个人体验的变化而变化。在存在许多好的备选方案的良性环境中，期望水平会提高；在没有好的备选方案的比较恶劣的环境条件下，期望水平会降低。

为决策目标确定一个恰如其分的期望水平，是决策成败的一个关键环节，在可能的条件下，应尽量采用量化方法将期望水平明确表达出来。然而，在多数情况下，我们则不得不求助于经验来为自己确定目标期望水平。

（3）搜索方法。

搜索方法基于满意原则，它是西蒙有限理性学说的核心内容。

1）试探方法。在没有现成满意方案的情况下，一种可行的方法就是提出探索性方案，选择若干试点进行试验，看看是否能够满足期望水平，由此总结经验和教训，再设计下一步的备选方案。

2）随机方法。比如，军队被包围，而敌情又不明，这时最大的期望就是能够突围，一个可行的方法就是随机选择突围的方向。再比如，一个农民初次进城，他最大的期望就是找到一份工作安身，这时恰好一位招工的人走过来，他很可能就跟着那个人走了。

3）折中方法。当决策面临一定风险，实际情况难以搞清，而又必须提出决策方案时，对相互冲突的方案进行折中，不失为一种可取的方法。

4）效益方法。决策不能不考虑效益，方案的搜索需要一定的成本投入，我们不可能为找到一束漂亮的花而跑遍全世界，这样做实在不值。决策资源的“稀缺性”决定了决策价值分析的重要性。尽管决策多涉及一些非金钱因素，作价值分析并非易事，但是，一些学者在这方面进行了有益的探索。他们认为，信息的价值不仅与决策的重要性有关，而且与决策结果的可控程度有关。时间成本的计算，一要看机会成本，二要看决策过程花费的工时。总之，所谓决策效益指的是，在资源有限的条件下，选择能产生最大效益的备选方案。

无论采取何种搜索方法，一旦遇到满意方案便会终止搜索行为。

以上分析说明，有限理性模型对人们的实际决策行为作了比较真实的解释，为决策理论及其实践的发展开辟了一个新的方向。

方面排除法——满意即可

这是一种适用于对决策方案进行同时性选择的有效方法。一般来讲，决策方案的选择大都是多属性的。比如，对选购汽车的决定来讲，可以根据价格、座位数、速度、颜色等属性来进行选择。根据方面排除法的要求，在选择过程的每一阶段，要根据重要程度的差别从多种属性中挑选出某一属性并以此为标准对方案作出评价。对不符合这一属性要求的要予以排除，即不再在以后阶段的比较选择中继续考虑这些方案。

假如你正计划买一辆新车，你认为对自己来讲最主要的方面是汽车的售价，你的最大承受力是 15 万元人民币，根据方面排除法的要求，所有售价超过 15 万元人民币的汽车，均应从你的选择方案中排除（尽管许多车型你都非常中意，但你没有实力购买）。接下来，你认为座位数对你来讲是最重要的属性，如果你希望挑选 5 个座位的汽车，那么仅有 2～4 个座位的汽车也将被排除在继续考虑之外，然后再根据剩下的属性如排气量、最高时速、是否自动挡、颜色等进行选择，直到作出最后的决定。显然，这种方法更直观、更具体、更简单、更快捷，因为它不涉及复杂的逻辑推理和数学运算，所以对决策者的认知能力要求不高，并且相对易于掌握。尽管从规范决策方法的角度来看，方面排除法并不能保证被选中的方案事实上能真正优于那些被排除掉的方案，但起码可以说这是能让决策者感到满意的方案。

4.2.3　渐进主义：新政策是对旧政策的补充和修正

美国学者林德布洛姆在批判传统理性模型的基础上提出了渐进模型。他认为，政策制定的实际过程并不完全是一个理性过程（分析问题、明确目标、提出方案、优化选择等），而是对以往政策行为的不断补充和修正的过程。政策制定只能根据以往的经验，在现有的政策基础上实现渐进变迁。决策者要依据现有方案，通过与以往政策的比较，考虑不断变化的环境需要，对以往政策进行局部的、小范围的调适，逐渐把一项旧的政策转变为一项新的政策，也就是“积小变为大变”的过程。

渐进模型可以用图 4—3 予以说明，它表现了政策渐进与变化的动态过程。

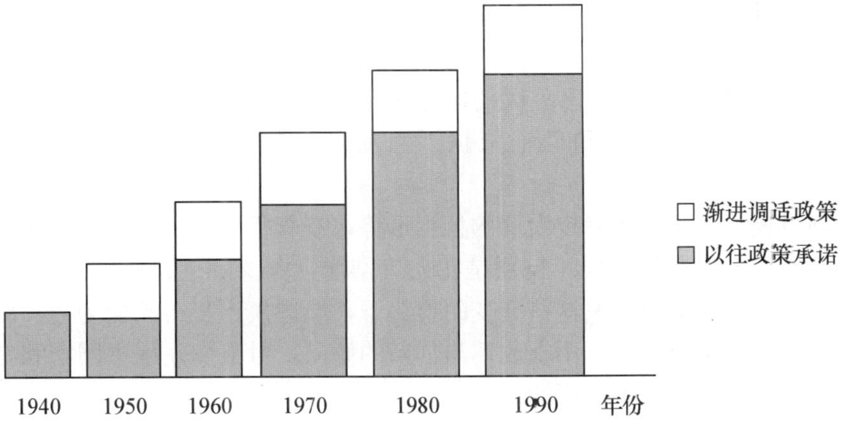

图 4—3　渐进模型

渐进模型有以下一些特点。

（1）渐进模型要求决策者必须保留对以往政策的承诺。政策制定要以现行政策为基础，不能另起炉灶，政策要有承继性。

（2）渐进模型注重研究现行政策的缺陷。政策制定并不强调有所创新，但也不是无所作为，只是更关注对现行政策的修改与补充，以弥补现行政策的不足或缺陷。

（3）渐进模型强调目标与方案之间的相互调适。政策制定不是金口玉言，一劳永逸，而是要注意反馈调节，在试探和摸索中前进。

让我们细心观察一下一只蚂蚁在沙滩上费力爬行的路径：它时而在斜坡上转向，以便以一个比较适当的角度更轻松地爬过陡坡；时而在鹅卵石中转圈，试着发现通往蚁窝的路径；时而停下来不动，以便感知下一步的爬行方向。这只蚂蚁就是这样迂回地、时停时进地向蚁窝爬行。我们不妨把所观察到的蚂蚁回窝的路径画在一张纸上。

呈现在我们面前的是什么呢？那是一连串极不规则的多角线段。时而向左，时而向右，时而向前，时而向后。当然，这也并不完全是随机性的，因为它还有指向某一目标的隐含的方向性。这是一条什么径迹呢？为什么不是从起点直接指向目标呢？蚂蚁对其巢穴有着一般的感知，但它不能预见通往蚁穴的道路上会出现什么样的障碍，它必须不断地调整方向，以应对遇到的困难。蚂蚁的眼界很窄，所以总得对付撞上的每一个障碍物，并在其四周寻觅道路，而对以后还有什么障碍却无法预见，因为感知的局限使其根本不可能作出这样的预见。要戏弄蚂蚁在原地转来转去，实在是件再容易不过的事了。蚂蚁的爬行路径是复杂的，而这种复杂性不仅源于沙滩上的障碍，而且源于蚂蚁自身的认知局限。

渐进的过程实际上就是一个不断学习和试验、不断反馈和调整的过程。从某种意义上讲，很像蚂蚁向其巢穴的爬行，一边探索一边前进。渐进模型的这一特性有利于避免因决策严重失误所产生的持久性结果。社会是一个惯性很大的系统，覆水难收，越是严重的错误越难以得到完全纠正。如果把步子迈得小一些，那么发现了问题就能够及时纠正。迈大步往往意味着进行重大的政策变革，这样做一方面可能会引起决策层内部的紧张和冲突，导致权力的改组和社会形势的重大变化，所冒的政治风险较大；另一方面也可能会在制度安排和公众心理方面遇到很大阻力，形成政策执行中的障碍，引起一些意想不到的后果，不利于社会的稳定。如果能够把大步变为连续的小步，步幅虽小但频率不慢，那么上述的风险就会大大地缓解。按部就班、修修补补的渐进主义或许缺少惊人的壮举，但它作为足智多谋的问题解决者在现实生活中却大有用武之地。渐进模型的出现有其实际基础和理论依据，当前各国的政治几乎都呈现一种渐进的趋势。

然而，渐进模型多适用于稳定发展的社会形势，有着很大的局限，带有明显的保守主义偏见，不符合社会变革的需要。特别是在人口剧增、资源匮乏、环境污染、货币贬值、物价飞涨、社会动乱、战争爆发这些突变的形势下，渐进模型显得无能为力。因此，渐进模型这种墨守成规、维持现状、不求改革与创新的倾向，对不少发展中国家和在需要进行改革规划的许多领域内都是不适用的。

"摸着石头过河"

"走一步，看一步"，这类看似平庸的经验对情况复杂、风险较大、无先例可循的工作来说却是非常适用的。

例 1 本田公司创奇迹

日本的本田公司成功进入美国摩托车市场的经验正是这种"试试看"营销策略的典型代表。开始的时候，本田公司只投入了很少的资金，雇了一些推销员开着本田牌的小型摩托车在美国各地跑来跑去，目的只是调查普通美国人对这种摩托车的兴趣。一段时间之后，发现这种摩托车在美国极为抢眼，人们对它表现出浓厚的兴趣，详细询问其性能和价格情况。据此本田公司的管理层很快作出了反应，他们开始大批量向美国出口这种小型摩托车，并一举获得成功。西方人常用猫捉老鼠的比喻形象地描绘日本人进行这类摸索的过程：它首先静静地卧下，仔细观察老鼠的动静，当确信老鼠的行踪之后，便会轻轻地迈出几小步，看看老鼠有什么反应，当有把握抓住老鼠的时候，它会以最快的速度猛扑上去。

例 2 "安静的小狗"不"安静"

"安静的小狗"所作的出色表演。"安静的小狗"实际上只是一种松软的猪皮便鞋的牌子，当其刚刚问世时，美国沃尔弗林环球股份公司为了了解消费者的心理，采用了一种试探性的营销策略：先把 100 双"安静的小狗"无偿送给 100 位消费者试穿 8 周，时间到了之后，公司便派人登门收鞋，并通知顾客，若想留下这双鞋子，每双需付 5 美元。其实公司并不是真想收回这些已经失去价值的鞋子，而只是想调查一下 5 美元一双的"安静的小狗"是不是有人愿意购买。结果绝大多数的试穿者都把鞋子留下了。得到这个消息之后，沃尔弗林公司便开始大张旗鼓地生产和推销这种便鞋，并以 7.5 美元的价格把"安静的小狗"推向市场。"安静的小狗"很快就销售了近 10 万双，取得了巨大的成功。

例 3 渐进式延迟退休

《中共中央关于全面深化改革若干重大问题的决定》提出，将研究制定渐进式延迟退休年龄政策。人力资源和社会保障部就此表态，为保证平稳过渡，不对当期的就业状况造成太大影响，中国将采取渐进式延迟退休年龄的方式。所谓"渐进式延迟退休年龄"包含有多层含义。一是要提前若干年预告，不能今年宣布明年就实施，而要让公众特别是相关群体有必要的准备期。二是要分步走，比如先从退休年龄最低的群体开始，从人力资源替代弹性系数低的群体开始，逐步扩展到各类群体。三是要迈小步，比如每年只延迟几个月，小步徐趋，用较长的一段时间完成平滑过渡。从我国目前经济社会所处的发展阶段和蕴含的矛盾来看，确有必要将研究延迟退休年龄问题提上政策日程。一是我国城镇人均预期寿命达 75 岁以上，平均劳动强度比以前大大降低。二是从 2012 年起，我国劳动力总量开始下降，需要适当增加劳动力供给。三是随着老龄化加速，适当延迟退休年龄可加大抚养比（指全国劳动力资源与老年人口的比例）。四是劳动者受教育年限总体在不断延长，过早退休会造成人才浪费，影响人才强国战略的实施。然而，延迟退休涉及多个领域，是对经济社会发展以及个人权利都具有重大影响的政策。因此，在相当长的一段时间里进行政策设计，以渐进式节奏进行过渡，是应有之义。

虽然试错方法有些时候很起作用，但它对于较为确定和常规的情况就不很适合。既然条件已经明确，对结果也有把握，工作也有先例可循，那么就没有必要进行什么试探。有桥还是要走桥，不能什么事都摸着石头过河。

4.2.4 团体迷思模型：源自凝聚力的群体狂想症

欧文·贾尼斯，美国心理学家，主要从事政策制定的心理学分析和危机管理等方面的研究。贾尼斯因其提出的团体迷思理论而闻名。他在 1972 年的《团体迷思》一书中首次提出“groupthink”一词并进行了解释，贾尼斯将它定义为“在一个具有团队精神的团体里，其成员为维护团体凝聚力，追求团体的和谐与共识，会忽略最初的决策目标，因而不能有效进行方案评估的病态思考模式”。他还特别注意到，团体中每个成员的能力很少能够转化为团体整体的能力。例如在决策会议上，大部分成员很少发表个人意见，但是一走出会议室却又议论纷纷，持有一些不同的看法，从而影响团体决策的品质与效果。而且，当在团体成员间建立起很强的团队精神时，即团体拥有了高度的凝聚力，团体成员会很在意不要分裂团体的向心力，因而不愿意去挑战团体的决策。这种无形的压力会导致团体理性机制弱化、成员思考效能降低、讨论不愿探究真相、容易草率作出选择，从而形成团体迷思现象。

从个人角度看，犯错误是正常的，不犯错误才是不正常的。一方面，一个人观察问题的角度和信息处理能力是极为有限的；另一方面，从心理因素来看，自满、失望、恐惧、愤怒等情绪波动都会导致决策的盲目性。这是因为人在情绪不稳定的时候最容易做些不可思议的蠢事。所以，现代决策往往都依赖于团体的决定，力求发挥集体的智慧和力量。在团体中大家可以沟通情况、交换看法、分享知识、经验互补。然而，团体的决定有时却比个人的决定更失理性。尼采曾经说过：“疯狂对个人而言只是一种例外，但对有些小组来讲，却成为一种规律。”

许多人认为，团体的决策之所以有时不能优于个人的决策，主要的原因在于团体首脑总想使其他成员成为自己的橡皮图章。如果他颐指气使、指鹿为马，大家也会点头称是，趋炎附势。但更多的时候，情况却并不如此，主要领导并不想这样去做，团体成员也没有必要去虚伪奉承。他们都感到自己可以直言，但在潜意识里又总会存在着一种微妙的压力，使大家都努力寻求一致。按照社会心理学的观点，寻求一致是一种人所共有的、极为普遍的行为心态。这在凝聚力很强的团体里表现得更为突出。按照习惯的看法，团体的凝聚力总是好的，一致性总是正确的，其实有时并不是这样。生活中不难发现，“空前团结”的会议、“掌声雷动”的报告、“一致通过”的事项、“全体举手”的决议也曾带来不良的后果。团体的凝聚力是好事还是坏事，应该作辩证的分析。通过社会心理学的大量观察实验可以发现，在一个凝聚力极强的团体里，批评性意见会自然消亡。即使有个别团体成员持有异议，也会马上受到其他成员的纠正和规劝，总会有人自觉站出来充当心理卫士。当规劝无效时持有异议者就会遭到孤立、嘲笑或排斥，甚至被敌视。

1982 年，贾尼斯在深入研究入侵猪猡湾事件、偷袭珍珠港事件、越南战争、古巴导弹危机、马歇尔计划的延伸、水门事件等美国政府重大政治和军事决策后，参照各个事件的环境、决策过程、决策结果，归纳出团体迷思的模型。该模型包括八项诱发团体迷思的前置因素、八项团体迷思的表现形式，以及七项团体迷思对团体决策过程及结果的影响。

1. 诱发团体迷思的前置因素

（1）高度的团体凝聚力。

（2）团体与外界的隔绝。

（3）命令式的领导方式。

（4）缺乏有条理的决策方法与程序。

（5）团体成员背景和价值观的相似性。

（6）外部威胁及时间压力。

（7）对领导所提方案的依赖性。

（8）由新近失败导致的盲目悲观。

2. 团体迷思的表现形式

（1）无懈可击之错觉。团体过分自信和盲目乐观，忽视潜在的危险及警告，意识不到决策存在的危险性。

（2）集体合理化。团体一旦作出决策，将会把更多时间花在如何使之合理化上，从而忽视外界因素的变化，不会进行重新审视和评价。

（3）对团体固有道德深信不疑。团体成员相信团体所作出的决策是正义的，不存在伦理问题，从而忽视道德上的挑战。

（4）刻板印象。对外界存有偏见，要么认为外界反对者或团体心怀叵测和难以沟通协调，故不屑与之争论，要么认为这些人或团体过于软弱、愚蠢，不能够保护自己，同时坚信自己团体选择的方案一定会获得成功。

（5）对持异议者施加压力。团体不欣赏不同的意见和看法，对于怀疑团体立场和计划的人，团体总是立即给予反击，但常常不是以证据来反驳，取而代之的是冷嘲热讽。为了获得团体的认可，多数人在面对这种嘲弄时都会变得懦弱和缺少主见，目的是尽可能与团体保持一致。

（6）自我审查。团体成员对于议题有疑虑时总是习惯保持沉默，忽视自己心中所产生的疑虑，认为自己没有权力质疑多数人的决定或挑战团体的智慧。

（7）全体一致的错觉。这是团体压力和自我压抑共同造成的结果，从而使团体的意见看起来总是一致的，造成一种团体统一的错觉。表面上的一致性又会进一步加深集体合理化的认识。这种由于缺乏不同意见而造成的一致性错觉，甚至可以使很多荒谬、罪恶的行动看起来很合理。

（8）自我指定的心理守卫。团体中某些成员会有意扣留或隐瞒那些不利于团体决策一致性的信息和资料，以限制或避免其他成员提出否定意见，目的是保护团体的统一性和决策的合法性。

3. 团体迷思对团体决策过程及结果的影响

（1）不全面研究替代方案。

（2）不全面研究决策目标。

（3）不考虑既定选择的风险。

（4）信息搜集不足。

（5）信息处理过程带有偏见。

（6）不重新评估当初放弃的选择。

（7）未制定突发情况的备用方案。

4. 团体迷思的防范

詹尼斯认为，团体迷思所表现出的“症状”会对决策造成极大的负面影响，并可能导致重大的执行灾难，但这种“病症”并不是没有办法治疗，在对众多案例进行分析和研究的基础上，詹尼斯开出了一些“药方”。

（1）让团体成员了解团体迷思现象，认识其原因、表现、影响和后果。

（2）团体领导应鼓励成员尽可能多地提出怀疑和反对意见，在讨论中为意见交锋创建平台。

（3）团体领导不要一开始就表明自己倾向于哪个方案，避免由于自己的主观好恶对成员造成心理影响。

（4）按照行政管理的要求，建立一些独立的政策计划和政策评估小组，为同一项政策服务，增强小组的开放性。

（5）把决策团体分成若干小组，由不同的人主持小组讨论，然后再把意见汇总。相比团体讨论，可能在结果上会有很大变化。

（6）团体成员可以和信得过的组外人士交换意见，然后把他们的意见带到组内，避免“当局者迷”的弊端，发挥“旁观者清”的优势。

（7）一些专家和有关人员可以被邀请到会，并鼓励他们向核心成员的意见提出挑战，加强决策小组的开放性。专家往往没有官场里普遍存在的权威意识。

（8）领导者在每次会议上应暗中委派一个“魔鬼”角色。这个人的任务就是故意与大家的意见相左，成心挑刺，哪怕是“鸡蛋里挑骨头”，这样做的目的是为了破除追求一致所带来的消极结果，克服群体压力所引起的从众效应。

（9）如果政策涉及一个敌对国家或组织，就要警惕情绪化的过激行为，用足够的时间调查和分析敌对势力的迹象与意图。可采用“角色扮演”的方法，从对方的立场和观点去分析和思考问题，做到“知己知彼”。

（10）不要轻易满足简单的“一致”，在成员形成完全一致后，应该再开一次会，专门提出疑问，并加以认真的研究。

4.2.5 精英理论：政策是精英们价值偏好的反映

精英理论近似于英雄史观，它将公共政策视为把握统治权力的政治精英们的价值偏好。其主要观点是：在政策制定过程中，公众完全是被动的，他们的要求及行动对公共政策不会产生决定性作用。与之相反，占统治地位的政治精英们把握政策制定的主动权，公共政策完全由他们来决定，然后由行政官员及机构加以执行。

精英理论是政府权力理论中一项重要的内容，它对政策分析领域具有很大的影响。托马斯·戴伊在《理解公共政策》一书中对精英理论的基本观点作了如下概括。

（1）社会分化成掌权的少数人和无权的多数人，少数人掌握社会价值的分配权，多数人参与不了公共政策的制定。

（2）作为统治者的少数人并非是作为被统治者的多数人的代表。精英人物主要来自经济地位较高的社会阶层。

（3）从被统治的非精英阶层进入统治者的精英阶层，这个变化过程一定是缓慢且持续的，从而才能保持社会的稳定并避免革命的发生。在非精英阶层中，只有那些能够接受精英阶层共同观念的人才可能被允许进入统治精英的行列。

（4）在社会制度的基本价值观和维护这一社会制度的发展方面，精英阶层表现出看法的一致性。比如在美国，精英集团在私有财产、有限政府、个人自由等所谓的大是大非问题上观点完全一致。

（5）公共政策所反映的不是大众的要求，而是政治精英的主要价值观。公共政策的变化一定是渐进性的，而非革命性的。

（6）精英是活跃的、公众是麻木的，二者信息严重不对称。前者对后者的影响远远大于后者对前者的影响。

精英理论能给予政策分析哪些启示呢？

第一，它告诉我们公共政策不反映公众的要求，而是反映精英的兴趣和偏好。因此，公共政策的变革和创新只是精英们对其价值观重新定义的结果。出于维护社会制度的需要，精英阶层怀有浓重的保守主义情结，所以，公共政策的变化必然是渐进性的，而不是革命性的。尽管公共政策经常会被修改和补充，但极少会被替换和取代。渐进的变革将以现行社会制度最小牺牲和最小混乱的方式，对威胁社会系统的重大事件作出必要的反应。社会的稳定对维护社会制度发展和精英所处的地位起着至关重要的作用。精英们的价值观中可能含有很强烈的公众情结，"贵族行为理应高尚"的观念早已深深地融入他们的心中，公众福利可能是精英决策时需要考虑的一个非常重要的内容。精英理论并不认为公共政策一定要违背公众福利，只是说为公众谋取福利的责任由精英人物承担，而不是由公众自己去承担。

第二，精英理论认为公众是被动、麻木和信息闭塞的，公众的情感往往被操纵在精英们的股掌之中，公众对精英价值观的影响微乎其微。精英与公众的沟通在极大程度上是自上而下的。因此，普选与政党竞争并不会使公众参与统治，政策问题的决定极少会通过民众选举或政党提出政策方案的形式进行。选举制和政党制这些民主制度在很大程度上只具有象征性意义，它们作为民主的符号有助于把民众牢牢地束缚在政治制度的罗网中。公民们在选举日可以行使自己的权力，在平时也有权加入他们认同的政党，他们会以为自己能够而且已经在国家政治生活中发挥着作用，而实际上这只是一种错觉。精英理论认为，公众对精英们的决策行为充其量只会有间接的、微小的影响。

第三，精英理论认为，对支撑社会制度的基础准则，精英集团有着一致的认识。这也就是说，它们对基本的"游戏规则"具有共识，对社会制度的延续看法一致。社会的稳定和秩序的存在就依赖于精英集团的这种共识，它们反映了社会的基本价值观。政策方案只有与此相符才可能进入政策议程，得到决策层的认真考虑。当然，这并不意味着精英集团的成员之间不存在意见分歧，他们彼此也会为一些问题而争得面红耳赤。从历史发展情况来看，没有一个社会在精英之间不存在竞争，冲突的产生是一种必然。但是，精英理论认为，这类争论往往是围绕具体和枝节的问题，范围也比较狭小，不涉及一些根本性的问题。而且，精英之间观点一致的方面远远多于不一致的方面。所谓根本性的问题包括很多方面的内容。比如在美国，精英集团的一致性表现在立宪政府、民主程序、多数原则、言论和出版自由、组成反对党和竞选公职的自由、在社会生活中机会均等、私人财产神圣不可侵犯、个人奋斗及其回报的重要性、自由企业、资本拥有者和经济制度的合法性等方面。民众对这些民主制度的象征可能会给予一定的支持和拥护，但往往是非常形式化和表面性的，难以像精英们那样给予这种价值观一贯性的、令人信赖的支持和信任。

精英理论“少数精英操纵一切”的断言受到了多方面的批判，被认为是难以证实的观点。多元主义理论、统合主义理论、马克思主义理论都对此提出过质疑。一些学者认为，许多事包括政策制定，就是因为少数人太过“负责”了，而大多数人无法负责，更无权负责，所以才把事情搞得一团糟。

尽管精英理论引起了颇多的争议，但简单地认定其不成立也不是一种实事求是的态度。的确，大众参政议政是现代社会公共政策制定的发展趋向，也是民主制度所要追求的目标。但是，口号代替不了现实，表象常与真实存在很大的差距，如果仅以理想为标准就很难得出正确的结论。精英理论作为一种启发性方法，为政策分析提供了一条重要思路。

托马斯·戴伊认为，20 世纪 60 年代美国一些人权政策的形成过程，非常适宜用来解释精英理论的实际应用。这些政策是这个国家的政治精英对影响少数民族环境的问题所作出的一种反应，而且并非是决策集团对大多数美国公众的情感所作出的反应。精英理论最关心公共政策形成过程中领导人物所发挥的作用，所以在发展中国家特别是一些带有专制统治色彩的政治系统中，精英理论在分析和解释公共政策制定过程时，其作用可能会远远超出其他一些政治系统。

柏拉图的固执

对柏拉图一生影响最大的是苏格拉底。柏拉图 20 岁拜苏格拉底为师，跟他学习了 10 年，直到苏格拉底被雅典民主派处死。老师的死给柏拉图以沉重的打击，他同自己的老师一样，坚决反对民主政治，认为一个人应该做和他身份相符的事，农民只管种田、手工业者只管做工、商人只管做生意，平民不能参与国家大事。苏格拉底的死更加深了他对平民政体的成见。他说，我们做一双鞋子还要找一个手艺好的人，生了病还要请一位良医，而治理国家这样一件大事竟然交给随便什么人，这岂不是很荒唐？

4.2.6 制度理论：政策是组织的产物

制度理论起源于传统的政治学。因为政治活动往往是围绕一些特定的政府制度展开的，所以传统政治学一直予以政府制度极大的关注。但是，其研究焦点通常只是一些特定的政府机构，对它们的结构、职能、权力、责任、方法、程序等进行描述，并没有对政府制度的政策结果进行系统的考察，忽视了政府制度与公共政策之间的内在联系。尽管如此，传统政治学为现代制度理论和制度分析方法的形成奠定了理论与实践的基础。

制度理论认为，公共政策与政府制度之间的关系是非常紧密的，政府制度是公共政策的母体，它在公共政策的整个生命周期里都发挥着决定性的影响。也就是说，不同的政府制度会导致不同的政策输出，公共政策是政府制度的产物。

政府制度赋予了公共政策三个明显的特征。一是公共政策的合法性。只有公共政策才表现为法律的规定，要求公众和团体忠诚与服从，尽管人们也可以把其他一些社会组织的政策视为非常重要或具有约束力，但从法律角度来看，它们与公共政策绝不可相提并论。二是公共政策的普遍性。其触角深入到了社会的各个层面和社会中的每一个人，而其他一些社会组织的政策与公共政策相比较，其目标群体是非常有限的。三是公共政策的强制性。只有政府才有权关押其政策的反对者，它以武力为后盾，独享社会的强制权，而其他一些社会组织所能实施的惩罚是难以与政府这方面的力量相比较的。

政府制度实际上是个人和团体行为的结构性模式，我们在这里使用“结构性”一词主要是指这些行为模式所具有的持久性特征。这些相对固化的行为模式对公共政策内容的影响主要表现在这样几个方面：(1) 它可能有利于某些政策的形成与实施，不利于另一些政策的形成与实施；(2) 它可能为社会上的某些利益需求提供便利，而为另一些利益需求设置障碍；(3) 它可能为某些个人和团体提供接近政府权力的便利，为另一些个人和团体设置接近政府权力的障碍。

制度研究侧重于政府机构中那些涉及政策过程的组织和政治行为人的行为方式。政府好比一部机器，这部机器由不同的齿轮和杠杆组成，它有固化的结构（如科层制）、约定俗成的工作惯例（工作俗套）、规律性的运行方式、程序化的工作过程等。毫无疑问，机器自身内在的结构性特征对其产品有着决定性的影响。同理，具有不同制度特征的政府所输出的政策一定会有显著的差别。制度理论视公共政策为政府制度运行的结果。

理性模型断言，重大事件总有重大起因，没有无目的的行动。它视政府为一个整体，好比单独耸立的一块巨石，其所付诸的行动都是出于某些方面的原因，政策分析的目的就是探究这些原因。然而，理性模型所讲的目标与行动的结合，不得不面对政府机器这一不可回避的方面。这需要明确以下几点：(1) 政策过程涉及政府中的许多部门，它们的行为规律存在明显的差异，集中表现为日常的工作惯例；(2) 政策过程中大的行动是无数次和经常性的小的行动的汇集或结果，政府机构中处于不同层级的部门和个人扮演了这些小的行动的主要角色（尤其是在政策的体制内运作当中，这些小的行动对政策形成有重要的影响）；(3) 政府中的不同部门和个人为一项政策提供多样化服务，其只是在国家目标、政治目标、组织目标这些富有概念特征的领域里部分地一致罢了。

现代组织理论的发展为制度分析提供了理论上的依据，制度分析的理论模型逐渐成为政策分析的主要方法，代表了当前政策分析的最新动态和研究走向。就古巴导弹危机这个典型的政策事件而言，如果政策分析人员能够明确界定原苏联政府有关机构的行为模式等制度方面的特征，他们实际上就已经解释了原苏联在古巴导弹危机中的反应，回答了“原苏联为什么会把导弹放在古巴”这样一个十分令人头痛的政策问题。制度分析不同于理性分析，不认为某种原因必然导致某种行动，而认为具有某种制度特征的组织必会作出某种行动的选择。

4.2.7 博弈理论：政策是竞争环境中进行的理性选择

博弈理论研究的是在特定情况下如何进行理性决策的问题。这种特定情况是指，两个或两个以上的参与者，他们彼此存在相反的利害关系，其中每个人的选择都会对其他人的决定产生影响，最终的结果依赖于所有参与者的选择。在政策制定过程中也会出现类似的情况，当孤立的最优选择不存在，只能根据他人的选择作出自己最佳的决定时，博弈理论就可以派上用场了。

博弈的理念源于互为因果、相互关联的选择。它的每个参加者不仅要考虑自己的需要和能力，而且还要对他人的预期行为作出判断，然后调整自己的决定。“博弈”这个词有游戏的含义，看似难以应用到严肃的场合，但事实恰恰相反，博弈的技巧可以用来处理重大的政策问题。博弈的参与者可以是个人，也可以是组织或政府，只要它们能够以明确的目标为导向实施理性的行动。

博弈理论并不描述人们实际上如何进行决策，而是解释理性的人在竞争状态下会怎样去考虑决策。博弈理论是一种理性的模型，它更多地适用于竞争环境。一般而言，在竞争环境中，自己的选择往往要依赖于自己对手的选择。比如下围棋，你在头脑中考虑的招法是好是坏，需要依赖对手的选择。博弈理论所要告诉我们的就是，在考虑了对手所有选择的基础上，作出自己最理性的选择。

博弈规则描述了适用于所有参与者的多种选择，这些选择通常用数学上的矩阵来表述。最简单的形式被称为二阶矩阵，即只有两个参与者，而且每人仅有两种选择（见图 4—4）。

		参与者甲	
		方案A	方案B
参与者乙	方案A	甲：结果 乙：结果	甲：结果 乙：结果
	方案B	甲：结果 乙：结果	甲：结果 乙：结果

图 4—4　博弈的二阶矩阵

二阶矩阵会有四种可能的结果，通常矩阵的一个小方框用来表示一种结果。当然，每种结果都依赖于双方的选择。在博弈理论中，这些结果代表着不同的价值回报，往往通过赋值来加以表现。因为两个参与者对结果会有不同的评价，所以在矩阵的每个方框内都有两个值。下面用年轻人进行公路挑战的游戏来形象地解释博弈理论中的二人博弈。

有两个毛头小伙在公路上高速驾车且相向而行，每辆车都有一侧的车轮压在高速公路中央的分道线上，如果两个人都照直开，他们肯定会撞在一起，但是谁要打轮转向，谁就会被视为懦夫，因而会在这场博弈中失败。尽管两个人都不想被撞死，但谁也不愿低头认栽，屈为懦夫。最终结果依赖于双方的选择，每个人都必须试着预测对方将要做什么。这种边缘性对策的情况在国际关系问题上也经常会发生。“公路挑战”的博弈矩阵见图 4—5。

		参与者甲 直行	参与者甲 转向
参与者乙	直行	甲：−10 乙：−10	甲：−5 乙：+5
	转向	甲：+5 乙：−5	甲：−1 乙：−1

图 4—5　“公路挑战”的博弈矩阵

对结果进行量化在博弈分析中是非常必要的，而数值的提供往往是分析人员的工作。如果车手甲和乙都选择直行，双方都会有惨重的结局，所以分值都是－10。如果车手甲选择直行而车手乙选择转向，那么车手甲就会因其勇气获得＋5分，而车手乙也会因其懦弱获得－5 分；如果车手甲选择转向而车手乙选择直行，则结果正好相反。如果两个人都选择转向，那么就都同样表现出了胆怯，尽管如此，但这种选择总要比自己转向而别人直行要强得多，所以分值都是－1。

通过分析上列矩阵我们可以得出这样的结论：对两位车手来说，为了能够使造成个人最大损失（－10 分）的可能性最小化，转向是他们的理性选择。当然，上列矩阵还太过简单，现实生活可能并非如此，假设参与者对结果的赋值与上列数值具有很大差异，那么分析的结论就难以立足。比如，在公路挑战的博弈中，车手甲宁可付出生命的代价也不愿首先转向而表现出自己的怯懦，因为他更看重个人的尊严和无所畏惧的勇气。至于值不值得，那只是他个人的感觉，在别人看来，为开斗气车而献身，并非“生得伟大，死得光荣”，而只能是“生得渺小，死得可悲”。尽管竞争双方都没有自己对手价值观的完整信息，但他们都会试图对自己对手的价值观作出一些预测。而出于吓唬一下对手使其误解自己立场的目的，故意制造一些假象的情况也是在博弈环境中经常出现的。比如，在公路挑战的博弈中，一个可供选择的策略就是在竞赛开始之前让对手见到你“喝得醉醺醺”的样子，踉踉跄跄地走进你的车里，嘴里嘟嘟囔囔地说着“这个腐朽的世界已经让你活够了”之类的话。这种信息的传递可能会极大地影响对手的判断及抉择。他可能会更高地估计你一直保持直行的可能性，并对他作出转向的选择提供了某种程度的激励，从而使你有更大的可能成为这次竞争的赢家。

在博弈理论中还有一个非常关键的概念——策略。它所对应的是这样一种理性决策的情境，即在考虑了对手所有的可能性选择之后，设计一组行动并使之达到最优的结果。博弈理论者借用了这样一个词——“最小最大化”来阐述理性策略的实质性内涵，对博弈的参与者而言，无论对手怎样去做，自己的选择都将使自己最大的损失最小化或最小的收益最大化。“最小最大化”的理性策略能够有效地抑制对手最佳选择给自己造成的伤害。它也许会被认为是一种非常保守的策略，因为它所设计的行为只是为了减少损失或确保最低限度的收益而不是为获取最大利益去冒很大的风险。但是，绝大多数的博弈理论者都把“最小最大化”视为最佳的理性策略（在公路挑战的博弈中，理性的人一定会选择转向，因为这种选择将会把他最大的损失降至最小。当然，在这里为了分析的方便，简化和省略了其他一些环境因素）。

“智猪博弈”

博弈论里有一个十分有名的博弈模型，叫作“智猪博弈”。它是由约翰·纳什在1950年提出的。假设笼子里面有两只猪，一只大，一只小。笼子很长，一头有一个踏板，另一头是饲料的出口和食槽。每踩一下踏板，在远离踏板的猪圈的另一边的投食口就会落下少量的食物。如果有一只猪去踩踏板，另一只猪就有机会抢先吃到另一边落下的食物。当小猪踩动踏板时，大猪会在小猪跑到食槽之前吃光所有的食物；若是大猪踩动了踏板，则还有机会吃到小猪还没来得及吃完的食物。

如果定量地来看，踩一下踏板，将有相当于10个单位的猪食流进食槽，但是踩完踏板之后跑到食槽所需要付出的“劳动”，要消耗相当于2个单位的猪食。

如果两只猪同时踩踏板，再一起跑到食槽吃，大猪吃到7个单位，小猪吃到3个单位，减去劳动耗费各自2个单位，大猪净得益5个单位，小猪净得益1个单位。

如果大猪踩踏板，小猪等着先吃，大猪再赶过去吃，大猪吃到6个单位，去掉踩踏板的劳动耗费2个单位净得4个单位，小猪也吃到4个单位。

如果小猪踩踏板，大猪先吃，大猪吃到9个单位，小猪吃到1个单位，再减去踩踏板的劳动耗费，小猪是净亏损1个单位。

如果大家都等待，结果是谁都吃不到。可以得出结论，唯一解是大猪踩踏板，小猪等待。

我们把这个博弈用矩阵的形式表达，见图4—6。

		大猪 行动	大猪 等待
小猪	行动	大猪：5 小猪：1	大猪：9 小猪：−1
小猪	等待	大猪：4 小猪：4	大猪：0 小猪：0

图4—6 智猪博弈矩阵

（1）在矩阵的左上角，大猪踩踏板，小猪也踩踏板，大猪、小猪分别得到5个单位食物和1个单位食物。

(2) 在矩阵的左下角，大猪踩踏板，小猪等待，大猪、小猪都各得到 4 个单位食物。

(3) 在矩阵的右上角，大猪等待，小猪踩踏板，大猪、小猪分别得到 9 个单位食物和－1 个单位食物。

(4) 在矩阵的右下角，大猪、小猪等待，大猪、小猪都得不到食物。

那么，两只猪各会采取什么策略呢？答案可能出乎意料：小猪将选择“搭便车”策略，也就是说，它会舒舒服服地等在食槽边，而大猪则为一点残羹不知疲倦地奔忙于踏板和食槽之间。原因何在呢？

因为，小猪踩踏板将一无所获，不踩踏板反而能吃上食物。对小猪而言，无论大猪是否踩动踏板，不踩踏板总是好的选择。反观大猪，已明知小猪是不会去踩动踏板的，自己亲自去踩踏板总比不踩强吧，所以只好亲力亲为了。

如果采用定量分析的方法，根据矩阵，“等待”是小猪的优势策略，“踩踏板”是小猪的劣势策略。先把小猪的劣势策略消去，再来看大猪的策略。由于小猪有“等待”这个优势策略，大猪只剩下了两个选择：等待一份不得和踩踏板得到 4 份。所以“等待”就变成了大猪的劣势策略。这样就分析出相同的结局：大猪来回在猪槽的两端奔波，小猪则坐享其成。

“智猪博弈”的结论似乎是，在一个双方公平、公正、合理和共享竞争环境中，有时占优势的一方最终得到的结果却有悖于他的初始理性。这种情况也常常发生在现实生活中。

博弈理论确实大大开阔了我们的眼界，为政策分析提供了一个有趣的思路，特别是在冲突情境下进行政策选择时，它所发挥的作用更为明显。就目前情况而言，博弈论在政策领域的影响正在逐渐加大。

4.2.8 团体理论：政策是团体利益的平衡

政策分析的团体理论源于政治学对组织问题的思考，认为所有政治现象都可以归结为团体现象。团体是个体的集合，是有着共同利益需要或理想追求的一些个人正式或非正式的联合形式。不同的团体有着不同的要求，来自不同团体的不同要求都聚敛于政府，从而对其形成不同程度的压力。

利益集团是指社会中有着共同观点和看法并有权力对其他团体提出要求的社会团体。当这个团体通过政府机构或向政府机构提出其要求时，它就从社会性利益团体变成为政治性利益团体。社会中的个人只有在成为团体成员并为团体利益进行活动时才能够在政治生活中发挥其作用。在政府与个人之间，团体成为不可或缺的纽带。团体之间的互动是政治生活的核心，政治实际上就是各团体为影响公共政策所进行的相互斗争。政治体系最根本的使命就是通过以下途径调和团体之间的冲突：(1) 建立团体斗争的游戏规则并充任裁判（角色）；(2) 平衡各方利益，力求彼此妥协（目标）；(3) 以公共政策的形式出台折中办法（途径）；(4) 通过各种形式和措施推动公共政策的实施（方法）。

团体理论认为，公共政策实际上是团体斗争中相互妥协的结果，是不同利益集团之间的一种平衡产物。制约这种平衡的力量来自不同利益集团的相关影响。毫无疑问，公共政策往往更倾向于影响力较大的利益集团，公共政策的相对稳定依赖于团体斗争均衡状态的持续。一旦这种状态被破坏，公共政策就会起变化，待到新的平衡形成，新的政策随之出现。任何利益集团政治影响力的减弱或增强都会延伸到政策的制定领域，从而导致公共政策程度不同的变化。其变化的方向无疑更靠近力量增强的团体的要求，远离力量减弱的团体的要求，从而在新的基础上达到平衡。

团体对公共政策的影响力由其成员的数量、财力的状况、团体的实力、领导者的能力、团体的凝聚力以及与政府决策层的关系等因素来决定。

团体理论试图以团体斗争的分析框架解释所有重要的政治活动。公共政策只是利益集团斗争结果的合法化表现形式，政策制定者的任务就是对团体的压力不断地作出反应，即通过讨价还价、相互妥协、折中调解等形式寻求利益群体间冲突性要求的平衡。政治家的作用实际上主要体现在团体联盟的建立方面，他们总是在试图联系更多的团体以形成多数的力量。

团体理论认为，政治体系本身实质上是所有社会团体的互动体系，这种体系的平衡依赖于几种重要社会力量的支撑。

第一，社会上存在一个非常庞大的、极为普遍的、潜在的社会团体，它拥护和支持国家的宪法体系和维护社会稳定的运行机制。这种团体并不总是显现的，但是一旦有任何团体破坏“游戏规则”，威胁团体间的平衡，这种潜在的力量就会被激活。它会奋起反击，从而对破坏势力形成巨大的压力。

第二，团体间成员资格的相互重叠会使任何孤立的团体难以偏离社会的基础价值观，从而对平衡的维系发挥了至关重要的作用。正因为社会中有许多人既是这个团体的成员又是那个团体的成员，所以一个团体在提出自己的利益要求时就必须考虑避免对这些人的利益造成伤害。这样一来，团体间的矛盾与冲突就会在一定程度上得到缓解。

第三，团体之间的竞争能够使任何单个团体的势力得到有效的控制，并使所有团体能够在相对基础上做到势均力敌，形成相互制约的局面，以维护社会的稳定和体系的平衡。团体理论认为，在一个社会中应避免任何单个团体在人数上形成压倒优势，这主要是出于利益平衡的考虑。每个团体的力量都会受到其他竞争团体的制约，其结果不仅有利于保护团体的利益而且有利于保护个人的权利。

当然，团体理论也有其缺陷。它在把注意力集中于政策制定过程那些重要的能动因素的同时，似乎过分夸大了团体在社会政治生活中所发挥的作用，而低估了政策制定者（政府官员）在政治过程中所具有的独立的且富有创造性的作用。事实上，政府部门及其成员并非总是处于被动的地位，并非只需要对不同团体的利益需求作出反应。许多社会团体实际上是公共政策的产物，没有公共政策的出台，它们就不可能存在。尽管团体理论对政策分析有着重要的启发性意义，但是我们在解释公共政策问题时绝不能忽略政治生活中其他重要因素的影响。团体理论模型见图 4—7。

在结束团体理论的评价时，还想讲一个发人深省的寓言，题目叫作“羚羊与狮子”。

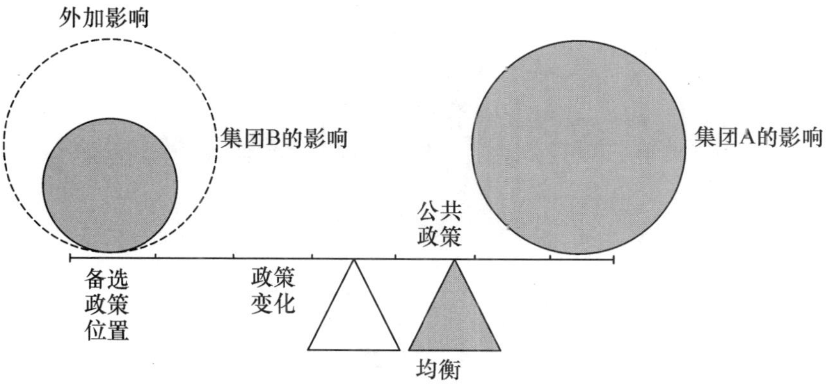

图 4—7　团体理论模型

在非洲的大草原上有一条河流，它将草原分成了东西两块。河东住着一群狮子，河西住着一群羚羊。河东的狮子很强壮，不久就将河东的猎物吃得所剩无几，这使得河东的草长得非常茂盛。河西的羚羊繁殖得也很快，群体一天天壮大起来，它们把河西的草几乎吃得精光。共同的饥饿感常常使得双方来到河边相互对望，东面的狮子望着西面的羚羊禁不住流出了口水，希望有机会能够冲过去饱餐一顿；西面的羚羊望着东面的水草羡慕得不得了，希望有一天也能冲过河去满足愿望。然而，那湍急的河水使它们都感到无可奈何。于是，双方不约而同地产生了共同的期盼：盼望河水早日干涸。难以抑制的饥饿感使它们常常走到河边共同进行祈祷，祈求天神施恩将河水抽干。共同期盼使它们渐渐变得亲近起来，在不断的隔河交往中，通过友好的对话，它们成为了"同一战壕里的战友"，为"共同的目标"竭尽全力地祷告。它们不懈的努力终于感动了上苍，有一天这条河真的干了。羚羊和狮子都很高兴，它们终于实现了"共同的愿望"。然而，正当羚羊准备和狮子一起庆祝这件特大喜事时，饥饿的狮子早已迫不及待地踏着泥泞冲了过来，瞬间将羚羊捕杀。

不要以为有着共同的愿望就一定是志同道合的朋友，不要以为有着同样的举动就证明在致力于共同的事业。形式目标（或称初级目标或手段性目标）与实质目标有着本质性的差异。同样的形式目标不一定代表共同的利益或需要，可能导致多种不同的实质目标，这里存在一个价值判断和事实判断的问题。正因为如此，我们在现实生活中不难发现政治联盟中常会有羚羊与狮子的悲剧发生。

4.2.9　系统理论：政策是政治系统的输出

政策分析的系统理论源于分析政治系统的方法研究，它把公共政策视为政治系统对外界环境压力所作出的反应。所谓环境是指政治系统的外部条件与状况，所谓压力是指环境作用于政治系统的要求与支持，所谓政治系统是指对社会价值分配具有权威作用的相关机构和运行过程。政治学家戴维·伊斯顿对外部环境、政治系统和公共政策三者的关系作了较为详尽的描述。系统理论模型见图 4—8。

系统理论认为，公共政策的输出是政治系统与其外部环境互动的结果。要求与支持的输入是社会团体与个人试图影响公共政策的表现。当公众发现社会环境中存在的问题并感到需

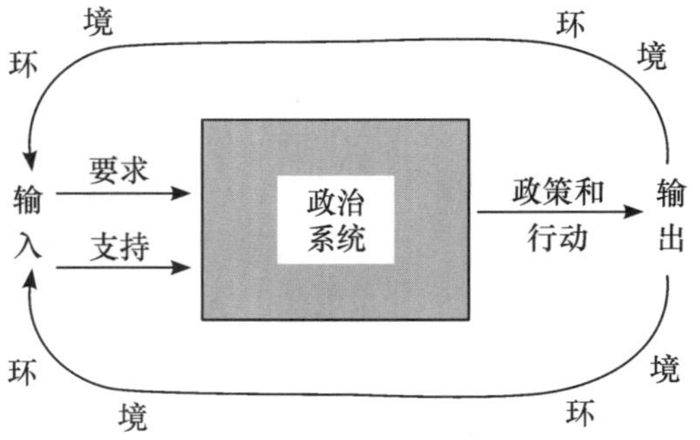

图 4—8 系统理论模型

要对此做点什么的时候，要求就会出现。当公众接受选举结果、遵守国家法律、依法缴纳税收、服从政府决定时，支持就会形成。政治系统为了自身的生存与发展必然会对环境的压力作出反应，而源于公众的要求常常是复杂多变和相互冲突的，为了把这些要求转变为公共政策，政治系统就需要作出制度上的安排并通过有关机构和活动强化这种安排。政策输出可能会起到缓解环境影响、弱化公众要求和影响政治系统内在特征的作用。政治系统与其外部环境之间的互动是一个反复循环的过程，政策输出会引起公众要求的变化，而新要求的不断提出会使新的政策不断出台。政治系统可以通过下列途径保护自身利益、维持系统生存。

（1）政策输出满足环境需求、符合公众利益。

（2）加强系统自身建设，完善内部机制。

（3）以武力为威慑或直接使用武力。

系统理论对政策分析的启发性作用表现在下列问题的提出。

（1）什么样的环境条件促成其对政治系统的压力？

（2）什么样的系统特征能使政治系统得以将要求转化为政策并维持系统的长久生存？

（3）环境的压力怎样影响政治系统的特征？

（4）政治系统的特征怎样影响公共政策的内容？

（5）环境的压力怎样影响公共政策的内容？

（6）公共政策怎样通过反馈作用于环境并影响政治系统的特征？

系统理论对现实政治生活进行了高度的概括，从宏观角度对政策过程进行了分析，它在政策分析领域无疑具有十分重要的理论指导意义。但是，系统理论对政治系统这一“黑箱”缺少针对性的分析，没有能够很好地解释政策决定的具体形成过程，这导致它在政策实践中的应用受到很大的限制。

4.2.10 生命周期理论

政策的生命周期理论也被称为政策的过程模型，它试图通过阶段性的描述，对政策进行程式化的分析。

过程模型一直是理解和研究公共政策的基础架构。尽管政策科学领域对此一直存有许多疑虑，但并没有动摇阶段分析方法在政策过程分析中的主导地位。

当然，这种阶段的模型或教科书式的方法并不是没有争议，一些对此持批判态度的理论家认为，这种方法只是创造了一种人为的政策制定观。他们强调，真实的世界是极为复杂的，不可能由这种整齐有序的步骤、阶段和周期组成。实际的政策过程并不是传送机上的皮带，议程建立发生在皮带的一端而执行和评估发生在皮带的另一端。

我们应该关注对政策生命周期理论的这种批判性意见。动物可以有一个生命周期，活的物体也可以被视为一个系统，但是，把公共政策赋予生命并分解为如此简化的阶段在方法论上肯定存在一定的漏洞。公共政策的过程模型或生命周期理论实际上是把政策过程视为一种政治行为的生命过程来加以描述的。然而，一个政策的实际生命过程，不一定全与下述过程相吻合，或繁或简全依具体的政策内容和环境而异，甚至下述的逻辑程序也会发生很大的变化。尽管如此，根据过程模型分析公共政策仍是我们目前所要坚持的方法。因为政策生命周期理论有助于我们对政策生命过程中各种政治行为的把握，为政策制定与执行提供了一个科学的分析框架。政策生命周期理论（过程模型）见图 4—9。

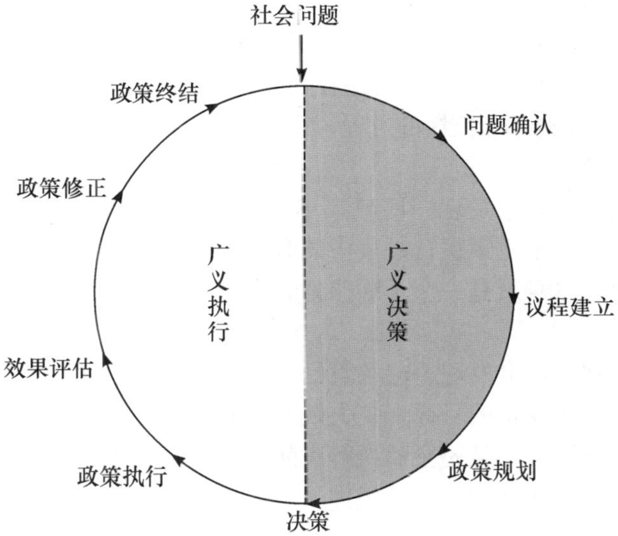

图 4—9　政策生命周期理论（过程模型）

公共政策的过程大致如下：

1. 社会问题的出现

任何社会都存在着一些需要重视和解决的问题。在社会发展的过程中，不可避免地会出现一些偏差和障碍，从而影响到社会全体成员或部分成员的正常生活，引起人们的普遍关注。公共政策的制定大都是为了解决社会问题进行的。往往是旧的问题刚刚解决或尚未解决，新的问题就产生了。人类社会就是在解决社会问题的实践中不断进步和发展的。

2. 社会问题的确认

社会问题只有在属于政府的政策范围、进入政府议程的情况下，才能转化成为政策问题。社会问题的确认是发现社会问题的内涵和界限，界定社会问题的性质、深度和广度、严重程度和关联性，寻找进入政府政策议程的途径以及进行社会问题分析的过程。

3. 政策议程的建立

社会上存在的问题很多，政府或社会不可能都注意到，即使都注意到了也无法全部采取适当政策加以解决。政策议程的建立是社会问题转化为政策问题的关键环节。每个政府部门都有一些经常性的政策议程，并常常要为解决若干新的问题而建立新的政策议程。

4. 政策规划

政策议程建立之后就进入了政策规划阶段。作为政策制定过程的核心环节，政策规划是指政策方案策划、设计、评估和选择的过程。其主体类型可分为单一式和多元式两种，前者主要指政府有关机构，后者主要指政府系统外的社会组织和个人。

5. 政策方案的执行

政策方案一经采纳就开始进入政策执行阶段。所谓政策执行就是把政策方案的内容转化为客观现实的过程。在这一过程中，政策执行者要充分开发各种政策资源，建立必要的组织机构，利用多种技术手段，使观念形态的东西转化为现实形态的东西。从"纸上谈兵"到"真刀真枪"，目的当然是为了有效地解决政策问题，实现既定的政策目标。

6. 执行效果的评估

在政策制定过程中，这一阶段进行的评估通常也被称为后评估。由于人的主观局限和社会环境的复杂多变，事与愿违的现象是普遍存在的。因此，需要对执行的效果进行必要的分析和判断。这种评估是信息不断反馈的过程，目的是确定政策的价值和决定政策的取向。

7. 政策调整与改变

通过执行效果的评估，会发现一些政策不宜再继续执行，需要对此作出必要的调整。不断修正主观以适应客观是政策执行过程中的必然选择，从来没有一锤定音和一劳永逸的政策。政策执行的过程本身就是一个不断探索和学习、不断调整和完善的过程。

8. 政策的终结

通过执行效果的评估，会发现一些政策已经达到预期的效果，完成了自己的使命，还有一些政策则完全背离了既定的目标，是失败或无效的。这些政策如果继续执行下去，不仅会浪费宝贵的政策资源，而且还会贻误解决问题的时机。所以，这些政策都应及时地退出社会和历史的舞台，从而推动政策过程进入新一轮循环。

4.3 政策分析的相关理论

4.3.1 混合扫描理论

社会学家阿米泰·埃茨伊奥尼（Amitai Etzioni）认为完全理性理论和渐进主义理论都存在不足。比如，渐进主义决策大多反映了社会上最有权势的组织集团的利益，而忽视了政治上处于无组织状态的弱势群体的利益，而且像那些重大的或基础性的决策，比如说对外宣战，就不适用渐进主义。尽管这样的决策为数不多，但它们不仅非常重要并且常常要为渐进主义决策提供背景。①

在合并基础性决策和渐进性决策的基础上，埃茨伊奥尼提出了混合扫描的决策方法，强调一种"更好的次序，即基础性决策程序设定基本方向……渐进性决策为基础性决策作

① Amitai Etzioni, "Mixed Scanning: A 'Third' Approach to Decision-Making," *Public Administration Review*, XXVII, December, 1967, pp. 385-392.

准备并在基础性决策达成以后对其加以实施”。对此，他还作出了如下阐述：

> 假设我们要利用气象卫星来建立一个全球气象观察系统的话，理性方法会利用一个先进的卫星探测镜头尽可能经常地、反复地观察整个天空，这是一项耗费巨大的气象调查，将会导致细节信息堆积如山、分析成本加大，并且很可能会超出行动的能力限度。渐进主义则集中关注那些最近发生相似情况的地区或其周围区域。当然，如果这些信息产生于意料之外的地区，那么许多值得关注的信息就会被遗漏。
>
> 混合扫描理论汲取二者的优点，运用两个卫星探测镜头：一个广角镜头全方位覆盖天空中的各个部分，但不要求细节；另外一个镜头锁住那些需要细致观察的地区。尽管混合扫描可能会漏掉某些只有运用细致观测才能发现问题的地区，但是相比渐进主义理论，它不会忽略在不熟悉的地区存在的明显问题。①

混合扫描理论有助于决策者在不同场合综合运用完全理性方法和渐进主义理论。当然，在某些情况下，用渐进主义理论就可以了，而在其他一些情况下，则需要一种符合完全理性要求的更彻底的方法。混合扫描理论同时也考虑到了决策者的能力大小。决策者运用权力执行决策的能力越大，就越能进行更多的“扫描”活动。扫描的范围越大，决策的有效性也就越强。

混合扫描方法经常为政府部门所采用。比如，经济顾问委员会分析国家经济形势，提醒决策者关注可能遇到的问题或失败的威胁，并针对经济的发展和稳定提出具体的政策建议。如此，经济顾问委员会既关注经济总体运行又关注出现的具体问题，既进行了全面扫描又聚焦于个别物体。由此可见，混合扫描理论试图将理性主义和渐进主义二者相互结合，取之所长，弃之所短。

4.3.2　批判性理论

政策学家科林德里奇在 1982 年出版了《批判性决策——一种社会选择的新理论》一书，提出并解释了批判性理论的思维框架。他认为，规范性政策理论的研究焦点历来集中于讨论如何对一项政策作出辨明或辩护，即通过各种方法对这项政策的正确性加以证实。而实际上这样的辨明是不可能有任何效果的。其主要原因有两点：一是价值选择难以确定标准，其正确与否无法进行客观评判；二是受主客观条件的制约，不可能全面且准确地掌握有关的决策信息，因而人们既无法穷尽所有的备选方案，也不可能预测每种方案全部的可能性结果。

因此，辨明性理论有着极其有限的适用场合，即价值标准是既定的且得到公认，备选方案极为有限且执行结果不难预料。但对于绝大多数的决策活动而言，这种理论是没有用武之地的。科林德里奇在否定规范性政策理论的同时提出了他的证伪主义框架。他在借鉴卡尔·波普哲学观点的基础上提出这一理论模型。

波普的哲学观点既反对辨明主义或证实主义，也反对非理性主义或怀疑论。辨明主义亦称绝对无误论，它认为科学知识所提供的内容是确实可靠的，是经得起证明的。而波普不这

---

① Amitai Etzioni，“Mixed Scanning：A ‘Third’ Approach to Decision-Making，” *Public Administration Review*，XXVII，December，1967，p. 389.

样看，他视无误论者的认识为天真的幻想，他认为任何科学的主张都不是无可挑剔的，都不是容易证实的。怀疑论者对一切都持怀疑态度，从绝对意义上否定科学知识的可靠性，认为没有任何理由和证据可以证明某种科学主张比其他的主张更好。波普对怀疑论更是不屑一顾，他认为人们已经发现了能够把合理的科学主张同各种形式的迷信加以区别的有效途径，这就是可证伪性。他指出，科学的发展表现于知识的增长，而知识增长的过程就是理论不断扬弃的过程，旧的理论不断受到责难和批判，人们找出它的不足，发现它的错误，在此基础上才会有更好的理论产生。因此，波普的观点被称为证伪主义和批判主义，或称可误论。

科林德里奇受波普哲学观点的启发，认为政策制定的过程也像科学探索一样，虽然无法证实某项政策方案绝对正确，但这并不等于说我们就无法证实它比另一项政策方案更好。一般而言，越经得起批判的政策就越好，越经不起批判的政策就越差。因此，在政策制定的过程中，正确的途径不是去寻找那些可以被完全证实且正确无误的政策方案，而是去寻找那些错误和缺陷尽可能少且可以很快克服与改进并无须付出过多代价的决策方案。

科林德里奇的批判性理论对政策分析的主导性理论提出了挑战，其反向思维的认识方法具有鲜明的特征。尽管这种批判性观点也同样受到来自各方面的批判，但是，它对政策分析的启发性作用是不容忽视的。

4.3.3 实验性理论

1975 年，美国著名的思想库——布鲁金斯研究会组织了一次有关政策实验方面的研讨会。与会的专家、学者在其后发表了一系列论文，内容涉及教育、税收、工资等方面的政策实验。他们普遍认为，囿于政府决策笼罩着高度的不确定性，所以在政策正式出台之前应进行慎重的社会实验或搞小范围的试点，以减少决策中的无知和避免执行中的缺陷，并预防一些意想不到的结果。

政策实验主义论者认为，政府的政策制定实际上往往是在对预期结果没有充分把握下进行的。考察一下那些曾被政府采纳并颁布实施的政策，人们就不难发现，如果能在事前对结果作出正确估计的话，这些政策无疑会在出台之前就已经被否决；再考察一下那些曾在事前就已经被否决了的备选方案，如果能在事前对后果有更清晰的了解，这些方案很可能倒是应该被采纳的。公共政策的制定不是一场游戏，政府不可拿全民做实验，拿公众开玩笑，这样做的社会代价实在太大，谁都难以承受。因此，进行可控制的实验或小范围的试点不仅是合理的也是必要的。

一些学者对政策实验主义论提出了批判，他们的观点主要表现在以下几个方面。

（1）不可能对所有重大的决策都进行实验或试点，比如外交领域的决策就不具备实验和试点的条件，再如危机状态下的决策，决策者面临着巨大的时间压力。

（2）对谁进行实验？目标群体怎样选择？他们是否具有代表性？回答这些问题是困难的。被实验者将体会强制性条件和操作性说明，特别是在控制因素的人为调整过程中，这种体验将表现得更为明显，这无疑有悖于民主政治的价值原则。

（3）尽管有时在理论上讲得通，但从实际情况来看，难以对政策问题进行可控制的社会实验。模拟的现实替代不了真正的现实，局部的现象常常是整体的假象。

（4）进行盲试（在被试不知情的条件下进行试点）的困难极大，很难避免人为因素的干扰，如霍桑效应（当一个人意识到自己正在被别人研究时，很可能会改变自己的行为，即该那样做而没那样做）。

4.3.4　取舍理论

取舍理论源于正统的经济学原理。经济学家在分析经济政策或经济目标时，通常把现有资源假定为有限和固定的，若他们面临多项政策或多重目标的选择，那么就必须有所取舍。换句话说，采取某项政策或追求某种目标，就必须舍弃其他政策或牺牲其他目标。就国家范围的经济政策而言，取舍理论也曾被广泛使用。

例如，经济增长与公平分配的取舍。经济学家在研究发展中国家的发展问题时注意到，在发展中国家经济发展的初始阶段，公平分配的问题无从谈起。他们认为发展中国家要使经济增长本就该舍弃公平分配的考虑，其生产水平如此低下，能公平分配的只有贫瘠而非财富。

又如，物价稳定与充分就业的取舍。凯恩斯理论的运用不当，会使通货膨胀成为维持充分就业的可能代价；传统经济理论的运用不当，则会使失业率增加成为稳定物价的可能代价。

再如，工业生产与环境保护的取舍。如要保护周围环境，必会增加生产成本，不利于利润的获取。因此，增加生产与保护环境往往相互冲突，不可兼得。

此外，在社会和政治领域，亦有相似的取舍问题。如政治民主与政治安定两个目标，通常被认为是相互冲突的、难以调和的。有时为使政治安定，就不得不对公众的自由范围加以必要的限制；有时为给予公众更多的自由与民主权力，就不得不冒政治不安定的风险。

当代公共政策的多元化特征使政策分析不能不关注政策与政策之间的关系，研究不同的政策及其目标究竟是彼此对立还是相互和谐。从这一点来看，源于经济学的取舍理论对政策分析领域不无启发。的确，从静态角度观察社会，其任何一个目标都会有它的机会成本（为获得完成某一目标的机会就必须放弃以同样资源达成其他目标的机会），这在经济学研究中是一个不争的事实。但取舍理论的反对者认为，把这种理论应用于政策实践是非常危险的。取舍理论是短视观点，是权宜之计，它与可持续发展背道而驰。在分析公共政策的过程中，应该尽可能地超越取舍的观念，因为政策目标间的冲突并非是不可调和的。

机会成本

机会成本又称择一成本，是指在经济决策过程中，因选取某一方案而放弃另一方案所付出的代价或丧失的潜在利益。某种资源常常有多种用途，即有多种使用的“机会”，但用在某一方面，就不能同时用在另一方面，因此在决策分析中，必须把已放弃方案可能获得的潜在收益，作为被选取方案的机会成本，这样才能对中选方案的经济效益作出正确的评价。机会成本在决策中不容忽视，优选方案的预计收益必须大于机会成本，否则所选中的方案就不是最优方案。实际上，如果某项资源只有一种用途，则其机会成本为零。

4.3.5 政策系统说

所谓系统，是指由若干个相互依赖和相互作用的组成部分（或要素）构成的具有一定功能的有机整体。构成系统的各个组成部分之间的结合方式叫系统的结构。任何事物都可被视为一个系统，所以，系统是事物存在的普遍形式。

系统的功能不是由要素的数量多少决定的，而是由要素之间的相互关系决定的。也就是说，系统的结构决定了系统的功能。

公共政策作为一种社会事物也常常被人们视为一个系统，它主要是由信息子系统、咨询子系统、决策子系统、执行子系统和监控子系统构成。

1. 信息子系统

信息子系统由相关机构、人员、设备、技术等要素构成，它在政策制定过程中发挥着信息收集、整理、加工、存储和利用等功能。信息沟通是信息子系统运行的主要模式。

2. 咨询子系统

咨询子系统又称参谋或智囊子系统，是由研究性组织和研究人员组成。其功能主要表现在政策问题咨询、社会问题分析、政策方案设计、政策方案评估、政策前景预测等方面。

3. 决策子系统

决策子系统往往被视为政策系统的中枢，是由享有拍板决策权的领导者组成的。它与咨询子系统是谋与断的关系，其功能主要表现在提出政策课题、进行价值判断、确立政策目标、组织政策制定等方面。

4. 执行子系统

执行子系统是政策贯彻落实的中坚，主要由政府机关和行政人员组成，负责政策的具体落实，涉及一系列的环节，如计划的制定、行动的落实、工作的组织、信息的沟通、矛盾的协调等。

5. 监控子系统

监控子系统地位特殊，相对独立，在政策执行活动中主要负责权力的监督、程序的合法、执行的控制、信息的反馈等方面的工作。

以上五个子系统相互联系、相互依存、相互影响、相互作用，从而形成政策系统的有机运行。

4.3.6 中国古代政策观

在我国的历史上不仅有许多非常成功的政策实践，而且有许多辉煌卓越的政策思想。如儒家的中庸之道、道家的无为之治、墨家的理性推理、法家的系统理念、兵家的知变战术等。

1. 儒家的中庸之道

中庸之道贯穿于儒家的整个思想体系，它强调的是不偏不倚、无过无不及。它注意到人的行为方式有着极端化的倾向，人的行为结果有极好或极坏的不同。它认为任何极端性的行为选择都不会有好的结果，任何对极好结果的努力追求都是没有把握的。按照中庸的标准，人们在做事情时要把握重心、保持平衡、执其两端、力求折中。不这样做，人们的行为结果就难以把握。

无矛盾　不世界

1. 和尚们的困惑

一天，在一座佛教寺院的门口，山风吹来，旗幡飘动。两个小和尚坐在门口看到这种情形，一个说：这是风在动；另一个则说：风是看不见的东西，旗幡左右摇摆，这明明是旗幡在动。这时，从大门里走出一个老和尚说道：这既不是幡在动，也不是风在动，而是你们的心在动。如果你们一心一意空空如也地念经没有任何感知的话，那风和旗幡怎么会动呢？三个和尚争论不休，这到底是“幡动”、“风动”还是“心动”呢？

2. 皇帝遇到的难题

从前有一位国王经常为下面的人与他有不同的意见而烦恼。为了解除心中的烦恼，有一天他把一位哲学家召到皇宫里请教：为什么我发布的圣旨底下的人总与我有不同的见解？哲学家告诉国王，这不值得您烦恼，因为自然界没有两种彼此完全相同而不矛盾的东西。国王不相信哲学家所说的话，要仆人从后花园找来两片几乎完全相同的树叶，结果被哲学家指出两片树叶的不同之处。国王又要仆人拿出两端砝码重量完全相同的精密天平，哲学家指出任何最精密的天平也存在重量不同的微小差别波动。国王伸出自己的两只手，哲学家指出左右两只手掌纹与指纹存在不同之处。国王说他头脑里的思维是绝对一样的。哲学家说：不但世界是由矛盾构成的，国王您的大脑也是由左半脑和右半脑两个作用不同的矛盾体构成的，您本人也经常有各种自相矛盾的不同圣旨，人的思维就是由这左右大脑半球互相矛盾运动所产生的。国王听了哲学家的解释后很受启发，他逐渐认识到，一个人、一个家庭、一个社会、一个国家在经济政治方面，有各种各样的矛盾、有各种不同的意见，这是自然的，也是必然的，因为世界是矛盾的。因此他宣布“思想言论自由，但行动不能自由”，相对解决了民主自由与法制纪律既对立又统一的矛盾问题，同时国王也愉快地消除了心中多余的烦恼。这位教导国王的哲学家是谁呢？他就是计算机的早期发明者莱布尼茨。

3. 喜忧之惑

清朝时，有一位很有名的学士叫李则广，曾任浙江奉化知县，后来告老还乡，著有《十三经义疏》，被收入《四库全书》。李则广学问渊博，出口成章。一次，乡里有户人家办喜事，他前去贺喜。可是“福不双降”，恰恰这天新郎的祖母去世。本来喜气洋洋的日子，却又出现了丧亲之痛，是喜是忧，别人真是不好分辨，唯有主人最清楚。

按乡邻的风俗，不管是喜事还是悲事，大门上都要贴对联。对这样红白齐来的事，真是不知怎么贴对联。到底贴白对联还是红对联？并且写什么样的对联？乡人众说纷纭，一时难以定论。但这位李大学士见多识广，很快便想出了一个妙法。他自己先根据实情作了副对联，然后用黄纸书写。不但其内容很符合当时发生的事情，而且其颜色搭配更适合。当时的习俗是，如果在服丧未满三年期间办喜事，大门上需要用黄纸贴对联。

其对联的内容是：红事情白事情红白事情；哭不得笑不得哭笑不得。

这个故事是否真实并不重要，但那副黄色的对联及其联语却值得我们深思。其中蕴含着“中庸”之道的深刻含义。当时主人到底是喜还是悲，唯有他自己清楚。一面要迎娶新娘，一面又要哀思亲人。既不敢过分地欢喜，也不能过分地悲伤。其主人当时的心情和所为就是“中庸”之道的具体体现。

2. 道家的无为之治

老子作为道学的创始人从人类社会和自然界中总结了许多物极必反、相反相成的道理。他认为，统治者如果少干涉老百姓的事，下面的事就会自然而然地好起来。他说：“我无为，而民自化；我好静，而民自正；我无事，而民自富；我无欲，而民自朴。”老子的无为原则主要包含以下几方面的内容。

（1）贵柔。老子认为：“人之生也柔弱，其死也坚强。草木之生也柔脆，其死也枯槁。故坚强者死之徒，柔弱者生之徒。是以兵强则灭，木强则折。强大处下，柔弱处上。”“天下莫柔弱于水，而攻坚强者莫之能胜，以其无以易之。”

（2）守辱。老子认为，人们应该“知其雄，守其雌”、“知其白，守其黑”、“知其荣，守其辱”，只有这样才能最后以雌胜雄、以黑胜白、以辱胜荣。

（3）不争。老子认为，不与别人争先的人才会最终领先。由于圣人“以其不争，故天下莫能与之争”，“水善利万物而不争”，“勇于敢则杀，勇于不敢则活”。

在老子的思想中，无为并不是目的，而只是一种达到目的的手段。贵柔是为了以柔克刚，守辱是为了以辱胜荣，不争是为了最终争先，无为是为了最终有为。所以，老子说，“道常无为而无不为”。

以柔克刚

1. 牙齿与舌头

老子年高，有一天把弟子们叫到床边，他张开嘴用手指一指嘴里面，然后问弟子们看到了什么？在场的众弟子没有一个能答得上。于是老子就对他们说：“满齿不存，舌头犹在。”意思是：牙齿虽硬但它寿命不长，舌头虽软但生命力却很强。

2. “南风”法则

“南风”法则源于法国作家拉·封丹写过的一则寓言：北风和南风比威力，看谁能把行人身上的大衣脱掉。北风首先来一个寒冷刺骨的冷风，结果行人把大衣裹得紧紧的。南风则徐徐吹动，顿时风和日丽，行人因为觉得春意上身，始而解开纽扣，继而脱掉大衣，南风获得了胜利。“南风”法则也叫作“温暖”法则，它告诉我们：温暖胜于严寒，柔软胜过刚强。

3. 平和制胜

1980 年美国总统大选期间，在一次关键的电视辩论中，竞选对手卡特抓住里根当演员时的生活作风问题，发起了蓄意攻击。里根丝毫没有愤怒的表示，只是微微一笑，冷静而又诙谐地调侃道："你又来这一套了。"一时间，听众哈哈大笑，为里根的精彩回答鼓起掌来。这样，卡特反而陷入了尴尬的境地，里根则为自己赢得了更多选民的信赖和支持，并最终获得了大选的胜利。

4. 最好的管理

当身体运行正常的时候，人们是不大会想到自己的五脏六腑的。只有哪里出了毛病，比如胃痛了、心律不齐了，人们才会感到胃和心的存在。由此推及社会生活，人们平时似乎也不大会注意到各个行政管理部门的作用。只有当有些地方出了问题，比如路上堵成一锅粥、街上出现抢劫案、垃圾到处堆成山、噪声污染让人烦，人们才会想到，公安局的人都干什么去了、环卫局的人都干什么去了。看来，让人感觉不到的管理，或许才是最好的管理。

3. 墨家的理性推理

墨子作为我国古代逻辑学的奠基者，其最大的贡献在于提出了"类"和"故"两个逻辑范畴的基本概念。所谓"类"是指事物的类别，表现了同类事物的共同特征；所谓"故"是指事物产生的原因，表现了一件事物的前提条件。墨子相信理性的作用，承认逻辑思维的正确性，他认为根据逻辑的推理可以得出必然的结论。墨子以"类"和"故"的概念为基础进行了很多的推理。

焉在矣来？

《墨子》中有这样一段文字：

彭轻生子曰："往者可知，来者不可知。"子墨子曰："籍设而亲在百里之外，则遇难焉，期以一日也，及之则生，不及则死。今有固车良马于此，又有奴马四隅之轮于此，使子择焉，子将何乘？"对曰："乘良马固车，可以速至。"子墨子曰："焉在矣来？"

故事中彭轻生子提出未来"不可知"论。墨子便设定了一个情景，让彭轻生子选择。这一选择说明凭借已有的经验，人是可以预知未来事情的结果的，所以墨子反问彭轻生子说："焉在矣（疑）来？"这段对话的意思是：假如未来发生那种事情，你就会凭借你的已有经验作出正确判断（文中所说的选择"良马固车"），那么未来之事将会产生何种结果就早已知道了（文中所说的"速至"），你为什么还要怀疑未来"不可知"呢？

4. 法家的系统理念

法家作为战国时期社会改革的代表，他们所提出的法治理论成为当时新兴地主阶级制定统治政策的思想基础。法家的思想强调以法治为中心，法、术、势相结合。所谓“法”是指政权统一的标准，即“法者，宪令著于官府，刑罚必于民心，赏存乎慎法，而罚加乎奸令者也”。所谓“术”是指统治者根据“法”控制官吏的方法和手段。与“法”不同的是，“术”不是公开而是隐蔽的。所谓“势”是指国家政权，把握政权是实施统治的前提条件。法家认为，国家统治要以“法”为根据、以“势”为前提、以“术”为手段，使“法”、“势”、“术”有机结合，协调统一。

商鞅变法

商鞅变法是指战国时（公元前475—前221年）商鞅在秦国进行的两次政治改革。商鞅姓公孙，卫国贵族，又称卫鞅或公孙鞅，是法家代表人物。秦孝公六年（公元前356年）商鞅被任用实行变法。

变法的主要内容是：奖励耕织，生产多的可以免徭役；废除贵族世袭特权，制定按军功大小给予爵位等级的制度；推行连坐法。

变法令下达后，商鞅以三丈之木置于国都南门，募民有能徙木于北门者赏十金，但无人响应。他又将赏金增至五十金，有一人应募，即获得五十金，以此来取信于民。当时太子犯法，商鞅刑其师傅公子虔、公孙贾。商鞅执法敢于不避贵势，在秦国震动颇大，这是上下都能奉公守法的重要原因。

新法令推行几年后，秦国百姓家给人足，国势蒸蒸日上，孝公以商鞅为大良造。两年后，秦从雍（今中国中西部陕西凤翔）迁都咸阳，并第二次下达变法令：推行县制。全国共置三十一县、废除井田制准许土地买卖、统一度量衡。商鞅的两次变法，奠定了秦国富强的基础。

5. 兵家的知变战术

《孙子兵法》是我国现存最早、最完整、最著名的一部兵书，其军事思想对中国历代军事家、政治家、思想家均产生了非常深远的影响，已被译成日、英、法、德、俄等十几种文字，在世界各地广为流传，享有“兵学圣典”的美誉。书中阐述了一系列古代的战争理论，同时也提出了特有的“知变”战术。

（1）要取得战争的胜利，在战争中首先对敌我两方要有比较全面的认识。因此孙子说：知彼知己，百战不殆；不知彼而知己，一胜一负；不知彼，不知己，每战必败。

（2）“知吾卒之可以击，而不知敌之不可击，胜之半也；知敌之可击，而不知吾卒之不可以击，胜之半也；知敌之可击，知吾卒之可以击，而不知地形之不可以战，胜之半也。故知兵者，动而不迷，举而不穷。故曰：知彼知己，胜乃不殆；知天知地，胜乃可全。”意思是说，只了解自己的部队可以打，而不了解敌人不可打，取胜的可能只有一半；只了解敌人可以打，而不了解自己的部队不可以打，取胜的可能也只有一半。知道敌人可以打，也知道自己的部队能打，但是不了解地形不利于作战，取胜的可能性仍然只有一半。所以，懂得用兵的人，他行动起来不会迷惑，他的战术变化无穷，知彼知己，知地知天，可常胜不败。

(3)“校之以计，而索其情。”所谓“校”是指比较，所谓“计”是指估计，孙子强调要对战争的各种条件及情况进行充分的比较，并在此基础上对这些条件和情况的变化作出正确的估计。孙子说：“故经之以五事，校之以计，而索其情：一曰道，二曰天，三曰地，四曰将，五曰法……曰：主孰有道？将孰有能？天地孰得？法令孰行？兵众孰强？士卒孰练？赏罚孰明？吾以此知胜负矣。”意思是说，要通过敌我双方五个方面的分析和七种情况的比较来探索战争胜负的情势。这五个方面，一是政治（统治者使百姓与其意志保持一致），二是天时，三是地利，四是将领，五是法制。七种情况是：哪一方君主政治开明？哪一方将帅更有才能？哪一方拥有更好的天时地利？哪一方法令能够贯彻执行？哪一方武器装备精良？哪一方士兵训练有素？哪一方赏罚公正严明？

(4)“夫未战而庙算胜者，得算多也；未战而庙算不胜者，得算少也。多算胜，少算不胜，而况于无算乎？”意思是说，战前，就已“庙算”（古时战前在宗庙里举行仪式，商讨作战计划）周密，充分估量了有利条件和不利条件，开战之后就往往会取得胜利；战前，没能进行周密“庙算”，很少分析有利条件和不利条件，开战之后就往往会失败，更何况开战之前无“庙算”呢？

(5) 一切作战方式源于奇正变化，奇正的灵活运用派生出无穷无尽的作战方法。“奇正相生，如循环之无端，孰能穷之？”“奇”与“正”是彼此相对的概念，如守备为正则机动为奇，如明攻为正则迂回为奇，如钳制为正则突击为奇。“战势不过奇正，奇正之变，不可胜穷也。”孙子认为，军事情况复杂多变，战略战术要随具体情况的变化而有所改变，奇正方法应交错运用。“凡战者，以正合，以奇胜。故善出奇者，无穷如天地，不竭如江河。终而复始，日月是也。死而更生，四时是也。声不过五，五声之变，不可胜听也。色不过五，五色之变，不可胜观也。味不过五，五味之变，不可胜尝也。”

本章小结

本章主要阐述政策模型及其相关理论。通过本章学习，应该了解政策模型的作用与风险、认识评价模型有效性的基本标准、掌握政策模型的主要理论观点、理解政策模型的实际应用。

关键词

传统理性　有限理性　方面排除法　渐进主义　团体迷思　精英理论　制度理论　博弈理论　团体理论　系统理论　过程模型　混合扫描理论　取舍理论

思考题

1. 具体模型和抽象模型有何不同？
2. 评价模型有效性的准则是什么？

3. 传统理性（纯粹理性）所要求的最优选择需要具备哪些条件?
4. 传统理性模型有哪些实际障碍?
5. 解释“有限理性”的概念。
6. “有限理性”有哪些行为表现?
7. 渐进模型具有哪些特征?
8. “团体迷思”有哪些表现形式?
9. 怎样预防“团体迷思”的出现?
10. 政府制度赋予公共政策哪些特征?
11. “精英主义”有哪些基本观点?
12. 结合“团体理论”阐述政府的作用。

第二篇　政策制定

- 社会问题与政策议程
- 政策规划
- 听证制度与政策合法化

第 5 章

社会问题与政策议程

5.1 社会问题

5.1.1 社会问题的产生

任何社会在其运行过程中都会产生这样或那样的社会关系失调，并由此带来不同类型的社会问题。乔恩·谢泼德（Jon Shepard）和哈文·沃斯（Harwin Voss）是美国当代在社会问题研究领域很有影响的两位社会学家。他们在其代表作《美国社会问题》一书中把社会问题定义为：一个社会的大部分成员和一部分有影响的人物认为某种社会状况不理想或不可取，应该引起全社会关注并设法加以改变。①

人们不禁会问，社会问题是怎样产生的呢？哪些因素起重要的作用？为什么有的社会情况在一个时期里能够被人们接受，而后来又不能被接受，并被视为社会问题呢？比如在公众场合吸烟、在节日里燃放烟花爆竹等。反过来，为什么有些情况曾一度被人们普遍视为严重社会问题而后来又被认为没那么严重或根本不是什么社会问题呢？

一个社会必然存在种种不合理的社会现象，比如贫困、犯罪等，虽然这些社会情况对社会良性运行构成了威胁，但还不能由此就认定它们是社会问题。那么谁来决定某一社会情况是社会问题呢？回答是：只有当社会的大部分成员和一部分有影响的人物认为某种社会情况是社会问题时，它才是社会问题，其中权力因素起着非常关键的作用。社会上一些有影响的人物对某一社会情况的关注程度及看法态度，有时候能够把某一社会情况直接推

① 参见［美］乔恩·谢泼德、哈文·沃斯：《美国社会问题》，1～2 页，太原，山西人民出版社，1987。

上社会问题的舞台。

在社会问题的主观认定方面经常存在很大的分歧。我们可以拿贫困这个社会问题来加以说明。一些人认为，如果没有穷人，谁去买那些便宜的食品？谁去雇用那些收费低廉的医生和律师？社会救济和福利工作人员到哪里去找工作？一些以穷人为主体的政治团体和党派何以在社会中存在？在他们看来，社会是一个等级的社会，必然存在贫富之间的差别，贫困是有利于社会均衡发展的一种自然安排，它起到的是一种积极的作用。破坏这样一种均衡可能会带来更多、更严重的社会问题。而另一些人则认为，贫困只是有利于有权有势的富有阶层的一种社会安排，如果对这种社会状况不加以改变，就会出现严重的社会对立，由此引发激烈的矛盾和斗争，阻碍和破坏社会的良性运行。当然，还可能存在一些比较折中的看法。总之，观点认识上的统一有时是很难的，但是，社会上那些真正有影响的人物才能在社会问题的认定过程中发挥非常重要的作用。

另外，人们的主观认识、思想信仰、生活态度等价值因素在社会问题的形成过程中具有决定性的影响。这些意识形态的东西左右着人们对一些问题的根本看法。随着社会的发展和各方面条件的不断变化，人们的价值观、信仰和态度也会有所改变，所以定义社会问题的概念自然会发生一定的变化。从社会经济发展的进程来看，人们对待环境污染与环境保护的问题，开始时是要钱不要命，后来是要钱也要命，再后来才是要命不要钱。

5.1.2 社会问题的类型

饥饿、贫困、吸毒、贩毒、卖淫、嫖娼、酗酒滋事、种族歧视、性别歧视、精神疾病、家庭暴力、就业问题、人口问题、资源问题、环境问题等，许多人都能亲眼看到或亲身体验到这些社会问题的存在。如果我们从最一般意义上进行划分，可以把以上这些问题简单划分为两类：一是过失性社会问题，二是结构性社会问题。

1. 过失性社会问题

这类社会问题产生于偏离社会正常生活和规范的一些过失行为，如青少年失足和社会犯罪等。一般来说，因为它们与大多数人的正常生活格格不入，所以这类社会问题很容易被人们识别。然而，有两点需要注意：一是一些社会规范允许一定程度的行为偏差，即一些社会规范的边界有一定的伸缩余地，在这个空间里，有的行为并不至于被认定是超越规范极限的过失行为；二是“偏差”这一概念具有相对性，在某种情形下被认定是偏离社会规范的过失行为，而在另一种情形下则可能被认为是可以接受的行为。

社会行为的可接受性是有一定余地的，并没有什么绝对的标准。汽车司机遇红灯应该把车停在停车线后面，可有时也会因刹车不及时越过停车线，但对交叉路上其他通行车辆远构不成威胁，警察往往会“睁一只眼闭一只眼”。这里还有更为典型的例子可以用来说明，某种社会行为被社会接受的限度是因人而异的。比如一个十几岁的孩子犯了和一个成人差不多一样的罪，二者所受的处罚会不同。

过失和偏差往往是相对而言的，并没有绝对的标准，需要放在特定的社会环境中去考察。比如婚姻形式的多样性问题，重婚在一些国家和地区是非法的，而在阿拉伯社会，一夫多妻和一妻多夫则是被社会接受的。又如，父母打骂子女在一些国家被认为是一种典型的家庭暴力现象，是需要被社会制裁的，而在另一些国家则被视为一种理所当然的教育手段，觉得孩子“不打不成才”。再如，同性恋者、嬉皮士、吸烟者在一些人眼中被看成是有偏差行为的人，而在另一些人眼里，他们的行为并没有超出社会规范的界限，他们有自我放纵的权利，这并不关其他人的事。当然，并非所有的过失和偏差都是相对的，比如谋杀就普遍被视为一种犯罪行为，没有人会认为随意或蓄意杀人是正当的或可以被接受的社会行为。对有些社会现象的认识，人们还是有共识的。至于战争中杀人、判重犯极刑和对痛苦不堪的病人实施安乐死，那当然就是另一回事。

2. 结构性社会问题

所谓结构性社会问题是指由社会自身结构不合理所导致的一些社会现象。如果说连过失性社会问题有时都难以确定的话，那么那些符合社会规范的结构性社会问题又该如何确定呢？就拿人口快速增长这个问题来说，它是不是个社会问题呢？我们不能把它归咎于任何形式的行为偏差或行为过失。相反，正是人们按照传宗接代、养儿育女的传统习惯行事，社会才能延续，这是再正常不过的行为。可是世界人口急剧增长，这么多人能有吃有穿吗？能受到良好的教育吗？能过上高质量的生活吗？现在最根本的问题是世界能否容得下这么多人和怎样避免世界范围的饥荒。看来，人类在组织自己的社会生活时，结构方面的偏差同样会产生严重的社会问题。

结构性社会问题涉及社会生活的许多方面，其中最为突出的就是各种各样的不平等现象。如由经济不平等所带来的贫富两极分化。两极分化的直接结果就是贫困，而贫困问题有时并不为人们所注意。基督教新教理论就认为，人穷并非社会制度和社会结构之过，贫穷往往是个人的无能和懒惰造成的。只有虔诚、节俭、勤劳和奋斗才是克服贫穷之道。不这样做，受穷是很自然的，根本不值得同情。而社会达尔文主义的观点就更为直白，其核心就是“物竞天择，适者生存”，认为社会的发展来源于竞争，有竞争才有优劣的筛选，富人是自然筛选后的佼佼者，他们为社会作出贡献。穷人是社会竞争的落败者，是那些处于社会底层的无能之人，他们竞争不过别人，所以只好受穷。虽然人们早已摒弃了社会达尔文主义的观点，但其仍潜移默化地左右着公众的价值观。美国的一次民意测验表明，公众中绝大多数人都把穷人受穷归因于个人，只有很少数人认为穷人受穷是他们根本奈何不得的现存社会制度和社会结构造成的。实际上，大量的统计调查结果表明，说穷人好逸恶劳就愿吃救济根本站不住脚。穷人并非能工作而不愿意工作，他们在社会竞争中的不利条件是社会强加给他们的。把贫困的责任推给穷人毫无道理，贫困是社会政治和经济结构不合理造成的。除了贫困问题，还有由民族歧视和种族偏见所引发的民族矛盾、由政治不平等所产生的政府权力滥用、由教育不平等所导致的社会不满等，这些都属于结构性社会问题。

此外，由价值观变化引发的结构性社会问题也不在少数。如家庭问题、劳动问题、人口问题和环境问题等。家庭问题的重点是“核心家庭”的出现以及随之而来的种种麻烦，如家庭亲情的淡化、老人晚年的凄凉、社会资源的浪费、儿童家庭教育的淡化等。劳动问题反映了人们对机械式劳动的普遍厌恶，及其对独立、自主和民主化管理的渴求。看看卓别林主演的电影《摩登时代》，想想流水线上工作的工人，一旦人成了机器的部件，他怎么会不产生厌恶之情？人口问题在不发达国家和地区表现得尤为突出，使人类面临严重的生存危机，如食品的短缺、医疗条件恶劣、教育水平低下、人口素质下降等。环境问题是人类大量、无节制地利用地球自然资源的直接后果，对可持续发展构成严重的障碍。人们与天斗、与地斗，没有学会和大自然和谐相处，导致大自然的一系列报复，许多环境问题的产生并非天灾而是人祸。而且非常糟糕的是，大自然的报复并非像司法机关对待犯罪分子那样，谁犯罪、惩罚谁，而是针对整个人类。一些个人和组织乃至政府的愚昧和贪婪行为，导致大自然愤怒地反击，使所有人都跟着一起受惩罚。

5.1.3 社会问题理论

1. 社会冲突论

社会冲突理论以科塞（L. A. Coser）和达伦多夫（Ralf G. Dahrendorf）为代表，重点研究社会冲突的起因、形式、制约因素及影响。科塞在1956年出版的《社会冲突的功能》一书中最早使用了“冲突理论”这一术语。科塞认为，冲突是价值观、信仰以及对于稀缺地位、权利和资源的分配上的争斗。冲突具有正功能和负功能，只要不直接涉及基本价值观或共同观念，那么，它的性质就不是破坏性的，而是积极性的，即冲突所表现出的正面功能。他提出了冲突的五项正功能：冲突对社会与群体具有内部整合的功能、冲突对于社会与群体具有稳定的功能、冲突对新社会与群体的形成具有促进功能、冲突对新规范和制度的建立具有激发功能、冲突是一个社会中重要的平衡机制。

科塞认为，弹性比较大、比较灵活的社会结构容易出现冲突，但对社会没有根本性的破坏作用，因为这种冲突可以导致群体与群体间接触面的扩大，也可以导致决策过程中集中与民主的结合及社会控制的增强，它对社会的整合和稳定起着积极的作用。相反，僵硬的社会结构采取压制手段，不允许或压抑冲突，冲突一旦积累、爆发，其程度势必会更加严重，将对社会结构产生破坏作用。为此，科塞提出，要建立完善的社会安全阀制度，这种制度一方面可以发泄积累的敌对情绪，另一方面可以使统治者得到社会信息，体察民情，避免灾难性冲突的爆发，破坏社会整个结构。

达伦多夫则认为，社会现实有两张面孔，一张是稳定、和谐与共识，另一张是变迁、冲突和强制。社会学不仅需要一种和谐的社会模型，同样需要一种冲突的社会模型。为此，社会学必须走出帕森斯所建构的均衡与和谐的“乌托邦”，建立起一般性冲突理论。在1957年出版的《工业社会中的阶级和阶级冲突》一书中，达伦多夫主要吸取了韦伯关于权威和权力的理论，从阶级层面阐述冲突理论。他认为，社会组织不是寻求均衡的社会系统，而是强制性协调的联合体。社会组织内部的各种不同位置具有不同量的权威和权力。社会结构中固有的这种不平等的权威分布，使社会分化为统治和被统治两大彼此对立的准群体。在一定条件下，准群体组织表现为明显的利益群体，并作为集体行动者投入到公开的群体冲突当中，从而导致社会组织内部权威和权力的再分配，即完成新的统治和被统治角色的制度化过程，社会会趋于暂时的稳定与和谐。然而，和谐中潜伏着冲突的危机，一旦时机成熟，社会成员又会重新组织起来，进入另一轮争夺权力的冲突。社会现实是冲突与和谐的循环过程，而“权力和抵制的辩证法乃是历史的推动力”。

2. 社会越轨论

所谓越轨，包括社会成员（社会个体、社会群体和社会组织）违反法律、规章制度、道德规范和社会习俗的所有行为。在社会学概念里，“社会越轨”本是一个中性词。从狭义角度看，“社会越轨”现在主要是指社会上的违法违规事件，实际上是一个“负面”行为。任何一个社会都会有一些制度规范作为人们的行为准则，一般按照制度规范去做事就被认为是按照轨道行走，而违反制度规范，就成了“社会越轨”。

越轨行为不完全等同于社会问题。只有当某种越轨行为频繁地发生且对社会造成危害，使相当数量的人受到威胁时，才会转化为社会问题。

（1）越轨的行为表现。

1）不适当行为，指违反特定场合的特定管理规则，但对社会并无重要损害的行为。此种行为虽会引起众人的不满，但通常不会受到正式惩罚。2）异常行为，多指因精神疾病、心理变态导致的违反社会规范的行为。3）自毁行为，即违反社会规范的自我毁坏或自我毁灭的行为，诸如吸毒、酗酒、自杀等。4）不道德行为，指违反人们共同生活及其行为准则的行为，此种行为通常会受到舆论的谴责。5）反社会行为，指对他人与社会造成损害以致造成严重破坏的行为。6）犯罪行为，指违反刑事法规而应受刑事处罚的行为，它与反社会行为同属最严重的越轨行为，但并不是所有的反社会行为都构成犯罪行为，只有那些触犯刑法的反社会行为才是犯罪。

（2）越轨研究的理论视角。

由于越轨行为的形式多样、范围宽泛，没有哪一个单一理论能够解释所有形式的越轨。各个学科试图从自己的学科角度去研究越轨，用自己的专业方法去实验和检验结论，并对越轨作出自己的解释。

1）生物学。生物学解释是把人类生物、生理方面的因素作为社会越轨的原因。该理论认为有些社会越轨行为是由于人的体质中的生理缺陷造成的，比如犯罪型越轨，罪犯往往有多方面的遗传和生理缺陷。美国心理学家威廉·谢尔登（William Sheldon）曾认为，体型可能与犯罪有关。他将肌肉发达、筋骨健壮的身体结构称之为斗士体型，在他研究的罪犯中有这类体型的人占很大的比重。美国佛罗里达州立大学的研究人员曾进行过一项暴力基因研究，他们在对 2 500 名学生的 MAOA（单胺氧化酶 A）基因和他们的行为方式进行调查分析后得出结论，MAOA 基因发生变异会使男孩的暴力倾向明显增加。当然，仅从生物学视角来解释越轨行为不太公平，因为它忽视了后天生活环境和经历对人的影响，生物学的研究视角虽然极具启发，但在当代已逐渐淡出人们的视线。

2）心理学。任何个人行为都是个人的需求与自我控制力相互作用的结果。一方面，人有各种需求并试图得到满足；另一方面，生活于社会中的个人又应实现自我控制，使满足需求的方式符合社会规范的要求。当个人需求的力量过于强大，而自我控制的力量又过于弱小时，就容易出现越轨行为。自我控制力弱小有多种原因，如没有经过良好的社会化、个人人格具有严重缺陷、心理失调等等。社会心理学家阿尔伯特·班杜拉（Albert Bandura）曾经提出“社会学习理论”，他认为，即使并没有真正从事过攻击行为的人也会通过观察和模仿来学习攻击行为。通过这种方式，他们学会了怎样行使暴力（例如，如何打枪），即使他们在实际中并未采取过他们所学到的行为。

3）社会学。社会学者更关注的是越轨产生的普遍性的、社会性的、本质性的根源，他们更倾向于从外在的和稳定性的因素中去研究越轨。他们认为，越轨行为的发生与其所处的社会环境是不可分的。首先，社会上存在着不同的种族、民族、集团、阶级、阶层等等，它们常有着不同的、有些甚至是根本对立的行为规范、价值观念。在此情况下，违反规范的行为是不可避免的。在存在着阶级冲突的社会中，统治阶级总是将那些触犯其自身利益与价值观的行为定义为越轨行为，并以此作为社会控制的对象。其次，当社会急剧变迁时，旧的行为规范已不适用，或受到怀疑，而新的规范又没有建立起来或还未被人们广泛接受，人们失去了行为规则，便发生一系列越轨行为。社会急剧变迁还造成社会文化的各个部分发展不平衡，出现差距，这也是导致越轨行为的重要原因。最后，有关阻碍人们采取遵从行为的其他社会因素，也为越轨行为提供了机会或条件。如社会控制力降低、遵从行为未受到鼓励、越轨行为未受到惩罚、制度不健全等，均可导致越轨行为的产生。

3. 社会解组论

社会规范和制度对社会成员的约束力减弱、社会凝聚力降低的一种社会状态。当社会发生急剧变迁时，旧的规范不适用了，新的规范又未建立起来，或某些规范功能发挥受到阻碍，或几种规范体系互相冲突，人们失去了行为准则，于是发生社会解组。社会解组区别于社会解体。前者指社会中出现松散、分裂现象，尚保持在原有的社会制度结构、社会体系之内；后者指整个社会的制度、结构、体系遭受破坏，使原有的社会秩序无法维持和继续下去，而逐渐被新的社会制度所取代。

社会学对于社会解组的研究主要有三种观点。

（1）文化堕距观点。

这一观点认为，在文化变迁过程中，构成文化的各部分变化速度不一致，造成了相互间的差距和错位，由此导致社会解组。

（2）异化观点。

这一观点认为在传统社会向现代社会过渡的过程中，出现了个人在精神上与其周围世界相分离或相对立的现象，这是引起社会解组的重要原因。在传统社会里，人们从事农牧业生产，以家庭为中心承担特定角色，有特定的生活目标。然而，现代的工业化和城市化将这些秩序打乱了。在工业生产中，传统知识变成无用之物，家庭的管理、宗教、教育等功能逐渐丧失，它们不再是人们生活的中心。工业社会产生了一系列为人们所不熟悉的新角色，提出了一些新的生活目标。人们普遍感到已被置于一个完全陌生的世界之中，周围的一切都与自己相分离或相对立。现代大城市的“匿名式”人际关系、工业流水线以及事务性工作中那种“非人格”的劳动方式，进一步增加了异化的程度，从而导致社会解组。

（3）社会机会结构与社会目标结构失调的观点。

这一观点认为社会解组是在个人或群体目标无法充分实现条件下发生的社会问题。照此观点，任何社会均有两种因素起着重要作用：一是目标，即在某种社会或文化中为人们所追求的事物；二是规范，即该社会或文化所规定的、实现上述目标的合法手段。在理想状态下，社会机会结构为人们实现这些目标提供了较充分的合法手段，机会与目标协调，因而越轨行为较少发生。但是在有些情况下，机会与目标之间发生矛盾，如积累财富的目标与致富机会有限的矛盾。这样，许多很难通过社会认可的合法途径去实现目标的人就有可能违反规范，或认为没有必要遵守这些规范，于是发生社会解组现象。

简单地说，社会解组理论强调，当社会系统的平衡机制在社会变迁的过程中受到干扰时，冲突与解组最容易发生。社会控制力量消失，偏差问题自然随之而来。

4. 社会标签理论

标签理论是解释社会问题产生原因及发展过程的理论。这种理论认为，人类的行为并不取决于行为的内在性质，而取决于社会对其采取的态度，取决于社会的揭示和认定。

标签是指某些人给另一些人所施加的符号或固定性看法，在标签理论中主要是对被施加者不利的符号或污名。这种理论认为，一些群体（主要是弱势群体）的偏差行为是由于强势群体的妄加标签而产生的。偏差行为并不是问题的本质，强势群体对弱势群体施加标签才是问题的实质。

标签理论注重对异常行为过程的研究，其基本观点是：在人们变成异常行为者的过程中，社会给贴上异常行为者的标签是一个关键因素；当社会通过创造新的准则而把异常行为的标签加在初发性异常行为者身上后，这个人就可能成为复发性异常行为者。

一些学者分析了初次越轨与再次越轨，以说明社会反应的意义。他们认为，每个人都会发生一些不同程度的越轨行为，但大多数是偶然的，程度也不严重。如果这种越轨行为被其他人发现并公之于众的话，他就会被贴上越轨者的标签，这时他的处境就会发生很大变化，就可能从初次越轨变为再次越轨，由平常人变成一个经常有越轨倾向的危险人物，越轨者就可能成为他的“身份”。实际上，越轨行为不在于行为本身，而是一种社会反应，即他人定义的结果。正是他人给某一行为下了定义、贴标签才使这一行为成为越轨，并引发了进一步的越轨行为。所以，越轨行为是被社会建构而成的。

5. 手段—目标论

这是美国的社会学家默顿在杜尔凯姆（Emile Durkheim ）社会失范论的基础上提出的一种理论。他认为，社会越轨行为是社会为人们提出的目标与达成目标的合法手段不配套、不统一造成的。在他看来，社会的理想状态是所有成员都可以用社会所认可的手段取得社会所提出的目标。但现实之中，社会往往无法在任何时间、任何地点，为所有成员提供达到理想目标的正常途径和手段。因此，部分成员就可能会去寻求非正常或非法的途径来实现自己理想的目标。这时，社会所推崇的目标和社会所认可的手段之间就出现脱节与冲突，于是，有悖社会的价值标准的越轨行为就出现了。

默顿列举了四种越轨行为的类型，有些是有偏差，有些则是犯罪。

第一种为创新型。虽接受社会目标，但拒斥合法的手段。寻求用新的、不合法的手段达到目标，经济犯罪多属此类。

第二种为形式型。虽拒绝社会目标，但屈从社会现实，被动地使用社会所认可的方法，表现出应付状态，可谓“当一天和尚撞一天钟”。

第三种为退缩型。同时拒绝社会目标与合法手段，往往以退缩方式“解决”问题，如街头流浪汉的表现等。

第四种为叛逆型。不但拒绝社会目标与合法手段，而且试图以新的目标和手段予以替代，如采取起义、革命的形式等。

6. 社会分层理论

分层本来是一个地质学的概念，指地质构造的不同层面。社会学家借用这一概念来分析社会的纵向结构，提出了社会阶层的概念，用以指称由于经济、政治、社会等多种原因而形成的，在社会层次结构中处于不同地位的社会群体。阶层是因为社会的等级分化而形成的具有连续性的等级序列。

在西方社会学中，对社会分层研究影响最大的一个理论源头是马克斯·韦伯的“三位一体”分层理论。韦伯认为，对社会成员进行阶层划分有三重标准，即经济标准（财富）、政治标准（权力）和社会标准（声望）。财富是指社会成员在经济市场上的生活机会，也就是人们在市场上以其经济收入和财富来交换商品与服务的能力，或者说满足自己需要的能力。简言之，财富实际上就是“市场购买力”，用马克思的话说就是“钱袋的鼓瘪”，而不涉及在所有制中所处的地位。财富的多少反映了人们在经济领域的不平等。权力是指一个人即使在遇到反对时也能实现自己意志的可能性，因此实际上是一种强制力，权力分配反映了人们在政治领域的不平等。声望是指一个人在其所处社会环境中所得到的声誉和尊敬。韦伯认为，声望同人们的身份有关，也同人们的知识教养、生活方式有关。在西方社会学中，具有相似身份和生活方式的人被称为身份群体。不同的身份群体在社会生活中具有不同的声望，也具有不同的社会地位。

韦伯提出的三个标准，说到底就是“利、权、名”。韦伯认为，这三种东西在任何社会中都是既有价值又稀缺的，因而人们总是要在各个社会活动领域千方百计地逐利、争权、求名。

上述三个分层标准有时是相互联系、相互转化的。比如财富上的差别可能同权力上的差别直接相关，市场机会同声望也有某种关系。但是，这三个标准又是相互独立的，每一个标准都可以单独作为社会分层的标准。然而，按三种标准对同一人群进行阶层划分的结果，可能会出现比较大的差异。所以，韦伯在强调三个标准的独立性的同时，又提出了分层中轴原理。在不同的历史时期，三个标准的重要程度会发生变化，应该根据不同的历史条件确定优先的分层标准，即分层中轴。社会生活中的某一领域发生了重大变化，那么这一领域分层标准的重要性就会上升，成为社会分层的主要标准，即分层中轴。

在韦伯之后，西方社会学家对社会分层的研究大多继承了韦伯的上述观点，并在此基础上提出了多种分层模式。

5.1.4 社会问题的特征

政府的主要功能及其公共政策的主导作用就在于有效地解决社会所面临的诸多问题，所以社会问题的客观存在及主观认定被普遍认为是政策制定过程的起始点。一般而言，政府的政策范围是极为广泛的，但这种范围也不是无限的。政府作为社会的公共权力机构，主要是针对社会问题进行决策的。社会问题往往是指实际条件与应有条件之间的偏差，或者是实际状态与社会期望状态之间的差距，而这种偏差或差距往往会导致社会的紧张状态，它超越了个人稳定的环境和范畴，牵涉到较为广泛的社会关系。当社会上的一些人对社会生活中的某方面表示焦虑和不满，或提出一定的主张，或采取一定的行动时，那就显示已经出现了问题。但通常在人们表示不满之前，问题就早已存在，只是那些受其影响的人或因畏惧社会习俗或政府权威，或因没有自觉意识到存在不公或应该改革。在这种情况下，问题虽然没有被发现，但确实已经存在。

是不是所有的社会问题都属于政府的政策范围呢？显然不是。社会所面临的问题很多，但在政府决策者看来，并非所有的问题都是需要政府解决的。有些问题可能通过民间渠道就能够进行处理；有些问题可能过于复杂，政府无力加以解决；有些问题已经成为历史，再无解决的必要。另外，也不能排除政府出于各种利益的考虑，对有些问题采取漠视的消极态度。所以，只有一部分社会问题能够得到政府的真正重视，进入政府议程，这部分社会问题才由此转化成为政策问题。

社会问题具有如下特征：

1. 社会问题是一种客观条件

所谓客观条件是指一种可以通过实证加以认识的情况。换句话讲，它的存在状况及数量（比例）大小能够被人们认识，如国防状况、出生率倾向和失业问题等。客观条件是社会问题存在的必要前提，但不是充分条件。这也就是说，没有客观条件就不可能形成社会问题，但仅仅有了客观条件还不足以构成社会问题。尽管两个不同地区的客观条件完全相同，但这种客观条件可能仅在一个地区会形成社会问题。比如，公共场所吸烟在一些地区是一个社会问题，而在其他一些地区情况则可能不是这样；离婚在一些地区是一个社会问题，而在另一些地区则不一定是。

2. 社会问题是一种主观定义

所谓主观定义是指人们对上述客观情况的察觉和认识，即人们明显感到目前的客观条件已经危及自己所珍视的社会价值观，是对自己所信奉的社会规范的一种背离。社会问题主要还是由人来加以定义的，如果某种状态并不为身处其中的人认定为社会问题，那么对于这些人来说，这种状态就不会构成社会问题，尽管有时候在旁观者或其他人眼中，这种情况可能的确是社会问题。

3. 社会问题受价值判断的影响

研究社会问题不仅要研究其产生的客观条件，而且要研究身处其中的人们的价值判断。这些价值判断使人们以不同的方式或从不同角度看待同一种状况及其解决方法。社会问题之所以能够出现并得以持续，主要是由于人们具有不同的价值选择和目标取向。社会问题会涉及价值观的双重冲突：第一，在某些情况下，人们并不会一致认为某些状态对社会基本价值观构成了威胁，如种族歧视、离婚问题、童工现象等；第二，在另外一些情况下，尽管人们基本上一致同意某些状态对社会基本价值观构成了威胁，但由于他们对所采取的相关措施和解决办法抱有不同的态度，因而难以就改革的计划达成一致性意见。因此，人的价值判断也可能在被认定为社会问题的客观条件中起了一种非常重要的动因作用，也可能对解决那些被认定为社会问题的客观条件起到阻碍作用。这主要是因为人们并不愿意去支持那些要求他们损害或放弃固有信仰和制度的改良计划。比如，一项要求社会接受用避孕和堕胎的方法来解决私生子问题的解决措施就被一些人认为是对固有价值观的侵犯，受到他们的普遍反对。艾滋病开始时被普遍认为只是在吸毒者、同性恋者和卖淫嫖娼者群体中出现的问题，极端的观点甚至认为这是上帝对这些社会异己分子的一种严厉惩罚。但随着时间的推移和环境条件的变化，人们的认识开始发生转变，艾滋病的防治提上了政府的政策议程。安乐死的问题已经被人们讨论了很久，大家在人有没有权利选择自己的生命、在什么条件下有权利选择、在什么条件下没有权利选择这样一些问题上看法有很大的分歧，难以达成共识。有人说，经济的发展往往会经历一个从要钱不要命到要钱也要命，再到要命不要钱的观念转化过程。环境污染开始可能并不是什么问题，没有人去注意它，但越到后来环境保护及可持续发展的问题就显得越加重要。这从一个层面也反映出价值观对社会问题的影响。

4. 社会问题是关系到大多数人的问题

如果问题只涉及个别人或少数人的利益，往往不能形成社会焦点，也难以引起人们的普遍重视，因而一般构不成社会问题。比如，一次偶然的歉收构不成社会问题，但大面积的饥荒却可以形成社会问题；某个工厂倒闭，一部分人失业，那只是他们个人的问题，但由于社会经济动荡而造成的许多人的失业就会形成社会问题；在一个本不富裕的国家，一家多生几个孩子，吃糠咽菜是他们自己的事，但家家都如此，那政府就不能坐视不管了。总之，政府是国民的代表，应该重视关系到多数人利益的社会问题。当然，这也并不等于说对少数人的事政府就可以弃之不管，而只是表明政府应更多地关注那些引起社会普遍反响的问题。

5. 社会问题的形成具有阶段性特征

社会问题往往不是突然发生的，而是逐渐形成的，它有一个从小到大、从潜到显、从一般到突出、从小范围到大范围的变化过程。以我国老龄化问题为例，在目前养老保险和社会保障尚未健全的情况下，政府正面临越来越大的压力。随着生活水平的提高，医疗条件的改善，人们的预期寿命增长，老年人口越来越多，人口老龄化成为社会必须重视的问题。统计显示，1982 年，我国 65 岁及以上老年人口比例只有 4.91%，与 1953 年相比变化不大。2000 年末，我国 65 岁及以上老年人口比例达到 7%，标志着我国已经进入了老年型人口国家行列。到 2007 年底，60 岁及以上老年人口超过 1.53 亿，占总人口比重达到 11.6%，标志着我国已经进入了老龄化社会（最直接、最重要的老龄化社会标准就是 60 岁以上人口占总人口 10%以上）。虽然老龄化问题是一个世界性的问题，但是从目前的情况来看，我国的问题尤为突出。我国老龄化问题有这样 4 个特点：第一，数量多。目前已超过 1.5 亿。第二，进展快。21 世纪前 30 年中，我国人口老龄化速度将是空前的。专家预计，到 2026 年将超过 3 亿人，2041 年将达到 4 亿人。第三，生产力水平比较低。政府用来支撑这方面事业可动用的财力有限，不像一些国家是“先富后老”，我们是“先老后富”。第四，历史欠账较多。我们缺少养老积累，这是个沉重的历史包袱。

6. 社会问题多带有系统性特征

任何一个社会问题都不是孤立存在的，它往往是整个社会问题系统中的一个有机组成部分。一个小范围的社会问题往往是一个更大范围的社会问题的局部，且这个小范围的社会问题的内部还有可能包含几个更小范围的社会问题。不同范围、领域、层次的社会问题存在着相互联系、相互制约的辩证统一关系。比如城市自行车被盗问题，必然会牵扯到城市治安问题，由此又涉及流动人口问题、户籍制度问题、公房出租问题等。所以，社会问题的系统性特征要求我们在处理问题时必须从整体出发，从各个具体问题之间的相互关系上去把握，不能“头痛医头，脚痛医脚”。有时，同时处理几个关系密切的问题反而比单独处理一个孤立的问题更妥当，因为这样能发挥系统的整体效应。我们提倡搞综合治理，就是这个道理。

研究社会问题的重要意义有：及时发现社会问题、正确诊断社会问题、客观描述社会问题、科学解释社会问题、有效解决社会问题、正确对待社会问题、科学预测社会问题。

5.1.5　社会问题的比喻

冰山理论

1932 年，海明威在他的纪实性作品《午后之死》中，第一次把文学创作比作漂浮在大洋上的冰山，他说："冰山运动之雄伟壮观，是因为它只有 1/8 在水面上。"文学作品中，文字和形象是所谓的"1/8"，而情感和思想是所谓的"7/8"。前者是具体可见的，后者是寓于前者之中的。后来，人们在研究社会问题的时候，也借用了冰山的比喻，强调水面上的"1/8"只是现象，水下的"7/8"才是根源，只消灭现象无法解决问题。正确的态度是视"7/8"重于"1/8"，因为这一部分是冰山的实际基础。

一位司机因超速行驶被交警拦截停在路边，他十分委屈地说："这么多车超速，你为什么偏偏拦我啊?"交警问道："你钓过鱼吗?"司机说："这和钓鱼有什么关系?"交警答道："你能把一池塘的鱼都钓起来吗?"这真是一个精妙的比喻！

比喻更多地用于修辞，所以往往被认为是语言学的一种方法和手段，而实际上它的作用并非仅限于此。运用比喻，我们可以更好地认识和了解大千世界中复杂的事物，无论是在日常生活中，还是在科学研究领域里，我们都不难发现比喻对人类思维所给予的启示，当我们用已知的事物理解和说明其他事物的时候，往往需要借助比喻，这种具体形象的思维是人类认识世界的一种有效方法。比喻最简单的表现形式就是 A 像 B，比如当我们说某个人像只老虎的时候，我们就是在借助老虎的形象来表现这个人的个性特征。尽管比喻的方法不可避免地会受到光环效应（极端化、夸大化的心理效应）的影响，但在把握事物整体和认识重要特征方面，比喻具有不可替代的作用。因此，我们在认识和理解社会问题这样一种复杂现象的时候，同样可以借助比喻的方法。

（1）急性病。有一类疾病会对人体发动短期的、急剧的进攻，如果不予以及时的治疗就可能产生严重的后果，所以医院的急诊室都是 24 小时上班。社会中出现的突发事件或危机事件都可视为"急性"的社会问题，这类问题在军事和外交领域常常发生。

（2）慢性病。慢性病是一类持续性的疾病，只能对其加以控制，很难最终治愈。从社会角度看，一些问题持续了很久，也"治疗"了很久，但收效甚微。比如贫困问题，一项项政策出台、一个个措施颁布，但都解决不了什么问题。

（3）自愈性疾病。人类遇到的绝大多数疾病都是自愈性的。这类疾病不会致死，但会使病人经历痛苦，如果病人的身体基本健康，那么通过辅助性治疗且主要依赖自身的抵抗力就会逐渐摆脱病痛的折磨。同样，一些社会问题也带有自愈性疾病的特征，最佳的“治疗”就是依赖社会自身的抗体。

（4）晚期疾病。在疾病早期可能还有一些治疗的办法，可一旦进入晚期有时就很难治愈了，特别是一些严重的疾病。社会问题也是如此，这时除非作出一些实质性的变革，否则无法改变现状。

（5）先天性疾病。有些疾病不是后天患上的，而是与生俱来的。相对而言，后天得的病通过自身肌体的抵抗力或对症下药的治疗多能痊愈，但先天的疾病往往与器官构成整体，难以得到有效的治疗。生物工程学的发展为今后人类的优生提供了条件，但就目前情况而言，对那些患有先天性疾病的人来说，医生也只能诊疗其症状或减轻其病痛。社会问题会不会也有这样一些先天特征呢？很可能有。一些组织机构从它诞生的那天起，就已经被深深地打上了问题的烙印。

（6）传染性疾病。一些疾病涉及细菌的传染，其蔓延速度之快、影响范围之广，有时令人难以想象。不说艾滋病、肝炎、流感和鼠疫等疾病，单说发生在 2003 年的非典型性肺炎疫情，就已引起世界范围的恐慌。传染病的治疗首先需要进行隔离，其次要搞清楚传染的渠道，最后要发现病菌的抗体。这种治疗步骤对解决社会问题有着重要的启示。

（7）不治之症。由于受到人的认知和科技发展水平的限制，有些疾病我们还没有发现有效的治疗途径。这些目前的不治之症给现代医学带来了严峻的挑战。由此不难联想到一些类似的社会问题，即那些被称为“社会之癌”的问题，我们所能做的只是尽量防止“癌细胞”的扩散，而不要去幻想什么彻底消灭或根除。如果明知不能为而为之，那么这种盲目的资源投入就实在不值得了。

（8）医源性疾病。人们在求医治病的过程中，由于某种因素又得了新的疾病。从诊疗角度看，可能有多种因素导致医源性疾病。如医生缺少医德，以赚钱为主要目的，胡乱开药；医护人员专业水平参差不齐，有时好心办错事；医院管理出现问题，涉及处方、药房、病历、隔离措施和具体操作等多个环节。社会问题有时也会带有医源性疾病的特征，治疗某种社会疾病的“良药”，可能正是导致其他社会疾病的原因。

（9）食源性疾病。1984 年世界卫生组织将“食源性疾病”一词作为正式的专业术语，以代替历史上使用的“食物中毒”一词，并将食源性疾病定义为“通过摄食方式进入人体内的各种致病因子引起的通常具有感染或中毒性质的一类疾病”。食源性疾病是指通过摄食而进入人体的有毒有害物质（包括生物性病原体）等致病因子造成的疾病。一般可分为感染性和中毒性两大类，包括常见的食物中毒、肠道传染病、人畜共患传染病、寄生虫病以及化学性有毒有害物质引起的疾病。这类疾患有一个共同的特征，就是通过进食行为而发病，这就为预防这类疾病提供了一个有益的启示：加强食品卫生监督管理、倡导合理营养、控制食品污染、提高食品卫生质量，可有效地预防食源性疾病的发生。这种控制源头、预防优先的防控策略对解决某些社会问题不无启发。

综上所述，社会问题可以有多种不同的疾病比喻，尽管这种比喻看上去简单，但却蕴含了深刻的道理，为我们指出了一条确认和分析社会问题的创新思路。有效的分析不仅仅是为了确定何种社会问题类似何种病症，更是要强调借鉴医生治疗病人的方法，努力解决不同类型的社会问题。

《公共政策的病理》

英国学者霍格伍德（Brian W. Hogwood）和彼得斯（B. Guy Peters）在 1985 年出版了《公共政策的病理》一书。在书中他们运用疾病的比喻，对社会问题进行了系统的“病理”（疾病发生、发展的过程和原理，疾病的征象、特点、症状和影响）分析，提出要通过多种方式，从不同角度认识和分析社会问题这一复杂现象，从而确定有效的“诊疗”方案。霍格伍德和彼得斯两人对社会问题的研究思路，不仅在社会学领域，而且在公共政策领域都引起了极大的反响，给予政策分析重要的启示。他们在书中强调：

1. 区分健康与疾病

一个医生最基本也是最重要的使命，就是要决定什么是健康、什么是疾病。如果这一点都搞不清楚，鲁莽地给健康人下药，那么药劲越猛，危害越大。处理社会问题同样如此，下力气去解决那些虚幻的或本不是问题的问题，不仅浪费资源，而且有害无益。正像人们习惯说的那样：先要选择做正确的事，然后再考虑怎样正确地做事。

2. 区分症状与疾病

内科医生在给病人看病的时候会根据当时发现的症状作出诊断，以便采取恰当的治疗方法。有时，医生难以发现明显的症状，就只能留待进一步的观察或采取比较保守的治疗方法，如阿司匹林加卧床休息，这种疗法可能会产生令人惊异的治疗效果，因为它几乎适用于所有的病症。一般来说，症状不等于疾病且不同的疾病可能具有同样的症状，所以医生的诊断十分重要。政策分析人员作为诊疗社会问题的“医生”，也需要具备区分“症状”与“疾病”的本领。

3. 诊断中的难点

（1）多因素影响。可能是由于懒惰本性或先天因素的影响，人们总是在试图发现一种现象背后的单独原因。但现实生活中往往难以找到那种独立且清晰的原因。

（2）同症异病。两个人体温和血压都不正常，但完全可能得了不同的疾病，如果不能正确作出诊断，就不能对症下药，就有可能小病治大，大病治死。

（3）流行性疾病的诊断。一些疾病是周期性发作的，某种治疗方法在这个时期有效，但在另一个时期可能就无效。社会问题的诊断同样如此，这个阶段的原因并不一定是那个阶段的原因。

4. 预防比治疗更有效

预防为主的道理人人知晓，但在政策实践中不难发现，太多的资源被用来处理已经出现的问题，而预防工作的投入却少得可怜。人们似乎已经对这种本末倒置的做法习以为常。当然，知识的缺乏限制了我们的预防工作。有时我们不得不着重研究一些迹象，然后才能采取相应的措施。

5.1.6 社会问题的阶段性分析方法

美国社会学家理查德・富勒（Richard C. Fuller）和理查德・迈尔斯（Richard R. Myers）最早为社会问题研究提供了一个粗略的分析框架，探讨了社会问题发展的三个阶段，即察觉（awareness）、决策（policy determination）、改革（reform），提出了社会问题的自然史观。其后霍华德・贝克尔（Howard S. Becker）在富勒和迈尔斯的基础上，提出了社会问题演化的五个阶段：（1）社会上必定有一些人或群体把某种客观存在的情境认定为有问题、危害性的，或者在将来会产生出麻烦；（2）当某一个问题被某些人觉察到时，这个问题如要取得社会问题的资格，还必须得到更多人的关注；（3）问题引起了广泛关注，还需要相关机构或组织加以推动，使问题最终被认定为社会问题；（4）一旦某一问题被有关机构接纳，曾经通过广泛积极的关注推动问题得以形成的群体，对该问题将渐渐失去进一步关注的兴趣；（5）在社会问题存在期间，有关机构及其成员致力于问题的解决，这已成为他们所从事职业活动的一项重要内容。斯佩克特（Spector）和科茨尤斯（Kitsuse）提出了社会问题形成的四个阶段：（1）由受害者、利益团体或社会运动家提出要求、批评及抱怨，已促使民众或官方承认其为社会问题；（2）受害者或特殊团体所强调的社会问题获得官方的承认，官方会进行相关调查，提出改革计划，并针对问题采取改革行动或步骤；（3）官僚系统对问题的反应、处理及行动无法有效改善导致社会问题的社会条件，因而引起原先之抗议团体或人士的不满，要求、批评及抱怨会再度出现；（4）抗议团体或人士拒绝或否定官方的反应与做法（或缺乏任何反应与做法），并进而发展替代性、平行性或对立性的做法与机构。

社会问题的自然史观

1941 年 6 月美国密歇根大学的理查德・富勒和理查德・迈尔斯在《美国社会学评论》杂志上发表了《一个社会问题的自然发展史》一文，在这篇文章中他们以美国底特律市拖车居住者问题为研究的切入点，具体分析了社会问题发展的阶段性特征，并在此基础上提出了社会问题的自然史观。他们的研究结论在当时的社会问题研究领域产生了非常大的影响，被普遍认为是一个很有价值的研究设想。这种设想充满了科学的想象力，无论是从理论和实践角度来看，还是从历史和现实角度来看，其对社会问题的研究工作都有着非常重要的启发作用。

每一个社会问题的产生都基于某个地区人们意识的觉醒，即他们已感到那些被他们钟爱的价值观受到了某种特定状态的严重威胁。某种社会现象与个人的价值偏好出现对立是经常发生的情况，而只有在牵涉到群体价值观的时候，才会出现预警的信号。无论是科学工作者还是政府行政人员，或是热心肠的老百姓，在特定的人群中如果没有“问题觉察”或“问题意识”，社会问题就不会得到确认，而没有确认的问题我们就不能说它是存在的问题。在一个社会问题被确认之前，必定会有一部分人对此有所察觉，并采用交流或其他表达方式阐述自己所关注的事情。察觉是社会问题的最初阶段，其显著特征表现在涉及其中的人们还处于对客观条件的朦胧认识中，他们不断地进行争论。反复地表达自己的意见，焦点是“应该赶快行动起来”、“应该对此做点什么”。但在这一阶段，人们并没有将问题的分析充分地具体化，并在此基础上形成一些有针对性的建议，或者是讨论改善或消除不良状况的确定性措施。相反，他们只是随机地表达自己的不满，非常笼统地提出一些看法，对问题的范围及影响在认识上还比较模糊。

在问题被觉察之后，紧接着就进入了决策阶段。人们开始议论解决问题的具体方案，着重对政策目标和手段进行讨论，而这时社会利益集团之间的矛盾就会变得紧张和激烈起来。那些能够提出一些解决办法的人马上就可能发现其他一些人并不容易接受他们的提议，即使他们能够使其他人同意其基本的解决思路，但却发现要在具体的执行手段上达成一致非常困难。这个阶段与问题觉察阶段有着非常显著的区别，因为现在利益集团主要关心的是“应该做什么和怎么去做”这类问题。此时，人们议论颇多的是“应该做这件事或做那件事”。人们的注意力集中到了具体的方案上，多方面的政策诉求会以各种形式被集中起来并通过一定的政策渠道得到反映。

决策阶段之后，改革行动开始。从考虑“做什么和怎么做”转入“具体措施的落实”，设法缓解社会矛盾，努力解决社会问题。

5.2　政策问题的确认

在一些政策分析的教科书中，常会提到这样一则故事：在新西兰的一个地方，一位士兵在根本不具备人力和物力条件的情况下想要为部队建一座跨河大桥，他在河岸边发呆，情绪看起来非常低落。这时，一位当地毛利族妇女走近他，问道：“大兵，你为何这样忧郁?”士兵解释了他所面临的这个没有解决办法的难题。妇人笑着回答道：“振作起来吧！孩子，没有解决问题的方法就等于根本不存在问题。”的确，没有办法可以无视难题。但必须强调的一点是，“分析”的价值就在于从看似没有解决办法之处发现解决问题的办法。有人提过这样一个问题：“四面是山，向何处去?”周围的人面面相觑，不知如何作答，最后有一个人回答说：“竹密岂妨流水过，山高哪碍野云飞?”众人鼓掌。看来，解脱在于思考，生机在于发现。

政策问题的确认指对于政策问题的察觉、界定和描述的过程。从认识论的角度而言，这是一个从对客观事实的感性认识到理性认识的过渡。一般而言，问题的有效确认比方案的精心设计更为重要，对决策者来说，用一个设计精妙的方案去解决一个错误的问题（不是问题的问题），其带来的不良影响比用有某种缺陷的方案去解决一个正确的问题还要大得多。这不仅是政策资源的浪费，而且可能引发更大的社会问题。

问题确认是问题求解过程中最为关键的一环。对问题进行明确和系统的阐释是探求问题解决方案的有效途径。政策分析的创造力就存在于察觉和解释问题当中，由此可以知道应该和能够做什么。解决问题的方法很多时候来源于问题的有效确认。通过提出恰当的疑问和进行有效的分析，那些起初看起来无法解决的问题有时就能够被重新构建，甚至先前未被发现的解决方案也会凸显出来。发生这种情况时，“没有解决办法就等于不存在问题”。这句格言恰好可以反过来表述为：“有效地阐释问题就等于解决了一半的问题。”从“空城计”的故事中可以深刻体会到“分析”的力量。

“分析”的力量——空城计

三国时期，诸葛亮因错用马谡而失掉战略要地——街亭，司马懿乘势引大军蜂拥而至。当时诸葛亮身边没有一员大将，只有一班文官，士兵也所剩不多。众人听到司马懿带兵前来的消息都大惊失色，认为已无法抵御。但诸葛亮登城楼观望后，似胸有成竹。他传令，把所有的旌旗都藏起来，并把 4 个城门打开，每个城门之上派 20 名士兵扮成百姓模样，洒水扫街。诸葛亮自己披上鹤氅，戴上高高的纶巾，领着两个小书童，带上一张琴，到城上望敌楼前凭栏坐下，燃起香，然后慢慢弹起琴来。司马懿的先头部队到达城下，见了这种气势，都不敢轻易入城，便急忙返回报告司马懿。司马懿听后，大惊失色，令部队速速撤退。司马懿说：“诸葛亮一生谨慎，不曾冒险。现在城门大开，里面必有埋伏。”正是因为诸葛亮充分地了解司马懿谨慎多疑的性格特点才敢出此险策，导演了“空城计”这出历史名戏。

5.2.1 问题察觉

问题察觉是指某一社会现象被人们发现并扩散，逐渐引起社会公众和政府有关部门关注的过程。在这个过程中，人们普遍感到应该行动起来做点什么，以改变目前这种状态。但究竟做什么和应该怎么做，人们并没有认真去考虑。问题察觉能否实现，不仅取决于客观条件，而且取决于相关人员的主观条件，如政治立场、思想意识、个人利益、价值观念等。

“元宵劫”的反思

央视配楼火灾于 2009 年 2 月 9 日 20 时 25 分左右发生，火势沿着两部观光电梯迅速蔓延，像两条导火索一样，撞到一起后，整个大楼开始燃烧。北京市“119”指挥中心于 9 日 20 时 27 分接到报警，朝阳区消防支队红庙中队的 3 辆救火车最先到达现场，该中队指导员张建勇带领 4 名消防员进入火场。他们坐电梯升至楼顶侦察火情，这时，楼顶烧掉的装修材料纷纷落下，很快引燃了建筑的外立面，楼内所有通道顿时陷入火海。因火情极为复杂，消防队员只能下撤。此时烟气弥漫，视线受到影响，行动已经非常困难。下到 14 层时，张建勇等人发现了被困人员。最终，有 3 名消防员成功到达 1 层，但随即与外界失去联系。后续赶到的消防官兵立刻展开救援，截至 23 时 30 分将被困于 1 层和 8 层的 7 名受伤人员抢救出来，送到朝阳医院进行急救。但张建勇因吸入大量有毒气体，抢救无效，于次日凌晨 3 时许不幸牺牲。这次火灾持续了近 6 个小时。市消防局共调派了 27 个中队的 85 辆消防车、595 名消防官兵前往扑救，几乎出动全部力量。市环卫局也派出 40 多辆洒水车前往支援。火灾的过火面积十余万平方米，楼内十几层的中庭已经坍塌，位于楼内南侧演播大厅的数字机房被完全烧毁，造成巨大损失。

这座号称"电视台里的变形金刚"的央视电视文化中心，还未来得及全面展示其"享受建筑"的理念，就"报废"在 2009 年元宵节的大火中。如同坚不可摧的"泰坦尼克号"因为撞上冰山而沉没一样，此类摩天大楼也因为小火星而坍塌。火灾，已经成为摩天大楼的致命"杀手"。

高层建筑，尤其是外观怪异的高层建筑，一般都是钢结构建筑或部分采用钢结构。过高的大楼必须采用钢结构，主要是因为混凝土结构太重了，而钢结构可以做到很高很大。随着我国经济的快速发展，一批高于 100 米的超高建筑（公众习惯将其称为"摩天大楼"）开始涌现。对于这些摩天大楼，尽管钢结构具备主体结构比较轻、建造快、现场施工量小的优点，但其致命弱点是怕火——一旦大火烧过，钢结构往往严重受损。如果救火时浇水，对其破坏将更加严重。钢结构高层建筑即使发生不算太大的火灾，技术上也必须拆除才能保证安全。此外，高层建筑还被称为"火灾放大器"。这是因为高层建筑内各专业竖井林立，火灾时这些竖井就像高耸的烟囱，构成火势蔓延的主要途径，火势将比低层建筑猛烈百倍。实验证明，烟气竖向扩散速度为 3～4 米/秒，在 100 米的超高层建筑中，只需要 25～35 秒，烟气即顺竖井从底层扩散到顶层，火势也将随之蔓延。

在国际社会，摩天大楼防火方面的安全性能一直备受质疑，但在寸土寸金的中国城市，因为能有效解决城市空间问题，超高建筑得以快速发展。按照每座城市超过 90 米的摩天大楼的数量进行排名，中国是世界上摩天大楼最多的国家。上海超过 100 米的摩天大楼有 400 多栋，成为全球高楼建筑数量第一的城市。央视配楼火灾为我们敲响了警钟，超高建筑的消防安全问题应该引起我们的高度重视。

5.2.2 问题界定

问题界定是指对问题进行特定分析和解释的过程。

首先，需要通过一定的方法对问题进行必要的归类。如根据政策问题的性质可以把其界定为政治的、经济的、文化的等；根据政策问题的作用范围可以把其界定为全局的、局部的、国际的、国内的、全国性的、地区性的等；根据政策问题的作用方式可以把其界定为指导性的（涉及指导方向方面的问题）、分配性的（涉及资源配置或利益分配方面的问题）、限制性的（涉及行为或利益限制方面的问题）等。

其次，需要对问题进行必要的诊断。这就像医生给病人看病一样，诊断了病情，知道病人得了什么病，才好决定治疗方案。症状不等于疾病，现象也不等于问题。医生要根据症状诊断病情，如果症状不明显，就只能采取比较保守的治疗方法。当暂时找不到有效解决办法的时候，折中的方法可能是最好的方法。如吴贸然出手，可能会产生严重后果。无论是诊断疾病还是诊断问题主要是为了解决两个问题。一是差距何在？一个问题的存在，实际隐含着现实状态与理想状态之间的距离，任何解决办法无非都是为了缩短或消除这种距离。因而，能否准确表达这种差距，就成为能否发现解决办法的必要前提。二是原因何在？光找到差距还不够，还要弄清产生这些差距的原因。正如医生给病人量血压、测体温一样，光知道血压和体温不正常不行，还要想办法知道是什么原因引起血压和体温不正常，否则就无法对症下药，无法标本兼治。

最后，需要把问题情境转变为实质问题。问题情境实际上包含了问题牵涉到的众多因素及其相互间错综复杂的关系。问题界定的主要目标就是要把复杂、混沌的问题情境总结概括为清楚明了的实质性问题。分析主要矛盾、关注重要因素，是情境转化过程中必须注意的问题。实质问题的提炼是从具体到抽象、从个别到一般的过程，不仅看到外，而且看到内；不仅看到相，而且看到理；不仅知道点，而且知道面。

流动儿童义务教育问题

在中央电视台2007年春节联欢晚会上，来自北京海淀区行知实验学校的29位农民工子弟表演的诗朗诵《心里话》让亿万观众动容，那句“别人和我比父母，我和别人比明天”让无数人为之落泪。当11岁的王莉萍站在舞台上，告诉观众“我们的校园很小，放不下一个鞍马；我们的教室简陋，还经常搬家；我们的教室很暗，灯光只有几瓦”的时候，她可能还不知道，她和同学们上学难的问题已经牵动了全国人民的心。

从问题界定角度而言，在城市流动儿童义务教育问题上，具有标志性特征的就是北京行知打工子弟学校。毫无疑问，这是迄今为止国内最广为人知的流动儿童学校，在一定程度上成为这个社会问题的一个象征。国内多家媒体都曾做过专题采访，若干海外媒体如《纽约时报》等也对此有长篇报道。可以说，对于这个学校的最初报道，启动了大众传媒及公众对于城市流动儿童义务教育问题的关注，进而引起相关各方广泛的重视，也吸引了国内政策分析人员的眼球。

农村劳动力流动持续到现在，流动儿童即第二代移民问题已经浮出水面。对政策分析人员来说，城市流动儿童义务教育问题是现实生活本身提出来的新的政策课题。进入21世纪以来，城市流动人口中的儿童数量急剧增加。这些儿童或者在家乡出生后即被父母带到城市，或者在城市出生而继续留在城市。流动儿童义务教育问题的突出使得人口流动从根本上超越了“劳动力流动”的原始含义，流动儿童群体有着一种独特的成长性，在他们身上，体现着更深远的社会变迁意义。

中国的城市化进程正在提速，我们的城市如何“消化”大批涌进城市的人群？如何给流入城市的孩子们提供有效的教育？在以往泾渭分明的城市教育和农村教育之间，有没有一个折中的办法？在这方面打工子弟学校发挥着什么样的作用？那些置身于几乎是原始教育条件下的孩子，拿什么与人家比明天？仅仅靠永不服输、永不放弃的精神吗？如何逐渐缩小打工子弟学校与公立学校的巨大差别？公共财政应该发挥什么样的作用？教育政策的制定者应该做些什么？这些都是进行政策问题界定时需要考虑的问题。

5.2.3 问题描述

问题描述是指运用可操作性语言（如运用数字、文字、符号、图表等表达方式）对问题进行明确表述的过程。例如，对于人口问题的描述，就需要准确记载一些相关的指标，并作出定性或定量的分析，如人口现有数量、人口的增长率、人口发展趋势等。这种对问题所作的描述将作为政策制定的直接“原料”输入决策系统。

在一般的决策系统中，政策问题的确认与政策方案的选择之间往往存在着一定的距离。这个问题并不难理解，因为对政策问题进行确认的与直接拍板决策的总是两个系统。也就是说，察觉、界定和描述问题的人并不直接参与政策的决定，决策者更多地依赖于问题的描述而不直接参与问题的确认。这种情况在我国的决策过程中表现得尤为明显。

很多政策问题的确认都是通过自下而上的报告体系来完成的。由于传统的、文化的、体制的和环境的种种原因，在这种报告链条中，经常会出现沟通的障碍和信息的失真，从而导致决策的失误。因此，为了进行有效的政策制定，问题确认过程中就应尽量缩短报告链条，减少报告层次，以保证信息内容的可靠和信息沟通的效率。从组织原则角度而言，越级报告形式本属于不当行政行为。然而，遇重大问题，层层报告不仅会造成时间的延误，而且掺杂了层层的过滤与加工，导致问题描述失真。一般来说，由于政策问题存在不确定性和多变性，信息上达又需要经过许多环节，筛选的层次越多就可能与所要反映的问题出入越大。所以，在政策问题确认过程中，遇重大问题，越级报告有时是完全必要并值得鼓励的。

另外还需要说明的是，一个政府如果能及时确定和认清所有重大的政策问题，并及时运用政策手段加以解决或缓和，那当然是再好不过的事情。但令人遗憾的是，政策存在滞后性，政府许多时候不能够及时发现和认定重大的政策问题。当然，这是有很多原因的。首先，现代社会的发展变化非常快，各种社会问题的出现受多种因素的影响，表现得复杂多变且相互牵扯，识别起来是有相当难度的。其次，许多社会问题往往不是非常明显的，人们对这些隐含的问题通常也是不加以注意的。从理论上讲，政府工作人员应该对潜在和隐含的社会问题加以特别的重视，但实际上他们通常为日常的工作所困扰，没有时间和精力去做那些未雨绸缪的工作。最后，政府的精力往往更多地投入到那些目前迫切需要解决的问题上，没有条件去注意那些将来可能会发生的问题。在许多时候，政府的确只是在发挥“灭火”的作用，而疏于“防火”的考虑。当然，这还可能是因为“起火”地方太多的缘故。

“下雨了打伞，雨停了还打伞?”

中国人口形势已发生历史性转变，这个判断 2000 年前后在人口学界就达成了高度共识。从那以后，一批国内人口学家开始呼吁官方正视已发生了逆转的中国人口形势，重视低生育率的现实及风险，并试图通过扎实的调研推动政策的调整。

1980 年，人口总数已达 10 亿的中国开始实施“一对夫妇只生一个孩子”的计划生育政策，试图用“一代人”的时间非常规地控制这个世界第一人口大国的人口增长。

然而，1992年以来，中国人口问题开始出现历史性转变，即我国的生育率已经逐渐低于实现人类世代交替所需的更替水平（平均每对夫妇生育2.1个孩子）。

这意味着如果中国生育率继续保持在这一水平，在并不很遥远的将来，中国人口会以平均每30年减少1/4的速度下降，并将以人类历史上从未有过的速度加速老龄化。这将给中国未来的经济、社会乃至文化等方面的发展带来深远影响。坦白地讲，对几十年来一心扑在降低生育率政策的中国官方来说，对过低生育率及其影响似乎还没有作好心理准备。按照惯例，通常把低于1.5的生育率称为“很低生育率”，把低于1.3的生育率称为“极低生育率”。而中国整体的生育率，根据不同的计算口径，在1.3～1.8之间，都显著低于更替水平。

在绝大多数人口专家看来，“特别紧张的人口增长问题”早已是过去时。这似乎是一边倒的意见，反对者寥寥。1980年中国采取计划生育政策的时候，是在一个短缺经济时代，当时希望通过控制人口过快增长，达到减少消费、提高储蓄率和投资以拉动经济的目的。同时，减少粮食、能源等的消耗，减少环境污染。然而，实践表明：在一个社会中，特别是在工业化、信息化、知识化的现代社会，某一地域的人口数量多寡，并不是决定国家发展成败和强弱兴衰的决定性因素，而只是国家在选择不同发展道路和模式时需要仔细考虑的关键性因素之一。专家质疑，为什么世界上唯有中国没有对低生育率过低的担心？低生育率，在专家们看来，是在不久的将来中国遭遇严峻人口难题的根源。

总而言之，我们现在面对的不仅仅是一个生育政策是否调整的问题，更重要的是对当前的人口形势及其未来走向的判断问题。

5.3 政策议程的建立

5.3.1 政策议程的类型

1. 公众议程与政府议程

政策议程的建立是社会问题转化为政策问题的关键一步。在任何政治系统中都存在若干政策议程，其中公众议程（也称系统化议程）和政府议程（也称制度性议程）是两种最基本的形式，同时也是政策议程的两个不同阶段。一般来讲，如果一个社会问题不能够在公众议程上占据一席之地，它就很难进入政府议程。

公众议程是指某个社会问题已引起社会公众和社会团体的普遍关注，他们向政府部门提出政策诉求，要求政府部门采取措施加以解决这样一种政策议程。从本质上讲，公众议程是一个众人参与的讨论过程，是一个问题从与其具有特殊联系的群体逐渐扩展到社会普通公众的变化过程，即一个问题引起相关群体的注意，进而引起更多人的兴趣，最后受到普通公众的关注。在这一问题扩展的过程中，非正式群体的情绪领袖和大众传播媒介起着十分重要的作用。问题扩展的活力，取决于问题自身的特性。科布和艾尔德在《参与美国政治：议程建立的动态过程》一书中指出：

（1）一个问题的定义越模糊，这个问题到达更广泛的公众的可能性就越大（特殊性的程度）。

（2）一个问题被认为社会意义越大，这个问题到达更广泛的公众的可能性就越大（社会重要性程度）。

（3）一个问题被认为长期的关联性越大，这个问题到达更广泛的公众的可能性就越大（关联期的长短）。

（4）一个问题被认为越不具有技术性，这个问题到达更广泛的公众的可能性就越大（问题复杂程度）。

（5）一个问题被认为越缺少明确的先例，这个问题到达更广泛的公众的可能性就越大（先例的明确程度）。

下面再来看看政府议程。政府议程是指某些社会问题已引起决策者的深切关注，他们感到有必要对之采取一定的行动，并把这些社会问题列入政策范围这样一种政策议程。从本质上讲，政府议程是政府部门按特定程序行动的过程，政府的制度性因素在其中有着十分重要的影响。

政府议程的项目具有新旧之分。旧项目是指以常规形式出现的项目，如增加工资、财政拨款、社会保障等方面的事项。一般而言，政府官员对这些问题都较为熟悉，而且，处理这些问题的方案在一定程度上也已经成型。新项目是指因特定情况或事件引起的项目，如工人大规模罢工、外交方面出现危机等。有时候新项目还可能由不断加大的社会压力（社会上越来越多的人要求政府对某些问题作出反应）所引起。政府议程的旧项目往往能够从决策者那里获取处理的优先权，这是因为决策者总是发现自己的时间有限且议程很满，他们会自觉不自觉地把自己的目光更多地投向旧项目。

公众议程和政府议程作为政策议程的两个阶段，它们之间既有联系也有区别。公众议程往往出现在政府议程之前，是由一些片段的、零散的、不系统的或不完全成型的议论所组成的，人们对于问题的实质及社会影响认识还不够具体。其主要目标是使公众诉求能够在政府议程中获取一席之地。尽管如此，公众议程所形成的强大推动力对政府议程的建立具有决定性的影响。政府议程往往是由一些意义非常明确的项目所组成，具有制度化的操作程序运行方法，其主要目标就是对与问题有关的客观事实作出主观认定。一般而言，社会问题转变为政策问题先要经过公众议程，然后才能进入政策议程。但有些时候社会问题也有可能越过公众议程直接进入政府议程，这是因为决策者有时能够主动发现问题，并把它们列入自己的议事日程。

2. 外在创始型、内在创始型与政治动员型

美国学者科布以政策诉求的主体为标准，提出了建立政策议程的三种类型，即外在创始型、内在创始型和政治动员型。

（1）外在创始型。

政策诉求由政府系统以外的个人或社会团体提出，经阐释（对政策诉求进行解释和说明）和扩散（通过一定方式把政策诉求传递给相关群体）进入公众议程，然后通过对政府施压的手段使之进入政府议程。

校车重大事故与校车条例出台

2011 年 11 月 16 日 9 时 40 分许，甘肃省庆阳市正宁县榆林子镇发生一起交通事故，一辆车号为陕 D－72231 的大翻斗运煤货车与一辆榆林子镇小博士幼儿园校车迎面相撞，校车司机与 4 名幼儿当场死亡，多名幼儿重伤。11 时 50 分，经医院抢救无效死亡人数上升至 19 人。其他受伤人员正在接受救治。发生事故的校车严重超载。针对 16 日上午发生的这次交通事故造成重大人员伤亡的情况，教育部当日发出紧急通知，要求各地教育部门和中小学幼儿园立即开展对中小学生和幼儿上下学乘车安全情况的排查。甘肃省庆阳市正宁县发生的这次校车事故最终造成 21 人死亡、43 人受伤，引起社会广泛关注，校车管理问题也因此被提上议事日程，相关政策议程的推进步伐陡然加快。2011 年 11 月 27 日，国务院责成国务院法制办迅速起草《校车安全条例》，2011 年 12 月 11 日，国务院法制办正式公布《校车安全条例（草案征求意见稿）》，广泛征求社会各界意见，2012 年 3 月 28 日，国务院第 197 次常务会议通过《校车安全管理条例》，2012 年 4 月 10 日，中国政府网正式公布并开始实施。

（2）内在创始型。

政策诉求源于政府机构内部的人员或部门，其扩散的对象仅限于体制内的相关团体和个人，客观上不涉及社会一般公众，扩散的目的是为了形成足够的压力以使决策者将问题列入政府议程。“体制内运作”是内在创始型的主要特征，政策诉求的主体并不希望建立相应的公众议程。

汽车限购令：体制内运作的产品

为解决城市交通拥堵问题，部分城市出台限购汽车政策，意在缓解交通压力。2010 年 12 月 23 日，北京正式公布《北京市小客车数量调控暂行规定》，成为国内首个发布汽车限购令城市。2012 年 6 月 30 日 21 时，广州宣布对中小型客车进行配额管理。2013 年 12 月 15 日，天津市宣布在全市实行小客车增量配额指标管理。据媒体预测，中国最拥堵的 25 个城市或将在 2015 年前后纷纷推出限购政策。

（3）政治动员型。

具有权威作用的政治领袖主动提出其政策意向，并使其进入政府议程。因为在一般情况下，政治领袖的政策意向往往能够成为政府的最终决策，所以看似没有必要建立相应的政府议程。之所以仍要这样去做，主要是为了寻求社会公众的理解和支持，以便更好地贯彻和实施这项政策。政治动员型以政府议程为基点、以公众议程为对象，其目标在于政策方案的执行。

习近平谈中国梦

2012 年 11 月 29 日习近平总书记和其他中央领导同志参观国家博物馆大型展览《复兴之路》并发表重要讲话，他深刻总结了中华民族波澜壮阔的奋斗历程，展望了中华民族的美好未来，提出了两个“百年梦想”，极大地激发了全党全国人民走中国特色社会主义道路、全面建成小康社会、实现中华民族伟大复兴的信心与决心。习近平总书记在讲话中提到的“道路决定命运”、“落后就要挨打，发展才能自强”、“空谈误国，实干兴邦”、“中国梦”等论述引起广大干部群众的强烈共鸣，一时成为社会上最火的话题。

需要指出的是，任何政策议程的建立都是多种因素相互作用和影响的结果，其过程表现为不同政治力量的不断组合与分化，既涉及体制内又涉及体制外，现实的情况绝不会像上述模型所归纳的那样抽象和简单，对具体问题还要进行具体分析。

3. 实质性议程与象征性议程

美国学者拉雷·N·格斯顿认为议题的复杂性和对社会不同领域的不平衡影响在程度上存在很大的差别，一些议题似乎比另一些议题更具有引起关注和回应的价值。据此，可以把政策议程区分为实质性议程与象征性议程。①

(1) 实质性议程。

实质性议程往往涉及一些社会影响非常广泛、最具潜在和爆炸性特征的公共政策问题。这些议题的重要性和复杂性使其不可避免地带有分裂的特征。它们通常会在公众中、决策者中以及二者之间引起争议，从而存在导致重大冲突的可能性。

一个政策问题进入实质性议程必须具备三个条件：一是公共资源的分配涉及重大的利害关系，二是议题引起公民和决策者的密切关注，三是议题包含了发生重大变化的可能性。

实质性议程所讨论的实质性问题不仅涉及范围广，而且表现出很高的强度。公众可能对此已进行了长时间的争论，触角已深入一些细节，有时会达到白热化程度，迫切需要决策者作出行动上的回应。一般来说，经济领域存在的问题往往会成为实质性议程关注的焦点（尽管不总是如此）。乔治·C·爱德华兹和艾拉·夏康斯基指出：“在一项政策中，谁出钱、谁受益，由此产生的大量政治冲突，远远超出了这项政策的具体实施及影响范围。”②比如税收问题，政府要利用权威对一些人高征税、对一些人低征税，决策者要确定税收收入将如何分配，需要投入到哪些公共项目和计划之中。毫无疑问，税收政策的变动将涉及广泛的利益，直接关系到那些从税收收入中得利的无数计划和团体。实际上，由此引发的一些问题本质上将突破税收问题的界限，演变成为其他问题出现的背景。

近年来，随着经济的发展，越来越多的非经济问题引起了公众的广泛关注，进入公共

---

① 参见［美］拉雷·N·格斯顿：《公共政策的制定——程序和原理》，64～70 页，重庆，重庆出版社，2001。

② George C. Edwards，Ira Sharkansky，*The Policy Predicament*，W. H. Freeman，1978，p. 226.

政策的实质性议程，如民族问题、宗教问题、环境问题、人口问题、治安问题等。显然，所谓非经济问题与经济问题难有清晰的界限，决策者是否会以解决经济问题的形式回应非经济问题，或反其道而行之，这是实质性议程中经常会遇到的问题。

（2）象征性议程。

在政策议程中，不仅存在占主导地位的实质性问题，而且存在大量需要解决的象征性问题，它们同样分享了政治的聚光灯。象征性议题注重的是价值而不是资源。比如，树立良好的公民观念就是一个典型的象征性问题，它所关注的不是权利的多少，而是社会行为的“对”与“错”。尽管大量政策资源的倾斜都不以象征性问题为重，但象征性问题解决不好同样会给社会带来许多麻烦。

美国政府之所以会对焚烧美国国旗的举动作出迅速的反应，多半不是考虑到公众的不安情绪及社会的治安需要，而是考虑到价值观的损害和爱国主义的需要。同样，婚姻、家庭中存在的问题，如家庭暴力、虐待儿童等，之所以引起公众和决策者的密切关注，并非存在尖锐的利益冲突，而是社会观念方面的问题。这类具有象征性意义的议题也会牵动人们的共同意识。

5.3.2 政策议程建立的条件

现代社会存在着大量需要加以解决的问题，而政府所掌握的公共资源和输出政策的能力却是很有限的，这无疑就注定了社会的公共需求与政府的供给能力之间存在尖锐的矛盾。因此，总有一些社会问题能够顺利进入政策议程，而另一些则不能。那么，社会问题需要具备哪些条件才有进入政策议程的更大可能呢？

1. 私人诉求

从某种意义上讲，很多具有公共性质的问题都是由私人问题引发的。比如，一个人对现行的车辆管理法规给自己带来的过重负担感到强烈不满，他有可能忍气吞声、自认倒霉，或偶尔在亲朋好友间发发牢骚。这时，无论是对他还是对其他人而言，这只是一个私人性质的问题。但是，他还可以采取另一种方法，比如将自己的问题告知公众和媒体，或将与之有类似看法的人组织起来，向政府有关部门提出抗议，或以正当形式展开对话并提交政策议案。上述的行动很可能会导致反对意见的出现，从而形成讨论的局面，许多人就这样直接或间接地卷入到了这一事务中。另外还需要强调的一点是，非正式关系在政策议程建立过程中所起的作用同样不容忽视。所谓非正式关系，是指超出法定组织制度和工作程序的人际关系，如老乡、亲属、同学、朋友等关系。通过这类关系，个人所提出的问题很有可能被决策者列入政策议程。这是因为非正式关系的突出特点就是相互的亲近与信任，有很强的互动作用。尽管利用非正式关系建立政策议程并非正常现象，但这种现象在现实生活中并不鲜见。

杭州商人叫板环保局长

“这条河是我童年游泳、母亲洗衣的地方，现在污染严重，环保局长要敢在河里游泳 20 分钟，我拿出 20 万元。”杭州毛源昌眼镜有限公司董事长金增敏 2013 年 2 月

16 日在微博上叫板环保局长，引发社会广泛关注。

当前环境污染已成为我国发展面临的一大挑战，保护环境不仅事关人民福祉，更关乎国家未来。党的十八大报告指出，要“给子孙后代留下天蓝、地绿、水净的美好家园”。从这个角度看，企业家叫板环保局长，这种行为值得一“顶”。因为这不是企业老板在炫耀财富，而是面对河流污染所表现出的一种无奈。金增敏说：“我是拿不出 200 万，如果我能拿出 200 万，环保局局长游一次，我一定给。”他是想借用一种另类的方式——网络的“行为艺术”来引起社会舆论的关注，同时也促使相关部门出台措施。金增敏的“微博喊话”确实起到了作用，第二天有关部门就采取了行动，十多个人立即紧急清理了河道，同时河道两边的违章建筑也得到了拆除。整治河道污染工作立即被提上了有关部门的工作日程。

2. 团体推动

任何利益集团都有自己的利益需求，在社会中它们寻求着某种合理的平衡状态。如果出现的某种情况威胁到这种平衡状态的存在，那么它们就肯定会作出必要的反应。比如，当个体零售商的利益受到大批发商的威胁时，它们就会通过其同业组织要求政府采取必要的行动以保护其自身的利益；再如，当国内化工企业发现进口的化工产品威胁它们的价格和利润时，它们就会设法要求政府对化工产品的进口量加以限制。此外，某个利益集团从政府那里得到一定的特惠政策时，其他利益集团也有可能作出相应的反应。在体制改革和机构重组当中，利益集团的作用能够得到更为直观的表现，争权夺利的斗争完全表面化。

消费者运动

消费者运动是指在市场经济条件下，消费者为了维护自身利益，自发地或者有组织地以争取社会公正、保护自身合法利益、改善自身生活地位等为目的同损害消费者利益行为进行斗争的一种社会运动。消费者运动始于 19 世纪的英国，然后迅速波及西欧和北美。20 世纪，已成为消费者运动的世纪。

1844 年，英格兰北部以制造毛毯、法兰绒而闻名的罗奇代尔市，首创消费者合作社，当时叫消费协作组合，它是世界上消费者运动的最早的源流。1891 年，纽约消费者协会成立。这是世界上第一个以保护消费者权益为宗旨的组织。1899 年，美国消费者联盟诞生，成为世界上第一个全国性的消费者组织。1914 年，美国设立了第一个保护消费者权益的政府机构——美国联邦贸易委员会。到了 20 世纪 60 年代，美国消费者运动的规模进一步扩大。1962 年 3 月 15 日，美国总统肯尼迪在《关于保护消费者利益的总统特别国情咨文》中，率先提出消费者享有的 4 项基本权利，即安全的权利、了解的权利、选择的权利和意见被听取的权利。1969 年，美国总统尼克松进而提出消费者的第五项权利：索赔的权利。消费者权利的提出，使消费者运动进入了新的阶段，同时，美国联邦政府和州政府，都设立了消费者保护机构。

除美、日外，消费者运动在其他国家也如雨后春笋般蓬勃兴起。从我国的情况来看，虽然消费者运动兴起与发展的历史很短，然而发展速度却很快。随着社会主义市场经济体制的确立，消费者权益保护工作越来越受到社会各界的关注。消费者状况的改善已成为衡量社会文明发展进程的标志。

3. 领袖因素

迄今为止，在任何国家和地区，政治领袖都是决定政策议程的一个极为重要的因素，而且经常是起关键性和决定性作用的因素。政治领袖在政策议程的建立过程中所发挥的特殊政治作用是无可替代的。无论是出于公众价值观和政治使命感，还是出于个人需要和团体利益的考虑，他们都会密切关注社会中出现的这样或那样的问题，提出对这些问题的一些解决方案，并在可能的条件下将其告知公众以引起必要的回应。在政治舞台上，政治领袖作为决策系统的核心，其对政策议程的影响力往往来自制度的授权，他们常常扮演政策议程主要决定者的角色，其政策建议几乎可以自动地提上政府议程。这里需要指出的一点是，政治领袖对社会问题的关注往往带有明显的个性色彩，他们对问题的认定受多种个人因素的制约，如个性特征、成长经历、受教育情况等。在建立政策议程的过程中，这些个人因素往往会与公共问题交织在一起，并以国家和公众的名义加以表现。

南方谈话

1992年1月18日至2月21日，88岁高龄的邓小平南行武昌、深圳、珠海、上海等地，并发表了重要谈话。邓小平的南方谈话事关中国经济改革与社会进步的方向，对政策议程的建立起到了关键的推动作用。

邓小平强调，改革开放胆子要大一些，敢于试验，不能像小脚女人一样。看准了的，就大胆地试，大胆地闯。深圳的重要经验就是敢闯。他说，没有一点闯的精神，没有一点“冒”的精神，没有一股气呀、劲呀，就走不出一条好路，走不出一条新路，就干不出新的事业。恐怕再有三十年的时间，我们才会在各方面形成一整套更加成熟、更加定型的制度。在这个制度下的方针、政策，也将更加定型化。他说，改革开放迈不开步子，不敢闯，说来说去就是怕资本主义的东西多了，走了资本主义道路。要害是姓“资”还是姓“社”的问题。判断的标准，应该主要看是否有利于发展社会主义社会的生产力，是否有利于增强社会主义国家的综合国力，是否有利于提高人民的生活水平。

邓小平又说，有的人认为，多一分外资，就多一分资本主义，“三资”企业多了，就是资本主义的东西多了，就是发展了资本主义。这些人连基本常识都没有。计划多一点还是市场多一点，不是社会主义与资本主义的本质区别。计划经济不等于社会主义，资本主义也有计划；市场经济不等于资本主义，社会主义也有市场。计划和市场都是经济手段。

邓小平还说，我国的经济发展，总要力争隔几年上一个台阶。当然，不是鼓励不切实际的高速度，而是要扎扎实实，讲求效益，稳步协调地发展。比如广东，要上几个台阶，力争用二十年的时间赶上亚洲“四小龙”。

邓小平进而指出，经济发展得快一点，必须依靠科技和教育。科学技术是第一生产力。要提倡科学，靠科学才有希望。

4. 体制功能

一定的政府体制从制度上规定了信息的沟通渠道和利益的表达方式，从而形成了协调各种利益关系的组织机制。政府体制涉及组织结构、工作程序、代表制度、选举制度等多种因素，这些因素对政策议程的建立都有很大的影响。政策议程能否建立，很多时候取决于政府体制的开放程度。社会问题能否被政府所关注不仅依赖于社会大众的发动，还需要政府系统自身的努力。

“我当时想的和做的就和你现在一样”

据传，斯大林刚刚去世，赫鲁晓夫就在党的代表大会上狠批斯大林的观点，历数斯大林的多项“罪状”。当他正说得起劲的时候，接到一张代表席中传上来的字条，他看了以后气得满面通红，停顿了片刻后说：“我刚收到一张字条，现在读给大家听听，字条是这样写的：‘你现在大骂斯大林，可当初你干什么来着?’”赫鲁晓夫放下手中的字条，冲着代表席上喊：“我现在想请那位写这个字条的同志站出来发表一下意见。”会场这时一片肃静，时间一分钟一分钟地过去了，代表们面面相觑，无人站起。赫鲁晓夫这时候才说：“你问我当时干什么去了，我当时想的和做的就和你现在一样。”

5. 传媒作用

大众传媒在推动政策议程建立的过程中起着非常关键的作用。首先，因为它能把少数人发现的问题广泛传播，以争取多数人的理解与支持，从而为建立公众议程创造了条件。其次，因为它能制造强大的舆论压力，促使政府决策系统接受来自公众的愿望和要求。再次，因为它是连接公众与政府决策系统的桥梁，使公众参与决策成为可能，从而扩大了政策问题的来源。最后，因为它能发挥政府决策系统外脑的作用，是政府决策系统了解和掌握社会信息的重要工具。

议程设置理论

“议程设置”是 20 世纪 70 年代在美国风行起来的一种有关大众传播效果的理论，由美国传播学家马克斯韦尔·麦库姆斯（Maxwell McCombs）和唐纳德·肖（Donald Show）首先提出。他们于 1972 年在在《舆论季刊》上发表了论文《大众传媒的议程设置功能》。文章指出：大众传媒注意某些问题而忽略另一些问题的做法本身就可以影响公众舆论，而人们一般倾向于了解大众传媒注意的那些问题，并采用大众传媒为这些问题所确定的优先次序来确定自己对这些问题的关注程度。他们二人的这项研究标志着一个新的传播效果理论——“议程设置理论”的诞生。

议程设置理论暗示了这样一种媒介观，即大众传媒具有一种为公众设置“议事日程”的功能，传媒的新闻报道和信息传达活动以赋予各种“议题”不同显性（salience）的方式，来影响人们对周围世界的“大事”及其重要性的判断。换句话讲，该理论认为大众传媒往往不能决定人们对某一事件或意见的具体看法，但可以通过提供信息和安排相关的议题来有效地左右人们关注哪些事实和意见及他们谈论的先后顺序。大众传媒可能无法影响人们“怎么想”，但却可以影响人们去“想什么”。传媒是从事“环境重构作业”的社会机构，即通过向公众提示“社会生活中的重要议事日程”的形式来完成环境重构的任务。

议程设置理论是传播学经典学派的重要理论成果之一，探讨的是大众传媒的舆论影响和社会效果，大众传媒提供给公众的是他们的议程，议程设置是大众传媒影响社会的重要方式，该理论的提出具有重要的理论和实践意义。它从考察大众传媒对人们的环境认知作用入手，重新揭示了大众传媒对议程设置的有力影响，为有关政策议程问题的研究提供了重要的参考。

6. 问题本身

社会问题的明朗化程度对政策议程的建立具有非常重要的影响。明朗化的社会问题最容易引起社会公众的普遍关注和政府决策系统的政策反应。一般来讲，问题明朗化的程度是问题严重与否的一个重要标志，从而是促成政策议程建立的基础条件。当然，如果只有明朗化事件才能导致政策议程建立的话，政府决策系统就只能做到“头痛医头，脚痛医脚”。就像一个庸医，始终处于被动状态。政府不是救火队，“有事则忙、无事则闲”绝非好的运行模式。所以需要政治领袖以积极的姿态，立足现实、预测未来，及时洞察潜在的问题。例如，我国在发展旅游业的背景下，一些大中城市的高级宾馆饭店如雨后春笋，纷纷拔地而起，如果政府决策系统能从这种盲目发展的背后，看到过剩的危机，就能及时采取对策。再如，我国“家电”行业的发展也出现过一窝蜂的局面，从国外引进的成百上千条流水线，短期内相继投入大规模生产。如果生产过剩的问题能够在潜在状态引起政府的警觉，就能避免由此带来的一些经济损失。

讲社会问题的明朗化程度，不能不提社会问题的临界点①，超越临界点其性质就会发生变化，因此必须重视社会问题临界点的研究。以我国就业问题为例，种种信息显示，目前我们已进入一个非常时期，“饭碗”正成为一种紧缺的物品。改革开放以来，我国共创造了两亿多个就业岗位，然而就业形势却仍然严峻。从“城镇登记失业人数”和“下岗职工人数”看（分析失业压力的两种口径指标），近年来的变化趋势近乎一直在上升，有关研究表明，中国劳动力总供给近 10 年内将会达到峰值，劳动力供求矛盾仍然十分突出，

① 临界点：物质由一种状态变成另一种状态前应具备的最基本条件。物质达到临界状态时所具有的值称临界点。例如，临界温度便是气体能液化的最高温度。后用以形容事态发展的待变状况临界点的概念由物理学而来，物理学中因为能量的不同而会有相的改变（例如：冰→水→水蒸气），相的改变代表界的不同，故当一事物到达相变前一刻时我们称它临界了，而临界时的值则称为临界点。

一旦失业率超过 12%这个国际警戒线，就可能引发很严重的问题。

全球气候变暖逼近危险临界点

“生态环境的定时炸弹正在进行倒计时!”这并不是危言耸听。

2005 年 3 月英国公共政策研究所、美国进步中心和澳大利亚研究所合作完成了一份题为《应对气候挑战》的研究报告。报告称，在 10 年或更短的时间内，持续升高的全球气温就会到达临界点，这将引起大范围的旱灾、农作物歉收和水资源短缺等问题。报告指出，当全球平均气温比工业革命前——1750 年时高 2℃后，引发灾难的临界点就会出现。全球平均气温至今已比 1750 年时高 0.8℃，并仍在持续上升，距关键临界点仅差 1℃左右。研究人员通过计算发现，大气中二氧化碳浓度达到百万分之四百（400ppm）后，就不可避免地会导致气温升高 2℃。而当前的水平是 379ppm，并且以每年 2ppm 的速度增长。报告指出，10 年内二氧化碳浓度就会跨过 400ppm 这一门槛。报告敦促八国集团所有成员国作出承诺，到 2025 年各国可再生资源发电量达到总发电量的 25%。

5.3.3　政策议程的触发机制

1. 触发机制的影响因素

在公共政策制定的早期阶段，触发机制表现出极其重要的作用，它有助于识别和澄清面临的问题。但遗憾的是，难以预测那些涉及触发机制的活动，因为它们常常隐含在一些日常生活中发生的事件后面，具有一定的隐性特征，很难直接被观察到。

触发机制作为公共政策的催化剂，其作用的发挥源于三个影响因素的互动：范围、强度和时间。

（1）范围。

范围指的是受触发机制影响的人员数量和地区规模。如果一个事件对社会中多数人或多数地区构成影响，那么它必然具有普遍的社会意义，从而使采取相关行动的要求具有了广泛的社会基础。反之，如果触发机制只是改变了少数人的生活或少数地区的常态，那么要“有所例外”则是非常困难的，同时也很难从决策者那里获得处理的优先权。

（2）强度。

强度是指公众的态度反映。如果发生了某种意外，但得到了公众的宽容与接受，那么随后出现的平和态度就不会引发相关的政策议程。反之，如果这个事件引起了担心与愤怒，导致舆论哗然，那就必然会使政策制定者予以高度重视。比如，为保护濒临灭绝的鱼种，美国环保组织和动物保护机构发起了强大的舆论攻势，要求政府停建已投资几亿美元的大坝，政府迫于压力最终作出了妥协。

（3）时间。

时间是指触发机制产生的时间。据此，可以把触发机制划分为瞬间机制和持续机制。前者是指很快就能够广为人知的事件，如 1986 年切尔诺贝利核电站泄漏事件、1976 年发生的唐山大地震等；后者是指需要经历一段酝酿过程的持续性事件，如艾滋病问题。20世纪80年代刚发现这种疾病时，因为它多与同性恋者和吸毒者有关，人们指其为“上帝的惩罚”，不关心它的致命性及对社会的潜在威胁。但到了20世纪90年代，随着越来越多的人感染艾滋病和相关医学研究的开展，社会公众开始急于了解艾滋病预防和治疗的方法，并希望政府部门对此有所作为。

2. 触发机制的类型

触发机制作为公共政策的潜在先导，产生于内部（国内）和外部（国外）两种不同的环境，因此可以区分为内在触发机制和外在触发机制两种类型。

（1）内在触发机制。

1）自然灾害。自然灾害的发生不受个人或政府从事活动的影响。虽然在自然界里不存在政治，但自然事件及其结果却可以极大地影响政治，如政治价值观的改变、政治优先顺序的改变等。一般来说，自然灾害难以在现代社会起触发机制的作用，因为环境的一般性破坏并不需要政府作出公共政策方面的迅速反应。许多灾害如火山爆发、地震、洪灾、火灾、旱灾、虫灾、飓风、泥石流、山体滑坡等，发生的频率都很高。但就其影响范围和持续时间而言，都不足以构成政策议程。然而，1994年发生在美国洛杉矶的大地震，却促使联邦政府作出了迅速的反应。该地震发生在人口密集区，强度为里氏6.4级，很快就使整个地区成了自然的人质，社会经济受到空前的破坏。美国国会迅速通过了一项80亿美元的“一揽子”救济计划，用以帮助灾区摆脱困境。

2）经济灾难。经济事件并非只会对经济领域产生影响，它的发生同样会给社会生活和政治生活带来影响。1982年俄克拉何马的一家银行倒闭，之后不久，美国第八大银行伊利诺伊大陆银行也关了门，从而导致投资者的恐慌，挤兑成风。作为银行倒闭的连锁反应，经济的萧条触发了政策变革的社会要求。

3）技术突破。技术创新为社会带来了源源不断的发展动力，它可以实实在在地改变人们的日常生活和社会关系。汽车的发明及批量的生产引发了对能源的巨大需求，引起了公路的大规模建设，造成了环境污染和交通事故等问题，对社会政治领域发起进攻；电视电话技术的应用使信息能够得到迅速的传播，党和国家领导人讲话、时事新闻，一开开关就进入了家中；计算机的激增和互联网技术的出现开创了历史的新纪元，不仅改变了普通人的生活方式，而且也改变了政府的管理方式，“全时政府”的概念得到越来越清晰的表现。

4）生态变迁。人类生存最为必要的一些资源，多是不可再生性的资源，仅以一定数量存在。一些国家和地区的乱砍滥伐导致土地濒临低产的边缘，造成水土流失等自然灾害。生态问题可能多源于“人口爆炸”的影响，可目前很少有迹象表明人口在有控制地增长。生态的改变并不完全由生态自身的推动力所产生，其中涉及许多人为因素的影响。当然，对人类活动作出反应的生态转移是缓慢发生的，然而，生态问题一旦形成就可能造成极大的震惊，引发公众的迅速反应，产生过去从未考虑过的政策问题，如水污染问题、臭氧层的破坏、酸雨的影响、沙尘暴现象等。

5）社会变迁。随着社会中的大多数人对社会价值、行为规范、政治理念和政府责任等方面态度的转变，社会的方方面面都会随之产生很大的变化。我国从计划经济向市场经济转轨，促使公共政策发生很大的转变；发生在美国的女权运动，促使社会重新思考与妇女社会地位经济和政治制度有关的因素；黑人解放运动吹响了向种族歧视进攻的号角，提高了黑人的社会政治地位，推动了社会的进步和发展。

（2）外在触发机制。

1）战争行动。受到他国的武力侵犯是外在触发机制最为典型的例子。即使本国并没有直接卷入冲突，但也会受到冲突的间接影响，可能会成为与冲突有关的活动参与者。第二次世界大战导致美国直接参战的珍珠港事件就是战争这种触发机制对公众反应的生动记述。然而，类似珍珠港事件这种既清晰又完全地影响公共政策过程的触发事件很少。更普遍的情况是，当战争尚为一种可能性，一个国家需不需要对威胁作出反应？1990—1991 年的波斯湾冲突，美国及其北约盟国眼睁睁地看着伊拉克对其邻国科威特发动了军事入侵，后经联合国安理会授权，以美国为首的多国部队发动了“沙漠风暴”行动，直到萨达姆接受了联合国 1991 年 4 月 4 日提出的和平条件为止。

2）地区与国际冲突。除了战争这种国家间的大规模冲突之外，在全世界多个地方都有小规模冲突出现，比如印度和巴基斯坦两个国家的摩擦、以色列和巴勒斯坦持续不断的流血冲突、爆发在波黑地区的局部战争、朝韩半岛的潜在危机、令俄罗斯政府倍感头疼的车臣问题、“基地”组织（极端宗教主义分子建立的恐怖组织）的恐怖活动等。这类冲突同样会对政策议程的建立产生重要的影响。

3）经济对抗。各国间在经济领域存在的博弈是一个不争的事实。世界的“经济馅饼”可能有人多吃一口，别人就会少吃一口，即一国的收益可能造成他国的损失。比如许多石油进口国对石油输出国就有发不尽的牢骚；一些第三世界的发展中国家不断批评工业发达国家低价购入原料，高价返销产品，赚取过高的利润。当一个国家以损害他国的方式制定其公共政策时，就不可避免地会导致经济对抗，从而引发经济报复行动，带来双边关系的恶化，如欧美经济冲突、美日贸易摩擦、反倾销政策的实施、贸易壁垒的形成等。

4）新式武器与力量失衡。虽然几十年前美国独占了核技术，但现在已经有十多个国家拥有了这项技术。此外，还有许多国家已经掌握了生产大规模杀伤性武器（如生物和化学武器）的方法。新型武器的出现不仅对国家间的关系具有显著影响，而且对整个国际政治体系也会带来冲击。美国作为新式武器的“超级大国”，企图在 21 世纪继续其霸主地位，推行单边政治，充任世界警察，国防部为此还拟订了一个“防止新对手再度出现的战略”，采取一切办法限制他国扩充或拥有大规模杀伤性武器。

5.3.4　政策议程与突发事件

美国政策学家安德森在其《公共政策制定》① 一书中对科布和艾尔德的观点作了更为具体的阐述。他认为下列因素促成了政策议程的建立。

1. 某种危机或惊人事件

很多时候，人们可能已经对某些问题有所察觉，并提出了政策诉求，希望能够对之采取必要的行动。但它没能引起普遍性的重视，政府也处于左右为难之中。在这种情况下，的确需要有某种突发性事件的发生，将问题推上政策议程。突发性的重大事件往往会使形

① 参见［美］詹姆斯·E·安德森：《公共政策制定》，72～74 页，北京，中国人民大学出版社，2009。

势发生戏剧性的变化，从而成为社会各界关注的焦点，引起政府的高度重视。如在1957年，苏联发射了第一颗人造地球卫星，尽管当时艾森豪威尔政府的有关官员表面上并没有显出过分的在意，但这一突发事件的确将探索太空的问题提上了美国政府的政策议程。

苏联成为第一个发射卫星的国家

1957年10月4日，莫斯科时间22时28分，在苏联的拜科努尔基地，运载火箭将重达83公斤的人造地球卫星送入太空。人类的太空时代开始了。

苏联发射的这枚卫星代号为PS-1，形状为球形，铝合金外壳，外置4根天线。卫星直径58厘米，重量83.6公斤。卫星设计成球形，据说这样可以更多更好地安装科学仪器。

苏联发射第一颗人造地球卫星之后，全世界的主要报刊连续数日对这一事件进行了大幅报道，全世界为苏联所取得的成就感到震惊。因为美国在这方面落后于苏联，美国总统艾森豪威尔受到了来自民主党的激烈批评。民主党候选人约翰·肯尼迪在1960年的总统大选期间，在竞选大纲中把发展美国的航天工业作为未来主政期间的一项重要工作。1958年，美国的第一颗人造地球卫星发射升空，重量为8公斤。人类的太空对抗时代开始了。

一个让人迷惑的问题是：如果美国发射了第一颗人造地球卫星，那么历史将会怎样？乔治·华盛顿大学太空政策研究所所长约翰·诺斯顿说："如果没有苏联的人造地球卫星，就可能没有阿波罗计划。"

2. 抗议活动（包括使用暴力手段）

这是使问题引起决策系统关注并进入政策议程的另一种途径。抗议活动是一种激烈的利益表达形式，往往带有某些反常规的行动特征。其表现形式有示威游行、静坐斗争、绝食抗议、暴力冲突、武装对抗等。社会中出现大规模的抗议活动通常说明社会问题已经发展到非常严重的地步，政府的现行政策已经难以调和这种矛盾，只有作出新的政策选择才能平息由抗议所引发的混乱局面。抗议活动是建立政策议程的有效方法，但不是最佳的途径。它多以极端方式向政府施压，表达某些利益群体的政策诉求，往往形式过激、发生突然、超乎常规、始料不及，给政府带来"超负荷压力"。在政府能够有效控制和疏导这种压力时，政府可能会作出一定程度的妥协，建立相应的政策议程。然而，这种激烈的表达方式毕竟有可能造成社会失态，形成与政府的严重对立，对既成的社会秩序构成威胁，导致一些悲剧性的后果。

重庆出租车罢运事件

据新华社记者报道，重庆市主城区出租汽车2008年11月3日全城罢运。在重庆市各个街道上，8 000多辆明黄色车身、黑白格腰线的出租车，在这一天同时"蒸发"。许多欲乘出租车的市民连声抱怨。

3 日早晨 7 时左右，记者驱车行驶在重庆市新溉路上，平日出租车很多的街道上，不见一辆出租车。8 时左右，记者在重庆市渝北区新南路一带看到，许多乘客正在等待出租车。他们一边等车一边抱怨：今天怎么一辆出租车都没有？有的说延误了上班，有的说延误了火车和飞机。后来他们听说出租车司机罢工后，连忙去挤公共汽车。

从高处拍摄的照片看，出租车司机们多将车停在空地上，组成了庞大的黄色海洋，蔚为壮观，而城区的主路上则显得车辆寥寥，空空荡荡。这就是震惊全国的重庆出租车罢运事件，事情持续了整整 2 天。值得一提的是，媒体以往对类似事件很少提及，而此次“罢运”事件却意外地被包括中央媒体在内的各方披露。

记者通过调查发现，重庆市出租车车主多次向主管部门反映加气难、运价低、罚款多等问题，但其诉求长期得不到解决，矛盾越积越多。

重庆出租车基本上都使用天然气，加气难这个令出租车司机最头痛的问题已经持续了好几年。一般来讲，重庆出租车加气最少要等 1 个小时，最多要等 3 个小时，这使出租车的营运收入受到严重影响，同时也加剧了“打的难”。出租车司机对此怨声载道。

降低管理费也是一项主要诉求。一些出租车司机反映，他们所挂靠的出租汽车公司收取的管理费一般每月为 7 000 元到 8 000 元。

出租车车主及司机对黑车多、罚款多、收费多也有颇多意见。据反映，重庆市主城区共有几千辆违法运营的“黑车”，这些“黑车”长期与出租车抢生意，严重扰乱了客运市场秩序。还有不少人反映交警和交通执法人员罚款多，有的平均每月会接到 10 张交警罚款单。

事发当日上午，重庆市政府召开紧急会议，研究处置出租车罢运事件。市政府作出紧急部署：坚决防止出租车罢运事件引发的连锁反应，并采取有力措施，确保营运恢复正常。16 时 30 分，重庆市交委举行新闻发布会。据有关领导介绍，为妥善处置问题，重庆市政府已启动票价调整调研工作；市经委已采取措施，增加 CNG 天然气供应量，增加加气站；同时，保持打击“黑车”的高压态势。关于企业与驾驶员利益分配问题，市出租汽车协会已进行了专题研究，提出出租汽车企业与驾驶员利益调整的意见。

11 月 5 日早晨，即在罢运 48 小时后，山城的的士又开始满街跑了，罢运风波得以平息。

就在重庆山城人人争说罢运潮之际，一场的哥的姐们从来没有想到过的“座谈会”出现了。11 月 6 日上午 10 时，重庆电视台临时中断了正常播出的节目，宣布将直播市委、市政府领导与出租车司机和市民代表的座谈会。这是一场特殊的座谈会，一方是市委、市政府，另一方是 67 名出租车司机和市民代表。会场上没有座次表，更没有排名顺序，市委、市政府领导交叉地坐在出租车司机和市民代表中，他们或轻声交谈，或侧身倾听，零距离交换看法，体现了“平等、亲切和坦诚”。谈话原定两个小时结束，但因双方“都有许多话想说”，因此，推迟到 13 时才结束。

5.3.5 政策议程建立的障碍

公共问题能不能引起决策者的关注？个体、局部性要求能不能达成广泛共识？政策诉求能不能进入政策议程？要回答这些问题就不能不考虑建立政策议程的障碍因素。总体说来，议程障碍主要表现在以下几个方面。

1. 政治原则的偏离

任何国家都有其视为立国之本的基本政治原则。坚持这些原则，是政府义不容辞的职责。因此，政策诉求一旦偏离了这些原则，政府就会通过各种方法将其排斥在政策制定系统或制度化程序之外，有时甚至是在其提出之前或接近相关的政策领域之前就会被改变或扼杀。

2. 价值体系的排斥

价值体系涉及社会的基本观念及信仰倾向，是人们思考的依据和行为的准则。任何社会都有其占主导地位的价值体系，它排斥特定的社会问题和政策选择方案进入政策议程。换句话讲，如果提出的政策诉求与社会价值体系不符，那么就难以形成公众议程，更不可能转化为正式议程（即政府议程）。

3. 政府体系的封闭

如果政府体系保守、决策过程封闭、民选代表不能代表选举人的利益，那么公众与政府联系的渠道就会出现障碍，公众的呼声和愿望就很难为决策者所知，人们不仅无法与决策者进行必要的沟通，而且不能通过问题讨论等形式参与政策的制定过程。在这种情况下，公众认定的社会问题很难进入政策议程。当然，我们并不否认政府的“黑箱运作”有时是切实可行的甚至是唯一可行的办法，但这种“自由”并不是没有限度的。公共政策事关公众的利益，必须接受公众的检验，一个保守的政府、一种封闭的体制难以产生有效的政策。

4. 承受能力的超重

任何一种政策问题的提出，如果超出了决策者的承受能力，就会受到他们的排斥或回避。即使这种问题的提出对社会有利，符合时代潮流，往往也难以进入政策议程。

5. 表达方式失当

有些问题本可以通过法定的正常渠道提出，却偏偏要选择非正常渠道；明明可以在正式场合上讲，却偏偏要进行地下活动；明明可以采用平和形式提出政策诉求，却偏偏要采取过激的形式。这种表达方式的失当，很多时候使本该列入政策议程的问题没有被列入，使本该受到重视的问题不能被及时应对。

美国禁枪为何难？

在美国，私人有权拥有枪械。对这种代价昂贵、只有潜在意义的自由和权利，美国人在支付了有目共睹的惨重代价之后，为什么至今没有放弃呢？要回答这个问题，说难也难，说易也易。看看下面这段小故事，我们可能就会得出答案。

一名生活在美国的犹太人后裔在得知以色列正在建立所有在二战中被迫害致死的犹太人的详细档案时感到奇怪：那么多的牺牲者怎么会无力反抗？后来他发现，二战之前德国人民也是合法拥有武器的，但在希特勒上台之后，首先搞枪支登记，然后设法逐步没收枪支，以至于犹太人最后只能束手就擒。他由此坚信失去自卫武器是导致犹太民族悲剧的原因之一。拥有好几种枪的他说："我也希望永远不去用这些枪。但是你应该知道，枪不仅是一种工具，更是一种权利。"

的确，在美国，人们捍卫自己与生俱来的权利能够得到宪法的保障和司法制度的支持。简单地说，凡是发生"抄家"这类的情况，法律是支持开枪一方的，但是为了避免误伤，必须事前发出警告，如果在受到警告之后继续侵犯，主人有权开枪，事后不必承担后果。

本章小结

本章作为政策制定的开篇，主要阐述社会问题的性质、特征、类型和基本理论，重点解释政策议程建立的条件、政策议程的触发机制及政策议程建立的障碍等。通过本章的学习，应该明确社会问题的特征、理解社会问题的主要理论、掌握问题确认的基本步骤、认识政策议程的类型和特点、熟悉政策议程的触发机制、了解政策议程建立的主要障碍。

关键词

社会问题　过失性社会问题　结构性社会问题　社会冲突论　社会越轨论　社会解组论　社会标签理论　手段—目标论　社会分层理论　问题确认　问题察觉　问题界定　问题描述　政策议程　公众议程　政府议程　实质性议程　象征性议程

思考题

1. 什么是社会问题？
2. 社会问题具有哪些特征？
3. 什么是社会标签理论？
4. 什么是韦伯的"三位一体"分层理论？
5. 根据手段—目标论，社会越轨行为有哪些类型？
6. 如何运用比喻的方法分析社会问题？
7. 问题确认包括哪些步骤？
8. 利益集团在议程建立过程中能够发挥什么样的作用？
9. 公民个人如何推动政策议程的建立？
10. 政策议程的内在触发机制包括哪些内容？
11. 政策议程的外在触发机制包括哪些内容？
12. 政策议程的建立会遇到哪些障碍？

第 6 章

政策规划

政策规划往往被视为一个狭义的政策分析过程，它是指在既定原则指导下寻求方案优化的一系列分析和抉择活动。它不仅需要决策者的积极参与，而且需要政策分析人员的密切配合。

政策规划主体既有单一型也有多元型。前者通常是指规划在政府系统内部进行，后者则是指规划不仅有政府参与而且扩展到社会领域，表现为多种主体的合法介入。在多元型主体结构中，还需要正确区分直接主体与间接主体。前者不仅享有决策的法定权力，而且要承担由此带来的一些政治、法律、经济和道义方面的责任；后者则只是享有政策方案的拟订、推荐和评判权，而不需要对其后果承担任何责任。

在现代社会，政策规划完全由政府部门独立完成的情况已经越来越少，规划主体多元化在世界范围内已经成为一种发展趋势。当然，在强调规划主体多元化的同时，我们必须认识到政府在政策规划过程中所发挥的主导作用。

在实现政策规划主体多元化的进程中，世界上不少国家都先后采取了听证制度。“听证”一词，最早源于西方国家的司法实践，后来被逐渐运用到立法活动和行政活动中，从而成为公共政策规划过程中一项非常重要的制度形式。其核心原则是增强决策的透明度，推进决策的民主化。其具体要求是，在讨论和研究政策方案时必须经过合法程序，听取有关专家、有关部门、利益集团、社会公众等代表人士的相关意见，进行必要的政策辩论，提供有效的证据，考虑多方的利益，以保证政策规划的公平、公正、科学与民主。

在这里不得不强调的一点是，无论是单一型还是多元型的主体构成，决策者与政策分析人员的互动在政策规划过程中起着核心作用。

6.1　规划原则

6.1.1　信息原则

信息是政策规划的基础材料，从某种意义上讲，政策规划的过程就是信息的收集、整理、加工和利用的过程，政策规划的成效很大程度上依赖于信息的全面、具体、准确、及时。如果没有充分的信息保障，政策规划也就只能是“巧妇难为无米之炊”。

杭州市政府一位领导在接受媒体采访时说过这样一句话：“我们现在听到的太多是层层传上来的过滤掉的声音”。

什么是“层层传上来的过滤掉的声音”？就是经过各级管理部门筛选之后剩下的声音。老百姓的声音在传到上面之前，先被基层管理部门过滤、筛选了一遍，剔除那些被认为太尖锐、太犯禁的内容。上一级部门更需要仔细、认真地过滤、筛选，再把那些不中听、不悦耳的部分剔除掉。如此一来，经过层层筛选、过滤之后，到了上面所能剩下的东西也就可想而知了，凭此信息，谈何决策?!

如果只是个别领导听不到真话、得不到真情，倒也罢了，问题是有相当多的上级领导都听不到真话、得不到真情。2007 年 8 月《小康》杂志发布了“2006—2007 年中国信用小康指数”，文中称 2006—2007 年我国政府公信力指数为 60.6 分，刚刚越过及格线。这个数字的背后，隐藏着一个意味深长的对比：绝大多数受访者表示很相信中央政府，但超过 70%的受访者认为一些地方政府存在着“隐瞒真实情况，报喜不报忧”的现象。这不能不说是那些“筛子”和“过滤器”在惹祸。

管理不能没有层次，信息不能直上直下。情况需要逐级汇总、加工，然后才有可能实现下情上达，这是一个程序和制度的问题。过滤和筛选下情是管理部门的职责——把老百姓的反映直送领导岂不是尸位素餐！问题的关键在于筛选些什么、过滤些什么。现今的情况是，在一些地方，民情民意已经被过滤得面目全非、内容失真，对上级的决策构成了严重的负面影响。

毫无疑问，各级机关筛选和过滤信息的目的，是为了得到真实的社情民意，而绝不是相反——把真的变假、小的搞大。信息是决策的关键要素，所以必须坚持两条基本原则，一条是去伪存真，另一条是去粗取精。

注水的数据

1. “三公经费”两版本

据 2012 年 11 月 2 日《人民日报》报道，广州市农业局的“三公经费”数据竟有两个版本，而且二者差额高达 544.26 万元。广州市人大常委会的参阅材料显示，该市农业局在决算分析报告中拿来和 2011 年比较的 2010 年“三公经费”是 1 032 万元，而在其官网发布的 2010 年“三公经费”支出报告中，当年（包括广州市农业局和 12

个直属单位共13个单位）“三公经费”总支出额仅487.74万元。广州市农业局解释称，数据差异的原因是两次统计的口径不同。

这些年，在舆论的压力下，各级政府“三公经费”陆续公布，尽管有笼统之嫌，但毕竟有了一个好的开端。然而，广州市农业局竟然搞出了两个内外有别的“三公经费”数据，不禁让公众摇头叹气。人们会问，对内对外公布的“三公经费”竟然相差整整一倍多，如此悬殊的数据难道不是明摆着糊弄人吗？如此“公开”真不如不公开。数据如果随意更改，那公开还有什么意义？

广州市农业局解释称“三公经费”数据相差一倍多的原因是两次统计的口径不同。显然，口径只是临时的借口，利益才是问题的关键：对公众公开的“三公”数据，自然是越小越好，所有可以排除掉的尽数排除掉；对人大报告的“三公”数据，因为直接关系到下年度的部门预算，自然是越多越好，于是能囊括的尽量囊括。如果行政机关有权对“三公经费”随便定义，以“统计口径不同”的名义随意调整数据大小，为了部门利益给不同的对象提供不同的数据，那么公开“三公经费”势必沦为数字游戏。

2. 中国到底有多少人

2012年底被媒体曝光的无论是“房姐”、“房妹”还是“房媳”、“房嫂”，她们都有一个共同的特征，那就是一人具有多个户口。隐藏在“房事连续剧”之后的真正问题乃在于“一人多户”的现实窘境。再往前推，还有2011年被曝光的广东汕尾市“最牛烟草局长”陈文铸，江西省原副省长胡长清，云南省昆明市原副市长、云南省交通厅原副厅长胡星，云南省原省委书记、国家电力公司原总经理高严，“史上最牛女贪官”罗亚平等，“多重人”现象真可谓不可计数……鉴于目前发现“多户口”的人实在太多，有人大胆推测，中国总人口数根本没有13.54亿人（国家统计局2012年数字），更有人提出，应向国际社会呼吁，把世界第一人口大国称号授予印度。不知道这样的“假户口”在13多亿人中占着多大的比重？

3. 数据打架

国家统计局公布全国31个省（区、市）2013年前三季度GDP数据，总和为43.9533万亿元，超出全国GDP总量5.2771万亿元。数据打架的主要原因是“地方数据注水”，以往情况也是如此，自1985年国家和地方层面分别核算GDP数据以来，地方统计总和一直高于全国的GDP总量。例如，2009年各省份GDP之和超出全国总量2.68万亿元；2010年超出全国总量3万亿元；2011年超出全国总量4.6万亿元；2012年超出全国总量5.76万亿元。地方政府为了完成节能降耗和GDP考核等指标，会对数据进行修改，以让数据“更好看”。实际上，地方数据作假几乎已成惯例。此外，“跨区域经济活动导致了数据被重复统计”。随着经济的发展，经济活动在区域内交叉发生，统计工作如果精确度不高，就很容易出现一个经济活动被两个省份重复统计的情况。

4. 上涨了还是下跌了

2013年12月18日，国家统计局和广州市国土房管局分别公布了11月广州房价统计数据，前者数据显示，广州房价同比涨达20.9%，环比上涨0.8%；后者则称，广州房价环比大降10.6%，当月成交均价同比下降7.1%。同是政府部门，公布的房价数据却一个天上、一个地下，这实在让公众无所适从，问题到底出在哪儿？

据悉，两个政府机构的基础数据来源都一样，可统计口径却大不相同，国家统计局的统计范围只是市辖区，而广州市却把增城、从化两个房价较低的县也纳入其中。此外，广州市国土房管局采用的是“算术平均法”，即用成交总价除以成交总面积得出成交均价，而国家统计局采用的是“指数计算法”，即根据“同质可比”的原则，抽取同一楼盘不同时间段的数据，通过加权的方法得出数据。由此不难看出，广州市的统计办法，无疑有人为压低房价水平之嫌，属于变相“造假”行为。

6.1.2 系统原则

系统性是社会问题的重要特征之一。任何政策问题都不是孤立存在的。在社会大系统内，不同范围、领域、层次的社会问题存在着相互联系、相互制约的辩证统一关系。这就要求政策规划工作的参与者必须牢固树立系统观念，在决策活动中要根据客观事物所具有的系统特征，正确处理整体与局部、战略与战术、当前利益与长远利益、主要目标与次要目标的关系。考虑问题以大局为着眼点，从事物的整体出发，去认识、分析和处理局部性问题。

随着现代科学技术的日益发展，现代人对系统的认识越来越深入。系统思想在我国现阶段政府决策中也起着非常重要的作用。建国以来，我们在公共决策问题上曾有过许多大的失误。如工业上提出“以钢为纲”、农业上提出“以粮为纲”，造成国民经济发展的比例失调；再如环境保护方面出现的短期行为，给可持续发展带来极大阻碍。这些历史教训需要我们再三反思。政府决策应统筹考虑，既见树木，又见森林，谋一域，更谋全局，避免出现以偏概全的错误。

丁渭工程

人们对系统的认识是随着对自然界和人类社会认识能力的提高而不断深化的。据《梦溪笔谈》记载：北宋年间，汴梁皇宫为大火烧毁，大臣丁渭受命限期重建。工地“患取土远”，又远离水道，运输材料困难，面对如此多的困难，他该怎么办呢？经过勘察和思考，他终于找到了解决的办法：第一，在皇宫旧址前大街上挖出宽大渠道，取土烧砖；第二，引开封附近的汴水入大渠道，将上游木材水运至宫门；第三，皇宫建好后，用工程遗留下来的碎砖废土填塞河道，“复为街衢”。“丁渭工程”终以“一举而三役济，计省费以亿万”。通过挖沟取土，省去从远方运土烧砖是谓一得；引水入沟把陆路运输改为水路运输，省工省时，节约了运输费用，提高了运输效率，是谓二得；解决了废墟的处理问题，是谓三得。虽然挖沟取土暂时破坏了一条完好的大街，从局部角度看，可谓“巨大损失”，但从工程的全局来看，是非常有利的。丁渭的修复方案包含了系统思想的重要内容，丁渭也因此被后人誉为运用系统方法解决实际问题的历史先驱。当然，丁渭是一个历史上有争议的人物，也曾留有骂名。他善于察言观色、阿谀奉承。一次真宗外出垂钓，鱼久久没有上钩，真宗恼怒无比。丁渭见状，立刻上前吟联："莺惊凤辇穿花去，鱼畏龙颜上钩迟。"这马屁确实拍得有水平，真宗龙颜大悦，回去后给丁渭加薪晋职。另有一次，丁渭与当朝宰相寇准一起在朝堂吃饭。寇准喜欢蓄胡须，吃饭时，胡须上不小心沾上了一些饭菜。丁渭见状，急忙哈腰上去，又轻又慢，非常小心地为寇准溜须拂拭，并啧啧称赞："真是美胡须，美胡须!"原以为这样会博得寇准的欢心，殊不知寇准哈哈大笑道："难道天下还有溜须的大臣吗?"

6.1.3 预测原则

政策规划是对未来事物所作的行为设计和方案抉择，是一种面向未来的活动。凡事预则立，不预则废。科学预测是保证政策规划成功的必要前提。只有建立在可靠预测基础上的政策方案，才是具有现实可行性的政策方案。

真正的远见

1985年，在英国牛津的一所学院发生了一件大事。校方在例行的工程检查中发现，有350年历史的学校大会堂出现了安全问题。20根由巨大橡木制成的横梁，已经风干朽化，必然要进行抽换。校方请人估算了将梁木更新的价格。由于那么巨大的橡木已经很稀少，预估每根横梁要花25万美元左右，才能完成修缮工程，但也没把握能找到那么大的橡树。预算一出来，校方感到焦头烂额，若不募款，恐怕没有办法进行修缮。这时，却有个天降的好消息化解了危机，园艺所负责人前来报告：在350年前，设计该大会堂的建筑师，已经想到后代会面临的困境，所以早早请园艺人员在学校所拥有的土地上种植了一片橡树林。现在，每一棵橡树的尺寸，早就超过了横梁所需。这位建筑师墓园虽已荒芜，但在350年后，他的用心让人们肃然起敬。这才是真正的远见。

6.1.4 客观原则

实事求是，尊重客观规律，把握政策对象及环境的主要特征，一切从实际出发，克服政策规划过程中的主观随意性，这是政策规划最基本的要求。只有做到这一点，才能大大减少政策规划的主观盲目性。不能心血来潮，脑袋一热，就要"挟泰山以超北海"，大话好说，事情不一定好办，不是"人有多大胆，地就会有多大产"。有人说"无私者无畏"，其实"无知者最无畏"，"无知"加"无畏"的结果就是，"明知山有虎，偏向虎山行"。

高阳应造屋

《吕氏春秋》记载了这样一则故事，原文如下：

高阳应将为室家，匠对曰："未可也，木尚生，加涂其上，必将挠。以生为室，今虽善，后将必败。"高阳应曰："缘子之言，则室不败也——木益枯则劲，涂益干则轻，以益劲任益轻则不败。"匠人无辞而对，受令而为之。室之始成也善，其后果败。

这段对话的大意是：从前有个人叫高阳应，总是自以为是。有一次，高阳应要盖新房子，他催木匠马上开工。木匠说："不行啊！现在木料还没有干。如果把湿泥抹上去，会把木料压弯的。用新砍下来的湿木料盖房子，刚盖成的时候挺像样，过不了多久就会倒塌的。"高阳应马上接过话茬儿："按照你的说法，这房子还管保坏不了！因为日子一久，木料越干就越硬，而湿泥越干就越轻。用越来越硬的木料去承受越来越轻的泥土，这房子还能坏吗？"高阳应的诡辩把木匠噎得无话可说。木匠一赌气就开工了。房子盖成以后，从外表上看挺气派，但没过多久，因为梁木变形，就坍塌了。

此例说明：尽管高阳应能言善辩，能把别人噎得无话可说，但是，规律就是规律，光凭主观臆断，十有八九会坏事。

6.1.5 智囊原则

借助外脑，发挥智囊①团的作用，让专家参与，形成智力共振，这是现代政策规划不可缺少的外部条件。所谓智囊团又称头脑企业或思想库，是指专门从事开发性研究的政策咨询研究机构。它将各学科的专家学者聚集起来，运用他们的智慧和才能，为社会经济等领域的发展提供政策备选方案，是现代决策体制中一个不可缺少的重要组成部分。

兰德公司

美国的兰德公司是一所具有代表性的智库。它成立于 1948 年，开始是由福特基金会提供资金，总部设在加利福尼亚州。兰德公司在成立之初主要为美国军方提供调研和情报分析服务。其后，这个组织逐步扩展，并为政府以及一些营利性机构提供服务。兰德目前已拥有 1 600 名左右的员工。兰德公司的名字是"调研和发展"的缩写(RAND= "R" esearch "AN" d "D" evelopment)，其长处是进行战略研究。它开展过不少预测性、长远性研究，提出的不少想法和预测是当事人根本就没有想过且经过很长时间才被证实的。兰德正是通过这些准确的预测，在全世界咨询业中建立了自己的信誉。成立初期，由于当时名气不大，兰德公司的研究成果并没有受到重视。但有

① 智囊一词出自《史记·樗里子甘茂列传》。书中记载：樗里子滑稽多智，秦人号曰智囊。后常用智囊来比喻足智多谋和善于给人出主意的人。据传，汉代的晁错多智谋，颈下有一大肉瘤，好像袋子一样，因此朝野称之为"智囊"，后沿用至今。

几件事情令兰德公司声名鹊起。朝鲜战争前夕，兰德公司组织大批专家对朝鲜战争进行评估，并对“中国是否出兵朝鲜”进行预测，虽然研究报告篇幅很大，但结论只有一句话：“中国将出兵朝鲜”。当时，兰德公司欲以200万美元将研究报告转让给五角大楼。但美国军界高层对兰德的报告并不感兴趣。在他们看来，当时的新中国无论是人力还是财力都不具备出兵的可能性。然而，战争的发展和结局却被兰德准确言中。这一事件让美国政界、军界乃至全世界都对兰德公司刮目相看。二战结束后，美苏称雄世界。美国一直想了解苏联的卫星发展状况。1957年，兰德公司在预测报告中详细地推断出苏联发射第一颗人造卫星的时间，该时间与实际发射时间仅差两周，这令五角大楼震惊不已。兰德公司也从此真正确立了自己在美国咨询业的地位。此后，兰德公司又对中美建交、古巴导弹危机、美国经济大萧条和德国统一等重大事件进行了成功预测，这些预测使兰德公司的发展如日中天，成为美国政界、军界的首席智囊机构。

6.1.6 优化原则

人们常说：“两利相权取其重，两害相权取其轻。”比较和选择是政策规划最突出的特征，追求优化是政策规划当然的目标。

古巴导弹危机

1962年10月，苏联在古巴部署导弹，从而引起美国的强烈反应，爆发了震惊世界的古巴导弹危机。美苏两个核大国眼珠对眼珠，剑拔弩张，剧烈对抗，使世界处于核战争的边缘。如何正确处理这次危机？美国总统肯尼迪召集了重要的政府阁员进行紧急的磋商，他们重点讨论了下列六项对策：

方案1：无所作为。对苏联在古巴建立导弹基地一事不予理睬。

方案2：施加外交压力。呼吁联合国或美洲国家组织进行干预，或者与赫鲁晓夫进行秘密或公开的接触。

方案3：秘密接触卡斯特罗。利用各种渠道，通过多种手段，许诺优厚条件，设法使卡斯特罗与苏联分裂，从而解决古巴导弹危机。

方案4：武装入侵古巴。导弹危机正好为美国入侵古巴提供了一个借口，可以使美国实现其消灭卡斯特罗统治的多年愿望。

方案5：实施外科手术式空袭。轰炸苏联在古巴建立的导弹基地，可以显示美国的强硬态度。

方案6：进行海上封锁。通过这种常规形式来处理核冲突，把下一步棋的决策负担甩给赫鲁晓夫。

决策小组进行了多日的讨论，对每项方案的利弊都进行了全面的分析。通过比较鉴别，他们最终选择了进行海上封锁的方案，并以空中打击作为备用手段，他们认为在六个可行性方案中，无论是从战略角度还是从战术角度来看，海上封锁都是最优的选择，可以获得最大的价值。后来事态发展的结果也证实了这一点。美国政府之所以会作出这种选择，还源于这样一个原则，正像肯尼迪在总结危机教训时所指出的那样："核大国在保护自己重要利益的同时，注意不要把对手逼上绝境，使他要么选择丢人的惨败，要么选择发动核战。如果真发生了这样的事，那就是我们政策的重大失败，或者说是我们对世界末日的追求。"的确，在许多情况下，只留给对手一种选择的棋绝非好棋。

6.1.7　务实原则

所谓务实，就是讲究实际，不求浮华。求真务实是我们党一以贯之的优良传统和作风，是领导各项事业不断取得新胜利的根本保证。胡锦涛同志在讲话中曾多次强调大力弘扬求真务实精神、大兴求真务实之风的极端重要性。他说："我们党 80 多年的历程充分说明，求真务实是党的活力之所在，也是党和人民事业兴旺发达的关键之所在。"

何者优先

某发达国家正在考虑取消小镇街道的红绿灯。原因是红绿灯增加了交通事故。小镇上人少车少，有时半天来不了一辆车，久而久之，红绿灯对行人的警示作用也越来越淡。司机也如此，由于停在道口半天也过不了一个人，因而闯红灯之事也时有发生。如果没有红绿灯装置，行人过马路，总得瞻前顾后、左顾右盼。有了红绿灯，人们反而放松了警惕，一见绿灯低头就过。司机也如此，没有红绿灯时要经过路口一定会减速鸣笛，有了红绿灯装置，一见绿灯也就呼啸而过。万一有个闯红灯之人或闯红灯之车，悲剧就发生了。交通管理，人的生命安全是第一目标。是安装红绿灯好，还是取消红绿灯好？判定的标准只有一个：哪种方式更有利于人的安全。既然安装红绿灯增加了交通事故，那当然应该取消。这引申出一个制度设计和制度选择的问题：是要最先进的，还是要最合适的？

6.1.8　兼听原则

在政策方案的论证过程中应注意听取不同的意见。"意见完全一致时不轻易作出选择"，这是一条非常重要的规划思想，体现了事物在矛盾中运动的规律。"完全一致"往往掩盖了事物的本质，特别是那种轻易形成的"一致"很可能并不是真正意义上的一致，英明的判断和正确的抉择往往都是在不同意见的激烈争辩和交锋中取得的。见解的冲突被认为是通往正确之路的一种有利工具，因为它可以使人们注意到问题的各个方面。从这种角度来看，没有交锋就没有正确，只有冲突基础上的一致才是真正意义上的一致。"兼听则明"应该成为决策者时刻牢记的重要信条。你可以坚决反对他的意见，但是你要誓死捍卫他讲话的权利。

斯隆①的故事

斯隆有很多管理故事。据说，有一次他主持会议，讨论公司一项重要管理决策。参加会议的高管都发表了自己的看法，斯隆在认真听取了发言后说："在我看来，大家似乎看法一致，没有什么不同的意见。"会议出席人员都频频点头表示同意，有的人已经开始收拾自己的公文包，因为他们认为，既然意见一致，就没有必要再浪费时间了。但是，斯隆突然话锋一转："女士们，先生们，如果大家现在想走的话，我只能宣布休会，而不能宣布散会，因为我们还没有听到不同的意见。这个问题只能延期到我们能听到不同意见时再开会决策。"与会者先是一愣，接着都会心地笑了。据说，斯隆领导通用汽车公司长达 40 年。他刚接手通用汽车公司时，通用汽车公司在美国汽车市场的占有率只有 12%，后来却上升到 56%。他总认为，没有交锋就没有正确，决策要考虑正反两方面的意见，看来他的成功绝非偶然。

6.1.9 时效原则

俗话说："机不可失，失不再来。"有些时候，客观情况的变化会创造某种机会，不论你是否利用，这种机会错过了就不会再来。由于短暂的时间差，成功的希望会马上成为泡影。所以决策不可优柔寡断，坐失良机。要敢于承担风险，把握决策时机。

D 日行动②

1944 年，以艾森豪威尔为总司令的盟军远征军，经过近一年时间的准备，在英国集结了大量的兵力，计划横渡英吉利海峡，在欧洲开辟第二战场，实行战略大反攻。登陆地点确定在诺曼底。当时在海峡东南岸担任守备任务的德军指挥官是伦斯德和隆美尔。他们也估计到了盟军准备大规模登陆。但何时、何地登陆，二人看法不一。伦斯德认为兵贵神速，盟军会在海峡最窄处加莱附近登陆；隆美尔却凭直觉感到登陆地点会是诺曼底。由于二人意见相持不下，希特勒最后搞了折中方案，把西线兵力一分为二，从而失去了把握战局的良机。

艾森豪威尔在 5 月 29 日下令打印"D 日计划"，准备在 6 月 5 日发起进攻。但英

---

① 小艾尔弗雷德·斯隆，美国通用汽车公司的传奇 CEO，他也是《我在通用汽车的岁月》的作者，全世界优秀职业经理人的代言人。他以"坚定的职业管理信念"赢得了世人的尊敬。

② D 日行动：D 日（D-day）是美军常用军事术语，和 D 日同样常用的另一个字母是 H 小时（H-hour）。这两个字母用来表示特定作战与行动的开始时间。这种表示有两个意义，第一是表示作战时间尚未确定，第二表示行动计划高度保密。当和数字以及正号或负号一起使用时，这些术语表示指定行动的提前或推迟时间的长度。如 H－3 时表示 H 时的 3 小时前，D＋3 日表示 D 日的 3 天后。大规模作战行动的计划书通常在行动时刻之前很久就会被详细地制定完毕。因此，命令通常会通过标记有 D 日或 H 时来下达。在后来的适当时间，后续的命令将标记真实的日期和时间。迄今为止，最著名的 D 日是 1944 年 6 月 6 日——诺曼底战役打响之日，即解放在第二次世界大战中被纳粹德国占领的欧洲大陆的开始。

吉利海峡连日暴风雨，天气情况极为恶劣，看上去“D 日计划”几乎无法实施。盟军全力投入了气象资料的分析，预测到暴风雨会有间隙，海峡地区会有短时间的晴好天气。艾森豪威尔抓住时机，果断决策，命令部队作好一切部署，随时准备发起进攻。与其相反，连日来的恶劣天气使德军放松了警惕。6 月 5 日作为西线德军总指挥之一的隆美尔飞回柏林面见希特勒。德军最高统帅部一致认为，这段时间里，盟军渡海登陆的作战计划根本无法实施。于是让大部分军官休假，并取消了空中和海上的例行侦察，使德军完全处于戒备松懈状态，失去了进行防御部署的时机。结果，在 6 月 6 日凌晨 2 时整，盟军发动了全面进攻，首先把三个伞兵师空降到了德军防线的背后，接着进行了大规模的空中轰炸和舰炮攻击。其后，发起了登陆冲击，使德军腹背受敌。凌晨 6 时 30 分，经过四个多小时的激战，盟军突破了德军的防线，诺曼底登陆宣告成功。

6.2 思维方法

从本质上讲，政策规划是一种高强度、高难度的思维活动。正确的判断离不开有效的思维活动，决策者在思维能力和水平上的差异往往能在其决策行动中有所体现。所谓思维能力和水平主要表现在对思维方式的具体掌握和灵活运用方面。

6.2.1 经验思维

在规划活动中，经验思维是最易碰到和最常使用的一种方式。在处理问题时，像条件反射一样，人们自觉不自觉地总是要首选经验思维。这似乎体现了一种心理上的惯性。只有当经验思维解决不了问题时，人们才会去考虑其他的思考方式。

经验思维的特点在于经验的联想和经验的迁移。经验的联想适用于处理重复性的工作。就是说，当前所要处理的问题是曾经处理过的。因而，通过联想，运用经验，就可以做到胸有成竹。然而，这里所说的重复并不是百分之百的重复，按照辩证观点看问题，不可能有完全的翻版。但是，事情在主要环节上出现重复或基本一致是完全可能的，这就为经验联想的运用创造了条件。

经验迁移与经验联想有所不同。它是通过类比，发现两类事物之间的共同性或机械性，从而将解决这一类问题的方法迁移到解决另一类问题上去。比如美国人莫尔斯在发明电报时碰上向远距离发报信号减弱的问题，后来看到驿车到驿站换驿马的情况，从中受到启发。他把这种方法迁移到了发报信号上，形成了沿电报线设放大站的想法。经验迁移超出了重复性界限，挖掘两类不同事物之间实质的相似，从某种意义上讲，带有创造性思维的特点。然而，这种思维的迁移所依据的仍是经验的类比，因而仍然属于经验思维的范畴。

经验思维方式简单实用，但适用范围有限，局限于重复的和可类比的事物。无论是经验联想还是经验迁移，都容易忽略一些新的变动因素。而这些因素有可能会对事物产生重大影响，而在经验范围内却难以察知这种影响。一旦出现这种情况，运用经验思维方式就难免造成一定的失误。

经验思维举例

1. 老河兵的经验

我国清代纪昀《阅微草堂笔记》卷十六中有一段关于河中石兽的故事记载，说明了经验的价值。沧州南面，靠河有座石庙，有一天山门倒进了河里，门前一对石雕的神兽也随之沉入河底。过了十多年，庙里的和尚募集了资金，想重修山门，准备从河里打捞那对石兽。然而，派人驾几只小船，带上铁耙，顺水打捞了十几里，却不见石兽踪影。这时恰好一位学究正在寺庙里讲学，他认为石兽质地坚硬而且重，河沙松软而且轻，石头落到沙上就会越沉越深，不可能让洪水冲到下游。一位老河兵听了却哈哈大笑说："凡石头掉到河里，都应到上游去找，因为水冲不动石头，其反激的力量一定会朝着水流的方向把石头底下的沙土冲走，而在那里形成一个深坑，及至石头的一半，石头就会倒转滚进坑里。如是，水不停地流，石头就逐渐滚到上游去了。所以不能在原来的河底去挖。"人们按老河兵说的去找，果然找到了石兽。

2. 捞铁牛

我国古代宋朝的时候，有一回黄河发了大水，冲断了河中府城外的一座浮桥。河两岸拴住浮桥的八只大铁牛被洪水给冲走了，陷在河底的淤泥里。洪水退了以后，人们想重修浮桥。可是哪个大力士能把那么笨重的铁牛一个个捞起来呢？正在人们感到束手无策的时候，一个和尚站了出来。他说："我来试试看，铁牛是被大水冲走的，我们要想办法再叫大水把它们送回来。"和尚先请熟悉水性的人潜到水底，摸清铁牛沉在哪里。然后他让人们准备两只很大的木船，船上装满泥沙，慢慢行驶到铁牛沉没的地方。当船停稳以后，他叫人把两只船并排拴在一起，并用结实的木料搭了一个架子，跨在两只船上。这时候，又派熟悉水性的人带上很粗的绳子潜入水底，用绳子的一头牢牢地拴住铁牛，另一头绑在两只大船之间的架子上。准备工作做好以后，和尚请水手们动手，把船上的泥沙铲到黄河里去。船上的泥沙一点点减少，船身慢慢地向上浮，拴住铁牛的绳子越绷越紧，铁牛开始从淤泥里被拔了上来。船上的泥沙铲空了，铁牛也脱离了河底。和尚让水手们使劲划桨，两只大船终于把水里的铁牛拖回到岸边。和尚用同样的办法把八只铁牛都拖了回来。这个和尚名叫怀丙，是我国历史上出色的工程家。

6.2.2 逻辑思维

逻辑思维实际上就是通过逻辑推理（把意识按照顺序进行排列）进行思考。逻辑思维又称理论思维或抽象思维。它以抽象为特征，通过对感性材料的分析思考，撇开事物的具体形象和个别属性，揭示出物质的本质特征，形成概念并运用概念进行判断和推理，从而概括地、间接地反映现实的本质特征。

与经验思维相比，逻辑思维方式更偏重于理性的思考，强调有理有据，重视逻辑推理。它已摆脱了对感性材料的依赖，带有抽象的特征。当然，这种抽象绝非形式的抽象，而是科学的抽象，包含着最丰富的具体，超越了特殊的形式。它扩展了思维的空间，跨越了时间的界限，而随着时空跨度的增大，思维中也就能容纳更多的对象。这些对象不仅是现实中存在的，而且包括历史状况和未来发展。在思维对象越来越丰富的基础上，我们也就能对其作越来越高的抽象概括。

逻辑思维是一种概念思维，多运用概念进行推理。概念思维是相对于形象思维而言的。在思维中，形象表现的只是个别的对象，概念却可以概括一类对象。当我们说高度的抽象包含着丰富的具体时，在抽象中出现的并不是大量的具体形象，而是对其进行分类，揭示各类对象的共同本质，再将本质凝结在概念中。由此，我们就可以将各类对象之间的关系用概念与概念之间的关系表述出来。也就是说，概念之间的关系反映了对象之间的本质联系。

总之，逻辑思维是人脑对客观事物间接概括的反映，它凭借科学的抽象揭示事物的本质，具有自觉性、过程性、间接性和必然性的特点。逻辑思维的基本形式是概念、判断、推理；基本过程是分析、综合、比较、抽象、概括和具体化，基本方法主要有归纳和演绎、分析和综合以及抽象和具体等。

土耳其商人和帽子

有一个土耳其商人，想找一个助手协助他经商。但是，他要的这个助手必须十分聪明才行。消息传出的三天后，有 A、B 两个人前来联系。这个商人为了试一试 A、B 两人谁更聪明一些，就把他们带进一间漆黑的房子里。商人打开电灯说："桌子上有五顶帽子，两顶是红色的，三顶是黑色的。现在，我把灯关掉，并把帽子摆的位置搞乱，然后我们三人各自摸一顶帽子戴在头上。当我把灯打开时，请你们尽快地说出自己头上戴的帽子是什么颜色的。"说完之后，商人就关了灯。随后，三个人各自摸了一顶帽子戴在头上。与此同时，商人把余下的两顶帽子藏了起来。待这一切完成之后，商人重新开灯。A、B 两人看到商人头上戴的是一顶红色的帽子，他们互相对视，都不作声。过了一会儿，A 开口喊道："我戴的是黑帽子。"

那么，A 是怎样推理的？他的推理正确吗？

A 是这样推理的——如果我戴的也是红帽子，那么，B 就能马上猜到自己戴的是黑帽子（因为红帽子只有两顶），而现在 B 并没有立刻猜到，可见，我戴的不是红帽子。

如此看来，B 的反应确实慢了。结果，A 被土耳其商人雇用了。

6.2.3 直觉思维

从古希腊哲学家对直觉问题的关注发展至今，人们对于直觉的认识和讨论已经进行了两千多年。它一直是非理性问题研究中一个重要的焦点。一般而言，人们在使用直觉这个概念时，较多的还不是对事物本身“是什么”作出判断，即分析因为什么、会导致什么，而是对人应当“怎么做”进行直接选择。也就是说，直觉主要是指思维判断的一种方式。因此，决策行为研究对直觉问题予以高度的重视。在政策规划实践中，直觉思维也会发挥一定的作用。当然，从纯科学角度来看，似乎不该凭直觉思考。这里所讲的纯科学角度，是要求人们思考问题时收集详尽的信息，运用严格的逻辑推论去得出结论。人们无疑应该向着这个目标去努力。但从现实情况来看这却是很难做到的，如果能做到的话，也只是适用于那些范围较窄、关系简单、变动性小而时间又允许的情况。对于涉及范围较广、关系复杂、动态性强而又严格限定时间的情况，信息不可能完整，难以按程序推论，这时人们就只能更多地依靠直觉了。这后一种情况，是人们更经常遇到的现实情况，因而直觉思维的运用在现实中是极为普遍的。反过来说，如果否定直觉，那么在现实中人们也就难以进行决断了。

什么是直觉？有人说，直觉是知识积累的本能反应。也有人说，直觉只是一种灵感，是一种说不清道不明的东西。还有人说，直觉就是当你有了它的时候，它是确定无疑的，如果你还存在一定的犹豫，存在其他选择的可能性，那么就说明你还没有真正发现它。比如买东西时，一眼就看上了，毫不犹豫地掏出钱包，这可能就是你的直觉。

与逻辑思维相比较，直觉表现出非逻辑的跳跃性。结论得出来了，论证却尚未进行，甚至不知道怎样去论证。直觉的结论也是直接把握对象的整体而形成的，至于部分，则隐没于整体之中了。直觉的结论在头脑中的产生具有随机性。逻辑思维是按程序一步步进行的，因而结论何时产生是可以预计的。直觉却不同，常常是突然产生的。

由于直觉具有整体性、直接性、跳跃性、随机性和突发性等特点，所以这造成人们对直觉的评价出现很大分歧。要否定直觉是相当简单的，只要说它没有充分根据就行了。然而，直觉的特性就是提不出充分的根据，如果能的话，它就是逻辑思维而非直觉思维了。可见，直觉的成立，通常不在于根据。对个人而言，靠的是自信；对他人来讲，靠的是权威。

直觉思维举例

1. “阿基米德原理”与“万有引力定律”

依靠直觉思维形成灵感或顿悟，从而实现科学领域理论上的突破，这方面的例子很多，比如“阿基米德原理”的发现。正是通过直觉思维使阿基米德在坐到浴盆里的瞬间突然领悟到：浴盆中水面升高的体积很可能等于身体浸入水中部分的体积。“水面升高部分的体积”和“身体浸入水中部分的体积”这两件事，从表面上看互不相干，但是阿基米德通过整体把握与直观透视方法，却在瞬间发现了二者之间的内在联系（或称“内隐关系”）——体积相等。另一个例子是“万有引力定律”的发现。牛顿由苹果落地而发现“万有引力定律”也与直觉思维分不开：“苹果落地”和“月亮绕地球旋转”，在一般人看来，这是风马牛不相及的两件事，但是牛顿却从中领悟到苹果之所以掉到地上而不朝天上飞，和月亮始终绕着地球转而没有脱离地球和太阳系飞向宇宙深处一样，都是由于有地心引力的作用，即他看到了两个表面上互不相关的事实之间的内在联系，这就是一种高度发展的直觉思维能力。要想能看出一般人所看不到的内隐关系，往往要依靠这种直觉能力。

2. 梅里美的故事

二战期间的一个间谍故事也可以用来说明直觉思维方法。梅里美是一名出色的特工。一次他接受了一项任务——潜入某国使馆获取一份间谍名单。这是一个艰巨而棘手的任务，因为此名单被放在一个密码保险箱内，梅里美只有设法获知密码，才能成功打开保险箱并安全返回，否则不仅任务完不成，而且还将暴露自己。据事前掌握的情报，保险箱的密码只有老奸巨猾的格力高里知道，于是梅里美在所在机构的安排下进入使馆成为格力高里的秘书，他凭着自己的才智逐步获得了格力高里的信任。尽管如此，格力高里却始终守口如瓶，从没提过保险箱密码一事。梅里美多次试探打听也毫无结果，这时上级传来命令，要求三天内必须把间谍名单搞到手，否则后果严重。梅里美焦急万分，但多次努力都毫无结果。到了最后一天的晚上，他决定铤而走险。梅里美潜入格力高里的办公室，试图用自己掌握的解密技术打开保险箱，可是一阵忙碌之后他发现一切都是徒劳。一看表发现离警卫巡查的时间仅剩十分钟了。怎么办？突然，他的目光盯住了墙上高挂着的一部旧式挂钟，挂钟的指针都分别指向一个数字，而且从来没有走过。梅里美猛然想起自己曾经问过格力高里是否需要修钟，格力高里摇头说自己年龄大了，记性不好，这样设置挂钟是为了纪念一个特殊的时刻。想到这里，梅里美热血沸腾，他立即按照钟面上的指针指定的数字在关键的几分钟内打开保险箱并拿到了名单。梅里美的“急智”天才在同行中传为佳话。科学家把这种“急智”称为“直觉”或“直感”。梅里美对当时自己的想法也是知其然而不知其所以然，用他的话说就是“这部挂钟肯定与密码有关，它一定能告诉我密码”。如果需要分析一下原因的话，那么下列两点可供参考：首先，梅里美是一名经验丰富的优秀特工，他具备丰富的间谍知识；其次，梅里美脑际中梦寐以求的问题就是密码，所以在紧要关头他能从挂钟上领悟到玄机，得到直觉的灵感。

6.2.4 创新思维

创新思维是人类社会前进的主要动力。它基于现实而又超越现实，从揭示事物的本质出发，冲破了经验俗套的障碍，克服了思维定式的束缚，以新为本，以奇制胜，能提供新颖的具有社会价值的思维成果。阿迪达斯公司有一句著名的广告词，即“Impossible is nothing”，它激励人去创造奇迹，告诉人们世上没有不可能的事情，充分表现了创新的理念。

与一般性思维相比较，创新思维表现出思考的独立性（不依赖经验、不迷信书本和权威）、方法的独特性（统一的或通用的、适于解决各种问题的创造性思维是不存在的）、目标的前瞻性（强烈的超前意识）、思维的发散性（多线特征、正向反向）、结果的聚敛性（思想火花表现出无序和混乱的特征，聚敛是一个不可缺少的过程）、形式的超常性（求新求异、有所突破，不“人云亦云”）等特征。

创新思维举例

1. 第六罐可乐

先做这样一个游戏：假设可乐两元钱一罐，两个空罐可以换一罐可乐，如果给你六元钱，你最多能喝几罐可乐？这个游戏，你可以问问身边的很多人，包括同事和朋友，还有亲人。几乎90%的人在推算后都会说："是五罐吗？"的确，大多数人只能喝到五罐可乐，想办法喝到第六罐才是游戏的核心。很多人会说，我只有一罐可乐了，没办法继续了，干脆喝掉，一个空罐也没什么价值，扔掉算了。这就引发了一个问题：空罐有没有价值？你如何利用手中的空罐？游戏其实可以这样做：你把第五罐可乐喝掉，再向别人借一个空罐，就能换回第六罐可乐，把可乐喝掉后再把空罐还给人家。这个游戏会让我们发现闲置资源——空罐的价值。每个人都有空罐，如果被充分整合，我们将惊叹它们的表现。游戏不在大小，关键看你能不能从中领悟什么。游戏其实也是一种人生态度、人生智慧。如果你不善于质疑你的假设，你的决策将很难合理。成功往往属于那些认真思考问题、善于转换思路、敢于探索发现和充分利用资源的人。

2. 哥伦布立鸡蛋

1492年，哥伦布发现了新大陆。航海归来，他成了西班牙人心目中的英雄。国王和王后给他封爵赏银，把他当作上宾。可是一些贵族子弟很是不服："哼，这有什么稀罕？只要坐船出海，向前航行，谁都会到达那块陆地。"在一次国王举行的宴会上，哥伦布又听见有人在冷嘲热讽。哥伦布沉默了好一会儿，忽然从桌上的盘子里拿起一个生鸡蛋，站了起来，对周围的人提出一个古怪的问题："女士们，先生们，谁能把这个鸡蛋在桌上竖起来？"鸡蛋从这个人手上传到那个人手上，大家都试着把鸡蛋扶直，可是一放手，鸡蛋立刻倒了。最后，鸡蛋又回到哥伦布手上，满屋人鸦雀无声，大家都想看看他到底怎样把鸡蛋竖起来。哥伦布不慌不忙，他把鸡蛋的一头在桌上轻轻一敲，鸡蛋壳上出现了小坑，用这个小坑作支点，鸡蛋就稳稳地直立在光滑的桌面上了。"这有什么稀罕？"有人又开始风言风语。"本来就没有什么可稀罕的，"哥伦布说，"可是你们为什么做不到呢？"还有人在强词夺理："鸡蛋都破了，那算什么呢？"哥伦布不慌不忙地回应道："我曾说过不允许把鸡蛋敲破吗？"众人一时语塞。这时，哥伦布提高了嗓门，大声说道："当一件事没有人做的时候，看起来很难很难，一旦有人做了，就变得很简单很简单。"

3. 金门大桥模式

谁都知道4+4等于8，2+6等于8，6+2也等于8，但有人却奇迹般地让2+6或6+2大于了4+4，这是为什么呢？事情还要从美国的金门大桥说起。金门大桥是"4+4"8车道模式，但由于上下班的车流在不同时段出现两个半边分布不均匀的现象，所以桥上经常发生堵车问题。为了解决这一问题，美国当地政府经研究后决定，在金门大桥旁边再建造一座大桥。一位年轻人得知这个消息后，向当地政府提出建议，不再建大桥也能很好地解决桥上堵车问题。年轻人说，在桥面不增宽的情况下，可以在有限的 8 车道上做文章，完全可以让“8”大于“8”。这位年轻人的妙计就是，把原来的“4＋4”车道模式，按上下班的车流不同，改为“6＋2”模式或“2＋6”模式，也就是说，在上班或下班这个特殊的时段，车流拥挤的一边，扩展为 6 车道，而另一边则缩减为 2 车道，但整个桥面的车道仍是 8 个车道。当地政府采纳了年轻人的建议，从此大桥堵车的问题很好地得到了解决。而就是这个金点子，为当地政府节约了再建大桥的上亿元资金。创新决定效益！看来，这话一点不假。

6.2.5 思维定式

所谓思维定式，就是按照积累的思维活动经验教训和已有的思维规律，在反复使用中所形成的比较稳定的、定型化了的思维路线、方式、程序、模式（在感性认识阶段也称作“刻板印象”）。

举个简单的例子。如果给你看两张照片，一张照片上的人英俊、文雅，另一张照片上的人丑陋、粗俗。然后对你说，这两个人中有一个是全国通缉的罪犯，要指出谁是罪犯，你大概不会犹豫吧！

先前形成的知识、经验、习惯，都会使人们形成认知的固定倾向，从而影响后来的分析、判断，形成“思维定式”，即思维总是摆脱不了已有“框框”的束缚，表现出消极的思维定式。认识的固定倾向是一种习惯，而习惯却是一种因循式的思维形式。习惯——已经熟练掌握的不假思索的反应行为和适应行为，经常使人不饥而食、不困而眠、不愠而吼，压倒合理的思想而不给它以自由发挥的机会。若想提高思考能力，就必须从冲破思维定式开始。

有这样一个著名的试验：把六只蜜蜂和同样多的苍蝇装进一个玻璃瓶中，然后将瓶子平放，让瓶底朝着窗户。结果发生了什么？蜜蜂不停地想在瓶底上找到出口，一直到它们力竭倒毙，而苍蝇则会在不到两分钟之内，穿过另一端的瓶颈逃逸一空。

由于蜜蜂基于出口就在光亮处的思维方式，想当然地设定了出口的方位，并且不停地重复着这种合乎逻辑的行动。可以说，正是由于这种思维定式，它们才没有能飞出囚笼。那些苍蝇则对所谓的逻辑毫不留意，全然没有对亮光的定式，而是四下乱飞，最终飞出了囚笼，这看似偶然，实则必然。

洞穴人寓言

有一个著名的“洞穴人”的寓言故事。这个故事出自柏拉图的《理想国》，说的是一群犯人被囚禁在一个山洞里，他们被绳索捆绑住，背对着山洞的出口，面朝着山洞里的一面墙，头不能转动，身后燃烧的火把把外面的情况反射到他们面前的墙壁上，囚犯们只能通过墙壁上的影子来认识外面的世界。他们一直都深信外面的世界是他们从墙壁上看到的样子。直到有一天，他们其中有一个人挣脱了绳索，跑到了山洞外面，看到了真实的世界。他回来后告诉同伴们真实的世界并不像墙壁上的影子所呈现的那样，可是没有一个人相信他。当然，这只是一个寓言，但它告诉了我们一个深刻的道理，当我们已经习惯某种虚构的现实时，真相对我们来说已经失去意义。我们很多时候会以为已经知道了事情的全部，可实际上还有很多我们不了解的真相。

6.2.6 逆向思维

逆向思维也叫求异思维，是创新思维重要的补充形式。

逆向思维作为人们一种重要的思维方式，是对司空见惯的似乎已成定论的事物或观点反过来思考的一种思维方式。敢于“反其道而思之”，让思维向对立面的方向发展，从问题的相反面深入地进行探索，树立新思想，创立新形象。人们习惯于沿着事物发展的正方向去思考问题并寻求解决办法。其实，对于某些问题，尤其是一些特殊问题，从结论往回推，倒过来思考，从求解回到已知条件，这样或许会使问题简单化，使解决问题变得轻而易举，甚至因此而有所发现，创造出惊天动地的奇迹来，这就是逆向思维和它的魅力。

逆向思维举例

1. 奇怪的摄影师

英国摄影师巴尔特，特别擅长拍团体照，他与别的摄影师一样，在准备拍照前都是喊“1、2、3”。所不同的是：别的摄影师要求大家先作好准备，拍出来的效果却不能让人满意，因为上百人之中，难免有人忍不住眨了眼睛；巴尔特在未拍照前却要求大家先闭上眼睛，待喊过“1、2、3”后再睁开眼睛，结果拍出来的照片个个目光炯炯。这个逆向思维的创新之举简单又奇妙。但在生活中许多人却想不到的原因就是受惯性思维的束缚，因而窒息了创造力。

2. 用思路疏通道路

在美国的一个城市，足协体育场为了满足大批球迷看球赛的强烈要求，开始动工将看台上的8万个座位扩容到12万个。

这时，政府的治安管理部门发现了问题，通往足协体育场的道路最多可容纳8万人的流量，对12万观众来说则远远不够。如果不解决这个问题，就很难避免在大型赛事中因交通堵塞而导致死亡事件的发生。于是，政府的治安管理部门同道路管理部门协商如何解决交通问题。道路管理部门提出，可以把道路加宽，扩大其容量，但政府至少得拿出4 000万美元的经费。治安管理部门清楚，这笔经费不算少，政府暂时很难办到。

无奈之下，政府治安管理部门向市民征集建议，寻求一个稳妥的过渡办法，以解决燃眉之急。经过各方面的论证，最后采纳了一位音乐家的建议：在足球比赛结束时，增加一些精彩的能吸引人的娱乐演出。比如，用象征性的1 000美元请一些乐队来演出，这对乐队来说也是一次向数万观众展示自己实力的难得机会。这样，有些人会陆续离开，有些人会因观看演出而多留一会儿，观众离开足协体育场的时间就不会集中，道路拥挤的问题也就会相应地得到缓解。

3. 一年租金6美分

一天，一位老人走进一家银行，来到信贷部坐下来。他身着豪华西装，脚穿高级皮鞋，领带上配有金领带夹。

“我想借1美元。”老人说。“什么？1美元？”银行工作人员很惊讶。“对啊，可以吗？”“当然可以，只要有抵押，再多借也无妨的。”

老人打开豪华皮包，拿出一堆股票、债券等，放在经理的桌上，“总共值50多万美元，够了吧？”“当然！当然！不过，您真的只借1美元吗？”工作人员再问道。“是的，就借1美元。”“那么年息为6%，只要您按时付出利息，到期我们就会退给您抵押品。”

老人办完手续，拿了借来的1美元，准备离开银行。就在这时，一直在旁边观望的银行行长，怎么也弄不明白：一个有50多万美元抵押品的人，为什么还会来银行借区区1美元呢？于是，行长追上前去想问个究竟。

老人笑道：“我来贵行之前，曾问过好几家金库，他们保险箱的租金都非常昂贵。所以啊，我就在贵行寄存这些证券，租金实在太便宜了，一年才6美分……”

所有“正常思维”的人，都希望省钱，也自然有共同的担忧，那就是寄存物品的保险系数往往和租金高低成正比。唯独这位老人跨越了“正常”：改变思维方向，用“反常”的方法达到了“正常”的目的，而且将租金减少到几乎等于零。

4. 拼地图

曾经有一个记者在家写稿时，他5岁的儿子吵着要他陪着玩。记者很烦，就将一本杂志的封底撕碎，对他儿子说：“你先将这上面的世界地图拼完整，爸爸就陪你玩。”过了不到五分钟，儿子过来拉他的手说：“爸爸，我拼好了，你该陪我玩了。”

记者很生气：“小孩子要大人陪着玩可以，但如果说谎话就不好了。你怎么可能这么快就拼好一幅世界地图呢？”

儿子非常委屈地说：“可是我真的拼好了呀！”

记者一看，地图还真的拼好了。这怎么可能？难道家里出了神童？他非常好奇地问：“你是怎么做到的？”

儿子说：“世界地图的背面有一个人的大头像。我是反过来拼的，只要这个人拼好了，世界地图就完整了。”

5. 变罚款为奖励

某市一下岗女工开了一家小自助餐馆，因其诚信经营，物美价廉，很快顾客盈门。但在经营过程中她的餐馆同样未能避免自助餐普遍存在的顾客用餐时的浪费问题。对此，餐馆开始也是以提示的方式告诫顾客——浪费罚款。可实际上对浪费的顾客无法实施罚款，因为一般情况下顾客用餐时的浪费并不是故意造成的。再说，对顾客罚款就意味着失去顾客。究竟用什么方法既能防止顾客浪费而又不伤害顾客呢？经过一番苦思，她终于想出了一招——给不剩饭菜的顾客发奖。

6.2.7 创新方法

1. 头脑风暴法

“头脑风暴”过去只用来形容精神病人毫无逻辑的胡言乱语。1939 年美国学者奥斯本首先把它总结归纳为一套创新方法，他强调，早在 400 多年前，印度的一些传教士就在印度教的传教活动中使用过与头脑风暴法程序相似的方法。早期的头脑风暴法多用于广告设计，试图通过思维共振达到智力放大的效果，目的主要还是为了产生更多、更新的广告创意。其后，这种方法逐渐流行起来，被广泛应用于社会各个领域。头脑风暴法随着实践经验的不断积累，日趋成熟，在整个 20 世纪 50 年代被视为思想创新的主要方法。

奥斯本为头脑风暴法提供了必须遵循的几点原则。

（1）排除批评（Criticism is ruled out）。必须阻止对新观点的不利评价，不能违背“无批评”原则。

（2）欢迎畅所欲言（“Free-wheeling” is welcomed）。不存在权威的意见，与会者人人平等，谁也无权作出结论，大家自由思考，任意遐想，即使是非常荒诞无稽的看法也应受到鼓励和尊重。经验告诉我们，有上下级关系的小组讨论常常会使下级的自由参与信心不足。

（3）观点多多益善（Quantity is wanted）。质量源于数量，观点看法的数量越多，产生创新思想的可能性就越大。

（4）合并与改进（Combination and improvement are sought）。不同观点的组合与改进也是产生创新思想的必要途径。

此外，头脑风暴法还有一些需要注意的事项：以较大团体为宜（6～12 人），团体太小，效果不好；做好观点意见的笔录，即使是看似毫无价值的观点；特定时段集中关注一个特定的问题，以便有更好的思维共振的效果；遵循判断置后原则，对观点的评估要在产生理念阶段之后进行，因为观点提供者会将此视为批评。因此，应该由另外一些人在随后的讨论会上对头脑风暴法产生的观点进行筛选。但在实践中发现，参与者不进行相互间观点的评价和批评是非常困难的。一些人认为，持不同意见的人不能及时表明自己的看法并非一件好事，推迟的判断不一定会有好的效果，头脑风暴法产生的不利因素可能会多于有利因素。正因为存在这些不同的看法，奥斯本本人也告诫人们，要避免对这项技术不切实际地加以吹嘘的情况。

头脑风暴法举例

1. 野生动物园的诞生

一个研究野生动物的组织有一次邀请一些专家来座谈，想从中获得一些有益的启示。会议的议题包括了这样一个题目：用什么方法可以捉住老虎？与会者发挥了充分的想象。一位专家提出近似的替代，即老虎的近似是猫，抓住一只猫就可近似地认为抓到了老虎。另一位专家提出了同态像问题，认为拍到一些老虎的照片，就可以认为抓到了老虎。还有一位专家是研究拓扑学的，他的意见最为离奇，他说："抓老虎就意味着把老虎关在一个铁笼子里，让人站在笼子外观赏。如果对笼子作一个拓扑变换，即笼子的外面变为里面，里面变为外面，就是说把人关在铁笼子里放入有老虎的野生环境，这样，只要人看到了笼子外面的老虎，也就等于人在笼子外面看笼子里面的老虎。于是老虎就等于被捉住了。"离奇不等于荒谬，人们从中得到启示，建立了天然野生动物园。游人可以坐在汽车里，尽情观赏在大自然中生活的各种动物，真是妙不可言，而同时还保持了自然生态环境的原有状态。

2. 怎样让石头漂起来

这是一个很像"脑筋急转弯"的问题："有没有办法让石头在水上漂起来?"

"把石头掏空!"有人喊。提问者摇头。

"把石头放在木板上!"提问者说："没有木板!"

"做一块假石头!"大家哄堂大笑。提问者说："石头是真的。"

此时，有人顿悟，脱口喊道："是速度!""正确!"提问者露出微笑，他接着说："《孙子兵法》中有这样一句话：'激水之疾，至于漂石者，势也；鸷鸟之疾，至于毁折者，节也。是故善战者，其势险，其节短。势如彍广弩，节如发机。'（译文：急流迅猛，能够漂走石头的原因，是因为它有气势；鸷鸟高飞，能够捕杀鸟雀的原因，是因为它有节奏。因此，善于指挥作战的人，他的气势逼人，节奏快捷，气势就像张满的弓弩，节奏就像击发的弩机。）只有速度才能使沉甸甸的石头漂起来。"

2. 综摄法

美国麻省理工学院的威廉·戈登（William J. Gordon）教授在长期研究和实验的基础上，于 1952 年提出了一种独特的创造性思维方法——综摄法，或称提喻法、分合法、集思法、举隅法、群辩法等。

（1）原理与特点。

综摄法（synectics）这个词来自希腊文。原意是指把表面上互不相关（风马牛不相及）的各种不同事物结合在一起。综摄法以已知的东西为媒介，将毫无关联、不同的知识要素结合起来，以打开"未知世界的门扉"，激起人们的创造欲，使潜在的创造力发挥出来，产生众多的创造性设想。戈登认为：

第一，人类的创造过程是可知的，是能够进行描述和总结的，如果人们理解自己进行创造活动的心理过程，那么其创造效率无疑会大大提高。

第二，创造作为文化现象在艺术与科学中是相似的，而且经历同样的基本心理过程。在任何一种创造过程中，情绪因素比理智因素更重要，非理性因素比理性因素更重要。而且，这些情绪因素和非理性因素，是可以理解的。

第三，在创造活动中，人的创造性主要来自潜意识，而且创造性能力多处于潜在（封闭）状态，但它是可以被开发的。综摄法基于心理学中的"垃圾箱理论"，试图通过翻找"垃圾"，利用非理性因素激发人们潜在的创造力。

“垃圾箱理论”

“垃圾箱理论”认为，知识在人脑中有两种存在状态：一种是规则排列状态，一旦需要从头脑中寻找这些信息时，就可按其排列顺序去查找，这就是合乎逻辑的推理过程；另一种则是不规则排列，这些知识是偶然反映在人脑中的，无法按一定排列顺序或规律进行存放或整理，只能非常杂乱地堆放在大脑的某一区域，像个大垃圾箱。要想在垃圾箱里找东西，自然无规律可循，只能靠瞎翻乱找，至于找得到找不到，有时全凭运气，即心理活动中的非理性因素。但这种靠非理性因素组合或综摄起来的知识，其中往往存在独特、新奇、具有创造性的知识产品。“废物”利用，有时会收到意想不到的效果。因此，应力求收集那些看似不合理、带有更多情感色彩的想法，并把它们与理性看法相结合，通过比较鉴别，实现创新突破。

（2）基本原则。

戈登认为，联想与类比是实现从已知到未知的有效办法。为了摆脱旧框框的束缚，开阔思维，在探索新的设想时，必须要有一段时间暂时抛开原来想要解决的问题，通过类比探索得到启发，因为，这是“变陌生为熟悉”和“变熟悉为陌生”所必需的。

综摄法有两个基本原则。

第一，异质同化。异质同化，即变陌生为熟悉，亦即将给定的陌生东西与早已熟知的东西进行比较，将陌生之物纳入一个可接受的模式，从而转换成熟悉的东西。“人造血”的发明就是一例：一次老鼠掉进了氟化碳溶液中，但却没被淹死。这一奇怪现象，引起了科学家的关注。经过分析，科学家发现氟化碳能溶解和释放氧气与二氧化碳，这与血液里的红细胞能输送氧气和运载二氧化碳的原理很相似。于是科学家便利用氟化碳制成了“人造血”。

第二，同质异化。同质异化，即变熟悉为陌生。对已有的各种事物，通过类比，从新的或陌生的角度来观察、分析和处理，使看惯的东西变为看不惯的东西，把熟知的东西变为新颖的东西，从而启迪新的创造性设想。它要求人们突破现有思维框框的约束，以挑剔的目光去寻找可以改进创造的地方。电子计时笔的发明即是一例：电子表的功能主要是计时，而笔的长处在于书写。怎样才能让表书写呢？这就需要变熟悉为陌生了，创意者将两者的长处综合在一起，将电子表装在笔杆中，电子计时笔就诞生了。

（3）基本过程。

戈登把实施该法的全过程分为以下几个阶段：

给定问题⟶变陌生为熟悉⟶理解问题（分析、抓住要点）⟶类比（操作机制）⟶变熟悉为陌生⟶心理状态（超脱、迟延、思索等）⟶心理状态与问题相结合（最贴切的类比与已理解的问题作比较）⟶观点（得到新观点、新见解）⟶得出答案或深化研究的任务。

综摄法的核心是类比，无论是异质同化还是同质异化，其操作机制都离不开类比。

类比方法

类比，是选择两个对象或事物（同类或异类）对它们某些相同或相似性进行考察比较。类比推理，就是根据两个对象之间在某些方面的相同或相似，推论出它们在其他方面也可能相同或相似的一种方法。人类从远古时期就掌握了这种方法，从构造相似的或形象上相似的东西中求得思想上的启发，有意无意地用这种方法完成了许多发明。类比方法是富有创造性的创意方法，有利于人的自我突破，其核心是从异中求同或从同中见异，从而产生新知，得到创造性成果。历史上，许多重大的科学发现、技术发明和文学艺术创作，都是运用类比创意技法的成果。

3. 零起点方法

这是20世纪六七十年代首先在美英流行的一种创新方法，源于行政领域的零基预算法，强调要抛开过去所有的框框，“破”字当头，突破思维定式，一切从零开始。毛泽东在建国初期把当时的情况比作一张白纸，他说，这张白纸上可以画最新最美的图画。这句话可以用来形象地说明零起点方法。比如在学校里我们要为一门老专业重新设计课程，如果采用零起点方法，就不能参考过去的内容，如某某老师曾经承担过某门课程的讲授、某某课程过去是多少学时、这个专业过去都包括哪些课程等，而应该像建立一个新的专业那样去考虑问题。当然这里只是举例进行说明，零起点方法在学校运用合适与否还另当别论。需要进一步强调的是零起点方法在政府部门的应用代价是很大的，也是很昂贵的。即便如此，这种方法的创新作用是被大家所公认的。

零基预算法

零基预算法（Zero-Base Budgeting，ZBB）是指在编制预算时对于所有的预算支出，均以零为基底，不考虑以往情况如何，从根本上研究分析每项预算是否有支出的必要和支出数额的大小。这种预算不以历史为基础作修修补补，在年初重新审查每项活动对实现组织目标的意义和效果，并在成本—收益分析的基础上，重新排出各项管理活动的优先次序，并据此决定资金和其他资源的分配。

4. NM法

点、线记忆结合的NM法出自日本学者中山正所著《构思的理想》一书，中山正根据人的高级神经活动理论，把人的记忆分为点性记忆和线性记忆。点性记忆是指在断断续续中联想出一些意想不到的结果。线性记忆是指以理论为契机产生的关系性联想，即把看似无关的结果串联起来。现在非常普及的洗衣机，就是运用NM法发明出来的。首先，要把创意对象抽象化，即找出对象的本质或一些关键词。如洗衣机的“洗”一词，洗得清洁的“清洁”一词、使用安全的“安全”一词等。其次，要从这些关键词中选出一个，如“洗”，围绕该词，通过联想、类比等手段，进行发散思维，设法突破原有洗衣服的概念，充分发挥想象力，列举各种各样的洗涤方法，如搓板搓洗、刷子刷洗、棒槌敲打、河中漂洗、流水冲洗等，然后分析各种方法的共同点和实质性内容。在上述方法中，最本质的是通过加速水的流动，冲掉黏附在衣物上的污物。再次，是应用类比方法设想出可以加速水流动的各种构造（同样要用发散思维，充分发挥想象力），如泵、转盘甩水、喷嘴甩水、超声波发生器等。最后，根据价值观及现有技术条件等方面，作出可行性评价，从中选出最经济可行的设计方案。如果按上述程序所获的结果不尽如人意，可另选一个关键词，重复上述程序，另找新的设计方案，直至满意为止。

5. 等价变换法

多年前，日本的市川亀久对蚕的变化产生了浓厚的兴趣，在对蚕的进化的观察与思考中，他逐渐悟出一种等价变换理论，并以此理论为指导，总结出一种创新思维方法，即等价变换法。市川亀久指出："创造性开发的生物学模式存在于风蝶的成长过程之中。"他认为，在由幼虫变成蛹进而变成漂亮的蝴蝶的过程中，存在着创造性开发的最完美的基本模式，并以此作为等价变换法提出来，即在事物发展过程中，初期的外形被舍弃了，但是内容却进入了高级阶段，并最终选择了新形态。创意、创造过程也完全相同，此时"新阶段的外形"等价变换为"新的形态"。等价变换法的程序要点如下：提出问题→确定观点→抽出等价因素→广泛寻找具有等价因素特征的事物→选择较合适的一种事物→对这一种事物进行分解、扬弃，与其他新要素结合形成新事物→经检验后对不妥之处通过反馈调整修改，最后获得满意答案。

等价变换理论强调：任何新事物都不是从天上掉下来的，都是从原事物中产生的。它不是对原事物的彻底否定，而是舍弃过时的、消极的东西，保留积极的、合理的内容，并且将保留的内容赋予新的关系、新的秩序和新的形式。也就是说，新旧事物间总存在某种等价性（即相似性或共性），如果寻找到这种等价的共性，并按照新的要求进行变化，便可以实现创新。

比如，从古代的动物油灯到煤油灯的发展可以看到，灯的形状、灯芯的形式、隔热装置的类型等都有所不同。低级的逐渐被抛弃，高级的不断被增添，但它们却保留有共同的特征——道理相同，即都有燃料油和以毛细作用为原理的灯芯与盛油装置。

生物本身具有进化的能力，而工具和用品的进化却依赖于人脑进行的创造活动。过去的一切发明创造，实际上有许多是发明者不自觉地利用了等价变换原理的结果。

例如，滚筒式打稻机的发明就是一例。在1914年以前，农村使用的是梳子式打稻机，其效率很低。如何提高效率呢？当时，许多人都在思考这个问题。一天雨后，一位名叫岩田继清的人在田间小路上行走，无意中将伞尖碰到稻穗上，弹掉了一些稻粒，岩田继清受此启发想到了滚筒式打稻机的方案。

用等价变换法解释这一过程就是：雨伞尖是原型，"旋转打掉"是伞打掉稻粒的本质或原理，也就是等价因素，由此将伞把、伞布等无关事物抛弃，引进表面布满金属的滚筒及相应的脚踏旋转结构，便逐步形成滚筒式打稻机的方案。

发明创造其实是一个不断进化的过程，而不是令人难以把握的飞跃。形象地讲，发明创造就如同昆虫的进化。昆虫发展要经历幼虫、蛹到成虫三个阶段。发明创造也需要经过量变（继承）、质变（创新）、完成这三个阶段。等价变换，强调的正是这种在继承基础上进化、在量变基础上质变的创新机制。

实施等价变换，首先要凭特定的观点将所思考的事物“抽象化”，找出代表共性的等价因素，再以此为基础，本着由低级向高级进化的原则，对事物的结构要素进行变换，最终获得功能或性能更优的新事物。例如，在寒冷的冬季，人们需要生火取暖，传统的办法之一就是使用炭盆。现在人们已经找到了以“提供热量，抗御寒冷”为本质的进化方案，如以电热代替炭火，在结构形态上仍继承盆式，这样得到的是一种“电烤火盆”。尽管这一发明属于家用电器的范畴，但从进化论的观点看，也只是在“烤火”上的等价变换而已。类似的例子很多，如电火锅、太阳能烤箱的发明等，都有等价变换的原理。当然，作为发明创造的一招，等价变换不只局限于这种能源要素的变换。当人们领会其本质等价、形态可变的创新内涵并加以灵活运用后，举世瞩目的发明创造也会脱颖而出。锅炉最初开发的过程，就是采用了等价变换法。开发者的创意来自小学自然课本中学到的“血液循环”知识，他先画出锅炉的结构模型，再画出人体血液循环模型，将两者重叠在一起，他发现如下等价性：心脏⟶汽包；瓣膜⟶集水器；毛细血管⟶水包；动脉⟶降水管；静脉⟶水管群。结果他提出了一个新的锅炉设计方案：在40度倾斜式水管群上下部分别安置汽、水包；水管群加热，大量蒸汽进入汽包，压力上升；集水器利用气压将水吸入，通过降水管再进入水包，热效率提高了10%。在发明过程中，开发者采用等价变换，将血液循环里动、静脉分工及心脏内防止血液逆流的瓣膜功能，联想到“水流与蒸汽循环”。

6. 角色互换法

有时候，创新思路源于换位思考。角色互换法的产生就是这样的理念。所谓角色互换就是换位思考，即站在对方的立场上考虑问题，这有点类似于辩论比赛中的角色选择，虽然你有自己的观点和看法，但你到底是正方还是反方，需要进行随机选择。角色互换法主要适用于“做还是不做”这类决策问题。例如，机构是建立还是不建立、是撤销还是不撤销、是合并还是不合并、是精简还是不精简，诸如此类的问题。总之是要在意见对立（存有争议）的方案中进行选择。当然，与决策有关的因素可能相当复杂，而且需要调查的面也可能相当广。为了能形成比较一致的看法，可以先指定持赞成意见的一组人去收集有关问题有利方面的材料，再指定持反对意见的另一组人去收集有关问题不利方面的材料。经过一段时间的工作，双方汇合，一起讨论他们所整理出的材料。讨论过后，双方交换位置和任务，继续进行调查工作。等双方再次汇合时，因为各自都从对方观察问题的角度进行过调查，所以各组参加调查的人员很可能会发现自己原来的意见存在的漏洞，以及对方观点中具有的合理成分。通过这种任务的互换、意见的交流，很可能会产生一些新的想法。

6.3 政策规划程序

政策规划程序主要涉及四个环节，即政策目标的确定、政策方案的设计、预测性分析以及政策方案的选择。

6.3.1 政策目标的确定

1. 如何确定政策目标

确定目标是政策规划的首要任务。政策目标不仅是方案设计和择优的基础依据，同时也是政策执行的指导方针，并且为政策评估提供了参照标准。

一般而言，无目标的行为抉择是不可思议的。这就像打高尔夫球一样。如果让一个人夜间去打，就会非常好笑，连标杆都看不见，让他往哪儿打？看足球赛更是如此，如果在足球场上把球门拆掉，则根本无法计分，谁会有兴趣看两个球队在足球场上无聊地奔跑呢？政策目标就是决策者对未来一段时期内所能取得的结果的判断。没有这种基础性的判断，决策就无从谈起。

一般来说，政策目标具有如下特征：

（1）层次性。政策目标是由总目标、子目标、次级子目标等从大到小、自上而下组成的一个多层次的目标体系。总目标、子目标之间既相互联系，又相互制约，构成了一个层层节制的目标系统。

（2）多样性。公共政策内容的广泛性和复杂性决定了政策目标的多样性。从内容上看，有政治目标、经济目标、社会目标等各领域的目标；从范围和数量上看，有宏观目标、中观目标和微观目标，单目标和多目标；从期限上看，有长期目标、中期目标、近期目标；从程度上看，有主要目标和次要目标等。

（3）系统性。多层次、多样化的目标并不是相互独立的，更不是相互并列的。各种具体目标之间要建立有机的联系，形成合理的结构，发挥系统的功能。局部的、低层的、近期的目标要从属于整体的、高层的、长期的目标。具体目标受制于总体目标，并根据总体目标的要求进行调整。

为了防止“制定了正确的方案，解决了错误的问题”，保证政策目标的正确性，政策目标的确定必须要遵循一定的原则。

第一，针对性，即目标必须针对现实问题，有的放矢，切中要害，并选择好突破口。

第二，可行性，即目标必须是在现有条件下通过一定努力可以实现的。

第三，系统性，即从整体着眼，对目标进行层层分解，并将其系统地归并和综合为一个有机的目标体系。

第四，规范性，即目标必须要符合一定社会的法律、政治和道德规范，符合人们的价值观和信仰。

第五，具体性，即目标的表达要准确清楚，含义单一，有明确的时限、范围、约束条件及具体指标。

制定明确的目标

一位记者在采访美国财务咨询师协会前主席刘易斯·沃克时问道：“到底是什么因素使人无法成功?”

沃克回答：“模糊不清的目标。”

记者有点不以为然，想请沃克进一步解释。

沃克说：“我想先问你一个问题，你的目标是什么?”

记者回答：“希望有一天可以拥有一栋山上的小屋。”

沃克笑道：“这就是一个模糊不清的目标。问题就在‘有一天’上，它不够明确，而且'山上'这个概念也不够清晰。因此我可以预料到，你实现这个目标的机会不大。如果你真的希望在山上买一栋小屋，那么你就必须先找出那座山在哪儿，算出那栋小屋现在的价值，然后还得考虑通货膨胀的因素，算出5年后这栋小屋会卖多少钱。接着，你还必须计算出，为了达到这个目标，每个月要存多少钱。如果你真的按照这些步骤做了，那么你才可能在不久的将来拥有山上的这栋小屋。"

有了明确的目标，你就会知道自己应该采取什么样的行动去实现它。如果你的所有努力都是围绕这个明确的目标进行，你的时间和精力都没有用在与目标无关的地方，那么你就会有做事的高能效，取得成功也就不足为奇了。

2. 区分价值前提与事实前提

在政策目标的选择活动中，首先会碰到价值前提与事实前提的问题，下面就讨论一下这两个概念。

（1）价值前提。

根据西蒙等人的看法，目标选择无非是根据前提引申出结论，这类前提主要涉及两个方面的内容，即价值因素和事实因素。所谓事实因素是指决策活动中所依据的客观事实，比如一个人在决定上班带不带伞时要考虑天气情况，在这里天气情况就是我们所说的事实因素。但决策的依据不仅包括事实因素，而且还包括价值因素。所谓价值因素是指决策者的个人好恶。仍以上述的简单决策为例。如果下雨，带伞可以遮雨；如果不下雨，雨伞就成为累赘。在进行决策时有的人更看重身体健康的保护，有的人则更看重减少不必要的麻烦，他们依据同样的天气情况会作出完全不同的选择，这就是他们在进行价值判断。作任何一项决策首先需要考虑的就是价值问题，因此，价值判断被认为是决策的首要前提。可能有人会提出，一些非常具体的且技术性很强的决策活动并不含有价值因素的作用，比如决定一条市区道路如何修建的问题，看似与价值因素毫不沾边，其实不然，只要我们了解了"决策层次系统"或"目标手段系统"的概念就不难理解这一点了。人的行动都是有目的性的，支配低层次行动的目标总含有实现更高层次行动的内容。如人穿衣是为了出门，出门是为了去书店，去书店是为了买书，买书是为了阅读，阅读是为了掌握知识，掌握知识是为了有所作为……如此推导下去，直至达到一个相对的终点目标。这就形成了一个决策层次系统，在这个系统中，较低层次的决策行为往往成为实现较高层次决策目标的方法和手段，因此又称为目标手段系统。由此看来，较低层次的决策判断总会受到较高层次决策目标的制约。既然任何决策都离不开目标的选择，而小目标又要服从于大目标，所以，决策行为无论重要性大小、技术性强弱都包含价值因素，都需要回答"值不值得去做"这样的问题。就拿上述修建市区道路的问题来说，在进行决策时固然要考虑地形、地质、资金、技术等事实因素，但也必须考虑"值不值得修建这条道路"的问题。这就自然会涉及更高层次的目标，如城市交通安全、经济发展布局、纳税人的负担等。怎样排列这几方面的重要性？这又是一个价值判断的问题。当然，我们可以笼统地认为，决策中价值因素与事实因素的区分大致相当于目标与手段的区分。越是低层次的、技术性较强的决策，事实因素所占的比重越大；越是高层次的、战略性的决策，价值因素所占的比重越大。

决策的价值前提不是由单一因素决定的，而是由诸多价值因素构成的价值系统决定的。在价值系统内部，既有一致的方面，又有不一致甚至相互冲突的方面。进行决策时往往很难兼顾价值体系的多重因素，于是决策者有时就需要在价值冲突中求得平衡或为突出某些价值因素而放弃其他的价值因素。价值体系的这种矛盾性特征往往是决策者难以下决断的重要原因。

价值判断不仅在决策的开始阶段存在，而且在整个决策过程中持续。确立了以某一价值前提为指导并不意味着它不会在其后发生动摇和改变。决策活动往往涉及多个目标和多种方案，选择判断中的复杂性不可能单纯服从于价值前提的不变性。重新确立具有指导性的价值前提是决策活动中常会发生的现象。此外，在决策方案的评估过程中，价值前提的评估也是其中一项重要的内容。择优离不开方案的论证，论证首先涉及的就是价值因素，而价值论证实际上就是对价值前提的重新评价。

价值判断常常表现为价值目标的选择。价值目标与决策目标是既有联系又有区别的两个概念。决策目标包含价值目标，但又不等同于价值目标。决策目标主要是对实践结果的预先设定，而价值目标则是对实践结果的意义的评价。两项决策在决策目标上的一致并不说明它们在价值目标上也一致。比如，同是作出研制核武器的决策，一方是为了扩张侵略，另一方是为了反击侵略。尽管这是一个极端性的例证，但也说明了价值目标与决策目标是有所区别的。当然，成功的决策需要二者的一致，如果我们将决策目标称为“事”，将价值目标称为“愿”，我们将会力求“事遂人愿”，防止“事与愿违”。

（2）事实前提。

事实前提的特点主要表现在客观性、可检验性和变动性三个方面。

事实前提虽然也依赖于决策者的认知，但这种认知与决策者对价值前提的认知有所不同，它不是对主体自身需求的认知，而是对客观对象的具体认知，所以其内容具有客观性。具有客观性的事实前提是人们可以通过实际调查和科学实验加以认识的，它具备量化的依据，是能够被检验的。事实前提是决策的客观依据，它只是客观事实中对决策发生作用的部分，决策的选择性特点必然会导致事实前提的变动性。

事实前提与价值前提既有联系又有区别。它们的区别主要表现在以下几个方面。

第一，提出问题的角度不同。价值前提是从需不需要和值不值得作出决策的角度提出问题，主要侧重于决策主体的要求；事实前提则是从能不能和可不可以的角度提出问题，主要侧重于客观实际的条件。因此，常有具备了价值前提却缺少事实前提或与之相反的情况出现，使决策活动难以进行。

第二，认识形式的表现不同。事实前提的判断依赖于明显的客观标准，所以往往容易达成共识；价值前提的判断则更多地依赖于人们的价值体系，所以经常引起冲突和矛盾。

第三，影响决策的作用不同。价值前提对决策的影响主要表现在决策目标的确定上，事实前提对决策的作用主要体现在行动方案的选择上。

6.3.2 政策方案的设计

政策规划的第二步工作就是设计政策方案。政策方案指一个或一组为解决问题、实现目标所设计的行动准则和内容，它具体规定实现政策目标的步骤、途径和方法。政策方案的设计就是在明确政策目标的基础上，经过调查研究，运用适当的技术与方法，设计或者规划诸种实现政策目标的行动方案的过程。

设计政策方案多是为了解决现实问题，这就像医生给病人开方治病一样，不仅是为了缓解症状，更是为了清除病因。药方的好坏是能不能治好病的关键。同理，决策者对于政策问题的分析和判断，其根本目的也正是在于寻求一种解决这一问题的途径和方法。政策方案的内容一般涉及原则和操作两个层面，原则层面是指政策目标的确立，操作层面是指政策方案的具体内容。在政策方案的设计中，需要注意两个方面的问题。一是对方案后果及效应的准确估计。没有这种估计，方案的好坏优劣就无从辨别，从而失去进行选择的价值标准。二是对方案实施细节的详尽规定。没有这种规定，再好的方案也难以付诸行动，从而也无法进行优化的选择。

1. 战略与战术

方案设计既要考虑战略问题也要考虑战术问题。所谓战略问题是指那些具有宏观性、全局性、方向性和原则性等特征的一类问题，其意义重大，影响深远；相对而言，战术问题是指那些具有微观性、局部性、区域性和阶段性特征的一类问题，其目标具体，内容单一。一般来说，战术是战略的延续和细化，二者近似手段与目标的关系，战术目标应力求服务于战略目标，以战术胜利为战略成功奠定基础。

诸葛亮名垂青史的《隆中对》就是战略思考的典范。东汉末年，群雄并起，刘备势单力薄，无处立身，他三顾隆中茅庐，诚心求教于诸葛亮。诸葛亮为他分析了天下的局势，指出自董卓专断朝政以来，豪强蜂起，争雄天下。曹操战胜袁绍，拥兵百万，挟天子以令诸侯，暂不可与之争锋；孙权占据江东，历经三世，人心归附，贤能之人尽心效力，可以联合为援，不可与之为敌。剩下可以图谋的地方只有荆州、益州两地，刘备可在此建立根据地，安抚夷戎，修明政治。一旦天下有变，可命一上将率荆州之军向宛、洛进军，刘备可亲率益州之众出于秦川，如此则霸业可成，汉室可兴。从《隆中对》可以看出诸葛亮为刘备策划的战略目标是恢复汉室，统一天下。具体步骤分两步走，第一步是占据荆州、益州，建立根据地；第二步是兵分两路，进取中原。可以毫不夸张地讲，没有诸葛亮这项伟大的战略设计，就不会有中国历史上“三国鼎立”的局面。

田忌赛马的故事很好地诠释了战术思考的重要意义。战国时期，齐王为炫耀其马，让大臣田忌牵马来比，双方各出上、中、下等三匹马来比赛。由于田忌的马都比齐王同等级的马略逊一筹，所以每战必败。孙膑知道后，给田忌出了个主意：以下等马对齐王的上等马，以中等马对齐王的下等马，以上等马对齐王的中等马，这样就可转劣为优，战必胜之。田忌依计而行，果然以 2∶1 获胜。孙膑的方案之所以成功，主要是因为知己知彼，在敌强我弱的情况下，运用了合理的战术，以牺牲个别换取了整体的主动。这个故事已成为我国历史上战术设计的光辉典范。

2. 方案设计的步骤

政策方案的设计一般可分为轮廓设想和细部设计两个具体步骤。

（1）轮廓设想，即从不同角度、多种途径出发，尽量大胆地提出多种多样的方案设想。其主要内容有两方面：一是为实现既定的政策目标，大致可提出多少个政备选策方案；二是将各种备选方案的轮廓，如行动原则、指导方针、发展阶段、阶段目标等大致勾画出来。轮廓设想阶段的主要要求是，备选方案要尽可能多样化并具备整体上的完备性，各个方案之间要有所差别。轮廓设想阶段也是运用创新思维方法最多的一个阶段，要求方案设计者要敢于打破陈规，独辟蹊径，用创新的方法和技术来实现方案的突破。

（2）细部设计，即对轮廓设想阶段所产生的备选方案进行初步筛选，淘汰那些明显不可行的方案，留下一些较为可行的方案，并对其进行精心的细节设计。淘汰阶段的主要工作是在重新进行决策目标分析的基础上，通过对备选方案与目标的比较来舍弃那些偏离决策目标的方案。细节设计则要对每一可行方案进行方案扩大，将决策方案根据决策对象的性质分解为一些较为具体的规定。

3. 方案设计的内容及要点

政策方案本身并不是行动，而是行动之前对行动的内容、程序、方式、方法等进行的初步设想。按照事前设定的方案行动，是人的行动区别于动物行动的一个显著特点。动物行动所表现出来的计划性，只是长期生存过程中形成的习惯性本能，是毫无意识地服从自然。人的计划则完全不同，人是唯一有意识活动的高级动物，其行为受思想的支配，行动之前总有思考和选择的过程。马克思对人类活动与其他动物活动的区别曾有过一个非常形象的解释，他说，蜂窝的精密构造曾使建筑大师们为之叹服，但建筑师在建造楼房之前就已在头脑中有了楼房的完整形象，而这正是蜜蜂所没有的，也是根本做不到的。搭建蜂窝完全是蜜蜂代代相传的本能行为。人是自觉地改造自然并使之为己服务。这是被动适应与主动改造之间的区别。这种以改变外部世界达到自己目的的计划，就是人们制定的行动方案。行动方案的内容是多方面的，通俗地说可以用5W1H法进行概括，即what（做什么）、why（为什么做）、who（谁去做）、when（何时做）、where（何地做）和how（怎么做）。

有时候，人们面对一个问题而对答案全然不知，感到无从下手，就会觉得这是因为获取的信息或已知的条件太少，从而无法找到解决问题的途径。但是，当这个问题被分解后情况又会是怎样呢？面对那些次级问题，人们可能不用求教书本或专家就能够自己解答，通过解答这些次级问题，人们可能会逐渐接近整个问题的准确答案。这是费米①提出的一种处理难题的思维方式，被称为费米思维。

方案设计具有如下要点：

（1）成本（cost）：方案需要考虑的成本和效率问题。

（2）稳定性（stability）：方案的抗干扰性及目标的可持续性。

（3）可靠性（reliability）：在既定时间段实施方案的可能性。

（4）牢固性（invulnerability）：如果执行中方案部分失灵或受损，持续该方案的可能性。

（5）灵活性（flexibility）：方案的伸缩余地，目标和手段改变的可能性。

（6）风险性（riskiness）：方案失败的可能性。

（7）传播性（communicability）：方案被理解的难易程度，沟通的困难程度。

（8）功效性（merit）：方案的价值表现及伦理特征，解决问题的是非界限。

（9）简单性（simplicity）：方案操作和执行的难易程度。

---

① 费米是一位美籍意大利科学家，于1938年获得了诺贝尔物理学奖。

(10) 相容性 (compatibility)：方案与现行相关政策及其目标、手段衔接或相容的程度。

(11) 可逆性 (reversibility)：方案执行中阶段性目标和程序的相互替代性。

(12) 强韧性 (robustness)：方案对不同环境和条件的适应性。

4. 方案的来源及寻求方法

备选方案是如何形成、怎样出现的呢？一般说来，分析人员多以"与现状相符且尚未实施过的方案"为起点，然后参考他人的经验、案例的调查、类似问题的推理、学者专家的意见、权威人物的要求、参与者的想法、法律条文的规定、技术条件的提供等相关内容，逐渐形成自己的方案框架。一些学者认为，备选方案的设计思路大致有四个基本来源：现行的政策方案、通常的解决方案、调整的解决方案和创新的解决方案。

寻求备选方案的具体方法有：

(1) 消极等待法 (passive approach)：像新闻热线等待有人提供新闻线索那样，等待一些人以毛遂自荐方式提供问题的解决方案。

(2) 主动寻求法 (search-generation approach)：不仅要让其他人了解我们所要寻求的方案，而且应主动提供方案的政策目标和分析的基本思路。

(3) 触类旁通法 (neighborhood approach)：寻求在解决类似问题时前人的一些通常做法，在差异比较的基础上，类推新的解决方案。

方案移植

移植原本是说将秧苗或树木移走并栽种在另一个地方，现在多用来比喻引进别处的经验、长处、做法等。所谓方案移植就是把已成熟的方案进行转移，应用到新的地区、新的部门和新的领域，用来解决相近或相似的问题。因此，方案移植也可以说是现有成果在新情境下的延伸、拓展和再创造。方案移植的特点概括来说就是：它国用于本国、它地用于本地、它部门用于本部门、它领域用于本领域。

进行方案移植首先要解决为什么要移植、到底要移植什么这两个问题。然后还要考虑应用条件问题。方案移植的应用条件主要包括三个方面。一是用传统或习惯的方法难以找到理想的解决方案和合适的处理办法；二是它国、它地、它部门和它领域存在解决相似、相近或相同问题的方案；三是对移植方案的适应性具有提前预判。当具备这三项基本条件时，才可以进行方案的移植。

根据利用内容和参考程度的不同可以把方案移植分为以下六种形式。

(1) 复制：直接拷贝、完全照搬；

(2) 参照：部分利用，有所选择；

(3) 效法：模仿框架，变动细节；

(4) 混合：不同参考方案的内容混合；

(5) 借鉴：只是借鉴原则和理念；

(6) 启发：从参考方案中得到启发，并在此基础上加以创新。

5. 方案开发的理性基础

方案开发依赖于多元理性，换句话说，就是需要具备多种理性基础。

（1）技术理性。技术理性亦即“工具理性”，是目的理性的工具系统。工具的活动按照技术规则来进行，而技术规则又以经验知识为基础；技术规则在任何情况下都包含着对可以观察到的事件（无论是自然界的还是社会上的事件）的有条件的预测。这些预测本身能够被证明是有根据的或者是不真实的。

（2）经济理性。经济理性的突出特征就在于其强调经济行为的个人性和自利性。经济理性所设定的目标符合“经济人”的个人偏好，在通常情况下，“经济人”行为总是服务于自己的个人目的。现代经济学把经济理性等同于现实理性，认为除了自利最大化以外的其他任何行为都是非理性的，拒绝伦理考虑在实际决策中的作用。

（3）法律理性。法律理性是西方法律文明从古希腊以来一以贯之的传统。当代法治国家正当程序原则的普遍化反映了更高层次的理性回归，从另一个侧面深化了法律理性的影响。法律理性的实质是通过确立基本的法律原则，实现正当程序的理性化。

（4）社会理性。社会理性涉及我们与社会以及社会问题之间是何关系的问题。对于这一问题的解释主要包括三种语言范式：第一种是“自我范式”，其思维基础是个人理性[①]；第二种是“我们范式”，其思维基础是社会理性；第三种是“它们范式”，其思维基础是中立的科学理性[②]。“社会理性”从“我们”出发，将“我们”作为社会问题研究的终极目标，借助一种群体主义的价值内涵来进行思考，而个人则被置于一个从属的地位，其判断标准往往是群体主义的。

（5）实质理性。实质理性与形式理性相对，二者的根本区别在于形式性（或自治性）有所不同。通俗点说，形式理性要求不同的存在应以相同的决策标准为决策的依据，而实质理性则要求根据不同的事件作出不同的分析考量，虽然过程是理性的，但缺乏统一的决策标准。实质理性包括多种理性形式的综合与比较，如技术的、经济的、社会的、法律的等，目的是在特定情况下作出最合适的考量。

6.3.3 预测性分析

政策规划的第三步工作就是进行预测性分析。

之所以称为预测性分析，主要是因为分析针对的是政策备选方案。由于这种分析活动发生于政策执行之前，所以带有明显的预测性质。决策者需要利用掌握的信息，对每种方案的收益、成本和可能遇到的问题进行预测，对方案实施的可靠性和可行性进行分析，并且说明每种方案的优缺点。

决策是一项既立足现实又面向未来的活动，而未来对任何人来说都是一个未知的领

---

① “个人理性”是一个典型的以“自我”为观察视角的思维方法，它将“自我”排除于所研究的目标问题之外，作为一个局外人来思考，其判断标准是纯粹的个人主义。

② “科学理性”强调一种价值中立的观察角度，“它”作为一种完全外部于个人和群体所处社会的视角，对人类社会乃至自然界的诸多现象给予阐释，“它”作为观察者在价值立场上完全中立于无数个“自我”和“我们”，在逻辑描述上往往采用实证主义方法对事实和现象给予诠释。

域。然而，人们不会甘心在未知的领域面前无所事事，他们希望能够对未来作出一定的判断，以把握自己今后行动的方向。当然，面向未来并不是脱离现实去凭空设想，而是立足现实又不停留于现实，以现实作为通向未来的起点，根据现有的知识和经验，进行科学的预测。

那么什么是预测？又怎样进行预测呢？

预测是人类固有的一种行为，充分体现了人类活动的主观能动性。自古以来，人们对于预测就有着非常浓厚的兴趣，但那时候限于知识和经验的缺乏，预测多为巫师占卜、抽签算命、信天由地，很难摆脱宿命的怪影。随着社会的进步和科技的发展，人们逐渐发现客观事物的发展变化带有一定的规律性，如果能够认识它们的运动规律，就能把握其变化趋势并预知其发展前景，对其未来的走向作出正确的判断。现代科学预测就是在这样的认识基础上逐渐形成和发展起来的。科学预测绝非主观臆断和凭空猜测，而是要以科学理论为指导，以知识和经验为依据，运用各种预测方法和技术，分析和判断所掌握的多种信息，对事物未来发展的可能状态作出合理的估计和推断。

预测的发展首先来自决策的需要，其目标就是为决策提供合理的依据。决策所要解决的问题也正是预测所要解决的问题，预测的内容会随着决策的不同需要而有所变动。一般而言，预测的作用更多地体现在备选方案的内容评估方面。它要评价未来选择的多种可能性，以及每种选择所要承担的风险和所能得到的收益。

点球的启示

足球球门宽8码（7.32米），高8英尺（2.44米），点球要距离门线12码（11米）。在世界顶尖球员脚下，球只需0.2秒就能从罚球点到达门线。一般来说，当球罚出后守门员是不可能有时间反应并作出有效扑救动作的。守门员必须事先决定向哪边倾斜重心，而球员也必须在看见守门员向哪边倾斜之前决定把球射向哪个方向。由于不像下棋那样有考虑的时间，双方都会尽力向对方掩饰自己的选择，这种博弈叫“同时行动博弈”，很考验事先的功课。大家都还记得2006年世界杯1/4决赛中德国和阿根廷的点球决战，德国队事先聘请专家分析了13 000个点球的录像，对于阿根廷7个最优秀的点球射手的习惯了如指掌，门将莱曼只需要根据小纸条上的指令扑救，而阿根廷人对此一无所知，球输在了起跑线上。

以色列本古里安大学的经济学家阿扎尔同样醉心于扑点球这件事。阿扎尔和他的研究小组在《经济心理学》杂志上发表了专门的论文。根据他们的计算，如果一个守门员待在中路不动，扑住点球的概率为33.3%，扑向左右两侧的概率分别只有14.2%和12.6%。研究小组分析了在现实中这些守门员的行为：门将老老实实守在中路的情况只有6.3%。不过阿扎尔也指出，守在中间的策略并非绝对，如果门将总是待在中路，点球手们就会毫不迟疑地改变他们的战术和靶心。

不过更重要的是这说明了一件事：比丢球让门将感觉更坏的是不行动（待在中间）。一位身经百战的门将说："如果你站在原地不动，认为球会直直打向中路而不进，那你看起来就像个猪头。"阿扎尔的理论证明了行为经济学的一件事：当经济疲软时，政府就特别想干点什么，哪怕风险比可能的回报更高。若无力回天，至少它可以说自己已经尽力了，而如果它选择不作为就难逃公众指责，被认为"什么都没有干"。为了避免"看起来就像个猪头"，政府官员们在根本没看清球朝着哪个方向飞来时，就把笨重的身躯朝某个方向扑了过去。

1. 预测的形式：推断、预言和猜测

（1）推断是基于目前和历史趋势向未来进行外推的一种预测形式。推断根据来自方法与相似情况的论证提出指示性主张，这些论证假设某些分析方法（如时间序列分析）有效或某些情况之间（如过去与未来的政策）有相似之处，以此来确立其预测的说服力。还可以用权威意见（如专家意见）和理由（如经济和政治理论）来对推断方法进行补充。

（2）预言是以明确的理论假设为基础的一种预测。这些假设可以采用理论法则（如货币的效用递减法则）、理论主张（如市民骚乱起因于期望与能力间的差距）或者是类比（如在政府的扩张和有机体的成长之间进行的类比）的形式。预言的关键特征在于它明确了原因和结果或相似过程或关系（类比）。我们还可以用权威意见（如经验判断）和方法（如经济计量模型）来对预言加以补充。

（3）猜测是根据专家对未来社会状态的判断进行的预测。这些判断可采用直觉论证的形式，在这种论证中，用利益相关者（如政策知情人）的洞察力、创造性或灵感等来支持关于未来的指示性主张。这些判断也可采用动机论证的形式，通过现在或未来的目的、价值观和意向来确立主张的合理性，并可以用来自权威、方法和因果论证对猜测进行补充。

2. 预测的局限

在刚刚跨入21世纪的时候，美国出版家布洛克曼编写了一本书，书名是《未来50年》，请"世界上最有眼光的科学家"写了25篇文章，专门谈未来。有人说，预测如果不是天底下最难的事，那起码也是最难的事之一。为什么预测这么难？要回答这个问题，肯定可以把人的头搞大。大哲学家罗素讲过这么一个故事：说有一只火鸡，每天主人都定时给它喂食，这让它慢慢地形成了一个坚定的信念，即每天都会有吃的。它相信生活的全部意义就是如此幸福地等吃等喝。然而，有一天，它等来的不再是喂食——它被主人掐住杀了，成为餐桌上的一顿美食。它完全没有料到，喂自己的那只手也是掐住自己脖子的那只手。这只火鸡错就错在，它以为从过去的事可以预测未来的事。从人类的角度看，火鸡的愚蠢是很显然的。然而，我们怎么知道在上帝（假设他存在）眼里人类不是像那只火鸡一样可怜呢？有人可以说，人可以总结经验，而火鸡不会。但问题是，人类即使能够总结经验，其他火鸡的历史一定会告诉我们未来某只火鸡的命运吗？其实，在总结经验这方面，没有比历史学家做得更好的了。在历史学家看来，历史几乎就是一部好莱坞侦探片，里面没有一个细节是多余的，如果在电影开头出现一把小刀（无论多么不起眼），那么这把小刀一定会在电影结束前起到它的作用——也许是一把凶器，也许是一个线索——反正导演绝不会安排一件毫无意义的东西在他的电影中。历史学家正是根据这种电影逻辑来看待历史的。所以不管是多么离奇的历史事件，历史学家们事后都能总结出它产生的缘由。以至于读过历史的人都有这样的印象：历史上发生的任何事都是必然要发生的。只要肯在里面找，肯定会找到事情发生的逻辑线索。但问题是，上帝（假设他存在）这个导演和好莱坞导演不是一个流派，他老人家不喜欢特意安排出一些明显的线索，反而喜欢让各种因素混作一团。这就意味着在现实中，没有谁能在结果发生之前就知道，现在发生的这么多事情中哪些才是未来事件发生的原因。历史学家确实都是诸葛亮，但只是事后诸葛亮。说得不好听一点，关于未来，历史学家几乎和火鸡知道的一样多。现在的历史学家早就把一战、二战发生的原因分析得头头是道了，但你能指望他们分析出什么时候发生第三次世界大战吗？许多历史学家相信，人可以通过过去的事推测未来的事。殊不知，固执地相信以前出现的事今后还会出现，这正是火鸡的悲剧所在。历史之所以是历史，完全是因为我们不能预测。如果可以预测，也就不会有意外……自然，也就不会有历史。当然，把人和火鸡比总是不妥当的。那么，先把类比丢在一边，来看看事实——事实会比理论好一些吗？一个明显的事实是：世界上几乎所有的大事，都没有被谁预测到过。一战没有人猜到，二战更没有人猜到。苏联解体、印尼海啸、美国次贷危机……一样也没有被谁预测到。关于预测，唯一可以预测的似乎就是：未来不可预测。但我们毕竟不是火鸡，火鸡不做任何预测也可以幸福地活下去，只要有人喂它们；作为人类，我们不可能不预测。预测带给我们生活的信念和希望。我们买股票需要预测行情，我们交朋友需要预测人性，我们过日子需要预测可能出现的困难。从某种角度来说，我们生活的意义就是建立在预测的基础上。如果我们对自己的未来没有预测，我们怎么会把钱存进银行？如果我们对所爱的人的性格没有预测，我们怎么敢跟一个完全陌生的人过一辈子？①

科学预测为何不如巫师作法：来自印第安部落的竞争

被誉为“竞争战略之父”的哈佛商学院教授迈克尔·波特曾讲过一个关于印第安部落的故事。

加拿大的原住民地区活跃着几支部落，他们均以狩猎为生。经过长时间的生存博弈之后，最后只有一支印第安部落得以存留。这支部落成为幸存者的原因令人匪夷所思：其他部落在狩猎之前，都会总结过去的成功经验，然后选择最可能获取猎物的方向全力出击，而这支印第安部落却是请巫师作法，在仪式上焚烧鹿骨，然后根据鹿骨上的纹路确定出击的方向。通过竞争生存下来的强者却是焚烧鹿骨和巫师作法的那个印第安部落，而看似准备充分的部落最终销声匿迹，原因何在呢？

① 参见子炎：《预测未来：我们和一只火鸡的差别究竟有多大?》，见 http://book.douban.com/review/1682431，2009-02-12。

故事的重点不在于科学或迷信，而在于几个部落的竞争战略。故事中所提到的几个部落所制定的狩猎计划虽然很科学，但这只是停留在战术层面，如果从战略层面上稍加分析，你就会发觉，这个看似不可思议的结果是多么的必然。

从整体市场环境来看，当竞争变得异常充分时，企业之间相互模仿的速度定会骤然加快，进而催生"战略同质化"现象。"战略同质化"直接导致的结果是企业战略的缺位，每一家企业事实上都没有战略，大家只是在战术层面拼命厮杀，玩一场看不见未来的"狩猎游戏"。

可以想见，那些"理性"的部落是如何被淘汰的：随着时间的推移，部落之间对猎物的竞争不断加剧，而他们每天狩猎的方向经过"分析"后变得渐趋一致——从某种意义上讲，这些部落看重的不是制定行之有效的战略，而是高效地完成预定任务。最后，大家只好在同样的狩猎区域杀个鱼死网破，"输"途同归。

根据迈克尔·波特的竞争战略，战略定位意味着运营活动有别于竞争对手。巫师作法焚烧鹿骨的那个印第安部落的竞争战略虽然在战术上出现了很明显的错误，但是它生存下来的核心因素——竞争战略，却明显优于其竞争对手。

"江山代有人才出，各领风骚数百年"。回顾一下那些中国企业界一度非常风光的企业，绝大多数都像历史上那几个消失的印第安部落一样，到消失了还不知道为什么"科学预测"干不过"巫师作法"。

资料来源：吴荣：《科学预测为何不如巫师作法》，载《青年参考》，2004-06-16。

3. 预测的方法

（1）专家会议法。

专家会议法，是指以专家为索取信息的对象，通过会议讨论的形式，对决策对象未来的发展趋势和状况进行分析与判断的预测方法。专家会议有助于专家们交换意见，通过互相启发，可以弥补个人意见的不足；通过内外信息的交流与反馈，产生"思维共振"，进而将产生的创造性思维活动集中于预测对象，在较短时间内得到富有成效的创造性成果，为决策提供预测依据。专家会议法具有如下优点：集思广益、信息放大，思维共振、有利创新，优势互补、智能叠加，知识共享、互相启发。其最明显的优势在于当缺少足够的统计数据和没有类似经验可以借鉴的情况下，它能够起到非常有效的预测效果。专家会议法往往被用于项目规模宏大且环境条件复杂的预测情境。

专家会议的人选应按三个原则选取。第一，如果参加者相互认识，要从同一职位（职称或级别）的人员中选取，领导人员不应参加，否则可能对参加者造成某种压力。第二，如果参加者互不认识，可从不同职位（职称或级别）的人员中选取。这时，不论成员职称或级别高低，都应同等对待。第三，参加者的专业应力求与所论及的预测对象的问题一致。运用专家会议法，必须确定专家会议的最佳人数和会议进行的时间。专家小组规模以10～15人为宜，会议时间一般以20～60分钟效果最佳。会议提出的设想由分析组进行系统化处理，以便在后继阶段对提出的所有设想进行评估。

专家会议法也存在着一些局限：如参加会议的人数有限，代表性不充分，意见表达受到一定限制，看问题不全面；权威人物影响较大，容易出现“乐队效应”，即某些人的意见严重影响集体的看法；忽视少数人的意见，表现出从众倾向；专家之间的意见交流会受到心理因素的干扰，如固执己见、感情用事、以人画线、听不得不同意见等；专家的语言表达能力和信息接受能力对会议中的意见交流也会构成很大影响。

（2）德尔菲（Delphi）法。

德尔菲是古希腊的一个地名，是阿波罗神殿的所在地。后人用德尔菲比喻神的高超预见力。德尔菲法由美国兰德公司命名并首先使用。这种预测方法是对传统专家会议法的改进和发展。德尔菲法采用匿名通信和反复征求意见的形式，使专家们在互不知晓、彼此隔离的情况下交换意见，这些意见经过技术处理后会得出预测的结果。

首先需要设计意见征询表。具体要求如下：

第一，问题含义要明确，以免应答者对问题产生不同的理解，出现答非所问的情况。如“到哪一年（未来 10 年还是未来 20 年，甚至更远）小汽车（什么样的小汽车）可以进入普通家庭（什么样的家庭可以被称为普通家庭）?”这样的问题就比较模糊，缺少具体的指标，对这个问题的不同理解会导致不同的回答。

第二，问题要具有独立性，对一个问题的回答不应以对另一个问题的回答为条件。如“到哪一年某城市的私人轿车拥有量可以超过 50 万辆？”这种问题涉及公路建设的发展、家庭收入的提高等一系列前提条件，如果不事先进行说明，就很难作出预测。

第三，回答问题的方法要统一，否则就难以对预测的结果作出比较，如“某件事发生的可能性有多大?”这样的问题，回答起来就难以统一。因为事件发生的概率总是随着时间的后移而增大的，如果没有具体的时间条件，预测的结果是没法比较的。

使用德尔菲法要经过几轮调查，图 6—1 描述了德尔菲法的一般程序。

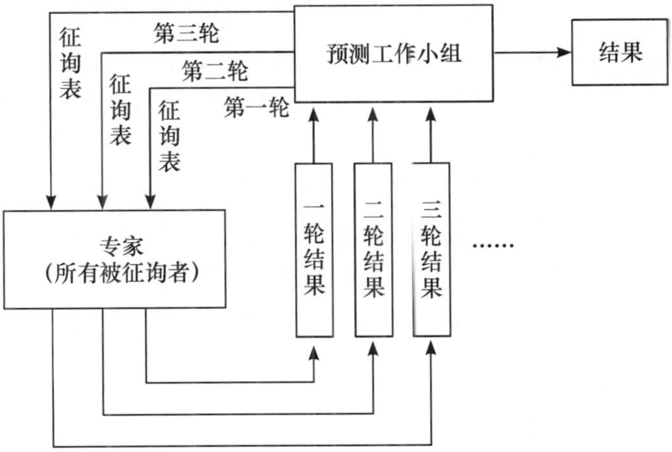

图 6—1　德尔菲法程序图

第一轮：把意见征询表寄给专家小组的成员，请他们填写意见。预测工作小组收回调查表后，进行初步的统计和计算，发现具有共识性的意见和看法。

第二轮：将第一轮得到的相对比较集中的意见再反馈给每位专家，要求他们以此为参考，重新填写意见。如果某一专家作出的第二轮预测仍与多数人的意见不符，则要求他陈述理由，说明为什么他的意见不同于大多数人的意见。预测工作小组收到调查表后，就要根据新的数据重新进行统计和计算。

第三轮：将第二轮统计结果及某些专家的陈述理由告之每位专家，请他们在这个基础上进行新的预测。

一般来讲，经过三轮或四轮调查后，专家意见将会比较集中，这时就可以把最后一轮调查所得到的结果视作专家小组的意见。

（3）投入—产出分析法。

其基本做法就是对政策方案的各种投入与产出之间的相互关系进行定性和定量的分析与对比。这种方法源自经济学领域，更强调量化的分析。但在政策领域，并不能一味追求定量分析，因为实际存在大量不易于量化的投入项和产出项，因此我们不得不使用一些定性分析的方法。

（4）时间序列法。

它基于“预测对象的变化仅与时间有关”的基本假定，把环境因素的复杂作用加以简化，根据预测对象的变化特征，以惯性推理的方式进行预测研究。其最大的特点就是直接和简便。它包括简单平均和加权平均两种形式。简单平均是指将按时间顺序发生的若干结果加以简单平均，并以这个平均值作为下一阶段的预测值；加权平均是指根据各期实际值对预测值的影响大小，分别进行加权，并以加权平均值作为下一阶段的预测值。

（5）回归分析法。

在现实生活中，人们发现某些变量之间存在着一定的因果关系。一个变量的变化总会引起另一变量的变化。当人们能够准确地测定其数量关系时，就表现为函数关系；当人们难以准确测定其数量关系时，就表现为相关关系。人们为了定量地把握事物的因果规律，就需要把变量间的相关关系转变为函数关系。这种转化的中介就是回归分析。所谓回归分析就是根据相关因素的大量实测数据来近似地确定变量间函数关系的分析方法。经回归分析所建立的函数轨迹应尽可能接近于已测数据。由此就可以从一个或多个变量的数值去估计另一个变量的数值。这种回归函数反映了事物内部各个因素的变化关系及发展趋势。依据自变量和因变量之间关系的复杂程度，回归分析可分为线性和非线性两类。其中线性方程又可依自变量数目的多少，分为一元线性回归和多元线性回归。一元线性回归的一般表达式为：

$$y=a+bx$$

现在如果有了 n 对实测数据（x_1，y_1），（x_2，y_2），…，（x_n，y_n），那么求回归函数的问题实际上就成为求函数系数 a 和 b 的问题了。

（6）趋势外推法。

这是指根据事物历史和现实的资料，探索事物发展和变化的规律，从而推测出事物未来发展状况的一种预测方法。尽管在现实生活中，预测对象在各种随机的外界条件下运动，表现出大量的偶然性，但其固有的本质不会改变，其发展和变化往往存在着一定的规律性。人们一旦能够发现和掌握这种规律，就可以参照历史经验和现有数据进行外导性推断，从而预测事物未来发展的状况。

(7) 马尔科夫模型。

马尔科夫模型因原苏联数学家安德烈·马尔可夫（Andrey Markcv）而得名，代表数学中具有马尔可夫性质的离散时间随机过程。在该过程中，在给定当前知识或信息的情况下，过去（即当期以前的历史状态）对于预测将来（即当期以后的未来状态）是无关的。换句话讲，对事物未来的发展趋势进行预测，只需要分析近期的相关数据，不需要分析海量的历史数据。

4. 可行性分析

可行性分析主要涉及的是方案实施在主客观条件和政策预期效果方面的可行性问题。评估应围绕政策目标进行，运用定性和定量的分析方法，系统研究政策方案的实施条件，以确保政策方案的顺利实施。

可行性分析一般包括以下几个方面的内容。

(1) 政治可行性，即政策方案获取政治资源支持的程度（获得合法地位和被政策执行机构接受的可能性）和对政治价值观的影响。

(2) 经济可行性，即政策执行中获取政策资源的可能性。其中包括一般性资源（人力、财力和物力）和特殊性资源（信息资源等）。政策资源是一个宽泛的概念，包括自然资源和人文资源、国内资源和国外资源等多种内容。

(3) 行政可行性，即政府行政部门在执行能力和工作效率方面的支持程度。

(4) 法律可行性，即政策方案是否符合国家宪法和法律的有关原则与条款。

(5) 技术可行性，即在现有技术条件下实现政策目标的可能性。

(6) 社会可行性，即社会对政策方案的认同和支持的可能性。其中传统文化、道德观念、社会环境和意识形态都是重要的影响因素。

可行四要素

台湾学者林水波和张世贤在《公共政策》一书中提出政策方案的可行性评估应考虑四个层次的内容，即适当、可能、可行和实验。所谓适当，就是要考虑政策方案是否符合政策相关人员的心理感受，是否合乎社会的基本价值理念，是否合乎社会的政治文化，是否合乎历史传统，出台的时机是否合适等。所谓可能，就是要考虑政策制定和实施的政策资源、政府能力、社会共识和国际环境等因素。所谓可行，就是要从政治、法律、经济和技术等方面考虑政策实施的可行性。所谓实验，就是要对政策方案进行小范围的验证。

6.3.4 政策方案的选择

决策是一种面向未来的活动，而未来会出现多种可能性。当人们能够运用一些方法预知这些可能性时，就可以根据现有条件进行选择，并努力使这种选择成为现实。决策过程实质上就是选择的过程，选择性是决策过程最重要的特性。

在实际的决策过程中，人们往往很难在政策方案的设计与选择之间划出一个明确的界限。设计本身就包含着选择，决策行为是一个不间断的选择过程。西蒙认为，任何细微行为的决策，必然涉及更广泛的决策。例如，一个人迈步前行是为了到邮局去，到邮局是为了寄信，寄信是为了向某人传递信息，传递信息是为了使某人有所行动等等，每一项决策都包含着目标的选择和行动的选择，而这种选择可能又是其他一些选择的中介。从这个意义上讲，政策方案的选择并非只是始于方案的选择阶段。

1. 方案选择的主要环节

（1）确定标准。

确定标准即确定一套对方案进行优选的价值准则，比如符合国家和社会的总体战略、最大限度地实现公平目标、尽可能少地消耗政策资源、尽可能地降低实现政策目标的风险、尽量减小方案实施所产生的副作用。由于政策对象和内容本身的复杂多变，一项具体的政策方案往往很难同时满足上述标准，因而实践中经常采用的方式是关注重要目标，提出满意标准，遵循有限理性的原则，选择次优方案。

（2）比较性分析。

所谓选择，就是在对备选方案进行分析的基础上择优。一般来讲，只有做好分析工作，才容易对政策方案进行比较和鉴别，并能够根据政策目标对方案优劣作出判断。选择总会面临困惑，择优就是要在困惑中进行决断。这里需要说明的是，择优有时候还表现为一种综合的活动，即以一个较好的政策方案为蓝本，吸取其他一些方案的长处，创新出一个更为满意的政策方案。谈到选择，不能不提“布里丹毛驴效应”，人们习惯于把决策过程中犹豫不定、迟疑不决的现象称为“布里丹毛驴效应”。法国哲学家布里丹曾养过一头小毛驴，他每天都向附近的农民买一堆草料来喂这头小毛驴。这天，送草的农民出于对哲学家的景仰，额外多送了一堆草料，放在旁边。这下子，毛驴站在两堆数量、质量和与它的距离完全相等的干草之间，可是为难坏了。它虽然享有充分的选择自由，但由于两堆干草价值相等，客观上无法分辨优劣，于是它左看看，右瞅瞅，始终也无法分清究竟选择哪一堆好。于是，这头可怜的的毛驴就这样站在原地，犹犹豫豫，来回考虑，最后在无所适从中活活地饿死了。

两垛干草的绝对平衡使这头驴子进退两难。从决策思维的角度来说，当几种选择方案具有同等的吸引力时，它本应当是最容易作出决定的。因为无论选中哪一个都会带来愉快的结果。但是为什么作出这样的决定又是如此艰难呢？问题就在于决策者不得不放弃一个很有吸引力的选择。换句话说，驴子的问题出在任何一堆诱人的干草它都不肯放弃。一般来说，一旦决策者知道自己将获得某种利益或某样东西时，方案的吸引力就会递减，而一旦要放弃某种利益或某样东西时，方案的吸引力就会递增，选择的烦恼会带来很大的心理压力。“布里丹毛驴效应”直接体现了这个问题的本质。

一个古老的二难选择题：救妻子，还是救母亲？

恋爱中的女人常常半开玩笑地问自己的男朋友：“如果有一天我和你妈同时落水了，

你是救我，还是救你妈?”男友茫然不知所措。同样的玩笑也常常发生在妻子与丈夫之间。这虽然是个玩笑，但如果发生在现实中则是严肃的决策问题。从决策角度而言，先救谁后救谁基于的是价值判断，难有标准的答案。但必须说明的是，决策通常会把现有资源假定为有限和固定的，若决策者面临多项方案或多重目标的选择，那么就必须有所取舍。换句话说，选取某项方案或追求某种目标，就必须舍弃其他方案或牺牲其他目标。一般而言，没有区别就没有选择，没有选择就不需要决策，决策最基本的原则就是两利相权取其重，两害相权取其轻。源于经济学的取舍理论对管理决策不无启发。从静态角度观察，任何一个决策目标都会有其机会成本（为获得完成某一目标的机会就必须放弃以同样资源达成其他目标的机会），这在经济学研究中是一个不争的事实。

2. 达成共识的途径

在政策方案的选择过程中，我们经常会看到，尽管对备选方案进行了上述分析，最终的方案选择也并不一定就能水到渠成。决策者往往会存在意见的不一致甚至严重的分歧。因此，在方案优选的最后一步，决策者还面临着对方案的最终抉择达成共识的工作。方案优选过程中决策者达成共识的途径通常有三种，即交换、说服和强制。

（1）交换。

公共政策说到底是政府为了解决和协调公众利益矛盾而制定的行为准则。因此，政府决策过程就是形成一定的规则并使公众利益得以平衡的过程。要形成大家能普遍接受的规则，交换是主要手段与形式。决策中的交换是以利益差别为基础的，它是一种利益上的交易。交换表现为决策中两个或两个以上的决策者彼此调整立场和态度，以适应对方的某种利益需要，从而达成使各方都获益的协议行为。决策中的交换必须具备一些基本前提、决策的各方都拥有一定的能使对方得到利益满足的资源、决策的各方都愿意通过谈判来解决问题、决策的各方都愿意遵守最终达成的协议。

（2）说服。

说服是指某一决策主体以另一决策主体为对象，试图证明自己在选择某一决策方案上所采取的立场、态度的正确性与合理性，从而要求对方给予理解和支持的行为。说服也是方案优选中达成共识的常用手段。说服不同于交换的地方在于，主动说服的一方不会改变原有的立场、价值和利益，只是要求被说服的一方相信自己，并理解和支持自己。交换则是双方为了达成协议，都采取某种妥协，以自己的利益让步换回对方让出的利益。

（3）强制。

在政策决定中还常常使用强制的方式。强制是某些决策者利用手中控制的权力、物质及其他优势，在优选政策方案时迫使与自己利益不一致的决策者放弃原先所持的价值、立场、态度的行为。政策决定中的强制往往通过命令和威胁两种具体方法来实施。命令就是处于优势地位的决策者要求另一些决策者服从自己的选择，接受自己确定的立场和态度；威胁则是让对方知道不服从将失去更多的利益，从而迫使对方转向服从。

交换、说服和强制这三种共识形成途径既有区别又有联系，在实践中常常交叉、混合使用。

谈判三部曲

谈判实际上就是进行利益沟通，其三部曲为我们掌握谈判进程提供了可以遵循的基本框架。毫无疑问，申明利益可以使我们了解谈判双方的各自需求，创造价值可以使我们达到双赢的目的，克服障碍可以使我们顺利达成协议。一个广为流传的小故事能够帮助我们真正理解三部曲的内在含义。

有一位老妇人把一个橙子给了邻居的两个孩子。这两个孩子便为如何分这个橙子开始了讨论。两个人经过争执最终达成一致，由一个孩子来切橙子，而另一个孩子首先选橙子。结果，这两个孩子按照商定的办法各自取得了一半的橙子，然后高高兴兴地拿回家去了。第一个孩子把半个橙子拿回家，把皮剥掉扔进了垃圾桶，把果肉放进榨汁机打果汁喝。另一个孩子回到家里，把果肉挖掉扔进了垃圾桶，把橙子皮留下来磨碎了，让妈妈混在面粉里烤蛋糕吃。从上面的情形可以看出，虽然两个孩子各自拿到了看似公平的一半橙子，然而，他们各自得到的东西却没有物尽其用。这说明，他们在事先并未做好沟通，也就是两个孩子并没有申明各自利益所在（申明利益），由此导致双方盲目追求形式上的公平，失去了实质上的效率。结果，双方各自的利益并未实现最大化。试想，如果两个孩子能够充分交流各自所需，或许两个孩子会想办法将果皮和果肉分开，一个拿着果肉去榨汁喝，另一个拿着橙子皮去做蛋糕。还有一种情况是，恰恰有一个孩子既想要用橙子皮做蛋糕，又想喝橙汁。这时，如何成功创造价值就显得非常重要了。结果，想要整个橙子的孩子提议可以将其他的问题拿出来一块儿谈。他说："如果把这个橙子全给我，你上次欠我的棒棒糖就不用还了。"其实，他的牙齿被蛀得一塌糊涂，父母上星期就不让他吃糖了。另一个孩子想了想，很快就答应了，因为他刚刚从父母那儿要了五块钱，准备买糖还债。现在他可以用这五块钱去打游戏了，才不在乎什么酸溜溜的橙汁呢。两个孩子的谈判思考过程实际上就是不断沟通、不断创造价值的过程。双方在寻求自己利益最大化的同时，也满足了对方利益最大化的需求。

3. 分析麻痹：选择不是越多越好

从决策角度而言，有选择比没选择好，选择多比选择少好，这几乎成了人们生活中的常识。但实际情况并非如此。美国斯坦福大学的心理学教授马克·莱珀（Mark Lepper）和哥伦比亚大学商学院教授希娜·延加（Sheena Iyengar）共同进行的研究表明：选项愈多反而更可能造成负面结果。他们曾经做了一系列实验，其中有一个是让一组被测试者在6种巧克力中选择，而另一组只有2种巧克力可供选择，结果第一组中有更多人感到所选的巧克力不大好吃，对自己的选择感到有点后悔。

另一个实验是品尝果酱，研究发现，如果让消费者选择是在6种果酱中挑一种，还是在24种果酱中挑一种时，人们都愿意有更多的选择。可是结果发现，在6种果酱中选择的人作出的购买决定，是在24种果酱中选择的人的10倍。该实验是在加州斯坦福大学附近的一个以食品种类繁多闻名的超市进行的。工作人员在超市里设置了2个试吃摊，一个有6种口味的果酱，另一个有24种口味的果酱。结果显示有24种口味的摊位吸引的顾客较多：242位经过的客人中，60％会停下来试吃，而260位经过6种口味的摊位的客人中，停下来试吃的只有其中的40％。不过最终的结果却出乎人们意料：在有6种口味的摊位前停下的顾客中的30％都至少买了一瓶果酱，而在有24种口味摊位的试吃者中只有3％的人购买了果酱。看来选项过多也不见得是一件好事，它会使人们陷入游移不定的状态。

如果不是买果酱这样的简单消费，而是投资可以使人们获得收益的事件呢？研究发现，这种情况下人们的表现并没有好太多。过多的选择使人们变得保守，不愿意为极可能获得的收益冒点风险。这种情况下人们可能采取一种简化策略，要么随便选一种，要么什么都不选。

比如，美国科学家曾进行过一项关于退休基金选择情况的研究。在美国，由于有政策的支持，选择参与这样的基金基本上都是有利可图的，不参加就相当于把到手的钱白白扔掉。研究者考察了647个公司共80万名员工的退休基金选择情况，结果发现，当公司提供选择的退休基金只有2种的时候，有75％的员工选择了参与，而当提供的选择有59种时，参加的比例就只有60％了。选择多了，似乎人们在有利益的事情上反而糊涂了。

猫与狐狸

《伊索寓言》里有一篇讲猫和狐狸的故事，说的也是分析麻痹的现象。猫在树林里碰巧遇到狐狸。猫认为狐狸不仅聪明而且富有经验，所以对狐狸表现得无比尊敬，主动地问好。但狐狸表现得非常傲慢，爱答不理地说："你竟敢跟我打招呼，给我说说你有多少本事？"

"我只会一手。"猫谦虚地回答。

"那是什么？"狐狸问道。

"当猎狗追我的时候，我可以爬到一棵树上去保护我自己。"

"就这个吗？"狐狸不屑地说。"我真为你感到遗憾。我可掌握有一百多种逃跑的技巧。"

就在这时，一个猎人过来了，他带着四条猎狗。那只猫灵活地爬上了旁边的一棵树，稳稳地坐在上面，树枝和树叶成为它很好的掩护。

"快快解开你的锦囊袋，快快想想逃跑的办法。"猫急得在树上冲狐狸大喊，可是已经来不及了，猎狗已经咬住了狐狸，动作非常地迅速，没有给狐狸留下任何逃跑的机会。

"哎呀，可怜的狐狸，"猫在树上大声叫道，"你的悲剧可能就是源于有太多的技巧，如果你能像我一样只有爬树的技巧，你就不会在选择中犹豫，你也就不会丢掉性命。"

4. 非确定型决策的原则性方法

对于风险型决策当然可以依据直接后果期望值准则进行概率估算和统计分析，但对于非确定型决策来说，则因无概率可依，而不可能运用概率统计方法。只能从乐观原则、悲观原则、乐观系数原则、等可能性原则和后悔值原则等原则中视情况择其一作为决策依据。

（1）乐观原则（大中取大原则）。

决策者对未来持乐观态度，认为未来会出现最佳的自然状态，无论采用何种方案均可能取得该方案的最好结果，决策时要首先确定各个方案在最佳自然状态下的收益值，然后对其进行比较，选择在最佳自然状态下能够带来最佳收益的方案。这种原则也被人们称为“最佳收益值原则”或“大中取大原则”。

（2）悲观原则（小中取大原则）。

与乐观原则相反，决策者对未来持悲观态度，认为未来会出现最差的自然状态，无论采用何种方案均可能取得该方案的最小收益值（底线），决策时要首先确定各个方案在最差自然状态下的相应收益值，然后对其进行比较，选择在最差自然状态下能够带来最多收益的方案。这种原则也被人们称为“小中取大原则”。悲观原则虽是一种保守策略，但不一定就不好。有时出于降低风险的考虑，决策中不得不采取这样的策略，以在最不利的情况下取得最有利的决策结果。差中择优有时也不失为上策。

如何抉择?

假设你面对两个赌局。第一个赌局，你输 10 元和赢 100 元的机会各是 1/2。第二个赌局，你有一半机会输 1 000 元，一半机会赢 10 000 元。现在你必须二者取一，你选哪个赌局?

这两个赌局，单纯从期望值看，第二个赌局的均值为 5 500 元，显然优于第一个赌局。但是，假如你担不起输钱的风险，那么对你最好的选择，便是输钱较少的那个，即第一个赌局。在决策理论中，担不起风险条件下的最佳决策准则，叫作“小中取大原则”。用在这里，便是将每个赌局的最坏情况列出来，即赌局一输 10 元、赌局二输 1 000 元，然后从这些最坏情况中，选出一个最不坏的来，即赌局一输 10 元。于是，赌局一便成为符合“小中取大原则”的最佳决策。

（3）乐观系数原则。

乐观系数原则由数学家赫威茨提出，故又称赫威茨法则。他主张，在一般性决策中，最好和最差的自然状态都有可能出现，决策者对未来事物应有一种折中的考虑，不可盲目乐观，也不能盲目悲观。因此，可以根据决策者的估计和判断赋予最好的自然状态一个乐观权值系数 α [0，1]，相应赋予最差自然状态一个悲观权值系数 $1-\alpha$，用 α 和 $1-\alpha$ 表示最佳状态和最差状态下的权重，以此求出各个方案的损益加权值。即：

$$(\text{损益加权值})=\alpha(\text{最佳状态下的收益值})+(1-\alpha)(\text{最差状态下的收益值})$$

然后，比较各个方案的损益加权平均值并据此作出选择。当 $\alpha>0.5$ 时，趋于乐观原则；当$\alpha<0.5$时，趋于悲观原则。

（4）等可能性原则（Laplace法则）。

当决策者不能确定哪一种自然状态的发生概率更大时，他可以先假定每种自然状态的发生概率都相等，并据此计算各种方案的期望收益值，然后在比较的基础上进行决策。

（5）后悔值原则。

后悔值原则也称萨维奇法则，它是减少决策者后悔程度的有效策略。由于自然状态存在不确定性，在决策实施后决策者很可能会感到，如果采用了其他的方案将会取得更好的收益。为了减少这类机会损失，决策时就可采用后悔值原则。根据这个原则，每种自然状态下各个方案的最高收益值被视作理想值。找到理想值后，再将每种方案的其他收益值与其理想值之差作为理想目标的后悔值。决策者采取的是追求最小后悔值的观念，首先选取各项方案中的最大后悔值，然后再对每种方案的最大后悔值进行比较，取其最小者作为最终决策方案。

以上我们介绍了政策规划的四个阶段，需要提醒大家注意的是，实际的政策规划过程并不是一个单向直行系统，而是一个多向多阶段的反馈系统。在系统运转过程中，当某一步骤出现问题时，就会跳回到前项步骤，或直接返回到起点，通过不断反馈、调整，规划出最终政策。

6.4 群体决策

一个赶驴车的人，可以稳稳地坐在车上在乡村小路上缓缓而行，不用担心自己判断的失误，因为他有充裕的时间和机会调整自己的行为。一个汽车驾驶员，当他在高速公路上驾车前行时，就难以像赶驴车的人那样悠然自得，他必须全神贯注，迅速对发生的情况作出反应，因为稍不留神，就可能造成车毁人亡的严重事故。而一个飞行员，当他驾驶飞机的时候，单靠个人收集信息已远远不够，他不单要借助大量的仪器仪表，而且还要得到地面指挥系统的帮助，否则就难以作出正确的判断。这说明，现代科技的发展要求人类的决策活动加快步伐，加强合作，以适应现代社会复杂多变的决策环境。

6.4.1 群体决策的含义及利弊

决策行为仅仅被认为是一种领导的使命，这已经是一种较为陈腐的观念。看一看我们周围各式各样组织的实际决策情况，你就会发现纯粹由领导个人作出比较重要或比较完善的决策的情况几乎已经不存在了，而是代之以不同形式的领导群体决策和群体参与决策。因此，我们讨论群体决策包括这两方面的内容。

群体决策包括“领导群体决策”和“群体参与决策”两种形式。所谓领导群体决策不是指领导个人拍板决策，而是指一个领导集体共同进行决策，也就是通常所说的最高管理层的决策集团在一起拍板。此时，决策代表了领导集体共同的意志。群体参与决策则是指较低层次的群体成员参与较高层次决策的情况。集中表现在群体成员参与领导决策的过程，并对决策的形式、内容和执行施加影响。这里，组织中不同层次的领寻参与较高层次的领导决策也体现了群体参与决策的特点。

无论是领导群体决策，还是不同水平的群体参与决策都具有群体决策的共同特征。

就其有利的特征而言，群体决策能够集思广益，集中更多、更全面的知识、技能和信息。因此，它可以为解决问题提供较多的处理意见和可供选择的决策方案。同时，群体成员在决策过程中，伴随着满意度的增加，会表现出对决策的支持，从而使之易于执行。此外，群体决策是组织中很重要的沟通形式，通过群体决策可以加强组织中不同水平的沟通，促进人际关系的发展，增强组织的凝聚力。

但是，群体决策也有其不利的一面。第一，群体决策的工作进程较慢，需要比领导个人决策更长的时间。第二，在群体沟通遇到障碍时，个人意见往往会受到某种因素的压制，使个人的创新思想和建设性意见不能够很好地表达出来。特别是在一些不善于进行群体决策的组织中更是如此。第三，因为决策的结果是由集体负责，所以决策群体易出现极化现象。这种极化现象表现为冒险或保守两个方向的极化。第四，群体决策时会出现利益的不同、观点的冲突、个人的成见和情绪化行为等，造成不必要的内耗和人力的浪费，从而导致人为的决策障碍。第五，有时表面上是群体决策，但事实上，决策仍是由某个领导或小集团控制。此时，表现为名义上的群体决策，实际上的个人拍板。其结果可能会伤害参与决策的其他成员的感情。第六，一旦决策失误，责任需由集体承担，从而掩盖了个人的过失。这是一种极不应该出现的情况。但是，日常工作中，以此逃避责任的现象可以说是屡见不鲜。第七，当组织不具备群体决策的条件时，如组织成员素质较低、缺少必要的决策技能以及缺乏健全的决策程序等，一旦采取群体决策形式，往往会带来非常不利的结果。第八，把群体决策作为激励的一种手段，这样做并不明智。在多数情况下，激励只是群体决策的附加价值，并不是群体决策的目标所在。第九，在决策目标和问题情境不清楚时，不要采取群体决策。此时，如采取群体决策往往会把本来就不确定的事情搞得更加复杂。

综上所述，群体决策既有有利的一面，又有不利的一面，而且在执行过程中其复杂程度会超出我们这里的讨论。比较群体决策和领导个人决策，二者的利弊是互相补充的。属于群体决策的有利因素，可能就是领导个人决策的不足，而群体决策的不利情况，正是领导个人决策的优势所在。当然，这也不是绝对的，究竟哪种决策有利，要视具体情况而定。很多人认为，群体决策代表了集体的智慧、汇集了决策的不同意见，可以在比较中选出最佳的决策方案，明显优于领导个人决策。但是，由于群体决策还有许多不利因素（这与常识的判断相矛盾），所以其作用要低于我们对它的认识和理解。因此，进行群体决策要具备相应的条件，否则，会导致不利的决策结果。

6.4.2 “冒险转移”理论

“冒险转移”理论是由美国学者斯托尔于 20 世纪 60 年代提出的一种决策理论，随后科根等人在此基础上进行了一系列实证研究，发展了这种理论。

出于传统和习惯，一般人都会觉得，群体决策较之个人决策而言，会更趋向于谨慎和保守。但斯托尔、科根等人却认为，群体决策往往比个人决策具有更大的冒险性，之所以会出现这样一种现象，主要有以下几个方面的原因。

(1) 责任分散。毫无疑问，每一种带有风险的决策都与一定的责任相联系，风险越大，失败的概率就越高，且决策者所要承担的责任就越大。如果这种情形发生在个人决策中，那么由于决策者顾虑到所负责任的重大，一般不会贸然行事去追求高风险的决策，从而能够保持良好的自我警觉。但在群体决策中情况就不是这样了，由于有关决策后果的责任可以让全体成员集体承担，从而减轻了个人的顾虑程度和责任意识，于是更趋向于作出风险较大的决策。

(2) 领导者的作用。在决策群体中，颇具影响力的领导者常常为了表现自己“过人的才能”而作出高风险的选择，并力图找出各种理由为这种选择的可行性进行辩护，且希望群体中的其他成员能够对其决策作出支持的论证。这样，领导者个人的冒险意愿很可能就会被群体成员接受并通过，从而导致群体作出冒险性决策。

(3) 社会比较的作用。因虚荣心的驱使，害怕别人视自己为胆小怯懦，所以群体成员往往会提出较个人单独决策时更具冒险性的方案。由于这种行为会造成有害的人际比较，从而会导致群体内部程度叠加的心理反应，形成群体决策的更大冒险性。

总之，斯托尔、科根等人通过个人决策与群体决策的比较，提出了冒险转移模式，认为群体决策带有更大的冒险性。尽管他们的观点在决策实践的许多情形中得到了一定的验证，但是，冒险转移并不是绝对的规律，有些决策群体反而更具有保守转移的倾向。因此，要清楚地认识群体的决策行为，更需要结合实际情况具体分析。

“冒险转移”现象

一个人得了心脏病，无疑做手术会改进他的身体状况，但这样的手术当然是有风险的，手术失败后可能会造成很严重的后果。研究人员请了一些测试者分别给这位患者提一个建议，请他们在如下的手术成功率中作出自己的选择：10%、30%、50%、70%、90%。测试者在选择时平均认为，成功率在50%时可以接受手术。

现在，找7个人来一起讨论，要求他们给患者一个集体的建议，情况会怎样呢？经过小组讨论，最后被试者给病人的建议是，有30%的成功率就可以动手术。这等于风险率增加到了70%，出现了集体冒险现象。这在行为学或者管理学中被称为“冒险转移”现象。

6.4.3 群体决策的择案规则

群体决策或其他方面的公共选择，通常都是为了得到一个有效的结果，即能够作出最终的选择。俗话说“无规矩不成方圆”，群体决策是多人的选择，没有规则就难有结果。家庭议事如此，组织决策也是这样。所谓择案规则就是决策群体选定最终政策方案的程序和方法，它的确定对最终选择有着非常大的影响，就同一个组织而言，运用不同的择案规则很可能会导致完全不同的选择结果。以下是一些可供选择的择案规则。

1. 一票否决规则

一票否决规则即全体一致规则，指决策群体所有成员必须意见完全一致才可最终选定某个备择方案，如果有任何人持不同意见，方案就不能通过。现实中有很多这样的实例，如联合国安理会在形成决议时，必须以常任理事国一致同意为前提条件。

全体一致规则表现出以下两点特征：(1) 决策者平等分享决策权；(2) 决策者中没有人因最终的方案选择而利益受损，即决策者都能由此获得一定的收益。尽管全体一致规则从公平角度而言具有很多诱人之处，但它绝非应用广泛的择案形式。这主要还是因为其中存在着“讨价还价”的难题。

从理论上讲，大家共同受益，双赢或都赢并非是不可实现的。但从现实角度看，由于人们的价值取向、兴趣爱好、利益预期是多种多样的，所以要达到一个使大家都满意、利益互不损害的“最优”方案是非常难的，甚至是不可能的。实际上大家不得不一而再，再而三地进行讨价还价，一次性协商就能解决问题的情况是极少出现的。因而，人们往往为了最终的选择赔上了时间、精力、物质和金钱，这种损失有可能超出他们从该方案中所能获得的收益，由此导致了许多“无奈的选择”和决策活动中的“策略行为”。

可以假定甲乙两人在一致同意的前提下选择了 A 方案，各自的预期收益为 M_1 和 M_2，此时，M_1 应该等于 M_2，且二者皆大于零，但从“理性经济人”的假设出发，甲可能并不满足于 M_1 等于 M_2，而是希望 M_1 能够大于 M_2，所以他很可能会实施一定的“策略行为”，如以否决 A 方案的做法（使甲乙皆无所获）来胁迫乙作出让步，使 A 方案作出有利于甲的修改。如此，参与决策的双方会把更多的精力放在试探对方的虚实上，为此不断地进行讨价还价，最终的选择往往取决于两人讨价还价能力的强弱。①

显然，全体一致并不排斥这样一种可能，即决策者根据自己对选择结果的预期判断，认定其完全合乎自己的利益要求，但为了回避可能出现的风险，他可能就会采用诸如“弃权”之类不明显阻挠决策的行为，从而既逃避应承担的政策成本和相关的责任风险，又在政策实施活动中坐享其成。这显然是一种“搭便车”的投机行为或“策略行为”。这种情况在群体决策中并不少见，它表明“一票否决”的做法并不能避免“搭便车”的现象。

此外，一票否决的择案规则只是在重大决策问题上使用，如果什么决策都采用一票否决，那一票否决的规则反倒没有什么意义了。

2. 多数规则

多数规则即少数服从多数规则，以多数票通过中选方案的择案规则。既然全体一致在很多情况下难以做到，那么就只能退而求其次，采用多数票制以最大限度地照顾多数人的利益。多数票制最普通的形式就是“简单多数方法”，简单多数是指在多项方案的表决中，哪一项方案得到的赞成票最多，哪一项方案就获得通过。这是使用最广泛、程序最简单、最易被人接受的表决方法。有时候即使没有成文的规定，大家也会约定俗成地这样去做。就开关性选择（从两个备选方案中选定一个方案）而言，情况比较简单，决策组成员应为奇数，以多数人意见为准。若备选方案不止两个，而是三个甚至更多，那么情况就会复杂一些。比如决策组成员有 11 个人，其中 5 人选择方案 A，4 人选择方案 B，2 人选择方案 C，按简单多数原则当然就该选择方案 A，但实际上有 6 个人并未选择这个方案。如果得票最多的方案获得的赞成票数没有超过总票数的一半，我们称之为“相对多数”；如果得

① 参见［美］丹尼斯·缪勒：《公共选择》，26 页，北京，商务印书馆，1992。

票数最多的方案获得的赞成票数超过总票数的一半，则是“绝对多数”的某种情形。要以“绝对多数”通过方案就必须对具体的比例作出明确的规定，如要求达到 1/2 或 2/3 或 3/4 的多数等。如果在第一轮投票中没有任何方案超过“绝对多数”的相关规定，则可以在两个得票最多的备选方案之间增加一次新的表决，票数领先者获胜。这是多数表决的修正方法。

3. 两两对比规则

这是另外一种多数决定的方法，常被称为“两两对比法”或“成对表决法”。它是由法国数学家孔多塞首先提出的，指对所有的备选方案都进行成对的比较，即先表决两个方案，获得群体成员过半数赞成票的方案再同余下的方案进行成对比较，依次表决直至得出最终结果。例如，有 A、B、C 三个备选方案，由甲、乙、丙三人组成的决策群体对之进行成对表决，如果甲和丙认为 B 优于 A，那么 A 就会被放弃，留下 B 与 C 进行比较，如果甲和乙认为 B 优于 C，那么 B 就获得了最终通过。

4. 偏好次序表决规则

偏好次序表决规则即首先给每个备选方案按照偏好次序依次排列打分，然后计算各个方案的总分，得最高分数者胜出。

这种多数决定的方法也被称为“偏好次序表决法”，即先由各成员对备选方案标明其偏好，然后由群体运用加权计算法（考虑到决策群体成员在职权、责任、作用和影响等方面的差别，通常在对偏好函数进行综合的过程中要对各人的意见赋予不同的权数，这便是加权综合的要求。各成员的相对权数，一般可采用自我评定法、群体评定法或绩效评定法来确定）排出各方案的优劣顺序，并作出最后的选择。表示群体成员偏好的形式有如下两种。

（1）偏好程度。各成员可以在一定度量区间内（如 0～1，0～10，0～100 等）选择某一尺度，来表示其对某个备选方案的偏好程度。为了消除因个人的度量区间不同对群体偏好函数的影响，必须在同一决策场合采用标准化的度量区间。

（2）偏好顺序。在实际工作中，并非总是能用量来表示群体成员的偏好，许多时候只能用群体成员对备选方案的偏好序来替代。假定某一决策场合有 n 个备选方案群体成员在标明它们的优劣顺序时，可以给第一位的方案（$n-1$）分，给第二位的方案（$n-2$）分，以此类推，排在最后的方案得 0 分。然后把每个方案的得分分别汇总，得分最多的方案即被选定。这种决定方法源自法国数学家博尔达，所以也被称为博尔达程序或博尔达计数。

5. 赞成投票规则

这是由布拉姆斯和菲什伯恩于 1982 年提出的一种表决方法，这种方法也被称为“同意表决法”，即先由群体成员对所有他认为可以接受的方案投赞成票，得票最多的备选方案即可中选。这种方法尽管简单，但它通过忽略各成员偏好次序的具体信息而获得了群体偏好次序的综合信息，因此能够对群体意见作出敏感反应，从而有效地避免了自相矛盾情况的出现。赞成投票制还可以反向应用，程序依旧，即先由群体成员对所有他们认为可以接受的方案投赞成票，没有得票或得票最少的备选方案即遭淘汰，然后投票继续一轮轮进行，这样做比较慎重，开始领先的方案不一定最后胜出。

6. 淘汰投票规则

这也是在择案实践中逐渐总结出来的一种行之有效的表决方法。这种方法也被称为

“否定表决法”，即先由群体成员对所有他认为可以舍弃的方案投反对票，得票最多的备选方案即被淘汰。否定表决依次进行，直至剩下最后一个备选方案。这种方法使用极为普遍。

7. 正负表决规则

正负表决规则即可以对某一备选方案或者投一赞成票或者投一反对票，但二者只可择其一，没有折中方式。每一个备选方案的正负之和就是净余票，净余票最多者获得通过。这种表决方法将迫使决策者以积极态度参与表决，防止“事不关己，高高挂起”的不负责任的态度，避免“三手现象”（到会时握手，表决时举手，议案通过时拍手）。同时，还可避免使那些不太受欢迎也不太被反对的备选方案得到通过。当然，采用正负表决规则时，最好能够设立一个最低限度（别都是负数），要求超过这一下限的方案才能最后获得通过。

8. 等级决定规则

这种择案规则也可采用多种形式，最常见的办法是先由群体成员对备选方案进行分析讨论，大家充分交换信息，然后在此基础上由群体中的一个成员（通常是群体的领导者）负责最后拍板。此外，还可采取一种极端化的“独裁制”方法，即由某个成员（独裁者）代表群体作出最终决策。

我国的行政首长负责制就是等级决定规则的一种表现。尽管行政决策与其他行政行为相比，在程序上具有更多的民主参与性和更大的开放性，但其所表现出的本质特征仍属于行政程序，因而与国家权力机关的立法程序具有明显的区别，带有非常明显的“行政色彩”。行政决策遵循首长负责制的规则，无论其程序引入多少民主参与和透明开放的因素，最终仍受制于行政首长个人的一些因素，其心理、行为、知识、经验等对决策结果有至关重要的影响。行政首长对行政决策具有“一票否决”的权力，而国家权力机关的立法遵循的是“少数服从多数”的择案规则。行政决策所表现出的这种程序特征充分反映出“行政性”与“立法性”的本质区别。

本章小结

本章重点阐述政策规划的相关内容。通过本章的学习，应该明确政策规划的基本原则，理解思维的不同方法，熟悉政策规划的基本程序，掌握目标设定、方案开发、结果预测和择优选择的一般方法，认识群体决策的特征和作用，了解群体决策的择案规则。

关键词

政策规划　经验思维　逻辑思维　直觉思维　创新思维　思维定式　逆向思维　头脑风暴法　综摄法　垃圾箱理论　零起点方法　NM 法　等价变换法　角色互换法　价值前提　事实前提　专家会议法　德尔菲法　乐观原则　悲观原则　“冒险转移”理论　多数规则

思考题

1. 政策规划有哪些基本原则？
2. 经验联想与经验迁移有何不同？
3. 什么是思维定式？
4. 什么是头脑风暴法？它有哪些必须要遵循的原则？
5. 事实因素与价值因素有何区别？
6. 政策方案的设计需要把握哪些要点？
7. “方案开发依赖于多元理性”这句话的含义是什么？
8. 什么是德尔菲法？如何应用它？
9. 政策方案的可行性评估包括哪些内容？
10. 群体决策有哪些择案规则？
11. 决策者达成共识的途径有哪些？
12. 选择是越多越好吗？

第 7 章

政策合法化与听证制度

7.1 政策合法化

合法性的概念出自英文“legitimacy”一词，也有一些国内学者将其译为正当性或正统性。韦伯认为，所谓合法性就是促使人们服从某种命令的动机，任何群体和个人服从统治的可能性多源于他们对政治系统合法性的相信程度。韦伯之后的合法性问题研究多承袭了韦伯关于合法性的定义。从目前的共识性认识来看，合法性是指某种政治统治或政治权力以及实施措施能够让被统治群体和个人认为是合理正当的和符合道义的，从而能够加以认可和服从的能力及属性。合法性的概念主要涉及统治主体与统治客体两个方面。就前者而言，合法性意味着一种有效的政治统治所必须具备的性质与功能，即统治主体必须有能力使统治客体认为这种统治是应该服从的，从而从统治客体那里获得最基本的认可和遵从；就后者而言，合法性意味着统治客体基于某种价值判断或思想信念支持某种政治统治或相关措施，并将其视为合理和正当的。政策合法性的概念源自传统合法性的研究，政策作为政治统治的具体表现形式，对其合法性的理解有广义和狭义之分。

7.1.1 广义的政策合法性

从广义角度而言，所谓具有合法性的政策就是能够被公众认可、接受、遵从和推行的政策，而使政策能够逐渐被公众认可、接受、遵从和推行的过程就是政策合法化的过程。任何一项政策都需要经过合法化的过程，否则它就不可能具备合法性特征，也成不了具有真正意义的政策。政策合法性的核心存在于人们内心对政策道义性、正当性和合理性的认可。

政策取得合法性的过程被称为政策合法化。政策学家琼斯在其《公共政策研究导论》一书中把合法化分为两个部分，第一部分是政治系统自身的合法化，第二部分是公共政策的合法化。

根据韦伯的观点，政治系统取得合法性有三种不同的途径：一是依据合法和合理的程序取得政权，如运用民主政治方式通过竞选获取公职；二是依据社会的传统习惯取得政权，如封建王朝子承父业的统治惯例；三是具有超凡魅力的领袖人物取得政权。在取得政权以后，一个政治系统或以法理权威或以传统习惯或以魅力领袖的个人感召力作为其合法性的前提，然后通过引导教育或强迫威胁等手段，使公众养成遵守政府法令的习惯或屈从于政府的权威。只有当一般民众愿意服从和遵守若干他们认为与其利益不符的政府法令时，才能够认为这一政府真正建立了其合法性的基础。

韦伯的研究是从考察合法的权威基础开始的，社会用这种权威来指导其组织和个人的活动。韦伯区分了三种权威类型，即传统型权威、魅力型权威和法理型权威。

韦伯认为，传统权威在前工业社会中居于主导地位，人们之所以服从于统治者，是由于传统习惯的规定使他们觉得只能如此，别无选择。这种社会实质上处于相对静止不变的状态之中，即所谓的超稳定状态。统治者推行的是一种愚民政策，采用的是一种牧羊式的管理方法，不能指望这种社会有重大变革的可能，因为人们对此习以为常，认为本该如此，毫无改变的要求。

那么社会重大变革又是怎么形成的呢？韦伯指出，社会重大变革起源于社会科技的进步和年轻成员的不安定。年轻人有时感性胜于理性，充满大胆的设想，血气方刚、敢作敢为，很有闯劲。由此，传统权威会受到一定的挑战，开始缓慢趋于瓦解。在具有超凡魅力的领袖出现之前，重大的社会变革仍不会发生，但局部性变革已经出现。所谓超凡魅力是一种罕见的领导天赋，它激励着其他成员毫无保留地服从魅力领袖的个人权威（某种意义上的个人迷信）。随着具有超凡魅力的领袖出现，社会及其组织的权威基础就由传统型过渡到魅力型。这些领袖也就当之无愧地成为社会变革的代理人。然而，这些领袖一般都对应用性的社会管理问题不感兴趣，对具体的管理问题和操作层面的问题不怎么注意，更多的是理想化的追求，富有浪漫主义色彩，不会去创立一种组织结构使他发动的变革制度化，尽管在其追随者中存在着对此类问题的高昂激情。因此，对明天将会发生什么事，大家都难以预料，社会具有很大的不稳定性。韦伯尖锐地指出，只要那些具有超凡魅力的领袖执政，社会就会处在“历史的地震带”之中，一般而言，魅力领袖在社会变革后只会经历一个不长时期的统治，继而被他的重要信徒取而代之。尽管魅力领袖对创立一种能使各种活动有条不紊地进行的社会和组织结构漠不关心，但其继任者却热衷于此，他们充满务实精神，力图使重大变革获得持久性。韦伯称这一过程为“超凡魅力的制度化”。由此，第三种权威形式——法理型权威开始出现。在一个官僚组织体系中，上级之所以拥有权威，完全是由于他在等级体系中占据的位置或担负的职务。因此，官僚组织体系是一种与前工业社会中建立的传统组织截然不同的、独特的组织结构。等级是官僚组织最为关键的概念，个人一加入某个组织，他的特定职位也就随之确定。他的直接上级对他拥有指挥的权力，同样，他对自己的下级也拥有这样的权力。由此，在职责和秩序分明的前提条件下，形成了整个等级体系的统一。这种组织与传统组织截然不同，传统组织的典型特征是，不同的阶级出身决定了每个人在社会中可望获得的工作种类和性质。但是，在官僚组织中，关系是非人格化的，它不是根据亲缘关系而是基于效率来支付报酬，其发展最终会导致一个使阶级差别模糊不清的社会。

韦伯具体研究了官僚组织体系诸多方面的内容，其要点如下：法理权威、等级结构、指挥的统一、分明的秩序、专业化倾向、正规的工作说明、工作行为的程式化、一线人员与参谋人员的区分、组织记录的保存，以及职位和责任独立于特定个人意义上的非人格化。

时至今日，韦伯的管理思想仍有非常重要的影响。诚然，官僚组织有其固有的弊端，如过分庞大所带来的效率降低，强调保持记录所引起的烦琐文牍事务等。尽管如此，官僚组织与那种根据出身这种偶然性决定人们地位和身份的组织相比，无疑具有极其显著的优越性。

民选——政治系统获得合法性的有效途径

"选举"是一个古老而常新的话题。从辞源上释义，就是择善者而举之的意思。它作为一种公共行为，属于政治活动的一定范畴。用现代政治学的观点来分析，选举必须具备公认的规则及程序形式，其实质是公民主权的实施过程。

"选举"一词在中国出现得很早，不过中国古代的所谓"选举"（无论是"选士"还是"选官"）与现代的"选举"截然不同。它实际上是一种居高临下的"选拔"，而非自下而上的"选举"，其实质是统治阶级"治权"的实施过程，并不代表下层百姓的意愿。因此，中国古代官僚两眼朝天、唯上而行也就不足为奇了。

扩大选举权，在近代，是新兴资产阶级同封建贵族势力斗争的产物，在现代，既是政府寻求民众认可以获得合法性的有效途径，又是民众参与政治扩大发言权的具体表现，其最佳形态便是普选权的彻底实现。普选权的贯彻意味着只有公众选举产生的政府才具有合法性。这既是一种政治理念，又是一种政治原则。普选权的确立将奠定现代民主政治的基础。其主要功能在于，周期地通过非暴力的、有序的形式实现公共权力机构的产生、让渡与更迭。作为现代民主政治的一种制度保障机制，它对于维护政治稳定和推动社会发展起着决定性的作用。它不仅是人民主权原则、社会契约原则以及公民平等和自由权利的实现形式，而且是公共权力运作过程中参与机制、竞争机制、制衡机制、纠错机制、法治机制的制动杠杆。从这个意义上讲，选举是民主纵向结构形成的起点。

在西方，取消对选举人的财产、教育程度、种族、性别等资格条件的限制，差不多花费了一个多世纪的时间，直到 20 世纪普选制才陆续建立：北欧各国大体上是在一战后建立了普选制；英国于 1928 年由议会通过《国民参政（男女选举平等）法》；法国于 1944 年实行普选制；意大利于 1945 年实行普选制；美国则是在 1970 年尼克松总统签署了保证黑人选举权的法案后，才算是基本实现了普选制。

选举方式主要分为直接选举和间接选举。虽然一般认为前者比后者更具民主性，但切不可把直接选举误认为是直接民主。纯粹的直接民主是指公众的自我统治，是公众不间断地参与行使公共权力。直接民主根本不需要选举代表，更不需要选举官员，一切事项都由公民全体大会投票决定。投票不等于选举。简单地说，选举并不制定政策，选举只决定由谁来制定政策。不管是直接选举还是间接选举，凡需要选举代表的民主都是间接的民主。

从各国确定的选举制度来看，尽管某些基本原则是普遍适用的，但如何在制度安排中体现这些原则且将其落实于现实的政治生活，尚存在一定的分歧。由此可见，孤立地研究选举不可能得出满意的结论，只有把选举与政治结合起来，才可能使研究深入下去。

政治系统的合法化是公共政策合法化的前提，只有具备合法性的政府才能颁布具有合法性的政策。不仅如此，政策的合法性还需要依照一定的合法性程序，这种程序可以是一套法律规定的程序，也可以是一套基于传统的程序，还可以是领袖人物的指示，但无论采取哪种形式，都必须得到公众的认可和默许，否则，这种程序将被视为非法。

公众对政策的认可和默许、接受与遵行，是政策合法化的必要条件。公众之所以能够对政策认可和遵从并非源于相同的想法，有些情况是出于自愿，有些情况却是出于被迫。有时是因为他们认为政策符合他们的利益需要，有时是因为他们已经养成了遵纪守法的习惯，有时则是因为他们畏惧政府的惩罚措施。当然，公共政策与部分公众的利益出现冲突的情况时有发生，这个时候公共政策的强制性就会发生作用。然而，强制并不是万能的，它有着一定的限度，如果一项政策太过损害公众的利益，到了他们忍无可忍的程度，这项政策就会丧失其约束力，出现政策合法性的危机，进而引起政治系统合法性的危机，导致政局的混乱。

7.1.2 狭义的政策合法性

从狭义角度来讲，主要偏重于从法律角度去解释合法性这一概念。政策合法性包括这样一些内容：合法的决策主体、合法的政策程序以及合法的政策内容。

1. 合法的决策主体

决策组织的组建及享有的权力是宪法和法律规定的，是由国家权力机关或上级国家行政机关授予的。一般而言，主要从六个方面考察决策主体的合法性。

（1）管理职能。管理职能是组建机构的前提，也是行使相应权力的根据。基本职能确定之后还需要进行层层分解，逐级落实到部门和个人。

（2）机构设置。依据管理职能及其目标定位，设置一定的组织机构及其相应的职位。其关键是纵向设多少层次、横向设多少部门，并要考虑沟通与协调及其对组织效率的影响。

（3）人员组合。根据职位的职责及任职条件，配备素质与能力基本相称的人员，同时还需要考虑群体结构因素。

（4）权责体系。要明确权力与责任。权责不明必然导致混乱，如权责有可能发生交叉，此时应明确以谁为主。

（5）组织经费。这是行使权力、履行职责的物质基础。机构没有充足的经费，不仅无从购置必备的办公设备和其他设施，而且难以吸收优秀的人才。

（6）运行规则。“无规矩不成方圆”，组织的生存与发展必须有制度做保证。组织的运行过程要做到有序、有效，就需要有组织规章的约束。

2. 合法的政策程序

程序之所以重要，主要因为它是规范决策组织行为的有效途径。如果没有程序做保证，公共政策的制定就很有可能演变成随机性行为，使个人或少数人的意愿凌驾于组织目标之上，个人行为代替组织行为，这绝不是什么好的现象。从实质合理的角度而言，我们并不否认政治家能够作出英明的个人决断。但如果我们完全将希望寄托于决策者个人的英明伟大、道德高尚、行为自律和大公无私，那是非常不可靠的，历史的经验证明了这一点。所以我们需要对程序作出必要的规范，使之符合法律的要求，以更多、更好、更完善的形式合理地去抑制可能会产生的实质的不合理。

许多国家还专门制定了涉及决策程序的相关法律，如审查制度、听证制度等。在政策实践的发展过程中，人们越来越达成一种共识：现代社会的公共政策制定，需要合理合法的程序。政策符合法定的程序，但实际效果欠佳，那是决策机构的能力问题，而政策违反法定程序，即使它效果不错，也容易引起合法性冲突，那就是法律问题了。在多数情况下，程序不合法必然会牵涉到决策者的政治道德和法律惩处问题。不管效果怎样，都为法律所不容。能力问题可以谅解，但性质问题就不能够原谅了。一些决策者在政策制定过程中违反法定程序，即使他们的动机是好的，完全是出于公心的，但法的刚性是不容动摇的，他们必须受到法律的制裁。虽然他们的行为得到了一部分人的同情与宽恕，但法律是不讲感情的。

3. 合法的政策内容

政策内容的合法主要是指政策应与国家宪法和现行法律相一致，在内容上不发生抵触。不仅要符合有关的法律原则，而且要符合法律的具体规定。为了确保做到这一点，不仅需要在决策过程中把备选方案与相关的法律法规相对照，而且需要充分发挥法律性政策机构的审查作用。必要的话，应考虑在政策制定的相关程序中建立专门的法律审查程序。美国式的司法审查制是指，司法机关通过一定的司法程序审查立法机关和行政机关制定的法律、法规，发布的政策、措施，并对其是否违宪作出裁决。但它属于事后进行的审查，多在提起诉讼后才会具体介入。英国的违宪审查是在议院内部完成的，即议院审查自己制定的有关法律法规是否违宪，这虽然是一种事前的审查，但自行审查往往容易引起对审查效果的过多猜疑。一些大陆国家如德国、法国、意大利等都建立了专门的机构——宪法法院或宪法委员会独立行使违宪审查权，它们多采用预防性的审查方式，即在法律法规正式生效之前，作出最终裁决。这些经验都值得我们借鉴。

诚信——政策合法性的基础保证

古罗马执政官普布里乌斯·克奈里乌斯·塔西佗（Publius Cornelius Tacitus）曾经这样谈论执政感受：“当政府不受欢迎的时候，好的政策与坏的政策都会同样地得罪人民。”这个卓越的见解后来成为西方政治学的经典定律之一：“塔西佗陷阱”。“塔西佗陷阱”告诉我们“当一个部门失去公信力时，不论说真话还是假话，做好事还是坏事，都会被认为是说假话，做坏事”。

我国《史记》中曾有商鞅变法中立木为信的一段记载：令（指商鞅变法的条令）既具（已经准备就绪），未布（公布），恐民之不信己，乃（于是）立（竖起）三丈之木于国都市（市场）南门，募（招募）民有能徙（移）置（放）北门者予（给）十金（古代计算货币的单位）。民怪（感到奇怪）之（指代这件事），莫敢徙。复（又）曰：“能徙者予五十金。”有一人徙之，辙（就）予五十金，以明（表明）不欺。卒（终于）下令。“言必信，行必果”，商鞅言出必行，立木为信，得到秦国百姓的信任，因此，新法颁布后得到顺利推行。商鞅变法，使秦国走向了富强，为秦始皇统一中国奠定了坚实的基础。

诚信是政策合法性的基础保证。人无信不立，政无信则亡。时任国务院总理温家宝于 2011 年 2 月 27 日上午在中国政府网、新华网与海内外网民在线交流时强调：“现在影响我们整个社会进步的，我以为最大的是两个方面。一是社会的诚信，二是政府的公信力。这两个方面解决好了，我们社会就会大大向前迈进一步。”政府具有公信力，政策才能有效率；社会具有诚信，经济才能发展。

7.1.3 政策合法化的途径

1. 建立民意调查制度

民意调查，又称为舆论调查，是了解公众舆论倾向的一种社会调查，它通过运用科学的调查与统计方法，如实地反映一定范围内的民众对某个或某些社会问题的态度倾向。就其内容而言，它属于舆论调查范围；就其方法而言，它又属于抽样调查范畴。民意调查自 20 世纪初在美国产生以来，在全球获得了迅速的发展，在政治、经济以及社会管理等领域发挥着重要作用。民意调查的内容主要是被调查者的主观愿望、意见和态度，而不是某种客观存在的社会事实。民意调查能够为政府决策提供重要参考，同时也为科学研究提供有效素材。其局限性主要表现在调查的结果只能反映某种“民意”的倾向性，而不能表明某种民意的是非和对错。

民意调查基本方法主要有：

（1）问卷调查法。

优点：适用于大范围的民意调查；效率高，费用较少；具有匿名效果。

缺点：当使用邮寄方式时，填答率和回收率较低；调查受到被调查者文化水平的限制。

（2）个别访谈法。

优点：回答率和成功率较高，而且不受被调查者文化水平的限制，适应性较广。

缺点：效率低、花费较多；匿名程度低，会影响对一些敏感性问题的回答等。

（3）电话访谈法。

优点：比较方便，效率较高，花费也较少。

缺点：这种方法通常适用于就一两个或少数几个问题征集被调查者的意见，即相对简单的民意调查，不适用于对复杂问题的调查，从而使这种调查方法失去部分代表性。

一般来说，政府的重大政策出台之前都应该委托相关机构进行民意调查，以保证政策赢得民众认可。通过民意调查，不仅可以更多了解民众的真实想法，而且还可以有效宣传政府政策，使其获取国民的理解和支持。但是，仅仅停留于政策公布之前的民意调查是不够的，政策环境在不断地变化，广大民众的价值观、利益导向也在不断发生变化，对于政策的期望在不同的时期不尽相同，这就是所谓政策环境的弹性特征。因此，要保证制定的政策能长期、有效地发挥作用，就必须经常性地进行民意调查，根据民意的变化对政策进行相应的调整，从而保证政策的适应性和连续性。事实证明，经常性的民意调查为政府的政策制定奠定了良好的民意基础，为政策合法性提供了有效保障。

《管子》记载："政之所兴，在顺民心；政之所废，在逆民心。"这显然体现了政府的政策必须符合民心、顺应民意，如果政策与民心、民意逆道而行，无疑会导致民众不服、民心不安。

放假安排问卷调查

为反映公众意愿，使放假安排更加科学合理，全国假日办 2013 年 10 月 10 日发布关于法定节假日放假安排的调查问卷，面向社会广泛征集公众意见。

按照 2007 年《全国年节及纪念日放假办法》，我国全体公民放假的节日共 11 天，分别是元旦 1 天、春节 3 天、清明节 1 天、劳动节 1 天、端午节 1 天、中秋节 1 天、国庆节 3 天。在充分考虑调查结果的前提下，制定了现行放假调休方法：通过调借双休日，分别形成 2 个 7 天"长假"（春节、国庆）和 5 个 3 天"小长假"（元旦、清明、五一、端午、中秋）。

这种征求公众意见的方法有一个非常突出的优点，就是在决定与老百姓的生活紧密相关的事情时，首先征求老百姓的意见，这是一种意识和思路上的改变，体现出事前协商的态度和民主程序的考虑。

2. 加大公民参与力度

在公共政策的形成过程中，公众参与是确保政策符合民意及实现政策合法化的根本途径。公共政策只有在制定过程中，扩大公民参与，倾听公众的意见，了解民心所向，才能在执行过程中得到民众的认可和拥护，促进政策的顺利实施，保障政策的合法地位。现阶段，我国公众参与公共决策尚得不到有效实现，主要表现为：公众直接参与政府决策的途径和机会较少，公众直接参与决策的渠道不畅，间接参与难以真正落实。究其原因，关键是缺乏相应的制度和法律规范。

杭州市政府自 2008 年以来在国内率先打破常规，实行"开放式决策"。市政府常务会议从小会议室搬到大会议室，邀请市民代表旁听，甚至搬到网上，邀请网民参与。市政府工作报告等三大报告首次公开征求意见，网民点击浏览量超过 7 万人次，有 1 147 人次参与了网上调查投票，有295人次发帖或发邮件发表意见，对于这些意见建议，政府表示既要用于三大报告修改完善工作，又要用于改进政府及其部门工作……当杭州市政府主动推进的这些“阳光举措”不断受市民欢迎时，“为确保市政府决策基础的广泛性、民意表达的直接性、决策民主的有序性”，杭州市政府出台了《杭州市人民政府开放式决策程序规定》，“以‘制度化’形式来提高行政决策的公开化、民主化、科学化水平，扩大公民有序参与民主政治建设”。其目的在于“以民主促民生”。

杭州市政府领导在解释这种做法时向媒体说了这样两句话。一句是“老百姓有权知道政府在做什么，更重要的是老百姓还有权参与决策”。一句是“我们要直接面对面地倾听老百姓的心声，而我们现在听到的太多是层层传上来的过滤掉的声音”。毫无疑问，后一句话的分量似乎更重些。

杭州改革

2008年的5月19日第28次市政府常务会议，在网络直播的基础上加入网民与市长视频互动的环节，第一次实现了普通百姓可以“看”到政府常务会议全过程。7月8日第30次常务会议再有创新，6位通过网络报名最后被甄选出来的市民代表出现在政府常务会议上。他们以普通老百姓的身份第一次走进政府常务会议决策现场，既是一名旁观者，更是一名参与者，他们与参加会议的政府官员一起，面对面地展开交流讨论，充分、直接、真实地表达自己的意见和诉求。自比，杭州普通市民参与市政府决策活动进入常态化。杭州市政府此举无疑值得称道。这是杭州市政府为加快民主建设进程、建立透明政府采取的举措，它架起了公民与政府之间双向互动的桥梁和纽带，对于密切政府与百姓的联系，增强政府工作透明度、打造阳光政府和开放型政府，无疑具有十分重要的意义。“开放式决策”从权力运行上保证了政府行为的公开性，使更多的民众在事前、事中实现了参政议政。既保障了公民享有充分的行政知情权、参与权和监督权，又等于给市长增派了“参谋”，有利于提高政府决策的正确性和科学性，使公共权力的使用更好地反映人民的意志。让市民代表直接坐在市政府常务会议决策现场，零距离参与政务活动，无形中构筑起第一道监督防线，促使决策更符合民意。来自基层关注的眼睛越多，受监督的面越宽，监督的力度就越大、效果就越好，有助于避免权力寻租、政绩工程、面子工程、拍脑袋决策现象的发生。让市民参与政府常务会议，在某种程度上也给官员施加了压力。由于有市民参与，与会的政府官员都会注重在市民代表前的自身形象，因为你讲得好坏，讲得有没有水平，市民盯着呢！这就逼着官员必须做好工作中的每一个细节，会议必然开得庄重、认真、高效。阳光是最好的防腐剂。开放政府最高决策会议，实行“阳光作业”、“开放式决策”，还可以使群众监督成为政府为民办事的“助推器”，成为权力正确行使的“防火墙”，有利于实现政府的开放透明，做到问政于民、议政从民、施政益民，真正把政府建设成勤政、廉洁、务实、高效的新型政府。

3. 建立听证制度

听证是公众参与的有效渠道。在当代法治化程度较高的国家，重要的法律和政策出台一般都需要经过听证的环节。听证是发扬民主、确保政策和法律符合民意的重要途径，是政策制定民主化、科学化、合法化的必然要求。听证程序在政策过程中的具体运用，使决策主体能够广泛听取社会各方面的意见，不仅有利于决策主体全面、客观、公正地查明具体事实，从而作出合理、合法的政策选择，而且有利于形成公民参与政府决策的良好机制，强化决策主体的自我约束和监督，最大限度地避免权力滥用，减少决策和执行争议，提高政策效率，确立广大民众对决策主体的信赖。

1996 年我国制定的《中华人民共和国行政处罚法》首次规定了听证制度，随后《中华人民共和国价格法》、《中华人民共和国立法法》和《中华人民共和国行政许可法》等多部法律对此项制度的规定又有新的发展，但在决策程序立法上尚处于起步阶段。因此，应进一步界定必须听证的决策事项的范围，完善听证的具体方式、途径，确保各方面意见在政策制定过程中得到全面、正确的反映。

4. 科学合理地划分政策主体权限

明确各级行政机关政策主体权限并附以具体的法律保障是实现政策合法化的必要条件。应该建立一个符合中国单一制结构形式的层级目标决策系统，加快行政体制改革步伐，减少不必要的管理层级，缩小“条条”的权限，尽量避免因信息过滤、信息失真带来的政策障碍，提高政策制定的效率和可操作性。

我国长期以来存在的“上有政策，下有对策”、盲目跟风、一哄而上、重复建设、资源浪费等现象，往往是由于政策主体权限不清或不合理所导致的。因此，科学地划分其权限既可以保证决策机构目标、方向的一致性 ，同时又能充分调动各类机构在政策制定中的积极性、主动性和创造性 ，协调好决策主体之间的权责关系。

整合不动产登记职责

2013 年 11 月 20 日，国务院总理李克强主持召开国务院常务会议，会议决定，将分散在多个部门的不动产登记职责整合由一个部门承担，理顺部门职责关系，减少办证环节，减轻群众负担。一是由国土资源部负责指导监督全国土地、房屋、草原、林地、海域等不动产统一登记职责，基本做到登记机构、登记簿册、登记依据和信息平台“四统一”。行业管理和不动产交易监管等职责继续由相关部门承担。各地在中央统一监督指导下，结合本地实际，将不动产登记职责统一到一个部门。二是建立不动产登记信息管理基础平台，实现不动产审批、交易和登记信息在有关部门间依法依规互通共享，消除“信息孤岛”。三是推动建立不动产登记信息依法公开查询系统，保证不动产交易安全，保护群众合法权益。会议要求，各有关部门要加强对各地职责整合工作的指导，加快清理相关规章制度，做好有关事项的整理交接，确保不动产登记职责整合工作有序、平稳推进。

7.2 听证制度

在讨论听证制度之前，让我们先来讲一个在医院排队的故事。

某大医院里，等着看病的人排成了一条长龙，大家正等得心焦，又进来一位坐着轮椅的老人，他脸色苍白，又咳又喘。一位排得相当靠前的先生出于同情，让老人排在了自己的前面。这时排在后面的一位女士显得很不满，嘴里嘟嘟囔囔："这不是你一个人的事，你跟大家商量了吗?"我们想提的问题是：这位先生的做法有何不妥？这位女士为什么会对此不满?

诚然，这位先生在做一件好事，可是这件事不仅关系到他自己的利益，而且也同时涉及别人的利益。如果他自己能够主动站到队尾，把自己的位置让给那位坐着轮椅的老人，这当然是最好的结果，但是这实在难为了那位先生。那么怎样解决这个难题呢？什么方法更实际一些呢？可能那位先生需要和排在自己后面的人打声招呼，征求一下大家的意见，我们相信，做好事是会得到多数人支持的。

这个故事对公共政策的制定有何启示？看来关系到百姓利益的事可能需要和他们商量后再办，政策听证活动应该是一种有效的沟通形式（协商渠道），从程序公正性理论来看，商量与不商量差别巨大，政策听证很有必要，不仅能够降低服从成本，提高执行效率，而且对促进政策过程科学化和民主化具有重要的作用。

程序公正性理论

在英国伦敦曾发生过这样一件事，一位警察给一位妇女开了一张罚单，理由是违规转弯。那位妇女当时极力争辩，她说那里根本没有禁止转弯的标志。这时警察冷笑着指了指拐角处一个很不起眼的标志牌，行驶在路上的司机很难注意到这块牌子。这位妇女当时愤怒至极，她决定到法庭去申诉。举行听证的那天，她早早就等在法庭的外边，迫不及待地要倾诉自己的冤屈。但当听证开始以后，她刚刚讲述了事情的开头就被法官粗暴地打断了，他们没有时间也不愿听她继续讲下去，所以立即作出了裁决，判她有理，罚单作废。

这位妇女会有什么感觉？报复了？胜利了？满意了？高兴了?

全不是！她产生了强烈的挫折感并表现出极度的不满。她抱怨说："我来这里是为了讨个公道，但法官根本不让我解释事情的来龙去脉。"换句话讲，尽管这位妇女喜欢听证的结果，但她不喜欢产生这个结果的过程。

根据"理性经济人"的假设，人们最大限度地追求自身利益，只关注结果，不在乎程序和过程。这种假设对早期的管理理论和实践具有重要的影响，管理者推崇"胡萝卜加大棒"的管理策略。但实际上情况并非如此，人们不仅关心结果，而且也关心产生这个结果的程序和过程，上述故事中那位妇女的感受就说明了这一点。

公正问题是一个古老的话题，几个世纪以前就引起了许多学者的关注。对公正程序和过程的系统研究始于20世纪70年代中期。美国社会心理学家约翰·W·蒂博（John W. Thibaut）和劳伦斯·沃克（Laurens Walker）是公正程序研究的先驱。他们将有关公正的心理学理论与有关程序方面的研究相结合，开创出了程序公正性的研究领域。

所谓程序公正性理论是指，对于一项决策而言，公平知觉其实不是来自决策本身，而是来自决策的程序。具体一点说，就是人们不会只看结果，人们在判断结果公正性的时候其实是根据产生结果的程序。而人们认为公正的程序可能是公正的结果的一个必要条件，没有公正的程序，结果很难公正。这主要是因为当人们无法直接操控某项决策的时候，公正的程序就可以作为一种间接的控制工具。因为公正的程序可以让人觉得他们的利益在长期的过程中是可以得到保证的，即使某一项特定的决策会对某一个人产生不利的结果，但是只要有了这种公正的程序，在长期和整个的交换关系中就能够得到公平和公正的保证。

在蒂博和沃克的基础上，利文撒尔（Leventhal）等人将程序公正的思想引入组织研究，提出了程序公正的六项程序规则（procedural rules）：（1）一致性规则（consistency rule），即程序对不同的人员或在不同的时间应该维持一致性；（2）避免偏见规则（bias suppression rule），即在决策过程中应摒弃个人的私利和先入为主的偏见；（3）准确性规则（accuracy rule），即决策应该依据完整的、具有法律效力的信息以及有佐证的意见；（4）可修正规则（correctability rule），即决策应留有可以修正或撤销的余地；（5）代表性规则（representative rule），即决策程序能代表和反映所有相关人员的利益；（6）伦理规则（ethicality rule），决策程序必须符合相关人员能够接受的基本道德与价值观。

金（Kim）和莫博涅（Mauborgne）进一步发展了程序公正性理论，他们认为，有三项标准可以作为判断程序是否公正的依据。（1）盟约（engagement）。使个人参与进来，让他们对决策投入心血，并允许他们反驳其他人的设想和假设，使决策有机会影响到他们。（2）解释（explanation）。每一个参与决策和受到决策影响的人都应该了解最终的决策为何会如此，以及为何个人的设想和投入会在最终决策中被舍弃。（3）期望的清晰性（clarity of expectations）。要求在决策之前、决策当中和决策之后，设法让参与者确定地了解他们被期望的是什么，以及什么是新的游戏规则。

总而言之，尽管公正更多地表现为结果，但实际上它更多地取决于程序和过程。公正程序其实并不是为了形成一致的决定，也不是为了争取大多数人的支持，更不是为了协调个人和群体间的利益与需要。公正程序只是谋求给各种观点提供表现的机会。当人们确认程序的公正性之后，他们甚至能够接受这个程序带给自己的不利结果。

7.2.1 听证概述

1. 听证起源

听证或聆讯制度起源于英美，其传统可以追溯到英国自然法古老的自然公正原则①：当事人非经听取意见不受人身和财产的处罚。它要求任何权力必须公正行使，无论法官判案还是行政裁决，只要对当事人作出不利的决定，必须听取当事人的意见，不能主观片面地认定事实，剥夺当事人的辩护权利。“听取当事人意见”在法律规范方面就体现为“听证程序”。

从听证制度的起源来看，听证最初是指初审法院的法官在对案件进行公开审讯前进行的各项中途聆听诉讼各方的申请或陈述、审核相关证据的法定程序。通常只有在当事人一方要求法官裁决某些特定事项时，法官才会在公开审讯前举行听证或聆讯，如当事人一方要求法官下达临时禁止令或要求授予临时性子女监护权或抚养费等。

司法审判的听证模式后来逐渐被引入行政和立法程序。20 世纪 30 年代，美国爆发了严重的经济危机，出现了大萧条，罗斯福上台后实施“新政”，为解决政府面临的复杂的社会问题，国会授予行政机关司法权力。按理讲，司法权力本是属于法院的“专利”，但为什么会部分交由行政机关行使呢?

第一，因为现代行政日趋专门化，解决行政上的争端需要行政事项的专门知识，而法官既缺乏这方面的专门知识，也缺乏解决行政问题所必备的开拓和进取精神，于是国会立法把这类争端委托给执行相关法律的行政机关处理。

第二，法院的程序规则已经不能适应行政上的需要，法院不仅缺少专业能力而且没有足够的时间参与解决行政争端，以至于那些需要迅速加以解决的行政争端不能得到及时处理。而具备专业能力的行政机关解决纠纷时间短、速度快、程序简单、成本低廉、效率很高。

第三，司法输出的是一种程序正义，必然要求当事人和国家为此支付昂贵的制度成本。与高薪供养的法官、苛刻烦琐的仪式、一丝不苟的判决相比，行政官员的供养成本及通过行政程序解决纠纷的制度成本要远远低于诉讼成本。法院的任务是实现高标准的公正，行政机构的任务是完成高效率的裁决。

1946 年美国的《联邦行政程序法》首次以成文法形式明确规定了行政听证程序，这部法典对后来其他许多国家的行政听证制度都产生了重大影响。行政和立法听证模拟司法审判，由意见相反的双方互相辩论，其结果通常对最后的处理有约束力。具体来说，凡是在听证会上提出的意见，决策者必须在最后裁决中作出回应，否则相关行为可能因此而无效。在美国行政法上，正式的听证完全克隆法庭辩论模式，并由行政机关指派一名行政

---

① 自然公正原则：英国 1215 年制定的《自由大宪章》第 39 条规定：“凡自由民，如未经其同级贵族之依法裁判，或经国法判决，皆不得被逮捕和监禁，没收财产，剥夺法律保护权，放逐或被加以任何其他方式侵害。”1354 年英国国会首次以法令形式明确提到并解释了“正当程序”：未经法律的正当程序进行答辩，对任何财产和身份拥有者一律不得剥夺其土地或住所，不得逮捕或监禁，不得剥夺其继承权和生命。正当程序条款最初适用于司法程序，具体包括两项内容，即“任何人都不应当成为自己案件的法官”和“当事人有陈述和被倾听的权利”。之后正当程序又逐步运用于行政活动领域，成为衡量行政行为正当性的标准。

法官①担任主持，对立的双方不仅发表意见，还会提出自己的证人和证据来支持自己的观点。最后行政法官必须像法院审案一样作出最后的裁决，裁决必须详尽地回应双方的观点，否则在司法审查中该裁决可能因程序问题而被判无效。在美国，立法程序中也经常使用听证会。立法中的听证会相对要随意一些，通过抽签产生的听证代表就某个法案发表自己的观点，这些观点将成为议员们投票时的重要参考。由于议员的言论、表决免责权，立法程序中的听证会不像行政程序中的听证会那样有约束力，换言之，从理论上说议员可以完全无视听证会上的意见，但是在一个民主体制下，议员不能不为选票着想，听证会毕竟反映了选民的意见，很少有哪个议员敢无视这些意见的存在。

行政听证的适用范围通常是指利害关系人对于行政主体的哪些行政行为可以要求听证。从行政听证的产生看，其立法目的主要是为了防止行政权的滥用，保护个人利益，促进行政行为的公正、公开和民主。从这个意义上说，听证的范围应该尽可能扩大。但适用范围过大也有不妥，往往会对行政效率构成负面影响。另外，对个人利益的过分保护，往往也会影响公共利益的有效实现。为了做到二者的平衡，大多数国家对行政听证的适用范围作了概括的规定，并规定了一定的排除适用条件，将其界定在合理的限度之内。

从世界各国和地区行政程序法的规定来看，确定听证程序适用范围的标准有两个，一个是根据行政行为性质和种类确定听证范围，另一个是从受行政行为影响的利益或权利的范围出发划定听证范围。前者简称行为标准，即根据负担行政行为和授益行政行为的划分确定不同的程序要求。凡对相对人产生设定或确认法律上重大利益的行政行为属授益处分，包括核发执照、给予社会救助金等。凡对相对人产生不利效果的，无论是课以其作为、不作为或容忍义务（如征兵、征税），变更、消失其权利或法律上利益（撤销许可、吊销执照），乃至拒绝申请（如拒绝核发执照、拒绝社会救助申请），都是负担处分。后者简称利益标准，即不以行政行为的性质作为标准，而是以当事人在行政程序中的利益为标准决定是否适用。自然公正原则要求行政机关在作出对相对人权利产生不利影响的决定之前，应当听取当事人的陈述、申辩。

从世界各国司法制度的特点来看，有当事人主义和职权主义之分。当事人主义又称辩论主义，是对英美法系国家刑事程序各基本构成要素相互关系特点的一种概括。其特征是：在诉讼中，当事人双方权利平等、地位对等，强调当事人在诉讼中的主体地位，使他们在诉讼中积极主动，互相对抢争辩，各种程序的开始和进行，证据的收集、提出、审查、适用，均以当事人为主；法官不主动进行调查，甚至不参加提问，在法庭上只起居中公断的作用。当事人主义诉讼以“政府权力有限论”为基础，着眼于个人权利的保护，因而在诉讼中被告人权利十分广泛。所谓职权主义是对大陆法系国家近代刑事程序各基本构

① 美国的行政法官模式：1946年前主持听证的人员只能行使机关授予的职权，无特殊地位，不能取得当事人的信任，1946年《联邦行政程序法》明确规定了听证审查官制度，1972年后改为行政法官。行政法官具有独立性质，不受行政机关首长直接控制，除非有文官事务委员会所规定和确认的正当理由，行政法官不能被罢免。行政机关无权自己任命行政法官，只能从文官事务委员会所确认合格的人员名单中选择任命人员。他们在编制上是所在机关职员（在组织上隶属于各行政机关），但在任免、工资等方面，不受所在机关控制（在职业上独立于他们所属的行政机关）。1981年修正的州示范行政程序法，规定行政法官集中使用制，即在州行政部门内设立行政听证局，行政法官根据听证局的指派，可以在不同机关服务。行政法官具有明确的法律地位，对纠纷和争议的裁决具有独立的权力。

成要素相互关系特点的一种概括。其特征是：警察机关、检察官、法官依职权主动追诉犯罪，进行侦查、起诉、审判并决定证据的收集、审查和运用，注重发挥司法机关在刑事诉讼中的职能作用；被告人在诉讼中没有与追诉方相应的诉讼权利，只能在服从专门机关职权的前提下，进行有限的诉讼活动；对诉讼的进行及证据的调查以法院为主，法官以积极姿态出现，在审判中起主动指挥作用。职权主义的建立基础是控制犯罪的需要和国民对公共权力的信赖。从行政听证角度来看，无论是英美法系还是大陆法系，各国都普遍奉行职权主义原则。行政法官对质证的过程拥有完全的控制权，能够对听证中提出的申请和辩护的要点进行分类合并，可以要求听证参与者不偏离主题，不提出重复或无关的证据，目的是保证听证有序进行，避免重复和浪费，提高听证效率。

各国听证程序中都含有一项非常重要的原则——职能分离原则，即在听证过程中从事裁决的机构或人员，不能从事与听证和裁决行为不相容的活动，以保证裁决公正。《英国行政法》一书对此作了较为全面的介绍："公民在其权利和合理的利益受到行政决定不利影响时，不仅有权为自己辩护，而且有权要求他的意见必须由一个没有偏见的行政官员决定。一个行政决定不能由和该决定有利益牵连的人做出，这是自然公正原则对行政程序的基本要求"；"任何人不能就同一事件同时作为追诉人和裁判官，因为这种情况也是作为自己案件的法官"。各国立法之所以如此重视职能分离，是因为事先进行调查追诉的人如果参与裁决，必然着重以他所调查的证据作为裁决的基础，从而忽视当事人所提出的证据和进行反驳的意见，甚至调查追诉人秘密调查没有经过当事人对质的证据，也可能会成为裁决的基础，这对当事人来说显然是很不公平的。事先调查和追诉的人，对于案件的处理很难处于一种超然的客观心理状态，而这种心理状态是公正的听证和裁决所必须具备的条件。如果调查和追诉人员与主持听证的人员和裁决人员合一，即使主持听证和裁决的人没有偏见存在，也难以使当事人相信自己得到了公正的裁决。

2. 听证制度的引进

在我国，听证制度是个"舶来品"。1993年，深圳在全国率先实行价格审价制度，政府在制定或调整与百姓生活密切相关的商品和服务价格时要征求消费者、经营者和有关专家的意见，这就是价格听证制度的雏形。从1996年起，在全国范围内陆续出现了对行政处罚、价格调整和立法决策等领域的听证实践。1996年10月1日起施行的《中华人民共和国行政处罚法》第四十二条明确规定：行政机关作出责令停产停业、吊销许可证或者执照、较大数额罚款等行政处罚决定之前，应当告知当事人有要求举行听证的权利；当事人要求听证的，行政机关应当组织听证。当事人不承担行政机关组织听证的费用。2000年7月1日起施行的《中华人民共和国立法法》第三十四条规定：列入常务委员会会议议程的法律案，法律委员会、有关的专门委员会和常务委员会工作机构应当听取各方面的意见。听取意见可以采取座谈会、论证会、听证会等多种形式。2002年11月，党的十六大报告首次明确提出要广泛建立听证制度。2003年9月1日起施行的《中华人民共和国环境影响评价法》首次将听证制度引入环境影响评价，为国家行政机关依法行政、统筹规划，促进可持续发展，保护环境资源提供了法律依据。2004年7月1日起施行的《中华人民共和国行政许可法》更是将听证制度推而广之，其中第四十六条规定：法律、法规、规章规定实施行政许可应当听证的事项，或者行政机关认为需要听证的其他涉及公共利益的重大行政许可事项，行政机关应当向社会公告，并举行听证。

从我国听证制度的发展状况来看，听证主要是指政府机构在作出涉及公众利益的公共决策时，听取利益各方和社会各个方面以及有关专家的意见，以实现良好治理的一种必要的规范性程序。听证制度在我国的建立体现了行政民主化的要求，其现实意义显而易见。第一，听证制度的实施使公民参政权得以体现，使公民的诉求能够有渠道表达，由此进一步激发了公民的民主权利意识，弱化了公民对行政权力的疏远和恐惧。第二，听证制度的实施有助于行政机构提高行政效率。虽然从表面上看，听证会增加制度成本，但从最终结果看，听证能够从程序上保证行政决定的易被接受性，减少服从成本，提高行政效率。第三，听证制度的实施有利于树立“阳光行政”的理念，让公众通过听证参与政策过程能够使政府行为更为公开透明，符合社会发展的客观需要。第四，听证制度的实施有利于社会的和谐进步。社会一般公众有机会与行政主体直接沟通、协商解决利益矛盾与冲突，有助于促进社会和谐，实现社会协调发展。

过去，我国水、电、煤气、电信、铁路等关系到群众切身利益的公用事业价格、公益性服务价格、自然垄断经营的商品价格一直是政府说了算，而百姓在定价过程中所起的作用微乎其微。这种笼罩着垄断阴影的行政模式，显然与市场经济规则和行政改革需要严重不符。现在，听证的大幕已经逐渐被拉开，民主决策的理念已经普及，老百姓在政府决策过程中发挥着越来越重要的作用。除了行政程序中有听证制度外，在我国立法实践中也开始采用听证制度，已经有多个地方的人大在制定地方性法规时进行了听证，全国人大在修改个人所得税法时也进行了听证。

“我是一个农民工，每月收入 1 500 元左右，来自重庆。以我为例，每月的生活支出情况为：房租 150 元、伙食费 360 元、通信费 70 元、交通费 35 元、衣物 85 元、交际费 200 元……”2005 年 9 月 27 日，25 岁的农民工吴志才走进了全国人大会议中心，他穿着格子衬衣、牛仔裤、旅游鞋。在全国人大的个人所得税起征点调整听证会上，作为农民工代表，他晒出了自己的账本。按照当时的个税起征点 800 元计算，他每月还需要缴纳 45 元的个人所得税。吴志才不明白为什么低收入者也要缴纳个人所得税，他觉得2 000 元的起征点才比较合理。“这几十块钱对于农民工来说，就是一整袋白面啊。”一名听证代表形象地说。“个税如果连农民工都一网打尽，那就实在有点说不过去了。”另一位听证代表不无感慨地说。起征点 800 元，是一个 25 年没有改动的数字，在 1980 年，全国只有极少数的人才符合个税起征标准。当时个人所得税法的出台，其实更多的是针对刚刚进入中国拿着高薪的外国人。800 元，对于当时普通的中国人来讲，无疑是个天文数字，多数人当时的月工资只是 50～60 元，不到起征点的 1/10。

全国人大举行的这次听证会意义重大。虽然相对于全国大部分省市人大都已经将立法听证制度引入立法工作程序，全国性立法活动中还是第一次采用这种方法，但是由于是在国家立法中采用这种形式，而且这部法律涉及每一个人的切身利益，这次的立法听证也是最有影响的一次听证。从某种意义上说，全国人大层面举行的第一次立法听证会，对于中国的立法民主化进程来说，具有标志性意义。

从 1993 年至今，听证制度在我国已经有了快速的发展。尽管如此，但从目前的情况来看，听证实践并不乐观，存在的问题仍很明显。比如听证结果缺少约束力，导致听证流于形式；行政听证范围过窄，影响听证效力；相关规定过于笼统，缺乏可操作性；行政听证过程中信息严重不对称，使得听证代表很难充分恰当地表述意见；立法听证中透明度不高，影响民众的参与积极性；主持人选任存在缺陷，独立性受到质疑；听证代表选任制度不明确，影响代表作用的发挥；听证缺乏监督机制，容易造成责任缺失；救济缺乏物质保障，导致有权利而无救济。总而言之，听证要想达到成熟、规范和大众认可的水准，还有很长的道路要走，还有很多的工作要做。

在2006年进行的北京市公务员笔试的申论考试中，考题直指听证会弊病。申论考试列出了12段关于我国听证制度的材料。考题材料选取曾在北京引起轰动的几次重大听证会，包括世界遗产景点票价听证、出租车提价听证、秀水街撤市听证。材料中列举的问题包括：世界遗产景点票价上涨听证结果与网民调查结果大相径庭；秀水街撤市听证时，听证代表几乎没有真正的商户；在北京出租车涨价听证会上，虽然有代表坚决反对涨价，但完全被淹没在支持涨价的声音中。考题材料还称，目前在价格听证会上，老百姓最关心的是涨与不涨的问题，而在实际听证中却都变成了涨多涨少的问题，以至于现在听证会尤其是价格听证会被认为"逢听必涨"，因而遭到冷遇，报名的人越来越少。考题材料提到，听证会制度的弊端已经导致"老百姓不再跟听证会玩了"。针对这些材料，考题要求考生总结现阶段我国听证制度存在的问题，写出解决措施，并谈一下进行网上听证会的可能。

听证会之"怪状"：民众屡屡"被代表"

临近2009年末，全国多个地方召开水价听证会。而令人感到意外的是，听证会上"怪状"迭出，网友质疑声此起彼伏。毫无疑问，听证会是个好形式，但要想取得积极的效果，光有形式是不够的，还需要严格规范的程序保障。否则，好形式就会变成"走形式"，就会使那些违背民意的部门行为获得虚假的"正当"性和"合法"性，难以做到客观、公正。

怪状一　程序存在问题

10月21日，银川市召开水价听证会。据《法制日报》报道，很多市民对听证会代表的组成提出疑义。他们认为，无论是部门推荐代表，还是消协推荐代表，都没有严格的推荐产生办法，而且缺少公开性。银川网民提出质疑，大部分听证会结果为什么都与网上民众调查结果大相径庭？这种分歧从更深层次显示了价格听证制度的内在缺陷。

怪状二　代表缺少代表性

12月18日，济南市召开水价听证会。据《齐鲁晚报》报道，24名听证代表中，有处长、教授、高工，就是没有一名下岗职工、特困家庭人员或退休人员。这样的代表组合还有什么代表性?! 这样的听证怎能充分而理性地反映民意?!

怪状三　代表身份存疑

12月8日，哈尔滨市水价听证会在推迟23天后终于召开，而听证代表的身份受到了质疑。身份为"退休职工"的刘汝文代表向媒体透露，他是哈尔滨现代酒店管理有限公司董事长，不到退休的年龄，也不是退休职工。而另一名所谓"下岗职工"的代表谷孝发是哈尔滨市信访局退休干部。据12月17日的《中国青年报》报道，国家发改委有关人士表示，哈尔滨水价调整听证会中的人员身份确实存在瑕疵，反映了价格听证组织工作的混乱。

怪状四　怒扔水瓶

同是12月8日哈尔滨市水价听证会，13名消费者代表中，只有一名退休教师刘天晓坚决反对涨价，却始终得不到发言机会。他愤然向主持人扔去矿泉水瓶，以示抗议。借助媒体宣传，刘天晓一“砸”成名。然而，刘天晓并不是想成名，而只是想说话。

怪状五　“梦中听证”

同是12月18日济南市水价听证会，有代表闭目“听”证。轮到他发言时，才睁开惺忪睡眼，拿过话筒，念起了事先准备好的稿子，旗帜鲜明地“支持涨价”。当记者会后问起该消费者代表收入水平时，他告诉记者是“公务员水平”。记者追问“那您感觉能否代表一般老百姓”时，他脱口而出“不能代表”。

怪状六　听证会代表玩“潜伏”

据《东南快报》报道，随着12月31日福州市水价调整听证会日期的临近，关于听证会参加人身份的问题遭到广泛质疑。此前，福州市物价局发出公告，拟征集22名人员参加此次价格调整听证会。12月14日，市物价局举行水价听证会消费者参加人名单抽取仪式，按随机抽取的原则，从22名公开征集的消费者中随机选取8名消费者参加人、3名旁听人，并当场确认公布。然而，在被抽中者中除一位记者愿意公开身份之外，其他人都不愿意公开身份。试想，哪个消费者愿意被“蒙面人”代表？如果连自己的身份都不敢公开，谁能保证他们是普通的消费者代表？如果不能有效保障普通消费者的话语权，听证不是走过场又是什么？

7.2.2 听证步骤

下面以行政立法听证为例，谈谈听证的具体步骤。

行政立法是国家行政机关以国家名义创制法律规范的行为，行政立法虽然具有立法性质，但它又不属于权力机关的立法，而是从属于权力机关的立法。行政立法与权力机关立法的主要区别有四个方面。首先，立法主体不同。权力机关立法的主体是一定级别的人民代表大会及其常务委员会，行政立法的主体是有权的行政机关。其次，立法规范的内容不同。权力机关立法与行政立法有其各自的调整范围。权力机关立法所调整的，通常是有关国家政治、经济、文化生活中的基本制度和重大问题，而行政立法的内容通常是有关国家政治、经济、文化事务中的具体管理问题。再次，立法的效力不同。权力机关立法效力高于行政立法。最后，立法的程序不同。权力机关立法要遵循宪法规定的严格的立法程序，比行政立法更为正规、严格，更注重民主。行政机关的行政立法行为遵循特别的制定行政法规和规章的程序，一般较简便、灵活，更注重效率。

确定听证范围是行政立法听证的一项重要工作内容，其目的是要解决究竟哪些行政立法需经听证程序制定。听证作为一种听取公民对行政立法草案意见的程序，相对于其他听取公民意见的程序而言，比较正规，因此，凡是涉及对公民合法权益有重大影响的行政立法都应当举行听证会，听取公民对行政立法草案的意见。由于"重大影响"是一个模糊的法律概念，因此，解决此问题的方案有二：其一，通过立法列举重大影响的具体情形，不设底线条款；其二，由行政立法机关自由裁量，但公民对行政立法机关的裁量解释可以提请司法救济（美国的办法是由国会通过具体法律决定行政制定规章是否要举行正式听证。这也是一种解决听证范围问题的方案之一）。《行政法规制定程序条例》第二十二条规定：行政法规送审稿直接涉及公民、法人或者其他组织的切身利益的，国务院法制机构可以举行听证会，听取有关机关、组织和公民的意见。这一规定是将行政法规是否与公民、法人或者其他组织有"切身利益"作为举行行政立法听证会的条件。应该说，它也属于行政立法对公民合法权益有"重大影响"的范围。

从行政效率角度而言，不宜将适用听证的行政立法范围确定得过大，行政立法听证成本很高。没有纳入听证范围的行政立法，行政立法机关还可以采用其他方法、途径听取公民对行政立法草案的意见。从我国现行行政立法程序的规定也可以看出，听证作为一种听取公民对行政立法草案意见的程序，并不是唯一的方式。根据《中华人民共和国立法法》第五十八条规定：行政法规在起草过程中，应当广泛听取有关机关、组织和公民的意见。听取意见可以采取座谈会、论证会、听证会等多种形式。

行政立法听证一般包括下列具体步骤。

1. 通知

在行政立法预告中，行政立法机关应当将行政立法听证的时间、地点、主题和参与方式等向社会公告。通知应当刊登在公民日常生活中最容易接触到的报纸上，必要时也可以通过电视、广播电台、互联网告之。为了给公民充分的准备时间，至少应当在听证会举行前 60 天发出通知。

2. 确定听证代表

听证代表是指在听证会上进行专门发言的公民。听证代表可以由利益集团推举，也可以由公民自荐。行政立法机关可以根据听证会的具体情况确定听证代表。为了确保听证代表的广泛性，利益集团推举代表与自荐代表应当保持一定的比例。遇重大或热点问题，听证会能够引起社会极大关注，特别是那些事关自己切身利益的人，会积极报名参与。为保证听证会的秩序与效率，需要对听证代表进行选择。选择的标准涉及听证代表的代表性、相关知识（对行政立法内容的了解程度）、参政议政能力等。行政立法机关不能因害怕有人在听证会上提出反对意见而确定一些"听话代表"，更不能以舞台假唱形式对听证代表事前授意。因此，在确定听证代表程序中，应当设置一些机制使行政立法机关无法"钦定"听证代表，如在保证听证代表广泛性、代表性的基础上，通过随机抽签确定听证代表等。听证代表应当在听证会举行前 30 天公布。行政立法机关应当将与听证有关的材料寄送给听证代表。被确定为听证代表的公民应当就行政立法草案的内容进行必需的调查、咨询，写出听证发言报告，准备好相关的材料。对于有生活困难的听证代表，行政立法机关应考虑其听证开支并给予适当补偿。

3. 听证会举行

听证会可以按下列程序进行。

第一，听证主持人宣布听证会开始，宣布听证的行政立法的名称、制定机关，宣布听证纪律和发言顺序等。行政立法的听证主持人一般由行政官员担任。为了保证听证程序基本公正，行政立法草案起草负责人不宜担任听证主持人，以避免其对有关行政立法内容先入为主，不能公正、全面地听取公民的陈述意见。我国现行《中华人民共和国立法法》、《行政法规制定程序条例》、《规章制定程序条例》对行政立法听证主持人没有作出规定。这意味着由谁主持行政立法听证由行政立法机关自行决定。

第二，行政立法制定机关代表就行政立法的法律依据、主要内容和理由发言。

第三，听证代表按顺序发言，顺序可以按资历排列，也可考虑问题或观点的重要程度，还可按姓氏笔画顺序或进行随机安排，行政立法机关代表可以在每个听证代表发言后，对该听证代表的发言作出回应。

第四，旁听人员经主持人同意，也可以在限定的时间内发表意见或提出问题。

第五，听证会应有时间限制，但也可由主持人具体控制，一般来讲，对听证代表的发言和行政立法机关代表的回应应提出具体要求，以确保听证会的公正性。当主持人认为听证代表的发言没有新的观点时，可以宣布听证会结束。

4. 听证笔录

听证会由记录员制作成为笔录，并由听证主持人、听证代表和行政立法机关代表签字。听证笔录不是行政立法的唯一依据，并不遵循行政案卷排他性原则①，行政立法机关可以在听证笔录之外寻找立法依据。行政立法机关对于听证代表的发言可以不予采纳。但这并不是说行政立法机关在听证会后可以将听证笔录扔进废纸篓，径直公布行政立法。果真如此，这样的行政立法听证还有何意义？因此，法律应当规定行政立法机关如不采纳听证代表的发言，应当在行政立法草案说明中给出理由。这种理由不仅可以释去公民对行政立法草案所存的疑虑，也可以增加公民对行政立法的认同感。从目前情况看，《中华人民共和国行政处罚法》、《中华人民共和国立法法》、《中华人民共和国价格法》、《行政法规制定程序条例》和《规章制定程序条例》等都对听证会作出了规定，但对听证笔录在行政决定中的法律作用并未涉及，对行政机关不采纳听证代表意见是否需要说明理由也没有任何规定。无论从哪一方面讲，对不予采纳的听证意见都应给出理由，这不仅是对听证代表人格的尊重，而且能够体现行政立法的合法性和合理性。

7.2.3 座谈会与论证会

座谈会、论证会作为一种行政立法听取公民意见的一种程序，较听证会更为简单、灵

---

① 行政案卷排他性原则，是指为了保护当事人的知情权和防卫权，行政许可机关作出的影响申请人或利害关系人权利义务的决定所依据的证据，原则上必须是该决定作出前，行政案卷中已经记载的，并经过当事人口头或书面质辩的事实材料。它是正当行政程序的基本要求，主要适用于经过听证程序作出的许可决定。这一规则本身不仅包含行政许可机关及其工作人员应遵循“先取证，后裁决”的规则，而且也包含在行政许可程序中，许可决定只能根据行政案卷中记载的经过当事人质证的材料，不能在案卷以外，以当事人所未知晓和未论证的事实（尤其是听证结束以后行政许可机关调查收集的证据）作为根据的规则。也就是说，行政许可机关不能在听证以外接纳证据，否则，行政许可机关将承担法律责任。

活，但也同样是一种重要的行政立法听取公民意见的方式。目前《中华人民共和国立法法》、《行政法规制定程序条例》和《规章制定程序条例》都将这两种方式作为听取公民对行政立法意见的方式之一。

1. 座谈会

座谈会在我国是一种传统的政府听取民意的方式，在我们的日常政治生活中被政府广泛采用。由于座谈会形式在我国为民众所广泛熟悉，因此采用座谈会形式听取公民对行政立法的意见可能是行政立法的首选程序。

座谈会这种灵活的听取意见的方式，既可以让行政立法机关听到对行政立法草案的更多不同意见，同时也不会过大地增加行政立法机关的经济负担，与听证会相比，座谈会可以大大节约开支，因而这种会谈式的听取意见方式在行政规章制定程序中被广泛采用。

通过座谈会听取公民对行政立法的意见，应当注意以下几个问题。（1）行政立法机关应及时确定参加座谈会的人员，并尽快将行政立法草案和相关的材料送至他们手中。（2）尽早确定召开座谈会的时间、地点，并及时告之。（3）在座谈会中，行政立法机关除对代表的质疑作必要的解释外，不必就某一问题与其展开辩论。（4）座谈会参加人员不必在笔录上签名，座谈会上参加人的发言可以被视为行政立法机关与公民之间就行政立法问题所做的一种思想沟通。这种沟通无疑有助于公民认同行政立法，降低服从成本。

2. 论证会

论证会，即邀请有关专家对行政立法草案内容的必要性、可行性和科学性进行研究论证，作出评估。论证会与座谈会有所不同，参加座谈会的人员与所讨论的行政立法草案之间具有较直接的利害关系。他们往往会从自己的利益得失出发，对行政立法草案发表自己的看法，因此，他们发表的看法具有较强的主观性。而参加论证会的人员往往是某一方面的专家，与所讨论的行政立法草案没有直接利害关系。他们往往从专业知识角度对行政立法草案提出自己的观点，并随附相关的科学依据或者合法性依据，因此，他们的观点具有较强的客观性，也具有较强的说服力。行政立法机关对专家们的论证意见应当予以高度重视。但从另一方面讲，专家们的观点往往具有较强的理想色彩，对法律条款的具体意见可能因脱离实际而欠缺可行性。这一点行政立法机关也应当有一个必要的认识：不要过度迷信专家的观点。从行政立法实践看，过度地依赖专家进行行政立法，结果往往是所制定的行政法规、规章脱离行政管理的实际情况，欠缺可行性。

通过论证会听取专家对行政立法草案的意见，应当注意以下几个问题。（1）选择合适的专家参加论证会。每个专家都有自己的研究领域，一旦超出了自己的研究领域他就算不了专家，即使是同一个学科中也会存在这样的问题，如民法专家对行政法领域中的问题可能也是一个“法盲”。因此，确定参加论证会的人员必须是行政立法草案内容涉及的领域内的专家，否则，论证会不可能达到预期目的。（2）正确对待专家的意见。论证会不能开成行政立法草案的“合法性”论证会，即专家只能对行政立法草案说“是”。行政立法机关应当鼓励专家提出反对意见，并正确地对待专家的反对意见。行政立法机关在行政立法程序中所处的地位实际上既是“当事人”又是作出裁决的“法官”，如果听不到、听不进别人的反对意见，其最终制定的行政立法必然欠缺可行性和科学性。（3）专家应当保持必要的中立地位。专家观点的可信度往往与其是否保持中立地位成正比关系。专家以专业知识立身、传言，以自己的专业知识为社会服务。因此，在参加行政立法论证过程中，专家应当以自己的专业知识对行政立法草案的必要性、可行性和科学性进行论证，不能不顾专业知识一味迎合行政立法机关的需求，成为行政立法机关利益部门化、部门利益法制化的辩护者。如果专家不对行政立法草案存在的问题提出自己应当提出的观点，那无疑将助长行政立法机关违法立法。

3. 信函与电子邮件

除了座谈会与论证会之外，信函与电子邮件也是听取公民意见的重要渠道。这种听取意见程序可以提高行政立法的效率，同时也便于公民对行政立法草案发表意见。它作为公民参与行政立法的新渠道，在具备相关条件的情况下应当鼓励行政立法机关优先采用这种听取意见的方式。从实践看，这种听取方式也是很有效的，因而在规章制定中被广泛采用。

通过信函、电子邮件等方式听取公民对行政立法草案的意见，应当注意以下几个问题。（1）行政立法机关应当以适当的方式预告行政立法草案，以便公民可以便利地取得行政立法草案，如通过政府网站预告行政立法草案；（2）为了使公民能够提出更具有针对性的意见，行政立法机关可以设立必要的咨询点，解答公民对行政立法草案认识上的疑惑；（3）对公民通过信函、电子邮件等方式提出的意见，行政立法机关应当给予简要的回复，尤其是不采纳的意见或者建议，应附上不采纳的理由；（4）如果有数个公民提出相同的意见或者建议，行政立法机关可以通过媒体集中回复意见。

4. 听证会与座谈会、论证会的不同

从重要性方面来看，听证会比座谈会、论证会更为重要，公民在行政立法方面的听证权利同司法听证权利一样，正在逐渐成为公民的一项基本权利（人权）。随着法治的进步，公民听证制度与公民投票制度相结合正在成为直接民主制的一种重要形式。

从程序性方面来看，听证会比座谈会、论证会更为严格。听证程序包括法定内容，而座谈会和论证会则显得较为随意。

从结果性方面来看，听证会比座谈会、论证会更有作用，听证笔录须由听证主持人、听证代表和行政立法机关代表共同签字，是有关立法形成的重要依据。

北京市“停车超3分钟熄火”立法听证会

听证：2013年10月24日下午，北京市人大常委会就“北京大气污染防治立法”举行听证会，针对《北京市大气污染防治条例（草案修改稿）》第81条规定的“停车超3分钟熄火”是否应写入立法进行讨论。到会的9名听证陈述人原则上都表示同意，但对于如何执行还有分歧与建议。另有持反对意见的2名听证代表因不愿意公开露面而没有到场。

草案中“停车超3分钟熄火”的条款引起社会较大争议，有必要通过听证方式听取各方意见。举行听证会的目的就是要建立一个平台，鼓励意见的交锋，听取不同的声音，从而发现问题、消除误解、加强共识、辨明正误，使最后的立法能够代表更多人的意愿。

截至9月底，北京机动车保有量达538.5万辆。按环保部核算办法，机动车排放的一氧化碳、碳氢化合物、氮氧化物分别占空气污染总量的86%、25%、56%。此外，北京机动车排放的PM2.5达22%。机动车排放污染已成影响北京空气质量的主要污染源之一。

同时，测算表明，一辆“国二”标准的小客车，怠速3分钟时排出的污染物是2.7克。如全市有10万辆“国二”标准的车，每天怠速3分钟以上，排出各种污染物的总和是270公斤，一年将近100吨。如果100万辆“国二”标准车怠速3分钟以上，至少要排出1 000吨污染物。这些污染物都是低空排放，在人们的呼吸带上，且这些污染物是致癌的。

在这样严峻的形势下，任何能有减排效果的措施，都应尽量予以采纳。怠速熄火是广大车主只要稍加努力，都能为环保直接作出贡献的一种方式。市环保局建议将提倡停车3分钟熄火，改为“减少机动车排放，凡在学校、医院、宾馆、商场、办公场所、公园、社区、停车场等不影响车辆正常行驶的地段，机动车驾驶员在停车3分钟以上应熄灭发动机，并设立相应罚则”。

有听证代表称：“如果路上堵车走走停停还要求熄火，或是在路口等红灯都要熄火，我估计会造成更大的拥堵。”其实这是一种误解，这一条款的立法本意主要是针对“长时间停车不熄火”的不文明行为，而不是要求司机在堵车、等红灯时也必须熄火。条例应对要求停车熄火的范围予以明确。

还有代表怀疑执法是否有可操作性。对此，市环保局回应称，目前市民的环保意识还远远没有达到“提倡就能做到”的程度，建立相应的罚则很有必要，希望通过这条立法给大家一个警示，在不需要用车的时候尽量少开发动机。建议今后在执法过程中可以先以劝导为主，在劝导无效时进入执法程序，可以由交警和环保执法人员共同执法。

2名持反对意见的听证代表因不愿意公开露面而没有到场，他们的反对声音主要集中在不应“一刀切”上。的确，北京冬寒夏热，四季分明，气温变化很大，如果临时停车，车里又有人，特别是车上有病人时，很可能需要开冷气或热风，如果一刀切地强制，有点“太不近情理”。看来要使处罚具有可操作性，还需要明确规则的不适用范围。如在相关附例中，明确规定一些不适用的情况，如车中载有老人、病人时，或在气温低于或高于某个标准后，“停车熄火”标准会放宽或不适用。总之，情况要考虑周全，避免政策“用力过猛”。

也有场外网民认为，“停车超3分钟熄火”的规定明显不具有可行性，在实际执行中还存在着很难或无法落实的尴尬境况。北京城的司机素质其实很成问题，不少人不太遵守交通规则，只要没有电子眼就哪儿都敢走。在这种情况下，警察连一眼看上去就很明显的交通违法违规行为都管不过来，难道还有精力专门盯着一个需要长时间看守计算才能认定的机动车“停车超3分钟不熄火”的交通违法行为吗？

一位网民说：“‘停车超3分钟熄火’的政策好是好，可就怕执行不了。我正在写有关‘停车超3分钟熄火’的博文时，窗外突然响起震天动地的鞭炮声，不知附近哪里又有店铺开张或迎新嫁娶等喜事了。燃放鞭炮对环境污染的‘贡献’比燃油不低。我家住在四环里，北京市有禁止燃放鞭炮的明文规定，不过现在看看，都是和公共场所的禁烟令等一样形同虚设吧。我就怕‘停车超3分钟熄火’政策一实行，又成了聋子的耳朵——摆设。一个执行不了的政策真不比没有这个政策强多少。”

不少网民表示，怠速熄火可减少油耗和尾气排放，环保意义重大。不管是公车还是私家车，这不是差不差油的事，而是低碳和环保的事，熄不熄火看似小事，其实更应上升到车德问题上来。从制度的角度来说，目前处罚执行起来会很难，关键还是要靠道德去约束。建议司机树立环保意识，克服个人困难。

与会代表一致建议停车熄火应首先拿公车“开刀”。代表们痛批一些公车司机缺乏环保意识和节约意识，养成了不良驾驶习惯，比如毫无必要的长时间热车、停车等人不熄火、夏天开着空调、冬天开着暖风。这有时是为等领导，担心领导上车时觉得车里温度不够舒适；有时则是只图个人的舒适和方便，把公车当成包房，一待就是几十分钟甚至几个小时，这些现象多源于公车的油耗是公家埋单，不用个人掏钱所致。

总体来看，“停车超3分钟熄火”在世界范围内属于通则，得到广泛认可。他山之石，可以攻玉。北京市作为一个国际大都市，目前正面临严峻的环保压力，政府不能再消极等待，应该发挥政策的威力，有所作为。

后续：11月20日上午，北京市十四届人大常务委员会召开第七次会议，市人大法制委员会提交了备受关注的《北京市大气污染防治条例（草案修改稿）》修改意见报告，对排放总量交易制度、停车3分钟以上熄火等内容都进行了修改。

草案修改稿提出，本市鼓励环保驾驶，减少机动车污染排放。在学校、宾馆、商场、公园、办公场所、社区、医院的周边和停车场等不影响车辆正常行驶的地段，机动车驾驶员停车3分钟以上应当熄灭发动机。

此前，在10月24日召开的立法听证会上，市人大常委会对关于“鼓励环保驾驶，倡导实行停车3分钟以上熄火制度”是否合理可行，听取了9位陈述人的意见，绝大多数陈述人都对倡导推行停车熄火表示赞同，认为可以减少机动车污染排放。

会后，市法制委员会会同相关部门认真研究，查阅了中国香港、台湾地区，以及美国、日本等国的相关立法制度。市人大法制委员会副主任委员王德林说，考虑到这一举措重在引导公民自觉践行环保驾驶，广泛宣传实行停车熄火制度，因此草案中没有设定相应的处罚。

本章小结

本章主要介绍了政策合法性的基本含义与政策合法化的基本过程，以及听证制度的产生与发展。通过本章的学习，应该明确政策合法性的概念、认识政策合法化的途径、理解马克斯·韦伯的权威理论、了解听证制度的作用、掌握听证活动的具体步骤与形式，并能够理论联系实际，结合我国具体政策实践分析听证活动中存在的问题。

关键词

政策合法化　传统型权威　魅力型权威　法理型权威　听证制度　自然公正原则　行政法官模式　当事人主义　职权主义　职能分离原则

思考题

1. 根据韦伯的权威理论，权威可以划分为哪些类型？
2. 政策合法化有哪些途径？
3. 民意调查有哪些方法？
4. 从狭义角度讲，政策合法性应包括哪些内容？
5. 什么是程序公正性理论？
6. 我国的听证制度存在哪些缺陷？
7. 听证一般包括哪些具体步骤？
8. 座谈会与论证会有何区别？

第三篇 政策执行

- 政策执行
- 政策评估
- 政策终结

第8章

政策执行

8.1 政策执行概述

事例1 财产申报制度与“房叔”事件

2012年10月8日下午，龙口论坛（一家地方网络论坛）上出现了一篇自称“有图有真相”的爆料帖文，题为《番禺一个城管队长就有20多套房产，广州房价能不高?》。文中披露“番禺城管队长蔡彬一家拥有的20多套房产达7000多平方米”，“有别墅，有复式洋房，有临街商铺，还有厂房”，质疑“凭一个小小的城管队长的工资，何以买得20多套的房产物业”？引人注意的是，爆料的网民在帖子中贴出了3张“个人名下房地产登记情况查询证明”的图片，图片显示出了21套房产物业的持有人信息、具体地址和面积。其中，面积最大的是番禺区沙湾镇龙岐村西环路东侧的一幢，面积为3 405.3平方米，21套房产总面积7 203.33平方米。很快，帖文内容陆续出现在了国内多家知名论坛上，这些房产的来源是否合法成为网民们追问的主要方向，渐成舆论热点。

两天以后，相关的舆情热度出现了爆发性增长，仅新浪微博和腾讯微博两大平台上相关微博数量就超过10万条。前一天的相关网络新闻仅20余篇，10日已增加到了480余篇，就在坊间舆情酝酿爆发之际，广州官方迅速作出了回应。10月10日上午九点半左右，广州市纪委的官方微博“@廉洁广州”就发布消息称，针对“广州一城管队长有20多套房产”一事，有关部门正在核查。一个多小时后，广州市番禺区政府新闻办公室的官方微博发布消息称，“区纪委已成立调查组，正在展开调查”。当晚十点左右，“@广州番禺发布”公布了番禺区纪委的初步调查情况，称爆料网帖中的房产数量基本属实，并且，查实房产数量与蔡彬向组织申报的数量存在一定差距。10月11日上午“@廉洁广州”等几个广州官方微博账号都发布了蔡彬已停职接受调查的消息。番禺区纪委的通报称，因蔡彬向组织申报的“本人、配偶、共同生活的子女的房产情况”仅包括其本人及其子各持有的房产一套，与纪检部门核实的情况不符，存在严重的瞒报行为，违反了关于领导干部报告个人有关事项的规定。其后，番禺区委决定对其停职，并作进一步调查。10月22日，广州市纪委常委梅河清下午通报称，初步查明蔡彬在担任广州市公安局番禺分局副局长，番禺城管综合执法局局长、政委期间，存在利用职务便利收受他人贿赂、违反相关管理规定经商开办企业等重大违纪问题。目前，纪委已对其采取“双规”，以作进一步调查。

从2011年起，番禺区委组织部要求全区处级干部每年申报本人、配偶、共同生活子女的房产情况。蔡彬2011年、2012年均申报其本人持有房改房一套，儿子蔡展培持有自建房一套。其实蔡彬所拥有的20多套房产并没有“藏着”、“掖着”，举报者也是通过广州市房地产档案馆查到的资料，而且在这20多套房产里头用的名字大部分都是“时丽英”（蔡彬妻子）和“蔡展培”。蔡彬当初向组织申报自己的房产只有两套，然后组织上就认可了，怎么就不能调查一下？“房叔”事件的出现告诉我们：好的制度不一定会有好的效果。

事例2 “农村义务教育学生营养改善计划”

“我真不敢相信，这就是营养午餐。”从2012年10月30日开始，在湖南凤凰县支教的嘉兴学院对外汉语专业大三女生梁栩晔连发微博，揭露支教看到的“营养午餐”现状，“国家拨款3元弄的营养午餐，到孩子手上，就是一盒牛奶、一小片面包，难道你们要让这些孩子饿死吗?”

小梁的微博一下把农村义务教育学生营养改善计划推上了风口浪尖。

2011年10月26日，国务院决定启动实施农村义务教育学生营养改善计划，这项计划从民间慈善上升到国家政策，给贫困地区注入了强大的正能量，这一行动也曾被视为政府和民间有效互动的蓝本。目前中央每年拨款160多亿元，按照每生每天3元的标准为农村义务教育阶段学生提供营养膳食补助，惠及680个县市约2 600万学生。

毫无疑问，好的政策要取得好的结果还需要有效执行作保证。

的确，政策落地后，执行中暴露出不少的问题。把3元补助转化为一份营养午餐其实并不是一个简单的问题，它可能会衍生出其他一系列的问题，比如营养餐因缺少食堂而“无锅下米”，不得不改为直接发零食，供货成本“吃”掉一元，所剩两元还能买到什么呢？此外，还有食品过期、监督缺位、资金供应延迟等问题。

过去，在营养餐计划还是纯粹民间行动时，问题相对少一些。主要原因是帮扶多是点对点的，这种模式具有针对性，能有效保证营养餐的供应和监管。其缺陷主要是受惠面有限。政府的跟进是一种好的转变，普惠总比特惠强，但关键的问题是当政府全面接管这项计划时，行政之手如何把这3元钱落到实处，如何避免这项计划流于形式。

事例3 带薪休假何时不再是奢侈品

1995年1月1日起施行的《中华人民共和国劳动法》就规定“劳动者连续工作一年以上的，享受带薪年休假”，但是没有具体的细则，所以很难得到具体的落实。2007年国务院颁布《职工带薪年休假条例》，规定：机关、团体、企业、事业单位、民办非企业单位、有雇工的个体工商户等单位的职工连续工作1年以上的，享受带薪年休假。职工在年休假期间享受与正常工作期间相同的工资收入。国家法定休假日、休息日不计入年休假的假期。单位根据生产、工作的具体情况，并考虑职工本人意愿，统筹安排职工年休假。对职工应休未休的年休假天数，单位应当按照该职工日工资收入的300%支付年休假工资报酬。

尽管这个条例已经实行多年，但休假依然是中国人最容易忽视的个人权利之一。2009年，全球知名的美世人力资源咨询公司对全球62个国家雇员的假期进行了调查和统计。以“每周工作5天，且有10年工龄”的员工为样本，奥地利和马耳他应该是世界上拥有最多带薪年假的国家，中国以10天带薪年假和11天法定节假日共21天，排名倒数第三。2011年，美国有线电视新闻网（CNN）发布了一份“带薪休假全球排行榜”，排名榜首的是巴西和立陶宛，假期总时长为41天，中国仍以21天排名垫底。即使是少得可怜的假期，在不少单位还是得不到保证。有的单位不但没有假期，连双休日加班也已成常态。中国社科院和国家旅游局发布的《2010—2011年中国休闲发展报告》显示：33.1%的被访北京居民表示，没有享受过带薪休假；17.85%的被访者表示没有固定双休日。

8.1.1 政策执行的含义

1. 基本含义

什么是政策执行？概括来说，政策执行就是指“在一个议案成为一项政策之后所发生的事情”。更加确切地讲，政策执行是政策实施的具体过程，包括使政策作用于目标群体以及使政策目标得以实现。政策执行研究一般涉及政府机构及其官员、他们所依赖的行政程序和技术（工具）、他们所遇到的政治上的支持和反对，以及目标群体给予的服从与反抗，所以政策执行所关注的是日常的政府运行过程，需要通过一定的组织形式，运用各种政策资源，经解释、推动、宣传、服务、协调、指挥、控制等行动方式将政策观念形态的内容转化为现实效果。

一项政策要实现什么目标，其目标是否有效或者政策将对社会产生什么样的影响，这些问题都具有不确定性，也正是这种不确定性赋予了政策执行真正的研究价值。实际上，政策执行并非是一个例行的、常规的或可预测的过程。决定政策成败的原因很多，有时就像个谜。为了能够有效地执行政策，政策有时候只能设置一些基本的目标、构建一个指导性框架、谈及实现政策目标的基本途径和所具有的一些局限，除此之外，它其实能够做的并不多。政策颁布时通常不会尝试完整和明确地定义它所能产生的影响，也不可能预测政策在执行中可能遇到的问题和挑战。政策的目标甚至可能是不清晰的、不连贯的或没有被详细说明的。行政机构经常会被授权并且有很大的自由度颁布有关某一项政策的详细规定和命令，从而使该项政策更加具体和更便于操作。例如，《婚姻登记条例》作为国务院制定的行政法规，可以补充《中华人民共和国婚姻法》的内容并从程序上加以规范，使《中华人民共和国婚姻法》的贯彻实施更具有可操作性。

在政策执行过程中行政部门所要做的事，大部分是一些日常的、例行的、看似很乏味的事务性工作，如处理请求或申请、检查文件记录、收集相关信息、撰写请示报告等。普通大众很少能够清楚地了解行政机构都在做些什么，除了一些与他们直接有关的工作。然而，正是这些普通和琐碎的工作导致了政策执行的结果，对政策内容的贯彻、政策影响的大小、政策成功的程度都有着非常重要的影响。毫无疑问，如果执行失败了，那么先前所做的一切就没有任何意义了。

2. 理论界定

关于政策执行的理论界定，长期以来学术界形成了行动学派和组织理论学派两大流派，它们分别从两个不同角度和侧面对政策执行进行了描述。

行动学派的主要代表人物查尔斯·奥·琼斯认为：“政策执行是将一项政策付诸实施的各项活动，在诸多活动中，要以解释、组织和实施三者最为重要。所谓解释就是将政策的内容转化为民众所能接受和理解的指令；所谓组织就是指建立政策执行机构，拟定执行的办法，从而实现政策目标；所谓实施就是由执行机关提供例行的服务与设备、支付经费，从而完成议定的政策目标。”① 由此可见，行动学派关注政策作为行动指南的指导性作用，强调政策执行的关键问题在于政策执行机关如何采取政策行动。强调只要政策行动坚强有力、行动方法切实可行，就可以较为顺利地实现政策目标，合理的政策执行活动甚至在一定程度上可以弥补政策决定的局限和无能。

政策执行的组织理论学派则强调政策执行组织机构的作用，认为任何政策都是通过一定的组织得以实施的。没有一定的组织机构作依托，没有一定的组织原则作保证，任何政策目标都只能停留在纸上谈兵的政策构想阶段。因此该理论认为，尽管政策执行不力的原因是多方面的，但政策组织问题是其中恒定的关键原因之一。组织理论学派的代表人物福里斯特提出：“传统的政策执行规范理论强调政策执行机构及其人员对政策目标和政策规定的顺应行为，强调依法行政，而基本上不考虑政策执行机构及其人员的审视检定、自省以及前瞻分析的能力和需求。但政策规划者、政策执行机构及其人员的预期分析能力，即在危机事件或事态发生之前就有预感并相应采取适当步骤和程序加以有效应对的能力，实际上是对政策执行成功与否起最关键作用的因素。”② 组织理论学派认为，政策能否有效

① C. O. Jones, *An Introduction to the Study of Public Policy*, Second Edition, North Scituate, Mass.: Duxbury Press, 1977, p. 139. See J. L. Pressman and A. Wildavsky, *Implementation: How Great Expection in Washington Are Dashed in Qakland*, University of California Press, 1973.

② J. Forester, Anticipating Implementation: Notmative Practice in Planning and Policy Analysis, in F. Fisher and J. Forester (eds.), *Confronting Values in Policy Analysis: The Politics of Criteria*, Sage Publications, 1987, pp. 153-173.

执行，关键在于执行机构的主客观条件，主观上要看能否理解和领会政策，能否具有执行的积极性，客观上要看是否拥有足够的资源，是否拥有足够的执行能力。

事实上，两种关于政策执行的理论观点都各有其道理，它们只不过是从不同角度、不同侧面阐述了政策执行的重要意义。不管是行动学派的观点还是组织理论学派的观点，对我们把握政策执行的基本概念都具有启发作用。

8.1.2　政策执行的特征

作为政策过程的一个重要阶段，政策执行不仅具有政策过程各个阶段所具有的共性，而且还具有其自身的特殊性。具体而言，政策执行主要具有下述几方面的特征。

1. 对象的适用性

所谓对象的适用性，简单地说就是一定的政策只适用于一定的对象。所谓政策对象是指政策作用和影响的人与事。政策执行首先应该要弄清楚该项政策的适用对象及范围，否则就会影响政策的权威性和严肃性，从而削弱政策执行的力度，妨碍政策目标的实现。对于政策对象的理解，有狭义和广义之分。狭义的政策对象只指政策直接作用和影响的对象；广义的政策对象除了直接政策对象外，还包括与政策执行效果有关联的间接对象。在执行政策的过程中，执行者不仅要针对政策的直接对象落实政策，而且还应该做好政策间接对象的工作，以有利于提高政策执行效率。

应该指出的是，在政策中如何准确地表达其对象和范围，是影响对象适用性的关键。由于某些政策对对象和范围仅仅作了模糊性、隐含性的规定，使政策执行主体拥有过大的自由裁量权或者理解出现偏差，从而导致执行失效与对象错位。严格地说，政策执行对象的适用性是指政策的时间效力、空间效力和政策对人的效力。因此，在政策制定过程中或政策执行之前应当体现三方面内容。一般而言，其标准表达方式由三个要素构成，即“在××范围内，××主体，从事××活动，适用本政策”。

同时，政策目标的不清晰、不确定也往往对政策执行对象的适用性构成障碍。政策在制定过程中，由于考虑到政策调整的成本、目标群体的顺应程度、机构的应变与生存能力等多种因素，政策制定者有时希望用较为模糊的政策语言来表述政策目标和政策内容，认为这样能有效延长政策本身的寿命。但这种含含糊糊、模棱两可的语言，往往会给政策对象的界定带来麻烦。如在制定保护消费者权益的政策中，由于对什么是“消费者”未有明确的界定而导致政策执行的困惑。而新出现的社会现象又导致政策执行者在执行政策时的随意性。知假买假的人是否是消费者？被医院误诊导致身体损害的病人是否是消费者？由于政策执行者裁定的不一致，从而损害了司法的正义、破坏了政策的权威，最终导致了政策执行效果被弱化。

谁是消费者？

1993 年 10 月，我国颁布了《中华人民共和国消费者权益保护法》（简称《消法》），该法第四十九条规定：经营者提供商品或者服务有欺诈行为的，应当按照消费者的要求增加赔偿其受到的损失，增加赔偿的金额为消费者购买商品的价款或者接受服务的费用的一倍。这便是我国《消法》所确立的“1+1”赔偿制度。正是因为这种“1+1”赔偿制度的存在，才引发了以王海为代表的一些人，知假买假，通过诉讼索赔，获得收入，新闻媒体称之为“王海现象”。司法实践中，人民法院对“王海式”人物这种知假买假索赔请求处理不一致。有的法院予以支持，依据《消法》第49条的规定给予“王海式”人物“1+1”赔偿；有的法院不予支持，使“王海式”人物的索赔官司以败诉而告终，其中有的判决货、款双方返还，有的则判决将假货收缴。同类案件，在不同的法院里竟然出现了两种截然不同的判决结果，由此引发了一系列激烈的争论。与《消法》密切相关的问题，主要涉及以下两个方面。其一，从《消法》的适用上看，是支持“王海式”人物的判决正确，还是不支持者正确？其二，从《消法》的价值功能角度看，“王海式”人物的知假买假索赔行为是否应当受到《消法》的支持或保护？

2. 执行的灵活性

在政策实践中，多数政策（特别是中央政府发布的政策）都属于宏观政策，往往着眼于整体和全局，带有战略特征，一般不会涉及操作层面的具体细节。因此，在政策执行过程中，各地方或各部门应结合本地区、本部门的特点，制定切实可行的政策方案，切忌僵化教条、生搬硬套。

一般来讲，由于政策环境的复杂性和客观条件的多变性，政策制定者往往只是规范某些基本的原则，而把实现政策目标的更多权力交给政策执行部门去承担。因此，在实现政策既定目标的过程中，政策执行机构可以采取多种多样的执行途径。

强调执行的灵活性，是为了取得更好的执行效果。但若运用不当，也会带来一定的负面影响。政策执行主体在执行中可能会避重就轻，选择熟悉和易行的途径，放弃困难但却有效的途径，甚至还可能完全背离政策本身的初衷，反向执行，出现“上有政策，下有对策”、“上有大政策，下有土政策”的不良现象。比如关于不同级别领导干部配备公车的政策规定，其政策制定的初衷是想通过清查超标准配备公车的腐败现象，以节约国家的财政支出。然而，由于该政策在制定中仅仅考虑超标准配车的问题，而未能考虑客观上也存在没有达标的公车配备现状，因此，在执行政策的过程中，虽然对超标准用车问题进行了一定清理，但同时，由于那些按级别没有达标或根本没有配备公车的人根据该政策规定提出了他们的要求，所以也进行了部分配备，最终导致国家财政支出不但没有减少，反而有所增加。

公车问题猛于虎

据2003年3月全国政协委员提交的一份提案中的调查数据显示，“八五”期间，全国公车耗资720亿元，年递增27%，大大超过了GDP的增长速度（约为GDP增长速度的3.5倍）。到20世纪90年代后期，全国约有350万辆公车，包括司勤人员在内耗用约为3 000亿元人民币。3 000亿元人民币是个什么概念？它是1999年我国军费开支的3倍，比1999年我国教育经费和医疗经费之和还要多出600个亿！这笔

3 000 亿元的巨款如果摊到人头上，中国的 13 亿人口，无论男女老少、体弱病残，平均每人每年得交纳约 230 元。

社会上广为流传一种“3 个 1/3”的说法，认为在公车使用中“公务占 1/3、领导私用占 1/3、司机私用占 1/3”，因而成本的压缩空间有 2/3 之多。这种说法最早是在全国“两会”期间由个别政协委员提出的，当时主要是为了将公车私用的现状做一个形象化说明，并非严格意义上的统计数据。但该说法很快就得到了社会舆论的呼应，这说明公车私用问题的确非常严重。

3. 执行的有序性

执行的有序性是指政策执行应保持一定的阶段性顺序和过程的连续性。这是政策执行程序的核心要求，也是保持执行工作稳定开展的基础要素。

政策执行的有序性要求政策执行程序的每个环节具有时间上的前后次序。政策执行一旦启动，就要一个阶段接一个阶段、一环扣一环，层层推进，依规定的次序进行下去。政策方案的实施和政策目标的实现是一个循序渐进的过程，政策执行既要着眼于最终目标，又要立足于阶段性目标，要把二者有机地、科学地结合起来。尤其要防止超阶段的执行行为。如果在政策执行条件不成熟的情况下强行实施某项政策，就可能导致政策执行的失败，最终阻碍政策目标的实现。

在 2000 年全国人大会议上，时任国务院总理朱镕基在《政府工作报告》中指出，“加快经济结构的战略性调整，是当前扩大内需，促进经济增长的迫切要求”。这一战略性经济改革政策在执行过程中是环环相扣的，存在着前后相继的内在联系，即首先必须进行经济结构的调整，通过调整经济结构，创造新的就业机会，增强社会的消费能力，最终促进经济增长。如果其中的环节出现颠倒，那么也就难以实现经济增长的政策目标。

邓小平提出中国现代化建设“三步走”的发展战略

第一步从 1981 年到 1990 年国民生产总值翻一番，解决人民的温饱问题；第二步从 1991 年到 20 世纪末，国民生产总值再翻一番，人民生活达到小康水平；第三步到 21 世纪中叶，人均国民生产总值达到中等发达国家水平，人民生活比较富裕，基本实现现代化。党的十五大又将第三步目标进一步具体化：到 21 世纪的第一个十年，将实现国民生产总值比 2000 年翻一番，使人民的小康生活更加富裕，形成比较完善的社会主义市场经济体制；再努力十年，到建党一百周年时，将使国民经济更加发展，各项制度更加完善；到 21 世纪中叶，中华人民共和国成立一百周年时，将基本上实现现代化，建成富强民主文明的社会主义国家。

4. 过程的动态性

政策执行由一系列活动构成，它是一个思想和行为需要不断变化、不断调整的过程。一方面，政策方案无论制定得多么好，它都不可能与复杂多变的客观现实完全一致；另一方面，随着时间的推移、执行活动的推进以及环境和条件的变化，政策执行还会遇到一些新情况、新问题，政策执行者只有根据这些新情况、新问题，适时地、灵活正确地应付和处理问题，才能使政策方案得以顺利实施，政策目标得以顺利实现。因此，根据具体情况和变化了的条件以及反馈的信息，不断地改变、修正和调整原定的执行策略、计划和程序，是政策执行过程中在所难免的现象，而且这种不断的调整和变动要贯穿于政策执行的全过程。

“暂行规定”岂能暂行28年

据媒体报道，2007年元旦过后，江西景德镇一名8岁男童在穿越铁路时被撞死；一天中午，青岛市三年级女童殷华放学回家，经过一无人值守的铁道口时被火车撞死。江西男童的父母获赔150元；殷华的父母经争取，获赔600元——有关单位称，这些钱都是出于人道主义的救济费，铁路没有责任——而处理依据是1979年7月16日颁布的《火车与其他车辆碰撞和铁路路外人员伤亡事故处理暂行规定》。在目前的法规体系中，类似的“过时规定”还有不少，如1954年颁布的《公安派出所组织条例》、《城市街道办事处组织条例》，1955年出台的《华侨申请使用国有的荒山荒地条例》以及1957年实施的《华侨捐资兴办学校办法》、1958年出台的《户口登记条例》、1960年出台的《防暑降温措施暂行办法》等，在社会生活各方面已发生巨大变化的情况下，公共管理仍以过时的规定为依据，不仅脱离实际，而且不通情理。对受伤害者看似救济，实则伤害。毫无疑问，社会管理所依之法如滞后于社会发展，则会诱发新的矛盾，导致社会不和谐。

5. 执行的协调性

政策执行是各种政策要素在空间上的分配、重组、展开和运动的过程，其中任一要素的发展变化以及各要素的分配方式、比例、组合结构等变化都会直接影响到整个政策执行的进程。它反映了政策执行在空间上所具有的协调性。

影响政策执行协调性的因素很多，其中最为主要的因素是制度性因素。政策目标的实现，既包括政策执行主体依据其法定职权来履行政策执行的职责，同时也包括政策执行主体依据政策新赋予的职权执行政策。不管是前者还是后者，由于政策执行主体之间的职能交叉或职能重合，客观造成多头管理，而多头管理的表象是推诿扯皮，其结果则是效能低下，严重破坏政策执行的协调性。以文化行政管理为例，管理机关有新闻出版部门、广播电影电视部门、文化部门，还包括工商行政管理部门和公安部门等。在这种体制下，我们可以推测某一关于音像制品的政策在执行中将遭到来自不同有权主体的制约。由于行政管理权限划分不清不是简单的学理问题，而更主要的是利益分配问题，因此针对音像制品的政策及其执行结果进行一定的协调是十分必要的。

执法者为何自己打起来了?

某市一家超市因一箱奶粉被疑有质量问题，某日上午被卫生防疫站的执法人员原地查封。下午，工商人员来此检查也发现这箱奶粉可能有质量问题，再次将这箱奶粉查封。此时，卫生防疫站的执法人员闻讯后迅速赶到超市。执法双方在相互表明身份后，均指责对方超越权限，为争谁有“执法权”，双方甚至发生群殴……

对某些公务人员对本职工作不负责而屡屡“不作为”，平日看得较多，而这则新闻却让我们大开眼界：同样是“公务”，为何有的“不作为”，有的却不惜拳脚相加争“作为”？身为执法者，他们究竟在争什么？这值得我们深思。

6. 执行的时限性

政策执行的时限性不仅指政策执行中每一个环节都有时间上的要求，还指政策执行进程的及时完成。绝大多数的政策对执行中的许多阶段和环节都有一定的时间规定，这就意味着对随意性的限制和对权力的制约。政策执行的时限性能够克服和防止政策执行主体行为的随意性和随机性，为政策执行主体的行为提供外在标准，使之不能任意作为。同时，政策执行的时限性为政策参与者提供了统一化、标准化的时间标准，克服了行为的个别化和非规范化，从而使政策执行行为在时间上连贯和衔接，避免行为各环节的中断。

政策执行的时限性还要求政策执行不能急速地进行或过于缓慢地进行。如果政策执行过于快速，政策的目标群体就无法充分地适应，政策执行主体也不能进行充分的执行准备。这种突袭性的政策执行会使政策丧失一定的可预测性，造成人们的心理准备不足。但反过来，如果政策执行过于缓慢，也同样会给政策执行带来障碍。

影响执行时限性的一个主要因素就是由利益冲突导致的某种妥协，当政策制定主体与政策执行主体或政策目标群体在政策价值判断（包括经济价值、政治价值和其他人文价值）和事实判断上发生冲突的时候，由于冲突双方势均力敌（力量的构成要素是复杂的），妥协就是一种必然的选择，而对政策执行的时限性不作明确的规定，似乎是解决两者冲突极为有效和易行的办法。

关于官员财产公开

2012年12月，民政部下发《最低生活保障审核审批办法（试行）》（简称《办法》）的通知。《办法》规定，低保审核除了户籍和家庭收入条件外，还要核查家庭财产条件。按照《办法》，家庭收入指共同生活的家庭成员在规定期限内的全部可支配收入，包括工资、津贴、分红等工资性收入，从事养殖、生产等经营性收入，存款利息、保险投资、股息分红等财产性收入，以及赡养费、离退休金、赔偿收入、遗产收入等转移性收入；家庭财产则包括银行存款和有价证券、机动车辆（残疾人功能性补偿代步机动车辆除外）、船舶、房屋、债权等。

据民政部统计，截至2012年9月底，全国共有城乡低保对象7 385.4万人，约占全国总人口的5.4%，基本做到应保尽保。民政部官员表示一些地方还存在“骗保”、“关系保”、“人情保”等现象。制定这个《办法》就是为了堵住管理方面的漏洞。

此次《办法》还规定了“县级以上地方各级人民政府”负有主体责任。在低保核查中，乡镇人民政府（街道办事处）须按照不低于30%的比例进行入户调查、邻里访问等，还应组织村（居）民代表等人员开展民主评议，并应将调查与评议结果公示7天。

如此看来，财产公开其实并不是什么太难的事情。政府下发一纸通知，7 000多万低保群众就可以也必须做到，这是因为如果他不这样做，就会丧失享受低保的最基本条件。据此，人们不禁要问，低保群众能做到的事情，官员难道做不到吗？早在1994年，第八届全国人大常委会就将《财产收入申报法》正式列入五年立法规划。但至今已经20年过去了，官员财产公开仍在“试水”，不知何年何月能摸到石头。2012年12月4日，中共中央政治局召开会议，出台了改进工作作风、密切联系群众的“八项规定”，明确提出，抓作风建设，首先要从自身做起，要求别人做到的自己先要做到，要求别人不做的自己坚决不做，以良好党风带动政风民风。看来，财产公开这块大石头已经离准备摸它的手不远了。

8.1.3 政策执行的功能

京剧里那咬牙切齿横着膀子出场的黑头想必大家都很熟悉，当他开始呀呀呀大叫的时候，人们就知道他马上就要唱了，这就是“叫板”。按照《现代汉语词典》的解释，“叫板”就是戏曲中把道白的最后一句节奏化，以便引入到下面的唱腔上去。用动作规定下面唱段的节奏也叫叫板。

不单戏曲里有“叫板”，现实生活中需要“叫板”的事情也很多。最典型的“叫板”就是年轻的父母教育自己幼小的儿女。凡遇到孩子大闹特闹，无法无天，父母实在忍不住的时候总要虎起脸对孩子吼几句：“你再这样不听话我就要打你的屁股了。”话是说了，可孩子的屁股并没有火烧火燎的痛觉，他根本不会把大人说的话当回事，结果只会使孩子继续我行我素，该怎么做还怎么做。问题的关键是父母从一开始就根本没打算真打孩子的屁股，只是想吓唬吓唬而已，所以这“板”是叫了，可是见不到行动，父母的底一下子叫孩子摸了去，他能够觉察到父母在跟自己玩虚的，所以他也不会和你来真的，那么往后任你“叫板”叫得声嘶力竭，只要巴掌没有真落在屁股上，孩子淘气时绝不会考虑后果。

管孩子如此，那么制定和执行公共政策的时候是不是也有类似的问题呢？如果国家颁布的正式法律和公共政策有人可以公然违背而不被追究责任，“你立你的法，我行我的素”，那么，这种“板”叫的还有什么意思？既然叫了“板”就要“唱”，既然已经说了就一定要做。

实际上，生活中的许多事都与治国安邦之道有联系。我们可以这样设想一下，如果在管教小孩子的时候，说打他的屁股就真的揍一顿，那么他下次还敢这样无所顾忌吗？大话好讲，但说了不做，叫了“板”而兑现不了，那还不如根本不说。公共政策是以政府权威作后盾的，而政府权威作为一种资源并不是取之不尽、用之不竭的。国家颁布的政策如果不能认真加以执行，那么政府的权威资源就会被一点一点耗尽。政府针对一定的现实问题，制定相应的政策，这仅仅是完成了政策过程的一部分，与政策目标的最终实现还有相当长的距离，只有通过有效的政策执行，才能确保政策目标的实现。

小石城事件：政策强制执行

1954 年 5 月 17 日，美国最高法院依据《宪法》第十四条修正案，宣布公立学校种族隔离是违法的。这是美国第一次真正宣布黑人隔离制度违法。1957 年 9 月初，美国阿肯色州小石城地方法院根据 1954 年最高法院关于取消公立学校中种族隔离的决定，宣布该市公立中心中学接纳 9 名黑人学生入学。白人种族主义分子激烈反对这一决定。9 月 2 日，该州州长福布斯以“防暴”为名派出国民警卫队前往学校阻止黑人学生入学，但未成功。23 日，在州长的纵容下，上千名种族主义分子包围学校，殴打黑人记者，并把 8 名已入学的黑人学生赶走。随后南方几个州也发生了袭击黑人的事件。小石城事件震动了全世界，艾森豪威尔政府被迫于 24 日派伞兵部队 1 000 余人赶赴小石城，“保护”黑人学生入学。在政府的干预下，地方当局于 1959 年宣布取消公立学校中的种族隔离制度。

政策执行是政策过程的关键环节，其功能主要体现在下述几个方面。

1. 确保政策目标的实现

政策的主要目的不是研究问题而是要解决现实政策问题，政策制定主要是研究问题的过程，而政策执行才是直接地、实际地、具体地解决问题的过程。任何政策最终都必须通过政策执行过程才能实现政策目标，从而对社会政治、经济、文化等各方面产生作用和影响。所以，政策执行的首要功能就是通过将政策转换成可操作的具体活动，从纸上谈兵到实际用兵，按照政策所确定的目标进行各种努力。

但是，实现政策目标的努力，是一个极为复杂而困难的过程。政策不是万能的，政策目标更多的是对未来的预期，政策目标实现的过程实际上就是政策执行修正政策缺陷和弥补政策漏洞的过程，如果政策执行不具有修正和弥补功能，那么，政策执行过程本身一定存在着某种缺陷。

近几年我国环境污染日益严重，给社会经济的可持续发展带来严重影响。之所以造成这种情况并不是因为我国没有环境保护方面的政策，相反，环境保护政策是我国的一项基本国策，而主要是因为我们没有能够很好地贯彻执行政府的政策措施。不是无法可依，而是有法不依，政策执行的功能没有得到很好的发挥。

无锡市水危机

2007 年 5 月下旬，气候炎热而少雨。一个约 3 平方公里、夹带大量腐烂蓝藻的污水团悄然形成，无声无息地侵入了无锡贡湖水厂取水口附近。5 月 29 日，无锡自来水里突然散发出异常的气味，市面上有人开始哄抢纯净水。当天傍晚，无锡城区拥堵，一些旅游团队临时取消了在无锡的行程，一些市民打点起行装，打算到邻近城市暂避……

突如其来的供水危机，令全城进入紧急状态。这是生态危机，也是民生之忧。本次污染，来势凶猛，自来水公司已经束手无策，它们建议无锡市民先暂时使用纯净水。一座城市和一个湖泊的关系，从来也没有受到如此的关注。痛定思痛，“水危机”根源不在水里而在岸上。

太湖，以它2 250平方公里的水域面积和44亿立方米的湖水，孕育、润泽了吴越大地。尽管我们不知道有着35亿年高龄的蓝藻，究竟在太湖生存了多少年，但无锡人已经认识到：“这次蓝藻引发的水危机既是偶然的，也是必然的。”水危机发生后，国家环保总局领导赶到太湖沿岸考察时感叹道：“这里的企业就像插蜡烛一样密密麻麻地矗立着，就算每家企业都达到了排污标准，总量加在一起太湖也受不了啊！”

太湖沿岸水网密布，有大小河流210条，组成太湖水系，流域面积达37 000平方公里，涉及长三角地区7座大中城市，人口逾3 000万，是中国乃至世界上人口密度、工业项目密度最大的一个地区。事实表明：作为平均水深只有1.89米的浅水性湖泊，太湖平均一个换水周期需要300天。有专家认为，即使从今天起不再往太湖里排一滴污水，太湖水质的全面恢复起码也需要10年！超越了环境承载力的没有节制的发展，必然难以持续。

近年来，尽管太湖治理一直没有停歇，相关政策不断出台，但治理的速度远远赶不上污染的速度，政策的落实也是障碍重重。水危机的源头不仅是不合理的产业结构和粗放的经济增长模式，而且是政策不到位和目标不清晰。反思这场水危机，江苏省省委书记说：“无论经济怎样繁荣发达，如果不能让老百姓喝上干净的水，人民群众就不可能认可我们的全面小康。”“我们再次痛切地感受到全面落实科学发展观的必要性和紧迫性。”

2. 检验政策成效

政策制定属于认识的范畴，政策执行属于实践的范畴，一项政策方案的对与错、好与坏，不能靠纸上谈兵，关键要通过实践来检验。从一定意义上说，政策执行的过程也就是政策结果产生的过程。只有通过政策执行，才能取得政策结果，才能对其进行分析和评价，一项在实践中能够促进社会进步和经济发展并得到人民拥护的政策自然就是好的政策，反之就是不好的政策。当然，政策结果的好坏不仅与政策本身有关，还与执行过程有关。由于实践的变化性（出现一些始料不及的情况），在执行过程中就必须根据实际发展的状况修正和完善政策实施方案，以提高政策的可操作性和有效性。政策执行是过程和结果的统一，没有好的过程，就难有好的结果。

国家推出“限塑令”

国务院办公厅在2007年底向各省、自治区、直辖市人民政府以及国务院各部委、各直属机构下发《关于限制生产销售使用塑料购物袋的通知》。通知指出，鉴于购物袋已成为“白色污染”的主要来源，今后各地人民政府、部委等应禁止生产、销售、使用超薄塑料购物袋，并将实行塑料购物袋有偿使用制度。自 2008 年 6 月 1 日起，在所有超市、商场、集贸市场等商品零售场所实行塑料购物袋有偿使用制度，一律不得免费提供塑料购物袋。从那时开始，人们一直关注着具体规定的出台。拟由商务部、发改委、国家工商总局联合发布的《商品零售场所塑料购物袋有偿使用管理办法（草案）》终于出台并开始广泛征求群众意见。随着 2008 年 4 月 14 日公开征求意见结束，经验告诉我们，用不了多久，《商品零售场所塑料购物袋有偿使用管理办法》就要出台了。果然，2008 年 4 月 16 日，商务部第五次部务会议审议通过《商品零售场所塑料购物袋有偿使用管理办法》，经发展改革委、国家工商总局同意，并予公布，自 2008 年 6 月 1 日起施行。

从北京的情况看，在“限塑令”首日，收费塑料袋使用量骤减。北京多家商场、超市均开始推广环保布袋，使用的塑料袋也加大加厚。部分商家称，由于此前对限塑规定已作了较为充分的准备，“限塑令”首日施行比较顺利，收费塑料袋使用量大幅减少。天客隆超市的两名收银员表示，“塑料袋用得比以前少多了，塑料袋免费时顾客通常要求尽量细分包装，现在有顾客索性直接手捧多种商品离开”。检查人员发现，超市等连锁机构均严格执行塑料袋收费规定并公示收费标准。但一些批发市场执行情况并不乐观。6 月 2 日凌晨 4 点，丰台工商分局对岳各庄市场进行突击检查发现，仍有八九个商户在使用超薄塑料袋，在其中一个卖豆腐的柜台内，执法人员暂扣了 60 多个超薄塑料袋。当天，执法人员在岳各庄市场共查获了上百个超薄塑料袋。据商户称，这些塑料袋都是以前剩下的。工商执法人员对卖豆腐的商户进行了处罚，而岳各庄市场主办方由于没有履行管理职责，被罚款 1 万元。这是“限塑令”实施以来北京市开出的首张罚单。

3. 为后续政策制定提供依据

为后续政策制定提供依据也被称为政策执行的反馈功能。一项政策的执行过程不论好坏，不论是否达到预期的政策目标，都会在社会上造成深远的影响或不可逆转的结果。从某种意义上说，我们面临的社会现状就是过去无数项政策和现行政策实际发挥影响所形成的结果。制定一项新的政策往往要依据先前政策实施后由各种渠道反馈上来的信息，在分析先前政策效果的基础上，设计和制定新的政策，这是政策制定的一个基本原则。因此，政策执行活动及其效果可以为后继政策的制定提供重要的参考依据。

北京市发布新的“五日制限行”规定

北京市政府 2009 年 4 月 5 日下午举行新闻发布会，宣布从 2009 年 4 月 11 日至 2010 年 4 月 10 日，社会车辆继续试行交通管理措施，按车牌尾号每周一日高峰时段停驶（法定节假日和公休日除外）。这次的措施较之前有三处变化：(1) 停驶时间由之前的 6 时至 21 时调整为 7 时至 20 时；(2) 停驶范围调整为五环路以内道路，但不含五环路；(3) 停驶的车牌尾号由之前的一个月轮换一次更改为每 13 周轮换一次。另外，从 2009 年 4 月 11 日起，北京市各级党政机关继续封存 30%公务用车。北京市行政区域内的中央国家机关，本市各级党政机关，中央和本市所属的社会团体、事业单位和国家企业的公务用车继续按车牌尾号每周停驶一天，停驶范围为本市行政区域内道路，停驶时间为 0 时至 24 时。这次新的限行措施不再照搬之前的规定，而是根据以往的限行效果进行了总结和修正，使得限行更加科学化和人性化，有利于市民的出行。

8.1.4 政策执行过程

政策执行过程主要包括政策宣传、政策细化、物质与组织准备、组织协调、选择政策试点、政策推广以及政策监督等环节。

1. 政策宣传

毫无疑问，政策执行者只有在对政策的意图和政策实施的具体措施有一个明确的认识和充分了解的情况下，才有可能积极主动地参与执行。同样，政策对象只有知晓了政策，才能理解政策；只有理解了政策，才能自觉地接受和服从政策。从这个意义上讲，政策宣传对政策执行来说有着至关重要的意义。

政策宣传要注重实效，如果搞成形式主义，那这类行政习惯造成的浪费要比餐桌上的浪费大得多。比如在党和政府一些重大会议后，一些中央部委机关、一些地方、一些单位，仍旧沿袭过去那种层层传达、处处办学习班的习惯做法，领导人讲话中提到的一些新名词、新概念，被不分场合、不分对象地到处滥用，这种机械陈旧的宣传方式，完全忽略了当今网络时代信息传播快捷的特征，也对当今广大网民已经转变的接受模式视而不见，从而易导致“被传达”、“被参加学习班”的逆反心理，使宣传效果大打折扣。为什么会出现如此尴尬的局面呢？究其原因，主要还是一些政府部门的领导缺乏理论和制度创新的自信，为了应对上级的精神，扮演好个人的角色，就照葫芦画瓢，使许多事徒于形式。

政策宣传的短板：有些事，我们是真不知道

《三联生活周刊》曾刊登过一封发自湖北松滋的读者来信，信中称自己刚购置了新房，购房合同上关于购房税费这一款明确写着：按购房款的百分之二纳税。没有任何备注和补充说明。他赶到税务部门按合同要求的百分比交了税，没有谁提醒他什么。事后，他从朋友处了解到，如果是首次购房，购房税可以按购房款的百分之一缴纳。事先必须到房管部门查购房档案，由房管部门出具首次购房证明。凭证明到税务部门纳税时，税务部门就会按首次购房收税了。

显然，这不是每一个购房人都天然能够知晓的优惠政策。

那么，税务部门知不知道有这样的优惠政策呢？答案当然是肯定的。可税务部门的纳税大厅里，根本看不到相关条款的提醒或宣传。税务部门的工作人员也不对购房人做任何提醒。毫无疑问，这种做法是很不对的。就完税事项提醒一下购房人应该是

他们的义务，他们不能装着什么都不知道。

作者最后说，公民的确有学习各行规定和政策的必要。可政府相关部门的职责呢？你的宣传和提示做到位了吗？政府出台了诸多的惠民政策，正是应该大力宣传和推广的部分，为什么要讳莫如深或故作不知呢？

2. 政策细化

所谓政策细化就是要分解政策目标，做到行动有计划。一般来说，一项政策的推出，往往只是指出实现政策目标的基本方向和基本原则，比较抽象。要使政策执行顺利进行，就必须在基本原则指导之下，对总体目标进行分解，编制出政策执行的“具体计划”，明确工作任务目标，商定和落实一些具体问题，使执行活动有条不紊地进行。比如国家西部开发、东北振兴、中部崛起等战略政策的出台，如果不经细化就难以具体落实。

“国五条”定调调控方向，热点城市配套政策细化

2013 年 2 月 20 日，国务院常务会议研究部署房地产市场调控工作，提出五条调控措施即“国五条”，为全年房地产调控定下基调。随后 3 月 1 日发布的《国务院办公厅关于继续做好房地产市场调控工作通知》，在“国五条”的基础上进一步明确中央政府对房地产的调控决心与力度，旨在稳定房价、抑制投机性购房，并结合供给端的调整以期建立与完善房地产健康发展的长效机制。

从地方政府落实力度来看，一二线热点城市大多出台细则加码调控，而多数城市则以制定房价控制目标、加大土地供应等手段保障供需平衡，促使市场平稳发展。北京、上海等热点城市出台了较为严厉的配套细则，但仍有许多城市的配套细则不够详细。首先，关于限购和住房信贷，除北京明确进一步严格限购并提高二套房首付比例、沈阳完善此前与“国五条”不符的限购范围外，其他城市的细则大多流于形式，表述以“严格执行国办发［2013］17 号文”为主，部分城市二套房贷调整以当地银行为准；其次，对于严格 20%个税征收的相关内容，仅北京、上海、天津、重庆在细则中明确提及，其他城市的表述含糊；最后，大部分城市在提及土地计划供应量时仅维持不低于过去 5 年供应平均值的原则，而未细化到具体数字。

3. 物质与组织准备

物质准备主要是指必需的财力（经费）和必要的物力（设备）两方面的准备。首先，执行者应根据政策执行活动中的各项开支编制预算。预算需经有关部门批准后方可执行。其次，是必要的设备准备，包括交通工具、通信器材、机械设备、办公用品等方面的准备。组织准备除了要解决组织形式问题外，还包括建立组织机构、配备领导和下属人员、制定必要的规章制度等。

4. 组织协调

为使下属各执行机构之间、各执行人员之间能做到分工合作、步调一致，领导部门的

组织协调是必不可少的。协调的重要作用在于，使每一个执行机构、每一名执行人员形成一个整体，从而保证执行活动有条不紊地开展，为实现政策目标共同努力，实现1+1大于2的系统优化功能。

5. 选择政策试点

政策试点既可以验证政策（发现偏差—及时反馈—总结经验—完善政策），又可以从中取得带有普遍指导意义的东西（如实施的方法、步骤、相关事项等），为政策的全面实施作好准备。特别是那些涉及全局性的政策、非常规性的政策、带有风险性的政策、受多重因素影响的政策、难以进行定量分析的政策、结果不确定的政策，一定要选择试点，先进行小范围实施。

农村宅基地制度改革

党的十八届三中全会通过的《中共中央关于全面深化改革若干重大问题的决定》提出，保障农户宅基地用益物权，改革完善农村宅基地制度，选择若干试点，慎重稳妥推进农民住房财产权抵押、担保、转让，探索农民增加财产性收入渠道。

根据《土地管理法》，农民对宅基地只有使用权，其所有权归村集体。由于宅基地不能买卖，而且限制在本村集体内流转，导致集农民毕生积累建造的农房无法实现其资产信用功能，不能对农民扩大生产、更新住宅和规避风险提供资金支持。此外，由于宅基地不能流转，也没有退出的激励机制，所以宅基地长期处于增量不断增加，存量利用率不断降低的状态。

推进农民住房财产权抵押、担保、转让，可以促进农民宅基地等实现由资源属性向财产属性的转变，既能缓解农民生产融资难，活跃农村经济，也有助于打破城乡二元结构，加速城镇化进程。

当然，改革目前还不能全面铺开，选择若干试点是一种稳健的策略，因为允许宅基地流转，可能会出现土地兼并过度、一些农民“无立锥之地”的情形。这种渐进式的试点，有助于防范以上风险。通过试点可以积累经验，为进一步推进改革奠定基础。但是，试点需要一个明确的时间表，不能遥遥无期，应该在几年之内有所进展，争取可以形成全国之内可以复制推广的经验。

总而言之，关于土地制度改革，只要有利于农民，有利于中国耕地面积的稳定，有利于中国的生态环境的建设，有利于土地的集约高效使用，就应该大胆去尝试。

6. 政策推广

在取得试点经验的基础上，政策应在更大范围内实施。比如2010年春运期间，广铁集团、成都铁路局试行了火车票实名制。2010年全国“两会”期间，铁道部部长表示，火车票实名制是否在全国推广要看试点效果的评估结果。在政策推广环节，要严格遵循政策执行的基本原则，充分发挥政策执行的功能要素，以保证政策目标的圆满实现。

推广阶梯水价制度

阶梯水价制度在不断总结试点经验的基础上在我国得到快速推广。实际上，现在全国大约已有30%的设市城市建立了阶梯水价制度，其中，省会城市、计划单列市和地级市中有50%建立了居民阶梯水价制度。这些城市实行阶梯水价制度的实践证明，推行阶梯价格促进节约用水的效果比较明显，节水效率提高幅度达到5%～20%。在缺水的甘肃等地，实行价格改革后，一些居民节约用水意识大幅增强，通过采用节约用水器具和循环利用，用水量最高减少近一半。

2014年新年伊始，国家发改委、住房城乡建设部印发《关于加快建立完善城镇居民用水阶梯价格制度的指导意见》，部署全面实行城镇居民阶梯水价制度。指导意见指出，2015年底前，设市城市原则上要全面实行居民阶梯水价制度，具备实施条件的建制镇也要积极推进。各地要按照不少于三级设置阶梯水量：第一级水量原则上按覆盖80%居民家庭用户的月均用水量确定，保障居民基本生活用水需求；第二级水量原则上按覆盖95%居民家庭用户的月均用水量确定，体现改善和提高居民生活质量的合理用水需求；第一、二、三级阶梯水价按不低于1：1.5：3的比例安排，缺水地区应进一步加大价差。

7. 政策监督

在实际的政策执行过程中，政策的有效性常常会由于这样或那样的原因受到影响，表现为政策失真现象，即出现政策执行及其结果与政策目标、政策内容不相符合的问题。具体而言，政策失真有四种表现形式，即政策表面化、政策扩大化、政策缺损、政策曲解。所谓政策表面化是指在政策执行中做表面文章，政策内容难以真正落实，成了一个空架子；所谓政策扩大化是指突破政策界限，扩大执行范围，歪曲政策目标；所谓政策缺损是指一个完整的政策在执行时，只有部分落实，其余则被遗弃，使政策内容残缺不全；所谓政策曲解是指政策在执行过程中被换入表面上与原政策一致而事实上背离原政策精神的内容。因此，在政策执行中需要建立政策监督，以抑制政策失真现象的蔓延。从我国目前的情况来看，政策监督主要包括执行机构的内部监督、党组织的监督、人大的监督和社会舆论的监督。多层次的政策监督对政策的有效执行具有至关重要的作用。

沙雅新举

“公车私用”怎么治？这是个老大难问题。在改进作风的新背景下，近来各地又纷纷出拳整治这一顽疾。比如，在新疆沙雅县，全县270辆公车被统一贴上“公牌”，动向一目了然。公车一旦“出轨”，群众便可辨认出其身份并进行举报。公车“公牌”由县纪检委监察局统一制作，统一张贴在车辆挡风玻璃内侧右下角，红色的底面上印着“公务用车，敬请监督”字样，并附有监督电话和车辆编号。这些编号是纪检委对各单位的公务车辆进行登记核实后统一编制的，一车一号，相当于公车的“身份证号码”，可以很快查到该车所属单位。沙雅县群众对此反响强烈。他们说：“以前学校门口可以看到一些公车接送孩子，现在几乎看不到了。”一些政府部门也反映，“自从单位公车贴上‘公牌’后，燃油费、维修费和司机加班费比从前节省两成多”。公车贴上“公牌”3个月以来，共接到群众投诉几十起。

可能有人会纳闷，公车上多贴了一个纸牌，为什么就会有这么明显的变化？“公牌”之所以能起到威慑作用，在于其集中了体制内外的两种监督力量。一是“公牌”醒目，一车一号，可以很快查到车辆所属单位，让公车以可识别性暴露在公众目光下，这其实方便了百姓监督。事实上，3个月里沙雅县接到群众投诉几十起，相对于270辆公车总量，这个投诉数量并不少，这说明公众监督的热情已被调动起来。二是公开机制与问责机制挂起钩来。群众投诉经审核后，已对7个单位的17辆公车违规使用进行全县通报，责令一个部门负责人写检查，还有一名干部因公车私用问题在提拔任用时被否决。问责动了真格，这无疑会对一些不把私用公车当回事的官员形成震慑力。总之，百姓盯着，问责追着，由此形成监督合力，公车自然难以“出轨”。

8.2 政策执行的研究途径

在早期的公共政策研究中，学者们普遍认为，公共政策一旦制定完毕，只要配以一定的经费和人员，就会自然地实施，目标也将会一步步达成。因此，早期研究公共政策的学者多把公共政策的注意力集中于公共政策制定上，而没有对政策执行加以关注。直到20世纪60年代，美国政府为解决社会贫困问题，陆续出台了一系列公共政策，由于在政策执行中出现的“执行鸿沟”、“执行冲突”、“执行规避”、“执行赤字”等问题，这些政策多以失败告终，这充分暴露了政策过程的执行短板，同时引起研究公共政策的学者们越来越多的关注。

8.2.1 政策执行研究的演变

根据研究特点和模式的不同，西方学者对政策执行的研究可以划分为三个阶段。

1. 第一代政策执行研究：自上而下的模式

自上而下的模式主要是基于决策出自中央政府这一前提假设，强调政策制定者的超凡地位，要求政策执行者必须秉承上级的旨意，忠诚地贯彻政策制定者的意图，努力实现既定的政策目标。在这种模式下，一方面强调命令的连锁性与上级的控制力，另一方面主张政策制定者对于政策执行框架与规范的理性设计。因此，这种模式又被称为理性执行模式。该模式通常将政策执行假定为是一种自上而下的线性过程，其中政策指令尽可能不出偏差地转换为项目活动，并集中关注政策执行失败的两个根源：一是政策的内容出现问题，二是执行机构及其人员不能准确有效地执行政策。

第一代政策执行研究偏重政策执行实务及个案研究，其基本命题包括五个方面。一是政策制定与执行是分离的、有界限的；二是政策制定者设定目标，政策执行者达成目标；三是两者之间的任务界限决定了执行过程必然发生在政策制定之后；四是涉及政策执行的决定本质上是技术性的而非政治性的；五是执行者的责任为中立的、客观的，表现为理性的与科学的形式。

第一代政策执行研究受当时盛行的逻辑实证主义的影响，其代表性理论有米特—霍恩的政策执行过程模型和萨巴蒂尔—马兹曼尼安的政策执行综合模型。

（1）米特—霍恩的政策执行过程模型 。

范·米特（Van Meter ）和范·霍恩（Van Horn）在 1975 年发表的《政策执行过程：一个概念架构》一文中提出了著名的政策执行过程模型（如图 8—1 所示）。他们认为，政策执行能否获得成功或者获得多大程度的成功主要取决于条件变化的程度和目标共识的大小。政策执行是一个由最初的政策决定到最后的政策绩效的过程。在这一过程中，政策绩效是由六个变量所决定的。第一，政策标准和目标。它表明政策决定的所有目标，也为政策的绩效评估提供了依据。第二，资源。它既是政策得以实施的必要物质条件，也是构成激励的重要手段。第三，组织间的沟通和实施行为。它涉及组织之间的关系，特别是政策执行者与政策制定者之间的沟通和协调，包括了政策执行者对于政策的理解程度、接受程度和回应程度。第四，社会、经济和政治环境。这些都是政策执行的重要影响因素。良好的社会、经济和政治环境可以提高政策执行的效率和效益，反之则会成为政策执行的制约因素。第五，执行部门的特征。其中不仅包括了组织的控制能力，而且还包括该部门与政策制定者的正式和非正式联系。第六，政策执行的部署。它涉及具体的政策执行计划、组织、控制、激励和领导。

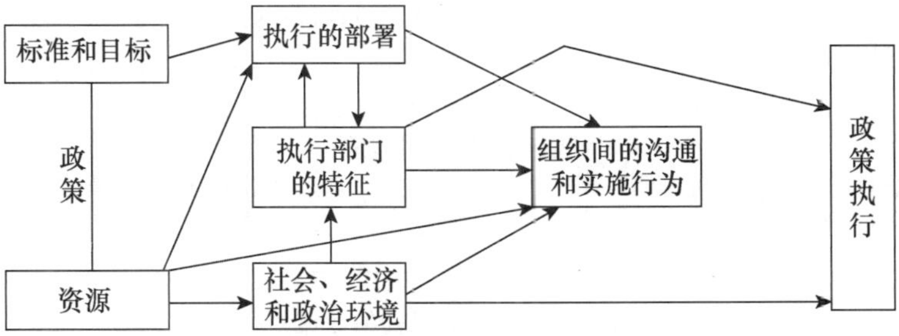

图 8—1　米特—霍恩的政策执行过程模型

（2）萨巴蒂尔—马兹曼尼安的政策执行综合模型。

该模型是美国政策学家萨巴蒂尔（P. Sabatier）和马兹曼尼安（D. Mazmanian）1979 年在其论文《政策执行：一个分析框架》中提出来的，他们是较早对政策执行过程的变量进行研究的学者。他们认为，在政策执行过程中起较大作用的主要变量可以分为三类：1）政策问题的可处理程度；2）政策本身的规制能力；3）政策以外的因素。

政策问题的可处理程度，指的是政策问题本身是否具有可处置性，主要包括：项目的技术难度、目标群体行为的多样性、目标群体的人数、目标群体行为需要调适的幅度。

政策本身的规制能力，指的是有效规范政策执行的能力，主要包括：政策本身所具备的充分因果逻辑、明确的政策指令、充分的财政资源、执行机构间与执行机构内部的层级整合、执行机关的决策规则、政策执行官员对政策指令的认同程度、外界人士参与的机会与渠道。

政策以外的因素，指的是那些政策以外、足以影响政策执行的因素，主要包括：经济环境与技术、媒介对问题注意的持续、公众的支持、赞助团体的态度与资源、监督机关的支持、执行官员的热忱与领导技能。

在萨巴蒂尔—马兹曼尼安设计的研究框架（如图 8—2 所示）中，自变量分为三大类，共有 17 项。因变量为政策执行过程的各个阶段。如果把政策执行过程作阶段性表述，主要包括执行机构的政策产出、目标团体对政策产出的服从、政策产出的实际影响、政策产出的认知影响、政策的调整与修正。毫无疑问，自变量会影响因变量，政策执行综合模型就是要分析自变量对因变量的影响程度。

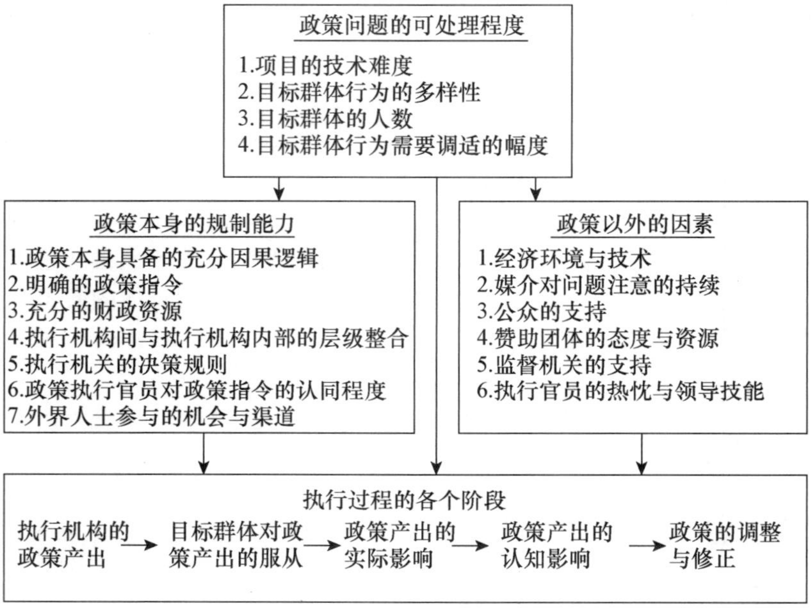

图 8—2　萨巴蒂尔—马兹曼尼安的政策执行综合模型

在上述分析的基础上，萨巴蒂尔和马兹曼尼安提出了保证公共政策有效执行的六个条件。第一，立法部门或者其他决策部门应制定清晰而一致的政策，并且为解决目标冲突提供切实可行的标准。第二，立法部门应该建立一种合理的理论，这种理论能够发现主要的影响因素以及影响政策目标的因果联系，并给予执行官员足够的权力以便能够实现目标。第三，立法部门建立的执行过程应该尽可能地使执行官员和目标群体按照既定方式行事，包括为一些机构分派任务，提供支持性的决策规则、足够的财政资源和畅通的接触渠道。第四，执行机构的领导者应该能够拥有足够的管理和政治技能，并能够忠实地执行法定目标。第五，该项目在执行过程中应该得到一些利益集团和主要议员的支持，而法院至少应该保持中立。第六，随着时间推移，法令目标不会因为相冲突的政策目标出现而导致其重要性减弱，或者也不会因为社会经济、技术的变化而使法令的因果理论弱化。

自上而下模式带给这一阶段政策执行研究极大的局限，其研究关注的焦点实际上只是公共政策制定者，主要考察他们的所作所为，分析他们如何有效地将公共政策付诸实践。

对其持批评观点的学者认为，自上而下模式背后所隐含的是科学管理理论，即泰勒主义，这种所谓的规范性执行理论只是将政策执行者视为机器，认为他们只会唯命是从，缺少独立思考，没有反抗意识。根据组织行为理论，工作人员的动机、意愿与态度都是影响执行效率的关键因素。因此，这一阶段政策执行研究忽略执行者内心世界与价值观的做法是一种严重的缺失。

2. 第二代政策执行研究：自下而上的模式

第二代政策执行研究是在对第一代政策执行研究进行批评和发展的基础上建立起来的，自下而上的模式的出发点并非始于政策制定者，而是把注意力集中于执行阶层，从对于某一特定问题进行互动的多元行动者入手，分析他们如何影响政策目标，如何实现政策调整并重新形成公共政策。自下而上的模式强调政策制定与政策执行的功能互动性，政策执行者与政策制定者共同协商，以达成最终的政策目标，两者形成平行互动的合作关系，主张应该给予基层官僚或地方执行机构必要的自由裁量权，使其能够在一定的政策背景下应对复杂的问题。上层政策制定者的核心任务不是设定政策执行的框架，而是提供一个充分的自主空间，使基层官僚或地方执行机构能采取适当的权宜措施，重新建构一个更能适应执行环境的政策执行过程，自下而上的模式的基本命题主要包括五个方面。一是政策执行能否有效完全要看最基层的执行机构中到底有哪些多元组织涉入其中；二是政策执行是上级与下级达成共识的过程，因为下级会自行选择他自己认为合适可行的方式来达到政策目标；三是有效的政策执行取决于执行机关间的过程与产出，而非政策决定构建者的意图与雄心，是多元行动者的复杂互动结果，而非单一机构贯彻政策目标的行动结果；四是有效的政策执行取决于基层官僚或地方执行机构的裁量权，而不是阶层结构的指挥命令系统；五是有效的政策执行必然涉及妥协、交易或联盟活动，因而，互惠性远比监督性功能更为重要。

自下而上的政策执行研究秉承了后实证主义的理论和解释学派的方法论。其代表性理论有迈克尔·利普斯基的基层官僚理论和麦克拉夫林的互动理论模型。

（1）迈克尔·利普斯基的基层官僚理论。

迈克尔·利普斯基在1977年发表了一篇题为《走向街头官僚理论》（Toward a Theory of Street-level Bureaucracy）的文章，首次提出了街头官僚的概念，全面介绍了街头官僚理论。他的观点在政策执行研究领域产生了重要影响，他也因此被视为自下而上模式的主要代表人物之一。

传统公共政策理论模型假定，政策是上级选择下级执行的，利普斯基不同意这种观点，他认为基层官僚才是决定政策执行的关键因素。他考察了政策制定和政策执行过程中基层官僚的关键性作用，并进而认为，基层官僚在执行政策的过程中有着广泛的“自由裁量权”，因此实际上是基层官僚真正作出了政策选择，而不是仅仅执行政策选择。

根据利普斯基的观点，所谓的基层官僚，主要是指在提供公共服务过程中，必须直接与目标群体成员及广大公众互动，并且享有自由裁量权的第一线基层官员，即公共服务机构中那些职位较低的、直接面对公众的雇员，包括警官、法官、公立学校的教师、社会工作者、公共福利机构的工作人员、收税员、公益律师、就业咨询官以及一些卫生官员等。

政策执行的基层官员常是造成政策是否能有效传达或能否取得效果的关键因素之一。利普斯基认为，影响基层官僚政策执行质量的因素是多方面的，主要包括：1）自由裁量权的大小；2）抵制的资源；3）预算的资源；4）机构的目标；5）个人的目标；6）评估的标准；7）与顾客的关系；8）当前的政治气候；9）顾客的服务需求；10）顾客的政治权力；11）顾客从服务中受益的概率估计。利普斯基指出，如欲使政策执行发生效果，最关键性的工作在于充分掌握基层官僚的意向、态度与行为，也就是说，基层官僚只有同时兼具质与量才能使政策的推动更贴近政策目标。

（2）麦克拉夫林的互动理论模型。

由下而上模式的另一位具有代表性的人物是美国政策学家麦克拉夫林（M. McLaughlin），他在1976年发表的《互相调适的政策实施》一文中提出，政策执行过程是执行组织和受影响者之间就目标与手段作相互调适的互动过程，政策执行的有效与否取决于二者之间相互调适的程度（如图8—3所示）。麦克拉夫林的互动理论模型主要内容可以归纳为以下四点：1）政策执行者与受影响者之间彼此的利益需要和想法并不一致，基于双方在政策上的利益，彼此必须放弃或修正自身的立场，在妥协中寻求一个双方皆可接受的政策执行方式；2）政策执行者的目标与手段富有弹性，可根据环境或受影响者的需求和想法的改变而变化；3）这一互动的过程是彼此处于平等地位的双向沟通过程，并非第一代政策执行理论研究者认为的那种“上令下行”的单向流程；4）受影响者的利益和价值观仍将反馈到政策上，进而影响政策执行者的利益和价值观。

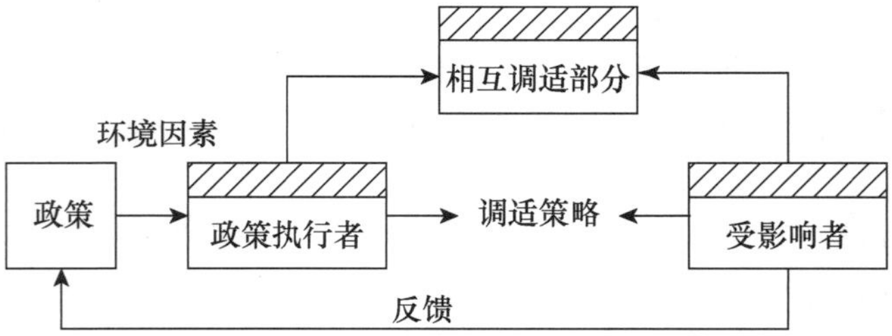

图8—3　麦克拉夫林的互动理论模型

自下而上的模式纠正了自上而下模式的焦点偏差，开始重视对政策过程中利害关系人的研究。但批评者认为，自上而下的模式确实存在过分重视中心而忽略边陲的问题，但自下而上的模式则过分重视边陲而忽略中心，表现出矫枉过正的缺陷。同时，自下而上模式过于肯定基层官员所扮演的角色，强调他们在政策执行过程中所发挥的影响作用，但基层官员的行为对于政策目标的贡献并不一定是“正面的”。相对于自上而下的模式，自下而上的模式过分强调或高估地方和基层的目标、策略与行动能力，而且忽略了民主政治系统中的政策指导与政治责任的归属问题。

3. 第三代政策执行研究：整合途径

无论是“自上而下”还是“自下而上”都是一种纵向的研究途径，表现了政策执行的线性过程。在此基础上，第三代政策执行研究将关注对象扩展到了府际关系层面，变纵向研究为横向研究，由此提出了第三代政策执行研究的整合途径。

第三代政策执行研究的产生主要源于第一代与第二代政策执行研究的整合和改进需

求，期望能建构出更具有描述性和解释力的政策执行模式。

戈金（M. L. Goggin）等人在 1990 年出版的著作《政策执行理论与实务：迈向第三代政策执行模式》中首先提出了“府际间政策执行沟通模式”（如图 8—4 所示），确立了第三代政策执行研究的主旋律。戈金等人认为第一代政策执行研究表现出一种推理性的演绎特征，第二代政策执行研究表现出一种分析性的归纳特征，而政策执行是一种极为繁复的过程，是一系列发生于不同时空背景下的政府决策和行动的过程，包含了许多政治和行政的因素，如果仅仅采用演绎或归纳的方法未免显得过于简单且缺乏说服力。因此，他们主张建立动态的执行图景，用混合方法建立执行模型来研究复杂的、多层次的、多变量的执行问题，特别是府际关系问题。他们所提出的“府际间政策执行沟通模式”更为关注政策执行动态层面的理论探讨，强调多种因素的系统分析。

戈金等人的“府际间政策执行沟通模式”主要建立在三点假设之上：第一，联邦政府和州政府之间具有冲突与合作关系；第二，州政府具有政策裁量权，可以解释联邦计划的命令内容或指明地方亟须解决的问题；第三，不同时间和不同管辖权下具有不同的执行形态变量。这些变量包括：一是自变量：联邦政府层次的诱因与限制以及州与地方政府层次的诱因与限制，二者在政策执行过程中形成相互依存的关系；二是因变量：州政府的政策执行；三是中间变量：州政府自身的决策结果及州政府能力。

“府际间政策执行沟通模式”分析的重点在于府际关系对政策执行的影响，关注了团体间相互妥协的问题，强调了政府间所表现出的独立特征，明确区分了各影响因素之间的制约关系，体现出综合的视角，认为政策执行的结果实际上既取决于自上而下研究途径所关注的影响因素，又取决于自下而上研究途径所关注的影响因素。“府际间政策执行沟通模式”的提出意义重大，充分体现了政策执行研究的整合特征。

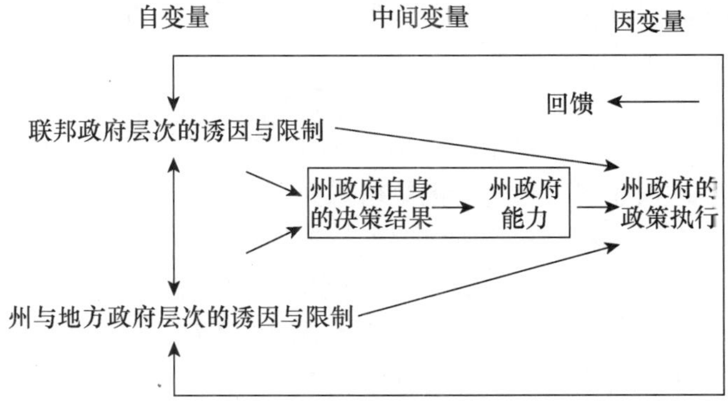

图 8—4　府际间政策执行沟通模式

8.2.2　研究政策执行的其他理论和模型

在政策执行研究中，一些政治学、经济学、管理学中的理论和模型也经常被用来对政策执行过程进行分析，这些理论和模型从不同的角度阐述了政策执行过程中可能出现的结果，了解这些理论和模型有助于对政策执行的整个环节和涉及的各种因素有一个更全面的把握。

1. 公共选择理论

公共选择理论产生于20世纪40年代末50年代初，英国经济学家邓肯·布莱克被尊为“公共选择理论之父”，但在公共选择理论的发展过程中，领袖级的人物当推美国著名经济学家詹姆斯·布坎南。他发表的一篇专门研究公共选择的文章《社会选择、民主政治与自由市场》被认为是公共选择理论最具有代表性的经典之作。

公共选择理论最突出的特点就是以经济学的分析方法研究政治问题。它彻底突破了传统政治学将政治家和政府视为全民利益的代表者并具有大公无私的公共目标的理想假设，把政治舞台模拟为经济学意义上的市场，并从经济人的假设出发，认为政治活动中的每一个参与主体也是基于自身利益最大化而采取相应行动的。

布坎南提出了公共选择理论的三大要素，即个人主义、经济理性和交易政治。个人主义是微观经济分析的出发点，同样也被看作集体行动的出发点。公共选择理论注重于分析个人行为，如政治家和政府官员的行为，以及个人行为如何通过政治过程发生影响；经济理性强调人是利己的，追求个人利益和效益最大化，其活动具有个人利益导向，这不仅表现于经济领域，而且在政治领域中也是如此；交易政治认为政治应被视为一个在解决利益冲突时进行各种交换从而达成协议的过程，含有讨价还价和市场交易的性质。

公共选择理论对政策执行研究具有重要的启示。政策执行过程中的执行官僚、地方组织以及受影响者都具有自己的利益趋向，他们的很多行为正是基于自身利益最大化的考虑，而这些行为都会对政策目标的实现产生制约作用。

2. 博弈模型

博弈论（Game Theory），亦名“对策论”、“赛局理论”，主要用来研究竞争性质的博弈现象。1994年冯·诺依曼和摩根斯坦恩合著的《博弈论和经济行为》奠定了博弈论的理论基础。目前它不仅已经成为经济学的标准分析工具之一，而且在政治学、社会学、管理学等领域也得到广泛应用。

美国公共政策学者尤金·巴达克在1977年出版的《执行博弈》一书中运用了博弈论的方法，提出了政策执行的博弈模型，强调政策执行是一个各方进行博弈的过程，政策执行的有效与否，主要取决于各方参与者的策略选择。

巴达克从博弈视角观察执行过程中相关参与者就政策目标实现所作的谈判与妥协的互动情形。他认为，政策执行过程经常会发生“议价”、“劝服”、“策划”三种不稳定的状态。因而，如何把控博弈各方的行为就成为执行成败的关键。

巴达克指出，政策执行实为一种“游戏”或赛局，其中包括下列一些要素：（1）参与者，即政策执行者与受影响者；（2）利害关系，即竞赛可能的原因；（3）竞赛资源，包括策略和技术等软资源以及财物和权威等硬资源；（4）竞赛规则，这是取胜的标准与条件，公平竞赛是最基本的规则；（5）竞争者之间信息沟通的性质；（6）所得结果的不稳定程度。巴达克认为，正是在这六种要素的作用下，政策执行通过博弈完成其过程。

3. 循环模型

美国学者马丁·雷恩（Martin Rein）和弗朗西·拉宾诺维茨（Francine Rabinovitz）在1978年发表的《执行：一种理论透视》一文中提出了政策执行循环模型。他们认为，政策执行是介于政策意向与政策行动之间的一个动态变化过程。这一过程包括三个不同的阶段：拟定纲领、分配资源和监督执行（如图 8—5 所示）。所谓拟定纲领就是将立法机关的意图转化为行政机关执行政策的规范和纲领；所谓分配资源就是将政策执行所需资源进行公平、有效的分配；所谓监督执行就是对政策执行过程进行监控，对政策执行结果进行审计和评估，确认执行者所应承担的行政责任。其中每一个阶段都必须遵循三项基本原则：一是合法原则，强调法令、法律条文和先例的重要性；二是理性原则，强调道德上的正确性和技术上的可行性；三是共识原则，强调在竞争的各利益相关方之间达成一致的必要条件。在雷恩和拉宾诺维茨看来，政策执行的三个阶段是相互循环的，而不是单向的线性过程，同时循环过程必然会受到环境条件的冲击与影响。政策执行循环模型对执行要素所引起的且重复发生的影响力进行了解释和分析，并强调了环境因素在政策执行过程中的重要性，说明了“上令下行”虽是政策执行的基本方式，但是“下情上达”和“谋求共识”亦是政策执行的重要途径。

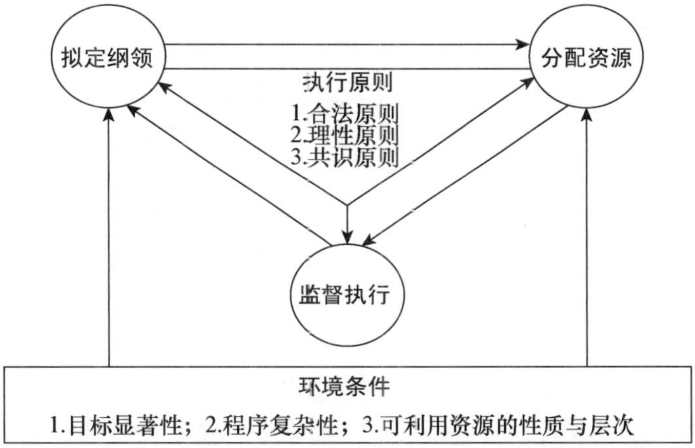

图 8—5　雷恩和拉宾诺维茨的循环模型

4. 过程模型

美国学者史密斯（T. B. Smith）在 1973 年发表《政策执行过程》一文，首次提出了一个分析政策执行因素及其生态的政策执行过程模型，人称“史密斯模型”（如图 8—6 所示）。史密斯认为政策执行所涉及的因素众多，但以下四类应为最主要的变量。

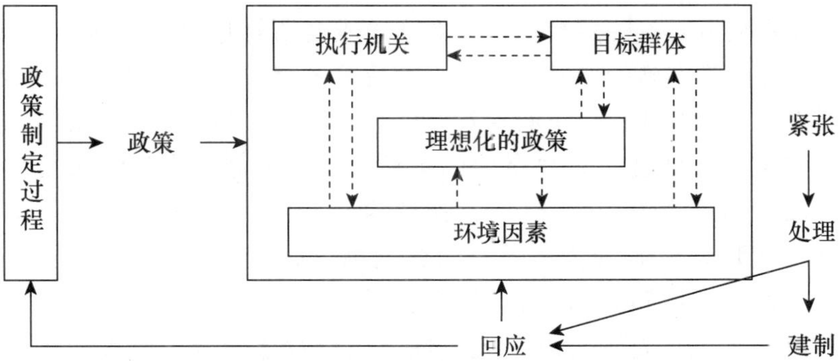

图 8—6　史密斯的过程模型

（1）理想化的政策，即合法、合理、可行的政策方案，具体包括政策的形式、类型、渊源、范围，以及社会对政策的认识。

（2）执行机关，通常指政府中具体负责政策执行的机构，包括执行机构的权力结构、人事配备及其工作态度、领导模式和技巧，以及执行人员的情况。

（3）目标群体，即政策对象，泛指由于特定的政策决定而必须调整其行为的群体，包括他们的组织或制度化程度、对领导的认知程度以及先前的政策经验。

（4）环境因素，即那些与政策生存空间相关联的因素，包括政治环境、经济环境、文化环境、历史环境等。环境因素是政策执行的路径依赖。

史密斯模型描述了在政策执行过程中这四个主要变量及其互动对政策执行效果的影响过程。史密斯用“办理”（transaction）一词来表示对政策执行过程中因四个主要变量互动所引起的紧张、压力和冲突作出适当的回应。如遇问题，进行反馈；没有问题，完成建制。

8.3 政策执行的原则

公共政策执行是政策执行过程中非常重要、非常关键的一环，欲顺利、平稳、高效、成功地执行政策，就必须遵循一定的科学原则。这些原则主要包括以下几个方面。

8.3.1 权变原则

所谓权变，是指权宜应变，即在政策执行过程中不能只是机械地落实，而是要灵活地处置。执行不存在一成不变的、普遍适用的“最好的”模式和方法，当然，同样也不存在普遍不适用的“不好的”模式和方法。因此，执行要依据主客观条件的变化随机应变，不可僵化处理，要正确处理好原则性与灵活性的关系。古人云：“大行不顾细谨，大礼不辞小让。”说的也是这个道理。

政策作为指导和规范人们正确行动的依据和准则，本身具有合法性和权威性。因此，在政策执行过程中必须把握政策的原则性。这种原则性是由政策的本质决定的，如果原则性被破坏，政策的性质就会改变，政策的积极作用和实施效果就会受到影响。因此，执行者在实施政策时，一定要严格按照政策本身所规定的特定调控对象和作用范围去落实政策。没有政策实施的原则性，就没有政策的严肃性和权威性，就会纵容“有令不行，有禁不止”、“上有政策，下有对策”的恶劣现象。当然，坚持政策实施的原则性并不排除政策实施的灵活性。这里所说的灵活性是指在原则允许的限度内采取灵活的做法，在坚持政策设计的思想前提下，强调执行政策要实事求是，因地、因事、因时、因势制宜，使政策更加符合实际，切合国情、地情和民情，增强政策的针对性，提高政策的有效性。在政策执行过程中，正是因为有了原则性，执行者才能维护政策的严肃性和权威性，也正是因为有了灵活性，执行者才能避免政策实施的僵化和教条主义。

2010 年北京的第一场大雪从 1 月 2 日晚开始，持续 24 小时以上，不仅比以往来得更早一些，而且比以往来得更猛一些，积雪厚度没过了成人膝盖，降雪量历史罕见。伴随这场大雪，北京出现零下 15 度的低温和 5～6 级的大风。基于恶劣的大雪和强降温影响，市政府 1 月 3 日下发紧急通知："因遇大雪，全市中小学 1 月 4 日停课一天。"停课令的下达使学生家长们松了一口气。这是北京市首次因为大雪作出全市统一停课一天的应急决策，政策基于现实条件的灵活性让人感到耳目一新。不难想象，在这种极端天气下，如果全市中小学生仍要上课，那么交通会面临多大压力，安全隐患会使人徒增多少牵挂。这项决策无疑体现了政府决策的科学和人本。是的，曾经呆板的种种制度规定，应该在人性本位的社会环境中有灵活的改变，这是看起来硬邦邦的政策应有的温度。

8.3.2　创新原则

执行不仅要能应变，而且要能创新。实事求是不等于无所作为。政策执行必须面向未来，超越与突破旧的思想观念和行为模式，实现经济发展和社会进步。因此，执行公共政策时还必须提倡开拓创新，利用现实条件发挥主观能动性，创造性地解决社会公共问题，促进公共政策有效、顺利地执行。

2012 年 5 月 2 日，温州市委书记陈德荣提出了一个"治污新标准"："检验温瑞塘河治污成效，不以部门报上来的数据为准，要以环保局长和公用集团董事长带头下河游泳作为河水治理好的标准。"他是在温州瓯海专题调研城市污水治理工作时说这句话的，同时他还希望能把检验治理成效的主动权交给普通市民："在哪条河道游泳，要由大家说了算。"此言一出，立即引起了网民的热议，不少网民积极地为环保局长推荐游泳的河段。有网友更是整理出了龙湾状元桥的"黄河"水、鹿城丰门河、瓯浦垟的臭水沟、黄龙家电市场旁边的双桥河等"游泳胜地"。陈德荣提出的温州"治污新标准"为更好地落实国家的环保政策提供了一个创新思路。

"解决目前房价高涨不下的一个核心对策是 16 字方针：允许买房、限制卖房、奖励租房、处罚空房。"在清华大学经管学院 2013 年"中国与世界经济论坛"上，国务院参事室参事陈全生如此认为。他解释说，允许买房是指，如果你有钱，政策不限购，想买 100 套都卖给你，但是限卖。因为投机买房者是为了卖，从一买一卖中套取中间差价获利。一旦掐断投机者的获利方式，这些人自然就不会买房了，就能把房源留给真正需要住房的人。具体来说，限卖的方法就是国家对差价征收高额税费，比如买房后一年就卖的，房屋总价与买房时总价差价的 95%由国家收走，若两年后卖的，85%的差价归国家，以此类推。奖励租房是指把房东的租房所得税全部免掉，这样的好处是利用部分有房的百姓解决部分没房的百姓的住房问题，同时增加部分百姓的收入，也有利于社会稳定。处罚空房是指闲置 3 年，房产税翻番；闲置 5 年政府组织流浪汉入住；闲置 7 年，收归地方政府所有。尽管陈全生的观点存在很大的争议，但不失为一个创新之策。

择校是教育领域的老大难问题。择校，实质上是择师，由于名师多数集中在名校，致使择校风愈演愈烈。为了解决这一问题，缓解上好学校难的现象，武汉市教委推出新规，从 2012 年开始，逐渐淡化中小学教师校籍和身份管理，强化中小学教师职籍和区域管理，推进区域内教师“轮岗”。义务教育学校50周岁以下男教师、45周岁以下女教师，在同一所学校任教满6年的，原则上要在区内进行交流。各区每年参加区内交流的教师人数要达到符合交流条件教师总数的7%以上。此举绝不是要将“名校变弱校”，而是要以一种“稳定+部分流动”的方式，以强带弱，达到均衡教育资源的目标。武汉轮岗新规可谓一个创新，对推动教育公平意义重大。

8.3.3 法治原则

法治一直是政策执行中最为重要的一个理念，强调的是“有法可依，有法必依，执法必严，违法必究”的原则。然而，有法可依不代表有法必依，从认真开会到认真执行，实现真正的法治还有一大段阶梯要爬。虽说在我国历史上，法治的话语没有任何时候像今天这样风靡流行，“依法治国，建设社会主义法治国家”载入了宪法，从全国人大到地方人大的立法如急风暴雨般推进，“无法可依”的时代已渐远去，“中国特色社会主义法律体系”也指日可待。可是，我们真的离法治不远了吗？议而不决是无效的决策，决而不行则是无效的执行。现在我们需要保持一份清醒，法治不只是一套缜密的文字法规加一套严格的司法体系，而是与广大民众的价值、信仰、观念、心态以及心理行为紧密相关。法治的必要前提是公民守法意识的形成。我国的现代法治不可能一蹴而就，法治之路必须依靠人民群众的实践和社会力量的推动，而不仅仅只是几位熟悉法律理论的学者、专家的设计，或只是全国人大常委会的立法规划。

坠机理论：依赖“英雄”不如依赖机制

坠机理论首先提出的问题是：上飞机之前，企业领导人给自己的企业买“保险”了吗？

假如当年IBM个人电脑业务部总负责人埃斯特利奇没有被拉下台，而后又登上那架令他送命的飞机，他的功劳可能远不止使自己被《时代》评为1982年“年度风云人物”，也许还能使IBM抓住某种机会而不是让微软称霸整个计算机操作系统。

当然，以上的假如并没有发生。商业界会不断出现各种个人意外，比如1985年埃斯特利奇坠机身亡，2003年12月家乐福集团的第一股东保罗·路易·哈雷及其夫人死于飞机事故。在企业中扮演着举足轻重角色的人的突然消失无疑会对其企业的战略和管理造成深刻的影响。

一直以来，在企业管理领域，人们经常担心一个企业的命运过于依赖某一个领导人。他才能非凡、资源丰富、个人魅力十足，他就是企业的化身，就是企业的“护身符”。可是，一旦他突然“坠机”身亡，企业就像失控的飞机一样落得不确定的下场。怎样才能不让领导人对企业的影响太大，以至于“一人亡”而“企业衰”呢？怎样才能让企业避开这一可怕的“死亡定律”，依然持续健康地发展下去？管理界一直有着“坠机理论”的说法，即企业需要在平日的经营管理中采取适当的措施，形成一套完整的制度，避免因企业的领导者突然“坠机”而导致企业“坠机”。俗话说，不怕一万，只怕万一。如果“坠机”事先上了三道保险，突破了个人魅力怪圈，建立了常规性的领导者继任程序，那么我们还有什么可担心的呢？记住，制度永远比英雄更靠得住！

8.3.4 效率原则

政策执行的效率内涵是，最有效地使用社会资源以满足政策目标的需要。执行效率原则主要应注意下面几个问题。

区分任务类型：从责任角度讲，把握该做的和不该做的；从主观角度讲，把握能做的和不能做的；从客观角度讲，把握可行的和不可行的；从性质角度讲，把握重要的和次重要的；从顺序角度讲，把握先要做的和后要做的；从时间角度讲，把握急着做的和不急着做的。

罗列执行清单：大部分的政策项目都会包括很多不同的任务。别以为你什么都记得住，项目的失败很多时候都是因为任务的遗漏。清单管理是一个很好的解决办法，把每一项任务都记录在清单上，然后在时间安排上加以统筹。

把任务细分：一项任务之所以艰巨往往是因为它看上去过于宏大。有时我们容易把目标当成任务。任务是使你能够朝目标更进一步的具体概念。一项好的任务是你能够立即拿来实施的东西，而不是你只能在头脑中思考的内容。

把任务简化：另一个让任务变得艰巨的原因就是它看上去过于复杂，让你感到无从下手。那么就先从最简单的开始，等你真正做了一些工作，有了真正的进展。你就会渐渐明确你的任务，更容易地理解它。

发现任务瓶颈：瓶颈一说基于一个被称为短板效应的简单常识，发现瓶颈是实现有效执行的必要环节。但在现实复杂的社会环境中，分析短板在哪里，以及如何改进它，却比说起来困难得多。

借鉴经验：通常来说，解决一个困难的问题需要一些灵感，但更需要知识和经验。如果你对那项任务或那个问题并不熟悉，你应该从研究和借鉴开始，学习一下其他人或其他地区的经验，慢慢地加深认识和理解，并且可以做一些小的尝试看看你能否学以致用。

把握时效：时机稍纵即逝，时机失不再来。因此，把握执行机会，不失时机地出手，是实现政策目标的必然选择。任何公共政策都是有时空条件的，一旦超过了一定的时间和空间，即使是曾经非常科学、合理的政策也极有可能变得不科学、不合理。追求时效是执行效率的一项非常重要的内容。

清单管理

说起来都令人难以相信，有时候，医生之所以能够拯救一位危重的病人，靠的不是深奥的理论或高超的医术；管理者使一个濒临破产的企业起死回生，靠的不是尖端的科技和过人的智慧，而是一张平凡得不能再平凡的操作程序清单。

难道不是这样吗？美国印度裔医生阿图·葛文德（Atul Gawande）写了一本叫作《清单革命：如何持续、正确、安全地把事情做好》的书，讲了很多这方面的例子，如1935年波音新型飞机试飞的失败、医生急救手术的成功等。他用这些例子来说明：有时候事情的失败就在于忽略了一个简单的步骤，比如忘了开启锁住的方向舵，或是忘了检查病人是否对某药物敏感。因此，如果我们能够在自己做事情的时候，列出一个操作程序清单（checklist），并确保自己或通过第三者来核对这个清单，就可以降低在执行过程中因人为疏忽而导致失败的概率。

拟定清单其实很容易，但执行起来却很难。如在医生实施手术时，为了减少病人中央静脉导管感染的发生率，医生应该：(1) 用肥皂洗手；(2) 用消毒药水清洗病人皮肤；(3) 为病人裹上无菌布条；(4) 自己戴上无菌手术衣、口罩、帽子；(5) 用无菌纱布来包扎插入导管的伤口。这些基本程序看起来简单无比，不可能被遗忘，但作者在书中就记载了一个真实的例子：2001年在著名的约翰霍普金斯医院（John Hopkins Hospital），一位医生私下嘱咐加护病房里的护士观察并记录医生们在进行手术时，是否能够做足每一个步骤，在短短的一个月内就发现，在至少1/3的个案里，医生们至少遗漏了其中一环！后来在伯诺瓦思的建议下，医院推出了手术清单，在接下来的18个月时间里，一共拯救了1 500名病人的性命，并为密歇根州省下了近1亿美金。

清单这东西可以说无处不在，从指导业余登山者登山、指导学员驾机飞行到处理生活中一些紧急出现的情况，到处都有清单的身影。对飞行员来说，清单就是法律，必须执行，不能侥幸——一点侥幸或厌烦，可能就错过一项内容，也许就会导致机毁人亡。有很多实例可以证明，对清单的认真学习和执行，在危急时刻确实能帮上大忙。所以，你可千万不要小看清单的作用，因为它很可能就是避免你失足掉下山崖的一张警示牌！

资料来源：[美] 阿图·葛文德：《清单革命：如何持续、正确、安全地把事情做好》，杭州，浙江人民出版社，2012。

8.3.5 人本原则

人本原则的基点是维护人的尊严。尊严这个概念常用于哲学、伦理学、社会学、法学和政治学的讨论中，用以表明人本固有的价值属性和拥有受到他人尊重的权利。它聚焦于人本所固有的不可剥夺的权利及其概念的延伸和扩展，经常会以一种警示和劝诫的方式出现。例如，在政治上它常用来表示对于不平等行动的反抗和弱势群体为寻求平等对待的诉求。但同时它也在不断扩展自己的应用领域，在文化、道德、信仰等观念中得以阐释，康德曾经说过："唯有道德和人之本性才可冠以尊严之名。"他认为，人的尊严体现在人是一个行动者，并具有凭借自身行动来进行选择的能力。总之，尊严概念有着丰富的意蕴，在社会生活中发挥着促进作用。

房子颜色与人本原则

你可能不会想到，只要说出自己的房子是什么颜色，就算没有任何身份证明，安检人员也会让你登上飞机。

前不久，我从洛杉矶飞往旧金山。令人懊恼的是，我的钱包在去机场的路上丢了，我身上没有任何东西能证明自己的身份。

到达机场后，我找到了安检人员。“你身上有其他东西吗？比如借书证或者账单？”她问。

我可怜兮兮地摇摇头。她耸耸肩，然后打电话给她的主管。一会儿，主管来了，“请在这张表格填上你的姓名和住址，”他说，“然后我打电话给相关人员，他会问你一些问题，以帮助我们确认你的身份。”

很快，一位故意不表明身份的人士就打来了个电话。

“你是否曾经在华盛顿特区居住过？”他问。

“是的，我几年前在那儿住过。”我答。

“你现在是不是住在一个封闭式的小区里？”他接着问。

“是的。”我答。

他的最后一个问题使我能够通过安检并登上飞机，但这个问题几乎让我晕倒：“你的房子是什么颜色的？”

这太出乎我的意料了，但我还是镇定地回答道：“绿色。”

两天后，我从交通安全管理部隐私政策执行部门的主管皮特拉先生那里得到了答案：“我们设计了一道程序，可以通过不同的方式来尝试确认站在安检站，又不能提供身份证明的人。这通常会根据某些商业数据库的资料提问，有时也会尝试通过‘谷歌地球’来搜索旅客的住址。”我明白了，他们知道我房子的颜色，肯定是因为“谷歌地球”上有这所房子的照片。

资料来源：［美］安妮塔·艾伦：《房子颜色与新技术》，载《齐鲁晚报》，2013-04-05。

8.4 政策执行的影响因素

公共政策在执行过程中经常会受到各种各样的因素的影响和干扰，且正是这些因素导致了预期的政策效果难以实现，为此，国内外不少学者都从政策有效执行所需条件以及影响因素等角度作了研究和分析。

政策执行的十项必备条件

英国斯特拉斯克莱德大学政治学系的霍格伍德和冈恩基于对政策执行案例的研究

和分析，提出了政策有效执行需要具备十项条件。

1. 没有无法克服的外在限制

政策执行者所面临的外在环境有时候是很复杂的，有些问题难以解决，以执行机构本身的主观努力，有时根本无法克服外在环境的限制，如此一来政策当然无法落实。如果没有这种无法克服的外在环境限制，就容易形成比较有效的政策执行。

2. 充分的时间与足够的资源

有效的执行需要有充裕的时间与资源，但这在现实世界里几乎不太可能。经费的欠缺、时间的紧迫都容易造成政策执行的失败。有些政策执行的结果需要长时间才能得到体现，如教育改革政策，这样的政策执行需要给予足够的时间，不能急躁，需要在一个比较长的时间跨度内来评估政策执行的效果。

3. 有效整合所有必要的资源

公共政策所需要的资源很广，包括人力资源的配置、所需经费的提供、时间条件的满足、组织体系的健全等。如果这些必要的资源无法得到有效的整合，那么政策也不可能得到有效的执行。

4. 政策需要有效的理论支撑

有效的理论能够指导政策制定者对公共问题的明确认定，使政策议程切实反映社会民意的走向，使政策内容更符合多元利益相关者的期望与价值。政策执行需要得到一定的理论支撑，逻辑严密而广泛认同的理论能够对政策的受影响者产生很大作用，从而减少执行过程中的阻力。

5. 直接而清晰的因果关系

政策执行首先要确立直接而清晰的因果关系，这将为政策执行提供巨大的说服力，一方面能够指导执行者加速政策的实施，另一方面也能够有效减少执行的阻力和障碍。

6. 最低限度的依赖关系

政策执行是一个追求效率的过程，执行部门或组织应该获得相对比较大的自由裁量权而减少对上级部门或者其他部门的依赖，如果政策执行部门作出的每一个决定都必须先要汇报、请示，等待上级部门的批准，那么政策执行显然是不可能有高效率的。

7. 对政策目标具有充分共识和正确理解

对政策目标的共识和理解是政策有效执行的重要条件，如果执行者对政策目标的认识相互冲突，认识也不够清晰，那么政策执行起来就十分困难。

8. 任务的清晰陈述及正确的行动序列

政策执行涉及一系列逻辑性的任务组合，如果政策执行所承担的任务陈述不清楚、顺序有问题，就容易导致执行失败。

9. 有效沟通与协调

在政策执行过程中，所有参与者都必须在同等信息基础上进行沟通与协调，从而充分了解彼此的立场，在有效沟通的基础上协调各方利益，寻求利益的平衡机制和最终行动方案的达成。

10. 权力与服从

政策执行者应该拥有实质性的权力，这种权力能够使目标群体或者个人形成服从，这种权力与服从关系是政策有效执行的关键因素。然而现实中政策执行者的权力往往受到重重限制，民众的服从程度也因此大打折扣。

资料来源：B. Hogwood，L. Gunn. *Policy Analysis for the Real World*，Oxford University Press，1984。

8.4.1 政策资源

政策目标无论多么明确，政策规划无论多么精细，政策方案无论多么具体，如果负责执行政策的机构及其人员缺乏足够的用于政策执行的资源，执行的结果就不可能达到政策规定的要求，就不可能实现政策的既定目标。俗话说，“巧妇难为无米之炊”，适量的资源是政策成功不可缺少的条件。

政策执行所需要的资源条件主要涉及以下几个方面。

1. 经费资源

经费是政策执行的基础性物质资源，钱不是万能的，但没有钱却是万万不行的。政策执行需要有经费方面的保证，但一定不要以为花了钱就能办成事，更不是多投入就会多产出，政策执行中还有许多管理方面的问题需要解决。

2. 人力资源

执行都是靠人来进行的，人员保证是政策执行的必要前提。但人力资源的利用是讲求效率的，俗话说，“一个和尚挑水喝，两个和尚抬水喝，三个和尚没水喝”。人多并不一定是好事，本该一两个人做的工作，却偏偏让一群人来干，如果能把事情做好，那才是怪事呢！政策实践中，我们有许多的事情没有办好，并不是因为管事的人太少，而恰恰是因为负责的人太多。

3. 信息资源

信息同样是影响政策执行的一个重要变量。政策执行人员不仅需要具备获取信息的能力，而且需要具备处理信息的能力。如果收集了一大堆信息，而不加以分类整理，不进行分析判断，不去做去粗取精、去伪存真的工作，即使信息再全面、再丰富也起不到应有的作用。

4. 权威资源

权威乃是执行工作任务的权力来源，它作为政策执行的一种特殊资源，对政策的有效执行具有非常重要的作用。试想，如果警察没有权威，他怎样执法？对政策执行机构而言，其权威的获取多来自法律的授权。

显而易见，资源不足，政策目标就不得不被搁浅，从而导致政策执行不利或失败。比如政府提出的“退耕还林，以粮代赈”的有关政策，其既定目标能否实现，主要取决于支撑其执行的资源条件充足与否。中国有 9 100 万亩坡耕地，涉及3 700 万人的生计问题。如果将这些坡耕地全部退耕，国家必须养活这 3 700 万人，从目前条件来看，这是很不现实的。同时，退耕还林需要十几年才能看出成效，而粮食供给却是周期性的，如果粮食价格上涨，而国家不能向这部分农民供应粮食的话，那么这些农民迫于生计，只能将树林砍了再种粮食。因此，如果我们从政策资源角度进行分析就不难得出这样的结论，即该政策的目标是很难实现的。根据取舍理论，这种两难的困境在公共政策制定过程中经常会遇到。

8.4.2 目标群体

尽管政策的目标各式各样、类型千差万别、内容五花八门、规模有大有小，但它总是表现为对一部分人的利益进行分配或调节，对一部分人的行为进行规范或指导。这些受到政策直接影响和作用的对象，即政策制约的社会成员，被称为政策目标群体或政策对象。

目标群体的作用不可小视。政策能否落实，目标能否实现，不能单靠政策制定者或政策执行者的一厢情愿，它与目标群体的态度有着直接的联系。目标群体理解、接受、遵从政策的程度是衡量政策有效性的关键性要素。一般说来，目标群体的态度选择有两种形式，一是接受，二是不接受。当然，接受又可划分为完全接受或部分接受、积极接受或消极接受；不接受也可划分为完全不接受或部分不接受、积极不接受（强烈反对）或消极不接受（不予合作）。从制度激励角度来看，一项政策如果能够使目标群体获得一定的利益，那么相对就容易被目标群体接受。反之，一项政策如果被目标群体视为对其利益的侵害和剥夺，那么就难以得到目标群体的认可。例如，党的十一届三中全会以后，在我国广大农村推行了家庭联产承包责任制，这项政策适应了当时农民渴望致富的利益需求，因而赢得了他们广泛的支持与积极的合作，为政策执行创造了极为有利的条件，很快取得了超出预想的政策成果。再如，一些基层政府打着发展地方经济的旗号，以修建公共设施为借口，制定相应规制政策，大搞形象工程、政绩工程，因而在农民身上横征暴敛，使农民的利益受到侵害，造成了政府部门与农民群众的严重对立。这类严重损害农民利益的政策，必然会受到广大群众的强烈反对和抵制，不可能会推行顺利，即使采取高压和强制措施，也只能得逞于一时，而失败于长久。

政策对象对政策有接受或不接受两种选择。他们对政策接受的情况又可分为三种状态：服从、认同与内化。如何促进和保证政策对象接受政策，且能够加以认同和内化，是政策执行活动需要解决的重要问题。

1. 政策认同的缘由

目标群体之所以能够接受、遵从和执行某一项公共政策，通常是出于以下几个方面的缘由。

（1）政治社会化的影响。

所谓政治社会化是指人们在社会化的过程中，树立政治观念（对国家、政党、制度、权威、意识形态、权利义务的认识）和形成政治行为模式（遵纪守法、拥护社会制度等）。任何国家都会设法通过家庭、教育、传媒等渠道促成人们的政治社会化。如果这一过程较为成功的话，社会成员就会逐渐树立起支持现行社会制度的观念，能够体谅公共政策中的一些无奈之举。

（2）传统思想观念和行为习惯的制约。

政策往往会对目标群体思想和行为的改变提出一定的要求，其变化幅度的大小在很大程度上影响目标群体对政策的接受和服从。例如，我国的计划生育政策之所以在一些地区执行不力，关键是因为与当地传统的思想观念和行为方式存在很大的距离。“重男轻女”、“传宗接代”、“多子多福”、“人旺家兴”等传统思想观念可谓根深蒂固。时间的塑造和历史的熏陶在一定程度上固化了人们的思想和行为，要想很快改变这些传统思想观念和习惯模式是极为困难的。在政策制定中必须要考虑思想观念和行为习惯的因素，掌握改变的幅度，如果能采取渐进方式就最好别搞激进变革。

（3）对公平过程的看法。

根据社会心理学的公平过程理论，当人们确认程序的公正性之后，他们甚至能够接受这个程序带给自己的不利结果。所以真正把程序做公平了，事情就好办多了。一个非常简单的例子就是分蛋糕，如果你让分蛋糕的那个人最后一个拿蛋糕是不是很公平呀？有了这样的方案，谁还会不满意呢？

（4）成本收益的权衡。

目标群体对某一项政策的态度在很大程度上取决于其对利益得失的判断。如果他们认为接受此项政策比不接受此项政策所受的损失要大，他们就会采取抵制的态度。当然，现实中有许多条件限制了人们仅仅从利益得失角度考虑问题，但是，目标群体的利益得失是制度激励的关键，必须引起政策制定者和执行者的高度重视。

（5）大局或整体的考虑。

虽然人是“经济人”，但人也是“社会人”，他不仅会从成本和收益角度考虑问题，而且还会从整体和大局角度进行判断。如果他们认为某项政策从总体上看是合情合理的，是照顾大局的，那么即使牺牲一些个人利益和小集团利益、局部利益和眼前利益，他们往往也能够顾全大局，从长远考虑，接受和服从该项政策。

（6）避免受到惩罚。

公共政策的权威性是不争的事实。如果没有强制力作依托，政策就难以得到贯彻和执行。作为利益分配与调节杠杆的公共政策，不可避免地会触动一部分人的既得利益。如果没有一定的惩罚措施，他们很可能就会去做违背政策的事情。人们有时候会因为畏惧惩罚而接受和遵从政策。当然，惩罚只是手段而不是目的，为惩罚而惩罚实际上就是权力的滥用。

（7）环境条件的变化。

政策在实施过程中会产生“振动效应”。随着时间的推移和客观条件的改变，人们的主观认识也会产生这样那样的变化。一项最初不受欢迎的政策可能逐渐被人们理解并接受，一项最初深受拥护的政策可能逐渐被人们认清并抵制。应该从辩证角度认识这个问题，事物的运动是绝对的，静止是相对的，没有一成不变的事物，也没有一劳永逸的政策。

服从实验

实验规则：关于服从的经典研究是由社会心理学家米尔格拉姆（S. Milgram）于1963年在美国的耶鲁大学进行的。这项研究是社会心理学领域最具影响力的实验之一。米尔格拉姆通过公开招聘的方式，以每小时4.5美元的价格招聘到40名自愿参加者，他们包括教师、工程师、职员、工人和商人，年龄25～50岁。实验者告诉被试，他们将参加一项研究惩罚对学生学习的影响实验，要求两人一组，用抽签的方式决定其中一人当学生，另一人当教师。教师的任务是朗读关联词，学生的任务是记住这些词，然后教师呈现这些词，让学生在给定的4个词中选择2个正确的答案，如果选错了，教师就通过按电钮给学生以电击作为惩罚。事实上，研究者事先已经安排了每次抽签的结果总是真正的被试作为教师，而由实验者的助手作为学生。实验过程中当学生的假被试和当教师的真被试被分别安排在不同的房间。学生的胳膊上绑有电极，人被绑在椅子上，以便在记忆词汇发生错误时被教师惩罚。教师与学生之间是通过声讯的方式进行联系的。教师的操作台上每个电键都标明了电击的严重程度，从15V的“轻微”到450V的“致命”。这些电击实际上都是假的，但为了使教师相信整个实验，让其接受一次强度为45V的电击作为体验。

实验经过：在实验中，每当学生出错，主试就命令教师进行电击，而且要加大强度；随着电击强度的增加，学生也由呻吟、叫喊、怒骂逐渐到哀求、讨饶、踢打，最后昏厥。若被试表现犹豫，主试则严厉地督促他们继续实验，并说一切后果由实验者承担。

实验结果：结果显示，在整个实验过程中，当电压增加到300V时，只有5人拒绝再提高电压，当电压增加到315V时，又有4人拒绝服从命令，当电压为330V时，又有2人表示拒绝；之后，在电压达到345V、360V、375V时又各有1人拒绝服从命令。共有14人（占被试的35%）作出了种种反抗：拒绝执行主试的命令。另外26个被试（占被试的65%）服从了实验者的命令，坚持到实验的最后，尽管他们表现出了不同程度的紧张和焦虑。

2. 政策抗拒的起因

目标群体在政策认同的过程中会遇到障碍的原因主要表现在如下几个方面。

（1）合法性危机。

合法性危机是当代政治学极为关注的一个研究课题。尽管它是一种传统性政治现象，但在现代社会，合法性危机已经成为各国特别是发展中国家所面临的一个普遍性问题。合法性危机的典型表现就是被统治者视为“合法”的事物反被被统治者认为“非法”，这种民众与政府权威之间的冲突无疑会导致合法性基础动摇。发展中国家之所以更为普遍地面临合法性危机，主要是因为传统社会向现代社会转型过程中出现的一系列问题。一是传统价值观受到冲击：人们对政府权力的界限、政府建立的途径、公民应享有的权利、政策制定的程序等政治方面的问题产生一些新的认识，形成意见的分歧，使传统权威的社会心理基础逐渐崩溃。二是物质文化需求的攀升：现代化带来的开放刺激了横向比较的欲望，纵向比较时代形成的心理满足已经难以维系社会的稳定，社会不满情绪的波动必然对政府权威形成巨大的挑战。三是政府的许诺不能兑现：现代化进程本质上就是一场革命，社会的各个层面都会出现动荡和变革，政府要不断出台一些新的措施，作出多种许诺。可一旦不能兑现，公众就会对政府能力产生怀疑，从而失去对政府权威的信任。总之，一旦出现合法性危机，作为政府权威“代言人”的公共政策自然会在目标群体中产生认同障碍。

（2）缺乏对政府官员的信任。

信任作为一种复杂的社会心理现象，很早就引起了学者们的密切关注。在任何一个社会中，倘若人们缺乏必要的相互信任，那么社会运行成本必然会大幅增加。正如美国著名政治学家亨廷顿所指出的那样：“社会文化中缺乏信任将给公共制度的建立带来极大的障碍。那些缺乏稳定和效能的政府的社会，也同样缺乏公民间的相互信任，缺乏民族和公众的忠诚心理，缺乏组织的技能。”[①] 对目标群体而言，对政策执行者的不信任会通过态度泛化机制向其传递的政策信息投射，即所谓“爱屋及乌，恨屋及乌”。

个体特征与信任度

政策执行者的个体特征对其所具有的信任度有着非常重要的影响。这些特征包括人格特征、能力特征、权威特征、态度特征和仪表特征等。

人格特征：人格魅力是信任的基础，“歪嘴的和尚念不出好经”，真理一旦失去人格的依托，光彩将不再照人。社会心理学的研究告诉我们，人们总是习惯于通过具体形象的事物去把握笼统抽象的事物。

能力特征：目标群体对政策执行者的信任不仅取决于他们对执行者道德因素的判断，而且取决于他们对其能力特征的评价。政策执行者光当好人没有用，关键还要看是不是能人。

权威特征：权威特征的形成受制于多种因素的影响，如职业、地位、名望、身份、家庭、年龄等。社会心理学的研究表明，带有权威特征的信息具有更大的影响力，因为权威本身往往就是一张信任度的名片。在一项心理实验中，同一个人就预防青少年犯罪问题做了三场内容完全相同的报告，只是对报告人的身份做了不同的介绍。第一场报告介绍他是一位著名的法官，第二场报告介绍他是一位社会热心人士，第三场报告介绍他是有过前科的悔过人员。实验结果表明，报告人以法官身份出现，其报告内容最容易使人信服，而以悔过人员的身份出现，报告几乎起不到说服的作用。这项实验以实验者的名字命名，被称为凯尔曼实验。

态度特征：自信、执着、专注、热情，这些态度因素对信任度的影响并不亚于权威因素。试想，一个自己都没有把握或不相信的事情，偏要讲给别人听，让别人去相信，这怎么可能呢?!

仪表特征：仪表特征与执法信度关系重大。在任何国家和地区，制式服装都是公权力的象征符号，特别是警式制服和大盖帽，更是执法权的典型象征。现在在一些地方，仿制的警服和大盖帽遍地开花，貌似法治的加强，实际上却是公权力被放大或者被滥用。有的人以为有了一身制服和大盖帽就可以威风八面，就可以随意管人、吓唬

---

① ［美］塞缪尔·亨廷顿：《变化社会中的政治秩序》，26～27页，北京，三联书店，1996。

人。这种意识和行为助长了权力腐败，损害了百姓的利益，也破坏了政府与群众的关系，影响了政策和法律的尊严。

（3）社会心理负担过大。

“社会心理承受力”作为一个研究概念主要是指公众心理对社会刺激所能接受的程度，更多表现为社会成员对社会变革和政策措施的心理适应能力和心理反应程度，即对心理压力的承受能力。其形成因素有：理解能力、应激能力、耐压能力和平衡能力。

1）理解能力：越是被理解的内容，越是容易被接受，其与心理承受力成正比关系。

2）应激能力：面临突发和意外情况时的情绪自控能力和随机应变能力。

3）耐压能力：亦称挫折忍耐能力，具有明显的弹性特征。

4）平衡能力：情感上不能接受，但理智上可以接受，沟通中的消极反应在行为中得到补偿，这种心理的平衡是一种重要的能力。

由于不同个体在人格特征、成长经历、生活环境、受教育程度、价值观念、健康状况等方面存在很大的差异，而且人的心理意志力、适应力和承受力具有很大的可塑性，所以社会心理承受力的阈限多表现为一个很宽的范围，而并非是定量清晰的临界点，所以很难找到一个确定的指标对其加以明确的界定。尽管如此，“社会心理承受力”概念的提出仍具有重要的启发性意义。它提醒我们，政策变革如果超出了人们的心理承受力，政策认同障碍就必然会出现，即所谓“不能承受之重”。

（4）政策执行存在偏差。

政策执行不利，偏离政策本意，导致政策对象的心理抗拒。以村民自治过程中的选举政策为例，由于乡镇党委和政府具有双重身份，一方面它们是村民自治政策的调整对象，另一方面它们又是该政策的主要执行者，有能力对村民选举施加影响，因此它们对村民自治政策的理解和接受程度直接影响村民选举实际达到的效果。我国村民自治在发展过程中容易出现“二元悖论”现象，即党的领导和村民自治在对农村基层具体事务的组织管理方面存在着权力重叠，出现了强调党的领导就可能会弱化甚至放弃村民自治，而强调村民自治就可能会弱化甚至放弃党的领导的进退两难问题。这一现象造成了村民自治在运行过程中的一些矛盾和冲突。因此，在一些乡镇干部头脑中容易产生这样一种错误观念：村民选举不利于确保党在农村的核心地位与领导能力。所以他们对村委会选举工作极力加以行政干预，操纵村委会选举过程，将自己的意志强加给村民，使村委会选举流于形式，或置法定程序于不顾，撤换任期未满的村委会成员，侵犯村民的罢免权，更有甚者，根本不经民主选举，强行任命村委会成员。可见，由于政策执行主体的错误行为，妨碍了村民有效行使其民主权利，从而导致村民对选举的冷漠和不满。

（5）政策自身存在缺陷。

政策本身存在这样或那样的缺陷，而这些缺陷使政策的客观性和公正性受到质疑。以深圳教育部门颁布的中考加分政策为例，深圳为吸引金融高管人才，颁布了“金融高管子女中考可加 10 分”的优惠政策。这一新政策引发了广泛质疑。教育是公共资源，把父母从事的优势行业作为子女加分的条件，对绝大多数家长和学生不公平。发展地方经济不能以牺牲教育公平为代价。公民享有平等受教育的权利。即使要对某些群体给予适当照顾，主导原则也应该是“损有余而补不足”。如国家对少数民族或军烈属子女加分，体现了国家的民族政策和对军烈属家庭的照顾。又如一些城市给予环卫工人子女入学照顾，体现的是对城市美容师的尊重。金融高管子女本已享有相对优越的条件，没有理由再让公共资源为之倾斜。虽然教育部每年都会发布相关考试招生工作的规定，但列明享受加分政策待遇的对象基本不变：少数民族学生、归侨子女、烈士子女等等，而根本没有将金融界高管子女列为可享受加分政策的行列。但这似乎并不影响一些地方政府“自行添加”。类似的荒唐加分规定，早就在其他很多地方出现过。比如：福建漳州市曾制定政策，规定民营企业纳税大户的子女中考可以加 20 分；乌鲁木齐也有过“重大投资项目的投资商子女，在录取时加 10 分”的规定；浙江省的绍兴县走得就更远，规定在柯桥买房者，其子女参加中考就可加 10 分。这类带病政策无疑会引起目标群体的政策抗拒。

社会比较理论

社会比较理论是美国行为科学家斯塔西·亚当斯在《工人关于工资不公平的内心冲突同其生产率的关系》、《工资不公平对工作质量的影响》、《社会交换中的不公平》等著作中提出来的一种公平理论。该理论侧重于研究工资报酬分配的合理性、公平性及其对工作积极性的影响。该理论的基本要点是：人的工作积极性不仅与个人实际报酬多少有关，而且与人们对报酬的分配是否感到公平更为密切。人们总会自觉或不自觉地将自己付出的劳动代价及其所得到的报酬与他人进行比较，并对公平与否作出判断。公平感直接影响工作动机和行为。因此，从某种意义来讲，动机的激发过程实际上是人与人进行比较，作出公平与否的判断，并据以指导行为的过程。

(6) 政策评估存在问题。

政策评估是指对政策结果的评估，主要是看有这项政策与没有这项政策到底有何不同。如果评估存在问题，那无疑会构成政策服从的障碍。以北京市的“五日制限行”规定为例，这项措施规定自 2008 年 10 月 11 日至 2009 年 4 月 10 日止，北京行政区域内私人用车按车牌尾号每周停驶一天（法定节假日和公休日除外）。限行范围为五环路以内道路（含五环路），限行时间为 6 时至 21 时。粗略计算，私家车每周少开一天，每月大概少开 4 天，6 个月少开约 26 天，这是当初购车的消费者绝没有想到的。对此，北京市推出限行政策也有补偿手段，那就是对停驶的机动车减征一个月养路费和车船税。但这种经济补偿并不意味着能够替代长期限行政令的合法性。“五日制限行”至 2009 年 4 月 10 日完成第一周期，有关部门评估了相关限行效果，包括道路通畅情况、空气改善情况、民意支持程度等，有关结论已正式向社会公布。上路的车少了一些，道路拥堵状况自然会得到一些缓解，空气情况也会有所好转，这是明摆着的事，似乎用不着花那么大精力去摆出这些数据。至于民意支持程度，特别是有车人士的态度，官方的说法与民间的认识存在很大分歧，引起公众的质疑。由于当初实施限行前未举行听证，这一长达半年的行政强制手段一直饱受非议。虽然北京市有关部门的官员曾通过北京媒体多次表示，部分人所说的"'五日制限行'侵害了公民对机动车财产的使用权"实际上是对物权法的误读，但是，在一个法治社会中，公民对于全国性法律的理解是不是"误读"，看来应当由人大作出最权威的具有法律效力的解释。

8.4.3 执行手段

蛋糕如何分

两个饥饿的人要在一起分一块蛋糕，当然，每个人都想多吃多占，谁也不想让对方占到便宜，那么怎样分才好呢？看来有多种行动选择：第一种分法是劝导一个人克服私欲，发扬风格，同时给予另一个人先行之利，尽其所取；第二种分法是借助量度工具，经过仔细的测量，精密地切分蛋糕，使两个人都感到满意；第三种分法是请来一位有权威的人主持切分蛋糕，凭借权威他可以按自己的价值偏好作出选择，至于给谁多或给谁少，那是权威人物的权力，两个饥饿的人必须服从；第四种方式是让一个人首先切蛋糕，另一个人首先挑蛋糕，以此达到双方满意。究竟哪种方式更为公平且具有更高效率呢？看来结论不言自明。第一种方式是伦理学派的观点，体现了一种德治的精神，但需要具备一定的人性假设前提，并要考虑资源的充裕与否；第二种方式是技术学派的观点，注重工具的作用，强调精密与准确，但需要一定的成本投入，所以必须考虑必要与否；第三种方式是权力学派的观点，强调精英的作用，突出权威的选择，围绕价值偏好作出利益分配，以权力作为秩序的基础；第四种方式是制度学派的观点，体现了一种法治的理念，不需要在人性问题上做文章，只需要考虑制度的服从问题，关注制度的有效性，认为一个好的制度安排甚至可以省去监督的成本，提高执行的效率。

公共政策执行手段是指政策执行机构及其执行者为完成一定的政策任务，达到一定的政策目标，而采取的各种措施和方法。政策执行活动的复杂性决定了政策执行手段的多样性。执行手段的恰当与否直接关系到执行工作的成败。概括说来，执行手段主要有以下几类。

1. 行政手段："以力服人"

所谓行政手段，就是通过各级政府的行政部门，依靠行政组织的权威，采用行政管理的惯用方式（行政命令、指示、规定、规章等形式），按照系统、层次、区划来实施政策的方法。行政手段具有较强的约束力，带有一定的权威性和强制性，表现出自上而下的线性特征，容易做到协调统一、令行禁止。它要求在政策规定的范围内，任何单位和个人都需贯彻执行，否则就要承担一定的行政责任，受到一定的行政处罚。一般来说，行政手段对上级机关的要求较高，上级如有失误将会导致连锁反应。当然，行政手段所具有的刚性同法律所具有的普遍约束力及其强制和权威不尽相同，它允许在一些特殊情况下的灵活机动，具有一定的弹性，表现出行政手段被动中的主动。

2. 法律手段："以律服人"

所谓法律手段，是指通过各种法律形式（法律、法令、规章、司法审判、仲裁等）来调整政策执行活动中各种关系、贯彻落实政策的方法。法律手段是政策执行活动得以进行的基础保障，使政策执行活动有法可依、有章可循，使强制性、权威性与科学性、客观性相结合。当然，法律手段最重要的特点还是强制性和权威性，其范围和约束力超过行政手段。一般来说，法律的产生需要严格的程序，因此，它多适用于一些常规型政策领域。如果事态紧急、要求紧迫，则行政手段更为合适。举例来说，面对具有严重传染性的"非典"，很难立即出台一个"防治'非典'法"进行应对。

3. 经济手段："以利服人"

经济手段是指根据客观经济规律和物质利益原则，利用经济杠杆，如工资、利润、利息、地租、价格、税收、奖金、罚款、合同等，调节政策执行过程中的经济利益关系，促进政策顺利实施的各种方法。与行政手段和法律手段不同，经济手段具有非政治性和间接性的特点。所谓非政治性是指它可以进行经济转换，即依赖经济刺激、利益诱导的方式推动公共政策的执行。而在具有很强政治性的政策领域，很难进行经济转换。所谓间接性是指它不像行政手段那样进行直接干预，而是利用经济杠杆对各方经济利益进行调节来实现间接控制，通过利益平衡原则和等价交换原则来间接地推动政策的执行。经济手段是多样的，各种手段的功能是不同的，应根据不同情况采用不同的经济手段，切不可简单划一地规定，更不能不加分析地套用。

4. 教育手段："以理服人"

教育手段是一种人本主义的管理方法，常用形式有制造舆论、说服教育、协商对话、奖功罚过等。它主要是通过非强制性的手段，运用思想诱导方法协调各方关系、使政策目标群体能够自愿接受政策内容，不从事与政策相违背的活动，从而减少政策服从成本，提高政策执行效率。

一般来说，制造舆论是指在政策形成之时大张旗鼓宣传，使政策的内容深入人心；说服教育是指对那些有政策抵触情绪的人采取个别谈心的方式，做深入细致的思想工作，动之以情，晓之以理；协商对话是指在政策执行出现问题时，执行各方进行协商，听取意见，交换看法，协调行动；奖功罚过是指通过奖励先进或惩罚后进的手段来诱发动机，激励热情。

平等与说理是教育手段最重要的特征。《孟子·公孙丑上》记载，"以力服人者，非心服也，力不赡也；以德服人者，中心悦而诚服也"。大意是：靠武力使人服从，不是真心服从，只是力量不足（反抗）；靠道德道理使人服从，是心里高兴而真心服从，从以力服人到以理服人，不仅是方法的转变，而且是理念的提升。需要说明的是，教育手段多在常规状态下使用，然而在紧急状态下，需要尽快统一行动，所以更多需要权威和强制，单靠循循善诱恐怕会贻误时机。此外，在运用教育手段的时候需要特别重视目标群体可能产生的逆反心理。

动之以情

1957 年，华盛顿大学最年轻的教授霍华德·史密斯和他的妻子花了 3 万美元买下了这套漂亮的房子。他们非常喜欢这里的一切，环保的实木地板、大格子条纹落地窗、古老的英式壁炉，门外不远处大片的草坪、流动的溪水，放置在院内的橡木水车，还有围绕在整个房子周围的花园和池塘……史密斯夫妇在这里养育了 3 个孩子，他们现在都已长大成人，分别在哈佛大学、华盛顿州政府以及美国广播公司工作。

在 2013 年 3 月，史密斯先生 90 岁的时候，他们夫妇俩决定搬到西雅图的一家养老院去住并委托我们卖掉这套房子，我们很愉快地接受了，并重新粉刷了墙壁，修葺了围栏，现在我们很荣幸地邀请您入住进来，成为这套房子的新主人，分享飘荡在房间的一切幸运和幸福。

这是一张售房广告，虽然没有一个字提及房子的价格和面积，但却能够深深打动人心。毫无疑问，房子很快就成交了。是啊，如果你卖的只是一个冷冰冰的商品，那么你永远只能看买主的眼色，但如果你卖的是故事和情感，那么情况将大有不同。理由很简单，因为人本身就是一个情感动物，他们喜欢有故事的东西。

资料来源：徐立新：《一张“无价”的售房宣传单》，载《知识窗》，2013（10）。

总而言之，无论是行政和法律手段，还是经济和教育手段，它们都有各自不同的特点和各自不同的适用范围。任何一项政策，如果单纯依靠某一种执行手段恐怕都无法得到顺利贯彻和实施。在具体的政策实践过程中，需要因势利导、因地制宜、因时而变，注意各种手段之间的互补，发挥手段的系统性优势。

8.4.4 执行队伍

作为政策执行的基础资源，执行者的作用是不言而喻的。那么，什么样的执行者才可以称得上是“合格”呢？什么样的执行队伍才可以称得上是“胜任”呢？

政策执行人员的素质要求在不同国家和地区、不同社会制度、不同文化背景、不同历史阶段、不同组织机构中都有不同，它是特定的社会文化的产物。就我国情况来看，现阶段根据政府职能的要求，对政策执行人员提出了如下基本素质要求：

1. 政治素质

政治素质是指个体在政治社会化的过程中逐渐形成的、对个体的政治心理和政治行为发生长期稳定影响的基本品质，是社会的政治理想、政治信念、政治态度和政治立场在人的心中形成的并通过言行表现出来的内在要素。它是人们从事社会政治活动所必需的基本条件，是一个人的政治方向、政治立场、政治观念、政治态度、政治信仰、政治技能的综合表现。政治素质是人的综合素质的核心。它主要包括政治理论知识、政治心理、政治价值观、政治信仰、政治能力等。

2. 品德素质

品德素质包括三个方面的内容，即公共道德、职业道德和个人修养（私德）。政策执行者应该是遵守社会公德和职业道德的楷模，应该成为具有良好的个人修养、遵纪守法、廉洁奉公的楷模，应树立社会责任感，实事求是，忠于职守，服从上级，尊重下属，严于律己，秉公办事，维护党和政府的权威，维护国家和人民利益。

3. 知识素质

知识包括基础知识、专业知识、相关知识等，主要来源于亲身实践的经验（直接知识）和前人或他人的经验（间接知识）。作为一名政策执行者，既要具备一般文化知识（学历水平），又要掌握本专业及其相关知识（内行当家）；既要有社会实践的经验（资历），又要有勤奋努力的学习态度（上进心）。政策执行者应建立合理的知识结构，以适应新时期执行任务的要求。

4. 能力素质

能力是知识的具体运用，是各种素质的综合体现，具有多层次、多方面的特点，政策执行者应该具备多方面的能力。这些能力包括：随机应变能力、组织管理能力、人际交往能力、社会活动能力、开拓创新能力、独立思考能力、时间管理能力、语言表达能力、文字表达能力等。

5. 心理素质

人的行为都是其心理活动的产物，政策执行者的心理素质与其行为和效果有着直接的关系，因此，他们应该具有良好的心理修养。一方面要培养自己的意志力，保持稳定的情绪状态，遇事不惊、临危不乱、随机应变、善于克制，体现出较强的心理承受能力。另一方面，在工作和生活上，要心胸开阔、宽以待人、豁达大度、具有耐心，并要强化积极向上的动机，实现自我激励。

6. 身体素质

健康的身体是工作的本钱，没有良好的体质就无法胜任工作的需要。只有具备了良好的身体条件，才能有充沛的精力，才能具有适应环境的能力，才能在各种条件下正常作业。

8.4.5 信息沟通

政策执行中的沟通主要是指执行机构之间、执行机构与有关部门之间、上下级之间、执行人员之间、执行人员与目标群体之间为实现政策目标所进行的信息交换。

信息沟通的渠道有正式和非正式两种。正式渠道是指按组织结构和管理层次来进行信息沟通的渠道。按信息的流向，正式渠道可分为纵向沟通和横向沟通，而纵向沟通又可分为下行沟通和上行沟通。正式渠道沟通最显著的特点是权威、正式、约束力强，具有一定的连续性和稳定性，但沟通速度慢且较为刻板。非正式渠道是指不受正式组织约束的组织成员之间和社会成员之间的信息沟通渠道。非正式渠道沟通最明显的特征是灵活多样、信息传递速度快、信息量大、覆盖面广，可以满足多种类型的需要，但无规可循，极易失真。

1. 沟通媒介

在沟通中有一个沟通媒介的选择问题。沟通媒介的类型十分丰富，不同媒介在传递信息方面的能力也有所不同。

（1）直面沟通。直面沟通是一种自然、亲近的沟通方式，往往能加深彼此之间的感情、加速问题的解决，而且它还具有沟通快捷、信息量大、能够即时反馈的特征。如下的几种情境宜采用当面沟通的方式进行。

1）彼此之间的办公距离较近时。

2）彼此之间存有误会时。

3）对对方工作不太满意，需要指出其不足时。

4）彼此之间已经采用了 E-mail 的沟通方式但问题尚未解决时。

需要特别注意的是：沟通双方如果距离不是很远，应优先采用直面沟通方式。如果沟通双方的距离不过一二十米还采用电话沟通的方式，那显然是非常不可取的。

（2）电话沟通。电话沟通是一种比较快捷和经济的沟通方式。如下的几种情境宜采用电话沟通的方式进行。

1）彼此之间的办公距离较远且问题比较简单时（如两人在不同的办公室需要讨论一个报表数据的问题等）。

2）彼此之间的距离很远，很难或无法直面沟通时。

3）彼此之间已经采用了 E-mail 的沟通方式但问题尚未解决时。

需要特别注意的是：在成本相差无几的情况下，应优先采用直面沟通的方式。

（3）会议沟通。会议沟通是一种成本较高的沟通方式，沟通的时间一般比较长，因此常用于解决较重大、较复杂的问题。如下的几种情境宜采用会议沟通的方式进行。

1）需要统一思想或行动时。

2）需要当事人清楚、认可和接受时。

3）传达重要信息时。

4）澄清一些谣传信息，而这些谣传信息将对团队产生较大影响时。

5）讨论复杂问题的解决方案时。

（4）E-mail（或书面）沟通。E-mail（或书面）沟通是一种比较经济的沟通方式，沟通的时间一般不长，沟通成本也比较低。这种沟通方式一般不受场地的限制，因此被广泛采用。这种方式一般在解决较简单的问题或发布信息时采用。在计算机信息系统普及应用的今天，已经很少采用纸质的方式进行沟通，因此以下只针对 E-mail 的沟通方式进行总结。如下的几种情境宜采用 E-mail 沟通的方式进行。

1）简单问题小范围沟通时。

2）复杂问题需要借助“书面”或“书面与口头结合”方式才能表达清楚时。

3）需要大家先思考、斟酌，短时间不需要或很难有结果时。

4）传达非重要信息时。

5）为澄清事实，避免谣传对组织带来不利影响时。

需要特别注意的是：在 E-mail 来回多次而问题尚未得到解决甚至引起误解时，一定要及时终止 E-mail 这种沟通方式，改用电话沟通或当面沟通的方式加以弥补。

个体之间进行沟通时，应尽量多采用直面沟通的方式。能直面沟通的，就不要采用电话沟通；能电话沟通的，就不要采用 E-mail 沟通。这是个体沟通方式的基本选用原则，而团体之间的沟通则更强调正式的原则。

2. 沟通障碍

如果沟通能够完整地把信息从一方传递给另一方，我们就没有必要再来讨论沟通的有效性问题了。遗憾的是，沟通过程并非一帆风顺，常常会因沟通要素的质量不高、沟通工具的运用不佳、沟通方式的选择不当、沟通渠道和网络的状况不良而使沟通过程不能顺利进行。

沟通中存在着多种障碍，信息失真现象常有发生。这些障碍主要包括如下几个方面。

（1）语言障碍。如语言差异造成隔阂，语义不明造成歧义，语言结构不当令人费解等。

（2）观念障碍。如封闭观念排斥沟通、僵化观念窒息沟通、极端观念破坏沟通等。

（3）角色障碍。如年龄不同、行业不同、地位不同都可能形成一定的沟通障碍。

（4）时空和习俗障碍。如空间距离和时间限制、不同习俗带来的误解、不同价值观带来的冲突等。

（5）心理障碍。现实的沟通活动还可能被人的个性、情感、态度、性格等心理因素左右，如郁郁寡欢、行为孤僻、情感失控、态度恶劣等行为。

3. 非正式信息的主要特点

非正式信息是指通过非正式渠道获取的信息，它的特点包括如下几个方面。

（1）在危机状态下易于泛滥，如突发事件的出现，组织的撤销、合并、改组等。

（2）某个人的地位和角色表现超群或变化突然时，传言和议论会骤然增加。

（3）非正式群体在非正式信息传播中起着很关键的作用。

（4）非正式信息传递速度极快，多胜于正式信息的传播。

（5）在一定的制度环境里，非正式信息往往比正式信息更可信。

（6）非正式信息往往与人们的切身利益直接相关，内容多涉及即时性社会焦点问题。

（7）非正式信息的内容在传播中不断变化，原因在于记忆本身的误差或传播者的加重评价，使信息内容带有主观性，从而使信息表现出极大的夸张性。

4. 非正式沟通的基本功能

（1）缓解社会焦虑和心理矛盾。

（2）满足社会好奇和个人躁动心理。

（3）扩大利益相关者范围，提升问题利害程度。

（4）整合零散信息，形成框架印象。

5. 如何克服非正式信息的不良影响

（1）建立预测和反馈机制。非正式信息并非空穴来风，它至少说明人们在关注着什么，哪些事情引起了他们的焦虑。因此，有效预测其流向，及时反馈其影响对于政策执行至关重要。

（2）正确处理疏与堵的关系。对于非正式信息只是简单粗暴地禁止不仅于事无补，而且还经常会事与愿违。只要有正式信息存在，就有非正式信息传播的可能。对待非正式信息要注意度的把握，只要不违反法律，没触及原则问题，就应顺其自然。

(3) 提高正式信息的诚信度。政府要讲诚信，政策要一诺千金，官员要多说真话实话、少说套话空话、不说大话假话，群众对政策的信任与理解往往是以政府的诚信为前提条件的。

(4) 选择沟通媒介，完善沟通环节。在沟通过程中，媒介选择是一个不容忽视的问题。沟通媒介类型多样，一般包括直面交谈、电话、传真、电子邮件、备忘录、信函、广告、公告、其他一般文书等。就信息传递的能力、内容的丰富性、交流的互动性角度而言，面对面的交谈无疑占有绝对的优势。

(5) 加强政策的透明度。及时公布政策信息，讲明真实情况，增加工作透明度，提高民主参与意识，保障沟通渠道通畅。“谣言止于公开”，正式信息越透明，小道消息就越没有市场。

(6) 缓解心理压力，避免矛盾激化。非正式信息是一种客观存在。我们一方面要注意发挥其“社会减压阀”的作用，畅通言论渠道，缓解社会焦虑，避免矛盾冲突；另一方面要加以正确疏导，尽管不能完全克服其不良影响，但可以把其限定在一定范围内，尽可能减少由此引发的消极结果。

流言的心理效应

《战国策·秦策二》记载：“昔者，曾子处费，费人有与曾子同名族者而杀人。人告曾子母曰：‘曾参杀人。’曾子之母曰：‘吾子不杀人。’织自若。有顷焉，人又曰：‘曾参杀人！’其母尚织自若也。顷之，一人又告之曰：‘曾参杀人！’其母惧，投杼逾墙而走。”

曾参是古代有名的贤人，十分重品德修养，每天都要多次反省自己。其母对他十分了解，相信自己的儿子不会干出杀人之事，但仍经不起众口一词再三告以“曾参杀人”，便再也坐不住，放下织布的梭子翻墙逃走了。后以“曾参杀人”一词喻流言可畏。

有些人出于某种目的，蓄意编造谣言，谣言一经传播，便会成为一种精神上的“传染”，一传十，十传百，若有人从中推波助澜，则会影响更多的人。所谓“谎言重复一千遍就会变成真理”，这是骗子惯用的手法。

8.5 政策执行的策略

8.5.1 目标控制

执行是一种目的性很强的行为抉择，明确既定目标，做到有的放矢，这是政策执行的最基本要求。每一位业余围棋选手可能都曾有过这样的经历：在布局阶段自己所选择的定式主要是为了获取外势，但进入中盘当双方棋子纠缠在一起时，厮杀中往往会一时兴起，把自己最初的目标抛在脑后，转而拼命地去捞取实地，等到梦醒时分，一切晚矣。局部的胜利可能是全局的失误，违背初衷的做法被视为执行之大忌。

目标置换效应

所谓目标置换效应是指对于工作如何完成的关切会渐渐让方法、技巧、程序方面的问题占据一个人的心思，从而导致忘记对整体目标的追求。换言之，“工作如何完成”逐渐取代了“工作完成了没有”。美国管理学家约翰·卡那首先指出了这种现象并提醒我们：手段再高明也代替不了目的。二战期间有这样一个例子，在诺曼底登陆后，盟军开辟了欧洲战场。美国为盟军生产的军火需要大量运往欧洲。由于运输任务很重，政府动员了许多商船。开始时由于德国飞机攻击频繁，商船的损失极为惨重。美国海军部因此决定在商船上安装高射炮和高射机枪。但过了一段时间后发现，这些高射武器的战绩实在糟糕，几乎没有击落或击伤一架敌人的飞机。所以有许多人产生了这样的疑问：有没有必要继续在其他商船上安装高射武器？这样做是不是多此一举？盟军海军的运筹小组经讨论研究后认为，在商船上安装高射武器并不是为了击落多少架敌机，而是为了减少被击沉击伤的运输船数量。虽然高射炮没有击毁一架敌机，但通过统计数据的分析，发现它在保护商船、防止敌机轰炸方面起到了很显著的作用，受损失的商船数量明显下降。看来，安装高射炮和高射机枪并不是徒劳之举，关键是要看为了达到什么样的目的。

8.5.2 权力制衡

谈到权力制衡，让人想到了 18 世纪法国启蒙思想家孟德斯鸠在《论法的精神》一书中的有关精辟论述：“一切有权力的人都容易滥用权力，这是万古不变的一条经验。”“从事物的性质来说，要防止滥用权力，就必须以权力制约权力。”孟德斯鸠这一至理名言堪称人类政治生活中的“牛顿定理”，备受推崇。在西方，从古希腊城邦时期起，人们就在不断地探索什么是最好的政体这一重大问题。柏拉图在晚年时提出了兼顾君主制和民主制优点的中庸政体，并强调依法治国的重要性。此后，无论是亚里士多德还是西塞罗，都继承了柏拉图的这一思想。在近代，英国资产阶级政治思想家洛克进一步阐述了混合政体与依法治国的理论，并主张人民有最终的自卫权，以推翻暴虐的统治。然而，人们还没有找到一个在政府内部防止统治者滥用权力的有效方法。因为无论是哪种政体，都无法从根本上防止统治者滥用权力。诚然，如洛克所说，人民可以推翻暴政，但这是一帖“以暴制暴”的“烈药”。相比之下，以权力制约权力，不仅可以防患于未然，而且也是政府内部自我制约的良好机制。由此孟德斯鸠提出了他的分权学说，核心内容是三权分立，即立法权、行政权和司法权相互独立、互相制衡。分权学说是《论法的精神》中最精彩的部分，也是孟德斯鸠最伟大而持久的理论贡献。在当代，尽管西方国家的政治制度发生了很大变化，但三权分立仍然是它的一个根本特点，对于这种制度，西方的政治家和思想家推崇备至。

对我们来说，“议行合一”虽不同于“三权分立”，但也需借鉴权力制约的原则。特别是在政策执行环节，必须强调以权力制约权力，加强政策监督，否则，权力将会异化，腐败不可避免。英国19世纪以创编有名的《剑桥近代史》闻名的大史学家阿克顿勋爵（Lord Acton）看到了权力的腐蚀性，并写下了那句千古不朽的名言："权力导致腐败，绝对的权力导致绝对的腐败。"（Power tends to corrupt and absolute power corrupts absolutely.）这句话几乎被政治学家奉为圭臬。虽然阿克顿勋爵对权力的认识看似较为悲观，但却充满理性，具有重要的警示作用。

"三段章"

据媒体报道，一枚长6厘米、宽3厘米的理财审核公章被河北省邯郸县的村民们劈成了三瓣，并将其命名为"三段章"，分别由选举产生的民主理财小组成员保管。村级财务下账报销时，必须经理财小组成员逐笔审计，分别盖章，三章合一后村支书方能签字批准，会计方可记账。据悉，该办法在当地实施6年来效果良好，"三段章"有效地管住了"一支笔"。据2004年的统计，邯郸县242个村的村级财政在这一制度的把关下，共减少不合理开支100多万元，涉财上访占全年上访总数由原来的70%以上下降到10%以下，全县11个乡镇中有7个无一起因财务上访案件，村级招待费实现零花销。

中国人口众多，其中农村人口占大多数。文化素质不高、政治意识淡薄，是既得利益者和帮闲文人拒绝民主、反对分权的主要理由之一，也的确迷惑了不少人。河北邯郸的农民完全从朴素的观念出发，将集体财务审核章一劈三瓣，用"三段章"的土办法化解了长期以来财务监督缺位的大难题。

"三段章"制度，由农民自己创造，看起来"土得掉渣儿"，但实际上却暗合"分权制衡"的高深原理。民主并没有土洋之分，有实效的制度就是好制度。这纯粹是中国自生自长的草根政治，不是精英在书斋中绞尽脑汁的制度设计，而是农民在社会实践中的创举，是从当年管仓库的"三把锁"发展演变而来的。由此我们不难想见占中国人口绝大多数的农村人口中所蕴含的政治智慧。

邯郸县村民们看似很"土气"的"三段章"制度及其取得的效果，具有重要的启发意义。这种方法虽然淳朴，却体现了对公共权力进行制约的现代理念。不受制约和缺少监督的权力一定会导致腐败，这是政治的铁律。

8.5.3 政策整合

一项政策的执行或政策问题的解决，可能同时涉及别的政策，若彼此相互不一致，就会促成不同的执行行为。特别是在当今复杂的社会里，政策繁多，彼此常会具有密切的关联性。何况，社会之所以需要新的政策方案，并不一定是因为原来某一领域尚无政策，而很可能是因为要解决现有政策间彼此互动而引发的问题，政策本身成为问题的根源。因此，政策执行要坚持系统原则，处理好整合问题。以2003年10月1日正式实施的《婚姻登记条例》为例，作为国务院制定的行政法规，《婚姻登记条例》应该补充《中华人民共和国婚姻法》的内容并从程序上加以规范，使《中华人民共和国婚姻法》贯彻实施更具有可操作性。然而《婚姻登记条例》却未规定婚姻登记时必须出具婚前医学检查证明，这就意味着“婚检”已经不是婚姻登记的必要条件。从法律角度来看，《婚姻登记条例》存在这样几点问题。一是取消强制婚检的做法违反了法律的规定。按照 1994 年全国人大常委会颁布的《中华人民共和国母婴保健法》第十二条的规定，男女双方在结婚登记时，应持有婚前医学检查证明或者鉴定证明。《中华人民共和国母婴保健法》为全国人大常委会制定的法律，《婚姻登记条例》是国务院颁布的行政法规，按照“上位法优于下位法”的规定，《中华人民共和国母婴保健法》的法律效力高于《婚姻登记条例》。二是取消强制婚检使《中华人民共和国婚姻法》的相关规定被架空。《中华人民共和国婚姻法》第七条明确规定，患有医学上认为不应当结婚的疾病，禁止结婚。而有些疾病具有很大的隐蔽性，如果不经过医学上的检查，平时难以观察出来，如艾滋病等。取消强制婚检的做法使得患有这些疾病的人，可以顺利地到民政部门登记结婚，这是与《中华人民共和国婚姻法》第七条的立法宗旨相违背的，从而也使该条规定发挥不了应有的作用，成为一纸空文。三是取消强制婚检的做法与《婚姻登记条例》自身的规定相互矛盾。新《婚姻登记条例》第 6 条规定：“患有医学上认为不应当结婚的疾病的，婚姻登记管理机关不予登记。”那么取消强制婚检，前来登记的男女双方如果没有出具婚前医学检查证明，婚姻登记管理机关又如何能够知道他们是否患有医学上认为不应当结婚的疾病呢？既然不知道结婚当事人是否患有医学上认为不应当结婚的疾病，那么婚姻登记管理机关到底该不该给他们进行登记呢？这就使婚姻登记管理机关陷入了一个两难境地。总之，政策之间的冲突会直接关系到政策执行的成败，因此，必须做好政策整合工作，发挥好政策体系的综合效能。

整合之惑：捆绑之举合法还是违法？

据 2011 年 6 月 27 日《长江商报》报道，到车管所办理年检，车辆如有违章记录，须先接受处理才能通过年检。多少年来，车主们对这种“游戏规则”已习以为常。然而，武汉车主黄先生因未接受违章处理被拒年检后，认为这种“捆绑”方式违法，竟然将车管所告上了法庭，并且告赢了。

这事看上去挺新鲜，其中的法理却并不复杂：根据公安部制定的《机动车登记规定》，车辆年检之前，车主须将车辆的违章和交通事故处理完毕，否则不予年检。各地车管所就是根据这个规定，将违章处理与车辆年检“捆绑”在一起。但是，按照《道路交通安全法》的规定，车辆年检只需车主提供行驶证、交强险等材料即可验车，只要车辆性能没有问题，就应该发给检验合格标志，不得附加其他条件。也就是说，车辆是不是有违章记录没有处理，并不是年检的前提条件。

《机动车登记规定》由公安部制定，属于部门规章；《道路交通安全法》由全国人大常委会制定，属于上位法。当两者规定相冲突时，显然应以上位法为准。换言之，车管所验车时要求车主须先接受违章处理，这个要求不合法；车管所因此拒绝给车辆年检，这种行为不合法。违章处理与车辆年检完全是两码事，应该一码归一码，车管所“捆绑”之举实属越权行为。

话说回来，车辆违章，受到处罚，车主理应及时进行处理，这是车主的义务。然而，现实中确有一些车主拖着不办，该交的罚款迟迟不上交，这事让有关部门很头疼。将违章处理与车辆年检“捆绑”在一起，以此强制车主接受违章处理，履行相关义务，从结果上看无疑是合情合理的，也是行之有效的。但是，对于政府部门来说，“法无授权即禁止”，“捆绑”之举本无法律依据，结果合理但程序不合法，这不符合法治精神。因此，不能以结果合理为理由而无视程序，更不能为了方便管理就不顾法律。督促车主及时处理违章，可以采取而且应该采取其他的方式，这是政府依法行政的题中应有之义。

8.5.4 反馈调节

政策执行是一个动态过程，因而必须重视反馈控制，保持应变能力。在政策的执行过程中会出现许多新的问题和新的情况，预期的效果与执行效果之间的差距是一种客观存在。没有人能够料事如神，客观世界不是以主观世界为转移的。所以应根据反馈的情况，不断调整原来所选择的策略，逐步达到或接近既定的目标。万万不可妄想一劳永逸，不管对错，执行到底。

《吕氏春秋》记载了如下几段故事。

一是刻舟求剑。原文：楚人有涉江者，其剑自舟中坠于水，遽契其舟，曰：“是吾剑之所从坠。”舟止，从其所契者入水求之。舟已行矣，而剑不行，求剑若此，不亦惑乎？译文：楚国有人坐船渡江时，不慎把剑掉入江中，他在船上刻下记号，说：“这是我的剑掉下去的地方。”当船停驶时，他沿着记号跳入江中找剑，遍寻不获。该寓言劝勉为政者要明白世事在变，若不知改革，就无法治国。

二是表水涉澭（又名楚人偷渡）。原文：荆人欲袭宋，使人先表澭水。澭水暴益，荆人弗知，循表而夜涉，溺死者千有余人，军惊而坏都舍。向其先表之时，可导也，今水已变而益多矣，荆人尚犹循表而导之，此其所以败也。译文：楚国人想偷袭宋国。头几天就派人把澭水的深度逐段测量，选择好一处最浅的地段，并做好了标记。没想到，行动的那天傍晚，澭水突然猛涨。楚国人不知道，在深更半夜，仍旧按照原先设下的标记开始偷渡。结果，渡河的楚兵淹死了一千多人。楚军士兵惊恐的叫喊声犹如屋塌地陷一般。先前做的标记，只供先前渡河所用，现今河水已涨，而楚国人仍旧沿标记渡河，这就是楚军为什么失败的原因。

三是引婴投江。原文：有过于江上者，见人方引婴儿而欲投之于江中，婴儿啼。人问其故，曰：“此其父善游！”其父虽善游，其子岂遽善游哉？以此任物，亦必悖矣。译文：有一个渡江的人，看见有个人正在拉着一个小孩想要把他扔进江中去。小孩啼哭起来。旁人问他这样做的原因，（他）回答说：“这个孩子的父亲擅长游泳。”即使这个孩子的父亲擅长游泳，那他的孩子难道就一定擅长游泳吗？用这样的方式处理事情，也必然是荒谬的。

《韩非子》也记载了两段类似的故事。

一是守株待兔。原文：宋人有耕田者。田中有株，兔走触株，折颈而死。因释其耒而守株，冀复得兔。兔不可复得，而身为宋国笑。今欲以先王之政，治当世之民，皆守株之类也。译文：宋国有个农民，他的田地里有一截树桩。一天，一只跑得飞快的野兔撞在了树桩上，扭断了脖子死了。于是，那个农民便放下他的犁耙，守在树桩子旁边，希望能再得到只兔子。结果他不但没有再获得野兔，反而成了宋国人的笑柄。

二是郑人买履。原文：郑人有欲买履者，先自度其足，而置之其坐，至之市，而忘操之。已得履，乃曰："吾忘持度。"反归取之。及反，市罢，遂不得履。人曰："何不试之以足?"曰："宁信度，无自信也。"译文：有一个想买鞋子的郑国人，他先量好自己的脚的尺码，把它放在了自己的凳子上。到了集市后，他忘记带量好的尺码。拿到了鞋子，才说："我忘记了带量好的尺码。"于是返回去取尺码。等到他返回来的时候，集市已经散了，卖鞋的也走了，他最终没买到鞋。有人问："你为什么不用脚试试呢?"他说："我宁愿相信量好的尺码，也不愿相信自己的脚。"

以上故事从不同角度说明，人们要达到预定的目标，就一定要关注新情况、研究新问题，使自己的认识跟上客观事物的发展变化。如果思想观念僵化，认识一成不变，那么做起事来就会四处碰壁。

8.5.5 程序优先

2009年9月10日，在爱卡上海论坛上出现了网友"善良的被骗"写的一个帖子，题为《无辜私家车被课以黑车罪名扣押，扣押过程野蛮暴力》。据这位网友讲，他年收入20万，在世界500强企业工作，任市场部经理。9月8日中午1点多，自己好心让一名声称胃疼的路人搭便车，却被执法部门定性为"非法营运"。不仅如此，他还遭遇了"扭手臂、卡脖子"的待遇。其后，不少媒体都相继报道了闵行区城市交通行政执法大队查处的这起"非法营运"案件。由此，钓鱼式执法方式再次引发广泛争议。

"钓鱼式执法"曾有过血淋淋的教训。2008年3月7日，上海奉贤一名女子在协助交通执法部门卧底查处非法营运出租车时，在车内被司机用刀具刺伤，不救身亡。有观点认为，执法部门以派"卧底"或"放鱼饵"的方式查处黑车，是诱发此案的主要原因。

类似的"钓鱼"事件，在全国其他地方也多有发生。在现代法治社会中，行政机关的执法行为应该在法治的框架中进行。法治的原则是程序优先，首先关注的不是结果而是过程，更强调程序的合理。打击黑车的"非法营运"固然重要，但如若采用钓鱼执法的形式，不仅有损人民群众的利益和政府的形象，而且妨碍社会的和谐与稳定。

"钓鱼执法"是毒树之果，绝对吃不得。试想，如果一棵大树的主干和枝杈是有毒的，那么它的果实怎么会无毒，岂能拿来食用？在美国证据法中，"毒树之果"作为非法证据排除的原则①，对保护刑事被告人的基本权利有着进步作用。

"钓鱼执法"在英美叫作"执法圈套"（entrapment），这是英美法系的专门概念，它和正当防卫等一样，都是当事人无罪免责的理由。大陆法系国家对此也有严格限制，比如

① "毒树之果"原则是美国著名的霍姆斯大法官提出的，对警方办案和公众对判决的接受产生了挑战。20世纪60年代，随着民权运动的兴起，美国联邦最高法院以微弱优势正式确立了"毒树之果"原则，即"美国联邦政府机构违反美国宪法规定所取得的证据材料，在审判中不具有证明力"。

日本法律明确禁止执法者为了取证，诱惑当事人产生违法意图，因为这是国家公权对当事人的人格自律权的侵犯。执法圈套产生于20世纪初的美国，当时美国的社会治安极差，违法犯罪猖獗，为了有效地进行侦查，打击犯罪，警察常常主动出击，制造陷阱，诱惑犯罪嫌疑人上当，从而将其抓捕。这种执法方式虽然能够有效地打击犯罪，但如果当事人本没有犯罪意图，却因警察的诱骗而实施了犯罪，从而受到法律的制裁，这显然违背了执法的正义初衷。国家当然不应该惩罚这类犯罪。于是，在1932年的索里尔斯案中最早确立了“执法圈套”无罪免责的事由。在此案中，被告人经不住警察线人的再三请求，向其出售白酒，并因此被控告违反禁酒令。此案一直上诉到最高法院，最后用判例的形式，肯定了执法圈套原则。其是指犯罪行为处于警察的构想、设计之下，如果不是因为该警察的诡计、劝说、欺骗，行为人就不会实施犯罪。法官们认为，警察的职责在于依法制止犯罪，侦查已经发生的犯罪，而不能去人为地制造犯罪，更不能设法引诱守法的公民去实施犯罪，然后予以逮捕。否则，人人都会感到不安，最终造成警察、政府乃至国家信誉扫地。

世界各国执法机关都曾使用过“诱惑取证”或类似手段，比如警察扮演瘾君子向毒贩购买毒品。但它也备受争议——“诱惑取证”的目的是取得那些有违法意图、违法行为者的违法证据，而不是引诱、教唆那些没有违法意图的人去违法，否则就违背了执法的正义初衷，沦为“钓鱼执法”，或者叫执法圈套。

米兰达警告——法治的里程碑

看过美国警匪片《神探亨特》的人对下面这段“套话”一定很熟悉：“你有权保持沉默，现在你所说的每句话都可能在审判中用作不利于你的证据。你可以请律师在讯问时到场，若无力聘请，可以为你指派。”这是美国（包括许多西方国家）警察在逮捕犯罪嫌疑人之前必须说的话。这个程序，在美国诉讼程序中被称为“米兰达规则”。

20世纪60年代，当时才20多岁的米兰达因涉嫌劫持并强奸一名女青年而被警方逮捕。在警察的连续审问下，米兰达招了供。后来，亚利桑那州法院根据他的供述判他有罪。米兰达对此判决不服，一直上诉到联邦最高法院。他声称自己没罪，所做的供述是违心的，因为在接受讯问时他并不知道自己的供述会成为法院判决的依据，也不知道自己有权请律师。最高法院认为，警察未告知米兰达有权保持沉默、有权请律师，因而违反了宪法的有关规定。据此，最高法院推翻了州法院的判决，米兰达被无罪释放。

从此，美国警察便多了一项责任，即逮捕犯罪嫌疑人时必须提醒他们拥有两项权利：沉默的权利和请律师的权利。这就是著名的“米兰达警告”（也叫米兰达忠告），美国警察衣袋里都装有一张印有这一警告的小卡片。多数美国人认为，米兰达规则对限制国家滥用权力、消除警察刑讯逼供、保护公民合法权利起到了重要作用。这是西方诉讼文化的一个重要特点。

8.5.6 法益均衡

行政法有一项重要的原则叫比例原则，是指行政主体实施行政行为应兼顾行政目标的实现和保护相对人的权益，如果行政目标的实现可能对相对人的权益造成不利影响，行政权力的行使除了有法律依据这一前提外，行政主体还必须选择对公民侵害最小的方式进行，即把这种不利影响限制在尽可能小的范围和限度之内，二者要保持适当的比例。比例原则着眼于法益的均衡，以维护和发展公民权为最终归宿，是行政法上控制自由裁量权行使的一项重要原则。比例原则对我国行政法治建设具有很强的借鉴意义。

2013 年 4 月 29 日上午，三亚市凤凰镇水蛟村田园小鱼温泉门口路段发生一起交通事故，三名共骑一辆摩托车的学生，在回家途中不慎摔倒，随后被迎面驶来的一辆满载石子的小卡车撞倒身亡。事发前摩托车上原本坐着四名男生，他们被两名骑警用摩托车的协警追赶，一路警灯闪烁，警笛狂鸣，追赶了近八公里路程。其中一名男生在被追赶途中跳下摩托车，才逃过了这一劫。5 月 2 日，三亚市公检法联合宣布：当时，因为罗永弟驾驶摩托时，存在没戴头盔、超载等多项违反道路交通安全法规的行为，被正在路边执勤的协警看到，协警要求他靠边停车，但是他们不听劝告，加速行驶，“与交通事故的发生有很大的因果关系”。警方还称，协警是正常上路执法。

的确，四个年轻人骑一辆摩托车属于违法超载、危险驾驶，对公共安全构成一定威胁，理应受到相应的行政处罚。但执法应遵循比例原则，在执法手段与执法结果之间，保持适当的比例，执法时应避免不必要的侵害。协警开着摩托一路狂追，这种大炮打蚊子式的“执法”不是在消除道路上的危险因素，而是恰恰相反，在制造更多的危险因素，也最终酿成惨祸，后悔晚矣。

8.5.7 重视逆反

原苏联心理学家普拉图诺夫在《趣味心理学》一书的前言中，特意提醒读者请勿先阅读第八章第五节的故事。大多数读者却采取了与告诫完全相反的态度，首先翻看了第八章的内容。

我国心理学工作者做过这样一个实验：他们在组织学生观看一部反响不错的影片之前，实验人员进行了不同的指导。对一班学生，实验人员就影片作了客观的评价；对二班学生，则就影片作了过高的评价。结果，观看影片后二班学生中评价影片“差”的人数远远多于一班。

在现实生活中我们也会发现一些类似的现象：如一位病员对医生吩咐道：“我患的是肠易激惹综合征①，请为我开些谷维素和复方苯乙哌啶，也叫氰苯哌酯。”尽管医生也持同样的看法，但找了些托词，最后仅开了一些较为平常的药物如黄连素、胃舒平等。再如，一位棋手本来拟定了下一步棋的走法，但由于旁观者的相同提示（特别是非权威者的权威口吻），他却故意走出不同的棋路。

一些心理学家在说服性信息传递研究中发现了一种不同寻常的现象，即受信者的态度变化与说服方向完全相反，他们对说服性信息进行积极的心理反抗。这种现象后来被人们

---

① 肠易激惹综合征，又称肠神经官能症。

习惯地称为逆反心理。比如，一个人受到外界施加的压力，被迫使或禁止去做某件事，作出的反应会有所不同。第一种是心悦诚服，自觉接受；第二种是表面照办而内心反对；第三种是不考虑外界压力，我行我素；第四种则是反其道而行之，“越不让我这样做，我就偏偏这样做”或“越让我这样做，我就偏偏不这样做”。这最后一种现象就是逆反心理的典型表现。对逆反心理的研究自20世纪60年代以来越来越受到学者们的关注，逐渐成为态度变化研究的焦点。随之出现的一些心理反抗理论，都是把受信者在接受说服性信息之前的心理准备作为前提，考虑不同的心理准备对一定的说服性信息传递所产生的不同心理反应及态度变化。换句话讲，受信者在接受说服性信息之前，都有自己对问题的固有看法及其选择倾向，如果说服性宣传与受信者的观点相反，或者剥夺受信者信息选择的权力，就会激起他的不满情绪，产生抗拒性心理反应。在态度引导中，引导者的自以为是、一面之词、好为人师、咄咄逼人等均能触动对象的自主地位，导致其逆反。阿伦森认为，说服性宣传如果劝诱性太显眼或过于强烈，则可能被认为是侵犯了一个人的选择自由，从而会激发这个人对此类信息的抗拒心理，甚至使其反其道而行之。

毫无疑问，分析逆反心理对政策执行意义重大。政策执行成本的高低与社会逆反心理的强弱有着直接的关系，尤其对管制性政策而言，如果都是“不禁不为、愈禁愈为”，那么还谈何执行？政府出台政策规定是要人们服从和遵守的，比如北京市节日期间限放鞭炮、机动车尾号限行等政策，服从和遵守的情况好，执行成本就低，政策效率就高。为了提高政策效率，减少执行成本，必须认真研究逆反心理，搞好政策宣传，提高政策的服从性。

超限效应

一般认为，反复是增强引导效果的有效手段。但机械的无间隔的反复却容易导致相反的结果。米勒（F. Miller）的研究证实了这一点。他把广告画贴在大学生宿舍公共场所的墙上，每隔15英尺贴1张，共贴30张，贴2天，这是中等次数。在过量次数条件下，贴170张，贴3天以上。结果表明：中等次数增加了对广告画内容的喜欢，过量次数却相反。这一现象被称为超限效应。诱发超限逆反的原因除了机械地反复外，也与引导内容的容量有关。

美国著名幽默作家马克·吐温曾讲过这么一个故事。有一次某个人在教堂听牧师演讲，最初，他觉得牧师讲得很好，使人感动，准备捐款。过了10分钟，牧师还没有讲完，他感到有些不耐烦，决定只捐一些零钱。又过了10分钟，牧师还没有讲完，这个人有些不满，于是他决定1分钱也不捐。到牧师终于结束了冗长的演讲，开始募捐时，他由于气愤，不仅未捐钱，还从盘子里偷了2元钱。

超限逆反是一种生理——心理的自卫本能。同样的刺激物在强度过大、刺激时间过长时容易引起对象反应性质的变化。如个体对一首乐曲本来抱肯定的积极的态度，但因播放的音量过大或播放的时间过长，个体也会转而形成消极的否定态度。古希腊哲学家德谟克利特认为：“当人过度的时候，最适意的东西也会变成最不适意的东西。”换句话说，就是过犹不及，物极必反。

8.5.8 去“积”之弊

如今在一些地方、一些部门，时兴的是让问题堆积下去，等堆积成“大事”，时机“成熟”，便集中力量大张旗鼓办之。比如城市违章建筑，谁爱建就建，等到星罗棋布于大街小巷，七八个职能部门一齐上阵，推土机、挖掘机轰轰开来，集中拆除。销售假冒伪劣，谁敢卖就卖，直到民间怨声载道，搜来假劣堆一堆，一把大火烧光。还有集中打击盗版光碟、集中清理卫生死角、集中整治注水肉、集中清理无证养狗，甚至还有集中“打拐”、集中侦破大案要案、集中清理超期羁押，无不贯穿“运动”式思维和“集中”式办理的方法。

企业拖欠农民工工资是多年的老毛病了，有关部门平时对农民工投诉是不会太认真的，企业不欠白不欠，但是当欠薪规模达到上千亿元时，它就是一件大事，正好运用“集中”的方法。当然还需要契机，三峡有位农妇把问题投诉到总理那里去了，出了地方领导的洋相，这成为一个政治信号，于是各地闻风而动，纷纷出台清欠“硬措施”，而且雷厉风行。据媒体报道，某地当天召开兑现农民工工资大会，一次性兑付农民工工资12亿元，当地建委负责人发誓，春节前建筑业清欠要达到百分之百。既然现在说清欠就可以清欠，那以前干嘛不动手？许多时候不是没有政策，而是有了政策不能及时执行。

问题开始时当然是不大的，故而是难被重视的，无论假冒伪劣还是企业欠薪，大家都视而不见。待到问题积累成堆，小事变大，有关部门就着急起来，必欲除之而后快。大家又开始心不在焉，当问题重新出现并变为大问题之后，再“集中”办理。如此反复不已，成为一个周期性过程，形成对一刀割除的“路径依赖”。

在生活中，单身汉是喜欢积累问题的，未洗的衣服堆满一屋，连床底下都塞满了臭袜子。反正孤家寡人一个，既没有父母约束，也没有妻儿实施“群众监督”，不必对任何人负责，想怎么搞就怎么搞。这是一种拖延战术，单身汉借此逃避每天的责任，腾出时间东游西逛，图个清闲自在。到了万不得已之时，他就来一次“大扫除”，这个周期，可能长达几周甚至更长。

有些职能部门跟单身汉半斤八两，民众想解决问题，就得等待问题堆积如山，就得等待时机“成熟”。在此之前，老百姓可以心急火燎，但能奈我何。政府目标管理里头根本没有这一项，管了也等于白管。即使选择听之任之，上面也不会认为你做事少。少惹事端不说，而且节约时间精力。本来可用洗衣粉洗掉的污渍，本来有法可依、有章可循的事，拖得时过境迁，污渍成了洗衣粉洗不掉的污渍，问题演变成制度失效或缺失的问题。

富兰克林说过：“今天的事不要拖到明天。”但我们这里总有一些人，今天的事最好拖到明天，拖成媒体、学界、法院、政府各部门大家的事，责任摊入千百家。平时做事的，无人喝彩，甚至出了事还会招惹麻烦；平时不做事的，却很会“集中”精力忙“大事”，风风火火，场面壮观，口号震天，动静巨大。平时做事的可能会被淘汰出局，平时不做事的关键时刻来精神，锦绣前程似指日可待。这种行为惯性可能会带来很大的问题。①

---

① 参见《“积”之为弊》，载《南方周末》，2003-12-25。

沈阳叫停“养鱼执法” 违法行为两年未发现不处罚

行政机关在发现违法行为后，出于种种原因先是放任，待其达到一定程度后，再实施行政处罚。在辽宁沈阳，这一历来为人们所诟病的“养鱼执法”，因 2011 年 8 月 1 日《沈阳市规范行政处罚自由裁量权实施办法》开始施行而被禁止。

《沈阳市规范行政处罚自由裁量权实施办法》规定，行使行政处罚自由裁量权，应当遵循合法、公正、公开、过罚相当、同过同罚的原则。行使行政处罚自由裁量标准和执法流程应当向社会公开，自由裁量结果除涉及国家秘密、商业秘密或者个人隐私外，允许社会公众查阅。另外，行政处罚实施机关应当及时采取措施纠正违法行为，对可能造成违法的行为不得先放任，待其既成违法事实后，实施行政处罚，不得因已实施行政处罚而放任违法行为持续存在。

与此同时，辽宁沈阳这部新规还强调：违法行为两年未发现不处罚。具体来说，行使行政处罚自由裁量权，视情形可不予行政处罚、从轻处罚、从重处罚。

不予行政处罚的情况有：违法行为人不满 14 周岁的；精神病人在不能辨认或者不能控制自己行为时实施违法行为的；违法行为轻微并及时纠正，没有造成危害后果的；法律、法规和规章规定不予行政处罚的其他情形。除法律、法规另有规定外，违法行为在两年内未被发现的，不再给予行政处罚。

8.5.9 重视民意

民意现在是一个热词，从大气污染治理到中高考改革，总能看到民意的汹涌。眼下，政策制定也多了征集民意这个环节，比如 2013 年新交规中闯黄灯扣分的规定。政府能重视民意，肯定是一件好事。现代社会，本质上说就是民意社会。政策合法性的标准之一，就是要看它是否符合民意。没有人民的同意，政策是难以得到贯彻的。民意是一个耳熟能详的词，但对于民意的真正含义，我们却极少探讨。这个词讲起来似乎很简单，谁都能说出一二，但理解上往往有很大的误区，使民意成为一个含混的概念。

法国思想家卢梭曾对民意作过深入的研究。他认为，民意可分为公意和众意。公意是国家全体成员的普遍意志，它的着眼点是公共利益。众意主要着眼于私人利益，也即个体私意的总和，也就是现在常说的不同利益集团的意志。卢梭认为不同利益的共同之处，构成了社会，因此治理社会应完全根据公共利益。众意较易辨识，公意则抽象许多。公意有时与众意一致，有时又与众意相悖。由于民众对公意理解千差万别，所以并不存一个事先给定的公意。卢梭认为，只有通过理性讨论和投票形成的公意才是可信的。当然，这是公意的理想状态，即让民众经过公共参与和讨论达成共识与意愿。但事实上，这种理想状态实现起来相当困难。

社会心理学里有一个踏板效应，形象地表述了人们在挤公交车时的一种心态变化。当我们还在车下排队挤车时，总是会抱怨前面的人动作太慢，甚至会大喊“大家往里挤一挤，一块儿使劲好不好”，唯恐自己上不去。然而，一旦我们挤上了车，站在了那块踏板上，我们的心态马上就会有180度大转变，立刻就开始反感身后那些继续拼命往上挤的人，改为喊："别挤了行不行，都挪不动地儿了，售票员，还不赶紧关门！"板上板下，判若两人。这就是踏板效应！其实它与对错无关，只是一种社会心理现象。面对户籍制度改革、计划生育政策、高考制度改革，许多人都会有如此心态。这就是卢梭所讲的众意，而非公意。重视民意应该更多瞄准公意，而非众意。

现代社会，公共政策须以民意为依归已是常识。但如何在政策执行中实现真正的民意，也就是公意，却是一件相当困难的事。民众参与公共事务有很多种方式，选举、写文章、跟帖、游说、请愿等，都是民意的表达。当然，各种座谈会、听证会和民意调查，也是了解民意的方式，这也是目前政府部门用得较多的办法。如何在政策执行中准确判断是否符合民意，在今天变得越来越重要。因为对民意研究得越清晰，越有助于民众对社会进行批判性思考，也越有助于他们对各类社会议题的理解。当民众参与公共生活的意愿与激情越大，全社会解决冲突和问题的能力就越强。一个重视民意的社会，必然在察觉问题与共同行动等方面，变得更为公正和有效。当然，这一切的前提，是我们要对民意有更清楚的认知和真正的理解。

民粹主义

民粹主义又称平民主义，是一种政治哲学或政治主张，是在19世纪的俄国兴起的一股社会思潮。民粹主义强调"平民优先"，其基本理论包括：极端倡导普通民众的价值和理想，把平民化和大众化作为所有政治运动与政治制度合法性的最终来源；依靠普通民众对社会进行激进改革，并把普通民众当作政治改革的唯一决定性力量；通过强调诸如平民的统一、全民公决、人民的创制权等民粹主义价值观，对普通民众从整体上实施有效的控制和操纵。

民粹主义已不是一种狭义的只曾经在俄国历史上出现过的现象，就其内涵和外延来说，并不是俄国独有的景观，而是一种与现代化进程中自上而下的不公正的转型过程密切相关的大众化运动。因为在上层主导的发展战略中，一部分人享受改革的成果，而大部分民众承担改革的代价，这样一来，原来的束缚—保护功能被打破，罩在个人头上的传统法规消失，独立无助的人群又无法在新环境下获得安全感，因此社会情绪中就会涌现出对改革的抵触和对精英的厌恶，从而产生对过去非现代化社会的追念之情。

8.5.10 上下台阶

听一位朋友讲过他在美国旅行的经历，正当他坐在火车上昏昏欲睡的时候，蓦然觉得肘边一触，睁眼一看，发现在椅子扶手上有一张小纸片，纸上有十几颗油炸花生，鲜红油润，撒着盐粒，很是耐看。这是哪来的？他回头一看，有一位身材高大的人端着一盘油炸花生刚刚走过去。那人手里拿着一把银匙，给每人面前放下一片纸，然后挖一勺花生。那位朋友是刚刚入境，尚未入俗，觉得好生奇怪，不知这个人是做什么的，难道是卖花生的？他既没要买，那人也并未要钱。只见那人把花生定量配发以后，就匆匆地到另外一个车厢了。花生在旅行中是富有诱惑性的食品，人在无聊的时候谁忍得住不捏一颗花生往口里送？当送进一颗之后，把馋虫逗起来了，谁忍得住不再拿起第二颗？无聊的时候什么东西都好抵抗，唯独吃的诱惑最难抵抗。车上的客人都在嚅动着嘴巴嚼花生，那位朋友也随着大家吃了起来。十几颗花生是不经嚼的。没几分钟，花生吃完了。可是肚子不答应，嘴里也闹得慌，比当初不吃还难受。正在这难熬的当口，刚才那位分花生的大高个儿又返回来了，这一回他是提着一个大篮子，里面是一袋一袋的炸花生，20 美分一袋。旅客几乎没有不买一两袋的。吃过十几颗而不再买的当然也有，那个大个子也只对他们微微一笑，走过去了。原来起先配发的十几颗花生是样品，不取值。好精明的推销术！这个狡猾的大个子懂得如何一步步地迈进乘客的心田，让他们一点点就范，失去招架之功。

其实，我们也经常会遇到类似的情况，被别人一步一步地牵着鼻子走。而那些成功的销售人员，正是懂得如何一步一步地迈进我们的“家门”，引导我们的思路，才推销成功的。推销员在推销商品时，并不是直接向你提出买他的商品，而是先提出试用、试穿他的产品，等这些要求实现之后，才提出购买要求。好比劝朋友喝酒，总是会先让朋友先来“一口”，等朋友喝下第一口后，继而把朋友灌得酩酊大醉。

心理学上有个“阶梯效应”（或称“登门槛效应”），大意是，要让他人接受一个很大的，甚至是很难的要求时，最好先让他接受一个小要求，一旦他接受了这个小要求，他就比较容易接受更高的要求。看来，好的推销员都深谙此道。

“阶梯效应”其实就是人们为了维护自己的面子，而不好意思拒绝别人。与此相应，在心理学上还有个“下台阶效应”（或称“留面子效应”），是指人们拒绝了一个较大的要求后，对较小的要求接受性增加的现象。由于人际相互作用，当人们拒绝了别人一个要求后，会因为辜负了别人对自己的良好愿望而感到内疚，所以愿意作出一点让步，给别人一个面子，使别人获得满足。同样是一个推销的实例，当试用装被你尝试后，推销员向你推销一个价格比较高的商品时，你拒绝了，待他再向你推销一个价格非常便宜的商品时，你往往很难拒绝，因为价格不贵，对自己没有多大的损失，并且还可以“帮助”他完成一点销售任务，让自己和别人都好下台。

很多人正是利用了这种策略去影响他人，在向别人提出自己真正的要求之前，先向别人提出一个大的、难以满足的要求，待别人拒绝之后，再提出自己真正的比较小的要求来。这时，别人答应自己要求的可能性就会增加。

无论是“阶梯效应”还是“下台阶效应”，如果能够善加利用，都可以使人际沟通事半功倍，从而提高做事的效率。这对政策执行工作来说不无启发。

阶梯效应

“阶梯效应”是指一个人一旦接受了他人的一个微不足道的要求，为了避免认知上的不协调，或想给他人一个前后一致的印象，就有可能接受更大的要求。这种现象，犹如登台阶时要一级一级登，这样能更容易登上高点。这种心理效应是美国社会心理学家弗里德曼与弗雷瑟于 1966 年提出的。他们所做的实验被命名为“无压力的屈从——阶梯技术”。

实验是这样进行的：派人随机访问一组家庭主妇，要求她们将一个小招牌挂在她们家的窗户上，这些家庭主妇愉快地同意了。过了一段时间，再次访问这组家庭主妇，要求将一个不仅大而且不太美观的招牌放在庭院里，结果有超过半数的家庭主妇同意了。与此同时，派人又随机访问另一组家庭主妇，直接提出将不仅大而且不太美观的招牌放在庭院里，结果只有不足20%的家庭主妇同意。另一个同类实验：实验者让助手到两个居民区劝人在房前竖一块写有“小心驾驶”的大标语牌。在第一个居民区向人们直接提出这个要求，结果遭到很多居民的拒绝，接受的仅为被要求者的17%。在第二个居民区，先请求各居民在一份赞成安全行驶的请愿书上签字，这是很容易做到的小要求，几乎所有的被要求者都照办了。几周后再向他们提出竖牌的要求，结果接受者竟占被要求者的55%。

研究发现，人们拒绝难以做到的或违反意愿的请求是很自然的，但是他一旦对于某种小请求找不到拒绝的理由，就会增加同意这种请求的倾向，而当他卷入了这项活动的一小部分以后，便会产生自己是关心社会福利者的自我认知和处理态度。这时如果他拒绝后来的更大请求，就会出现认知上的不协调，于是恢复协调的内部压力就会使他继续干下去或提供更多的帮助，并使暂时态度改变为持久态度。

8.5.11 修补破窗

犯罪其实就是失序的结果。纽约市在20世纪80年代的时候，治安状况很差，刑事案件频发，人们大白天走在马路上也会害怕，更不用说在地铁里了。地铁车厢脏乱差，到处涂满了污言秽语，坐在地铁车厢里，人人没有安全感。1993年，鲁道夫·朱利安尼（Rudolph Giuliani）当选新一届纽约市长。他上任后开始实施基于“破窗理论”的治安政策：修补最初被打碎的窗户。在与犯罪现象作斗争的时候，“破窗理论”被引申为逮捕更多有较轻违法行为的人，如地铁中翻越栏杆的逃票者、公共场所乱涂乱画者、故意破坏公共艺术品者、恶意乞讨者和强迫司机清洗汽车玻璃者。抓获这些妄想进行犯罪活动的潜在嫌疑分子，不仅是为了搞好城市公共秩序，提高公共生活质量，更是为了预防破窗效应，创造一个安全的环境。

纽约市首先从维护地铁乘车秩序入手，将逃票者铐上手铐，让他们排成一列站在月台上，公开向民众宣示政府整顿治安的决心。后来发现，此举非常有效。警察还发现抓逃票者可能带来其他收获，因为统计数据告诉他们，每7名逃票的人中就会有1名是通缉犯，每20名逃票的人中就会有1名非法携带武器者。因此警察很愿意，也很认真地去抓逃票者，这使得罪犯不敢逃票，出门不敢带武器，以免得不偿失、因小失大。如此，纽约市就从最小、最容易的地方着手创造安全的社会环境，从而使犯罪的恶性循环无法继续。

警方的强硬措施也导致了许多争议。那些坚持公民自由和维护个人权利的人以及一些少数派集团的代表抱怨说，朱利安尼的治安政策给予警察太大的权力，忽视了对个人权利的尊重，从而使警察变得更为粗暴。

尽管颇多非议，但基于“破窗理论”的治安政策使得纽约这个一度以全国犯罪率最高闻名的城市改变了形象，成为美国相对安全的大都市。在朱利安尼强硬措施实施 5 年后，纽约市的犯罪率整体下降了 50%，谋杀案减少了 70%，这个成绩是前所未有的。

破窗理论

美国斯坦福大学心理学家詹巴斗曾做过一项试验：找来两辆一模一样的汽车，一辆停在比较杂乱的街区，一辆停在中产阶级社区。把停在杂乱街区的那一辆的车牌摘掉，顶棚打开，结果一天之内就被人偷走了。而停在中产阶级社区的那一辆，过了一个星期还安然无恙。后来，詹巴斗用锤子把这辆车的玻璃敲了一个大洞，结果，仅仅过了几个小时，它就不见了。

后来，政治学家威尔逊和犯罪学家凯琳依托这项试验，提出了著名的"破窗理论"。这一理论认为：如果有人打坏了一个建筑物的窗户玻璃，而这扇窗户又未得到及时维修，别人就可能受到暗示性的纵容去打烂更多的窗户玻璃。久而久之，这些破窗户就会给人造成一种无序的感觉。那么，在这种无序的氛围中，公众会变得麻木不仁，社会不良现象就会滋生、蔓延。

"破窗理论"告诉我们：环境具有强烈的暗示性和诱导性。一面墙，如果出现一些涂鸦没有被清洗掉，很快地，墙上就会布满乱七八糟、不堪入目的东西；城市街口转角处若有一包垃圾在地上，那么不出几个小时，那个地方就可能堆起一堆垃圾。一个很干净的地方，人会不好意思丢垃圾，但是一旦地上有垃圾出现，人就会毫不犹豫地往地上丢垃圾，丝毫不觉羞愧。因此，必须修好"第一扇被打碎的窗户玻璃"，必须拿走"第一包被丢弃的垃圾"。

8.5.12 欲擒故纵

阿伦森是一位著名的心理学家，他认为，人们大都喜欢那些对自己表示赞赏的态度或行为不断增加的人或事，而反感上述态度或行为不断减少的人或事。

"阿伦森效应"的实验是将实验人分四组对某一人给予不同的评价，借以观察某人对哪一组最具好感。第一组始终对之褒扬有加，第二组始终对之贬损否定，第三组先褒后贬，第四组先贬后褒。此实验对数十人进行过后，发现绝大部分人对第四组最具好感，而对第三组最为反感。

认真回想一下，恐怕我们每个人在现实生活中都曾有过"阿伦森效应"的心理感受。为什么会这样呢？其实主要还是挫折感在作怪。从倍加褒奖到小的赞赏乃至不加赞扬，这种递减会导致一定的挫折心理。但一次小的挫折一般人都能比较平静地加以承受，然而，继之不被褒赏反被贬低，挫折感会陡然增大，这就不大能被一般人所接受了。递增的挫折是很容易引起人的不悦及心理反感的。老子就曾说过这样的话："将欲歙之，必固张之；将欲弱之，必固强之；将欲废之，必固兴之；将欲取之，必固与之。是谓微明。"这种"欲废固兴"的思想与"阿伦森效应"是有相通之处的。"阿伦森效应"的提出是挫折研究的进一步深入，它对政策执行具有很好的启发作用。

迂回战术

在宿舍楼的后面，停放着一部烂汽车，大院里的孩子们每当晚上7点时，便攀上车厢蹦跳，嘭嘭之声震耳欲聋，大人们越管，众孩童蹦得越欢，见者皆感无奈。这天，一位老人凑过来对孩子们说："小朋友们，今天我们比赛，蹦得最响的奖玩具手枪一支。"众孩童欢呼雀跃，争相蹦跳，优者果然得奖，兴高采烈。次日，这位老人又来到车前，说："今天继续比赛，奖品为两粒奶糖。"众孩童见奖品直线下跌，纷纷表示不悦，无人卖力蹦跳，声音稀疏弱小。第三天，老人又对孩子们说："今日奖品为花生米两粒。"众孩童纷纷跳下汽车，抱怨老头太抠，都说："不蹦了，不蹦了，有什么意思，回家看电视了。"如此看来"正面难攻"可以迂回，采用"奖励递减法"可起到奇妙的作用。

本章小结

本章主要阐述政策执行的含义、特点、作用和方法。通过本章的学习，应了解政策执行的研究、认识政策执行的内容、理解政策执行的原则、熟悉政策执行的影响因素、掌握政策执行的策略。

关键词

政策执行　行动学派　组织理论学派　政策资源　目标群体　阶梯效应　破窗理论　非正式信息

思考题

1. 什么是政策执行？行动学派和组织理论学派的观点有何不同？
2. 政策执行有何特征？
3. 政策执行过程主要包括哪些环节？
4. 什么是政策执行研究的自上而下模式？有哪些代表性理论？
5. 什么是政策执行研究的自下而上模式？有哪些代表性理论？
6. 政策执行应遵循哪些原则？
7. 政策执行有哪些影响因素？
8. 政策资源包括哪些内容？
9. 政策执行有哪些手段？
10. 什么是目标群体政策认同和政策抗拒的缘由？

11. 在政策执行中，沟通存在哪些障碍？
12. 什么是目标置换效应？
13. 政策执行中的逆反心理是怎么产生的？
14. 什么是“破窗理论”？如何在政策执行中加以运用？

第 9 章

政策评估

9.1 政策评估的含义和功能

一般而言，政策评估被认为是政策过程中的一个重要环节，通过政策评估，人们得以判断政策目标的实现程度、政策措施的预期效果、政策执行的实际障碍、政策过程的经验教训等。因此，政策评估能够决定政策的基本走向。一项政策到底是应该继续执行还是需要进行修正，到底是应该大修大改还是需要进行局部微调，到底是应该完全废止还是需要部分替代，这些问题都需要通过政策评估加以解决。

下列问题都可能涉及政策评估，我们不妨先从这些具体事例中思考一下政策评估的基本含义。

史上最严交规，为何没有下文？

2012 年 9 月 12 日，时任公安部部长孟建柱签署中华人民共和国公安部第 123 号令，文件称修订后的《机动车驾驶证申领和使用规定》已经 2012 年 8 月 21 日公安部部长办公会议通过，现予发布，自 2013 年 1 月 1 日起施行。该规定以其对违章驾驶员的严厉惩罚而被人们称为“史上最严交规”。然而，规定正式施行不过两天，其中的“闯黄灯”罚则便成为大众争议焦点，实际执行中更多看到的是它的“不靠谱”，给人的普遍感觉是“政府有些意气用事”。看来当初制定规则时就缺少科学态度和严肃性，这样的规则实在让人感到无所适从。2013 年 1 月 6 日公安部交管局专门下发通知，表示对目前违反黄灯信号的，暂不予以处罚。“闯黄灯”罚则因质疑的舆论呼声过高而被迫叫停，表现了政府顺应民意、作出妥协的求实态度，但发现法规中有问题不是光暂停就完了的事情，还需要对法规进行修改完善后再重新公布，不能一暂时叫停就一年没有下文，这样的结局将会引起民众的误解，也会使我们的法规失去权威性。

独生子女费每月5元30多年未变

在1979年，北京市第一批受到国家奖励的独生子女父母都会领到一个非常珍贵的红色小本，上面印着金色的字“独生子女父母光荣证”，凭着这个小红本，独生子女家庭可以每月领到5元钱，相当于当时平均工资的1/10，这笔钱会给家庭生活带来不小的改善，同时还会得到单位的表扬和内心的自豪。在30多年后的今天，无数的独生子女父母依旧会领到这个小红本，但他们心里却再难涌起丝毫的自豪，手里拿到的5元钱其实已经完全失去了奖励的意义。一项30多年未变的政策在人们心中已经完全变了味道，彻底失去了应有的分量和存在的意义。

法律问题还是道德问题

2013年9月24日，《广西日报》刊登了南宁市法制办公室关于公开征求《南宁市城市公共汽车客运管理办法（征求意见稿）》修改意见的通知。这是南宁市首次就城市公共汽车客运立法。其中明确：拒绝给老幼病残孕让座，经劝阻仍不改正的，驾驶员、乘务员可拒绝为其提供营运服务。所谓拒绝提供客运服务其实就是不让乘车。从请您让座到罚你下车，公车让座问题从一个道德范畴一下跃到法律范畴，所以，征求意见稿刚一刊出就引起了舆论的一片哗然。大家普遍认为，不让座只是道德上的错，而赶人下车则是法律上的错。法律不是万能的，不能盲目地迷信。道德问题应该依赖道德进行裁决，法律问题才应该用法律的方式加以解决。凡事立法，恰恰是法治的悖论。

计划生育，少生4亿

国家卫生计生委新闻发言人2013年11月11日在接受媒体采访时表示，40多年来，我国由于计划生育累计少生了4亿多人，大大减轻了人口过快增长给资源环境带来的压力。他介绍说，计划生育使我国人口的过快增长得到有效控制。我国人口出生率由1970年的33.4‰下降到2012年的12.1‰，人口自然增长率由1970年的25.8‰

下降到2012年的4.95‰，是世界平均水平的一半；妇女总和生育率[①]由1970年的5.8下降到2012年的1.5至1.6，达到了发达国家的平均水平；1970年我国出生人口2 739万人，净增2 321万人，2012年出生人口1 635万人，净增669万人。整体来看，我国人口再生产类型实现了由高出生、低死亡、高增长的传统型，向低出生、低死亡、低增长的现代型的历史性转变。计划生育有效缓解了人口对资源环境的压力。我国是发展中国家，既要面对十几亿人口的生存发展问题，又要面对有限的资源、环境的人口承载能力。如果当初不实行计划生育政策，现在我国人口恐怕要达到17亿至18亿，人均耕地、粮食、森林、淡水资源、能源等将比目前降低20%以上，不仅资源环境难以承载发展的需要，而且经济社会发展也不可能达到现在这个水平。计划生育有力促进了经济持续快速发展和社会进步。计划生育转变了人们的婚育观念和生育行为，减少了出生人口规模，降低了少儿人口占总人口的比例，减轻了对衣、食、住、行、教育、医疗、就业等方面的压力，对促进社会发展、保障和改善民生、提高人民生活水平起到了巨大作用。我国人类发展指数从改革开放初期的0.53上升到2012年的0.699，是进步最快的国家之一。我国人口抚养比不断下降，劳动力比例持续上升，人口红利凸显。改革开放以来，我国充分利用劳动力规模大、成本低的优势，以经济建设为中心，大力发展现代农业、工业和第三产业，实现了我国经济持续快速发展。我国经济总量已跃居世界第二位。计划生育功不可没。计划生育改善了妇女儿童发展状况。我国始终将推行计划生育与提高妇女地位、优生优育、提高妇女儿童的健康水平结合起来，大力开展计划生育和生殖健康优质服务，普及青少年性与生殖健康知识，依法保障女婴和女孩的生存发展权利，促进社会性别平等，取得了突出成效。我国孕产妇死亡率、婴儿死亡率大幅下降，分别由1991年的80.0/10万、50.2‰，下降到2012年的24.5/10万、10.3‰。我国计划生育的成功实践，使世界70亿人口日推迟了5年。我国为其他发展中国家解决人口与发展问题作出了表率，树立了负责任人口大国的良好形象。

《食品安全法》修订

国务院法制办公室2013年10月29日就《中华人民共和国食品安全法（修订草

---

① 总和生育率（total fertility rate，TFR），也称总生育率，是指该国家或地区的妇女在育龄期间，每个妇女平均的生育子女数。这种生育率计算方式，并非建立在真正一组生育妇女的数据上，因为这涉及等待完成生育的时间。此外，这种计算模式并不代表妇女们一生生育的子女数，而是基于妇女的育龄期，国际传统上一般以15～44岁或49岁为准。一般来讲如果总和生育率小于2.1（对发达国家来说），新生人口是不足以弥补生育妇女和其伴侣数量的。生育更替水平是指同一批妇女生育女儿的数量恰好能替代她们本身。当净人口再生产率为1.0时，恰好等于更替水平。一旦达到生育更替水平，出生和死亡将逐渐趋于均衡，人口将最终停止增长，保持稳定状态。这个过程所需的时间依人口年龄结构的不同而不同。总和生育率也可用于说明生育更替水平，因为它表明了能够替代父母双方所需的平均子女数。目前发达国家普遍认为，总和生育率为2.1即达到了生育更替水平。之所以为2.1而不是2.0（一个孩子对应父母中的一个），是由于在出生时男孩数要略多于女孩数，且一部分女孩将在育龄期前死亡。发展中国家的死亡率较高，因此，达到生育更替水平的总和生育率总要高于2.1。

案送审稿)》公开征求意见，意见反馈截止日期为2013年11月29日。

送审稿从六个方面对现行法律作了修改和补充，内容包括落实监管体制改革和政府职能转变成果、强化企业主体责任落实、强化地方政府责任落实、创新监管机制方式、完善食品安全社会共治、严惩重处违法违规行为。其中增加了食品网络交易监管制度、食品安全责任强制保险制度、禁止婴幼儿配方食品委托贴牌生产等规定以及责任约谈、突击性检查等监管方式。在行政许可设置方面，国家食品药品监管总局经过专项论证，在送审稿中增加规定了食品安全管理人员职业资格和保健食品产品注册两项许可制度。

为使此次修订的送审稿“落到实处”，工作组特别梳理了当前食品安全工作中存在的突出问题，对2009年颁布的《中华人民共和国食品安全法》实施情况进行了全面评估，同时还研究借鉴国内外有关食品安全工作的实践和经验。为了兼顾公平性与科学性原则，工作组征求各地区、相关部门、行业协会、食品企业以及社会公众意见和建议5 000余条，并委托有关单位开展课题研究30多项，召开相关座谈会、研讨会近30次，在此基础上形成了《中华人民共和国食品安全法（修订草案送审稿)》，共134条。

为什么要延迟退休年龄

2013年11月12日，中国共产党第十八届中央委员会第三次全体会议通过《中共中央关于全面深化改革若干重大问题的决定》指出，研究制定渐进式延迟退休年龄政策。

为什么一定要延迟退休呢?

主要原因还是养老金缺口问题。1997年，中国政府制定了《关于建立统一的企业职工基本养老保险制度的决定》，开始在全国建立统一的城镇企业职工基本养老金制度。然而，1998年我国就有半数省市养老金收不抵支。根据劳动与社会保障部童工数据显示，2005年底，中国养老基金空账已达到8 000亿元，且每年以1 000多亿元的规模扩大。截止到2010年，国家养老金个人账户本应有资产19 596亿元人民币，但实际上却只有2 039亿元人民币，导致17 557亿元人民币的缺口将要由政府来偿还。据世界银行的一项估算，从2001年到2075年，中国养老金缺口可能达到9万亿元人民币，目前对中国养老金缺口的估算，最乐观的也认为缺口将达到3万亿人民币。从全国来看，延迟退休可以使中国养老统筹基金一年增加40亿元、减支160亿元，减缓基金缺口约200亿元。延迟退休可以降低国家养老金支出压力。

此外，就中国的情况来看，退休年龄和其他国家比起来算早的，中国当前的法定退休年龄为男60岁、女55岁（干部）或50岁（工人）。而在欧美国家普遍的退休年龄都为65岁，美国为67岁，日本为男65岁、女60岁。随着生活水平的进步，人们的寿命不断提高，所以延迟退休年龄是必然趋势，而且在很多岗位上也需要这些有经验的老人继续发光发热。现在，人类的平均预期寿命会越来越长，退休年龄延长是一个早晚的事情。人口老龄化是无法回避的事实，但社会政策不能是刚性的，如果墨守成规，可能会出大问题。当然，延迟退休不能“一刀切”，更不能“一步到位”，而是应该循序渐进，一点点延长。

其实，反对延迟退休的意见也不少，2013年人民网联合清研咨询、优数咨询所做的一项问卷调查显示，近7成受访者反对延迟退休。他们的意见主要集中在这样几个方面。

(1) 延迟退休会增加就业压力。

(2) 这对中低收入劳动者不公平，中低层工作者的工资往往除了扣除社保金及所纳税金，拿到手中的实际工资并不多，这所剩不多的工资还要用来生活、还房贷、供养老人、教育子女等等。另外，还有为数不少的下岗职工，他们都四五十岁，因为种种原因，很难再就业，就盼着到法定退休年龄拿退休金，政策一旦调整，他们无疑将会遭受巨大的打击。

(3) 2009年，中国人的平均寿命为73岁。因此，假若将退休年龄推迟到65岁的话，那么平均下来就只能拿8年的养老金，而此前，已经交了几十年的养老金，因此，这也会让许多人感到不公平。

的确，退休问题不是一个小问题，制度改革不能一蹴而就，应该认真研究，更多听取不同的意见，逐渐完善制度，一点点向前推进，做到稳妥谨慎，防止出现大的偏差。

禁与不禁：换位思考

“针对禁止自带酒水”、“收取包间费”等霸王条款，中消协、北京市消协曾多次呼吁取消这些不合理规定。2013年4月12日，北京市消协正式向商务部提交《关于“不应在〈餐饮业管理办法〉中允许餐饮业设置最低消费，使之变身为差异化服务收费项目”的建议》，呼吁应在《办法》中对餐厅设置所谓“最低消费”的做法，作出明确的禁止性规定。市消协在《建议》中指出，包间设置最低消费不属于差异化服务收费，不应当成为所谓差异化服务收费的借口。将违背大多数消费者意愿的“最低消费”合法化有悖于“清理和规范餐饮行业不合理收费”的初衷。

自4月起，北京市工商局在全市范围内开展了餐饮行业合同格式条款专项整治。工商部门对全市主要餐饮企业进行走访，收集了菜谱、水牌、店堂告示、就餐卡等多种形式的合同格式条款。通过整理分析，发现餐饮行业合同格式条款普遍在开瓶费、包间费、服务费、餐具费等方面存在侵害消费者权益的内容，并成为近年社会广泛关注、争议较多的焦点问题。工商部门组织相关专家对这些条款进行充分论证，最终确认“禁止自带酒水”、“包间最低消费××元”等6种合同格式条款，属于经营者免除自己责任、加重消费者责任或排除消费者权利的不公平格式条款。工商部门表示，经营者在提供餐饮服务过程中，虽然拥有对所销售商品和提供服务的定价权，但在获取利润的同时，也应当履行应尽的社会责任，不能忽视和违背公平交易、等价有偿、诚实信用的市场规则。工商部门要求各餐饮企业根据2012年12月10日发布的合同格式条款违法表述在一个月内开展自查自纠，逾期不改正的，工商部门将依据《合同违法行为监督处理办法》进行处罚。

市工商局叫停餐饮行业霸王条款，在获得消费者叫好的同时，也招致行业协会的激烈抵制。12 月 11 日，中国烹饪协会以公开信的形式向工商总局称，北京市工商局此举已“激发行业公愤”，认为“不公平表述”以偏概全、“违法定性”理由牵强、行政干预违背改革原则，并请国家工商总局对北京市工商局此次行政行为及时予以制止，责令立即整改并公开道歉，以消除社会舆论影响。12 月 13 日，国家工商总局新闻发言人表示，合同行政监督管理是合同法和国务院“三定方案”赋予工商部门的法定职责。由于合同格式条款具有单方拟订、重复使用且不与对方协商的特性，不少经营者利用不公平合同格式条款将自己的意志强加给作为合同弱势方的消费者，损害了消费者的合法权益。不公平合同格式条款的大量存在，破坏了正常的消费秩序，容易引发矛盾和纠纷，涉及社会公共利益，已成为影响社会和谐稳定的公害。针对这种情况，近年来工商总局组织全国工商系统对“霸王条款”加大监管执法力度，集中开展专项整治，得到社会各界和广大消费者的普遍认可。

行业协会直接叫板工商部门，堪称罕见。

关于“禁止自带酒水”、“包间最低消费××元”有如下几种声音。

中烹协：

在市场经济条件下，餐饮企业和消费者都有充分选择的自由。目前《价格法》、《消费者权益保护法》等法律条文中，并未把餐饮企业“禁止自带酒水”等行为划分到违法范畴。在现实中，既有设定“禁止自带酒水”的商家，也有未设定的商家。餐饮业与垄断行业不同，消费者完全可以用脚投票。市工商局违法定性理由牵强。

北京市工商局：

《消费者权益保护法》第九条规定：“消费者享有自主选择商品或者服务的权利。”第十条规定：“消费者享有公平交易的权利。”消费者不仅有权选择在哪一家餐厅就餐，在同一家餐厅也有权选择具体的商品和服务内容。以禁令形式拒绝与消费者就酒水问题协商，侵害了消费者的自主选择权和公平交易权。设置最低消费的行为，排除了消费者选择消费数量、消费金额的权利，也容易产生浪费等现象。

市消协：

针对工商局与中烹协关于霸王条款的争议，作为消费者“娘家”的消协公开表态，霸王条款认定有理有据。市消协还公布了对全市 63 家餐饮企业调查结果，餐饮企业提供的酒水往往高于市场价格的 1 倍至数倍。以茅台 53 度飞天为例，市场价 1 080 元左右，餐饮提供价格为市场价的 200%～300%。这种普遍的加价幅度已成为行业潜规则，限制和剥夺了消费者的选择权和公平交易权。《消费者权益保护法》规定消费者享有自主选择商品或者服务的权利，有权拒绝经营者的强制交易行为。餐饮企业设置“禁止自带酒水”、“包间最低消费”，问题的真正本质“是使消费者接受餐饮企业提供的高价酒水”，强制消费者只能接受不需要的商品（菜品）。虽然经营者在提供餐饮服务的过程中，拥有对所销售商品和提供服务的定价权，但企业在获取利润的同时，应当遵循公平交易、等价有偿、诚实信用的市场规则。

企业：

很多餐饮企业表示，整治霸王条款的初衷是好的，但时机不对，没有进行周全的考量，因为目前餐饮业正经历寒冬，经营非常困难。在维权方面，工商部门应该一手托两方，既要维护消费者权益，也要维护企业的正常经营。

据有的餐饮企业反映，有消费者自带酒水、食品到餐厅，要求免费使用餐厅包厢就餐，在与服务员产生语言冲突后，第一时间致电 12315 举报，并根据接线员的指点"拍照留证"。

不知这种现象"合法"还是"违法"？

有餐饮企业管理人员发问，既然消费者可以自带酒水，那么是不是他们也可以自带饭菜呀？

媒体：

媒体有与消协保持一致的多数人的声音，当然也有代表少数人与中烹协类似的观点。媒体人苏文洋发文称：餐饮业是商业的一部分。"商"字很形象地说明，一桩买卖的成交，谁都不能"霸王硬上弓"，大家得商量着来，买卖双方都要公道，强买不行，强卖也不行。"谢绝自带酒水"被消费者视为商家的"霸王条款"，其实带有很强的片面性，缺乏实事求是的态度。孔子说："己所不欲，勿施于人。"凡事都要倒过来想一想。假如消费者是餐馆经营者，你是否愿意接受就餐者不在你这里买酒水而是自带酒水？外面的酒水要比餐馆便宜，消费者花钱随便到一家烟酒店、超市、商场去买，一定便宜很多。但是，这些纯粹的烟酒经营者不给消费者提供饮酒的场地，你要喝得另找地方喝去。这样，他们节省了场地租金、水电消耗、服务员等开支，所以酒水价格才能便宜。举个例子，一听可乐在街摊上卖 3 元，你到五星级饭店去，一听卖到 100 元。你可以说贵，也可以说黑，当然可以不买，但你要求酒店降价可能办不到。100 元卖不出去是它的事情，酒店倒闭也与你无关。事情就是这么简单。消费者可以选择在街头喝而不在酒店喝，但你要求酒店酒水价格要和街摊一样，或是从街摊买了就要在酒店喝，显得不太讲理。还有一个餐馆包间费或最低消费问题，多年来也一直为消费者诟病。其实，这个问题就像飞机上设头等舱、公务舱一样，你要安静、宽敞、舒适，你就要多付钱，比经济舱贵一倍，甚至两倍。你要花经济舱的钱坐头等舱，不让坐就是"霸王条款"，这大概也不能成立。再打个比方，你住宾馆开间房，自己带两张折叠床，住进 4 个人，你认为可行吗？各行各业都有规矩，有一些约定俗成的东西，我们不能把所有限制消费者的规定统统斥之为"霸王条款"、"潜规则"。有些规定或许商家可以改进，有些规定消费者只能遵守。国外有些餐馆，客人衣冠不整或不穿西服，连店门都不让进。人均消费低于规定数额，根本不接待。你天天炮轰也未必能够改变这些"霸王条款"。唯一的办法大概是自己开一家餐馆，客人随便自带酒水，衣冠不整照吃不误，消费 10 元可以坐一天，包间费一律不收钱，我估计不出 3 个月就倒闭了。

餐馆谢绝自带酒水，是因为酒水是餐馆经营项目的一部分，它们提供场地、水电、服务等等，当然要挣酒水钱。消费者可以嫌贵不喝，但你嫌贵就自己带，那就要和店家商量。我也干过自带酒水的事情，有时交点开瓶费，有时店家不允许就换一家餐馆，也有的店家为了留住客人同意自带酒水。总之，这件事情要平心静气，前思后想，一手托两家。剃头挑子一头热是不行的，任何一方都不能搞“霸王条款”。①

专家：

其实，问题并不是非黑即白。

市场经济条件下，利益主体多元，利益标准多元，难有唯一标准答案。各方在公共舆论空间里公开博弈，摆出立场、拿出证据，这是一个值得赞赏的解决问题途径。

首先，虽然作为消费者，我们天然地希望合同更倾向于自己，但是店家的自主经营权同样需要得到尊重。比如，“包间最低消费”固然限制了消费者的部分选择权，但饭店的包间本身就是有边际固定成本的，一定情况下还是稀缺资源，如果消费者用极小的消费占着包间，这对于饭店也未必公平。

但从另一个角度说，商家明显处于信息、经济的绝对强势，消费者处于明显弱势。在这种情况下，契约自由不等于契约正义，自由竞争不等于公平交易。消费者不能每次消费，都准备去法院打官司维权，的确需要工商行政部门的“有形之手”进行格式合同监管，纠正霸王条款，维护消费者利益。

行政监管不能完全吞没民事合同的意思自治，但也不能放任无良商家打着“契约自由”旗号损害消费者利益。消费者应受保护，市场交易自由也应受保护。工商部门既要积极履职，依法审核侵害消费者利益的格式合同，又要在政府职能转变、简政放权的大背景下，避免重走过分干预市场的老路。

在当下利益主体多元化、利益标准多元化的格局下，不可能只有“一言堂”，而是需要有“几个声部”，各种利益主体公平博弈、公开博弈，这才是处理利益纷争的有效机制。②

实际上，这次餐饮业与消费者之间的利益冲突，法律上并没有十分清晰的判断。

立法之所以不作具体列举，也是考虑到市场行为的复杂性，以便为市场主体预留一定的博弈和自治空间。其实，禁止自带酒水本身或许并不是问题的关键，真正令消费者不满的是酒店酒水价格畸高。目前酒店的酒水价格普遍贵得离谱，这种情况下禁止自带酒水，就有违民法、消法的公平原则。

如此长时间的争论，凸显出利益博弈中双方缺乏坦诚的沟通与应有的妥协。经营者担心无条件允许自带酒水会造成自带饭菜的结果，消费者则认为这是公开赚取酒水高额利润的借口。如果从经营者利益与消费者利益平衡的角度审视，只要博弈充分并非没有妥协的可能。尤其是经营者一方，行业规范和自治领域尚有很大的让与空间。试想，如果酒店酒水价格合理，谁还想着自带酒水呢？③

---

① 参见苏文洋：《“谢绝自带酒水”果真是“霸王条款”吗》，载《北京晚报》，2010-05-03。
② 参见袁伊文：《公开激辩“自带酒水”是件好事》，载《新京报》，2013-12-14。
③ 参见傅达林：《酒水价格畸高“禁带”之争难免》，载《京华时报》，2013-12-14。

9.1.1 政策评估的含义

由于人类认识活动的局限性和政策活动本身所具有的复杂性，那种无跟踪、无反馈、一劳永逸的政策已经不可能再为公众所接受。任何一项政策，在执行的过程中，都可能有违原先政策制定的初衷，出现这样或那样的问题，或者是由于政策的不完善，政策本身就成为了问题。因此，如果不对政策执行信息进行及时反馈和有效评估，就可能无法使预想中具有可行性的政策达到预期效果。

通过政策评估，人们不仅能够对某一政策本身的价值作出判定，从而决定这项政策的持续、发展、调整或终结，而且能够对政策过程的不同阶段进行考察和分析，总结经验，吸取教训，为今后的政策实践提供参考和借鉴。因此，政策评估作为政策过程的一个重要环节，对提高政策制定水平和政策执行质量都有积极的影响。

所谓评估，就是估量和评价，通常是指根据一定的标准对事物作出优劣判断。评估活动的历史由来已久，但现代意义上的政策评估历史却并不长，而它从一开始就存在两个层面即价值判断层面和技术分析层面的分野。在相当长的一段时间里，政策评估在主流领域一直是倾向于事实层面的技术分析，主张应用实证技术方法测定政策目标与政策效果之间的对应关系。在这一理念的指导下，政策评估主要侧重于效率、效能、效益这类问题，更多地依赖于量化分析的方法，而忽视了对政策本身价值的评判和伦理的考量。从20世纪70年代开始，一些学者提出，如果在政策评估中不首先明确合理性、公正性、正当性、社会性等关键问题，而只是从量化分析角度进行分析，无异于本末倒置。

怎样定义政策评估，学术界大致有四种看法：第一种观点认为，政策评估是针对政策方案进行的评估，评估的焦点集中在政策的预期结果，即人们通常所说的前评估；第二种观点认为，政策评估是针对政策环节的评估，主要侧重政策内容的阶段性分析，即人们通常所说的阶段性评估；第三种观点认为，政策评估是对政策全过程的评估，是贯穿于整个政策过程（政策项目形成到实施的整个过程）的功能性活动，即人们通常说的过程评估；第四种观点认为，政策评估是针对政策实际效果进行的评估，是发生在政策执行中的活动，即人们通常所说的后评估。

在以上几种观点中，后评估的概念更具有代表性。多数学者认为，政策评估需以政策效果为核心，其宗旨是确定某一既定政策是否已经做了或者在多大程度和范围内做了它本打算去做的事情。实际上这就是要求对政策的实施效果进行分析和判断。托马斯·戴伊认为，政策评估不同于政策分析，它不涉及政策内容的描述，也不涉及政策原因的解释，而只是对政策结果及其影响的探究。①

政策评估所要回答的基本问题包括：政策实施后，是否达到了预期目标？是基本达到还是完全达到？其程度和范围如何？对社会生活带来哪些影响？是观念方面的影响还是行为方面的影响？是正面的影响还是负面的影响？政策投入（包括直接成本与间接成本）与政策产出（包括直接效果和间接效果）如何？政策的风险和政策的收益怎样？政策的未来走向如何？是持续还是调整？如要调整，是微调还是大动？是废止还是替代？等等。

---

① Thomas R. Dye, *Understanding Public Policy*, Twelfth Edition, Prentice-Hall, 2008, p.5.

归纳一下，所谓政策评估，就是依据一定的价值标准和事实标准，通过一定的程序和步骤，对政策实施中的价值因素和事实因素进行分析，目的在于利用这些政策相关信息，对政策结果和政策未来走向作出基本的判断。政策评估是决定政策变化、政策终结的基础依据。说得再具体一些，政策评估就是把政策视为自变量，而把政策对社会产生的政治、经济、文化影响视为因变量。

政策输出与政策影响

政府真的了解自己在干什么吗？一般来说，答案并不十分肯定。托马斯·戴伊指出："政府通常能够了解它们到底消耗了多少资金，为多少人提供了各式各样的服务，这类项目是如何组织、管理和运作的；政府也大概知道一些有影响力的利益集团是如何看待它们的项目和服务的。但是即使这些政策得到了充足的资金支持、良好的组织管理、高效的运作机制、广泛的实际应用，并且获得主要利益集团的普遍支持，人们仍然会问：那又怎么样呢？这些政策真正发挥作用了吗？这些项目给社会带来有利影响了吗？这些影响会即刻产生，还是需要经过一段时间才会出现？是正面的影响还是负面的影响？项目的成本和社会收益之间的关系是怎样的？我们可否利用花费在这些项目上的资金和人力物力去做其他一些对社会有益的事情？非常遗憾的是，政府几乎很少回答这些非常重要的问题。"①

政策评估并非政策方案预设目标的评估，预设的目标存在很多不确定性，不能将政策评估仅局限于政策目标的实现方面。政策评估关注的是公共政策的所有后果，即政策影响。政策影响与政策输出不同，评估政策影响时不能仅仅满足于衡量政府的行为，比如，只知道人均教育支出、医疗支出，并不能对一项政策对目标群体的影响作出客观的评估。托马斯·戴伊指出："许多政府机构用大量的统计来衡量产出，比如已支付的福利款项、逮捕罪犯的起诉数量、医疗保险的支出、学校的招生人数等等。但这种方式说明不了贫穷、犯罪、健康或教育的状况。我们不能仅满足于计算一只乌鸦扇动了多少次翅膀，而要考虑这只乌鸦到底飞行了多远。"输出这一概念使人们集中关注物质层面的内容，比如税收总量、建设高速公路的长度、实行的限价协定、交通罚款额或承担的外国援助项目等。一般来说，输出比较容易进行计算、加总与统计分析。检查输出可以表明，或似乎表明，为执行某一政策许多事情正在进行或已经完成。然而，评估不是数豆子的游戏，不可如此"斤斤计较"。可是在立法者、利益集团以及其他方面要求结果的压力下，政府部门往往会聚焦于政策输出而不是政策影响，以求能够制造出发展幻象的统计数据。如果某一州的大学毕业生人数百分比上升了，这是否能告诉我们这些大学生所受教育的质量如何呢？

当然，强调政策影响并不是要否定政策输出，只是为了区分两者的不同。在描述一个政策甚至解释一个政策的时候，衡量政策输出同样是非常重要的。然而，政策输

① Thomas R. Dye, *Understanding Public Policy*, Twelfth Edition, Prentice-Hall, 2008, p. 331.

出是政府部门追求政策决定与政策声明而实际做的事情，是工作总结需要关注的内容，而政策评估的焦点则主要在政策影响上。

9.1.2 政策影响评估的基本内容

一般来说，评估政策影响需要重点关注如下内容。

1. 对目标群体产生的影响

所谓目标群体是指政策试图影响的那部分人，比如无家可归者、精神病患者、低收入家庭、学龄儿童、退伍老兵等，政策评估需要考虑的问题是：政策对目标群体产生的预期影响是什么？比如，一个反贫困计划，其目标是为了增加他们的就业机会（提高就业率），还是为了改善他们的身体条件和生存状况；是为了增加他们的收入（提高工资水平），还是为了改变他们的态度和行为。如果预计产生多重效果，把上述内容都视为目标，那么就需要考虑优先次序。此外，政策可能产生预期的结果，也可能产生非预期的结果。有些是人们乐意看到的（正面影响），有些则是人们不乐意看得的（负面影响）。

旨在提高农民收入水平的农产品补贴计划同栏能够导致被补贴产品的过量生产；某一福利计划确实改变了受益群体的收入状况，但却削弱了他们就业的主动性；廉租房计划可以有效改善穷人的居住状况，但可能会产生由穷富隔离引发的问题。

2. 对目标群体以外的群体产生的影响

一项政策不仅会对目标群体产生影响，而且还能够对一些非目标群体产生影响。这种影响被称为第三方效应（third-party effects）或溢出效应。因为它通常会增加第三方的收益或成本。比如，廉租房等公共住宅项目不仅惠及低收入阶层，而且会给建筑企业带来收益；公共教育计划不仅教育了学生，而且为公司培训了能干的员工，向社区输送了高素质的居民；污染控制计划会增加许多工厂的成本，但却为污染控制设备的生产厂商带来了实惠。当然，非目标性效果可以表现为收益，也可以表现为成本，可以是积极的效果，也可以是消极的效果。森林的砍伐对木材公司有利，而且符合那些把森林视为农场的人的观点，但会得罪环保主义者、热爱大自然的人和野外运动爱好者。因为森林的砍伐会导致野生动植物生存环境遭到破坏，使大自然失去美感。

3. 对近期以及未来产生的影响

有时候政策方案的设计只是为了应急（应对突发情况或紧急事件），并没有长期的考虑。比如，2008年8月北京奥运会期间的机动车单双号限行政策，2010年11月广州市为亚运会召开推出的免费乘坐地铁、公交和过江轮渡的优惠政策。还有时候，政策方案的设计不关注眼前而在乎长远。比如，中国核电发展计划和航天发展计划。

研究表明，一些新的或带有创新性的政策非常吸引人们的眼球，通常会产生短期的正面效果。但当方案新颖性消失，人们的热情退却后，正面效果就不见了。与之相反，有些政策起初举步维艰，遇到很大困难，但坚持下来就产生了意想不到的正面效果，比如医疗保险制度的建立、住房改革政策的推出等。

4. 直接成本

“天下没有免费的午餐”，这是经济学家常挂在嘴边的话。它提醒我们，做事一定要考虑成本。成本的表现形式多种多样，而直接成本则是政策评估首先需要考虑的问题。所谓直接成本是指方案实施过程中直接消耗的资源，包括人、财、物等方面。相对来说，直接成本比较容易计算，预算文件可以提供准确的数据。如果政府的某项开支服务于多个项目，那成本的核算就会复杂一些。

5. 间接成本

政策除了有直接成本还有间接成本。达到煤矿安全生产要求所需要的花费可能会导致煤矿收入的下降，环境保护提出的标准可能会导致工厂的产品价格提高。间接成本有的是有形的，有的是无形的。当一个人的家乡因修建水坝而被淹没时，精神上的损失（心理的痛苦）会由此产生。尽管经济补偿可以支付房屋的损失，但老屋被淹没在30多米的水下，再想回去是不可能了，这种精神损失怎样弥补呢？间接成本常常涉及社会和心理方面，这些无形的东西往往无法进行测算，要给它们挂上一个价格的标签实在不是件容易的事情。

6. 机会成本

评估不仅要关注直接成本和间接成本，而且要关注机会成本。机会成本是指，用于某一项目的资源（如修建防洪设施）不能用于另一项目（如建筑公共住房）。机会成本所关注的问题是资源被用于某一目的而非其他目的时，人们不得不放弃的东西。或者在作出选择时，放弃那些本能够得到的东西。比如有一大片空地，可卖可租，把它卖出去可以赚五万元，但也可以把它租给别人建停车场，每月收取租金。如果把它租出去的话，在租用期就不能再卖了，那卖地的五万元就是租地的机会成本。反之，真把它卖掉的话，所有权就换人了，就不能再作主租给别人了，每月收取的租金就是卖地的机会成本。政策评估必须考虑这样一些问题。

7. 物质性影响与符号性影响

政策影响可能是物质的（有形的），看得见、摸得着，实实在在，也可能是符号的，看不见、摸不着，朦朦胧胧。政策的符号性影响主要包括：“领导人物对社会价值的肯定，国旗、军旗和军队的展示，各种军事仪式，高级官员的出访和来访，政治领导人的意图和重要的政策声明等。”① 其作用在于激发大众的信念、态度和激情。政策的符号性影响不会引起社会条件的实际变化。没有谁会为某位政府高官一次关于国家荣誉的演讲或一次盛大的历史名人纪念活动而过得更好，但这类活动会使人们在意识形态或情感心理方面得到满足。有时候，一些看似满足物质需要的政策行动，在效果上却更多是符号性的。政策的符号性影响虽很重要却难以测量，有时候还真的需要一点政治的敏感和直觉。

政策评估把注意力更多集中在一些物质性影响方面，关注政府实际所采取的行动，采取行动的理由和行动产生的实际结果。尽管政策影响在符号性方面显得模糊和不可捉摸，

① Gabriel A. Almond and G. Bingham Powell, *Comparative Politics: A Developmental Approach*, Little Brown, 1969, p. 199.

但绝不可因此而忽视对它的评估。

9.1.3　政策评估的功能

政策评估多表现为政府行为，是一种政治性活动。从我国目前的政策制定和执行情况来看，“只讲耕耘，不问收获”的现象多有发生。许多事情并不是无法可依，关键的问题是政策交叉，规制泛滥。好像出台了一项政策，就完成了一项使命，至于政策的实施效果如何，似乎并不是非常重要的问题。这样一种不负责任的态度固然与传统文化和体制因素有关，但缺乏对政策评估重要性的认识和对相关制度保障的思考也是重要的原因。

政策评估的功能主要表现在以下几个方面。

1. 政策评估是检验政策效果的基本途径

一项政策在执行后究竟取得了怎样的效果，有时候并不是一目了然的，表面的观察与实际的状况可能存在很大误差，为了避免政策实施的盲目性，就有必要及时对政策效果进行分析和判断。

2. 政策评估是决定政策未来走向的重要依据

政策走向一般分为三种，一是延续，二是调整，三是终结。无论采取哪种走向，都不能只凭想当然，必须做到有理有据，而道理和依据的取得则依赖于对政策执行效果进行的全面、系统的分析和科学、合理的评估。

3. 政策评估是合理配置政策资源的基础工作

由于存在政策资源的有限性，所以必须明确各项政策要素的价值、确定资源投入的优先顺序和比例，以寻求有效的资源配置。政策评估的实施正是出于这样的目的。它一方面可以使决策者从整体和全局角度出发，使有限资源产生更大效益；另一方面可以防止因过多考虑局部利益所带来的资源过度投入。

4. 政策评估有利于促进政策的科学化进程

从某种角度看，公共政策担负着国家管理的重要职能。实践证明，随着社会条件的不断变化和政府活动的日益复杂，那种无跟踪、无反馈、金口玉言、一劳永逸的政策模式已经不可能再为公众所接受，要建立科学的政策模式就必须大力加强制度建设，完善政策程序，做好政策评估，提高政策质量。

5. 政策评估是缓解社会矛盾的有效途径

一项好的政策会得到人民群众的普遍拥护；一项不好的政策会引起人民群众的强烈不满；一项有缺陷的政策可能在解决一种问题的同时引发更多、更严重的问题；一项制定与执行有很大出入的政策（执行环节会出现一些意想不到的情况），不但不能解决问题反而可能越发激化矛盾。那么怎样确定政策的好与坏、善与恶、是利大于弊还是弊大于利？这无疑需要通过政策评估加以区分。有效的政策评估能够决定政策的正确走向，对缓和社会矛盾具有十分重要的意义。

政策评估的消极影响

评估不一定总会被用于那些值得赞赏的目的，有时候也会出现一些扭曲。正如卡罗尔·维斯所说的那样："决策者可能会利用评估拖延作出决策；证明自己所作的决策是正当的、合法的；通过推卸责任以摆脱今后可能引起的争论；维护这个计划在选民、资助者和公众眼里的形象；通过评估的形式满足政府要求的条件或基金会的认可。"① 评估主体的目的是多样的。有时会被自利动机所驱动，更多考虑个人、组织和党派的利益，置公共服务于脑后，从而对评估构成消极影响。总结一下，政策评估的消极影响主要表现在如下几个方面：

(1) 以"实际情况复杂，政策不可能面面俱到，有待进行评估分析"为借口，推迟作出相关决定或采取任何行动。

(2) 以评估为幌子，实际是想通过评估搜寻有利于自身的证据，以便推卸工作责任，为决策失误找到借口。

(3) 利用评估炫耀政绩，把评估作为为自己树碑立传的一种手段，导致该评估的内容轻描淡写，不该评估的内容大书特书。

(4) 搞评估主要是为了要钱，试图通过评估达到追加预算、增拨经费的目的。

(5) 以主观选择替代客观标准，择其表而舍其实，以枝节的成绩掩盖整体的失误，以局部的亮点替代全局的不足。

(6) 抓住一点，攻击全盘，以个别环节和枝节层面的不足对政策内容作出整体的否定。

9.2 政策评估的类型

随着社会发展的不断变化和政府活动的日益复杂，公共政策无论在形式还是在内容方面表现得越来越复杂。因此，政策评估的类型也呈现出多样化的特征。人们可以从不同的角度，依据不同的标准，对政策评估的类型作出多种划分，且不同的分类体现了不同的研究侧重。

9.2.1 正式评估与非正式评估

这类评估是以组织的活动形式进行划分的。

1. 正式评估

正式评估是指事先制定完整的评估方案，由专门的机构与人员按严格的程序和规范所进行的政策评估。这种评估由于评估机构与人员具备专门的知识和素养，评估的资料详尽真实，评估的方法手段先进，因而评估的结果比较客观可信，是政策评估中最主要的

---

① 转引自詹姆斯·E·安德森：《公共政策制定》，299页，北京，中国人民大学出版社，2009。

形式。

2. 非正式评估

非正式评估是指那种对评估者、评估程序、评估方法、评估资料都未作严格要求而进行的局部的、分散的政策评估。非正式评估虽然结论不一定非常完整、可靠，但其形式灵活，简单易行，有广泛的适用性。

以上两种评估方式可以有机地结合起来运用，以正式评估为主，将非正式评估作为正式评估的事先准备和必要的补充。

9.2.2 对象评估、社会评估、自我评估

这类评估是以不同的评估者来划分的。

1. 对象评估

对象评估是指由政策目标群体成员进行的评估。由于政策目标群体成员是政策内容的直接承受者，他们对政策制定与实施的利弊得失有最真切的感受，对政策的成败最有发言权。因此，这种政策评估可以获取第一手资料，可以对政策的成效进行真实的估计，其结论具体、真切。但这种评估也有不足之处，目标群体成员只是社会成员的一部分，提供的资料虽然真实，但有较大的局限性。

2. 社会评估

社会评估是指在政策系统之外进行的评估。通常有两类：一类是政府等公共部门委托专业部门进行的评估，一类是社会成员自行组织的评估。对象评估与社会评估可以统称为外部评估。政府委托评估是政府部门委托专业性的咨询公司、营利或非营利性的研究机构、大专院校的专家学者所进行的政策评估。这种评估的优点在于评估者在一定程度上能置身于政策系统之外，从而使评估具有较大的客观性；实施评估的机构与人员一般都具备专门的评估理论与知识、掌握政策评估的方法与手段、具有一定的评估实践与经验，从而使评估具有较高的可靠性。但这种评估也有其局限性，主要是评估机构与人员容易受委托者在经费和资料两方面的限制，从而有可能削弱评估的客观性与公正性。而由社会成员自行组织的评估，往往对政策追踪具有更大的兴趣，而且作为第三方表现出更强的独立性。

3. 自我评估

自我评估是由政策系统内部进行的评估。这种评估的优点在于，评估者中有政策的制定者与执行者，对整个政策过程有全面的了解，掌握大量的第一手资料，从而评估的结论较为可靠。另外，从评估的实用性来看，政策系统内部评估的结论可以直接被用于政策调整，容易产生效用。但这种评估也有其缺点，由于评估者是政策的制定者与执行者，可能会因为顾及政绩而夸大成绩、回避失误，导致盲目性，可能会从部门的局部利益考虑而产生片面性，可能会受到机构内部利益和人际关系的影响而失去公正性。

哈佛大学政治学教授詹姆斯·J·威尔逊在调查研究的基础上总结了在政策效用研究领域的两条法则。第一法则是所有介入社会问题的政策都会产生预期的效果——如果研究是由执行政策的人或他们的朋友进行的话；第二法则是没有一个介入社会问题的政策会产生预期的效果——如果研究是由独立的第三方，特别是那些对政策持怀疑态度的

人来主持的话。当然，威尔逊教授的观点颇显极端，但他揭示出了由于评估方的身份差别，政策效果的评估在实践中会有很大出入。这一观点对认识政策评估的障碍是很有启发的。

9.2.3 方案评估、执行评估、终结评估

这类评估分类是以评估实施的阶段来划分的。

1. 方案评估

方案评估是在政策实施前进行的评估，因此又称预评估。由于政策还未执行，因此评估是预测性的。评估者往往根据以前积累的经验，加上运用现代计算机技术进行模拟运行，对方案执行后可能出现的结果作出分析与估计。这种评估的优点在于，评估的结果可以直接用来指导政策的实施，特别是可以采取措施，将可能出现的政策负面效应减少到最低限度。但这种评估终究只是预测性的，不是现实的结论。

2. 执行评估

执行评估是在政策实施过程中进行的评估。虽然这时的政策执行还未结束，但政策推行的效果、效率、效益已经部分表现出来，特别是政策方案中存在的缺陷、政策资源配置中的问题、政策环境中某些条件的改变等，都会有所表现。这种评估的优点在于评估中所获取的资料都是即时的、具体的，评估的结论是真实的、可靠的。另外，评估的结果也能立即、直接产生作用，用来对正在执行中的政策进行调整。但执行中的评估只是对进行中的一定过程所作的评价，由于过程并未结束，所以这种评价往往带有过渡性和暂时性特征。

3. 终结评估

终结评估是指政策执行完成后的评估，这是对一项政策的最终评估。由于政策已经执行完毕，政策的最终效果、效率、效益已经成为既定事实，评估的结论是对政策整个过程的最终总结。这种评估要求对政策全过程有充分的认识，对政策实施后的结果有全面的把握，对以往的方案评估、执行评估有详尽的了解。

总之，政策方案的评估主要为政策执行提供指导，政策执行评估主要用于对政策运行加以控制，政策终结的评估主要对政策制定提供指导。这三种评估居于政策过程的不同阶段并贯穿于政策的全过程。此外，无论是对象评估、社会评估、自我评估，还是方案评估、执行评估、终结评估，都可以是正式评估，也可以是非正式评估；方案评估、执行评估、终结评估可以与对象评估、社会评估、自我评估结合起来。

9.3 政策评估的要素

评估要素包括评估主体、评估对象、评估目标、评估标准。

9.3.1 评估主体

评估主体即政策评估者的主体构成，包括决策者和执行者、专业学术团体和研究机

构，以及政策的目标群体等。

很多政策评估都是由非政府部门作出的。传播媒介、大学与研究中心、私人性质的研究机构、压力集团、公益组织等都会参与公共政策的评估，这些评估或多或少都会对政府官员产生影响，并向一般公众提供信息，公开政策的成功与失败，有时还会为一些不太受欢迎的政策进行辩解，并且偶尔也会为那些没有代表的群体充当代表，比如那些被困在管理不善的养老院里的老人或受到剥削压迫的、按季节流动的农场工人。

有人将非政府部门参与的评估命名为“政策评估产业”。这个产业主要有三个组成部分，即大学、研究机构和媒体。

通过与政府部门签订一些合同的形式，很多大学里的学者积极从事政策评估活动。很多大学都有研究公共政策的研究生院和研究中心，它们有更强的“应用”导向和实践意愿，并乐于承担一些政策评估项目。大学学者的某些研究成果会刊登在一些刊物上或以评估报告的形式交给政府相关部门。但总体上看，大学的学者更热衷于在自己的学术领域作出理论上的贡献，而没有兴趣卷入时下的政策争论。

许多私人性质的研究组织，如布鲁金斯学会、城市研究所和美国企业协会等，会将大多数甚至全部的时间和精力都投入政策评估项目。与政府部门的研究机构相比，这类研究组织的活动更具有独立性，对于政府部门的活动及政策更具批判性。“当然，合同研究者经常面对遵循政府部门路线的压力，特别是在他们高度依赖某一个部门的情况下。”① 一些研究机构往往受托于政府部门进行政策评估，因而在评估经费、信息获取等评估条件方面具有一定优势。但这种优势也可能会转变为劣势，正是由于存在来自政府部门的种种牵扯，所以这些研究机构容易接受某种暗示，存在一些心理障碍，从而影响政策评估的质量。但无论如何，研究机构具备专业的理论知识和专门的方法技术，它们完全能够胜任政策评估工作，其评估结论往往能够引起政府部门的高度重视。

在新闻报道中，当涉及公共政策时，媒体倾向于关注公共政策的失误与政府行为的偏差。一些有关政策丑闻和行为出轨的报道似乎更具有“新闻价值”。在实际生活中似乎存在这样一种假设，即认为这种类型的报道与那些有关成功计划或常规性政府行为的信息相比，能吸引更多的听众与读者。美国电视网有一栏节目叫《美国的骗局》，以此作为晚间新闻报道的一部分。其关注焦点是政府所犯的错误和一些倒霉的境遇。这种铺天盖地的报道催生了一种“错误”的观点，即“政府什么都做不好”。但是，其积极的一面是，可以促进大众关注某些需要重新审视与纠正的问题。广播、电视和互联网的影响看似无形，但实际上它们在一定程度上关系着公共政策的成败。

除“政策评估产业”外，还有体制内运作模式，即政府官员与组织以多种方式进行政策评估。这些评估有些时候是严格和系统的，还有些时候则是偶然和零星的。在某些情况下政策评估是政策过程中的一个正式、规范的组成部分，而在另外一些情况下它又是非正式与非结构性的。一般来说，政府官员担任着政策活动的关键角色，能够比较全面、直接地掌握政策活动的第一手资料，获取政策实施效果的有关信息，具有信息特权或优势。但

① James Fallows, *Breaking the News: How the Media Undermine American Democracy*, Pantheon, 1996.

作为局中人，也会受到各种因素的牵扯，如固有观念、思维方式、部门利益、上级压力、心理因素等，从而影响评估的质量。进一步讲，政策评估是一项专业性和技术性很强的工作，需要评估者掌握相关的理论和方法，但遗憾的是，政府官员往往缺乏这方面的专业训练。

此外，政策目标群体是政策评估重要的信息来源，往往被视为准政策评估主体。政策目标群体的成员往往能够通过自己的亲身感受和彼此间的信息沟通，对政策执行效果作出具有针对性的评价。政策目标群体既是政策的受体，又是政策过程的参与主体，其与政策成败具有直接的利害关系。因此，他们能够根据自己和他人的切身体会，积极参与政策评估的活动，对政策作出比较客观的评价。重视听取目标群体成员的意见，也是建设政策民主化的有效途径。但这里还需要强调的是，目标群体中既有政策受益者，也有政策受损者，他们难免从自身利益角度对政策进行价值判断，可能会设法掩盖政策的一些缺陷，也可能设法夸大政策执行中的阴暗面，甚至可能采取极端态度，全盘否定有关政策。所以，在听取他们的意见时，一定要注意区分不同的情况。

9.3.2 评估对象

评估对象是指所要评估的具体政策。虽然在一项实际的政策评估活动中，评估对象是既定的，但这并不是说所有政策在任何时候都可以且有必要进行评估。评估应以有效性（有没有实际价值）、时间性（时机合适不合适）、必要性（有没有现实需要）和可行性（具不具备评估条件）为前提，具体问题具体分析，不能不加区别，一概而论。实际上，如果政策评估对评估对象不会产生任何影响，评估工作就是一种徒劳之举。

政策评估主要侧重政策效果的分析。所谓政策效果是指在一定成本投入基础上的执行结果。由于政策资源存在有限性，所以任何政策的实施都必须考虑成本问题，不能为了取得理想的结果就不计成本、不惜代价。因此，评估对象的成本因素是评估过程中需要重点考虑的内容。当然，成本不仅包括与政策密切相关的直接成本，还包括政策实施的机会成本和其他间接成本。此外，由于政策内容与环境因素具有很强的互动性，所以评估政策也不能不考虑环境条件的发展变化。

9.3.3 评估目标

评估目标即评估工作的出发点，就是设法回答“为什么要进行评估”这样一个问题，并作出必要的解释。一般来说，评估目标能够决定政策评估的发展方向、基本内容和评价标准。评估目标主要涉及以下五个方面的内容。

1. 政治方面

评估政策的执行是否会影响现有的分配状态，是否有利于社会的团结与稳定，是否会破坏原有的政治格局，是否有利于政权的巩固与发展，是否取得了合法性地位，是否得到了舆论界和社会公众的认可与支持等。

2. 法律方面

从狭义合法性角度进行评估，重点关注政策执行机构是否合法，执行人员是否具备资格，执行程序是否符合规定，具体要求是否存在问题等。

3. 行政方面

评估某个或某些政府机构能否在政策执行中发挥其作用，具备不具备这方面的能力，能否通过政策执行获得这样或那样的利益，能否有效克服组织管理方面存在的问题等。

4. 经济方面

政策的投入与产出是否合乎预期的要求，是否存在不必要或意想不到的损耗，是否存在消费者剩余（consumer surplus）①，是否具有政策效率等。

5. 方案方面

评估政策方案的应用价值，是否达到了预期目标，是完全达到还是部分达到，政策的实施是否对政策环境构成预期影响，是不及还是超出等。

9.3.4 评估标准

1. 效益

效益（effectiveness）针对目标和结果，主要是指某一政策能否实现预期目标和结果。效益常常按提供公共产品和公共服务的数量及货币价值进行说明。如果政策目标是为了得到更多电量，相比之下，核电站比太阳能装置能产生更多的电量，前者会被认为更有效益，因为它产生了更多有价值的结果。效益所涉及的并非政策是否按原计划执行的问题，而是更要考察政策是否产生了预期的结果或影响。

2. 效率

效率（efficiency）通常是指以尽可能少的投入获得尽可能多的产出。它主要涉及结果与努力之间的关系，同样需要用货币成本计量。效率的计量方法有：单位产品和服务的成本，如提供每加仑灌溉水的成本或每次医疗检查的成本；单位成本能提供的产品和服务的数量，如花费 1 美元可以提供 10 加仑灌溉水或花费 100 美元可以做 10 次医疗检查。用最低的成本实现最大的收益的政策被称为最有效率的政策。

效率和效益不同，效率通常指的是正确地做事，强调的是方式和手段，而效益通常是指做正确的事情，强调的是目标和效果。成功的政策不仅需要有好的效益，而且需要有高的效率，二者是相辅相成的。

3. 充分性

充分性（ adequacy）是指特定效益水平满足政策目标的程度，用来表明对政策与其特有结果之间关系强度的价值期望，即在多大程度上解决了目标问题。虽然有的时候政策目标的设定，是为了全面解决问题，但由于各种因素的限制，政策执行后并未能充分地解决问题或满足预期需要，而只是部分地或一定程度上解决了问题。故以充分性为标准，亦可衡量这个程度的高低。

---

① 消费者剩余又称为消费者的净收益，是指消费者在购买一定数量的某种商品时愿意支付的最高总价格和实际支付的总价格之间的差额。消费者剩余衡量了买者自己感觉到所获得的额外利益。美国纽约大学教授马歇尔从边际效用价值论演绎出所谓“消费者剩余”的概念。消费者剩余是衡量消费者福利的重要指标，被广泛地作为一种分析工具来应用。在提供公共物品时，消费者剩余对社会福利增长和公共政策效率具有一定影响。

4. 公平性

公平性（equity）的评估多涉及收入分配、教育机会和公共服务方面的政策。某一项政策或许完全符合效益、效率、充分性的评估标准，但因它造成或引起不公平的成本或收益分配，可能也会被认为是一个失败的政策。比如，那些最需要的人没有得到与他们的人数相应的、成比例的服务（如申购廉价房的规定）。再如，最没有支付能力的人却要超比例地分担成本（如个人所得税的规定）。还有，政策的最多受惠者或得益者并没有按比例支付其应该支付的成本（如房产税的规定）。

当一个行动会影响到社会中两个或两个以上的人时，“公平分配”就成为决策者必须面对的问题。从个人和群体角度来看，满足某个人和某些人（或某个群体）的价值未必就是满足另一个人和另一些人（或另一个群体）的价值，换句话讲，个人和群体有不同的价值诉求。所以，从社会角度来看，公共政策的目标不是要使个别人或个别群体利益最大化，而是要使社会福利（或称社会成员总体满意度）最大化。那么如何才能做到这一点呢？答案可能需要通过以下方法去寻找。

（1）个人福利最大化。如果要想使每个人的福利都达到最大化，就需要在每个人的价值基础上进行单一的偏好排序，并使之具有传递性。而阿罗不可能定理告诉我们，即使是在只有两个人和三种选择的情况下这也是不可能做到的。

阿罗不可能定理（阿罗悖论）

在分析个体的选择时，经济学家假设每一个个体都是理性的且他们都能对可能的方案排列出偏好次序。特别是理性的选择需要个体对于可供选择的方案的偏好具有一致性和传递性。所谓一致性就是一个人选择了 A>B，那么他就不能同时选择 B>A。所谓传递性是指一个人偏好 A 超过偏好 B，同时他的偏好 B 超过 C，那么他一定偏好 A 超过偏好 C。阿罗证明了社会选择[①]或者社会决策是非理性的，尤其是他证明了群体作出的决策不一定遵循传递性原理。

1951 年肯尼斯・约瑟夫・阿罗[②]（Kenneth J. Arrow）在他的现在已经成为经济学经典著作的《社会选择与个人价值》一书中，采用数学的公理化方法对通行的投票选举方式能否保证产生合乎大多数人意愿的领导者或者说“将每个个体表达的先后次序综合成整个群体的偏好次序”进行了研究。结果，他得出了一个惊人的结论：绝大多数情况下是——不可能的！更准确的表达则是：当至少有三名候选人和两位选民时，不存在满足阿罗公理的选举规则。或者也可以说：随着候选人和选民的增加，“程序民主”必将越来越远离“实质民主”。

---

① 社会选择是与个人选择相对的概念，个人选择的中心是确定个人偏好，而社会选择理论的中心是确定社会偏好。在社会选择理论中，最著名的也是最受推崇的结论是阿罗的“不可能定理”，它被认为是近数十年来数学应用于社会科学所取得的一项突出成果。

② 肯尼斯・约瑟夫・阿罗：1972 年度诺贝尔经济学奖获得者、美国经济学家。阿罗不可能定理是指，如果众多的社会成员具有不同的偏好，而社会又有多种备选方案，那么在民主的制度下不可能得到令所有的人都满意的结果。

阿罗不可能定理表明：假如有一个非常民主的群体，或者说是一个希望在民主基础上作出自己的所有决策的社会，对它来说，群体中每一个成员的要求都是同等重要的。一般地说，对于最应该做的事情，群体的每一个成员都有自己的偏好。为了决策，就要建立一个公正而一致的程序，能把个体的偏好结合起来，达成某种共识。这就要进一步假设群体中的每一个成员都能够按自己的偏好对所需要的各种选择进行排序，对所有这些排序的汇聚就是群体的排序了。结论是根本不存在能够满足集体选择最低限度合理要求的加总程序。也就是说，除非在非常简化和非现实的情形中，否则不可能以任何逻辑或有序的方式加总偏好。

阿罗的不可能定理源自孔多塞的“投票悖论”，早在 18 世纪法国数学家孔多塞就提出了著名的“投票悖论”：假设甲乙丙三人，面对 a、b、c 三个备选方案，偏好排序如下：

甲（a > b > c）

乙（b > c > a）

丙（c > a > b）

注：甲（a > b > c）代表——甲偏好 a 胜于 b，又偏好 b 胜于 c。

(1) 若取方案“a”、“b”投票，那么按照偏好次序排列如下：

甲（a > b）

乙（b > a）

丙（a > b）

社会偏好次序为（a > b）

(2) 若取方案“b”、“c”投票，那么按照偏好次序排列如下：

甲（b > c）

乙（b > c）

丙（c > b）

社会偏好次序为（b > c）

(3) 若取方案“a”、“c”投票，那么按照偏好次序排列如下：

甲（a > c）

乙（c > a）

丙（c > a）

社会偏好次序为（c > a）

于是我们得到三个社会偏好次序——（a > b）、（b > c）、（c > a），其投票结果显示“社会偏好”有如下事实：社会偏好 a 胜于 b、偏好 b 胜于 c、偏好 c 胜于 a。显而易见，这种所谓的“社会偏好次序”包含有内在的矛盾，即社会偏好 a 胜于 c，而又认为 a 不如 c，所以按照投票的大多数规则，不能得出合理的社会偏好次序。

这便是“循环投票之谜”。在循环投票的情况下，哪一个方案最终获得了通过，不是依据是否符合多数人的意愿，而是依据投票的程序。这样只要操纵了投票的程序就操纵了投票的结果。

阿罗从“循环投票之谜”中受到启迪，他经过一系列严格的数学证明，得出了一个惊人的结论：任何一种多数同意规则，都不可能万无一失地保证投票的结果符合大多数人的意愿。这就是著名的阿罗不可能定理，又称阿罗悖论，即不可能存在一种社会选择机制，使个人偏好通过多数票规则转换为社会偏好。

（2）保障最低福利。在增加某些人福利的同时，应该设法保障境况变糟的那些人。这个方法的依据是帕累托标准。这个标准很少具有实用性，因为多数政策都需要通过使一些人受损（征税或限制）而使另一些人受益（提供服务与产品），但帕累托标准带有很大的启发性。政策在带给一部分人利益的同时虽然避免不了使另一些人受损，但使他们尽可能少受损却是可以做到的。

帕累托最优

1897年，意大利经济学家帕累托在研究资源配置时，提出了一个最优状态标准，人们称之为“帕累托最优（效率）”。主要内容包括：在某种既定的资源配置状态下，任何改变都不可能使至少一个人的状况变好，而又不使任何人的状况变坏。否则，就不是帕累托最优，而是帕累托改进。所谓帕累托改进是指一种制度的改变中没有输家，而至少有一部分人是赢家。帕累托改进是对于人们的既得利益而言的，而不是人们正在试图取得的东西，因为后者是没有止境的。如果一种改进剥夺了一部分人的既得利益，不管它是否能带来更大的整体利益或者是否有助于实现崇高的目标，都不是帕累托改进。帕累托改进是通过持续改善，不断提高效率，对各方都有利、使各方都同意的事情或制度安排。

例如，一条溪流终年不断，外来至此的人从溪流中取点水饮用，从正常供水的角度看对附近居民并无任何影响，那么，这种外来人员的取水饮用就是帕累托改进。再如，一辆有30个座位的客车，有序地一次性安排满载运行，即是帕累托安排。在没有满载之前，每增加一个乘客，即是一个帕累托改进。车辆达到30位乘客满载运行，即达到了帕累托最优。

帕累托最优是公平与效率的“理想王国”，帕累托改进则是达到“理想王国”的路径和方法。帕累托安排、帕累托改进、帕累托最优是人类进步、事物前进和社会发展的不竭动力之一，并存在和作用于社会的一切领域。

（3）净福利最大化。试图用最终的收益补偿受损者，从而使社会净福利（总收益减去总成本）得到增加。这种方法的理论依据源于卡尔多—希克斯标准，即如果在效益上有净收益，并且获益者能够补偿受损者，那么这种社会状态就优于另一种状态。卡尔多—希克斯标准是传统成本—收益分析的基石。

卡尔多—希克斯标准

如果一种变革使受益者所得足以补偿受损者的所失，这种变革就叫卡尔多—希克斯改进。如果一种状态下，已经没有卡尔多—希克斯改进的余地，那么这种状态就达到了卡尔多—希克斯效率。

与帕累托标准相比，卡尔多—希克斯标准的条件更宽。按照前者的标准，只要有任何一个人受损，整个社会变革就无法进行，但是按照后者的标准，如果能使整个社会的收益增大，变革也可以进行，无非是如何确定补偿方案的问题。所以，卡尔多—希克斯标准实际上是总财富最大化标准。换句话说，在一项变革中，我们主要考虑的是社会价值最大化和社会财富最大化，当然这里可能包含着一定的收入分配不公。比如，改变经济政策以后，可能使一方得利，另一方受损，但如果通过税收政策或价格政策，使那些得利者补偿受损者有余，那就不失为正当的经济政策，也就是说增加了福利。在长期的一系列政策改变之中，政策改变对于收入分配的影响是或然性的，这次是这些人受益，另一些人受损，下次可能是这些人受损而另一些人受益，结果相互抵消，而是全社会所有人都受益。这种补偿标准在现代社会很有市场。

(4) 再分配福利最大化。试图使社会中特定群体实现再分配收益最大化。所谓特定群体是指残疾人群体、贫困群体、受种族歧视群体等社会底层群体。这种方法的理论依据是罗尔斯提出的再分配原则，即如果一个社会能够使处于最不利地位的人得到最大可能的利益。那么这种社会状态就优于另一种状态。罗尔斯的观点为公正概念作了道德诠释。

罗尔斯的差别原则

一个家庭不把教育几个子女的资金平均地使用，而是主要用来培养其中天分最低、能力最差的一个，这是因为这个孩子将来成功的机会先天地少于其他孩子。这个家庭的做法是明智的还是不明智的？推而广之，一个社会的制度安排和公共政策主要向出身和天赋较低的成员倾斜，以缩小和拉平他们与出身和天赋较高的成员在出发点上就已经存在的差距，即所谓拉前推后，起点公平。这个社会的选择是恰当的还是不恰当的？美国著名伦理学家约翰·罗尔斯 1971 年出版的《正义论》回答了这些问题。罗尔斯采纳了功利主义对待福利的利益观，并在此基础上提出了一个涉及公平分配的差别原则，即“最少受惠者最多得益”。

罗尔斯认为，一个社会的公平状况主要取决于这个社会中生活处境最差的那一部分人。社会和经济的不平等可以存在，但必须基于这样一个前提，即最大限度地使先天有利条件最少的那部分人受益。只有如此，他们才可能服从和接受这种社会差别的存在。罗尔斯为社会设计了一个非常理想的状态，希望社会制度在理性支配下，使利益的分配能够尽量倾向于社会的弱势群体，以期让所有的社会成员达到和谐的初始状态，从而保证社会正义的实现。许多学者在论及罗尔斯时，通常将他和诺齐克比较。争议的焦点就是罗尔斯提出的差别原则。诺齐克承认社会不平等是一种不幸，但认为罗尔斯对不平等的纠正无法得到合理的辩护。诺齐克的观点是，正义与平等无关，正义在于权利，而不在于平等，不平等是不幸但不是不正义。至于不平等的社会文化条件和自然天赋如何再生了不平等，这与权利无涉。诺齐克强调"权利"的首要性，全力捍卫不受侵犯的个人（特别是财产权）。他精心划定了一个以"权利"为硬核的堡垒，包括平等在内的任何东西都不得越"权利"这个雷池一步。诺齐克强调的是程序正义，他认为罗尔斯所谓"社会不公应当有利于最不利的社会成员"的观点，从程序角度而言是不正义的。

5. 回应性

回应性（responsiveness）是指政策满足特定群体的需要、偏好或价值的程度。回应性标准对政策评估而言十分重要，因为某一项政策也许符合其他所有的标准，但因未能很好回应受此政策影响的目标群体的需求，故仍可被认为是一项失败的政策。

6. 适合性

适合性（appropriateness）不与单一评估标准的分析相关，而是与多项标准的组合分析相关。单个来看，当其他标准均被"目标"视为理所当然且恰如其分时，唯独适合性标准会质疑：目标的真正价值何在？价值前提是否适当？目标对社会是否适合？适宜性标准是开放的，不存在也不可能存在适合性标准的准确定义，但它优先于其他标准，表现了一个综合的视角。比如，向贫困人口重新分配收入的计划遭遇低效，以至于只有一小部分再分配收益能够实际到达贫困人口手中，罗尔斯福利再分配的平等观（使处于最不利社会地位的人最多受益）是否就是一项更具适合性的标准呢？再如，当一些人通过欺诈、歧视、行贿而不当得益时，即便没有任何人会因此而利益受损，我们是否可以质疑帕累托标准的适合性呢？

9.4 政策评估的方法

评估方法对政策评估具有非常重要的意义，从某种意义上讲，评估的成功往往取决于方法的成功。从目前情况看，评估方法多种多样，有经验型方法，也有演绎推理型方法；有定性分析的方法，也有定量分析的方法；有传统的方法，也有现代的方法。

9.4.1 过程对比法

过程对比法指的是评估者在政策执行过程中对不同阶段的政策效果进行对比检测的一种方法。它有两个方面的特点：一是评估的对象是政策执行过程中各个阶段的效果，具有动态性和全面性的特点；二是评估采用前后对比的分析方法，是一种将政策执行前后的有关情况进行对比分析，从而判定政策价值，提出政策建议的一种分析思路。该方法被视为政策评估的基本方法，因为它概括了政策评估的基本特点和本质要求。

该方法主要包括“始—终”对比分析、“始—中”对比分析以及“有—无”对比分析。下面分别予以介绍。

1. “始—终”对比分析

“始—终”对比分析可以这样来定义：政策评估者为了考察某项政策的效果，对政策执行前和执行后的各种情况进行对比，以此来确定评估某项政策效果的方法。始、终仅是政策执行过程的两个不同的时间点，这也是我们确定该方法的基本依据。在具体的操作中，我们还可以将其进一步划分为：“前—后”对比法、“投射—实施后”对比法和“控制对象—实验对象”的对比法。它们各有优点和不足，评估者应视具体情况综合地、灵活地运用。

(1)“前—后”对比法。

所谓“前—后”对比法，就是将政策对象在政策实施前可以衡量出的状态与它接受政策作用后可以衡量出的新状态之间进行对比，从中检测出政策效果，进而据此对政策的价值作出判断。图 9—1 中 A_1 代表执行前的值，A_2 代表执行后的值，那么 (A_2-A_1) 就是政策效果。这是一种定量分析法，它通过大量的参数对比，使人们对政策执行前后情况的变化一目了然。这种方法的不足之处是它无法将被评估政策的“纯效果”与该项政策以外的因素所产生的效果分离出来。

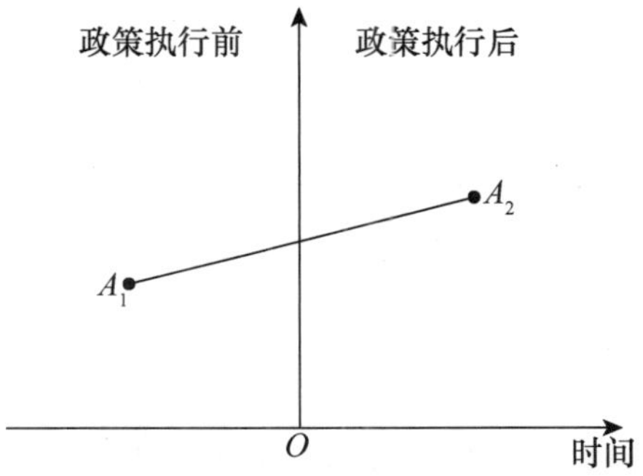

图 9—1　“前—后”对比法

(2)“投射—实施后”对比法。

这种方法是将政策执行前的趋向线投射到政策执行后某一点上，并将所得到的投影与政策执行后的实际情况进行对比，以确定政策的效果。图 9—2 中 (Q_1-Q_2) 是根据政策执行前的各种情况建立起来的趋向线，A_1 为该趋向线投射到政策执行后的某一点，代表若无这项政策在该点会发生的情况，A_2 为政策执行后的实际情况，(A_2-A_1) 便是政策的效果。这种方法由于考虑到了被评估政策所处的因素的影响，并通过投影将其滤除，结果更加精确，因而比“前—后”对比法前进了一步。困难在于如何详尽地收集政策执行前内外环境的数据资料，以确定某一点会发生的情况，即建立起政策执行前的趋向线。

这种方法也可称作“预测效果—实际效果”对比法。Q_1 为预测效果的基点，Q_2 为预测效果的顶点，二者之间的连接线为预测效果的趋向线。(A_2-A_1) 为政策执行后产生的实际效果。实际效果与预测效果之间的差就是滤除其他因素产生的效果之后剩下的被评估政策的“纯效果”。这里的关键是预测须有科学依据。

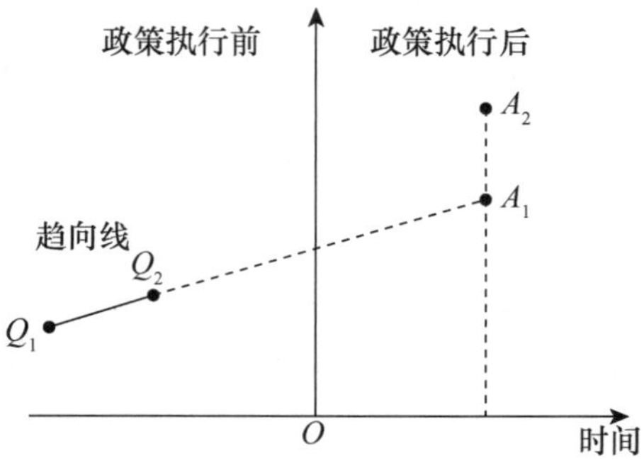

图 9—2 “投射—实施后”对比法

（3）“控制对象—实验对象”对比法。

这种方法是社会实验法在政策评估中的具体运用。这种方法要求评估者将政策执行前同一评估对象分为实验组和控制组两组，对前者实施政策而对后者暂不实施政策，然后比较这两组的情况，以确定政策的效果。图 9—3 中 A_1 和 B_1 分别为实验前实验组和控制组的情况，A_2 和 B_2 为实验后实验组和控制组的情况，（A_2-B_2）便是政策效果。我国改革开放以来一系列政策所采取的试点评估法就是这种方法的一种应用。

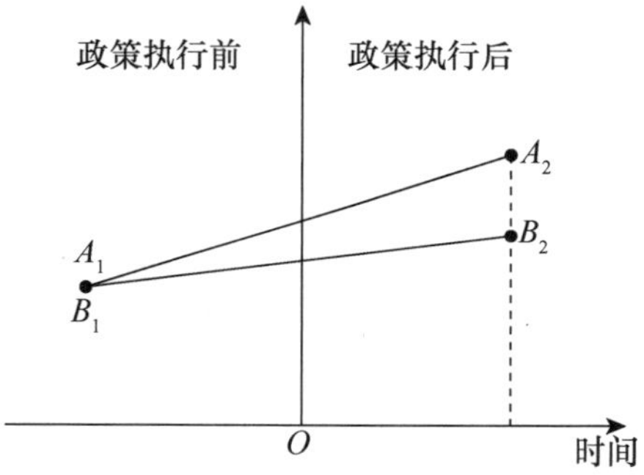

图 9—3 “控制对象—实验对象”对比法

2. “始—中”对比分析

“始—中”对比指的是在政策执行中的某一时间点上将政策执行的情况与执行前的情况进行比较、评估的一种方法。该方法和“始—终”对比分析的根本区别就在于所选择的评估时间点不同：前者的评估时间选择在政策执行过程中，后者则选择在政策执行后，“始—终”对比分析的各种具体方法同样适用于“始—中”对比分析。

“始—中”对比分析要特别注意政策运动规律中政策效力规律的影响。政策效力规律是政策运动的基本规律。政策效力是指一项政策付诸实施后所产生的对现实生活的实际效力，它又可分为政策正效力和政策负效力。相应的，政策效力规律也可分为正效力周期规律和负效力周期规律。

我们以政策正效力周期规律来说明对“始—中”对比分析应予以重视的原因（见图 9—4）。一般而言，政策正效力运动过程有三个阶段，即政策效力低效期、政策效力增效—高效期和政策效力递减期。

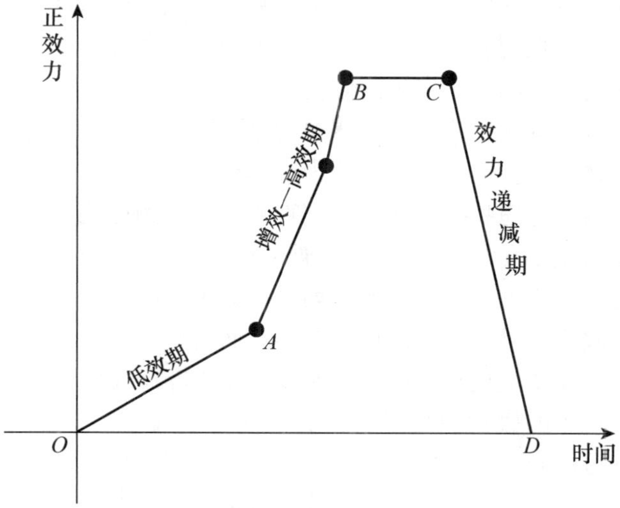

图 9—4　政策正效力周期运动不规则曲线图

3. “有—无政策”对比分析

这一方法是在政策执行前和执行后这两个时间点上，分别采取某一政策和无政策两种情况进行前后对比，然后再对两次对比结果进行比较，以确定被评估的那项政策的效果（见图 9—5）。A_1 和 B_1 分别代表政策执行前有政策和无政策两种情况，A_2 和 B_2 分别是政策执行后有政策和无政策两种情况，（A_2-A_1）为有政策条件下的变化结果，（B_2-B_1）为无政策条件下的变化结果。［（A_2-A_1）］—［（B_2-B_1）］便是政策的实际效果。这种方法的长处是能够比较有效地将被评估政策的“纯效果”从政策执行后产生的总效果中分离出来，所以是测量政策“纯效果”的主要方法。

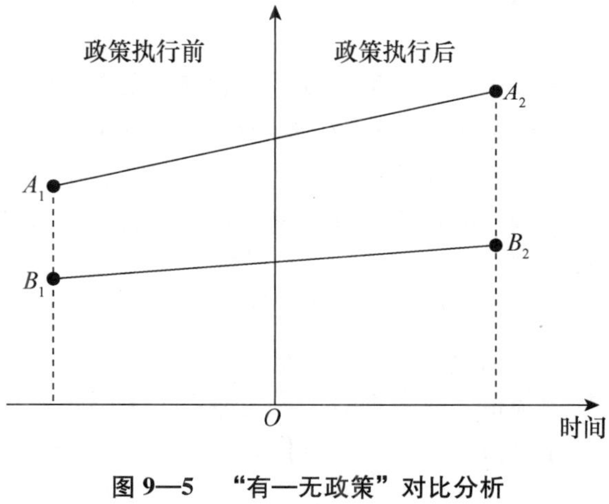

图 9—5　“有—无政策”对比分析

9.4.2　成本—收益分析

成本—收益分析是一种量化的评估工具，要求确定某一政策的成本与收益，并将其转化为货币形式以便进行比较。其假设前提是只有收益大于成本的政策才是好的政策。成本—收益分析最常用于政策评估。经济学家迈里克·弗里曼应用这个工具评估全国空气与水污染控制政策。他发现控制固定源头的空气污染的收益远远大于控制成本，而控制工厂与地方的水污染源头的成本则大于实现的收益。①

进行成本—收益分析的主要步骤可以归纳为以下几点。第一，确定某一政策的影响或结果，并针对不同群体将这些影响或结果分为成本或收益。显然，这就要求确定，在决定成本与收益的过程中需要考虑哪些群体，并把直接和间接的影响都考虑进去。第二，赋予不同成本与收益以货币上的价值。对于那些通常在市场上进行买卖的物品来说这相对容易，而对于诸如良好的健康状况、延长的人均寿命或美好的远景展望来说，赋值就比较困难。第三，由于某些政策结果是当前的或短期的，而有些政策的影响是长远的，是很多年以后才会出现的，因此需要应用折现率②（将未来资产折算成现值）以平衡当前所具有的未来影响的价值。折现率的假设前提是今天的 1 美元在 10 年或 20 年后价值会超过 1 美元。例如，通货膨胀可能降低美元的价值或购买力。第四，比较政策的直接与间接、现在与未来的成本与收益。如果收益大于成本，这个政策就是可取的。反之，这个政策就应该被否定，或设法发现更好的实施方式。

尽管成本—收益分析作为一种政策评估的工具，有着清晰有效的作用，但事实上，在运用过程中也会存在一些障碍。

首先，关于某一政策成本与收益的准确数据常常难以得到。例如，怎样估算清洁空气对身体健康的价值？空气确是一种福利，可是这种福利怎样进行衡量？如果要以货币单位来估算这些价值太过困难。

其次，确定适当的折现率也不是一件容易的事情。它可以基于利率、通货膨胀率或资金的机会成本等标准（资金如果用于私人投资而不是公共项目的回报率）进行确定。尽管十分重要，但至今也没有一个确定折现率的科学方法。低折现率保证了未来收益的价值，而高贴现率则大大降低了它们的价值。一般来说，10％的折现率是一个习惯的提法。

再次，成本—收益分析基于这样一种假设，即效率如果不是唯一的，那也是政策主要需要实现的价值。评估行为的基础在于资源的使用是否提高了公共物品的总量。人们很少关注其他的选择性或竞争性价值，如公正、正义、人性尊严、个人自由及机会平等。但这些对于公众而言都很重要。国家的司法审判系统常被指责为缺少效率，实际上它们考虑更多的可能是公正审理与程序正义。

最后，在许多成本—收益分析中都会出现对个人生命赋值的问题。有些人持有这样的立场，认为生命是无价的，试图给生命定价就是将其贬低成一种商品。可是，诸如工业安全标准和高速公路限速规定等很多政策都对个人生命产生了影响。客观地考虑生命的价值是必要的。以下为个人生命价值评价的一些替代方式。③

---

① A. Myrick Freeman Ⅲ, *Air and Water Pollution Control: A Benefit-Cost Assessment*, Wiley, 1982.

② 折现率：将未来有限期预期收益折算成现值的比率。折现率越高，收益现值越低。比如，你年底能够拿到 100 元，假设折现率为 5％，那么现值为 100/1.05，当折现率为 6％时，现值为 100/1.06。

③ 参见［美］詹姆斯·E·安德森：《公共政策制定》，320 页，北京，中国人民大学出版社，2009。

一是个人资本途径。有时这也叫作贴现未来收入。这一方法不带有伦理色彩，其认为个人价值取决于未来贴现，即他或她在工作生涯内能够在市场中收入多少。某些分析者从收入中减去个人生活开支以得到净值。无疑，一个人收入越多，其生命价值就越大。

二是个人支付意愿。这可能由对比方式决定。对比危险职业的工资与相对安全职业的工资，以用来计算人的生命价值。例如，如果一个死亡危险高出 1/50000 的工作在年收入上多出 50 美元，那么可以得出生命的价值是 250 万美元。这种评估方法的不同之处在于通过调查确定出人们愿意付出多少以降低健康风险。然后根据调查反馈确定生命的货币价值。

三是法庭判例。法庭和陪审团对于造成生命损失的责任案件与玩忽职守案件的审判可以用来确定生命的价值。然而，必须引起注意的是，这些判例在赔偿数量上有很大差异。

四是个人评价。假定个人是自己利益的最好判断者，那么可以调查他们为了避免死亡愿意支付多少钱。换句话说，也可以向他们询问：你对付出自己的生命能够接受什么样的价钱。但是，这样的方式能否产生可用信息是受到多方质疑的。

案例研究：“一条生命值多少钱”

设想你被选为你们本地镇委员会成员。本镇工程师带着一份建议到你这里来了：本镇可以花 1 万美元在现在只有禁行标志的十字路口建立并经营一个红绿灯。红绿灯的收益是增加安全。工程师根据类似十字路口的数据估算，在整个红绿灯使用期间可以使死亡于车祸的危险从 1.6%减低到 1.1%。你应该花钱修这个新红绿灯吗？

为了回答这个问题，你又回到成本—收益分析。但你马上就遇到一个障碍：如果你要使成本与收益比较有意义，就必须用同一种单位来衡量成本与收益。成本可以用美元衡量，但收益——拯救一个人生命的可能性——不能直接用货币来衡量。为了作出决策，你不得不用美元来评价人的生命。

开始，你可能得出结论，人的生命是无价的。毕竟，无论给你多少钱，你也不会自愿放弃你的生命或你所爱的人的生命。这表明，人的生命有无限的美元价值。

但是，对于成本—收益分析而言，这个回答引起了毫无意义的结果。如果我们真的认为人的生命是无价的，就应该在每一个街角处都安上红绿灯。同样我们应该要求每一个人都配有全套最新安全设备的大型车，而不开没什么安全设备的小型车。但并不是每个路口都有红绿灯，而且，人们有时选择购买没有防撞气囊或防抱死装置的小型汽车。无论在公共还是私人决策中，我们有时为了节约一些钱而愿意用自己的生命来冒险。

一旦我们接受了一个人的生命有其隐含的美元价值的思想，我们如何确定这种价值是多少呢？有一种法院在判决过失致死赔偿案时所用的方法，是考察一个人如果活着能赚到的总钱数。经济学家经常批评这种方法：这种方法有一个意想不到的含义——退休者和残疾人的生命没有价值。

评价人的生命价值的一种较好方法是，观察要给一个人多少钱他才自愿从事有生命危险的工作。例如，不同职业的死亡率是不同的。高楼大厦上的建筑工人所面临的死亡危险就大大超过办公室的工作人员。通过比较职业风险、受教育程度、经验不同的工资和其他工资决定因素，经济学家可以得出人们对自己生命评价的某些含义。用这种方法研究的结论是，一个人生命的价值约为1 000万美元。

现在我们回到原来的例子，并答复工程师。红绿灯减少的车祸死亡率危险为0.5%，因此，安装红绿灯的预期收益是0.005×1 000万美元，或5万美元。这种收益估算大于成本1万美元，所以，批准该项目。

此外，我们要注意到，成本—收益分析强调对社会的整体性影响。然而，正如我们所知道的那样，公共政策会分配有利条件与不利条件，或叫成本与收益。有时候那些付出成本的人通常不能从中获益，反之亦然。换句话说，政策具有重要的分配性功能。人们会更加关注谁从相关政策中获益，而并非政策的总成本是否超过总收益。

虽然以上罗列了成本—收益分析的种种问题，但并不妨碍成本—收益分析成为近半个世纪以来政府进行政策评估的一种实用工具。无论是否可以把所有的成本和收益转化为货币形式或者把成本—收益分析转化为一个决策规则，对于某一政策行为以及从事这些行为的个人和团体来说，对成本与收益进行细心评估是非常有益的。

9.5　政策评估的步骤与障碍

政策评估是一项程序性工作，需要按步骤进行。尽管由于评估对象和评估类型的不同，政策评估的步骤不尽相同。但一般来讲，政策评估都需要经过计划与准备、组织与实施、总结与报告三个环节。

9.5.1　政策评估的步骤

1. 计划与准备

计划与准备是政策评估的基础性工作，是完成政策评估的前提条件。人们常说，打不好基础就盖不起高楼，评估工作何尝不是如此。缺少有效的计划和准备，政策评估就难以落实。计划与准备的主要任务可以归纳为下列几项。

（1）建立评估机构。机构设置是政策评估的组织保证，要根据评估的具体要求确定相应的组织规模和职位数量。

（2）挑选评估人员。政策评估是一项严肃的研究工作，对评估人员具有很高的素质要求。就体制内的运作而言，评估人员不仅要精心挑选，而且还要进行必要的培训。一旦工作内容有特殊要求，也可以通过“政府雇员制”加以解决。

（3）确定评估对象。评估对象的正确定位是政策评估的方向性工作。确定评估对象就是要选择评估什么政策或政策的哪部分内容。政策具有系统性和相关性特征，某种效果的产生往往掺杂了多项政策的共同作用和影响，要清晰地划定政策影响的边界并非是一件容易的事情。

（4）制定评估方案。评估方案的好与坏直接关系到评估工作的质量高低和活动成败。制定评估方案主要涉及下列几项工作：确定评估主体（谁来评估）、描述评估对象（评估什么）、阐述评估目的（为什么评估）、建立评估标准（根据什么评估）、选择评估方法（怎样进行评估）。

（5）落实评估条件。包括评估的时空条件（场地、时间）、经费筹措与使用、设备准备和人员要求等。

2. 组织与实施

这是整个政策评估活动中最为重要的一个环节，从组织管理角度而言，其主要任务就是分解并下达评估任务，搞好人、财、物方面的资源配置，建立和健全有效的管理措施，做好工作进度安排，进行必要的协调工作等。从具体操作角度而言，其主要任务是有如下四方面。

（1）全面收集信息。信息是进行政策评估的基础原料，信息不是万能的，但进行政策评估缺少相关信息却是万万不行的。评估的前期工作就是要努力收集有关评估对象的各种信息，以掌握更多的原始材料。一般来讲，信息可以是主观印象，也可以是客观事实；可以是精确的数据，也可以是较为模糊和笼统的看法。信息的收集强调的是多角度、多侧面，尽可能做到全面、系统、准确、可靠。收集信息的常用方法有：现场观察、实际调查、资料查阅、个案分析、实验研究等。

（2）加工整理信息。根据政策评估的要求对信息进行整理，需要关注六个方面。一是客观性：防止信息失实或带有“水分”；二是完整性：信息要素齐全，结构完善；三是代表性：表现平均水平或大多数人的状态；四是广泛性：指信息内容覆盖面全，涉及范围宽；五是深刻性：信息能够反映事物的本质特征；六是启发性：信息能够反映趋势变化。

（3）评估政策效果。在加工整理的基础上对政策的执行效果进行描述、解释、分析和评估。描述是阐明来龙去脉，解释是说明原因和结果，分析是把握重点和难点，评估是说明政策影响。

（4）提出评估结论。在评估的基础上作出总结，给出结论性意见并提出政策建议，即根据政策评估的结论，设法提出下一步的行动方案。政策建议可以是针对政策本身的，也可以是面向政策过程的；可以是针对政策目标的，也可以是针对政策手段的；可以是针对政策制定部门的，也可以是面向政策执行部门的。

3. 总结与报告

最后一个环节是处理评估结果、撰写评估报告。之所以要撰写评估报告，要么是为了以规范的书面形式将评估结果向公众公开，要么是为了直接提交政府有关部门或有关领导，要么是为了以书面报告形式换取相应的项目经费。评估报告作为评估阶段的最终产品，对政策的延续、调整或终结会产生直接的影响。其内容除对政策效果进行客观陈述和价值分析外，还应包括政策建议，以及对评估过程、应用方法和一些重要问题所作的说明。

9.5.2 政策评估的障碍

1. 政策目标的不确定性

政策制定是一项面向未来的活动，政策目标的确定不可避免地会带有一定的预测性。

因此，现实生活中不乏那些原则性很强、目标非常笼统、缺乏可操作性的政策。不仅如此，政策目标往往不是单一的、集中的和兼容的，而是多个的、分散的和有一定冲突的，政策评估又必须以政策目标为基础依据和必要前提，因此有时就面临很大的困惑。

2. 政策影响的广泛性

一项政策的影响往往涉及社会生活的多个层面，其中有预期的影响，也有非预期的影响；有直接的影响，也有间接的影响；有即时的影响，也有长远的影响；有实质性影响，也有非实质性影响。在这些影响中，不仅有些因素难以测定或根本无法测定，而且各种影响因素也往往难以用同一个计量标准进行衡量，因此，它们在带给政策评估一定障碍的同时也使一些人容易为自己的评估失误找到一些冠冕堂皇的理由。

3. 政策资源的混合和相关政策的重叠

政策并不是孤立存在的，往往有多个政策在同一领域同时发挥着作用。这样就产生了两个问题，即政策资源的混合和相关政策的重叠。

政策资源的混合指的是投入不同政策的资源，彼此交织在一起，很难分清某项资源的支出究竟应该属于哪一个政策，或每项政策的总投入是多少。政策资源的混合使政策成本难以核定，而要测定某项政策的效益就更无从下手了。

政策的重叠指的是针对相同或相似的政策问题和政策目标群体，不同的机构或部门分别制定并执行各自的政策。各种不同的政策效果混杂在一起，很难将某项政策的实际效果从总体变化中提炼出来，有时，不同的政策之间缺乏协调，甚至相互干扰，使得区分政策效果的工作难以进行。

4. 政策问题的复杂性

政策一般都是针对解决政策问题发布和实施的，而政策问题往往牵涉非常复杂的因素，带有很大的不确定性。一个问题经常包含另一个问题，而其又可能是其他问题的一部分，问题之间关系交错，分析起来具有相当的难度，这就给政策评估工作带来很大的障碍。如行贿受贿问题、社会治安问题、环境保护问题、人口控制问题等。

5. 政策主体及相关人员的抵制

政策评估必然涉及政策主体的行为评判，所以会受到来自政策主体的一定干扰。一些人会寻找各种各样的借口，通过多种不同的渠道，力图影响政策评估的结果。当政策评估的结果可能会出现对其不利的影响时，来自政策主体的反对之声可能就会非常强烈。没有人愿意别人对自己的行为品头论足。当然，他们可以找到很多的口实，正如托马斯·戴伊在《理解公共政策》一书中所指出的那样：他们反对政策评估的理由可以归纳为以下几点：政策影响是一个长期过程（政策存在震荡效应），不能在目前就妄下断言；政策的影响在本质上是广泛而普遍的，任何单一的标准都不足以判断政策目标是否真正实现；政策的影响又是非常精细的，用简单概括的量化表格和统计数据根本无法认定它的结果；政策效果之所以不明显，主要是因为投入的政策资源不够；政策的积极影响未被真正发现，是因为评估方法采用不当所致，绝非政策本身有问题等。

本章小结

本章主要介绍政策评估的相关知识。通过本章的学习，应了解政策评估的基本内容、认识政策评估的主要功能、理解政策评估的不同类型、熟悉政策评估的基本要素、掌握政策评估的基本方法、认识政策评估的步骤与障碍。

关键词

政策评估　过程对比法　“始—终”对比分析　“始—中”对比分析　“有—无”政策对比分析　政策评估步骤

思考题

1. 政策输出与政策影响有何不同？
2. 政策评估包括哪些内容？
3. 为什么要进行政策评估？
4. 政策评估有哪些类型？
5. 政策评估包括哪些要素？
6. 政策评估标准涉及哪些内容？
7. 政策评估有哪些方法？
8. 怎样用成本—收益分析对现行政策进行评估？
9. 政策评估有哪些步骤？
10. 政策评估障碍何在，如何克服这些障碍？

第 10 章

政策终结

配合加入 WTO，外经贸法律法规集中清理

外经贸部自 1999 年开始，已公开废止大量不适应我国改革开放需要和不符合世贸组织规定的法律文件，2002 年 6 月底初步完成“过时”法律法规的集中清理工作。

为配合我国加入世界贸易组织，明确外经贸部的权利和义务，外经贸部自 1999 年下半年开始，对有关法律、法规、规章和政策措施进行全面清理，清理各类文件 1 413 件，其中外经贸法律 6 部、行政法规 164 部、部门规章 887 件、双边经贸协定 191 份、双边投资保护协定 72 份、避免双重征税协定 93 份。外经贸部已完成修订法律文件 51 件，公布废止法律文件 381 件。

全国外经贸法规清理工作已取得重要成果，山东、江苏、四川、陕西、广东对外经贸地方性法规、地方政府规章、政策性文件进行了全面清理，仅广东省就查阅文件 5 828 件，清理出法规规章文件 406 件。目前山东、江苏等省的外经贸法规清理工作已基本完成。

法律法规的清理修改，不仅进一步促进了我国外经贸法律体系的科学、统一和透明，也体现了我国政府加入世贸组织后认真履行承诺的信心和决心。

很多人在使用计算机一段时间后，会明显感觉计算机的速度越来越慢，这多是长期使用而不加整理，垃圾文件越来越多所致。特别是一些未被删除的临时性文件越积越多，对计算机运行速度有很大的影响。其实清理这些垃圾文件并不复杂，有很多程序可以利用，比如一键清理垃圾文件的批处理形式、优化大师附带的清理功能、超级兔子，还有像无影无踪、清道夫、诺顿清理工具等。虽然这里说的是计算机，但比喻的却是政策。垃圾政策

的存在无疑会严重影响行政运行效率，因此必须对其进行及时的清理。

一般来说，通过政策清理，人们会发现有些政策目标已经实现，问题已经解决，政策已经达到预期的效果，完成了自己的使命，已经完全没有必要继续存在。还有一些政策则完全背离了既定的目标，被实践证明是完全失败的、多余的或无效的，根本不能解决它所面对的政策问题。另有一些政策，由于适用的社会环境已发生很大变化，已经变得陈旧和过时。这些政策如果继续执行下去，不仅会浪费宝贵的政策资源，而且会贻误解决问题的有利时机甚至引起其他问题。所以，应及时终结这些政策，使其尽早退出社会和历史舞台，或以新的政策加以取代。

一些政府规章、条例最初出台的时候，往往被人们习惯性地冠以"暂行"字样，但这一"暂行"就是几十年，正所谓"暂行规定不暂行"，如"火车撞死人最高只赔300元"的"暂行规定"，从1979年一直"暂行"到2007年。

据媒体报道，2003年12月29日下午2点多，沈阳刘先生的母亲横穿铁路时，被火车撞死。12月30日，刘先生到沈阳铁路公安处大成派出所索赔时，派出所的警察拿出一份文末还写有"辽宁省革命委员会办公厅"等字样、国务院1979年印发的178号文件，其中规定除给"解决粮票"外，对事故死亡者补偿80元到150元，最多补偿300元。无独有偶，2004年1月8日，西安市纺织城的卫某某被火车撞死，其家属到铁路部门处理后事时，得到了同样的处理结果。真是新鲜！20世纪90年代就已禁止流通的粮票居然在处理一起铁路交通案件时依然得以"流通"。"解决粮票"、"革命委员会"，这些尘封多年的老词为什么会被沿用，实在让人难以置信。粮票的笑话还要上演多久？这个问题何时能够解决？会不会是因为某些基层部门没有与时俱进，外加信息闭塞、沟通不畅，造成执法人员错误引用已经废止的文件闹出了笑话？看来不是！这份178号文件当时确实还在用。理由是当时还没有能够代替这个文件的新法律法规，而在新法规没出台之前，如果发生类似意外还得根据老办法进行处理。许多人对此类现象已见怪不怪，非但铁路部门，全国上下类似的"将就着用"的陈年旧规还真有不少，一些带有"革命委员会"字样的红头文件仍在生效（如1960年制定的《防暑降温措施暂行办法》"暂行"至今，已逾50年；著名的制定于1951年的《城市户口管理暂行办法》，拖延至2004年才被公安部明文废止，"暂行"长达53年）。尽管国务院多次在全国开展对过时法规的清理工作，但由于有些新法和旧法在"立、改、废"等各个环节上严重脱节，于是便留下了不少这样令人哭笑不得的"老皇历"。

什么是政策终结？为什么要进行政策终结？什么样的政策应该终结？以什么样的形式加以终结？政策终结会遇到什么障碍？如何克服这些障碍？下面的内容将主要讨论这些问题。

10.1 政策终结的含义和作用

10.1.1 政策终结的含义

"终结"一词，人们在生活中常用，它一般是指某一活动或某一事物在时间和空间上的终止或结束。世上万事万物都有其生命过程，都会经历从无到有、从小到大、从兴盛到衰亡、从开始到结束这样一个发展过程，没有一劳永逸的事情。终结现象的产生是一种必然，它符合事物运动和发展的规律。

政策终结指的是在公共政策领域里发生的终结现象。它与一般意义上的终结有一定的区别，即政策终结不是一种自然形成的现象，而是一种人们的主动性行为，是人们在政策执行过程中发现问题并予以纠正，旨在提高政策绩效的政策行为。

从政策过程角度来看，政策终结往往发生在政策评估之后，一般是针对以下四种情况：一是已经实现了政策的既定目标（完成了自己的历史使命）；二是发现政策背离了既定目标（可能是完全失败的，政策执行得越好，离目标可能就越远）；三是发现政策完全是多余的或无效的（有它没它可能一个样，政策完全成了一种摆设）；四是发现政策的实施引发了更为严重的问题（不合理的地方太多，副作用太大，为治小病致人大病，不是良药而是毒药）。

政策终结的概念可以这样来表述：政策终结是指政策制定者经政策评估后，发现一些政策已经过时、多余、失效，或引发了重大的不良后果，采取必要措施予以终止的行为。

为了更好地理解“政策终结”一词的基本含义，下面试举几例，用以勾勒“政策终结”的基本轮廓。

取消信访排名通报制

中国的信访排名始于2005年5月1日新修订的《信访条例》正式实施。这之前两年，中国迎来了一轮信访洪峰，因而促使了2004年底《信访条例》的修订。《信访条例》第七条规定：各级人民政府应当建立健全信访工作责任制，对信访工作中的失职、渎职行为……追究有关责任人员的责任，并在一定范围内予以通报。各级人民政府应当将信访工作绩效纳入公务员考核体系。由于规定中提及了“在一定范围内予以通报”，最终，就选择了排名的形式进行通报，因而各级信访部门开始了“信访排名”。比如国家信访局每月对各省（市、区）“非正常上访”人次数进行排名。在县级及县级以下的基层政府，排名表的先后成为对党政干部政绩考核的指标之一。此后，这一指标又逐步异化为：各级党政领导成为信访责任人，其管辖的辖区内访民进京上访次数与党政领导的升迁直接挂钩。在升迁压力之下的党政官员们，对上访人员的处理态度也逐步偏离了信访制度设立的初衷，致使上访户权益被侵犯事件时有发生：有人在被接访时遭遇捆绑甚至殴打，有人因为上访被以“学习班”的名义强制关押，还有人因为频繁上访被送进了劳教所。由于基层政府投入大量精力用于重点人员的稳控、送返，加上进京接访的交通、食宿、花钱销号等成本颇高，地方政府为信访耗费的财政支出也与日俱增，公共财政消耗在个别“上访户”身上的钱甚至达到上百万元。

我国信访系统一直在进行改革工作方式的探索。信访制度也正在酝酿进行重大变革，国家信访局对各省份的排名通报制度已经取消。目前，一些省市已推广取消信访排名通报制，如长沙市、山东省等，信访压力减轻，维稳成本降低。大家不用再担心

"非正常上访"数字影响政绩，不用组织人手到北京"截访"，而是可以把主要精力放在处理发生在当地的信访案件上了。争取给民众多提供一些公共救济渠道，减少信访环节，将民众的怨气消弭在初始阶段。

结束 GDP 崇拜

2013 年 11 月 12 日，《中共中央关于全面深化改革若干重大问题的决定》正式发布，生态文明制度建设成为《决定》的重大亮点之一。为解决生态保护与环境发展的矛盾，《决定》首次提出"对限制开发区域和生态脆弱的国家扶贫开发工作重点县取消地区生产总值考核"，是中国生态环境保护的重大举措。

最近几年多地爆发的环境群体性事件已经证明了"先污染后治理"模式的不可行，尤其是那些经济发展水平不高、生态环境脆弱的地区，经济发展和环境保护之间的矛盾往往表现得更为尖锐。取消对生态脆弱贫困县的 GDP 考核，能够积极推动这些地区的地方政府从"唯 GDP"论的怪圈中走出来。这一举措是中央向地方释放的一个明确的政策信号，先在生态脆弱贫困县"试点"取消 GDP 考核，起到示范作用，等时机成熟再向全国推广，全面彻底改变地方政绩的考核体系。

河南公安厅废除"破案率"等指标

"严禁下达'刑事拘留数'、'发案数'、'破案率'、'退查率'等不科学、不合理考评指标，不得以破案率、批捕数、起诉数、退查率等指标搞排名通报……"2013 年 11 月 12 日，河南省公安厅出台规范调查取证、落实执法责任终身制等十项措施，加强、改进刑事执法工作，防止冤假错案发生。许多市民都认为不与破案率等指标挂钩能切实保障群众利益。有人举例说，在一个社区里，原本治安非常好，你给他下个破案率指标，他到哪儿去破案。对执法的考评，措施强调应加强民主测评，把评价的权利更多地交给老百姓，多搞一些自下而上的评价。

不设重点学校重点班

2013 年 11 月 12 日党的十八届三中全会全体会议通过的《中共中央关于全面深化改革若干重大问题的决定》提出，统筹城乡义务教育资源均衡配置，实行公办学校标准化建设和校长教师交流轮岗，不设重点学校重点班；推进考试招生制度改革，探索招生和考试相对分离、学生考试多次选择，从根本上解决一考定终身的弊端。如此说来，像湖北省黄冈中学、河北省衡水一中、北京市人大附中这类学校的黑洞效应该是走到尽头了。

教育部网站 2012 年 12 月 8 日发布消息，教育部副部长刘利民就教师轮岗制发表署名文章，表示将寻求教师校长流动的生态之路，包括名师、名校长须到基础薄弱校任教三年、教育行政部门统一管理教师校长人事关系等。据介绍，教育部正在会同国家有关部门研究制定《关于推进县（区）域内义务教育学校校长教师交流的若干意见》及其配套工作措施。刘利民表示，根据各地实践经验，明确在同一所学校连续工作或任教达到规定年限的校长或教师，原则上均应交流。同时，实施“名师名校长交流特聘岗计划”，定期选聘中小学特级教师、省级教学名师以及优秀校长到中西部艰苦边远农村学校、薄弱学校交流任教三年。此外，教育部会同有关部门，从调动校长教师内在积极性出发，在编制核定、岗位设置、职务（职称）晋升、聘用考核、薪酬待遇、评优评先等方面实行一系列优惠政策，吸引和鼓励校长、教师到农村学校、薄弱学校工作或任教。在教师管理上，将建立“县管校用”的义务教育教师管理制度。

高校科技评价改革

教育部2013年12月20日发布《关于深化高等学校科技评价改革的意见》，要求各地各高校深化高校科技评价改革。《意见》提出对高校、教师的科研评价将实施分类评价，不再搞一刀切。今后，在高校科技评价及教师评聘、收入分配中，过分依赖论文指标的情况将会有很大改变。

此前一年一评的科技评价机制使越来越多的问题日益凸显，譬如学风浮躁、跑项目渐成风气，而搞研究却如“凌波微步”①。急着结题鉴定出成果、研究周期缩短及研究成果不严肃，也导致了科研经费余量增大，科研腐败频发。至于论文发表，更是重数量轻质量，“论文大国”里的泡沫严重。所以，此次改革可谓是一种矫正纠偏，有利于回归科研规律，提高科研考核的公平性。

但是，分类评价以及延长评价周期，并没有根本改变行政评价的主导地位，而教师评聘也未跳出现有窠臼格局。按照现代大学制度，行政权、教育权和学术权应该分离。具体到科技评价，应该逐渐交给独立的第三方学术评价组织或者市场评判，教师评聘则应交给校董会和教授委员会。所以，学校去行政化的改革仍需深化，科技评价与行政脱钩的改革不能止步。

资料来源：燕涵义：《高校科技评价改革仍不能止步》，载《京华时报》，2013-12-23。

10.1.2 政策终结的作用

政策终结往往会涉及两方面的内容，一是宣告旧政策的结束，二是预示新政策的启动。

旧政策的结束就意味着原有政策活动的停止、相关期望和利益的转移、规则和措施的取消、有关机构的裁减或撤销、相关人员的分配与安置等。而新政策的启动则意味着新的期望

① 此言出于曹子建的《洛神赋》：“休迅飞凫，飘忽若神。凌波微步，罗袜生尘。动无常则，若危若安。进止难期，若往若还。转眄流精，光润玉颜。含辞未吐，气若幽兰。华容婀娜，令我忘餐。”原意是形容洛神体态轻盈，浮动于水波之上，缓缓行走。

和利益的建立、新规则和措施的实施、机构组织的更新与创建、相关人员的选择与安排。

政策终结既是结束，同时也是开始，在政策的周期循环中担负着承上启下、开拓未来的关键任务，是政策过程中不可或缺的一个环节。

从政策终结的结果来看，其作用突出表现在以下三个方面。

1. 有利于节省政策资源

众所周知，对任何政府而言，政策资源都是十分有限的。执行一项本不该继续执行下去的政策，政府付出的不仅有实际成本，而且有机会成本。毛泽东曾经讲过，贪污和浪费是极大的犯罪。如果政府浪费政策资源，明知不可为、不能为而为之，在老百姓看来就是一种犯罪行为。纳税人交了税，他们是有权利对公共资源的利用加以监督的。

2. 有利于提高政策效率

有时，问题就出在我们的政策太多了，规制冲突，政策打架，有利益的事争着伸手，都要去管，没有利益的事都躲得远远的，谁也不去管，导致政策效率低下。俗话说，“一马勺坏一锅”，不终结那些失败或失效的政策，就会给其他政策的执行带来负面影响，破坏政策执行的整个大环境。

3. 有利于政策过程的优化和政策质量的提高

政策制定是面向未来的活动，而未来会出现许多意想不到的因素。没有不犯错误的政府，也没有一劳永逸的政策。所以，建立有效的政策评估和终结机制，有利于及时地发现问题、纠正错误、总结经验、吸取教训。这对政策过程各个环节的工作改善和公共政策内容质量的提高都是非常有益的。

10.1.3 政策终结的类型

早期的政策终结研究者对终结进行了不同的分类，丹尼尔斯（Mark R. Daniels）在《公共项目的终结》一书中对美国政策终结研究的发展进行了回顾。他认为，政策终结的类型有两种：一是政策自然老化，效力逐渐减弱；二是遭遇强烈抵制，需要进行力量博弈，这一过程不但需要运用终结的各种策略，而且需要强有力的终结执行者，相比前者，后者会遭遇更多的困难和考验。

而巴达克则根据终结行为持续的时间不同将政策终结划分为突然暴发型、逐渐衰退型和混合型等三种类型。

突然暴发型：孙志刚事件与遣送收容办法的废除

2003 年 3 月 17 日晚上 10 点左右，刚刚在一个月前（2 月 24 日）受聘于广州达奇服装有限公司的武汉科技学院艺术设计专业 2001 届毕业生孙志刚外出上网，途遇天河区黄村街派出所民警检查身份证，因未带身份证，被作为“三无人员”带回派出所。或许是本于一个受大学精神熏陶的知识分子头脑中固有的法律自由意识，孙志刚顶撞了当事警官，所以在孙的同学成某闻讯赶到派出所并出示孙的身份证后，孙志刚仍未被释放，反而在 3 月 18 日，被作为“三无人员”送往收容遣送站。当晚，孙因

"身体不适"被转往广州市收容人员救护站。20日凌晨1点多，孙遭同病房的8名被收治人员两度轮番殴打，于当日上午10点20分死亡。救护站死亡证明书上称其死因是"心脏病"。4月18日，中山大学中山医学院法医鉴定中心出具尸检检验鉴定书，结果表明，孙死前72小时曾遭毒打。4月25日，《南方都市报》以《被收容者孙志刚之死》为题，首次披露了孙志刚惨死事件。次日，全国各大媒体纷纷转载此文，并开始追踪报道。5月14日，华中理工大学法学院俞江博士与腾彪、许志永两位法学博士以中国公民的名义，向全国人大常委会上书，建议对《收容遣送办法》进行违宪审查。5月23日，北京大学法学院教授贺卫方、沈岿等5位法律学者，以中国公民的名义，联名致信全国人大常委会，建议就孙志刚案成立特别调查组，同时对收容遣送制度提请启动特别调查程序。

同年6月18日，国务院第12次常务会议通过决议，废止1982年5月12日由国务院发布的《城市流浪乞讨人员收容遣送办法》。

逐渐衰退型：投机倒把罪退出历史舞台

《投机倒把行政处罚暂行条例》由国务院1987年发布，主要针对以牟取非法利润为目的，违反国家金融、外汇、金银、工商管理法规，非法从事工商业活动，扰乱市场，破坏社会主义经济秩序的行为。

经历过计划经济时代的人几乎没有不知道"投机倒把"这个词的，在那个物质匮乏的年代，"投机倒把"曾被视为一种严重扰乱市场秩序、比"挖社会主义墙角"还恶劣的行径。许多人因此获罪。可以说，投机倒把罪是为计划经济而生的，比如低价买进高价卖出、提供劳务收取报酬、买卖国家专营的或限制流通的或凭计划买卖的商品和物资等都是投机倒把的主要表现形式。改革开放以来，我国的经济体制已从单一的计划经济体制过渡到社会主义市场经济体制，因此，具有强烈的计划经济色彩、单纯为保障计划经济体制服务的投机倒把罪不再适应社会经济生活，从概念界定到主要内容都已时过境迁，失去了继续存在的土壤和条件，到了画上句号的时候。

1997年《刑法》修订取消了投机倒把罪。尽管如此，对投机倒把的处罚仍在行政领域执行。2005年9月，"月球大使馆"① 在工商部门注册，注册人李捷声称拥有全部

① "月球大使馆"：2005年10月在北京朝阳区安贞桥的深房大厦一家名叫"月球大使馆"的公司开始售卖月球等星球的土地。谈起卖月球土地的起因，该公司首席执行官李捷说，买卖月球土地在美国已经炒得沸沸扬扬，自己在1997年就开始关注此事，并与卖月球土地的美国月球大使馆总裁丹尼斯·霍普进行过交流。"趁着现在人类登月热的浪潮，我与美国总公司签了代理协议，专门向中国人销售，并付给总公司许可费，保证最低销量。"李捷介绍，普通人只要花费298元人民币就能在月球及火星等星球购买1英亩（合6亩）土地，公司将发给购买者月球土地证书。购买者拥有月球土地的所有权、使用权以及土地以上及地下3公里以内的矿物产权。"我们对它的定位是有无限增值潜力的礼品。因为普通人买下土地后主要是用来送人。普通人买下地后，若是各国的登月舱在你购买的土地登陆，按理说要付给你相关的费用。"李捷的办公室中挂有由北京市工商行政管理局颁发的工商执照，公司的登记名为"北京月球村航天科技有限公司"，经营范围中并没有出售月球土地一项。李捷解释说当时在工商局登记时，工商局在检测名称时，"月球大使馆"的名称被否定，所以改用目前的登记名。而他们为了与美国总公司的注册名统一，所以对外宣传仍用"月球大使馆"这一名称。

月球，并开始售卖月球土地。次月，北京月球村航天科技有限公司就被北京市工商局以涉嫌投机倒把为由叫停。这也是社会上最后一次听到“投机倒把”的字眼。2008年1月23日，国务院公布了《关于废止部分行政法规的决定》，92件行政法规被废止或宣布失效，《投机倒把行政处罚暂行条例》在列。国务院宣布其失效的理由是：“调整对象已消失，实际上已经失效。”

力量博弈型：取消一般公务用车的破冰之举

公车私用普遍，超编超标屡禁不止，成为公共财政的包袱、滋生腐败的温床。我国从1979年开始，就陆续出台关于领导干部用车的规定。1998年国家体改委正式提出公车改革计划。此后，各地改革之声不断，改革举措频出，但遭到既得利益集团的有力抵触和有效化解，改革未见明显成效，公车数量日益泛滥，“越改越多、越改越乱”成为不争的事实。改革试点或无疾而终，或成为“半拉子工程”，甚至出现“补贴照拿、公车照坐”的局面，车改成了变相增加福利的游戏，严重挫伤公车改革的公信力。

十多年来国内公车改革遭遇博弈困境，最大的问题还是没有下决心取消公车。为此，地方上有呼声，希望进行顶层设计，国家统一出台公车改革办法，以协调推动全国的改革。2013年11月25日，《党政机关厉行节约反对浪费条例》公布。中共中央用党内法规的方式倡导节约、反对浪费，为的是更好释放制度的刚性约束力。条例对社会公众关注强烈的“三公消费”等问题作出了全面规范。其中更引人注目的是，这部条例对公车改革提出了明确的方向。《条例》指出，坚持社会化、市场化方向改革公务用车制度，改革公务用车实物配给方式，取消一般公务用车，保留必要的执法执勤、机要通信、应急和特种专业技术用车及按规定配备的其他车辆，普通公务出行实行社会化提供，适度发放公务交通补贴。同样一次公务出行，用公车的综合成本，可能是用私家车或乘用出租车的数倍甚至数十倍。一点交通补贴，很自然地完成了公务活动的市场化承载，从总体上会大大节约成本、提高工作效率。因而，这次取消一般公务用车的意义就在于，能够契合社会心理，最大限度地减少浪费，更好地发挥社会和市场两个方面的积极性。

10.2 政策终结的对象与形式

10.2.1 政策终结的对象

根据终结目标的不同，可将终结对象划分为权力责任、政策功能、组织机构、政策自身与政策项目。

1. 权力责任

政策执行首先表现为权力的履行和责任的承担，而政策终结则预示着相应权力的丧失和相关责任的放弃。众所周知，权力的行使必然牵扯到利益关系。就政策执行机构而言，那些与政策有着切身利害关系的人，对自有权力的消失和相关利益的受损会产生强烈的心理抵触。这个问题一旦处理不好，政策终结将会遇到很大的阻碍。

2. 政策功能

政策功能主要表现为政策执行机构所提供的服务或管制。政策终结则预示着相应服务的停止或相关管制的撤销。从撤销管制角度而言，说明政府在给社会“松绑”，当然会有良性的社会心理反应。政府放弃一些“紧箍咒”，老百姓当然举双手赞成。但从停止服务角度而言，势必会使目标群体的一些既得利益受到损失，因此可能遭遇一定程度的社会心理抵抗。

政策功能可以超越组织和政策。许多机构和政策可以服务于同一项政策功能。政策功能终结的成功往往需要付出巨大的政治努力。因为功能终结一旦危及团体经济利益，团体就会产生空前的凝聚力，借助于组织的力量从各方面向政府部门施加压力，甚至会采取一些非正常或非法的途径，如抗议或行贿等行为以阻止功能终结。一般来说，政治体系为规模大的、组织良好的、资金充裕的、社会活跃度高的组织提供与政府官员沟通的良好机会和有效渠道，同时，很少为规模小的、组织性差的、资金缺少的、社会活跃度低的组织提供机会和渠道。

3. 组织机构

毫无疑问，政策执行活动是组织活动，必须通过一定的组织机构来完成。而政策终结通常会伴随相关组织的缩减或撤销。有些组织机构是为执行某项政策专门设立的，伴随政策的终结，这类组织机构当然没有继续存在下去的必要。而另一些组织机构，由于同时承担多种政策的执行职能，某项政策的终结并不足以导致组织机构的撤销，往往只是对其规模、经费等方面构成影响。很多时候，某项政策的功能并不是由一个组织机构单独承担，而是要由许多不同的组织机构共同承担。所以，政策终结还必须重新审视组织机构的结构并做好组织机构的协调工作。

4. 政策自身

政策的终结会比组织的终结更加容易。在最初的设计中，组织就被赋予了持久性特征。无数证据显示，组织的合并、拆分和变革往往比彻底终结更常见。组织可能在政策终结中保留下来。组织更加倾向于终结其政策和项目，而非组织本身。政策比组织有更少的政治联盟。一般来说，政策出台往往是为了解决某一具体问题，其目标较为单一，而组织的目标则更加多样化，因此政策的评估相对容易。大部分的政策都会遭到批评和指责，对其支撑理论和基本方法的认识也会随时间的推移有所改变。

5. 政策项目

根据美国项目管理协会（Project Management Institute，PMI）的说法，项目是一种被承办的、旨在创造某种独特产品或服务的临时性努力。项目的参数一般包括项目的范围、质量、成本、时间、资源。在政策领域，项目一般是指为执行政策而采取的措施。比如，可以通过减税和增加基础设施投资的方法来扩大就业，停止减税措施不代表终结就业政策。尽管也具有一定的争议性，但项目终结相对来说还是比较容易进行的。项目往往与实际问题联系得更紧密，其结果也更容易被测量，就此达成共识的可能性更大。当然，如果能够同时提出替代项目，项目的终结可能会更容易进行。

总而言之，政策终结是一项重大的政策行动，甚至可以说是一种革命性的行动。这不是一件容易的事情，有时需要付出一定的代价。无论是权责和功能的终结，还是组织机构和项目的终结，往往都会导致一些现状的改变，自然会涉及利益的重新分配。因此，政策终结不可避免地会遇到来自方方面面的阻碍。

10.2.2 政策终结的形式

政策内容决定了其影响，政策特征决定了其功能。政策的变动往往涉及一系列因素，可能会引起很大的社会震动，所以政策终结的实现更多的时候并不采取激变的、大刀阔斧的、完全彻底的变革形式，而是更多采用那种渐进的、连续的、不断渗透的、由点及面的变革方式。

彼得·德利昂（Peter Deleon）与加里·布鲁尔（Garry Brewer）在两人合著的《政策分析基础》一书中，根据政策终结的程度，将政策终结划分为完全终结和部分终结。他们详细阐释了五种部分终结的类型。(1) 代替型。这是用能够满足同样要求的新内容来代替陈旧内容的类型。一般以革新的结果出现，是重新更换低效的技术和程序的类型。(2) 合并型。这是正像在企业领域中为追求规模经济和有效控制而经常进行的企业合并和企业集中化一样，因整合政策或项目而部分地终结的类型。(3) 分离型。这是把原来的政策划分为几种，从而用重新调整政策受益集团来弱化抵制，以此来达到逐渐终结的类型。(4) 渐减型。这是在美国那样稳定的政治体制下最普遍的类型，是通过缩减预算或调整项目的方式逐渐重新组成政策和制度，从而达到终结的类型。(5) 断绝型。这是用新的政策来代替旧的政策，在其目标和需要也发生变化的过程中达到终结的类型。

结合我国政策实践，可以把政策终结的形式总结归纳为以下六种。

1. 政策废止

废止就是彻底结束旧的政策，完全取消其相关功能，即完全终结。政府会根据政治、经济和社会经济形势的发展变化，不定期地清理、废止一些不合时宜、过时了的政策。如我国劳动教养制度的废止。

废止劳动教养制度

党的十八届三中全会《中共中央关于全面深化改革若干重大问题的决定》提出，废止劳动教养制度，完善对违法犯罪行为的惩治和矫正法律，健全社区矫正制度。2013 年 12 月 28 日闭幕的十二届全国人大常委会第六次会议通过了《关于废止有关劳动教养法律规定的决定》，这意味着已实施几十年的劳动教养制度被依法废止。从中央决定提出废止劳动教养制度，到这次全国人大常委会正式废止劳动教养制度，短短一个多月时间，中央重行践诺的改革魄力体现了对社会民意的尊重，彰显了我国人权司法保障制度的进步。

所谓劳动教养，是指将违法尚不够刑罚处罚的人员，送进劳动教养管理所（场）进行强制性劳动教育改造的一种行政措施。与劳动改造不同，劳动教养并非《中华人民共和国刑法》规定的刑罚，而是依据国务院劳动教养相关法规的一种行政处罚，公安机关无须经法庭审讯定罪，即可对疑犯投入劳教场所实行最高期限为4年的限制人身自由、强迫劳动、思想教育等措施。

劳动教养制度的前世当在原苏联。1949年新中国成立后，政法与经济制度大半照搬苏联，劳教亦属其列。据考证，劳教的原型即列宁时代的“惩戒营”，俗谓“古拉格”，它是苏联劳动惩戒营的管理部门。

1955年8月中共中央批准下发了《关于彻底肃清暗藏的反革命分子的指示》，明确规定：对这次运动中清查出来的反革命分子和其他坏分子，除判处死刑的和因为罪状较轻、坦白彻底或因为立功而继续留用的以外，分两种办法处理。一种办法，是判刑后劳动改造。另一种办法，是不能判刑而政治上又不适于继续留用，放到社会上又增加失业的，则进行劳动教养，就是虽不判刑，虽不完全失去自由，但亦应集中起来，替国家做工，由国家给予一定的工资。这是我们国家出台的第一份有关劳动教养的红头文件，从此，“劳动教养”这个名词正式诞生。接着，1956年1月中共中央又发出《关于各省市立即筹办劳动教养机构的指示》，于是，劳动教养在全国开展起来。1957年8月1日，经第一届全国人民代表大会常务委员会第78次会议批准，国务院出台了《关于劳动教养问题的决定》，第一次以行政法规的形式，确立了劳动教养制度。然而，这个决定并没有具体规定劳教期限。在“文革”结束后的1979年，劳动教养制度被重新启用，《关于劳动教养问题的补充规定》由公安部在12月颁布，规定劳教期限1～3年，必要时可延长1年。1982年1月21日公安部颁布《劳动教养试行办法》，劳教适用对象进一步扩大。2002年4月公安部颁布《公安机关办理劳动教养案件规定》，劳教适用对象扩大到10种人。

“劳动教养”这一行政法规已经存在了几十年。对这一法规的合法性一直存在很大争议。劳动教养制度同1954年颁布并作过4次较大修改的《中华人民共和国宪法》有关公民权利和义务的条款相抵触。另外，《国际人权公约》规定，“除非依照法律所确定的根据和程序，任何人不得被剥夺自由”，以及“任何人都不应被要求从事强迫或强制劳动”，劳动教养制度直接违背这些已经为中国政府承认的基本法律。随着我们国家民主与法制的进一步健全，它终于退出了历史舞台。

2. 政策替代

替代就是用新政策替代旧政策，但所面对的政策问题和政策目标基本没有改变。新的政策往往是在方式方法和操作程序方面做了较大变动，其目的是为了更好地解决旧的政策没有解决好或根本解决不了的问题，以满足目标群体的政策需求，实现原定的政策目标。比如，“孙志刚事件”直接导致《城市流浪乞讨人员收容遣送办法》的废止以及《城市生活无着的流浪乞讨人员救助管理办法》的出台。

3. 政策合并

合并就是指旧的政策虽被终止，但其要实现的功能并没有被取消，而是被合并到其他的政策内容中去。政策合并一般分为两种情况。一是将终止的政策内容合并到一项现有政策当中，作为现有政策的一部分，比如《北京市外地来京务工经商人员管理条例》2005 年 3 月被废止，《条例》中尚需执行的部分内容由相关的规章取代。《条例》中尚在执行的外地来京人员的户籍管理、租赁房屋治安管理、计划生育管理方面的内容，其管理措施可以通过《北京市外地来京人员户籍管理规定》、《北京市外地来京人员租赁房屋治安管理规定》、《北京市外地来京人员计划生育管理规定》三个市政府规章来加以解决。二是把两项或两项以上被终止的政策合并为一项新的政策。如国家教育部制定的全国普通高等院校统一缴费上学的规定就是由原有的公费和自费上学的规定合并而成的。根据效率原则，能够合并的事项应该坚决合并，能够一起完成的任务绝不分散去做。因此，政策合并被认为是提高政策效率的有效途径。

4. 政策分解

分解就是将旧政策的内容按照一定的规则分解成几部分，每一部分独自形成一项新的政策。分解作为政策终结的形式之一，虽然从形式上终结了原有的政策，但其实质性内容却通过各个新的政策的形成而被保留了下来。当原有政策由于内容繁杂、目标众多而影响政策效果时，分解不失为一个有效的方式。比如我国传统的社会保障是一种单一型的“就业保障”或称“单位保障”，主要是通过单位办社会的形式来实现干部、职工的社会保险和福利。这种计划体制下的产物无法适应改革后的新形势。为此，国家有关部门按照保障内容的不同，将原有的政策按类分解，建立了养老保险、失业保险、工伤保险、医疗保险、生育保险等多项保障措施。政策目标是变单位保障为社会保障，改变单位办社会的问题，逐渐转变人们的办事观念，从求组织解决到找社会办理，有效提高政策执行效率，更好地实现政策目标。

5. 政策缩减

缩减就是采用渐进的方式，一步步对政策进行终结，其目的是有效缓解因政策终结所带来的巨大冲击，逐步协调好各方面的关系，比较稳妥地实施终结，减少那些不必要的损失。一般来说，缩减往往通过逐步减少对政策的投入、逐渐缩小政策的实施范围、放松对执行标准的控制等措施加以实施。比如我国的户籍制度改革就体现了缩减的政策终结形式，中小城市放开，特大城市慎行，一步步减少户籍制度对社会生活和经济领域的影响。再如党的十八届三中全会作出的人口与生育政策重大调整的决定。

单独二孩：生育政策作出重大调整

“坚持计划生育的基本国策，启动实施一方是独生子女的夫妇可生育两个孩子的政策，逐步调整完善生育政策，促进人口长期均衡发展。”2013 年 11 月 15 日发布的《中共中央关于全面深化改革若干重大问题的决定》，宣布这一人口与生育政策的重大调整。此举标志着中国逐步放开严控生育政策，从“单独二孩”向“放开二胎”过渡，这是中国人口与生育政策适应经济社会发展形势所作出的重大调整。

20 世纪 70 年代初以来中国政府开始大力推行计划生育，1978 年以后计划生育成为中国的一项基本国策。中国人口控制已基本上超过了预期。多年来，中国由于计划生育累计少生了 4 亿多人，大大减轻了人口过快增长给资源环境带来的压力。中国人口出生率由 1970 年的 33.4‰下降到 2012 年的 12.1‰，人口自然增长率由 1970 年的 25.8‰下降到 2012 年的 4.95‰，是世界平均水平的一半。然而，2012 年，我国劳动年龄人口首次出现绝对数下降。同时，人口老龄化问题越来越突出，调整生育政策已成当务之急。

国家统计局数据显示，2012 年，全国总人口为 135 404 万人，全年出生 1 635 万人，死亡 966 万人。我国妇女总和生育率由 1970 年的 5.8 下降到 2012 年的 1.5～1.6，比 2000 年下降 0.1～0.2。2011 年，我国 15～59 岁劳动年龄人口达到 9.41 亿人峰值，2012 年下降为 9.37 亿人，按此趋势，2030 年前我国劳动年龄人口仍可保持 8 亿人以上。2012 年，60 岁及以上老年人口占总人口比例已达到 14.3%，2013 年底老年人口总数将达到 2 亿，而 2025 年、2030 年将分别达到 3 亿和 4 亿。

从目前情况看，老龄化危机、用工荒，已让中国经济、社会可持续发展面临严峻危机。调整生育政策，被视为缓解“人口老龄化”，保持合理的劳动力数量、结构，促进经济持续健康发展的主要手段。在现行条件下，如维持生育政策不调整，几十年后劳动年龄人口锐减，老年人口比重过大，势必严重影响我国经济社会发展活力和国际竞争力。而逐步调整完善生育政策，就是要有效应对和积极缓解人口结构性矛盾的长期影响，保持合理的劳动力数量和结构，延缓人口老龄化速度。政策的转变也将为转变经济发展方式、培育经济持续健康发展新优势，准备更为有利的人口条件。

6. 政策的法律化

现代社会离不开政策与法律，二者皆为有关公共事务管理的规范与准则。它们虽有共同的属性，但也有明显的不同。从广义的公共政策角度而言，法律是公共政策系统的有机组成部分，是公共政策的一种特殊表现形式，公共政策应当包括法律。然而从狭义上看，公共政策则与法律相对，是政府的行为选择。尽管公共政策与法律越来越多地表现出强烈的渗透性，但还是应该在性质上加以区别。

所谓政策法律化（也称政策立法）指的是国家有关机构把一些经过长期实行的、确实有显著效果的、比较成熟和稳定的政策性内容上升为国家的法律、法规，赋予这些政策相应的法律效力和国家强制力的保障。政策的法律化是另一种意义上的政策终结。

（1）政策法律化的基本条件。

1）对全局有重大影响的政策可以上升为法律，使之纳入法制轨道，以便更好地保障其作用的实现。

2）具有长期稳定性的政策可以上升为法律。法律是稳定、严肃和具有权威性的，不可能朝令夕改。

3）只有比较成功的政策才能上升为法律。一般性政策较之法律对客观需要的反应更为灵敏，具有一定的伸缩性和灵活性。而法律是刚性的，并不具备弹性特征。所以在立法条件尚不成熟时，不应把那些不成熟的政策纳入立法轨道。一般性政策在执行中经不断修正与完善，被实践证明是行之有效的时候，就具备了上升为法律的条件。

总之，政策转变为法律是客观现实的需要，政策法律化必须具备全局、稳定、成熟和必要等要件，社会生活的复杂多变要求将具备一定条件的政策上升为法律。只有这样，才能更好地促进社会法治的完善。

(2) 政策法律化的形式要求。

政策法律化无疑是一种立法活动，需要遵循立法程序。其立法主体一是享有国家立法权的立法机关，二是享有委托立法权的行政机关。公共政策法律化具有形式方面的要求。公共政策的表现形式多种多样，除法律规章外还有行政命令、政府首脑的讲话和书面指示，以及国家行动计划与项目等，其中既包括规范形式，也包括非规范形式；法律的表现形式则比较单一，主要是以规范性文件形式存在。由此可见，法律对形式的要求明显高于政策。这决定了公共政策在向法律转化的过程中，必须实现从非规范形式到规范形式的转变，而这明显受制于立法水平的高低。立法技术的发展程度无疑会对公共政策的法律化构成非常重要的影响。

(3) 法律局限性的制约。

法律至上是法治社会的首要特征，但是法律却并非万能而是有限的。“所谓法律的局限性，指法律基于其防范人性弱点工具的特质在取得其积极价值之同时不可避免地要付出的代价，是法律由于其技术上的特点不能完善地实现其目的的情况。”① 概括而言，法律的局限性主要表现在以下六个方面。

1) 法律具有天生保守的倾向和难以应变的弊端。

2) 法律无法全面涵盖和适应已经存在或即将发生的社会现象。

3) 法律语言的拙劣导致自由裁量范围的扩大化。

4) 法律总是存在从管理走向强制、从控制走向压制的潜在危险。

5) 法律执行的成本问题。

6) 法律的实现总要受制于一定的外部条件。

法律的局限性无疑会制约政策的法律化。在政策法律化的进程中，应当合理区分政策和法律的界限，给政策留出应有的存在空间。法律是法治社会主要的而非唯一的治理手段，法律的局限性需要依靠政策等治理手段予以补充，政策在符号性、灵活性、即时性、具体性等方面明显与法律不同，从而可以在某种程度上填充法律留给社会的真空。在法治社会中，政策不能取代法律，法律也同样不能取代政策。

(4) 泛法治主义的批判。

崇尚法治并不等于法律迷信、唯法是治，法治传统的缺乏容易矫枉过正，导致法治建设中的泛法治主义。所谓泛法治主义，即“无限夸大法治的作用，无视法律自身的缺陷而引起的法治局限性，其隐含观念为‘法律万能’”。它掩盖法治缺陷及法律局限，违背法治

① 徐国栋：《民法基本原则解释——成文法局限性之克服（增订本）》，176 页，北京，中国政法大学出版社，2001。

的本质，并视法律为纯粹的治理工具从而忽视法治的追求目标。[①]立法是法治的起点，也是泛法治主义的源头。政策法律化的实质就是立法，由于受泛法治主义影响，它很容易犯极端化的毛病。法律的力量，绝非在于它无所不管或无所不能，而是在于它能固守自己的特有阵地，恪守自己的本分，不越“雷池”半步。法网恢恢，讲求的是疏而不漏，而不是对法律的“迷信”。寄希望于法律包管一切社会事务，会导致法律法规过多过滥，甚至侵犯公民的自由和权利。如此管理，过犹不及，法治的作用将难以发挥。

相信法律能解决一切问题，这种“立法迷信”极易导致简单化的社会治理策略：一件事发生后，媒体的时评往往会以“亟待立法”收笔；同时，公共管理者也会以“相关立法即将启动”，来消释公众的质疑与情绪。法律，本来只是众多社会规范中的一种形式，一下子似乎成了一剂包治百病的万能汤药。但是，法治真有这般“包打天下”的本领吗？当然不是。从根本上说，法治比起人治之所以更有效，其基本的出发点就在于法治的理性精神：当人治的“长臂”无所不及时，法治因其明确性和强制性，却能坚守自己特有的阵地，既绝不放弃自己的“一针一线”，也绝不僭越别人的“一草一木”。所谓“雷池”，正是法律的生命线所在，法治正是靠着这份克制与谦守，才获得了它的生命力。民众相信法治，首先因为它是理性的。也就是说，法治调整范围的有限，最终成就了法治社会功能的无限。所谓“法网恢恢，疏而不漏”，说的正是这个道理。

古今之事，管理成败，最重要的教训之一是：法律本身不是万能的，社会生活中许许多多的问题，最终的解决不能单纯依靠法律，至少不能单纯指望法律。在许多情况下，社会矛盾本身及其解决的关键来自政治、经济、文化等多个层面。法律天平如果没有这些砝码，纵使立法者能够舍身而上，穷其所有，天平也是难以扳平的。

不客气地说，“法律迷信”其实不是对法治的真正崇仰，而是对法治基本精神的背离。世界法治史证明，法律迷信的后遗症，就是法治被贴上“不可理喻”的标签。立法也好，执法或司法也罢，如果不去探求社会矛盾的更深层次原因，只把法律本身当作解决一切问题的“万能钥匙”，那么，法治必不能承受如此之重负，由此它还将接受随之而来的千万次诘难。

我们有必要保持这样的理性：法律绝对是非常重要的，因此我们应为此而不遗余力，但是也要认识到法律绝对不是万能的，因此我们要保持适度克制。无论如何，对于法治的信仰不能被曲解为“法律迷信”，否则，法律就可能从社会的公器变为公民的桎梏，法治的权威也会因此而蒙受重创。

10.3 政策终结的障碍

彼得·德利昂提出了一个关于政策终结障碍的理论框架（termination obstacles framework），它包括六种障碍：心理上的抵触、机构的持续性、机构对环境的适应性、反终结的联盟、法律程序上的障碍、高昂的终结成本。

---

① 参见肖丹颖：《对泛法治主义之思考》，载《经济与社会发展》，2005（10）。

1. 心理上的抵触

“那些与政策相关的人员都愿意看到政策继续存在下去，却很少有人喜欢听到计划失败或计划改变。”这种心理上的抵触往往在政策面临终结时会表现得尤为明显。对政策终结存在抵触心理的主要有三种人：政策制定者、政策执行者、政策受益者。政策制定者不愿意承认他们制定的政策不再有存在的必要，更不愿意承认在制定政策的过程中所犯的错误；政策执行者不愿意看到自己所做的工作被终止；政策受益者不愿意既得利益受到损失。这三类人的心态，往往成为政策终结的首要障碍。这种心理障碍的存在，又使人们在解释政策失败时，常常倾向于从环境因素中去寻找原因，而不愿检讨政策本身的失误。

2. 机构的持续性

政策执行机构和其他社会政治组织一样，都具有寻求生存和自我扩张的本性，即使它已经无所事事，没有再存在的必要，情况同样不会改变。这无疑会给政策终结带来很大的困难。机构的持续性一般表现在两个方面。一是机构的惯性。当不同的机构相互配合并开始执行某项政策时，一种惯性就油然而生了。机构的惯性使政策执行一旦开始就很难停止。如果要想修改其方向或让其停下来，只有从外部施加很大的力量才能做到。这是因为机构所固有的惯性会使它本能地反对任何变化的要求。二是机构的生命力。机构如同人一样，具有很强的生存能力，某一机构存在的时间越长，它被终止的可能性就越小。经过一定的时间发展，机构会逐渐形成生存条件自我强化的功能。当政策终结危及组织机构的生存时，它会千方百计地减轻和化解所面临的外界压力，或改变策略，或调整结构，想方设法地延续政策终结的进程，给政策的及时终结带来极大的阻碍。

3. 机构对环境的适应性

在评估者眼中，机构是相对静态的。但是，机构本身却有一种动态的适应性，可以随环境和需要的变化而产生变动，甚至能针对政策终结的各种措施来调整自己的方向，使终结计划夭折或破产。正如查尔斯·琼斯在《公共政策研究导论》中所指出的：“组织机构是动态而不是静态的，它会调整自己的方向以适应变化了的要求。”这就导致政策终结的困难增加了。

4. 反终结的联盟

因执行某项政策而收获既得利益的行政机关，往往会在政策面临终结时结成联盟，共同反对政策终结。这些反对政策终结的行政机关，一方面会要求其内部成员齐心协力共同抵制终结，另一方面则互相串通、拉拢和接近政府内外有影响的人士抵制终结。这类行政机关一旦结成一个共同体，就能有效地威胁政策终结行为，使其无法进行。这主要是因为行政机关比其他任何社会组织都更具便利条件进行政治活动，它们可以利用自身有利的地位影响公共政策的过程。

5. 法律程序上的障碍

任何政策的颁布和组织机构的建立，都是通过一定的法律程序进行的，同样，政策的终止和组织机构的撤销，也必须按照法定的程序来办理。政策制定要通过法定程序，政策终结也要通过法定程序。程序上的复杂性往往影响政策终结的及时进行。立法机关在考虑终止某项政策或法律时，往往顾虑重重，举棋不定。因此，许多政策终结行为常常受阻于法律的滞后性。

6. 高昂的终结成本

高昂的终结成本也是影响政策终结实施的一个关键因素。一般来说，政策终结的成本有两种。一是终结行为本身要付出的成本。在短期内终结一项政策的花费要比继续这项政策的花费要多，比如终结执行者要为裁减下来的人员安排新的岗位和就业机会，或者对政策的受益者进行利益的补偿。但无论如何，为了以后的发展接受暂时的代价是值得的。二是现有政策的沉没成本。沉没成本是指投入决策、某个计划或某个项目的时间、资金或其他资源的无法弥补的花费。它限制了目前投入的选择范围。也就是说已经在政策上投入的资金人力制约了决策者下一步的行动计划。这无疑是政策终结的一大障碍。政策终结者总是进退维谷，进即追加投入，只会造成更大的损失；退即停止投入，却要面对已投入的资金由于政策终结而无法收回的结果。现行的政策或组织机构已经投入了巨额成本但没有得到应有的回报。一般而言，政策投入的成本越高，终结者下决心终结的难度就越大。此外，终结有风险，对终结一项政策后的结果无法确定。事实上，政策终结后采取的新政策并不能保证一定带来更好的结果。这也使终结者难以下决心终结。

沉没成本与心理效应

沉没成本是指由于过去的决策已经发生了的，而不能由现在或将来的任何决策改变的成本。人们在决定是否去做一件事情的时候，不仅是看这件事对自己有没有好处，而且也看过去是不是已经在这件事情上有过投入。我们把这些已经发生不可收回的支出，如时间、金钱、精力等称为“沉没成本”。在经济学等决策过程中经常会用到“沉没成本”的概念，代指已经付出且不可收回的成本。沉没成本常用来和可变成本作比较，可变成本可以被改变，而沉没成本则不能被改变。

在政策终结过程中，由沉没成本导致的心理效应表现得尤为强烈。由于需要进行政策终结，因而势必直接或间接地引起与政策有关人员的心理反应，给政策终结带来种种不利因素。政策终结无疑会引发相关人员的复杂情感，一些人会有命运相系的心理反应，“一荣皆荣，一损皆损”，因而容易失去理性的判断标准和公正的客观尺度，导致盲目、偏激等情绪化行为。政策执行实际上就是一个成本沉没的过程，然而沉没的不光是金钱，也包括利益。政策终结会使一些人挣扎于既有利害关系的旋涡当中，他们在心理上产生的不安与骚动被称为政策终结的心理效应。

10.4 政策终结的措施

在提出终结策略的学者中，最具代表性的是罗伯特·贝恩（Robert Behn）。他在论文《怎样终结一项公共政策：给未来终结者的一些建议》中，提出了 12 项政策终结的具体策略，如扩大政策终止的支持势力；揭露将要终止的政策的弊端及其危害；起用外部人士；

敢于承担短期终止的成本；补偿原来的政策受益者；不要强调终止，而要强调创新；等等。巴达克也曾在文章中谈到如何减轻终结困难的问题，提出了促成政策终结的五项条件：(1) 在行政上采取一些变更；(2) 改变原政策所根植的思想理念；(3) 促成人们对政策持续的乐观期待产生动摇；(4) 采取渐进方式，使终结政策温和进行；(5) 要在政策终结之前进行新的政策设计。

以上这些策略，对指导政策实践具有重要的启发意义和参考价值。结合我国具体实际，要顺利完成政策终结可采取如下措施。

1. 加强宣传教育，消除抵触情绪

宣传引导工作非常重要，它通过摆事实、讲道理，使人们提高认识、消除不满。但宣传一定要适度，不要过分，应该给受信者以充分的选择自由，否则很容易产生逆反心理，使宣传工作得不偿失。

说服教育工作同样重要，这是我们开展各项工作的一个法宝。1998 年的国务院机构改革，党中央和国务院的领导针对改革中遇到的问题，做了大量深入细致的思想工作，使得建国后这次动作最大的机构调整，在机构的撤销、合并和人员的下岗分流中没有遇到太大的阻力，顺利完成了既定的目标。

2. 树立新的观念，营造改革气氛

政策的终结往往伴随观念的变迁，原有政策的立论基础会发生一定的变化。因此，应注意把握时机、因势利导、创新观念、改变认识。

1977 年初，党和国家面临着在思想、政治、组织等各个领域全面拨乱反正的艰巨任务，全国人民希望能够尽快结束"左"的路线，把党和政府的工作重心转移到经济建设上来。1977 年 8 月 12 日至 18 日，中国共产党第十一次全国代表大会在北京举行，宣告"文化大革命"结束，但由于当时历史条件的限制和"左"的错误思想的影响，这次大会仍然在肯定"文化大革命"的错误理论和实践，未能完成从理论和党的指导方针上拨乱反正的任务，致使出现徘徊局面。针对这种状况，邓小平首先提出要完整地、准确地理解毛泽东思想，旗帜鲜明地指出"两个凡是"不符合马克思主义。1978 年 5 月 10 日，中央党校的内部刊物《理论动态》刊登了《实践是检验真理的唯一标准》一文。文章指出：检验真理的标准只能是社会实践。理论与实践的统一，是马克思主义的一个最基本的原则，任何理论都要不断接受实践的检验。5 月 11 日，《光明日报》又以特约评论员文章形式全文发表，新华社向全国转发。一场规模宏大、内涵丰富、影响深远的关于真理标准问题的大讨论，在全国轰轰烈烈地展开。马克思主义观点与"左"倾错误观点进行了激烈的交锋。随着讨论的深入，越来越多的党员、干部认识到这一问题的重要性，终于打破了个人崇拜和"两个凡是"的精神枷锁。这场大讨论，冲破了"左"的思想的严重束缚，实现了党在思想路线上的拨乱反正，为具有划时代意义的党的十一届三中全会作了重要的思想准备，在党和国家的历史进程中产生了重要而深远的影响。1978 年 12 月 18 日，党的十一届三中全会在北京开幕。党的十一届三中全会是建国以来党的历史上具有深远意义的历史转折。全会结束了 1976 年 10 月以来各项工作在徘徊中前进的局面，开始了中国共产党在思想、政治、组织等领域的全面拨乱反正，揭开了社会主义改革开放的序幕。以这次全会为起点，中国进入了改革开放和社会主义现代化建设的历史新时期。

3. 公开评估结果，争取更多支持

政策终结支持者的态度和队伍的规模，是决定政策终结成败的非常关键的因素。因此，政策终结应争取更多社会力量的声援和支持。而评估结果公开化正是实现这一目标的有效途径。政策透明会带来更多的好处而不是坏处。政府工作中保密的事项越多，老百姓的拥护程度就会越低。不要总觉得什么都是秘密，你知道的就不希望别人知道。信息严重不对称，其实没有一点好处。因此，政策过程透明，评估结果公开，揭露政策弊端，指明政策危害，政府会赢得更多的信任，政策终结会得到更大的拥护。当然，由于政策评估工作所存在的固有局限，使得人们往往对政策评估的结果产生这样或那样的怀疑，这是很普遍、很正常的现象。这就对政策评估提出了更高的标准和要求，评估的结果应该经得起实践的检验。

4. 废旧立新并举，缓解终结压力

由于存在利害关系的牵扯，人们对改革都会怀有一定的恐惧心理。但社会是发展的，条件是变化的，在我们长大成人的过程中，不能总是穿着儿时的衣裳。这点道理可能人人都明白，但实践中却会有很多的顾虑。很多人都不愿意看到政策的终结，因为它会使得一部分组织和个人的既得利益受到损害。但他们一般不会马上反对一项新政策的出台。因此，为了有效缓解政策终结的压力，可以采取新政策出台与旧政策终结并举的方法，及时用新政策替代旧政策，使人们在失去对旧政策期望的同时，得到一些新的期望。在农村“费改税”的试点改革中，有些乡镇政府把向农民征收的乡镇统筹款和村提留统一纳入税收，开征农村公益事业建设税，作为乡镇财政的固定性收入，由乡镇财政统一管理、统一支配。我们并不想在这里对这种做法作出优劣评判，只是想以此为例，说明一下废旧立新的具体做法。

的确，并举的做法可以大大减少政策终结的争议和阻力，但对实际操作部门提出了更高的要求，因为废旧立新并举，工作压力很大，弄不好就会顾此失彼，两方面都想照顾到，结果反而什么都弄得一团糟。可能就是因为害怕这种情况出现，致使一些旧的政策不能及时废止，一些新的政策迟迟不能出台。

5. 作出必要妥协，降低终结成本

有些时候，政策终结的反对势力会形成某种联盟，带给终结集团强大的压力。当政策终结的阻力很大且一时难以改变这种状况时，政府作出一定的妥协，也不失为一种有效的对策。当进退两难的时候，折中可能是唯一的选择。当然，政府完全有能力采取果断措施，但往往需要付出很大的代价，带来很多消极的影响。因此，有时政府就不得不正视现实的压力，放弃较高的目标期望值，以有条件退让的方式，换取有限目标的实现，即缩小政策终结的范围，因为终结的范围越小，反对终结的人就会越少。实际上，妥协并非只是软弱，而是代表了一种民主的精神。在当代社会，多元化和民主化已经形成一种社会趋势，折中与妥协已经成为一种司空见惯的政治现象。必要的妥协实在没有什么不好，政府没有必要害怕妥协。当然，妥协不是没有原则的，政府不会作出无原则的退让。

6. 提供利益补偿，消除抵触情绪

在罗伯特·贝恩提出的具体策略中，很重要的一点就是在有些时候要对原有政策受益者提供必要的补偿。政策终结是一种利益的调整，对原有政策的受益者而言会有很大影响，因而他们会产生抵触情绪，阻碍政策终结的进行。

利益补偿既是对因政策终结造成利益损失的个人或团体的一种救助渠道，又是完善政策终结的利益协调、促进政策终结顺利完成的重要基石。政策终结会打破原有的利益分配格局，因政策终结而利益可能受损的个人或团体会意识到威胁而空前团结起来阻止政策终结，因而政策终结的利益受损者成了政策终结的最大阻力。所以，通过合理的利益补偿机制，给利益受损的个人或群体提供适当的补偿，对缓解利益冲突、促进政策终结的顺利实现起着减震缓冲的作用。对政策终结的利益受损者的利益补偿，必须综合考虑利益补偿的性质和范围，既要考虑因政策终结而造成的直接利益损失的补偿，也要考虑因政策终结导致的间接利益损失的补偿；既要考虑普通的政策目标群体的利益损失，也要考虑政策制定和执行机构的利益损失。同时，应根据利益受损的性质来确定利益补偿的方式。对直接经济利益损失的个人或团体，应给予直接经济补偿，如一次了断性经济补偿；对因政策终结造成的权力、职位等间接利益受损的个人或组织，应给予适当的间接经济补偿，如合理安排组织撤销或合并后人员的去向，并尽量保障其具有与政策终结前相同或相近的职权、工资和福利待遇等。

以广州取消公交免费为例，根据广州市政府的决定，为了方便亚运会期间的出行，从 2010 年 11 月 1 日起至 12 月 21 日，除节假日外，广州全市所有公交、地铁免费搭乘。无论是本地人还是外地人，都不需要刷卡或投币，也不需要出示任何身份证明，即可免费乘车。同时，广州从 11 月 1 日起至 12 月 21 日开始实行单双号限行。但公交免费政策实行不到一周，广州市政府 11 月 6 日晚宣布：从 11 月 8 日（周一）起，全市取消免费乘坐地铁、公交和过江轮渡的优惠措施，改为发放交通补贴。具体措施如下：（1）8 日零时开始，广州市公共交通地铁和公交（包含轮渡）以及地铁广佛线恢复实施付费乘坐；（2）广州 10 区、2 个县级市的户籍家庭以及在广州居住半年以上的外来人口家庭每户补贴 150 元，集体户口每人补贴 50 元；（3）亚运、亚残运会期间，亚运注册人员、志愿者、持票观众仍可免费乘坐公共交通。事实上，恢复实施付费乘坐的主要原因是免费期间广州交通的负荷过大，大大超出了本身的运输能力。广州免费公交、地铁 5 天，数据显示地铁客流量上涨 100%，日均客流为 773 万人次。考虑到市民的出行安全，广州市政府最终决定取消免费乘坐的措施，代之以发放交通补贴，对市民给予经济补偿。

利益补偿

单独二孩政策是许多家庭期盼的好政策，但同时也不能忘记对计划生育家庭未来的保障。我们这么多年累积了这么多计划生育家庭，政府是不能忘记这些家庭的，一定要给其利益补偿、后期保障。国家推行计划生育奖励扶助制度，应重点关注“三类家庭”。

其一，全面关注独生子女困难家庭。独生子女现象对个人和家庭层面上的影响非常深远，并已经成为中国转型时期风险社会中的一个风险要素。因此，有条件的地方不妨由政府出资，为困难家庭的独生子女办理健康平安保险。同时，在就学、就医、就业、养老等各个方面，应实行政策倾斜，加大扶持和救助力度，让独生子女困难家庭真正享受到执行计划生育国策应得的实惠。

其二，重点关注“失独家庭”。按常规死亡率计算，1975—2010 年，有超过1 000万独生子女在 25 岁之前死亡。这意味着有 2 000 万名父亲和母亲，在中老年时期失去唯一的子嗣，成为孤立无助的“失独老人”，这个数据让人的心情变得异常沉重。因此，当突遇独生子女伤亡等家庭变故时，制度应及时伸出援手。不妨由国家和地方出资，为失独的父母办理养老、医疗等社会保险；有条件的地方不妨先行一步，为失独家庭建立“独立养老院”，实行免费供养，让“失独家庭”从精神到物质上都能得到慰藉。

其三，特别关注独生子女“老龄家庭”。目前，中国 65 岁以上的老年人口 1.2 亿，而到 2050 年，将是目前的 3 倍。毋庸置疑，家庭是法定养老主体和老年人养老的基本保障。然而，随着计划生育国策的推进、经济社会的转型和群众生活方式的转变，全社会正面临家庭养老功能日益弱化问题。因此，国家应出台养老政策，积极应对我国“跑步前进”的老龄化进程。

对已经出现的“困难家庭”、“失独家庭”和“老龄家庭”，各级政府必须承担起计划生育补偿的国家责任，大力推进奖励扶助制度，改变群众养儿防老的生育观念和养老传统，促进计划生育基本国策的巩固，解除计划生育家庭面临的各种现实困境，让其得以在政策普惠之下，生活得更幸福、更有尊严。

7. 选择有利时机，把握政策焦点

2012 年的几起劳教案吸引了舆论的聚光灯，为政策终结迎来了契机。如永州“上访妈妈”唐慧被劳教案、重庆渝北礼嘉镇居民彭洪转发漫画被劳教案，而最为引起关注的是重庆大学村官任建宇被劳教一案。一个青年只是在网上转发了一些文字、图片，原创者未被追究，转发者却被劳教；一件印有“不自由，勿（毋）宁死”的文化衫，被指为违法物证；转发电影《建党大业》里面的台词，居然是妄图颠覆国家政权。这些听起来有些荒诞的情节，让大家在关注任建宇案之外，更觉有必要探讨劳教案件本身。程序明白才有清白，处事公正才有公信。问题的出现主要是源于劳动教养制度对公民自由权利剥夺的随意和非理。背离法治才是问题的焦点。自 1957 年国务院出台《关于劳动教养问题的决定》以来，劳动教养制度已在我国施行 50 余年。随着我国民主法治的发展，该制度已经明显滞后，表现出许多不足。特别是在《中华人民共和国立法法》等法律颁布后，限制公民人身自由的权力只能由法律设定，劳教已陷入不合法的窘境。加之劳教的审批权属于公安机关，在机制上缺乏应有监督，在实践操作中自由裁量，从而为一些地方政府开设了“司法自留地”，使之成为一些人打击报复的工具。正因如此，改革劳动教养制度的呼声越来越高，已渐成社会共识。任建宇一案进一步证明，劳动教养制度是法治的一个“溃疡”，如果不做手术，国家法治建设不啻一句空话。

国务院新闻办公室 2012 年 10 月 9 日发表了《中国的司法改革》白皮书。这是中国首次就司法改革问题发布白皮书。中央司法体制改革领导小组办公室负责人在解释白皮书时表示，改革劳动教养制度已经形成社会共识，相关部门作了大量的调研论证工作，广泛听取了专家学者和人大代表的意见和建议，正在研究具体的改革方案。党的十八届三中全会作出决定，废止劳动教养制度。十二届全国人大常委会第六次会议通过了《关于废止有关劳动教养法律规定的决定》。

8. 设置有效期限，提高终结效率

重庆市政府常务会议 2008 年 6 月 10 日审议通过《重庆市行政立法基本规范（试行）》，对政府规章和规范性文件设置有效时间。其中，重庆市政府规章的有效期自施行之日起，最长不超过 10 年；政府的规范性文件的有效期自施行之日起，最长不超过 5 年。设置最长有效时间，是指规章和规范性文件即将到有效期时，由出台规章和规范性文件的部门对其进行评估，看其是否还适用，不再适用就废止，而不是出台后就一成不变。

重庆市政府的这一创新举措具有重要的理论和现实意义。

首先，从法律实践的现实层面来看，这样做不失为从源头上解决政府部门“规制泛滥”的一剂良方。从目前情况看，重庆市制定的政府规章、规范性文件多达上万件，在梳理和审查过程中，发现有的规章和规范性文件出台了几十年还在执行，远远不能适应变化了的社会环境和形势。不独重庆如此，这种问题其实很普遍。据 2007 年 3 月 27 日《人民日报》报道，1955 年以来，我国曾先后 10 次集中清理法规规章——为过多过滥的行政立法“清淤”，其中，仅结束于 2006 年底的一次专项清理，便修改 1 039 件、废止 4 148 件法规规章、规范性文件。比较这类不定期进行的“专项清理”，设定一个到期自动失效的“保质期”，在预防“规制泛滥”上，是一个省时省事的办法——既节省了诉求和清理成本，也有利于社会的知情和监督。

其次，从更深一层的法治视角来看，为政府规章设定“保质期”，实际上也是对“规范政府权力，保障公民权利”的根本法治精神的一种生动彰显和具体诠释。[①] 很明显，政府为其规章制定“保质期”，一方面，有利于强化对政府行为在时效上的规则约束，体现政府宝贵的“权力自缚”意识；另一方面，政策到期失效，不再依赖舆论呼吁和政策诉求，提高了公众对政府行为的预见性，从而能够有效提高行政效率。一般来说，作为政策重要表现形式的政府规章，其“寿命”、时效显然不宜过长，万万不可“长生不老”、“万寿无疆”，应该适时进行反省检视，并予以修订或废止。

政策均衡论

从政策均衡论的观点来看，政策终结意味着均衡格局的打破，即政策终结的支持

① 参见张贵峰：《为政府规章设保质期彰显法治深意》，载《西安晚报》，2008-06-13。

力量强于政策现状的维持力量，并在一定的条件下实现了政策终结。通常情况下，当推动力强于阻力时，政策终结会实现，反之不能实现；当两种力量相当时，相互抵消，政策维持原状；要改变这种力量对比，有效推动政策终结，增加驱动力与减少阻力并举效果最好。

（1）增加政策终结驱动力。要增加政策终结驱动力需要清楚驱动力的来源，这可从政策反对者、既得利益者和改革者三方面探讨。政策反对者往往认为政策违背了某种正当、普遍的社会生活准则，比如堕胎被认为是侵犯人的生命权而遭到诸多人权卫道士的反对。既得利益者质疑当前政策的公平性，认为重新安排政策所带来的资源的新一轮分配可以使原先的不公平政策被淘汰而使自己获得公平、公正的资源，因此政策需要终结。作为第三种政策终结驱动力的改革者从来都是现状的颠覆者，是破旧立新的先锋队，是社会进步的积极分子，他们从来都是反对落后、失效政策的，要求废旧出新。

（2）减少政策终结阻力。政策终结的阻力主要来自政策制定者、政策对象利益受损者以及心理落差者。政策终结的原因往往被政策制定者认为是政策失误，这在政策制定者和执行者看来，承认政策终结就等于承认自己的失误。政策制定者一般都是一定层级的领导者，由于国家机关长期受正义感、责任感、职业道德、国家至上等价值观念作用，因此，通过以公共事业为导向的政策教育和操作，弘扬公共利益的崇高性、正义感、奉献精神，有益于加大驱动力，减少阻力。政策对象利益受损者和心理落差者方面的阻力可以通过利益补偿和解释、说服等方法克服。政策终结的阻力还来自人们对政策终结的目的、方法、机制和潜在结果的不完全的、模糊的、主观臆测的了解和理解方面。此外，不正确的现实类比和历史对比也会造成阻力。在政策终结过程中，有些组织对终结的综合性影响和实时方式缺乏相关解释，容易使组织成员茫然，而有些人员虽然对政策终结有所了解，但未必理解。基于此，政策终结要顺利进行，一个重要前提是符合实际、合情合理、切实有效、求真务实地进行政策终结宣传。

本章小结

本章主要阐述政策终结的对象、类型、障碍和措施。通过本章的学习，应了解政策终结的含义、认识政策终结的作用、掌握政策终结的对象与形式、理解政策终结的障碍、熟悉政策终结的措施。

关键词

政策终结　　终结对象　　终结形式　　终结障碍　　终结措施

思考题

1. 政策终结针对的是哪些情况？
2. 为什么要进行政策终结？
3. 政策终结有哪些类型？
4. 政策终结有哪些对象？
5. 政策终结有哪些表现形式？
6. 什么是政策法律化？
7. 法律有哪些局限性？
8. 政策终结障碍何在？
9. 政策终结应如何进行？
10. “劳动教养制度”的废止带给我们哪些思考？

参考文献

1. ［美］拉雷·格斯顿. 公共政策的制定——程序和原理. 重庆：重庆出版社，2001

2. ［美］罗伯特·A·达尔. 现代政治分析. 上海：上海译文出版社，1987

3. ［美］迈克尔·桑德尔. 金钱不能买什么. 北京：中信出版社，2012

4. ［美］史蒂文·凯尔曼. 制定公共政策，北京：商务印书馆，2004

5. ［美］斯图亚特·S·那格尔编著. 政策研究百科全书. 北京：科学技术文献出版社，1990

6. ［美］约翰·罗尔斯. 正义论. 北京：中国社会科学出版社，2006

7. ［美］詹姆斯·E·安德森. 公共决策. 北京：华夏出版社，1990

8. ［美］B·盖伊·彼得斯等. 公共政策工具. 北京：中国人民大学出版社，2007

9. ［美］E.R. 克鲁斯克，B.M. 杰克逊. 公共政策词典. 上海：上海远东出版社，1992

10. ［美］保罗·A·萨巴蒂尔. 政策过程理论. 北京：三联书店，2004

11. ［美］保罗·萨缪尔森，威廉·诺德豪斯. 经济学（第十九版）. 北京：商务印书馆，2013

12. ［美］查尔斯·E·林布隆. 政策制定过程. 北京：华夏出版社，1988

13. ［美］查尔斯·沃尔夫. 市场，还是政府：市场、政府失灵真相. 重庆：重庆出版社，2009

14. ［美］达莱尔·哈夫. 统计数字会撒谎. 北京：中国城市出版社，2009

15. ［美］戴维·L·韦默，［加］艾丹·R·瓦伊宁. 公共政策分析：理论与实践（第四版）. 北京：中国人民大学出版社，2013

16. ［美］戴维·L·韦默，［加］艾丹·R·维宁. 政策分析——理论与实践. 上海：上海译文出版社，2003

17. ［美］丹尼尔·卡尼曼．思考：快与慢．北京：中信出版社，2012
18. ［美］丹尼斯·缪勒．公共选择．北京：商务印书馆，1992
19. ［美］德博拉·斯通．政策悖论．北京：中国人民大学出版社，2006
20. ［美］弗兰克·费希尔．公共政策评估．北京：中国人民大学出版社，2003
21. ［美］赫伯特·A·西蒙．管理行为（第四版）．北京：机械工业出版社，2004
22. ［美］杰伊·沙夫里茨等．公共政策经典．北京：北京大学出版社，2008
23. ［美］卡尔·帕顿，大卫·沙维奇．政策分析和规划的初步方法（第二版）．北京：华夏出版社，2002
24. ［美］迈克尔·桑德尔．公正．北京：中信出版社，2011
25. ［美］曼昆．经济学原理（第五版）．北京：北京大学出版社，2009
26. ［美］斯图亚特·S·内格尔．政策研究：整合与评估．长春：吉林人民出版社，1994
27. ［美］斯科特·普劳斯．决策与判断．北京：人民邮电出版社，2004
28. ［美］托马斯·戴伊．理解公共政策（第十二版）．北京：中国人民大学出版社，2011
29. ［美］托马斯·戴伊．自上而下的政策制定．北京：中国人民大学出版社，2002
30. ［美］威廉·邓恩．公共政策分析导论（第二版）．北京：中国人民大学出版社，2011
31. ［美］小约瑟夫·斯图尔特，戴维·M·赫奇，詹姆斯·P·莱斯特．公共政策导论（第三版）．北京：中国人民大学出版社，2011
32. ［美］约翰·W·金登．议程、备选方案与公共政策．北京：中国人民大学出版社，2004
33. ［美］詹姆斯·E·安德森．公共政策制定．北京：中国人民大学出版社，2009
34. ［美］詹姆斯·P·莱斯特，小约瑟夫·斯图尔特．公共政策——演进研究途径．台北：学富文化事业有限公司，2001
35. ［以］叶海卡·德罗尔．逆境中的政策制定．上海：上海远东出版社，1996
36. ［法］古斯塔夫·勒庞．乌合之众：大众心理研究．北京：中央编译出版社，2004
37. ［加］梁鹤年．政策规划与评估方法．北京：中国人民大学出版社，2009
38. ［英］迈尔·舍恩伯格，库克耶．大数据时代．杭州：浙江人民出版社，2013
39. 陈庆云．公共政策分析．北京：北京大学出版社，2006
40. 姜圣阶等．决策学基础．北京：中国社会科学院出版社，1986
41. 林水波，张世贤．公共政策．台北：五南图书出版公司，1982
42. 林钟沂．政策分析的理论与实践．台北：瑞兴图书股份有限公司，1993
43. 宁骚．公共政策．北京：高等教育出版社，2000
44. 伍启元．公共政策（上下册）．香港：香港商务印书馆，1989
45. 奚恺元．别做正常的傻瓜（第二版）．北京：机械工业出版社，2006
46. 张国庆主编．公共政策分析，上海：复旦大学出版社，2004

47. 张金马. 公共政策分析：概念、过程、方法. 北京：人民出版社，2004

48. 张金马. 政策科学导论. 北京：中国人民大学出版社，1992

49. Arnold J. Meltsner，*Policy Analysts in the Bureaucracy*. University of California Press，1976

50. B. Hogwood，L. Gunn，*Policy Analysis for the Real World*. Oxford University Press，1984

51. Carl V. Patton，David S. Sawicki，*Basic Methods of Policy Analysis and Planning*. Prentice-Hall，1986

52. Charles E. Lindblom，*The Policy-Making Process*. Prentice-Hall，INC，Englewood Cliffs，New Jersey，1968

53. Charles L. Cochran，Eloise F. Malone，*Public Policy*：*Perspectives & Choices*. Second Edition. McGraw-Hill College，1999

54. Christopher Ham，Michael Hill，*The Policy Process in the Modern Capitalist State*. Harvester Wheatsheaf，1984

55. David A. Caputo，*The Politics of Policy Making in America*. W. H. Freeman and Company，1977

56. Eugene Bardach，*A Practical Guide for Policy Analysis—The Eightfold Path to More Effective Problem Solving*. Third Edition. CQ Press，A Division of Sage Washington D. C. ，2009

57. Fred M. Frohock，*Public Policy*：*Scope and Logic*. Prentice-Hall，1979

58. Gabriel A. Almond，G. Bingham Powell，*Comparative Politics*：*A Developmental Approach*. Boston：Little Brown，1969

59. Gareth Morgan，*Images of Organisation*. Sage，1993

60. Graham Allison，*Essence of Decision*：*Explaining the Cuban Missile Crisis*. Little Brown，1971

61. Herbert A. Simon，*Administrative Behavior—A Study of Decision-Making Processes in Administrative Organizations*. Fourth edition. The Free Press，A Division of Simon&Schuster，Inc. ，1997

62. Irving L. Janis，*Groupthink*. Houghton Mifflin，1982

63. James E. Anderson，*Public Policymaking*. Fifth Edition. Houghton Mifflin Company，Boston，2003

64. James P. Lester，Joseph Stewart，*Public Policy*：*An Evolutionary Approach*. Second Edition. JR. Wadsworth Thomson Learning，2000

65. Jay M. Shafritz，Albert C. Hyde，*Classics of Public Administration*. The Dorsey Press，1987

66. Martin Loney，et al. ，*The State or the Market*. Sage，1991

67. Michael Hill，*The Policy Process*：*A Reader*. Harvester Wheatsheaf，1993

68. Robert T. Golembiewski，Jerry G. Stevenson，Michael White，*Cases in Public*

Management. Fifth Edition. F. E. Peacock Publishers, Inc., 1997

69. Thomas R. Dye, *Understanding Public Policy*. Twelfth Edition. Prentice-Hall, 2008

70. Wayne Parsons, *Public Policy: An Introduction to the Theory and Practice of Policy Analysis*. Edward Elgar Publishing Limited, 1996

71. William N. Dunn, *Public Policy Analysis*. Fourth Edition. Pearson & Prentice-Hall, 2008

人大版公共管理类教材

公共管理类专业教材——学科基础课教材

书名	作者
现代管理学原理（第三版）（“十一五”国家级规划教材）	娄成武　魏淑艳
一般管理学原理（第四版）	张康之　周　军
管理学基础（第三版）	方振邦
政治学原理（第三版）	景跃进　张小劲
现代政治学原理（第四版）	石永义　刘玉萼　张　瑋
公共管理学（第二版）	陈振明
公共管理学——一种不同于传统行政学的研究途径（第二版）	陈振明
公共管理学（第三版）（数字教材版）（“十二五”国家级规划教材）	蔡立辉　王乐夫
公共管理学（精编版）	王乐夫　蔡立辉
公共管理学（第三版）	张康之　郑家昊
公共管理概论（第二版）	朱立言　谢　明
公共政策导论（第六版）（数字教材版）	谢　明
公共政策概论（第二版）	谢　明
公共政策学——政策分析的理论、方法和技术（“十一五”国家级规划教材）	陈振明
公共政策学（第二版）	杨宏山
政策科学——公共政策分析导论（第二版）	陈振明
公共经济学（第三版）（“十二五”国家级规划教材）	高培勇
公共经济学教程	秦立建
政府经济学（第四版）（“十一五”国家级规划教材）	郭小聪
政府经济学（第四版）	潘明星　韩丽华

公共管理类专业教材——方法课教材

书名	作者
公共管理研究方法	何兰萍　张俊艳
行政学研究方法与应用案例	萧鸣政　等
管理定量分析：方法与技术（第三版）	刘兰剑

公共管理类专业教材——行政管理、公共事业管理专业教材

书名	作者
行政法学导论（第二版）	姜晓萍
公共部门人力资源管理（第四版）	孙柏瑛　祁凡骅
公共部门人力资源开发与管理（第五版）（“十二五”国家级规划教材）	孙柏瑛　祁凡骅
公共部门人力资源管理（第三版）	滕玉成　于　萍
公共部门人力资源管理概论（第二版）	方振邦
公共部门人力资源管理案例	周均旭
行政管理学（第五版）（数字教材版）	郭小聪
公共行政学（第五版）	彭和平
公共行政学（第二版）	张康之　张乾友
行政学导论（第三版）	齐明山

书名	作者
行政管理学导引与案例	陈季修
管理心理学（第三版）	范逢春
公共组织行为学（第三版）（“十一五”国家级规划教材）	孙　萍　张　平
公共组织学（第四版）	李传军
行政组织学（第二版）	张　昕　李　泉
公共组织理论	陆明远　冯　楠
公共事业管理概论（第三版）	朱仁显
公共组织财务管理（第三版）（“十一五”国家级规划教材）	王为民
国家公务员制度（第五版）（数字教材版）（“十二五”国家级规划教材）	舒　放　贾自欣
国家公务员制度概论（第二版）	刘碧强　郗永勤
公务员制度概论	李如海
公务员制度	温志强　王彦平　郝雅立
当代国家公务员制度：理论与实践	胡春艳
行政领导学（第三版）	矢立言　李国梁
领导学（第五版）	邱霈恩
领导学	孙　健
现代市政学（第五版）（数字教材版）	王佃利
市政管理学（第五版）（“十一五”国家级规划教材）	杨宏山
社区管理（第四版）	汪大海　魏　娜　郇建立
社区管理原理与案例	魏　娜
电子政务教程（第三版）（“十一五”国家级规划教材）	赵国俊
电子政府与电子政务（第二版）（“十一五”国家级规划教材）	张锐昕
行政伦理学教程（第四版）（“十二五”国家级规划教材）	张康之　李传军
公共危机管理概论（第二版）	王宏伟
公共危机管理	唐　钧
当代中国政府与政治（第二版）	景跃进　陈明明　肖　滨
当代中国政府与行政（第三版）	魏　娜　吴爱明
地方政府学概论（第二版）	方　雷
地方政府管理（第二版）	陈瑞莲　张紧跟
管理秘书实务（第三版）	赵锁龙
行政秘书学	唐　钧
公文写作与处理	赵国俊
机关管理的原理与方法（第三版）	赵国俊　陈幽泓
公共部门绩效管理（第二版）	方振邦
政府绩效管理（第二版）	方振邦　葛蕾蕾
政府绩效评估	蔡立辉
政府公共关系（第二版）（“十一五”国家级规划教材）	廖为建　张　宁
西方行政学理论概要（第二版）（“十一五”国家级规划教材）	丁　煌
公共行政学史（第二版）	何艳玲
西方公共管理名著导读	汪大海
文化管理学（第三版）（“十二五”国家级规划教材）	孙　萍
文化创意产业导论	魏鹏举
卫生事业管理（第二版）（“十一五”国家级规划教材）	李　鲁
现代公用事业管理	崔运武

公共管理类专业教材——劳动与社会保障专业教材

书名	作者
社会保障概论（第七版）	孙光德　董克用
社会保障学	戴卫东
劳动经济学（“十一五”国家级规划教材）	董克用　刘　昕
劳动法与社会保障法	黎建飞
社会保险学（第四版）	孙树菡　朱丽敏
社会保障基金管理	李春根
社会保障国际比较	仇雨临

公共管理类专业教材——土地资源管理专业教材

书名	作者
土地经济学（第八版）（“十一五”国家级规划教材）	毕宝德
土地法学（第二版）	严金明
土地资源学	张正峰　赵文武
土地资源管理学（第二版）	张正峰
国土空间规划学	张占录　张正峰
国土空间规划学导论	刘润秋　唐　鹏
不动产估价（第二版）（“十一五”国家级规划教材）	叶剑平　曲卫东
土地信息系统	曲卫东　韩　琼
地籍管理（第五版）（“十一五”国家级规划教材）	谭　峻　林增杰

公共管理类专业教材——城市管理专业教材

书名	作者
城市管理学（第四版）	杨宏山
城市管理学：公共视角	陆　军 等
城市经济学（第二版）	叶裕民　周　麟
城市总体规划原理	郐艳丽　田　莉
中国城市管理史概论	郑　国

公共管理类专业教材——应急管理专业教材

书名	作者
应急管理导论：原理与案例	李燕凌　朱正威 张海波　章文光
应急管理概论	王宏伟
应急管理理论与实践	唐　钧
突发事件风险管理	张小明
应急管理新论	王宏伟
新媒体时代的应急管理与危机公关	唐　钧
公共安全风险治理	唐　钧

公共管理硕士（MPA）教材——核心课教材

书名	作者
全国公共管理硕士（MPA）核心课程教学指导纲要	全国公共管理专业学位研究生教育指导委员会
社会主义建设理论与实践（第三版）	李景治　蒲国良
公共管理英语（修订版）	顾建光
学术规范和论文写作	胡宏伟
公共管理学（第三版）（全国优秀教材二等奖）	张成福　党秀云
公共管理学原理（修订版）	陈振明
公共管理导论	竺乾威　朱春奎　李瑞昌
公共政策分析	陈振明
公共政策分析导论	陈振明
公共政策分析概论（修订版）	谢　明
公共部门经济学（第三版）	高培勇　崔　军
公共经济学	唐任伍
行政法学（修订版）	皮纯协　张成福
行政法学概论（第三版）	胡锦光
非营利组织管理概论（修订版）	王　名
非营利组织管理	王　名　王　超
公共管理伦理学（修订版）	张康之
社会研究方法	陈振明
电子政务理论与方法（第五版）	金江军
公文写作概论	高永贵

公共管理硕士（MPA）教材——专业方向必修课、选修课教材

书名	作者
公务员制度教程（第六版）	舒　放　王克良
比较政府与政治（修订版）	卓　越
当代中国政府与政治（第三版）	吴爱明　朱国斌　林　震
公共部门人力资源管理及案例教程（第三版）	陈天祥
公共部门绩效评估（修订版）	卓　越
公共部门危机管理（第三版）	张小明
应急管理通论（第二版）	李雪峰
公共部门战略管理（修订版）	陈振明
MPA 学位论文写作指南	汪大海

图书在版编目（CIP）数据

公共政策概论/谢明编著. —2 版. —北京：中国人民大学出版社，2014.5
公共管理核心课程系列教材
ISBN 978-7-300-19204-8

Ⅰ.①公… Ⅱ.①谢… Ⅲ.①公共政策-教材 Ⅳ.①D0

中国版本图书馆 CIP 数据核字（2014）第 077526 号

公共管理核心课程系列教材
公共政策概论（第二版）
谢　明　编著
Gonggong Zhengce Gailun

出版发行 中国人民大学出版社
社　　址 北京中关村大街 31 号
邮政编码 100080
电　　话 010－62511242（总编室）
010－62511770（质管部）
010－82501766（邮购部）
010－62514148（门市部）
010－62511173（发行公司）
010－62515275（盗版举报）
网　　址 http://www.crup.com.cn
经　　销 新华书店
印　　刷 天津中印联印务有限公司
开　　本 787 mm×1092 mm　1/16
版　　次 2010 年 5 月第 1 版
2014 年 6 月第 2 版
印　　张 25.5 插页 1
印　　次 2025 年 7 月第 11 次印刷
字　　数 575 000
定　　价 58.00 元

中国人民大学出版社　管理分社

教师教学服务说明

中国人民大学出版社管理分社以出版工商管理和公共管理类精品图书为宗旨。为更好地服务一线教师，我们着力建设了一批数字化、立体化的网络教学资源。教师可以通过以下方式获得免费下载教学资源的权限：

★ 在中国人民大学出版社网站 www.crup.com.cn 进行注册，注册后进入“会员中心”，在左侧点击“我的教师认证”，填写相关信息，提交后等待审核。我们将在一个工作日内为您开通相关资源的下载权限。

★ 如您急需教学资源或需要其他帮助，请加入教师 QQ 群或在工作时间与我们联络。

中国人民大学出版社　管理分社

教师 QQ 群： 648333426(工商管理)　114970332(财会)　648117133(公共管理)
教师群仅限教师加入，入群请备注（学校+姓名）

联系电话： 010-62515782，82501868，82501048，62514760

电子邮箱： glcbfs@crup.com.cn

通讯地址： 北京市海淀区中关村大街甲 59 号文化大厦 1501 室（100872）

管理书社　　人大社财会　　公共管理与政治学悦读坊